LEIS DA INSOLVÊNCIA
E
DA RECUPERAÇÃO DAS EMPRESAS

MARIA DO ROSÁRIO EPIFÂNIO
Mestre em Direito
Assistente da Faculdade de Direito
da Universidade Católica Portuguesa (Porto)

LEIS DA INSOLVÊNCIA
E
DA RECUPERAÇÃO DAS EMPRESAS

3.ª edição revista e actualizada

ALMEDINA
1955-2005

LEIS DA INSOLVÊNCIA
E
DA RECUPERAÇÃO DAS EMPRESAS

AUTOR
MARIA DO ROSÁRIO EPIFÂNIO

EDITOR
EDIÇÕES ALMEDINA, SA
Rua da Estrela, n.º 6
3000-161 Coimbra
Tel.: 239 851 904
Fax: 239 851 901
www.almedina.net
editora@almedina.net

EXECUÇÃO GRÁFICA
G.C. – GRÁFICA DE COIMBRA, LDA.
Palheira – Assafarge
3001-453 Coimbra
producao@graficadecoimbra.pt

Novembro, 2005

DEPÓSITO LEGAL
234608/05

Esta obra foi elaborada segundo os mais rigorosos procedimentos de qualidade, de modo a evitar imprecisões ou erros na reprodução dos textos oficiais. Aconselhamos, no entanto, que na sua utilização os diplomas legais sejam sempre comparados com os das publicações oficiais.

Nota Prévia à 3ª Edição

1. A nova edição das "Leis da Insolvência e da Recuperação das Empresas" contém os mais recentes diplomas legais complementares *ao Código da Insolvência e da Recuperação de Empresas (CIRE), que tardaram em surgir.*

2. Ilustrando o carácter transversal do moderno Direito da Insolvência, aproveitamos ainda o ensejo para incluir nesta colectânea uma nova categoria de diplomas – designada "direito corporativo" –, *contendo preceitos especiais relativos ao exercício de certas profissões, tais como a advocacia, a função notarial e a solicitadoria.*

3. Por último, a presente edição integra as mais recentes alterações *introduzidas noutros diplomas e disposições legais pertinentes ao direito insolvencial, tais como, a título exemplificativo, no Direito Societário*, os arts. 35.º e 141.º do Código das Sociedades Comerciais, *ou no Direito Registral*, o Decreto-Lei n.º 2/2005, de 4 de Janeiro.

A AUTORA

Porto, 10 de Outubro de 2005

Nota Prévia à 2.ª Edição

1. A presente edição contém a nova versão do Código da Insolvência e da Recuperação de Empresas (CIRE), aprovado pelo Decreto-Lei nº 53/2004, de 18 de Março. *A nova versão foi introduzida pelo* Decreto-Lei n.º 200/2004, de 18 de Agosto, *diploma que procedeu à alteração de parte significativa dos respectivos preceitos (arts. 3.º, 9.º, 20.º, 24.º, 25.º, 30.º, 34.º, 35.º, 36.º, 41.º, 53.º, 62.º, 72.º, 73.º, 82.º, 85.º, 102.º, 106.º, 107.º, 114.º, 115.º, 121.º, 131.º, 133.º, 134.º, 141.º, 164.º, 174.º, 180.º, 184.º, 185.º, 198.º, 209.º, 212.º, 231.º, 233.º e 292.º do CIRE) e que republicou na íntegra o texto legal.*

2. Incluem-se ainda nesta edição os tão aguardados diplomas complementares ao Código da Insolvência e da Recuperação de Empresas, tais como, designadamente, a Lei n.º 32/2004, de 22 de Julho, *que estabelece o estatuto do administrador da insolvência; o* Decreto-Lei n.º 201/2004, de 18 de Agosto, *que introduz a indispensável adaptação do procedimento extrajudicial de conciliação ao novo Código; e ainda a* Portaria n.º 1039/2004, de 13 de Agosto, *que aprova vários modelos a juntar ao plano de pagamentos.*

3. Finalmente, aproveitou-se o ensejo para proceder à revisão e actualização dos demais diplomas e disposições legais pertinentes ao direito da insolvência empresarial, contidos nesta colectânea, de onde se destacam os novos regimes da actividade de mediação imobiliária (Decreto-Lei n.º 211/2004, de 20 de Agosto), *dos contratos de garantia financeira* (Decreto-Lei n.º 105/2004, de 8 de Maio), *e da regulamentação do Código do Trabalho* (Lei n.º 35/2004, de 29 de Julho).

A AUTORA

Porto, 15 de Setembro de 2004

Nota Prévia

1. A presente colectânea reúne os mais importantes textos legislativos e jurisprudenciais, de fonte nacional, europeia e internacional, relativos ao âmbito do Direito da Insolvência e da Recuperação das Empresas.

Tratando-se de um sector da Ordem Jurídica em plena expansão, entendemos ser de crucial importância integrar na presente obra, para além do novíssimo Código da Insolvência e da Recuperação de Empresas *(aprovado pelo Decreto-Lei n.º 53/2004, de 18 de Março, que veio também revogar o "Código dos Processos Especiais de Recuperação da Empresa e de Falência"), toda a respectiva legislação complementar (na qual se incluem os diplomas referentes aos órgãos da insolvência e às medidas extrajudiciais de recuperação) e uma compilação sistemática das principais disposições especiais e avulsas atinentes a esta temática (fazendo jus à crescente atenção que lhe tem sido concedida pelos mais variados ramos do Direito Privado e do Direito Público). Além disso, julgámos oportuno enriquecer ainda esta colectânea com alguns dos mais relevantes documentos de Direito Europeu e de Direito Internacional (incluindo o Regulamento Comunitário relativo aos processos de insolvência), encerrando-a com uma súmula das principais decisões da nossa jurisprudência superior uniformizadora.*

2. Uma chamada de atenção final para a correcta leitura dos diplomas legais que integram as Partes II e III da presente obra. Atendendo à existência de numerosas normas legais avulsas que aludem a preceitos revogados pelo novo Código da Insolvência e da Recuperação de Empresas, o legislador, no lugar de proceder à sua alteração pontual e exaustiva, optou por consagrar um regime geral de remissão automática para as correspondentes disposições deste mesmo Código (artigo 11.º do Decreto-Lei n.º 53/2004, de 18 de Março).

Porto, Março de 2004

Parte I

Código da Insolvência e da Recuperação de Empresas

1. *Autorização Legislativa*

Lei n.º 39/2003, de 22 de Agosto*

A Assembleia da República decreta, nos termos da alínea *d)* do artigo 161.º da Constituição, o seguinte:

Artigo 1.º
Objecto

1 – Fica o Governo autorizado a aprovar o Código da Insolvência e Recuperação de Empresas, revogando o Código dos Processos Especiais de Recuperação da Empresa e de Falência.

2 – O Código da Insolvência e Recuperação de Empresas regulará um processo de execução universal que terá como finalidade a liquidação do património de devedores insolventes e a repartição do produto obtido pelos credores ou a satisfação destes pela forma prevista num plano de insolvência que, nomeadamente, se baseie na recuperação da empresa compreendida na massa insolvente.

3 – No Código da Insolvência e Recuperação de Empresas fica o Governo autorizado a legislar sobre as seguintes matérias:

a) As consequências decorrentes do processo especial de insolvência para o Estado e a capacidade do insolvente ou seus administradores;
b) Os efeitos da declaração de insolvência no prazo de prescrição do procedimento criminal, assim como a obrigatoriedade de

---

* Publicada no Diário da República n.º 193/2003, série I-A, de 22 de Agosto de 2003, pp. 5367-5370.

notificação ao tribunal da insolvência de determinadas decisões tomadas em processo penal;

c) Os tribunais competentes;

d) As competências do juiz no processo especial de insolvência;

e) As competências do Ministério Público no processo especial de insolvência;

f) O regime de recursos das decisões proferidas no processo especial de insolvência;

g) O regime de exoneração do passivo das pessoas singulares declaradas insolventes;

h) Os benefícios fiscais no âmbito do processo de insolvência.

4 – Fica ainda o Governo autorizado a rever os seguintes diplomas legais:

a) O Código Penal, aprovado pelo Decreto-Lei n.º 400/82, de 23 de Setembro;

b) A Lei n.º 3/99, de 13 de Janeiro (Lei de Organização e Funcionamento dos Tribunais Judiciais);

c) O Código de Processo Civil, aprovado pelo Decreto-Lei n.º 44129, de 28 de Dezembro de 1961;

d) O Código do Registo Civil, aprovado pelo Decreto-Lei n.º 131/95, de 6 de Junho.

5 – O sentido e a extensão das alterações a introduzir resultam dos artigos subsequentes.

Artigo 2.º

Estado e capacidade das pessoas

1 – Fica o Governo autorizado a criar um processo especial de insolvência, no âmbito do qual é declarada a insolvência de devedores que se encontrem impossibilitados de cumprir as suas obrigações vencidas.

2 – As pessoas colectivas, as associações e as sociedades sem personalidade jurídica por cujas dívidas nenhuma pessoa singular responda pessoal e ilimitadamente são também consideradas insolventes quando o valor do seu passivo exceda o do activo, valorizado este último numa perspectiva de continuidade da empresa, sendo ela mais provável que o respectivo encerramento.

3 – A declaração de insolvência apenas pode ser decretada sem audiência prévia do devedor quando acarrete demora excessiva por o

devedor, sendo uma pessoa singular, residir no estrangeiro, ou por ser desconhecido o seu paradeiro; nestes casos, sempre que possível, deverá ouvir-se um representante ou parente do devedor.

4 – A declaração de insolvência priva imediatamente o insolvente, por si ou pelos seus administradores, dos poderes de administração e de disposição dos bens integrantes da massa insolvente, os quais passam a competir ao administrador da insolvência.

5 – Fica ainda o Governo autorizado a prever, no processo de insolvência, um incidente de qualificação da insolvência como fortuita ou culposa.

6 – A insolvência será considerada culposa quando a situação tiver sido criada ou agravada em consequência da actuação, dolosa ou com culpa grave, do devedor ou dos seus administradores, de direito ou de facto.

7 – Caso se verifique a qualificação da insolvência como culposa, o juiz determina a inibição do insolvente ou dos seus administradores para o exercício do comércio, bem como para a ocupação de qualquer cargo de titular de órgão de sociedade comercial ou civil, associação ou fundação privada de actividade económica, empresa pública ou cooperativa, por período de tempo não superior a 10 anos.

8 – Caso se verifique a qualificação da insolvência como culposa, o juiz declara a inabilitação do insolvente ou dos seus administradores, por período até 10 anos.

9 – Fica ainda o Governo autorizado a prever o registo nas conservatórias competentes dos seguintes factos, promovendo as necessárias alterações aos códigos de registo:

a) Nomeação e cessação de funções de administrador judicial e administrador judicial provisório da insolvência;
b) Declaração de insolvência;
c) Inibição prevista no n.º 7 do presente artigo;
d) Inabilitação prevista no n.º 8 do presente artigo;
e) Atribuição ao devedor da administração da massa insolvente, assim como a proibição da prática de certos actos sem o consentimento do administrador da insolvência e a decisão que ponha termo a essa administração;
f) Decisão de encerramento do processo de insolvência;
g) Despachos iniciais, de exoneração, de cessação antecipada e de revogação da exoneração do passivo restante de pessoa singular.

Artigo 3.º
Disposições penais e processuais penais

1 – Fica o Governo autorizado a prever a declaração de insolvência como causa de interrupção do prazo de prescrição do procedimento criminal.

2 – Fica o Governo igualmente autorizado a prever a obrigatoriedade de remessa ao tribunal da insolvência de certidão dos despachos de acusação, de pronúncia ou de não pronúncia, da sentença e dos acórdãos proferidos no processo penal e, no caso de não ter sido deduzida acusação, da decisão que o tenha determinado.

Artigo 4.º
Regras de competência territorial

1 – Fica o Governo autorizado a estabelecer que é competente para o processo de insolvência o tribunal da sede ou do domicílio do devedor ou do autor da herança à data da morte, ou o do local da representação permanente, consoante os casos.

2 – É igualmente competente o tribunal do lugar em que o devedor tenha o centro dos seus principais interesses, entendendo-se por tal aquele em que ele os administre, de forma habitual e cognoscível por terceiros.

Artigo 5.º
Competências do juiz

1– Fica o Governo autorizado a prever que a instrução e decisão de todos os termos do processo de insolvência, seus incidentes e apensos cabe sempre ao juiz singular.

2 – Fica ainda o Governo autorizado a restringir a competência do juiz do processo de insolvência à declaração da situação de insolvência, cabendo aos credores a decisão sobre a liquidação da massa ou a aprovação de um plano de insolvência com vista à recuperação de empresa.

3 – O Governo fica igualmente autorizado a prever que o administrador da insolvência nomeado pelo juiz possa ser substituído pelos credores.

4 – Fica ainda o Governo autorizado a prever que a comissão de credores seja um órgão facultativo da insolvência, podendo, se nomeada pelo juiz, ser substituída ou dispensada pelos credores.

Artigo 6.º
Competências do Ministério Público

1 – Fica o Governo autorizado a prever que as entidades públicas titulares de créditos podem a todo o tempo confiar a mandatários especiais, designados nos termos legais ou estatutários, a sua representação no processo de insolvência, em substituição do Ministério Público.

2 – Fica ainda o Governo autorizado a estabelecer que o Ministério Público, em representação das entidades cujos interesses lhe estão legalmente confiados, pode requerer a declaração de insolvência de um devedor, assim como reclamar os créditos daquelas entidades.

Artigo 7.º
Recursos

Fica o Governo autorizado a estabelecer que os recursos no processo de insolvência ficarão limitados a apenas um grau.

Artigo 8.º
Exoneração do passivo de pessoas singulares

1 – Fica o Governo autorizado a estabelecer um regime de exoneração do passivo das pessoas singulares declaradas insolventes, nos seguintes termos:

a) A exoneração dependerá de pedido expresso do insolvente e implicará a cessão aos credores, através de um fiduciário, durante os cinco anos subsequentes ao encerramento do processo de insolvência, do rendimento disponível do insolvente;

b) Durante o período referido na alínea anterior, o insolvente ficará sujeito a um conjunto de deveres destinados a assegurar a efectiva obtenção de rendimentos para cessão aos credores, designadamente as obrigações de exercer uma profissão remunerada, não a abandonando sem motivo legítimo, de procurar diligentemente tal profissão quando desempregado, não recusando desrazoavelmente algum emprego para que seja apto, bem como de informar o tribunal e o fiduciário de qualquer mudança de domicílio ou de condições de emprego e ainda sobre as diligências realizadas para a obtenção de emprego;

c) Caso o devedor incumpra, dolosamente ou com negligência grave, os deveres estabelecidos para o período de cessão, o juiz poderá declarar a cessação antecipada do procedimento de exoneração do passivo restante.

2 – Fica o Governo igualmente autorizado a prever que a pessoa singular que apresente um pedido de exoneração do passivo restante beneficia do diferimento do pagamento das custas até à decisão final desse pedido, na parte em que a massa insolvente e o seu rendimento disponível durante o período da cessão sejam insuficientes para o respectivo pagamento integral, o mesmo se aplicando à obrigação de reembolsar o Cofre Geral dos Tribunais das remunerações e despesas do administrador da insolvência e do fiduciário.

3 – O disposto no número anterior afasta a concessão de qualquer outra forma de apoio judiciário ao devedor, salvo quanto à nomeação e pagamento de honorários de patrono.

Artigo 9.º
Benefícios fiscais no âmbito do processo de insolvência

1 – Fica o Governo autorizado a estabelecer as seguintes regras em matéria de impostos sobre os rendimentos das pessoas singulares e colectivas:

a) As mais-valias realizadas por efeito da dação em cumprimento de bens do devedor e da cessão de bens aos credores estão isentas de impostos sobre o rendimento das pessoas singulares e colectivas, não sendo assim consideradas para a determinação da matéria colectável do devedor;

b) As variações patrimoniais positivas resultantes das alterações aos débitos do devedor previstas em plano de insolvência estão isentas de imposto sobre o rendimento das pessoas colectivas, não concorrendo assim para a formação do lucro tributável da empresa;

c) O valor dos créditos que for objecto de redução, ao abrigo de plano de insolvência ou de plano de pagamentos, é considerado como custo ou perda do respectivo exercício, para efeitos de apuramento do lucro tributável dos sujeitos passivos do imposto sobre o rendimento das pessoas singulares e do imposto sobre o rendimento das pessoas colectivas.

2 – Fica ainda o Governo autorizado a isentar de imposto do selo, quando a ele se encontrem sujeitos, os seguintes actos, desde que previs-

tos em plano de insolvência ou de pagamentos ou praticados no âmbito da liquidação da massa insolvente:

a) A emissão de letras ou livranças;

b) As modificações dos prazos de vencimento ou das taxas de juro dos créditos da insolvência;

c) Os aumentos de capital, as conversões de créditos em capital e as alienações de capital;

d) A constituição de nova sociedade ou sociedades;

e) A dação em cumprimento de bens da empresa e a cessão de bens aos credores;

f) A realização de operações de financiamento, o trespasse ou a cessão da exploração de estabelecimentos da empresa, a constituição de sociedades e a transferência de estabelecimentos comerciais, a venda, permuta ou cessão de elementos do activo da empresa, bem como a locação de bens.

3 – Fica, finalmente, o Governo autorizado a isentar de imposto municipal de sisa as seguintes transmissões de bens imóveis, integradas em qualquer plano de insolvência ou de pagamentos ou realizadas no âmbito da liquidação da massa insolvente:

a) As que se destinem à constituição de nova sociedade ou sociedades e à realização do seu capital;

b) As que se destinem à realização do aumento do capital da sociedade devedora;

c) As que decorram da cedência a terceiros ou da alienação de participações representativas do capital da sociedade, da dação em cumprimento de bens da empresa e da cessão de bens aos credores, da venda, permuta ou cessão da empresa, estabelecimentos ou elementos dos seus activos, bem como dos arrendamentos a longo prazo.

Artigo 10.º

Alterações ao Código Penal

Fica o Governo autorizado a alterar os artigos 227.º, 227.º-A, 228.º e 229.º, bem como aditar um novo artigo 229.º-A ao Código Penal, aprovado pelo Decreto-Lei n.º 400/82, de 23 de Setembro, nos seguintes termos:

a) Alterar a medida da pena prevista no n.º 1 do artigo 227.º para pena de prisão até 5 anos ou pena de multa até 600 dias;

b) Alterar a medida da pena prevista no n.º 1 do artigo 228.º para pena de prisão até 1 ano ou pena de multa até 120 dias;
c) Alterar a medida da pena prevista na alínea *b)* do n.º 1 do artigo 229.º para pena de prisão até 2 anos ou pena de multa até 240 dias;
d) Agravar de um terço, nos seus limites mínimo e máximo, a medida da pena estabelecida no n.º 1 do artigo 227.º, no n.º 1 do artigo 227.º-A, no n.º 1 do artigo 228.º e na actual alínea *b)* do n.º 1 do artigo 229.º, sempre que, em consequência da prática de qualquer dos factos ali descritos, resultarem frustrados créditos de natureza laboral, em sede de processo executivo ou processo especial de insolvência;
e) Revogar os n.os 2 e 4 do artigo 227.º, o n.º 2 do artigo 228.º e a alínea *a)* do n.º 1 do artigo 229.º.

Artigo 11.º
Alterações à Lei de Organização e Funcionamento dos Tribunais Judiciais

1 – Fica o Governo autorizado a alterar o artigo 89.º da Lei n.º 3/99, de 13 de Janeiro (Lei de Organização e Funcionamento dos Tribunais Judiciais), atribuindo a competência aos tribunais de comércio para preparar e julgar o processo especial de insolvência relativo a sociedade comercial ou a qualquer outro devedor sempre que a massa insolvente integre uma empresa.

2 – Para efeitos do número anterior, considera-se empresa toda a organização de capital e de trabalho destinada ao exercício de qualquer actividade económica.

3 – O Governo fica ainda autorizado a atribuir a competência ao tribunal do domicílio do insolvente para preparar e julgar o processo especial de insolvência nos casos não previstos no n.º 1.

Artigo 12.º
Alterações ao Código de Processo Civil

1 – Fica o Governo autorizado a revogar o artigo 82.º do Código de Processo Civil, aprovado pelo Decreto-Lei n.º 44129, de 28 de Dezembro de 1961.

2 – Fica ainda o Governo autorizado a prever a inscrição no registo informático de execuções da declaração de insolvência e da nomeação de um administrador da insolvência, assim como da extinção do processo especial de insolvência, alterando em conformidade o disposto na alínea *a)* do n.º 4 do artigo 806.º do Código de Processo Civil.

Artigo 13.º
Duração

As autorizações concedidas pela presente lei têm a duração de 180 dias.

Aprovada em 15 de Julho de 2003.
O Presidente da Assembleia da República, *João Bosco Mota Amaral.*
Promulgada em 6 de Agosto de 2003.
Publique-se.
O Presidente da República, JORGE SAMPAIO.
Referendada em 8 de Agosto de 2003.
O Primeiro-Ministro, *José Manuel Durão Barroso.*

2. Diploma Preambular e de Aprovação

Decreto-Lei n.º 53/2004, de 18 de Março*

1. O XV Governo Constitucional assumiu, no seu programa, o compromisso de proceder à revisão do processo de recuperação de empresas e falência, com especial ênfase na sua agilização, bem como dos modos e procedimentos da liquidação de bens e pagamentos aos credores, tendo para o efeito apresentado à Assembleia da República uma proposta de lei de autorização de revisão do enquadramento legal actualmente em vigor nesta matéria.

O Código dos Processos Especiais de Recuperação da Empresa e de Falência (CPEREF), aprovado pelo Decreto-Lei n.º 132/93, de 23 de Abril, constituiu um momento importante na regulamentação legal dos problemas do saneamento e falência de empresas que se encontrem insolventes ou em situação económica difícil. Eliminando a distinção, nesta sede, entre insolvência de comerciantes e não comerciantes, retirando do Código de Processo Civil a regulamentação processual e substantiva da falência, e conjugando num mesmo diploma, de forma inovadora, essa matéria com a da recuperação da empresa, a par de outras inovações de menor alcance, obtiveram-se com aquele diploma significativos avanços tanto do ponto de vista do aperfeiçoamento técnico-jurídico como da bondade das soluções respeitantes à insolvência de empresas e consumidores.

Porém, várias circunstâncias tornaram premente a necessidade de uma ampla reforma, como hoje é amplamente reconhecido e como com o decurso dos anos se foi verificando.

---

* Publicado no Diário da República n.º 66/2004, série I-A, de 18 de Março de 2004, pp. 1402-1465.

As estruturas representativas dos trabalhadores e os agentes económicos têm recorrentemente realçado a urgência na aprovação de medidas legislativas que resolvam ou, pelo menos, minorem os problemas que actualmente são sentidos na resolução célere e eficaz dos processos judiciais decorrentes da situação de insolvência das empresas. A manutenção do regime actual por mais tempo resultaria em agravados prejuízos para o tecido económico e para os trabalhadores.

O carácter muitas vezes tardio do impulso do processo, a demora da tramitação em muitos casos, sobretudo quando processada em tribunais comuns, a duplicação de chamamentos dos credores ao processo, que deriva da existência de uma fase de oposição preliminar, comum ao processo de recuperação e ao de falência, a par de uma nova fase de reclamação de créditos uma vez proferido o despacho de prosseguimento da acção, as múltiplas possibilidades de convolação de uma forma de processo na outra, o carácter típico e taxativo das providências de recuperação, são, a par de vários outros aspectos que adiante se menciona, alguns dos motivos apontados para o inêxito da aplicação do CPEREF.

2. A reforma ora empreendida não se limita, porém, à colmatação pontual das deficiências da legislação em vigor, antes assenta no que se julga ser uma mais correcta perspectivação e delineação das finalidades e da estrutura do processo, a que preside uma filosofia autónoma e distinta, que cumpre brevemente apresentar.

3. O objectivo precípuo de qualquer processo de insolvência é a satisfação, pela forma mais eficiente possível, dos direitos dos credores.

Quem intervém no tráfego jurídico, e especialmente quando aí exerce uma actividade comercial, assume por esse motivo indeclináveis deveres, à cabeça deles o de honrar os compromissos assumidos. A vida económica e empresarial é vida de interdependência, pelo que o incumprimento por parte de certos agentes repercute-se necessariamente na situação económica e financeira dos demais. Urge, portanto, dotar estes dos meios idóneos para fazer face à insolvência dos seus devedores, enquanto impossibilidade de pontualmente cumprir obrigações vencidas.

Sendo a garantia comum dos créditos o património do devedor, é aos credores que cumpre decidir quanto à melhor efectivação dessa garantia, e é por essa via que, seguramente, melhor se satisfaz o interesse público da preservação do bom funcionamento do mercado.

Quando na massa insolvente esteja compreendida uma empresa que não gerou os rendimentos necessários ao cumprimento das suas obrigações, a melhor satisfação dos credores pode passar tanto pelo encerramento da empresa, como pela sua manutenção em actividade. Mas é sempre da estimativa dos credores que deve depender, em última análise, a decisão de recuperar a empresa, e em que termos, nomeadamente quanto à sua manutenção na titularidade do devedor insolvente ou na de outrem. E, repise-se, essa estimativa será sempre a melhor forma de realização do interesse público de regulação do mercado, mantendo em funcionamento as empresas viáveis e expurgando dele as que o não sejam (ainda que, nesta última hipótese, a inviabilidade possa resultar apenas do facto de os credores não verem interesse na continuação).

Entende-se que a situação não corresponde necessariamente a uma falha do mercado e que os mecanismos próprios deste conduzem a melhores resultados do que intervenções autoritárias. Ao direito da insolvência compete a tarefa de regular juridicamente a eliminação ou a reorganização financeira de uma empresa segundo uma lógica de mercado, devolvendo o papel central aos credores, convertidos, por força da insolvência, em proprietários económicos da empresa.

4. É com base nas considerações anteriores, sinteticamente expostas, que o novo Código da Insolvência e da Recuperação de Empresas (CIRE), que é aprovado pelo presente diploma, aproveitando também o ensinamento de outros ordenamentos jurídicos, adopta uma sistematização inteiramente distinta da do actual CPEREF (sem prejuízo de haver mantido, ainda que nem sempre com a mesma formulação ou inserção sistemática, vários dos seus preceitos e aproveitado inúmeros dos seus regimes).

5. Os sistemas jurídicos congéneres do nosso têm vindo a unificar os diferentes procedimentos que aí também existiam num único processo de insolvência, com uma tramitação supletiva baseada na liquidação do património do devedor e a atribuição aos credores da possibilidade de aprovarem um plano que se afaste deste regime, quer provendo à realização da liquidação em moldes distintos, quer reestruturando a empresa, mantendo-a ou não na titularidade do devedor insolvente. É o caso da recente lei alemã e da reforma do direito falimentar italiano em curso.

6. O novo Código acolhe esta estrutura, como logo resulta do seu artigo 1.º e, por outro lado, do artigo 192.º, que define a função do plano de insolvência.

Fugindo da errónea ideia afirmada na actual lei, quanto à suposta prevalência da via da recuperação da empresa, o modelo adoptado pelo novo Código explicita, assim, desde o seu início, que é sempre a vontade dos credores a que comanda todo o processo. A opção que a lei lhes dá é a de se acolherem ao abrigo do regime supletivamente disposto no Código – o qual não poderia deixar de ser o do imediato ressarcimento dos credores mediante a liquidação do património do insolvente ou de se afastarem dele, provendo por sua iniciativa a um diferente tratamento do pagamento dos seus créditos. Aos credores compete decidir se o pagamento se obterá por meio de liquidação integral do património do devedor, nos termos do regime disposto no Código ou nos de que constem de um plano de insolvência que venham a aprovar, ou através da manutenção em actividade e reestruturação da empresa, na titularidade do devedor ou de terceiros, nos moldes também constantes de um plano.

Há que advertir, todavia, que nem a não aprovação de um plano de insolvência significa necessariamente a extinção da empresa, por isso que, iniciando-se a liquidação, deve o administrador da insolvência, antes de mais, diligenciar preferencialmente pela sua alienação como um todo, nem a aprovação de um plano de insolvência implica a manutenção da empresa, pois que ele pode tão somente regular, em termos diversos dos legais, a liquidação do património do devedor.

Não valerá, portanto, afirmar que no novo Código é dada primazia à liquidação do património do insolvente. A primazia que efectivamente existe, não é demais reiterá-lo, é a da vontade dos credores, enquanto titulares do principal interesse que o direito concursal visa acautelar: o pagamento dos respectivos créditos, em condições de igualdade quanto ao prejuízo decorrente de o património do devedor não ser, à partida e na generalidade dos casos, suficiente para satisfazer os seus direitos de forma integral.

7. Cessa, assim, porque desnecessária, a duplicação de formas de processo especiais (de recuperação e de falência) existente no CPEREF, bem como a fase preambular que lhes era comum, e que era susceptível de gerar, inclusivamente, demoras evitáveis na tramitação do processo, nomeadamente pela duplicação concomitante de chamamento dos credores, e também por, em inúmeros casos, o recurso ao processo de recuperação se traduzir num mero expediente para atrasar a declaração de falência.

A supressão da dicotomia recuperação/falência, a par da configuração da situação de insolvência como pressuposto objectivo único do processo, torna também aconselhável a mudança de designação do processo, que é agora a de «processo de insolvência». A insolvência não se confunde com a «falência», tal como actualmente entendida, dado que a impossibilidade de cumprir obrigações vencidas, em que a primeira noção fundamentalmente consiste, não implica a inviabilidade económica da empresa ou a irrecuperabilidade financeira postuladas pela segunda.

8. Elimina-se, igualmente, a distinção entre a figura do gestor judicial (designado no âmbito do processo de recuperação) e a do liquidatário judicial (incumbido de proceder à liquidação do património do falido, uma vez decretada a sua falência), passando a existir a figura única do administrador da insolvência. Também aqui a vontade dos credores prepondera, pois que lhes é devolvida a faculdade – prevista na versão original do CPEREF, mas suprimida com a revisão de 1998 – de nomearem eles próprios o administrador da insolvência, em substituição do que tenha sido designado pelo juiz, e, bem assim, a de indicar com carácter vinculativo um administrador para ocupar o cargo de outro que haja sido destituído das suas funções.

Por outro lado, passando a comissão de credores a ser um órgão eventual no processo de insolvência, também quanto à sua existência e composição impera a vontade da assembleia de credores, que pode prescindir da comissão que o juiz haja nomeado, ou nomear uma caso o juiz não o tenha feito, e, em qualquer dos casos, alterar a respectiva composição.

9. Cessa ainda o carácter taxativo das medidas de recuperação da empresa tal como constante do CPEREF. O conteúdo do plano de insolvência é livremente fixado pelos credores, limitando-se o juiz, quando actue oficiosamente, a um controlo da legalidade, com vista à respectiva homologação.

Não deixam de indicar-se, em todo o caso, algumas das medidas que o plano pode adoptar, regulando-se com mais detalhe certas providências de recuperação específicas de sociedades comerciais, dado o relevo por estas assumido na actividade económica e empresarial.

10. A afirmação da supremacia dos credores no processo de insolvência é acompanhada da intensificação da desjudicialização do processo.

Por toda a parte se reconhece a indispensabilidade da intervenção do juiz no processo concursal, tendo fracassado os intentos de o desjudicializar por completo. Tal indispensabilidade é compatível, todavia, com a redução da intervenção do juiz ao que estritamente releva do exercício da função jurisdicional, permitindo a atribuição da competência para tudo o que com ela não colida aos demais sujeitos processuais.

É assim que, por um lado, ao juiz cabe apenas declarar ou não a insolvência, sem que para tal tenha de se pronunciar quanto à recuperabilidade financeira da empresa (como actualmente sucede para efeitos do despacho de prosseguimento da acção). A desnecessidade de proceder a tal apreciação permite obter ganhos do ponto de vista da celeridade do processo, justificando a previsão de que a declaração de insolvência deva ter lugar, no caso de apresentação à insolvência ou de não oposição do devedor a pedido formulado por terceiro, no próprio dia da distribuição ou nos três dias úteis subsequentes, ou no dia seguinte ao termo do prazo para a oposição, respectivamente.

Ainda na vertente da desjudicialização, há também que mencionar o desaparecimento da possibilidade de impugnar junto do juiz tanto as deliberações da comissão de credores (que podem, não obstante, ser revogadas pela assembleia de credores), como os actos do administrador da insolvência (sem prejuízo dos poderes de fiscalização e de destituição por justa causa).

11. A desjudicialização parcial acima descrita não envolve diminuição dos poderes que ao juiz devem caber no âmbito da sua competência própria: afirma-se expressamente, no artigo 11.º do diploma, a vigência no processo de insolvência do princípio do inquisitório, que permite ao juiz fundar a decisão em factos que não tenham sido alegados pelas partes.

12. Apesar do progresso que, a par da reforma do processo civil, representou quanto a esse aspecto, o CPEREF não permitiu obter a desejável celeridade que deve caracterizar um processo concursal, tanto no plano do impulso processual como no da respectiva tramitação.

O fomento da celeridade do processo de insolvência constitui um dos objectivos do presente diploma, introduzindo-se com essa finalidade inúmeros mecanismos, que se indicam sumariamente de seguida.

13. Uma das causas de insucesso de muitos processos de recuperação ou de falência residiu no seu tardio início, seja porque o devedor não era suficientemente penalizado pela não atempada apresentação, seja porque os credores são negligentes no requerimento de providências de recuperação ou de declaração de falência, por falta dos convenientes estímulos.

Uma lei da insolvência é tanto melhor quanto mais contribuir para maximizar *ex post* o valor do património do devedor sem por essa via constituir *ex ante* um estímulo para um comportamento negligente. Com o intuito de promover o cumprimento do dever de apresentação à insolvência, que obriga o devedor pessoa colectiva ou pessoa singular titular de empresa a requerer a declaração da sua insolvência dentro dos 60 dias seguintes à data em que teve, ou devesse ter, conhecimento da situação de insolvência, estabelece-se presunção de culpa grave dos administradores, de direito ou de facto, responsáveis pelo incumprimento daquele dever, para efeitos da qualificação desta como culposa.

14. O favorecimento do desencadeamento do processo por parte dos credores traduz-se, entre outros aspectos, como a extensão e aperfeiçoamento do elenco dos factos que podem servir de fundamento ao pedido de declaração de insolvência, adiante mencionados, na concessão de privilégio mobiliário geral, graduado em último lugar, aos créditos de que seja titular o credor requerente da declaração de insolvência, até ao limite de 500 UC.

Por outro lado, o novo regime, adiante referido, quanto à extinção parcial das hipotecas legais e privilégios creditórios que sejam acessórios de créditos detidos pelo Estado, pelas instituições de segurança social e pelas autarquias locais visa constituir um estímulo para que essas entidades não deixem decorrer demasiado tempo desde o incumprimento por parte do devedor.

15. No plano da tramitação de processo já instaurado, a celeridade é potenciada por inúmeros factores, de que se destaca: a extensão do carácter urgente também aos apensos do processo de insolvência; a supressão da duplicação de chamamentos de credores ao processo, existindo agora uma única fase de citação de credores com vista à reclamação dos respectivos créditos, a ocorrer apenas após a sentença de declaração de insolvência; a atribuição de carácter urgente aos registos de sentenças e despachos proferidos no processo de insolvência, bem como aos de quaisquer actos praticados no âmbito da administração e liquidação da massa insolvente ou previstos em plano de insolvência ou de pagamentos; a proclamação expressa da regra da insusceptibilidade de suspensão do processo de insolvência; o regime expedito de notificações de certos actos praticados no processo de insolvência, seus incidentes e apensos.

16. A necessidade de rápida estabilização das decisões judiciais, que no processo de insolvência se faz sentir com particular intensidade, motivou a limitação do direito de recurso a um grau apenas, salvo nos casos de oposição de acórdãos em matéria relativamente à qual não exista ainda uniformização de jurisprudência.

17. A promoção da celeridade do processo torna também necessária a adopção de medidas no plano da organização judiciária, que complementam o regime contido no Código. Fazendo uso de autorização legislativa concedida pela Assembleia da República, circunscreve-se a competência dos tribunais de comércio para preparar e julgar o processo de insolvência aos casos em que o devedor seja uma sociedade comercial ou na massa insolvente se integre uma empresa.

18. O presente diploma procede a uma clarificação conceptual e terminológica, juntamente com um aperfeiçoamento do respectivo regime, nas matérias respeitantes aos pressupostos, objectivos e subjectivos, do processo de insolvência, bem como nas relativas à definição da massa insolvente e respectivas dívidas, e das classes de credores.

19. Simplificando a pluralidade de pressupostos objectivos presente no CPEREF, o actual diploma assenta num único pressuposto objectivo: a insolvência. Esta consiste na impossibilidade de cumprir obrigações vencidas, que, quando seja o devedor a apresentar-se à insolvência, pode ser apenas iminente.

Recupera-se, não obstante, como critério específico da determinação da insolvência de pessoas colectivas e patrimónios autónomos por cujas dívidas nenhuma pessoa singular responda pessoal e ilimitadamente a superioridade do seu passivo sobre o activo.

O elenco dos indícios da situação de insolvência é objecto de ampliação, por um lado, passando a incluir-se, nomeadamente, a insuficiência de bens penhoráveis para pagamento do crédito do exequente verificada em processo executivo movido contra o devedor, e também o incumprimento de obrigações previstas em plano de insolvência ou de pagamentos, em determinadas condições; e de aperfeiçoamento, por outro, especificando-se certos tipos de obrigações (tributárias, laborais, para com a segurança social, de certo tipo de rendas) cujo incumprimento generalizado mais frequentemente denuncia a insolvência do devedor.

Expressamente se afirma, todavia, que o devedor pode afastar a declaração de insolvência não só através da demonstração de que não se verifica o facto indiciário alegado pelo requerente, mas também mediante a invocação de que, apesar da verificação do mesmo, ele não se encontra efectivamente em situação de insolvência, obviando-se a quaisquer dúvidas que pudessem colocar-se (e se colocaram na vigência do CPEREF) quanto ao carácter ilidível das presunções consubstanciadas nos indícios.

20. Dão-se profundas alterações na delimitação do âmbito subjectivo de aplicação do processo de insolvência. Dissipando algumas dúvidas surgidas quanto ao tema na vigência do CPEREF, apresenta-se no artigo 2.º do novo Código um elenco aberto de sujeitos passivos do processo de insolvência. Aí se tem como critério mais relevante para este efeito, não o da personalidade jurídica, mas o da existência de autonomia patrimonial, o qual permite considerar como sujeitos passivos (também designados por «devedor» ou «insolvente»), designadamente, sociedades comerciais e outras pessoas colectivas ainda em processo de constituição, o estabelecimento individual de responsabilidade limitada, as associações sem personalidade jurídica e «quaisquer outros patrimónios autónomos». Neste quadro, a mera empresa, enquanto tal, se não dotada de autonomia patrimonial, não é considerada sujeito passivo, mas antes o seu titular.

Desaparecem, portanto, as «falências derivadas» ou «por arrastamento» constantes do artigo 126.º do CPEREF, por não se crer equânime sujeitar sem mais à declaração de insolvência as entidades aí mencionadas, que podem bem ser solventes.

Por outro lado, quanto às empresas de seguros, instituições de crédito e outras entidades tradicionalmente excluídas do âmbito de aplicação do direito falimentar comum, esclarece-se que a não sujeição ao processo de insolvência apenas ocorre na medida em que tal seja incompatível com os regimes especiais aplicáveis a tais entidades, assim se visando pôr termo a certos vazios de regulamentação que se verificam nos casos em que tais regimes nada prevêem quanto à insolvência das entidades por eles abrangidas.

A aplicação do processo de insolvência a pessoas colectivas, pessoas singulares incapazes e meros patrimónios autónomos exige a identificação das pessoas que os representem no âmbito do processo, e a quem, porventura, possam ser imputadas responsabilidades pela criação ou agravamento da situação de insolvência do devedor. Naturalmente que tais pessoas serão aquelas que disponham ou tenham disposto, nalguma medida, e tanto por força da lei como de negócio jurídico, de poderes incidentes sobre o património do devedor, o que legitima a sua reunião na noção, meramente operatória, de «administradores» contida no n.º 1 do artigo 6.º.

21. Distinguem-se com precisão as «dívidas da insolvência», correspondentes aos créditos sobre o insolvente cujo fundamento existisse à data da declaração de insolvência e aos que lhes sejam equiparados (que passam a ser designados como «créditos sobre a insolvência», e os respectivos titulares como «credores da insolvência»), das «dívidas ou encargos da massa insolvente» (correlativas aos «créditos sobre a massa», detidos pelos «credores da massa»), que são, *grosso modo*, as constituídas no decurso do processo.

Uma vez que o processo de insolvência tem por finalidade o pagamento, na medida em que ele seja ainda possível, dos créditos da insolvência, a constatação de que a massa insolvente não é sequer suficiente para fazer face às respectivas dívidas – aí compreendidas, desde logo, as custas do processo e a remuneração do administrador da insolvência – determina que o processo não prossiga após a sentença de declaração de insolvência ou que seja mais tarde encerrado, consoante a insuficiência da massa seja reconhecida antes ou depois da declaração. Em ambos os casos, porém, prossegue sempre o incidente de qualificação da insolvência, com tramitação e alcance mais mitigados.

22. A consideração da diversidade de situações em que podem encontrar-se os titulares de créditos sobre o insolvente, e a necessidade de lhes dispensar um tratamento adequado, aconselha a sua repartição em quatro classes: os credores da insolvência garantidos, privilegiados, comuns e subordinados.

23. A categoria dos créditos garantidos abrange os créditos, e respectivos juros, que beneficiem de garantias reais – sendo como tal considerados também os privilégios creditórios especiais – sobre bens integrantes da massa insolvente, até ao montante correspondente ao valor dos bens objecto das garantias.

24. Os créditos privilegiados são os que gozam de privilégios creditórios gerais sobre bens integrados na massa insolvente, quando tais privilégios não se extingam por efeito da declaração de insolvência.

Importa assinalar a significativa alteração introduzida no regime das hipotecas legais e dos privilégios creditórios que sejam acessórios de créditos detidos pelo Estado, pelas instituições de segurança social e pelas autarquias locais. Quanto às primeiras, e suprindo a omissão do CPEREF a esse respeito, que gerou controvérsia na doutrina e na jurisprudência, prevê-se a extinção apenas das que sejam acessórias dos créditos dessas entidades e cujo registo haja sido requerido nos dois meses anteriores à data de início do processo de insolvência. Quanto aos privilégios creditórios gerais, em lugar da extinção de todos eles, como sucede no CPEREF declarada que seja a falência, prevê-se a extinção tão-somente daqueles que se hajam constituído nos 12 meses anteriores à data de início do processo de insolvência.

25. É inteiramente nova entre nós a figura dos créditos subordinados. Ela existe em outros ordenamentos jurídicos, nomeadamente no alemão, no espanhol e no norte-americano, ainda que se registem significativas diferenças relativamente à forma como aparece neles configurada.

Trata-se de créditos cujo pagamento tem lugar apenas depois de integralmente pagos os créditos comuns. Tal graduação deve-se à consideração, por exemplo, do carácter meramente acessório do crédito (é o caso dos juros), ou de ser assimilável a capital social (é o que sucede com os créditos por suprimentos), ou ainda de se apresentar desprovido de contrapartida por parte do credor.

A categoria dos créditos subordinados abrange ainda, em particular, aqueles cujos titulares sejam «pessoas especialmente relacionadas com o devedor» (seja ele pessoa singular ou colectiva, ou património autónomo), as quais são criteriosamente indicadas no artigo 49.º do diploma. Não se afigura desproporcionada, situando-nos na perspectiva de tais pessoas, a sujeição dos seus créditos ao regime de subordinação, face à situação de superioridade informativa sobre a situação do devedor, relativamente aos demais credores.

O combate a uma fonte frequente de frustração das finalidades do processo de insolvência, qual seja a de aproveitamento, por parte do devedor, de relações orgânicas ou de grupo, de parentesco, especial proximidade, dependência ou outras, para praticar actos prejudicais aos credores é prosseguido no âmbito da resolução de actos em benefício da massa insolvente, pois presume-se aí a má fé das pessoas especialmente relacionadas com o devedor que hajam participado ou tenham retirado proveito de actos deste, ainda que a relação especial não existisse à data do acto.

26. Ainda quanto à natureza dos créditos no processo de insolvência, deve sublinhar-se o tratamento dispensado aos créditos sob condição. É adoptada, para efeitos de aplicação do Código, uma noção operatória de tais créditos, que abrange os sujeitos tanto a condições convencionais como às de origem legal. As principais inovações surgem no regime dos créditos sob condição suspensiva.

27. Passando à análise sumária da tramitação do processo legalmente disposta, que tem lugar sempre que, por meio de plano de insolvência, os credores não disponham diversamente, ela analisa-se nos seguintes momentos chave, não necessariamente processados pela ordem indicada:

1) Impulso processual;
2) Apreciação liminar e eventual adopção de medidas cautelares;
3) Sentença de declaração de insolvência e eventual impugnação;
4) Apreensão dos bens;
5) Reclamação de créditos, restituição e separação de bens;
6) Assembleia de credores de apreciação do relatório;
7) Liquidação da massa insolvente;
8) Sentença de verificação e graduação dos créditos;
9) Pagamento aos credores;
10) Incidente de qualificação da insolvência;
11) Encerramento do processo.

A estrutura delineada pode apresentar alguns desvios, em caso de: *a)* encerramento por insuficiência da massa insolvente; *b)* manutenção da administração da empresa pelo devedor; *c)* apresentação de plano de pagamentos aos credores; *d)* haver lugar ao período da cessão, para efeitos de exoneração do passivo restante, após o encerramento do processo de insolvência.

28. Uma vez que a apresentação à insolvência pelo devedor implica o reconhecimento por este da sua situação de insolvência, esta é declarada, como se referiu já, até ao 3.º dia útil seguinte ao da distribuição da petição inicial ou, existindo vícios corrigíveis, ao do respectivo suprimento, com o que se obtêm notáveis ganhos de tempo, como igualmente referido.

Nos demais casos, tem lugar a citação do devedor, para que deduza a competente oposição (e junte, eventualmente, plano de insolvência ou de pagamentos, ou requeira a exoneração do passivo restante). Não há lugar, portanto, a qualquer citação dos demais credores, ou a continuação com vista ao Ministério Público, nesta fase.

29. A sentença de declaração de insolvência representa um momento fulcral do processo. Ela não se limita a essa declaração mas é intensamente prospectiva, conformando boa parte da tramitação posterior e despoletando uma vasta panóplia de consequências. Por outro lado, o momento da sua emanação é decisivo para a aplicação de inúmeras normas do Código.

Boa parte da eficácia e celeridade, quando não da justiça, do processo de insolvência depende da sua adequada publicitação, a fim de que venha ao processo o maior número possível de credores e de que o façam no momento mais próximo possível. O Código reforça amplamente os mecanismos de notificação e publicação da sentença de declaração de insolvência e outros actos, tanto de credores conhecidos como desconhecidos, nacionais ou estrangeiros, considerando o caso particular dos que tenham residência habitual, domicílio ou sede em outros Estados membros da União Europeia, dos trabalhadores e do público em geral.

Destacam-se, por inovadoras, a previsão do registo oficioso da declaração de insolvência e da nomeação do administrador da insolvência na conservatória do registo civil, quando o devedor for uma pessoa singular, e, independentemente da natureza do devedor, no registo informático de execuções estabelecido pelo Código de Processo Civil, bem como a respectiva inclusão na página informática do tribunal, e, ainda, a comunicação da declaração de insolvência ao Banco de Portugal para que este proceda à sua inscrição na central de riscos de crédito.

30. No que concerne à impugnação da sentença de declaração de insolvência, cessa o actual regime de concentração da reacção, de direito e de facto, nos embargos, repondo-se, se bem que em termos e por motivos distintos dos que constavam do Código de Processo Civil, a dualidade dos meios de reacção embargos/recurso.

Assim, às pessoas legitimadas para deduzir embargos é lícito, alternativamente a essa dedução ou cumulativamente com ela, interpor recurso da sentença de declaração de insolvência, quando entendam que, face aos elementos apurados, ela não devia ter sido proferida. Tal como sucede no CPEREF, a oposição de embargos à sentença declaratória da insolvência, bem como o recurso da decisão que mantenha a declaração, suspende a liquidação e a partilha do activo, sem prejuízo de o administrador da insolvência poder promover a venda imediata dos bens da massa insolvente que não possam ou não devam conservar-se por estarem sujeitos a deterioração ou depreciação.

31. A sentença de declaração da insolvência é fonte de inúmeros e importantes efeitos, que são agrupados do seguinte modo: «efeitos sobre o devedor e outras pessoas»; «efeitos processuais»; «efeitos sobre os créditos», e «efeitos sobre os negócios em curso».

32. O principal efeito sobre o devedor, aliás clássico, é o da privação dos poderes de administração e de disposição dos bens integrantes da massa insolvente, por si ou pelos seus administradores, passando tais poderes a competir ao administrador da insolvência.

Consagra-se, porém, a possibilidade de o devedor se manter na administração da massa insolvente nos casos em que esta integre uma empresa. Essa manutenção pressupõe, entre outros aspectos, que o devedor a tenha requerido, tendo já apresentado, ou comprometendo-se a fazê-lo dentro de certo prazo, um plano de insolvência que preveja a continuidade da exploração da empresa por si próprio, e ainda que conte com a anuência do credor requerente ou da assembleia de credores. Fica bem à vista o sentido deste regime: não obrigar à privação dos poderes de administração do devedor, em concreto quanto à empresa de que seja titular, quando se reconheça que a sua aptidão empresarial não é prejudicada pela situação de insolvência, a qual pode até resultar de factores exógenos à empresa, havendo, simultaneamente, a convicção de que a recuperação da empresa nas suas mãos permitirá uma melhor satisfação dos créditos do que a sua sujeição ao regime comum de liquidação.

33. No campo dos efeitos processuais da declaração de insolvência, salienta-se a possibilidade de, mediante requerimento do administrador da insolvência, haver lugar a apensação ao processo de insolvência de um devedor dos processos em que haja sido declarada a insolvência de pessoas que legalmente respondam pelas suas dívidas ou, tratando-se de pessoa singular casada, do seu cônjuge, se o regime de bens não for o da separação. Sendo o devedor uma sociedade comercial, poderão ser apensados os processos em que tenha sido declarada a insolvência de sociedades que, nos termos do Código das Sociedades Comerciais, ela domine ou com ela se encontrem em relação de grupo.

34. No capítulo dos efeitos sobre os créditos regula-se em termos tecnicamente mais apurados a matéria fundamental do vencimento imediato das obrigações do insolvente operado pela declaração de insolvência. São aspectos novos os da actualização do montante das obrigações que não fossem exigíveis à data da declaração de insolvência, dos efeitos relativamente a dívidas abrangidas em planos de regularização de impostos e de contribuições para a segurança social que estejam ainda em curso de execução e do regime da conversão de créditos, tanto pecuniários de montante indeterminado, como não pecuniários, como ainda daqueles expressos em moeda estrangeira ou índices.

A possibilidade de compensar créditos sobre a insolvência com dívidas à massa é agora admitida, genericamente, se os pressupostos legais da compensação se verificassem já à data da declaração de insolvência, ou se, verificando-se em momento posterior, o contra-crédito da massa não houver preenchido em primeiro lugar os requisitos estabelecidos no artigo 847.º do Código Civil.

35. O capítulo dos efeitos da declaração de insolvência sobre os negócios jurídicos em curso é um daqueles em que a presente reforma mais se distancia do regime homólogo do CPEREF. Ele é objecto de uma extensa remodelação, tanto no plano da forma como no da substância, que resulta de uma mais atenta ponderação dos interesses em causa e da consideração, quanto a aspectos pontuais, da experiência de legislações estrangeiras.

Poucas são as soluções que se mantiveram inalteradas neste domínio. De realçar é desde logo a introdução de um «princípio geral» quanto aos contratos bilaterais, que logo aponta para a noção de «negócios em curso» no âmbito do processo de insolvência: deverá tratar-se de contrato em que, à data da declaração de insolvência, não haja ainda total cumprimento tanto pelo insolvente como pela outra parte. O essencial do regime geral disposto para tais negócios é o de que o respectivo cumprimento fica suspenso até que o administrador da insolvência declare optar pela execução ou recusar o cumprimento. Vários outros tipos contratuais são objecto de tratamento específico, surgindo diversas e relevantes inovações nos domínios da compra e venda, locação, mandato, entre outros.

O capítulo termina com uma importante norma pela qual se determina a nulidade de convenções que visem excluir ou limitar a aplicação dos preceitos nele contidos. Ressalvam-se, porém, os casos em que a situação de insolvência, uma vez ocorrida, possa configurar justa causa de resolução ou de denúncia do contrato em atenção à natureza e conteúdo das prestações contratuais, o que poderá suceder, a título de exemplo, no caso de ter natureza infungível a prestação a que o insolvente se obrigara.

36. Ainda no que se refere à tramitação do processo, importa referir que à sentença de declaração da insolvência se segue a imediata apreensão dos bens integrantes da massa insolvente pelo administrador da insolvência, tendo-se mantido no essencial o regime já constante do CPEREF quanto a esta matéria.

37. É na fase da reclamação de créditos que avulta de forma particular um dos objectivos do presente diploma, que é o da simplificação dos procedimentos administrativos inerentes ao processo. O Código dispõe, a este respeito, que as reclamações de créditos são endereçadas ao administrador da insolvência e entregues no ou remetidas para o seu domicílio profissional. Do apenso respeitante à reclamação e verificação de créditos constam assim apenas a lista de credores reconhecidos e não reconhecidos, as impugnações e as respectivas respostas.

Para além da simplificação de carácter administrativo, esta fase permite dar um passo mais na desjudicialização anteriormente comentada, ao estabelecer-se que a sentença de verificação e graduação dos créditos se limitar a homologar a lista de credores reconhecidos elaborada pelo administrador da insolvência e a graduar os créditos em atenção ao que conste dessa lista, quando não tenham sido apresentadas quaisquer impugnações das reclamações de créditos. Ressalva-se expressamente a necessidade de correcções que resultem da existência de erro manifesto.

38. Na sentença de declaração da insolvência é designada data, entre os 45 e os 75 dias seguintes à respectiva prolação, para a realização de uma importante reunião da assembleia de credores, designada «assembleia de credores de apreciação do relatório».

39. Transitada em julgado a sentença declaratória da insolvência e realizada a assembleia de apreciação do relatório, o administrador da insolvência procede com prontidão à venda de todos os bens apreendidos para a massa insolvente, independentemente da verificação do passivo, na medida em que a tanto se não oponham as deliberações tomadas pelos credores na referida assembleia.

Estabelece-se o princípio geral de que depende do consentimento da comissão de credores, ou, se esta não existir, da assembleia de credores, a prática de actos jurídicos que assumam especial relevo para o processo de insolvência.

Reafirma-se o princípio da prevalência da alienação da empresa como um todo, devendo o administrador da insolvência, uma vez iniciadas as suas funções, efectuar imediatamente diligências para a alienação da empresa do devedor ou dos seus estabelecimentos.

Alterando o disposto a esse respeito no CPEREF, não se impõe ao administrador da insolvência que a venda dos bens siga alguma das modalidades admitidas em processo executivo, pois que outra poderá revelar-se mais conveniente no caso concreto.

A preocupação de celeridade, já afirmada a vários propósitos, não pode levar à criação de regimes que se mostrem inexequíveis à partida. É por esse motivo que o prazo para a liquidação é ampliado para um ano, constituindo o respectivo decurso, ou o de cada seis meses subsequentes, sem que seja encerrado o processo de insolvência, motivo bastante para destituição com justa causa do administrador da insolvência, salvo havendo razões que justifiquem o prolongamento.

Prevê-se a possibilidade de dispensa de liquidação da massa, quando, sendo o devedor uma pessoa singular e a massa insolvente não compreenda uma empresa, seja por ele entregue ao administrador da insolvência uma importância em dinheiro não inferior à que resultaria dessa liquidação, podendo assim evitar-se inúmeros dispêndios e incómodos.

40. Um objectivo da reforma introduzida pelo presente diploma reside na obtenção de uma maior e mais eficaz responsabilização dos titulares de empresa e dos administradores de pessoas colectivas. É essa a finalidade do novo «incidente de qualificação da insolvência».

As finalidades do processo de insolvência e, antes ainda, o próprio propósito de evitar insolvências fraudulentas ou dolosas, seriam seriamente prejudicados se aos administradores das empresas, de direito ou de facto, não sobreviessem quaisquer consequências sempre que estes hajam contribuído para tais situações. A coberto do expediente técnico da personalidade jurídica colectiva, seria possível praticar incolumemente os mais variados actos prejudiciais para os credores.

O CPEREF, particularmente após a revisão de 1998, não era alheio ao problema mas os regimes então instituídos a este propósito – a responsabilização solidária dos administradores (com pressupostos fluidos e incorrectamente explicitados) e a possibilidade de declaração da sua falência conjuntamente com a do devedor – não se afiguram tecnicamente correctos nem idóneos para o fim a que se destinam. Por outro lado, a sua aplicação ficava na dependência de requerimento formulado por algum credor ou pelo Ministério Público. Ademais, a sanção de inibição para o exercício do comércio pode ser injusta quando é aplicada como efeito automático da declaração de falência, sem atender à real situação do falido.

O tratamento dispensado ao tema pelo novo Código (inspirado, quanto a certos aspectos, na recente Ley Concursal espanhola), que se crê mais equânime – ainda que mais severo em certos casos –, consiste, no essencial, na criação do «incidente de qualificação da insolvência», o qual é aberto oficiosamente em todos os processos de insolvência, qualquer que seja o sujeito passivo, e não deixa de realizar-se mesmo em caso de encerramento do processo por insuficiência da massa insolvente (assumindo nessa hipótese, todavia, a designação de «incidente limitado de qualificação da insolvência», com uma tramitação e alcance mitigados).

O incidente destina-se a apurar (sem efeitos quanto ao processo penal ou à apreciação da responsabilidade civil) se a insolvência é fortuita ou culposa, entendendo-se que esta última se verifica quando a situação tenha sido criada ou agravada em consequência da actuação, dolosa ou com culpa grave (presumindo-se a segunda em certos casos), do devedor, ou dos seus administradores, de direito ou de facto, nos três anos anteriores ao início do processo de insolvência, e indicando-se que a falência é sempre considerada culposa em caso da prática de certos actos necessariamente desvantajosos para a empresa.

A qualificação da insolvência como culposa implica sérias consequências para as pessoas afectadas que podem ir da inabilitação por um período determinado, a inibição temporária para o exercício do comércio, bem como para a ocupação de determinados cargos, a perda de quaisquer créditos sobre a insolvência e a condenação a restituir os bens ou direitos já recebidos em pagamento desses créditos.

41. A finalidade precípua do processo de insolvência – o pagamento, na maior medida possível, dos credores da insolvência – poderia ser facilmente frustrada através da prática pelo devedor, anteriormente ao processo ou no decurso deste, de actos de dissipação da garantia comum dos credores: o património do devedor ou, uma vez declarada a insolvência, a massa insolvente. Importa, portanto, apreender para a massa insolvente não só aqueles bens que se mantenham ainda na titularidade do insolvente, como aqueles que nela se manteriam caso não houvessem sido por ele praticados ou omitidos aqueles actos, que se mostram prejudiciais para a massa.

A possibilidade de perseguir esses actos e obter a reintegração dos bens e valores em causa na massa insolvente é significativamente reforçada no presente diploma.

No actual sistema, prevê-se a possibilidade de resolução de um conjunto restrito de actos, e a perseguição dos demais nos termos apenas da impugnação pauliana, tão frequentemente ineficaz, ainda que se presuma a má fé do terceiro quanto a alguns deles. No novo Código, o recurso dos credores à impugnação pauliana é impedida, sempre que o administrador entenda resolver o acto em benefício da massa. Prevê-se a reconstituição do património do devedor (a massa insolvente) por meio de um instituto específico – a «resolução em benefício da massa insolvente» –, que permite, de forma expedita e eficaz, a destruição de actos prejudiciais a esse património.

42. Independentemente dos aspectos do actual regime que já se mostravam carecidos de reformulação, alguns acontecimentos recentes alertaram de forma particularmente expressiva para a necessidade de mais eficazmente assegurar o recto desempenho das funções cometidas ao administrador da insolvência.

O presente diploma introduz algumas garantias de melhor desempenho da função de administrador da insolvência, como a possibilidade de eleição do administrador da insolvência pela assembleia de credores e a previsão do decurso do prazo de um ano sem que esteja encerrado o processo como justa causa de destituição do administrador.

43. O encerramento do processo, matéria deficientemente regulada no CPEREF, é objecto de tratamento sistemático no novo Código, que prevê com rigor tanto as suas causas como os respectivos efeitos.

44. A sujeição ao processo de insolvência de pessoas singulares e colectivas, tanto titulares de empresas como alheias a qualquer actividade empresarial, não é feita sem a previsão de regimes e institutos diferenciados para cada categoria de entidades, que permitam o melhor tratamento normativo das respectivas situações de insolvência. Conforme atrás referido a propósito do plano de insolvência, este será tendencialmente usado por empresas de maior dimensão.

No tratamento dispensado às pessoas singulares, destacam-se os regimes da exoneração do passivo restante e do plano de pagamentos.

45. O Código conjuga de forma inovadora o princípio fundamental do ressarcimento dos credores com a atribuição aos devedores singulares insolventes da possibilidade de se libertarem de algumas das suas dívidas, e assim lhes permitir a sua reabilitação económica. O princípio do *fresh start* para as pessoas singulares de boa fé incorridas em situação de insolvência, tão difundido nos Estados Unidos, e recentemente incorporado na legislação alemã da insolvência, é agora também acolhido entre nós, através do regime da «exoneração do passivo restante».

O princípio geral nesta matéria é o de poder ser concedida ao devedor pessoa singular a exoneração dos créditos sobre a insolvência que não forem integralmente pagos no processo de insolvência ou nos cinco anos posteriores ao encerramento deste.

A efectiva obtenção de tal benefício supõe, portanto, que, após a sujeição a processo de insolvência, o devedor permaneça por um período de cinco anos – designado período da cessão – ainda adstrito ao pagamento dos créditos da insolvência que não hajam sido integralmente satisfeitos. Durante esse período, ele assume, entre várias outras obrigações, a de ceder o seu rendimento disponível (tal como definido no Código) a um fiduciário (entidade designada pelo tribunal de entre as inscritas na lista oficial de administradores da insolvência), que afectará os montantes recebidos ao pagamento dos credores. No termo desse período, tendo o devedor cumprido, para com os credores, todos os deveres que sobre ele impendiam, é proferido despacho de exoneração, que liberta o devedor das eventuais dívidas ainda pendentes de pagamento.

A ponderação dos requisitos exigidos ao devedor e da conduta recta que ele teve necessariamente de adoptar justificará, então, que lhe seja concedido o benefício da exoneração, permitindo a sua reintegração plena na vida económica.

Esclareça-se que a aplicação deste regime é independente da de outros procedimentos extrajudiciais ou afins destinados ao tratamento do sobreendividamento de pessoas singulares, designadamente daqueles que relevem da legislação especial relativa a consumidores.

46. Permite-se às pessoas singulares, não empresários ou titulares de pequenas empresas, a apresentação, com a petição inicial do processo de insolvência ou em alternativa à contestação, de um plano de pagamentos aos credores.

O incidente do plano abre caminho para que as pessoas que podem dele beneficiar sejam poupadas a toda a tramitação do processo de insolvência (com apreensão de bens, liquidação, etc.), evitem quaisquer prejuízos para o seu bom nome ou reputação e se subtraiam às consequências associadas à qualificação da insolvência como culposa.

Admite-se a possibilidade de o juiz substituir, em certos casos, a rejeição do plano por parte de um credor por uma aprovação, superando-se uma fonte de frequentes frustrações de procedimentos extrajudiciais de conciliação, que é a da necessidade do acordo de todos os credores.

47. É regulada de modo inteiramente inovador a insolvência de pessoas casadas, em regime de bens que não seja o de separação. É permitida a coligação activa e passiva dos cônjuges no processo de insolvência. Apresentando-se ambos à insolvência, ou correndo contra ambos o processo instaurado por terceiro, a apreciação da situação de insolvência de ambos os cônjuges consta da mesma sentença, e deve ser formulada conjuntamente por eles uma eventual proposta de plano de pagamentos.

48. A presente reforma teve também por objectivo proceder à harmonização do direito nacional da falência com o Regulamento (CE) n.º 1346/2000, de 29 de Maio, relativo às insolvências transfronteiriças, e com algumas directivas comunitárias relevantes em matéria de insolvência.

Estabelece-se ainda um conjunto de regras de direito internacional privado, destinadas a dirimir conflitos de leis no que respeita a matérias conexas com a insolvência.

49. Mantêm-se, no essencial, os regimes existentes no CPEREF quanto à isenção de emolumentos e benefícios fiscais, bem como à indiciação de infracção penal.

50. Para além da aprovação do CIRE, o presente diploma procede ainda à alteração de outros diplomas já vigentes, passando-se a enumerar as mudanças fundamentais, já que outras decorrem de mera adaptação à terminologia adoptada naquele novo Código.

Por efeito da alteração ao regime da insolvência, torna-se necessária a alteração dos tipos criminais incluídos no Código Penal, eliminando-se todas as referências a «falência», que são substituídas por «insolvência».

Introduz-se uma agravação para os crimes de insolvência dolosa, frustração de créditos, insolvência negligente, assim como para o de favorecimento de credores, quando da prática de tais ilícitos resultar a frustração de créditos de natureza laboral.

51. No que respeita a legislação avulsa cuja terminologia não é adaptada ao novo Código, entende-se introduzir uma regra geral de que as remissões feitas para a legislação ora revogada se devem entender feitas para as correspondentes normas do CIRE. Em especial, previnem-se os casos de legislação que preveja a caducidade de autorizações para o exercício de actividades em resultado de falência do respectivo titular, esclarecendo que a mera declaração de insolvência pode não envolver a referida caducidade, assim permitindo a eventual aprovação de plano de insolvência que preveja a recuperação da empresa sem alteração do respectivo titular.

52. São estes os traços essenciais do regime ora aprovado, que se segue ao anteprojecto que o Governo apresentou no 1.º semestre do corrente ano, o qual foi objecto de uma ampla discussão pública nos meios económicos, sociais, judiciais e académico.

Foram observados os procedimentos decorrentes da participação das organizações dos trabalhadores, tendo igualmente sido consultadas diversas entidades com interesse nesta matéria, designadamente a Ordem dos Advogados, a Câmara dos Solicitadores, a Ordem dos Revisores Oficiais de Contas, o Banco de Portugal, a Associação Portuguesa de Bancos, a Associação Empresarial de Portugal, a Confederação da Indústria Portuguesa, a Confederação do Comércio e Serviços de Portugal, a Associação Portuguesa de Gestores e Liquidatários Judiciais, bem como representantes da magistratura judicial e do Ministério Público.

Assim:

No uso da autorização legislativa concedida pela Lei n.º 39/2003, de 22 de Agosto, e nos termos das alíneas *a)* e *b)* do n.º 1 do artigo 198.º da Constituição, o Governo decreta o seguinte:

Artigo 1.º
Aprovação do Código da Insolvência e da Recuperação de Empresas

É aprovado o Código da Insolvência e da Recuperação de Empresas, que se publica em anexo ao presente decreto-lei, do qual faz parte integrante.

Artigo 2.º
Alterações ao Código Penal

São alterados os artigos 227.º, 227.º-A, 228.º e 229.º do Código Penal, aprovado pelo Decreto-Lei n.º 400/82, de 23 de Setembro, e alterado pela Lei n.º 6/84, de 11 de Maio, pelos Decretos-Leis n.os 132/ /93, de 23 de Abril, e 48/95, de 15 de Março, pelas Leis n.os 65/98, de 2 de Setembro, 7/2000, de 27 de Maio, 77/2001, de 13 de Julho, 97/2001, 98/2001, 99/2001 e 100/2001, de 25 de Agosto, e 108/2001, de 28 de Novembro, e pelos Decretos-Leis n.os 323/2001, de 17 de Dezembro, e 38/2003, de 8 de Março, que passam a ter a seguinte redacção:

«Artigo 227.º
[...]

1 – O devedor que com intenção de prejudicar os credores:
a) ...
b) ...
c) ...
d) ...
é punido, se ocorrer a situação de insolvência e esta vier a ser reconhecida judicialmente, com pena de prisão até 5 anos ou com pena de multa até 600 dias.
2 – *(Anterior n.º 3.)*
3 – *(Anterior n.º 5.)*

Artigo 227.º-A
[...]

1 ...
2 – É correspondentemente aplicável o disposto nos n.os 2 e 3 do artigo anterior.

Artigo 228.º
[...]

1 – O devedor que:
a) ...
b) ...
é punido, se ocorrer a situação de insolvência e esta vier a ser reconhecida judicialmente, com pena de prisão até um ano ou com pena de multa até 120 dias.
2 – É correspondentemente aplicável o disposto no n.º 3 do artigo 227.º.

Artigo 229.º
[...]

1 – O devedor que, conhecendo a sua situação de insolvência ou prevendo a sua iminência e com intenção de favorecer certos credores em prejuízo de outros, solver dívidas ainda não vencidas ou as solver de maneira diferente do pagamento em dinheiro ou valores usuais, ou der garantias para suas dívidas a que não era obrigado, é punido com pena de prisão até 2 anos ou com pena de multa até 240 dias, se vier a ser reconhecida judicialmente a insolvência.
2 – É correspondentemente aplicável o disposto no n.º 3 do artigo 227.º»

Artigo 3.º
Aditamento ao Código Penal

É aditado ao Código Penal o artigo 229.º-A, com a seguinte redacção:

«Artigo 229.º-A
Agravação

As penas previstas no n.º 1 do artigo 227.º, no n.º 1 do artigo 227.º-A, no n.º 1 do artigo 228.º e no n.º 1 do artigo 229.º são agravadas de um terço, nos seus limites mínimo e máximo, se, em consequência da prática de qualquer dos factos ali descritos, resultarem frustrados créditos de natureza laboral, em sede de processo executivo ou processo especial de insolvência.»

Artigo 4.º
Alteração ao Código de Processo Civil

São alterados os artigos 222.º e 806.º do Código de Processo Civil, aprovado pelo Decreto-Lei n.º 44129, de 28 de Dezembro de 1961, alterado pelos Decretos-Leis n.os 47690, de 11 de Maio de 1967, 323/70, de 11 de Julho, 261/75, de 27 de Maio, 165/76, de 1 de Março, 201/76, de 19 de Março, 366/76, de 5 de Maio, 605/76, de 24 de Julho, 738/76, de 16 de Outubro, 368/77, de 3 de Setembro, e 533/77, de 30 de Dezembro, pela Lei n.º 21/78, de 3 de Maio, pelos Decretos-Leis n.os 513-X/79, de 27 de Dezembro, 207/80, de 1 de Julho, 457/80, de 10 de Outubro, 400/82, de 23 de Setembro, 242/85, de 9 de Julho, 381-A/85, de 28 de Setembro, e 177/86, de 2 de Julho, pela Lei n.º 31/86, de 29 de Agosto, pelos Decretos-Leis n.os 92/88, de 17 de Março, 321-B/90, de 15 de Outubro, 211/91, de 14 de Julho, 132/93, de 23 de Abril, 227/94, de 8 de Setembro, 39/95, de 15 de Fevereiro, 329-A/95, de 12 de Dezembro, 180/96, de 25 de Setembro, 375-A/99, de 20 de Setembro, e 183/2000, de 10 de Agosto, pela Lei n.º 30-D/2000, de 20 de Dezembro, pelos Decretos-Leis n.os 272/2001, de 13 de Outubro, e 323/2001, de 17 de Dezembro, pela Lei n.º 13/2002, de 19 de Fevereiro, e pelo Decreto-Lei n.º 38/2003, de 8 de Março, que passam a ter a seguinte redacção:

«Artigo 222.º
[...]

Na distribuição há as seguintes espécies:
1.ª ...
2.ª ...
3.ª ...
4.ª ...
5.ª ...
6.ª ...
7.ª ...
8.ª ...
9.ª Processos especiais de insolvência;
10.ª ...

Artigo 806.º
[...]

1 – ...
2 – ...
3 – ...
4 – ...
a) A declaração de insolvência e a nomeação de um administrador da insolvência, bem como o encerramento do processo especial de insolvência;
b) ...
5 – ...»

Artigo 5.º
Alteração ao regime do registo informático de execuções

É alterado o artigo 2.º do Decreto-Lei n.º 201/2003, de 10 de Setembro, que passa a ter a seguinte redacção:

«Artigo 2.º
[...]

1 – ...
2 – ...
3 – ...
a) A declaração de insolvência e a nomeação de um administrador da insolvência, bem como o encerramento do processo especial de insolvência;
b) ...
4 – ...
5 – ...
6 – ...
7 – ...

Artigo 6.º
Alteração ao Código do Registo Civil

Os artigos 1.º e 69.º do Código do Registo Civil, aprovado pelo Decreto-Lei n.º 131/95, de 6 de Junho, alterado pelos Decretos-Leis n.ºs 36/97, de 31 de Janeiro, 120/98, de 8 de Maio, 375-A/99, de 20 de Setembro, 228/2001, de 20 de Agosto, 273/2001, de 13 de Outubro, 323/2001, de 17 de Dezembro, e 113/2002, de 20 de Abril, passam a ter a seguinte redacção:

«Artigo 1.º
[...]

1 – O registo civil é obrigatório e tem por objecto os seguintes factos:
a) ...
b) ...
c) ...
d) ...
e) ...
f) ...
g) ...
h) ...

i) ...
j) A declaração de insolvência, o indeferimento do respectivo pedido, nos casos de designação prévia de administrador judicial provisório, e o encerramento do processo de insolvência;
l) A nomeação e cessação de funções do administrador judicial e do administrador judicial provisório da insolvência, a atribuição ao devedor da administração da massa insolvente, assim como a proibição da prática de certos actos sem o consentimento do administrador da insolvência e a cessação dessa administração;
m) A inabilitação e a inibição do insolvente para o exercício do comércio e de determinados cargos;
n) A exoneração do passivo restante, assim como o início e cessação antecipada do respectivo procedimento e a revogação da exoneração;
o) *[Anterior alínea j).]*
p) *[Anterior alínea l).]*
2 – ...

Artigo 69.º
[...]

1 – Ao assento de nascimento são especialmente averbados:
a) ...
b) ...
c) *[Anterior alínea e).]*
d) *[Anterior alínea f).]*
e) *[Anterior alínea g).]*
f) *[Anterior alínea h).]*
g) *[Anterior alínea i).]*
h) A declaração de insolvência, o indeferimento do respectivo pedido e o encerramento do processo de insolvência;
i) A nomeação e cessação de funções do administrador judicial e do administrador judicial provisório da insolvência, a atribuição ao devedor da administração da massa insolvente, bem como a proibição da prática de certos actos sem o consentimento do administrador da insolvência e a cessação dessa administração;
j) A inabilitação e a inibição do insolvente para o exercício do comércio e de determinados cargos;
l) O início, cessação antecipada e decisão final do procedimento de exoneração do passivo restante e a revogação desta;
m) *[Anterior alínea j).]*
n) *[Anterior alínea l).]*
o) *[Anterior alínea m).]*
p) *[Anterior alínea n).]*
2 ...
3 – ...»

Artigo 7.º
Alteração ao Código do Registo Comercial

Os artigos 9.º, 10.º, 61.º, 64.º, 66.º 67.º, 69.º e 80.º do Código do Registo Comercial, aprovado pelo Decreto-Lei n.º 403/86, de 3 de Dezembro, e alterado pelos Decretos-Leis n.ºs 349/89, de 13 de Outubro, 31/93, de 12 de Fevereiro, 267/93, de 31 de Julho, 216/94, de 20 de Agosto, 328/95, de 9 de Dezembro, 257/96, de 31 de Dezembro, 368/98, de 23 de Novembro, 172/99, de 20 de Maio, 198/99, de 8 de Junho, 375-A/99, de 20 de Setembro, 385/99, de 28 de Setembro, 410/99, de 15 de Outubro, 273/2001, de 13 de Outubro, e 323/2001, de 17 de Dezembro, passam a ter a seguinte redacção:

«Artigo 9.º
[...]

Estão sujeitas a registo:

a) ...
b) ...
c) ...
d) ...
e) ...
f) ...
g) ...
h) ...
i) As sentenças de declaração de insolvência de comerciantes individuais, de sociedades comerciais, de sociedades civis sob forma comercial, de cooperativas, de agrupamentos complementares de empresas, de agrupamentos europeus de interesse económico e de estabelecimentos individuais de responsabilidade limitada, e as de indeferimento do respectivo pedido, nos casos de designação prévia de administrador judicial provisório, bem como o trânsito em julgado das referidas sentenças;
j) As sentenças, com trânsito em julgado, de inabilitação e de inibição de comerciantes individuais para o exercício do comércio e de determinados cargos, bem como as decisões de nomeação e de destituição do curador do inabilitado;
l) Os despachos de nomeação e de destituição do administrador judicial e do administrador judicial provisório da insolvência, de atribuição ao devedor da administração da massa insolvente, assim como de proibição da prática de certos actos sem o consentimento do administrador da insolvência e os despachos que ponham termo a essa administração;
m) Os despachos, com trânsito em julgado, de exoneração do passivo restante de comerciantes individuais, assim como os despachos inicial e de cessação antecipada do respectivo procedimento e de revogação dessa exoneração;
n) As decisões judiciais de encerramento do processo de insolvência;

o) As decisões judiciais de confirmação do fim do período de fiscalização incidente sobre a execução de plano de insolvência.

Artigo 10.º

[...]

Estão ainda sujeitos a registo:

a) ...

b) *(Revogada.)*

c) ...

d) ...

e) ...

f) ...

Artigo 61.º

[...]

1 – ...

2 – O disposto no número anterior não é aplicável aos registos decorrentes do processo de insolvência, bem como aos de penhor, penhora, arresto e arrolamento de quotas de sociedades por quotas e penhor de partes de sociedades em nome colectivo e em comandita simples.

3 – ...

Artigo 64.º

[...]

1 – São provisórias por natureza as seguintes inscrições:

a) ...

b) ...

c) ...

d) ...

e) De declaração de insolvência ou de indeferimento do respectivo pedido, antes do trânsito em julgado da sentença;

f) ...

g) ...

h) ...

i) ...

j) ...

l) De apreensão em processo de insolvência, depois de proferida a sentença de declaração de insolvência, mas antes da efectiva apreensão;

m) ...

n) ...

2 – São ainda provisórias por natureza as inscrições:

a) De penhora ou arresto de quotas das sociedades por quotas ou dos direitos a que se refere a parte final da alínea *e)* e da alínea *f)* do artigo 3.º e, bem assim, da apreensão dos mesmos bens em processo de insolvência, no caso de sobre eles subsistir registo de aquisição a favor de pessoa diversa do executado, requerido ou insolvente;

b) ...

c) ...

d) ...

Artigo 66.º

[...]

1 – ...

2 – ...

3 – A nomeação de administrador judicial da insolvência, a atribuição ao devedor da administração da massa insolvente e a proibição ao devedor administrador da prática de certos actos sem o consentimento do administrador judicial, quando determinadas simultaneamente com a declaração de insolvência, não têm inscrição autónoma, devendo constar da inscrição que publicita este último facto; a inscrição conjunta é também feita em relação aos factos referidos que sejam determinados simultaneamente em momento posterior àquela declaração.

4 – A nomeação de curador ao comerciante individual insolvente, quando efectuada na sentença de inabilitação daquele, é registada na inscrição respeitante a este último facto.

Artigo 67.º

[...]

1 – *(Anterior corpo do artigo.)*

2 – O registo da decisão de encerramento do processo de insolvência, quando respeitante a sociedade comercial ou sociedade civil sob forma comercial, determina a realização oficiosa:

a) Do registo de regresso à actividade da sociedade, quando o encerramento do processo se baseou na homologação de um plano de insolvência que preveja a continuidade daquela;

b) Do cancelamento da matrícula da sociedade, nos casos em que o encerramento do processo foi declarado após a realização do rateio final.

3 – O registo referido no número anterior determina ainda, qualquer que seja a entidade a que respeite, a realização oficiosa do registo de cessação de funções do administrador judicial da insolvência, salvo nos casos em que exista plano de insolvência homologado e este lhe confira competências e ainda nos casos a que se refere a alínea *b)* do número anterior.

Artigo 69.º
[...]

1 – São registados por averbamento às inscrições a que respeitam os seguintes factos:

a) ...
b) ...
c) ...
d) ...
e) ...
f) ...
g) ...
h) *[Anterior alínea i).]*
i) *[Anterior alínea j).]*
j) *[Anterior alínea k).]*
l) ...
m) ...
n) ...
o) ...
p) A cessação de funções do administrador judicial e do administrador judicial provisório da insolvência;
q) A decisão judicial de proibição ao devedor insolvente da prática de certos actos sem o consentimento do administrador da insolvência, quando tal proibição não for determinada conjuntamente com a atribuição ao devedor da administração da massa insolvente;
r) A decisão judicial que ponha termo à administração da massa insolvente pelo devedor;
s) A decisão judicial de cessação antecipada do procedimento de exoneração do passivo restante de comerciante individual e a de revogação dessa exoneração;
t) A decisão judicial de confirmação do fim do período de fiscalização incidente sobre a execução de plano de insolvência.

2 – ...

3 – ...

4 – ...

5 – O trânsito em julgado das sentenças previstas nas alíneas *e)* e *g)* do n.º 1 do artigo 64.º determina o averbamento de conversão em definitivo dos correspondentes registos.

6 – As decisões judiciais previstas na alínea *s)* do n.º 1 são averbadas, respectivamente, à inscrição do despacho inicial de exoneração do passivo restante e à do despacho final que determine essa exoneração.

7 – A decisão judicial prevista na alínea *t)* do n.º 1 é averbada à inscrição da decisão de encerramento do processo de insolvência que publicite a sujeição da execução de plano de insolvência a fiscalização.

Artigo 80.º
[...]

1 – Havendo registo provisório de arresto, penhora ou apreensão em processo de insolvência de quotas ou de direitos relativos a partes sociais inscritas em nome de pessoa diversa do requerido, executado, ou insolvente, o juiz deve ordenar a citação do titular inscrito para declarar, no prazo de 10 dias, se a quota ou parte social lhe pertence.
2 – ...
3 – ...
4 – ...
5 – ...
6 – ...»

Artigo 8.º
Alteração à Lei de Organização e Funcionamento dos Tribunais Judiciais

O artigo 89.º da Lei n.º 3/99, de 13 de Janeiro (Lei de Organização e Funcionamento dos Tribunais Judiciais), alterada pela Lei n.º 101/99, de 26 de Julho, e pelos Decretos-Leis n.os 323/2001, de 17 de Dezembro, 10/2003, de 18 de Janeiro, e 38/2003, de 8 de Março, passa a ter a seguinte redacção:

«Artigo 89.º
[...]

1 – ...
a) O processo de insolvência se o devedor for uma sociedade comercial ou a massa insolvente integrar uma empresa;
b) ...
c) ...
d) ...
e) ...
f) ...
g) ...
h) ...
2 – ...
3 – ...»

Artigo 9.º
Alteração ao Regulamento Emolumentar dos Registos e Notariado

O artigo 28.º do Regulamento Emolumentar dos Registos e Notariado, aprovado pelo Decreto-Lei n.º 322-A/2001, de 14 de Dezembro, alterado pelo Decreto-Lei n.º 194/2003, de 23 de Agosto, passa a ter a seguinte redacção:

«Artigo 28.º
[...]

1 – ...
2 – ...
3 – ...
4 – ...
5 – ...
6 – ...
7 – ...
8 – ...
9 – ...
10 – ...
11 – ...
12 – ...
13 – ...
14 – ...
15 – Estão isentos de tributação emolumentar os actos notariais e de registo exigidos para execução de providências integradoras ou decorrentes de plano de insolvência judicialmente homologado que visem o saneamento da empresa, através da recuperação do seu titular ou da sua transmissão, total ou parcial, a outra ou outras entidades.»

Artigo 10.º
Norma revogatória

1 – É revogado o Código dos Processos Especiais de Recuperação da Empresa e de Falência, aprovado pelo Decreto-Lei n.º 132/93, de 23 de Abril, e alterado pelos Decretos-Leis n.os 157/97, de 24 de Junho, 315/ /98, de 20 de Outubro, 323/2001, de 17 de Dezembro, e 38/2003, de 8 de Março.

2 – É revogado o artigo 82.º do Código de Processo Civil, aprovado pelo Decreto-Lei n.º 44129, de 28 de Dezembro de 1961.

Artigo 11.º
Remissão para preceitos revogados

1 – Sempre que, em disposições legais, cláusulas contratuais ou providências de recuperação homologadas, se faça remissão para preceitos legais revogados pelo presente diploma, entende-se que a remissão vale para as correspondentes disposições do Código da Insolvência e da Recuperação de Empresas.

2 – Sem prejuízo do disposto no número seguinte, sempre que disposições legais estabeleçam a caducidade de quaisquer autorizações para o exercício de uma actividade económica em resultado da falência do respectivo titular, deve entender-se que a autorização caduca com o encerramento do processo de insolvência por insuficiência da massa insolvente ou após a realização do rateio final.

3 – O disposto no número anterior não se aplica sempre que a finalidade da disposição legal em questão imponha que a caducidade ocorra com a mera declaração de insolvência, designadamente quando a disposição preveja que a caducidade também ocorra em resultado de despacho de prosseguimento em processo de recuperação de empresa.

Artigo 12.º
Regime transitório

1 – O Código dos Processos Especiais de Recuperação da Empresa e de Falência continua a aplicar-se aos processos de recuperação da empresa e de falência pendentes à data de entrada em vigor do Código da Insolvência e da Recuperação de Empresas.

2 – O disposto no artigo 7.º não prejudica a aplicação do regime vigente até à presente data no que respeita ao registo de decisões proferidas ou factos ocorridos no âmbito de processos de recuperação de empresas ou de falência pendentes à data de entrada em vigor do presente diploma.

3 – O disposto na alínea *c)* do n.º 1 do artigo 97.º do Código da Insolvência e da Recuperação de Empresas só se aplica às hipotecas legais acessórias de créditos vencidos após a entrada em vigor do presente diploma.

4 – Até à entrada em vigor do estatuto do administrador da insolvência e publicação das respectivas listas oficiais, os gestores e liquida-

tários judiciais exercem as funções de administrador da insolvência, sendo todas as nomeações efectuadas de entre os inscritos nas listas de gestores e liquidatários judiciais previstas no Decreto-Lei n.º 254/93, de 15 de Julho, incidindo sobre os gestores judiciais as nomeações para processos em que seja previsível a necessidade de especiais conhecimentos de gestão, nomeadamente quando a massa insolvente integre estabelecimento em actividade.

Artigo 13.º
Entrada em vigor

O presente diploma entra em vigor 180 dias após a data da sua publicação.

Visto e aprovado em Conselho de Ministros de 3 de Dezembro de 2003. – *José Manuel Durão Barroso – Maria Manuela Dias Ferreira Leite – Maria Celeste Ferreira Lopes Cardona – Carlos Manuel Tavares da Silva – António José de Castro Bagão Félix.*

Promulgado em 12 de Janeiro de 2004.

Publique-se.

O Presidente da República, JORGE SAMPAIO.

Referendado em 13 de Janeiro de 2004.

O Primeiro-Ministro, *José Manuel Durão Barroso.*

3. *Alteração ao Código da Insolvência e da Recuperação de Empresas*

Decreto-Lei n.º 200/2004, de 18 de Agosto*

O Decreto-Lei n.º 53/2004, de 18 de Março, que aprovou o Código da Insolvência e da Recuperação de Empresas, procedeu a uma reforma integral do direito falimentar nacional.

A entrada em vigor deste diploma, em Setembro de 2004, pressupõe uma preparação dos meios humanos e materiais necessários para a correcta implementação do novo regime. Essa preparação foi já iniciada, quer a nível legal, com realce para o novo Estatuto do Administrador da Insolvência, quer ao nível da divulgação e da discussão da reforma.

A necessidade de assegurar que a entrada em vigor de uma reforma desta envergadura não é prejudicada por eventuais dúvidas que a redacção legal possa suscitar nos operadores judiciários exige que se procedam a pequenas correcções e ajustamentos que, entretanto, se verificaram ser necessários.

Desta forma, opta-se pela republicação integral do diploma, não só para que o trabalho dos operadores judiciários fique mais facilitado como para que o novo diploma esteja mais acessível.

A par das rectificações de remissões, erros ortográficos ou gramaticais, e clarificações pontuais da redacção, foram consideradas pertinentes três alterações substantivas, que não afectam minimamente a filosofia da reforma. Trata-se, sobretudo, de questões que foram suscitadas no debate público que teve lugar após a publicação do diploma.

* Publicado no Diário da República n.º 194/2004, série I-A, de 18 de Agosto de 2004, pp. 5260-5316.

Em primeiro lugar, clarifica-se que o oferecimento de provas só é obrigatório quando seja um terceiro a requerer a insolvência, o que importa a correcção de algumas remissões ao longo do Código.

Quanto às reclamações de créditos, esclarece-se que todas as impugnações das reclamações de créditos serão imediatamente consideradas procedentes quando às mesmas não seja oposta qualquer resposta, assim obviando a eventuais dúvidas que a anterior redacção pudesse suscitar.

Por último, permite-se que a assembleia de credores reúna para aprovação de plano de insolvência logo após o termo do prazo para impugnação da lista de credores reconhecidos, o que claramente favorece as perspectivas de recuperação das empresas.

Neste âmbito, note-se ainda o estabelecimento de um requisito de aprovação pela maioria dos votos correspondentes a créditos não subordinados, por forma a evitar que os credores subordinados possam, sem o acordo dos restantes credores, fazer aprovar um plano de insolvência.

Assim:

Nos termos da alínea *a)* do n.º 1 do artigo 198.º da Constituição, o Governo decreta o seguinte:

Artigo 1.º

Alteração ao Código da Insolvência e Recuperação de Empresas

São alterados os artigos 3.º, 9.º, 20.º, 24.º, 25.º, 30.º, 34.º, 35.º, 36.º, 41.º, 53.º, 62.º, 72.º, 73.º, 82.º, 85.º, 102.º, 106.º, 107.º, 114.º, 115.º, 121.º, 131.º, 133.º, 134.º, 141.º, 164.º, 174.º, 180.º, 184.º, 185.º, 198.º, 209.º, 212.º, 231.º, 233.º e 292.º do Código da Insolvência e da Recuperação de Empresas, aprovado pelo Decreto-Lei n.º 53/2004, de 18 de Março, que passam a ter a seguinte redacção:

«Artigo 3.º

[...]

1 – ...

2 – As pessoas colectivas e os patrimónios autónomos por cujas dívidas nenhuma pessoa singular responda pessoal e ilimitadamente, por forma directa ou indirecta, são também considerados insolventes quando o seu passivo seja manifestamente superior ao activo, avaliados segundo as normas contabilísticas aplicáveis.

3 – ...

4 – ...

Artigo 9.º
[...]

1 – ...
2 – ...
3 – ...
4 – Com a publicação, nos lugares próprios, dos anúncios requeridos neste Código, acompanhada da afixação de editais, se exigida, respeitantes a quaisquer sentenças ou despachos, à convocação das assembleias de credores e às respectivas deliberações, consideram-se citados ou notificados todos os credores, incluindo aqueles para os quais a lei exija formas diversas de comunicação e que não devam já haver-se por citados ou notificados em momento anterior.
5 – ...

Artigo 20.º
[...]

1 ...
a) ...
b) ...
c) ...
d) ...
e) ...
f) ...
g) ...
i) ...
ii) ...
iii) Dívidas emergentes de contrato de trabalho, ou da violação ou cessação deste contrato;
iv) ...
h) ...
2 – ...

Artigo 24.º
[...]

1 – ...
2 – O devedor deve ainda:
a) ...
b) ...
3 – ...

Artigo 25.º
[...]

1 – ...
2 – O requerente deve ainda oferecer todos os meios de prova de que disponha,

ficando obrigado a apresentar as testemunhas arroladas, cujo número não pode exceder os limites previstos no artigo 789.º do Código de Processo Civil.

Artigo 30.º
[...]

1 – O devedor pode, no prazo de 10 dias, deduzir oposição, à qual é aplicável o disposto no n.º 2 do artigo 25.º.
2 – ...
3 – ...
4 – ...
5 – ...

Artigo 34.º
[...]

O disposto nos artigos 38.º, 58.º e 59.º e no n.º 6 do artigo 81.º aplica-se, respectivamente e com as necessárias adaptações, à publicidade e ao registo da nomeação do administrador judicial provisório e dos poderes que lhe forem atribuídos, à fiscalização do exercício do cargo e responsabilidade em que possa incorrer e ainda à eficácia dos actos jurídicos celebrados sem a sua intervenção, quando exigível.

Artigo 35.º
[...]

1 – Tendo havido oposição do devedor, ou tendo a audiência deste sido dispensada, é logo marcada audiência de discussão e julgamento para um dos cinco dias subsequentes, notificando-se o requerente e o devedor para comparecerem pessoalmente ou para se fazerem representar por quem tenha poderes para transigir.
2 – ...
3 – ...
4 – ...
5 – ...
6 – ...
7 – ...
8 – ...

Artigo 36.º
[...]

...
a) ...
b) ...
c) ...
d) ...
e) ...
f) ...

g) ...
h) ...
i) Declara aberto o incidente da qualificação da insolvência, com carácter pleno ou limitado, sem prejuízo do disposto no artigo 187.º;
j) ...
l) ...
m)...
n) ...

Artigo 41.º
[...]

1 – ...
2 – ...
3 – Aplica-se à petição e às contestações o disposto no n.º 2 do artigo 25.º.
4 – ...

Artigo 53.º
[...]

1 – ...
2 – A eleição de pessoa não inscrita na lista oficial apenas pode ocorrer em casos devidamente justificados pela especial dimensão da empresa compreendida na massa insolvente, pela especificidade do ramo de actividade da mesma ou pela complexidade do processo.
3 – ...

Artigo 62.º
[...]

1 – ...
2 – O administrador da insolvência é ainda obrigado a prestar contas em qualquer altura do processo, sempre que o juiz o determine, quer por sua iniciativa, quer a pedido da comissão ou da assembleia de credores, fixando o juiz o prazo para a apresentação das contas, que não pode ser inferior a 15 dias.
3 – ...

Artigo 72.º
[...]

1 – ...
2 – Ao direito de participação na assembleia dos titulares de créditos subordinados é aplicável, com as necessárias adaptações, o disposto nos n.os 1 e 4 do artigo seguinte.
3 – ...
4 – ...
5 – ...
6 – ...

Artigo 73.º

[...]

1 – ...

a) O credor já os tiver reclamado no processo, ou, se não estiver já esgotado o prazo fixado na sentença para as reclamações de créditos, os reclamar na própria assembleia, para efeito apenas da participação na reunião;

b) ...

2 – ...

3 – ...

4 – ...

5 – ...

6 – ...

7 – ...

Artigo 82.º

[...]

1 – ...

2 – ...

3 – ...

4 – ...

5 – As acções referidas nos n.os 2 a 4 correm por apenso ao processo de insolvência.

Artigo 85.º

[...]

1 – ...

2 – O juiz requisita ao tribunal ou entidade competente a remessa, para efeitos de apensação aos autos da insolvência, de todos os processos nos quais se tenha efectuado qualquer acto de apreensão ou detenção de bens compreendidos na massa insolvente.

3 – ...

Artigo 102.º

[...]

1 – Sem prejuízo do disposto nos artigos seguintes, em qualquer contrato bilateral em que, à data da declaração de insolvência, não haja ainda total cumprimento nem pelo insolvente nem pela outra parte, o cumprimento fica suspenso até que o administrador da insolvência declare optar pela execução ou recusar o cumprimento.

2 – ...

3 – ...

4 – ...

Artigo 106.º

[...]

1 – ...

2 – ...

Artigo 107.º
[...]

1 – Se a entrega de mercadorias, ou a realização de prestações financeiras, que tenham um preço de mercado, tiver de se efectuar em determinada data ou dentro de certo prazo, e a data ocorrer ou o prazo se extinguir depois de declarada a insolvência, a execução não pode ser exigida por nenhuma das partes, e o comprador ou vendedor, consoante o caso, tem apenas direito ao pagamento da diferença entre o preço ajustado e o preço de mercado do bem ou prestação financeira no 2.º dia posterior ao da declaração de insolvência, relativamente a contratos com a mesma data ou prazo de cumprimento, a qual, sendo exigível ao insolvente, constitui crédito sobre a insolvência.

2 – ...

3 – ...

4 – ...

5 – ...

Artigo 114.º
[...]

1 – O disposto no artigo anterior aplica-se aos contratos pelos quais o insolvente, sendo uma pessoa singular, esteja obrigado à prestação de um serviço, salvo se este se integrar na actividade da empresa de que for titular e não tiver natureza infungível.

2 – Sem prejuízo do disposto no número anterior, aos contratos que tenham por objecto a prestação duradoura de um serviço pelo devedor aplica-se o disposto no artigo 111.º, com as necessárias adaptações, mas o dever de indemnizar apenas existe se for da outra parte a iniciativa da denúncia.

Artigo 115.º
[...]

1 – ...

2 – A eficácia da cessão realizada ou de penhor constituído pelo devedor anteriormente à declaração de insolvência que tenha por objecto rendas ou alugueres devidos por contrato de locação que o administrador da insolvência não possa denunciar ou resolver, nos termos, respectivamente, do n.º 2 do artigo 104.º e do n.º 1 do artigo 109.º, fica limitada, seja ou não o devedor uma pessoa singular, às que respeitem ao período anterior à data de declaração de insolvência, ao resto do mês em curso nesta data e ao mês subsequente.

3 – ...

Artigo 121.º
[...]

1 – ...

2 – O disposto no número anterior cede perante normas legais que excepcionalmente exijam sempre a má fé ou a verificação de outros requisitos.

Artigo 131.º
[...]

1 – ...
2 – Se, porém, a impugnação se fundar na indevida inclusão de certo crédito na lista de credores reconhecidos, na omissão da indicação das condições a que se encontre sujeito ou no facto de lhe ter sido atribuído um montante excessivo ou uma qualificação de grau superior à correcta, só o próprio titular pode responder.
3 – A resposta deve ser apresentada dentro dos 10 dias subsequentes ao termo do prazo referido no artigo anterior ou à notificação ao titular do crédito objecto da impugnação, consoante o caso, sob pena de a impugnação ser julgada procedente.

Artigo 133.º
[...]

Durante o prazo fixado para as impugnações e as respostas, e a fim de poderem ser examinados por qualquer interessado e pela comissão de credores, deve o administrador da insolvência patentear as reclamações de créditos, os documentos que as instruam e os documentos da escrituração do insolvente no local mais adequado, o qual é objecto de indicação no final nas listas de credores reconhecidos e não reconhecidos.

Artigo 134.º
[...]

1 – Às impugnações e às respostas é aplicável o disposto no n.º 2 do artigo 25.º.
2 – ...
3 – ...
4 – ...
5 – ...

Artigo 141.º
[...]

1 – ...
2 – ...
a) A reclamação não é objecto de notificações, e obedece ao disposto nos n.os 1 e 5 do artigo 134.º;
b) ...
c) ...
3 – ...
4 – ...
5 – ...

Artigo 164.º
[...]

1 – ...

2 – ...
3 – ...
4 – ...
5 – Se o bem tiver sido dado em garantia de dívida de terceiro ainda não exigível pela qual o insolvente não responda pessoalmente, a alienação pode ter lugar com essa oneração, excepto se tal prejudicar a satisfação de crédito, com garantia prevalecente, já exigível ou relativamente ao qual se verifique aquela responsabilidade pessoal.
6 – ...

Artigo 174.º
[...]

1 – ...
2 – ...
3 – O pagamento de dívida de terceiro não exigível:
a) Não tem lugar, na hipótese prevista na primeira parte do n.º 5 do artigo 164.º ou se o respectivo titular renunciar à garantia;
b) ...
c) ...

Artigo 180.º
[...]

1 – ...
2 – ...
3 – ...
4 – Sendo o protesto posterior à efectivação de algum rateio, deve ser atribuído aos credores em causa, em rateios ulteriores, o montante adicional necessário ao restabelecimento da igualdade com os credores equiparados, sem prejuízo da manutenção desse montante em depósito se a acção não tiver ainda decisão definitiva.

Artigo 184.º
[...]

1 – ...
2 – Se o devedor não for uma pessoa singular, o administrador da insolvência entrega às pessoas que nele participem a parte do saldo que lhes pertenceria se a liquidação fosse efectuada fora do processo de insolvência, ou cumpre o que de diverso estiver a este respeito legal ou estatutariamente previsto.

Artigo 185.º
[...]

A insolvência é qualificada como culposa ou fortuita, mas a qualificação atribuída não é vinculativa para efeitos da decisão de causas penais, nem das acções a que se reporta o n.º 2 do artigo 82.º.

Artigo 198.º
[...]

1 – ...
2 – ...
3 – ...
4 – ...
5 – ...
a) ...
b) Tais medidas pudessem, segundo a lei e o pacto da sociedade, ser deliberadas em assembleia geral dos sócios, e que do aumento decorra para o conjunto dos credores e terceiros participantes a maioria para esse efeito legal ou estatutariamente estabelecida.
6 – ...

Artigo 209.º
[...]

1 – ...

2 – A assembleia de credores convocada para os fins do número anterior não se pode reunir antes de transitada em julgado a sentença de declaração de insolvência, de esgotado o prazo para a impugnação da lista de credores reconhecidos e da realização da assembleia de apreciação de relatório.

3 – O Plano de insolvência aprovado antes do trânsito em julgado da sentença de verificação e graduação dos créditos acautela os efeitos da eventual procedência das impugnações da lista de credores reconhecidos ou dos recursos interpostos dessa sentença, de forma a assegurar que, nessa hipótese, seja concedido aos créditos controvertidos o tratamento devido.

Artigo 212.º
[...]

1 – A proposta de plano de insolvência considera-se aprovada se, estando presentes ou representados na reunião credores cujos créditos constituam, pelo menos, um terço do total dos créditos com direito de voto, recolher mais de dois terços da totalidade dos votos emitidos e mais de metade dos votos emitidos correspondentes a créditos não subordinados, não se considerando como tal as abstenções.

2 – ...
3 – ...
4 – ...

Artigo 231.º
[...]

1 – ...

2 – O pedido do devedor que não se baseie na cessação da situação de insolvência é acompanhado de documentos que comprovem o consentimento de todos os credores

que tenham reclamado os seus créditos, quando seja apresentado depois de terminado o prazo concedido para o efeito, ou de todos os credores conhecidos, na hipótese contrária.

3 – ...

Artigo 233.º
[...]

1 – ...

2 – ...

a) ...

b) A extinção da instância dos processos de verificação de créditos e de restituição e separação de bens já liquidados que se encontrem pendentes, excepto se tiver já sido proferida a sentença de verificação e graduação de créditos prevista no artigo 140.º, ou se o encerramento decorrer da aprovação de plano de insolvência, caso em que prosseguem até final os recursos interpostos dessa sentença e as acções cujos autores assim o requeiram, no prazo de 30 dias;

c) ...

3 – ...

4 – Exceptuados os processos de verificação de créditos, qualquer acção que corra por dependência do processo de insolvência e cuja instância não se extinga, nos termos da alínea *b)* do n.º 2, nem deva ser prosseguida pelo administrador da insolvência, nos termos do plano de insolvência, é desapensada do processo e remetida para o tribunal competente, passando o devedor a ter exclusiva legitimidade para a causa, independentemente de habilitação ou do acordo da contraparte.

5 – ...

Artigo 292.º
[...]

É liberatório o pagamento efectuado em Portugal ao devedor na ignorância da declaração de insolvência, presumindo-se o conhecimento da declaração de insolvência à qual tenha sido dada publicidade, nos termos do artigo 290.º»

Artigo 2.º
Republicação

O Código da Insolvência e da Recuperação de Empresas, com a redacção agora introduzida é republicado em anexo, que é parte integrante do presente acto.

Artigo 3.º
Entrada em vigor

O presente diploma entra em vigor em 15 de Setembro de 2004.

Visto e aprovado em Conselho de Ministros de 1 de Julho de 2004. – *Maria Manuela Dias Ferreira Leite – Maria Manuela Dias Ferreira Leite – Maria Celeste Ferreira Lopes Cardona – Carlos Manuel Tavares da Silva – António José de Castro Bagão Félix.*

Promulgado em 2 de Agosto de 2004.

Publique-se.

O Presidente da República, JORGE SAMPAIO.

Referendado em 5 de Agosto de 2004.

O Primeiro-Ministro, *Pedro Miguel de Santana Lopes.*

4. Código da Insolvência e da Recuperação de Empresas

CÓDIGO DA INSOLVÊNCIA E DA RECUPERAÇÃO DE EMPRESAS*

TÍTULO I
Disposições introdutórias

Artigo 1.º
Finalidade do processo de insolvência

O processo de insolvência é um processo de execução universal que tem como finalidade a liquidação do património de um devedor insolvente e a repartição do produto obtido pelos credores, ou a satisfação destes pela forma prevista num plano de insolvência, que nomeadamente se baseie na recuperação da empresa compreendida na massa insolvente.

Artigo 2.º
Sujeitos passivos da declaração de insolvência

1 – Podem ser objecto de processo de insolvência:
a) Quaisquer pessoas singulares ou colectivas;
b) A herança jacente;
c) As associações sem personalidade jurídica e as comissões especiais;

---

* Republicado na íntegra em anexo ao Decreto-Lei n.º 200/2004, de 18 de Agosto.

d) As sociedades civis;

e) As sociedades comerciais e as sociedades civis sob a forma comercial até à data do registo definitivo do contrato pelo qual se constituem;

f) As cooperativas, antes do registo da sua constituição;

g) O estabelecimento individual de responsabilidade limitada;

h) Quaisquer outros patrimónios autónomos.

2 – Exceptuam-se do disposto no número anterior:

a) As pessoas colectivas públicas e as entidades públicas empresariais;

b) As empresas de seguros, as instituições de crédito, as sociedades financeiras, as empresas de investimento que prestem serviços que impliquem a detenção de fundos ou de valores mobiliários de terceiros e os organismos de investimento colectivo, na medida em que a sujeição a processo de insolvência seja incompatível com os regimes especiais previstos para tais entidades.

Artigo 3.º
Situação de insolvência

1 – É considerado em situação de insolvência o devedor que se encontre impossibilitado de cumprir as suas obrigações vencidas.

2 – As pessoas colectivas e os patrimónios autónomos por cujas dívidas nenhuma pessoa singular responda pessoal e ilimitadamente, por forma directa ou indirecta, são também considerados insolventes quando o seu passivo seja manifestamente superior ao activo, avaliados segundo as normas contabilísticas aplicáveis.

3 – Cessa o disposto no número anterior quando o activo seja superior ao passivo, avaliados em conformidade com as seguintes regras:

a) Consideram-se no activo e no passivo os elementos identificáveis, mesmo que não constantes do balanço, pelo seu justo valor;

b) Quando o devedor seja titular de uma empresa, a valorização baseia-se numa perspectiva de continuidade ou de liquidação, consoante o que se afigure mais provável, mas em qualquer caso com exclusão da rubrica de trespasse;

c) Não se incluem no passivo dívidas que apenas hajam de ser pagas à custa de fundos distribuíveis ou do activo restante depois de satisfeitos ou acautelados os direitos dos demais credores do devedor.

4 – Equipara-se à situação de insolvência actual a que seja meramente iminente, no caso de apresentação pelo devedor à insolvência.

Este preceito foi alterado pelo artigo 1.º do Decreto-Lei n.º 200/2004, de 18 de Agosto (Diário da República n.º 194/2004, série I-A, de 18 de Agosto de 2004, pp. 5260-5316).

Artigo 4.º
Data da declaração de insolvência e início do processo

1 – Sempre que a precisão possa assumir relevância, as referências que neste Código se fazem à data da declaração de insolvência devem interpretar-se como visando a hora a que a respectiva sentença foi proferida.

2 – Todos os prazos que neste Código têm como termo final o início do processo de insolvência abrangem igualmente o período compreendido entre esta data e a da declaração de insolvência.

3 – Se a insolvência for declarada em processo cuja tramitação deveria ter sido suspensa, nos termos do n.º 2 do artigo 8.º, em virtude da pendência de outro previamente instaurado contra o mesmo devedor, será a data de início deste a relevante para efeitos dos prazos referidos no número anterior, o mesmo valendo na hipótese de suspensão do processo mais antigo por aplicação do disposto na alínea *b)* do n.º 3 do artigo 264.º.

Artigo 5.º
Noção de empresa

Para efeitos deste Código, considera-se empresa toda a organização de capital e de trabalho destinada ao exercício de qualquer actividade económica.

Artigo 6.º
Noções de administradores e de responsáveis legais

1 – Para efeitos deste Código, são considerados administradores:

a) Não sendo o devedor uma pessoa singular, aqueles a quem incumba a administração ou liquidação da entidade ou património em causa, designadamente os titulares do órgão social que para o efeito for competente;

b) Sendo o devedor uma pessoa singular, os seus representantes legais e mandatários com poderes gerais de administração.

2 – Para efeitos deste Código, são considerados responsáveis legais as pessoas que, nos termos da lei, respondam pessoal e ilimitadamente pela generalidade das dívidas do insolvente, ainda que a título subsidiário.

Artigo 7.º

Tribunal competente

1 – É competente para o processo de insolvência o tribunal da sede ou do domicílio do devedor ou do autor da herança à data da morte, consoante os casos.

2 – É igualmente competente o tribunal do lugar em que o devedor tenha o centro dos seus principais interesses, entendendo-se por tal aquele em que ele os administre, de forma habitual e cognoscível por terceiros.

3 – A instrução e decisão de todos os termos do processo de insolvência, bem como dos seus incidentes e apensos, compete sempre ao juiz singular.

Artigo 8.º

Suspensão da instância e prejudicialidade

1 – A instância do processo de insolvência não é passível de suspensão, excepto nos casos expressamente previstos neste Código.

2 – Sem prejuízo do disposto na alínea *b)* do n.º 3 do artigo 264.º, o tribunal ordena a suspensão da instância se contra o mesmo devedor correr processo de insolvência instaurado por outro requerente cuja petição inicial tenha primeiramente dado entrada em juízo.

3 – A pendência da outra causa deixa de se considerar prejudicial se o pedido for indeferido, independentemente do trânsito em julgado da decisão.

4 – Declarada a insolvência no âmbito de certo processo, deve a instância ser suspensa em quaisquer outros processos de insolvência que corram contra o mesmo devedor e considerar-se extinta com o trânsito em julgado da sentença, independentemente da prioridade temporal das entradas em juízo das petições iniciais.

Artigo 9.º
Carácter urgente do processo de insolvência e publicações obrigatórias

1 – O processo de insolvência, incluindo todos os seus incidentes, apensos e recursos, tem carácter urgente e goza de precedência sobre o serviço ordinário do tribunal.

2 – Salvo disposição em contrário, as notificações de actos processuais praticados no processo de insolvência, seus incidentes e apensos, com excepção de actos das partes, podem ser efectuadas por qualquer das formas previstas no n.º 5 do artigo 176.º do Código de Processo Civil.

3 – Todas as publicações obrigatórias de despachos e sentenças podem ser promovidas por iniciativa de qualquer interessado que o justifique e requeira ao juiz.

4 – Com a publicação, nos lugares próprios, dos anúncios requeridos neste Código, acompanhada da afixação de editais, se exigida, respeitantes a quaisquer sentenças ou despachos, à convocação das assembleias de credores e às respectivas deliberações, consideram-se citados ou notificados todos os credores, incluindo aqueles para os quais a lei exija formas diversas de comunicação e que não devam já haver-se por citados ou notificados em momento anterior.

5 – Têm carácter urgente os registos de sentenças e despachos proferidos no processo de insolvência, bem como os de quaisquer actos de apreensão de bens da massa insolvente ou praticados no âmbito da administração e liquidação dessa massa ou previstos em plano de insolvência ou de pagamentos.

Este preceito foi alterado pelo artigo 1.º do Decreto-Lei n.º 200/2004, de 18 de Agosto (Diário da República n.º 194/2004, série I-A, de 18 de Agosto de 2004, pp. 5260-5316).

Artigo 10.º
Falecimento do devedor

No caso de falecimento do devedor, o processo:

a) Passa a correr contra a herança jacente, que se manterá indivisa até ao encerramento do mesmo;

b) É suspenso pelo prazo, não prorrogável, de cinco dias, quando um sucessor do devedor o requeira e o juiz considere conveniente a suspensão.

Artigo 11.º
Princípio do inquisitório

No processo de insolvência, embargos e incidente de qualificação de insolvência, a decisão do juiz pode ser fundada em factos que não tenham sido alegados pelas partes.

Artigo 12.º
Dispensa da audiência do devedor

1 – A audiência do devedor prevista em qualquer das normas deste Código, incluindo a citação, pode ser dispensada quando acarrete demora excessiva pelo facto de o devedor, sendo uma pessoa singular, residir no estrangeiro, ou por ser desconhecido o seu paradeiro.

2 – Nos casos referidos no número anterior, deve, sempre que possível, ouvir-se um representante do devedor, ou, na falta deste, o seu cônjuge ou um seu parente, ou pessoa que com ele viva em união de facto.

3 – O disposto nos números anteriores aplica-se, com as devidas adaptações, relativamente aos administradores do devedor, quando este não seja uma pessoa singular.

Artigo 13.º
Representação de entidades públicas

1 – As entidades públicas titulares de créditos podem a todo o tempo confiar a mandatários especiais, designados nos termos legais ou estatutários, a sua representação no processo de insolvência, em substituição do Ministério Público.

2 – A representação de entidades públicas credoras pode ser atribuída a um mandatário comum, se tal for determinado por despacho conjunto do membro do Governo responsável pelo sector económico a

que pertença a empresa do devedor e do membro do Governo que tutele a entidade credora.

Artigo 14.º
Recursos

1 – No processo de insolvência, e nos embargos opostos à sentença de declaração de insolvência, não é admitido recurso dos acórdãos proferidos por tribunal da relação, salvo se o recorrente demonstrar que o acórdão de que pretende recorrer está em oposição com outro, proferido por alguma das relações, ou pelo Supremo Tribunal de Justiça, no domínio da mesma legislação e que haja decidido de forma divergente a mesma questão fundamental de direito e não houver sido fixada pelo Supremo, nos termos dos artigos 732.º-A e 732.º-B do Código de Processo Civil, jurisprudência com ele conforme.

2 – Em todos os recursos interpostos no processo ou em qualquer dos seus apensos, o prazo para alegações é um para todos os recorrentes, correndo em seguida um outro para todos os recorridos.

3 – Para consulta pelos interessados será extraída das alegações e contra-alegações uma única cópia, que fica à disposição dos mesmos na secretaria judicial.

4 – Durante o prazo para alegações, o processo é mantido na secretaria judicial para exame e consulta pelos interessados.

5 – Os recursos sobem imediatamente, em separado e com efeito devolutivo.

6 – Sobem, porém, nos próprios autos:

a) Os recursos da decisão de encerramento do processo de insolvência e das que sejam proferidas depois dessa decisão;
b) Os recursos das decisões que ponham termo à acção ou incidente processados por apenso, sejam proferidas depois dessas decisões, suspendam a instância ou não admitam o incidente.

Artigo 15.º
Valor da acção

Para efeitos processuais, o valor da causa é determinado sobre o valor do activo do devedor indicado na petição, que é corrigido logo que se verifique ser diferente o valor real.

Artigo 16.º
Procedimentos especiais

1 – O disposto no presente Código aplica-se sem prejuízo do estabelecido na legislação especial sobre o consumidor relativamente a procedimentos de reestruturação do passivo e no Decreto-Lei n.º 316/98, de 20 de Outubro, relativamente ao procedimento extrajudicial de conciliação.

2 – O disposto no presente Código não prejudica o regime constante de legislação especial relativa a contratos de garantia financeira.

Artigo 17.º
Aplicação subsidiária do Código de Processo Civil

O processo de insolvência rege-se pelo Código de Processo Civil em tudo o que não contrarie as disposições do presente Código.

TÍTULO II
Declaração da situação de insolvência

CAPÍTULO I
Pedido de declaração de insolvência

SECÇÃO I
Legitimidade para apresentar o pedido e desistência

Artigo 18.º
Dever de apresentação à insolvência

1 – O devedor deve requerer a declaração da sua insolvência dentro dos 60 dias seguintes à data do conhecimento da situação de insolvência, tal como descrita no n.º 1 do artigo 3.º, ou à data em que devesse conhecê-la.

2 – Exceptuam-se do dever de apresentação à insolvência as pessoas singulares que não sejam titulares de uma empresa na data em que incorram em situação de insolvência.

3 – Quando o devedor seja titular de uma empresa, presume-se de forma inilidível o conhecimento da situação de insolvência decorridos pelo menos três meses sobre o incumprimento generalizado de obrigações de algum dos tipos referidos na alínea *g)* do n.º 1 do artigo 20.º.

Artigo 19.º
A quem compete o pedido

Não sendo o devedor uma pessoa singular capaz, a iniciativa da apresentação à insolvência cabe ao órgão social incumbido da sua administração, ou, se não for o caso, a qualquer dos seus administradores.

Artigo 20.º
Outros legitimados

1 – A declaração de insolvência de um devedor pode ser requerida por quem for legalmente responsável pelas suas dívidas, por qualquer credor, ainda que condicional e qualquer que seja a natureza do seu crédito, ou ainda pelo Ministério Público, em representação das entidades cujos interesses lhe estão legalmente confiados, verificando-se algum dos seguintes factos:

a) Suspensão generalizada do pagamento das obrigações vencidas;
b) Falta de cumprimento de uma ou mais obrigações que, pelo seu montante ou pelas circunstâncias do incumprimento, revele a impossibilidade de o devedor satisfazer pontualmente a generalidade das suas obrigações;
c) Fuga do titular da empresa ou dos administradores do devedor ou abandono do local em que a empresa tem a sede ou exerce a sua principal actividade, relacionados com a falta de solvabilidade do devedor e sem designação de substituto idóneo;
d) Dissipação, abandono, liquidação apressada ou ruinosa de bens e constituição fictícia de créditos;
e) Insuficiência de bens penhoráveis para pagamento do crédito do exequente verificada em processo executivo movido contra o devedor;

f) Incumprimento de obrigações previstas em plano de insolvência ou em plano de pagamentos, nas condições previstas na alínea *a)* do n.º 1 e no n.º 2 do artigo 218.º;

g) Incumprimento generalizado, nos últimos seis meses, de dívidas de algum dos seguintes tipos:
   i) Tributárias;
   ii) De contribuições e quotizações para a segurança social;
   iii) Dívidas emergentes de contrato de trabalho, ou da violação ou cessação deste contrato;
   iv) Rendas de qualquer tipo de locação, incluindo financeira, prestações do preço da compra ou de empréstimo garantido pela respectiva hipoteca, relativamente a local em que o devedor realize a sua actividade ou tenha a sua sede ou residência;

h) Sendo o devedor uma das entidades referidas no n.º 2 do artigo 3.º, manifesta superioridade do passivo sobre o activo segundo o último balanço aprovado, ou atraso superior a nove meses na aprovação e depósito das contas, se a tanto estiver legalmente obrigado.

2 – O disposto no número anterior não prejudica a possibilidade de representação das entidades públicas nos termos do artigo 13.º.

Este preceito foi alterado pelo artigo 1.º do Decreto-Lei n.º 200/2004, de 18 de Agosto (Diário da República n.º 194/2004, série I-A, de 18 de Agosto de 2004, pp. 5260-5316).

Artigo 21.º

Desistência do pedido ou da instância no processo de insolvência

Salvo nos casos de apresentação à insolvência, o requerente da declaração de insolvência pode desistir do pedido ou da instância até ser proferida sentença, sem prejuízo do procedimento criminal que ao caso couber.

Artigo 22.º

Dedução de pedido infundado

A dedução de pedido infundado de declaração de insolvência, ou a indevida apresentação por parte do devedor, gera responsabilidade civil pelos prejuízos causados ao devedor ou aos credores, mas apenas em caso de dolo.

SECÇÃO II

Requisitos da petição inicial

Artigo 23.º

Forma e conteúdo da petição

1 – A apresentação à insolvência ou o pedido de declaração desta faz-se por meio de petição escrita, na qual são expostos os factos que integram os pressupostos da declaração requerida e se conclui pela formulação do correspondente pedido.

2 – Na petição, o requerente:

a) Sendo o próprio devedor, indica se a situação de insolvência é actual ou apenas iminente e, quando seja pessoa singular, se pretende a exoneração do passivo restante, nos termos das disposições do capítulo I do título XII;

b) Identifica os administradores do devedor e os seus cinco maiores credores, com exclusão do próprio requerente;

c) Sendo o devedor casado, identifica o respectivo cônjuge e indica o regime de bens do casamento;

d) Junta certidão do registo civil, do registo comercial ou de outro registo público a que o devedor esteja eventualmente sujeito.

3 – Não sendo possível ao requerente fazer as indicações e junções referidas no número anterior, solicita que sejam prestadas pelo próprio devedor.

Artigo 24.º

Junção de documentos pelo devedor

1 – Com a petição, o devedor, quando seja o requerente, junta ainda os seguintes documentos:

a) Relação por ordem alfabética de todos os credores, com indicação dos respectivos domicílios, dos montantes dos seus créditos, datas de vencimento, natureza e garantias de que beneficiem, e da eventual existência de relações especiais, nos termos do artigo 49.º;

b) Relação e identificação de todas as acções e execuções que contra si estejam pendentes;
c) Documento em que se explicita a actividade ou actividades a que se tenha dedicado nos últimos três anos e os estabelecimentos de que seja titular, bem como o que entenda serem as causas da situação em que se encontra;
d) Documento em que identifica o autor da sucessão, tratando-se de herança jacente, os sócios, associados ou membros conhecidos da pessoa colectiva, se for o caso, e, nas restantes hipóteses em que a insolvência não respeite a pessoa singular, aqueles que legalmente respondam pelos créditos sobre a insolvência;
e) Relação de bens que o devedor detenha em regime de arrendamento, aluguer ou locação financeira ou venda com reserva de propriedade, e de todos os demais bens e direitos de que seja titular, com indicação da sua natureza, lugar em que se encontrem, dados de identificação registral, se for o caso, valor de aquisição e estimativa do seu valor actual;
f) Tendo o devedor contabilidade organizada, as contas anuais relativas aos três últimos exercícios, bem como os respectivos relatórios de gestão, de fiscalização e de auditoria, pareceres do órgão de fiscalização e documentos de certificação legal, se forem obrigatórios ou existirem, e informação sobre as alterações mais significativas do património ocorridas posteriormente à data a que se reportam as últimas contas e sobre as operações que, pela sua natureza, objecto ou dimensão extravasem da actividade corrente do devedor;
g) Tratando-se de sociedade compreendida em consolidação de contas, relatórios consolidados de gestão, contas anuais consolidadas e demais documentos de prestação de contas respeitantes aos três últimos exercícios, bem como os respectivos relatórios de fiscalização e de auditoria, pareceres do órgão de fiscalização, documentos de certificação legal e relatório das operações intragrupo realizadas durante o mesmo período;
h) Relatórios e contas especiais e informações trimestrais e semestrais, em base individual e consolidada, reportados a datas posteriores à do termo do último exercício a cuja elaboração a sociedade devedora esteja obrigada nos termos do Código dos Valores Mobiliários e dos Regulamentos da Comissão do Mercado de Valores Mobiliários;

i) Mapa de pessoal que o devedor tenha ao serviço.

2 – O devedor deve ainda:

a) Juntar documento comprovativo dos poderes dos administradores que o representem e cópia da acta que documente a deliberação da iniciativa do pedido por parte do respectivo órgão social de administração, se aplicável;

b) Justificar a não apresentação ou a não conformidade de algum dos documentos exigidos no n.º 1.

c) *[Revogado.]*

3 – Sem prejuízo de apresentação posterior, nos termos do disposto nos artigos 223.º e seguintes, a petição apresentada pelo devedor pode ser acompanhada de um plano de insolvência.

Este preceito foi alterado pelo artigo 1.º do Decreto-Lei n.º 200/2004, de 18 de Agosto (Diário da República n.º 194/2004, série I-A, de 18 de Agosto de 2004, pp. 5260-5316).

Artigo 25.º
Requerimento por outro legitimado

1 – Quando o pedido não provenha do próprio devedor, o requerente da declaração de insolvência deve justificar na petição a origem, natureza e montante do seu crédito, ou a sua responsabilidade pelos créditos sobre a insolvência, consoante o caso, e oferecer com ela os elementos que possua relativamente ao activo e passivo do devedor.

2 – O requerente deve ainda oferecer todos os meios de prova de que disponha, ficando obrigado a apresentar as testemunhas arroladas, cujo número não pode exceder os limites previstos no artigo 789.º do Código de Processo Civil.

Este preceito foi alterado pelo artigo 1.º do Decreto-Lei n.º 200/2004, de 18 de Agosto (Diário da República n.º 194/2004, série I-A, de 18 de Agosto de 2004, pp. 5260-5316).

Artigo 26.º
Duplicados e cópias de documentos

1 – São apenas oferecidos pelo requerente ou, no caso de apresentação em suporte digital, extraídos pela secretaria os duplicados da peti-

ção necessários para a entrega aos cinco maiores credores conhecidos e, quando for caso disso, à comissão de trabalhadores e ao devedor, além do destinado a arquivo do tribunal.

2 – Os documentos juntos com a petição serão acompanhados de duas cópias, uma das quais se destina ao arquivo do tribunal, ficando a outra na secretaria judicial para consulta dos interessados.

3 – O processo tem seguimento apesar de não ter sido feita a entrega das cópias e dos duplicados exigidos, sendo estes extraídos oficiosamente, mediante o respectivo pagamento e de uma multa até duas unidades de conta.

4 – São sempre extraídas oficiosamente as cópias da petição necessárias para entrega aos administradores do devedor, se for o caso.

CAPÍTULO II
Tramitação subsequente

Artigo 27.º
Apreciação liminar

1 – No próprio dia da distribuição, ou, não sendo tal viável, até ao 3.º dia útil subsequente, o juiz:

a) Indefere liminarmente o pedido de declaração de insolvência quando seja manifestamente improcedente, ou ocorram, de forma evidente, excepções dilatórias insupríveis de que deva conhecer oficiosamente;

b) Concede ao requerente, sob pena de indeferimento, o prazo máximo de cinco dias para corrigir os vícios sanáveis da petição, designadamente quando esta careça de requisitos legais ou não venha acompanhada dos documentos que hajam de instrui-la, nos casos em que tal falta não seja devidamente justificada.

2 – Nos casos de apresentação à insolvência, o despacho de indeferimento liminar que não se baseie, total ou parcialmente, na falta de junção dos documentos exigida pela alínea *a)* do n.º 2 do artigo 24.º é objecto da publicidade prevista no n.º 1 do artigo 38.º, aplicável com as necessárias adaptações, no prazo previsto no n.º 5 do mesmo artigo.

Artigo 28.º
Declaração imediata da situação de insolvência

A apresentação à insolvência por parte do devedor implica o reconhecimento por este da sua situação de insolvência, que é declarada até ao 3.º dia útil seguinte ao da distribuição da petição inicial ou, existindo vícios corrigíveis, ao do respectivo suprimento.

Artigo 29.º
Citação do devedor

1 – Sem prejuízo do disposto no n.º 3 do artigo 31.º, se a petição não tiver sido apresentada pelo próprio devedor e não houver motivo para indeferimento liminar, o juiz manda citar pessoalmente o devedor, no prazo referido no artigo anterior.

2 – No acto de citação é o devedor advertido da cominação prevista no n.º 5 do artigo seguinte e de que os documentos referidos no n.º 1 do artigo 24.º devem estar prontos para imediata entrega ao administrador da insolvência na eventualidade de a insolvência ser declarada.

Artigo 30.º
Oposição do devedor

1 – O devedor pode, no prazo de 10 dias, deduzir oposição, à qual é aplicável o disposto no n.º 2 do artigo 25.º.

2 – Sem prejuízo do disposto no número seguinte, o devedor junta com a oposição, sob pena de não recebimento, lista dos seus cinco maiores credores, com exclusão do requerente, com indicação do respectivo domicílio.

3 – A oposição do devedor à declaração de insolvência pretendida pode basear-se na inexistência do facto em que se fundamenta o pedido formulado ou na inexistência da situação de insolvência.

4 – Cabe ao devedor provar a sua solvência, baseando-se na escrituração legalmente obrigatória, se for o caso, devidamente organizada e arrumada, sem prejuízo do disposto no n.º 3 do artigo 3.º.

5 – Se a audiência do devedor não tiver sido dispensada nos termos do artigo 12.º e o devedor não deduzir oposição, consideram-se confes-

sados os factos alegados na petição inicial, e a insolvência é declarada no dia útil seguinte ao termo do prazo referido no n.º 1, se tais factos preencherem a hipótese de alguma das alíneas do n.º 1 do artigo 20.º.

Este preceito foi alterado pelo artigo 1.º do Decreto-Lei n.º 200/2004, de 18 de Agosto (Diário da República n.º 194/2004, série I-A, de 18 de Agosto de 2004, pp. 5260-5316).

Artigo 31.º
Medidas cautelares

1 – Havendo justificado receio da prática de actos de má gestão, o juiz, oficiosamente ou a pedido do requerente, ordena as medidas cautelares que se mostrem necessárias ou convenientes para impedir o agravamento da situação patrimonial do devedor, até que seja proferida sentença.

2 – As medidas cautelares podem designadamente consistir na nomeação de um administrador judicial provisório com poderes exclusivos para a administração do património do devedor, ou para assistir o devedor nessa administração.

3 – A adopção das medidas cautelares pode ter lugar previamente à citação do devedor, no caso de a antecipação ser julgada indispensável para não pôr em perigo o seu efeito útil, mas sem que a citação possa em caso algum ser retardada mais de 10 dias relativamente ao prazo que de outro modo interviria.

4 – A adopção das medidas cautelares precede a distribuição quando o requerente o solicite e o juiz considere justificada a precedência.

Artigo 32.º
Escolha e remuneração do administrador judicial provisório

1 – A escolha do administrador judicial provisório recai em entidade inscrita na lista oficial de administradores da insolvência, tendo o juiz em conta a proposta eventualmente feita na petição inicial.

2 – O administrador judicial provisório manter-se-á em funções até que seja proferida a sentença, sem prejuízo da possibilidade da sua substituição ou remoção em momento anterior, ou da sua recondução como administrador da insolvência.

3 – A remuneração do administrador judicial provisório é fixada pelo juiz, na própria decisão de nomeação ou posteriormente, e constitui, juntamente com as despesas em que ele incorra no exercício das suas funções, um encargo compreendido nas custas do processo, que é suportado pelo Cofre Geral dos Tribunais na medida em que, sendo as custas da responsabilidade da massa, não puder ser satisfeito pelas forças desta.

Artigo 33.º
Competências do administrador judicial provisório

1 – O administrador judicial provisório a quem forem atribuídos poderes exclusivos de administração do património do devedor deve providenciar pela manutenção e preservação desse património, e pela continuidade da exploração da empresa, salvo se considerar que a suspensão da actividade é mais vantajosa para os interesses dos credores e tal medida for autorizada pelo juiz.

2 – O juiz fixa os deveres e as competências do administrador judicial provisório encarregado apenas de assistir o devedor na administração do seu património, devendo:

a) Especificar os actos que não podem ser praticados pelo devedor sem a aprovação do administrador judicial provisório; ou
b) Indicar serem eles genericamente todos os que envolvam a alienação ou a oneração de quaisquer bens ou a assunção de novas responsabilidades que não sejam indispensáveis à gestão corrente da empresa.

3 – Em qualquer das hipóteses previstas nos números anteriores, o administrador judicial provisório tem o direito de acesso à sede e às instalações empresariais do devedor e de proceder a quaisquer inspecções e a exames, designadamente dos elementos da sua contabilidade, e o devedor fica obrigado a fornecer-lhe todas as informações necessárias ao desempenho das suas funções, aplicando-se, com as devidas adaptações, o artigo 83.º.

Artigo 34.º
Remissão

O disposto nos artigos 38.º, 58.º e 59.º e no n.º 6 do artigo 81.º aplica-se, respectivamente e com as necessárias adaptações, à publicidade e ao registo da nomeação do administrador judicial provisório e dos poderes que lhe forem atribuídos, à fiscalização do exercício do cargo e responsabilidade em que possa incorrer e ainda à eficácia dos actos jurídicos celebrados sem a sua intervenção, quando exigível.

Este preceito foi alterado pelo artigo 1.º do Decreto-Lei n.º 200/2004, de 18 de Agosto (Diário da República n.º 194/2004, série I-A, de 18 de Agosto de 2004, pp. 5260-5316).

Artigo 35.º
Audiência de discussão e julgamento

1 – Tendo havido oposição do devedor, ou tendo a audiência deste sido dispensada, é logo marcada audiência de discussão e julgamento para um dos cinco dias subsequentes, notificando-se o requerente e o devedor para comparecerem pessoalmente ou para se fazerem representar por quem tenha poderes para transigir.

2 – Não comparecendo o devedor nem um seu representante, têm-se por confessados os factos alegados na petição inicial, se a audiência do devedor não tiver sido dispensada nos termos do artigo 12.º.

3 – Não se verificando a situação prevista no número anterior, a não comparência do requerente, por si ou através de um representante, vale como desistência do pedido.

4 – O juiz dita logo para a acta, consoante o caso, sentença de declaração da insolvência, se os factos alegados na petição inicial forem subsumíveis no n.º 1 do artigo 20.º, ou sentença homologatória da desistência do pedido.

5 – Comparecendo ambas as partes, ou só o requerente ou um seu representante, mas tendo a audiência do devedor sido dispensada, o juiz selecciona a matéria de facto relevante que considere assente e a que constitui a base instrutória.

6 – As reclamações apresentadas são logo decididas, seguindo-se de imediato a produção das provas.

7 – Finda a produção da prova têm lugar alegações orais de facto e de direito, e o tribunal decide em seguida a matéria de facto.

8 – Se a sentença não puder ser logo proferida, sê-lo-á no prazo de cinco dias.

Este preceito foi alterado pelo artigo 1.º do Decreto-Lei n.º 200/2004, de 18 de Agosto (Diário da República n.º 194/2004, série I-A, de 18 de Agosto de 2004, pp. 5260-5316).

CAPÍTULO III
Sentença de declaração de insolvência e sua impugnação

SECÇÃO I
Conteúdo, notificação e publicidade da sentença

Artigo 36.º
Sentença de declaração de insolvência

Na sentença que declarar a insolvência, o juiz:

a) Indica a data e a hora da respectiva prolação, considerando-se que ela teve lugar ao meio-dia na falta de outra indicação;

b) Identifica o devedor insolvente, com indicação da sua sede ou residência;

c) Fixa residência aos administradores do devedor, bem como ao próprio devedor, se este for pessoa singular;

d) Nomeia o administrador da insolvência, com indicação do seu domicílio profissional;

e) Determina que a administração da massa insolvente será assegurada pelo devedor, quando se verifiquem os pressupostos exigidos pelo n.º 2 do artigo 224.º;

f) Determina que o devedor entregue imediatamente ao administrador da insolvência os documentos referidos no n.º 1 do artigo 24.º que ainda não constem dos autos;

g) Decreta a apreensão, para imediata entrega ao administrador da insolvência, dos elementos da contabilidade do devedor e de todos os seus bens, ainda que arrestados, penhorados ou por qualquer forma apreendidos ou detidos e sem prejuízo do disposto no n.º 1 do artigo 150.º;

h) Ordena a entrega ao Ministério Público, para os devidos efeitos, dos elementos que indiciem a prática de infracção penal;

i) Declara aberto o incidente de qualificação de insolvência, com carácter pleno ou limitado, sem prejuízo do disposto no artigo 187.º;

j) Designa prazo, até 30 dias, para a reclamação de créditos;
l) Adverte os credores de que devem comunicar prontamente ao administrador da insolvência as garantias reais de que beneficiem;
m) Adverte os devedores do insolvente de que as prestações a que estejam obrigados deverão ser feitas ao administrador da insolvência e não ao próprio insolvente;
n) Designa dia e hora, entre os 45 e os 75 dias subsequentes, para a realização da reunião da assembleia de credores aludida no artigo 156.º, neste Código designada por assembleia de apreciação do relatório.

Este preceito foi alterado pelo artigo 1.º do Decreto-Lei n.º 200/2004, de 18 de Agosto (Diário da República n.º 194/2004, série I-A, de 18 de Agosto de 2004, pp. 5260-5316).

Artigo 37.º
Notificação da sentença e citação

1 – Os administradores do devedor a quem tenha sido fixada residência são notificados pessoalmente da sentença, nos termos e pelas formas prescritos na lei processual para a citação, sendo-lhes igualmente enviadas cópias da petição inicial.

2 – A notificação do requerente da declaração de insolvência ocorre nos termos por que se regem as notificações em processos pendentes; o devedor, se não for o próprio requerente, é notificado nos mesmos moldes ou nos do n.º 1, consoante tenha ou não sido já pessoalmente citado para os termos do processo.

3 – Os cinco maiores credores conhecidos, com exclusão do que tiver sido requerente, são citados nos termos do n.º 1 ou por carta registada, consoante tenham ou não residência habitual, sede ou domicílio em Portugal.

4 – Os credores conhecidos que tenham residência habitual, domicílio ou sede em outros Estados membros da União Europeia são citados por carta registada, em conformidade com os artigos 40.º e 42.º do Regulamento (CE) n.º 1346/2000, do Conselho, de 29 de Maio.

5 – Havendo créditos do Estado, de institutos públicos sem a natureza de empresas públicas ou de instituições da segurança social, a citação dessas entidades é feita por carta registada.

6 – Os demais credores e outros interessados são citados por edital, com as formalidades determinadas pela incerteza das pessoas, com prazo de dilação de cinco dias e com anúncios no *Diário da República* e num jornal diário de grande circulação nacional, designando-se nuns e noutros o número do processo, indicando-se a dilação e a possibilidade de recurso ou de dedução de embargos, reproduzindo-se as menções constantes da sentença em obediência ao disposto nas alíneas *a)* a *e)* e *i)* a *n)* do artigo anterior e advertindo-se que o prazo para o recurso, os embargos e a reclamação dos créditos só começa a correr depois de finda a dilação, e que esta se conta da publicação do último anúncio.

7 – A sentença é igualmente notificada ao Ministério Público e, se o devedor for titular de uma empresa, à comissão de trabalhadores; quando esta comissão não exista, a sentença é objecto de publicação mediante a afixação de editais na sede e nos estabelecimentos da empresa.

Artigo 38.º

Publicidade e registo

1 – É ainda dada publicidade à sentença de declaração de insolvência por meio de publicação de anúncio no *Diário da República* de que constem os elementos enunciados nas alíneas *a)*, *b)*, *d)* e *m)* do artigo 36.º, bem como por afixação de edital, com as mesmas informações, à porta da sede e das sucursais do insolvente ou do local da sua actividade, consoante os casos, e ainda no lugar próprio do tribunal; o juiz pode, oficiosamente ou a requerimento de algum interessado, determinar as formas de publicidade adicional que considere indicadas.

2 – A declaração de insolvência e a nomeação de um administrador da insolvência são registadas oficiosamente, com base na respectiva certidão, para o efeito remetida pela secretaria:

a) Na conservatória do registo civil, se o devedor for uma pessoa singular;
b) Na conservatória do registo comercial, se houver quaisquer factos relativos ao devedor insolvente sujeitos a esse registo;
c) Na entidade encarregada de outro registo público a que o devedor esteja eventualmente sujeito.

3 – A secretaria:

a) Regista oficiosamente a declaração de insolvência e a nomeação do administrador da insolvência no registo informático de execuções estabelecido pelo Código de Processo Civil;

b) Promove a inclusão dessas informações, e ainda do prazo concedido para as reclamações, na página informática do tribunal;
c) Comunica a declaração de insolvência ao Banco de Portugal para que este proceda à sua inscrição na central de riscos de crédito.

4 – Dos registos da nomeação do administrador da insolvência deve constar o seu domicílio profissional.

5 – Todas as diligências destinadas à publicidade e registo da sentença devem ser realizadas no prazo de cinco dias.

Artigo 39.º
Insuficiência da massa insolvente

1 – Concluindo o juiz que o património do devedor não é presumivelmente suficiente para a satisfação das custas do processo e das dívidas previsíveis da massa insolvente e não estando essa satisfação por outra forma garantida, faz menção desse facto na sentença de declaração da insolvência e dá nela cumprimento apenas ao preceituado nas alíneas *a)* a *d)* e *h)* do artigo 36.º, declarando aberto o incidente de qualificação com carácter limitado.

2 – No caso referido no número anterior:
a) Qualquer interessado pode pedir, no prazo de cinco dias, que a sentença seja complementada com as restantes menções do artigo 36.º;
b) Aplica-se à citação, notificação, publicidade e registo da sentença o disposto nos artigos anteriores, com as modificações exigidas, devendo em todas as comunicações fazer-se adicionalmente referência à possibilidade conferida pela alínea anterior.

3 – O requerente do complemento da sentença deposita à ordem do tribunal o montante que o juiz especificar segundo o que razoavelmente entenda necessário para garantir o pagamento das referidas custas e dívidas, ou cauciona esse pagamento mediante garantia bancária, sendo o depósito movimentado ou a caução accionada apenas depois de comprovada a efectiva insuficiência da massa, e na medida dessa insuficiência.

4 – Requerido o complemento da sentença nos termos dos n.os 2 e 3, deve o juiz dar cumprimento integral ao artigo 36.º, observando-se em seguida o disposto nos artigos 37.º e 38.º, e prosseguindo com carácter pleno o incidente de qualificação da insolvência.

5 – Quem requerer o complemento da sentença pode exigir o reembolso das quantias despendidas às pessoas que, em violação dos seus deveres como administradores, se hajam abstido de requerer a declaração de insolvência do devedor, ou o tenham feito com demora.

6 – O direito estabelecido no número anterior prescreve ao fim de cinco anos.

7 – Não sendo requerido o complemento da sentença:

a) O devedor não fica privado dos poderes de administração e disposição do seu património, nem se produzem quaisquer dos efeitos que normalmente correspondem à declaração de insolvência, ao abrigo das normas deste Código;

b) O processo de insolvência é declarado findo logo que a sentença transite em julgado, sem prejuízo da tramitação até final do incidente limitado de qualificação da insolvência;

c) O administrador da insolvência limita a sua actividade à elaboração do parecer a que se refere o n.º 2 do artigo 188.º;

d) Após o respectivo trânsito em julgado, qualquer legitimado pode instaurar a todo o tempo novo processo de insolvência, mas o prosseguimento dos autos depende de que seja depositado à ordem do tribunal o montante que o juiz razoavelmente entenda necessário para garantir o pagamento das custas e das dívidas previsíveis da massa insolvente, aplicando-se o disposto nos n.os 4 e 5.

8 – O disposto neste artigo não é aplicável quando o devedor, sendo uma pessoa singular, tenha requerido, anteriormente à sentença de declaração de insolvência, a exoneração do passivo restante.

SECÇÃO II
Impugnação da sentença

Artigo 40.º
Oposição de embargos

1 – Podem opor embargos à sentença declaratória da insolvência:

a) O devedor em situação de revelia absoluta, se não tiver sido pessoalmente citado;

b) O cônjuge, os ascendentes ou descendentes e os afins em 1.º grau da linha recta da pessoa singular considerada insolvente, no caso de a declaração de insolvência se fundar na fuga do devedor relacionada com a sua falta de liquidez;

c) O cônjuge, herdeiro, legatário ou representante do devedor, quando o falecimento tenha ocorrido antes de findo o prazo para a oposição por embargos que ao devedor fosse lícito deduzir, nos termos da alínea *a)*;

d) Qualquer credor que como tal se legitime;

e) Os responsáveis legais pelas dívidas do insolvente;

f) Os sócios, associados ou membros do devedor.

2 – Os embargos devem ser deduzidos dentro dos cinco dias subsequentes à notificação da sentença ao embargante ou ao fim da dilação aplicável, e apenas são admissíveis desde que o embargante alegue factos ou requeira meios de prova que não tenham sido tidos em conta pelo tribunal e que possam afastar os fundamentos da declaração de insolvência.

3 – A oposição de embargos à sentença declaratória da insolvência, bem como o recurso da decisão que mantenha a declaração, suspende a liquidação e a partilha do activo, sem prejuízo do disposto no n.º 2 do artigo 158.º.

Artigo 41.º
Processamento e julgamento dos embargos

1 – A petição de embargos é imediatamente autuada por apenso, sendo o processo concluso ao juiz, para o despacho liminar, no dia seguinte ao termo do prazo referido no n.º 2 do artigo anterior; aos embargos opostos por várias entidades corresponde um único processo.

2 – Não havendo motivo para indeferimento liminar, é ordenada a notificação do administrador da insolvência e da parte contrária para contestarem, querendo, no prazo de cinco dias.

3 – Aplica-se à petição e às contestações o disposto no n.º 2 do artigo 25.º.

4 – Após a contestação e depois de produzidas, no prazo máximo de 10 dias, as provas que se devam realizar antecipadamente, procede-se à audiência de julgamento, dentro dos cinco dias imediatos, nos termos do disposto no n.º 1 do presente artigo e nos n.ºs 5 a 8 do artigo 35.º.

Este preceito foi alterado pelo artigo 1.º do Decreto-Lei n.º 200/2004, de 18 de Agosto (Diário da República n.º 194/2004, série I-A, de 18 de Agosto de 2004, pp. 5260-5316).

Artigo 42.º
Recurso

1 – É lícito às pessoas referidas no n.º 1 do artigo 40.º, alternativamente à dedução dos embargos ou cumulativamente com estes, interpor recurso da sentença de declaração de insolvência, quando entendam que, face aos elementos apurados, ela não devia ter sido proferida.

2 – Ao devedor é facultada a interposição de recurso mesmo quando a oposição de embargos lhe esteja vedada.

3 – É aplicável à interposição do recurso o disposto no n.º 3 do artigo 40.º, com as necessárias adaptações.

Artigo 43.º
Efeitos da revogação

A revogação da sentença de declaração de insolvência não afecta os efeitos dos actos legalmente praticados pelos órgãos da insolvência.

CAPÍTULO IV
Sentença de indeferimento do pedido de declaração de insolvência

Artigo 44.º
Notificação da sentença de indeferimento do pedido

1 – A sentença que indefira o pedido de declaração de insolvência é notificada apenas ao requerente e ao devedor.

2 – No caso de ter sido designado um administrador judicial provisório, a sentença é objecto de publicação e registo, nos termos previstos no artigo 38.º, devidamente adaptados.

Artigo 45.º
Recurso da sentença de indeferimento

Contra a sentença que indefira o pedido de declaração de insolvência só pode reagir o próprio requerente, e unicamente através de recurso.

TÍTULO III
Massa insolvente e intervenientes no processo

CAPÍTULO I
Massa insolvente e classificações dos créditos

Artigo 46.º
Conceito de massa insolvente

1 – A massa insolvente destina-se à satisfação dos credores da insolvência, depois de pagas as suas próprias dívidas, e, salvo disposição em contrário, abrange todo o património do devedor à data da declaração de insolvência, bem como os bens e direitos que ele adquira na pendência do processo.

2 – Os bens isentos de penhora só são integrados na massa insolvente se o devedor voluntariamente os apresentar e a impenhorabilidade não for absoluta.

Artigo 47.º
Conceito de credores da insolvência e classes de créditos sobre a insolvência

1 – Declarada a insolvência, todos os titulares de créditos de natureza patrimonial sobre o insolvente, ou garantidos por bens integrantes da massa insolvente, cujo fundamento seja anterior à data dessa declaração, são considerados credores da insolvência, qualquer que seja a sua nacionalidade e domicílio.

2 – Os créditos referidos no número anterior, bem como os que lhes sejam equiparados, e as dívidas que lhes correspondem, são neste Código denominados, respectivamente, créditos sobre a insolvência e dívidas da insolvência.

3 – São equiparados aos titulares de créditos sobre a insolvência à data da declaração da insolvência aqueles que mostrem tê-los adquirido no decorrer do processo.

4 – Para efeitos deste Código, os créditos sobre a insolvência são:

a) «Garantidos» e «privilegiados» os créditos que beneficiem, respectivamente, de garantias reais, incluindo os privilégios creditórios especiais, e de privilégios creditórios gerais sobre bens integrantes da massa insolvente, até ao montante correspondente ao valor dos bens objecto das garantias ou dos privilégios gerais, tendo em conta as eventuais onerações prevalecentes;

b) «Subordinados» os créditos enumerados no artigo seguinte, excepto quando beneficiem de privilégios creditórios, gerais ou especiais, ou de hipotecas legais, que não se extingam por efeito da declaração de insolvência;

c) «Comuns» os demais créditos.

Artigo 48.º
Créditos subordinados

Consideram-se subordinados, sendo graduados depois dos restantes créditos sobre a insolvência:

a) Os créditos detidos por pessoas especialmente relacionadas com o devedor, desde que a relação especial existisse já aquando da respectiva aquisição, e por aqueles a quem eles tenham sido transmitidos nos dois anos anteriores ao início do processo de insolvência;

b) Os juros de créditos não subordinados constituídos após a declaração da insolvência, com excepção dos abrangidos por garantia real e por privilégios creditórios gerais, até ao valor dos bens respectivos;

c) Os créditos cuja subordinação tenha sido convencionada pelas partes;

d) Os créditos que tenham por objecto prestações do devedor a título gratuito;

e) Os créditos sobre a insolvência que, como consequência da resolução em benefício da massa insolvente, resultem para o terceiro de má fé;

f) Os juros de créditos subordinados constituídos após a declaração da insolvência;

g) Os créditos por suprimentos.

Artigo 49.º
Pessoas especialmente relacionadas com o devedor

1 – São havidos como especialmente relacionados com o devedor pessoa singular:

a) O seu cônjuge e as pessoas de quem se tenha divorciado nos dois anos anteriores ao início do processo de insolvência;
b) Os ascendentes, descendentes ou irmãos do devedor ou de qualquer das pessoas referidas na alínea anterior;
c) Os cônjuges dos ascendentes, descendentes ou irmãos do devedor;
d) As pessoas que tenham vivido habitualmente com o devedor em economia comum em período situado dentro dos dois anos anteriores ao início do processo de insolvência.

2 – São havidos como especialmente relacionados com o devedor pessoa colectiva:

a) Os sócios, associados ou membros que respondam legalmente pelas suas dívidas, e as pessoas que tenham tido esse estatuto nos dois anos anteriores ao início do processo de insolvência;
b) As pessoas que, se for o caso, tenham estado com a sociedade insolvente em relação de domínio ou de grupo, nos termos do artigo 21.º do Código de Valores Mobiliários, em período situado dentro dos dois anos anteriores ao início do processo de insolvência;
c) Os administradores, de direito ou de facto, do devedor e aqueles que o tenham sido em algum momento nos dois anos anteriores ao início do processo de insolvência;
d) As pessoas relacionadas com alguma das mencionadas nas alíneas anteriores por qualquer das formas referidas no n.º 1.

3 – Nos casos em que a insolvência respeite apenas a um património autónomo são consideradas pessoas especialmente relacionadas os respectivos titulares e administradores, bem como as que estejam ligadas a estes por alguma das formas previstas nos números anteriores, e ainda, tratando-se de herança jacente, as ligadas ao autor da sucessão por alguma das formas previstas no n.º 1, na data da abertura da sucessão ou nos dois anos anteriores.

Artigo 50.º
Créditos sob condição

1 – Para efeitos deste Código consideram-se créditos sob condição suspensiva e resolutiva, respectivamente, aqueles cuja constituição ou subsistência se encontrem sujeitos à verificação ou à não verificação de um acontecimento futuro e incerto tanto por força da lei como de negócio jurídico.

2 – São havidos, designadamente, como créditos sob condição suspensiva:

a) Os resultantes da recusa de execução ou denúncia antecipada, por parte do administrador da insolvência, de contratos bilaterais em curso à data da declaração da insolvência, ou da resolução de actos em benefício da massa insolvente, enquanto não se verificar essa denúncia, recusa ou resolução;

b) Os créditos que não possam ser exercidos contra o insolvente sem prévia excussão do património de outrem, enquanto não se verificar tal excussão;

c) Os créditos sobre a insolvência pelos quais o insolvente não responda pessoalmente, enquanto a dívida não for exigível.

Artigo 51.º
Dívidas da massa insolvente

1 – Salvo preceito expresso em contrário, são dívidas da massa insolvente, além de outras como tal qualificadas neste Código:

a) As custas do processo de insolvência;

b) As remunerações do administrador da insolvência e as despesas deste e dos membros da comissão de credores;

c) As dívidas emergentes dos actos de administração, liquidação e partilha da massa insolvente;

d) As dívidas resultantes da actuação do administrador da insolvência no exercício das suas funções;

e) Qualquer dívida resultante de contrato bilateral cujo cumprimento não possa ser recusado pelo administrador da insolvência, salvo na medida em que se reporte a período anterior à declaração de insolvência;

f) Qualquer dívida resultante de contrato bilateral cujo cumprimento não seja recusado pelo administrador da insolvência, salvo na medida correspondente à contraprestação já realizada pela outra parte anteriormente à declaração de insolvência ou em que se reporte a período anterior a essa declaração;

g) Qualquer dívida resultante de contrato que tenha por objecto uma prestação duradoura, na medida correspondente à contraprestação já realizada pela outra parte e cujo cumprimento tenha sido exigido pelo administrador judicial provisório;

h) As dívidas constituídas por actos praticados pelo administrador judicial provisório no exercício dos seus poderes;

i) As dívidas que tenham por fonte o enriquecimento sem causa da massa insolvente;

j) A obrigação de prestar alimentos relativa a período posterior à data da declaração de insolvência, nas condições do artigo 93.º.

2 – Os créditos correspondentes a dívidas da massa involvente e os titulares desses créditos são neste Código designados, respectivamente, por créditos sobre a massa e credores da massa.

CAPÍTULO II
Órgãos da insolvência

SECÇÃO I
Administrador da insolvência

Artigo 52.º
Nomeação pelo juiz e estatuto

1 – A nomeação do administrador da insolvência é da competência do juiz.

2 – Aplica-se à nomeação do administrador da insolvência o disposto no n.º 1 do artigo 32.º, devendo o juiz atender igualmente às indicações que sejam feitas pelo próprio devedor ou pela comissão de credores, se existir, e cabendo a preferência, na primeira designação, ao administrador judicial provisório em exercício de funções à data da declaração da insolvência.

3 – O processo de recrutamento para as listas oficiais, bem como o estatuto do administrador da insolvência, constam de diploma legal próprio, sem prejuízo do disposto neste Código.

Artigo 53.º
Escolha de outro administrador pelos credores

1 – Sob condição de que previamente à votação se junte aos autos a aceitação do proposto, os credores podem, na primeira assembleia realizada após a designação do administrador da insolvência, eleger para exercer o cargo outra pessoa, inscrita ou não na lista oficial, e prover sobre a remuneração respectiva, por deliberação que obtenha a aprovação da maioria dos votantes e dos votos emitidos, não sendo consideradas as abstenções.

2 – A eleição de pessoa não inscrita na lista oficial apenas pode ocorrer em casos devidamente justificados pela especial dimensão da empresa compreendida na massa insolvente, pela especificidade do ramo de actividade da mesma ou pela complexidade do processo.

3 – O juiz só pode deixar de nomear como administrador da insolvência a pessoa eleita pelos credores, em substituição do administrador em funções, se considerar que a mesma não tem idoneidade ou aptidão para o exercício do cargo, que é manifestamente excessiva a retribuição aprovada pelos credores ou, quando se trate de pessoa não inscrita na lista oficial, que não se verifica nenhuma das circunstâncias previstas no número anterior.

Este preceito foi alterado pelo artigo 1.º do Decreto-Lei n.º 200/2004, de 18 de Agosto (Diário da República n.º 194/2004, série I-A, de 18 de Agosto de 2004, pp. 5260-5316).

Artigo 54.º
Início de funções

O administrador da insolvência, uma vez notificado da nomeação, assume imediatamente a sua função.

Artigo 55.º
Funções e seu exercício

1 – Além das demais tarefas que lhe são cometidas, cabe ao administrador da insolvência, com a cooperação e sob a fiscalização da comissão de credores, se existir:

a) Preparar o pagamento das dívidas do insolvente à custa das quantias em dinheiro existentes na massa insolvente, designadamente das que constituem produto da alienação, que lhe incumbe promover, dos bens que a integram;

b) Prover, no entretanto, à conservação e frutificação dos direitos do insolvente e à continuação da exploração da empresa, se for o caso, evitando quanto possível o agravamento da sua situação económica.

2 – O administrador da insolvência exerce pessoalmente as competências do seu cargo, não podendo substabelecê-las em ninguém, sem prejuízo dos casos de recurso obrigatório ao patrocínio judiciário ou de necessidade de prévia concordância da comissão de credores.

3 – O administrador da insolvência, no exercício das respectivas funções, pode ser coadjuvado sob a sua responsabilidade por técnicos ou outros auxiliares, remunerados ou não, incluindo o próprio devedor, mediante prévia concordância da comissão de credores ou do juiz, na falta dessa comissão.

4 – O administrador da insolvência pode contratar a termo certo ou incerto os trabalhadores necessários à liquidação da massa insolvente ou à continuação da exploração da empresa, mas os novos contratos caducam no momento do encerramento definitivo do estabelecimento onde os trabalhadores prestam serviço, ou, salvo convenção em contrário, no da sua transmissão.

5 – Ao administrador da insolvência compete ainda prestar oportunamente à comissão de credores e ao tribunal todas as informações necessárias sobre a administração e a liquidação da massa insolvente.

6 – A requerimento do administrador da insolvência, o juiz oficia quaisquer entidades públicas e instituições de crédito para, com base nos respectivos registos, prestarem informações consideradas necessárias ou úteis para os fins do processo, nomeadamente sobre a existência de bens integrantes da massa insolvente.

Artigo 56.º
Destituição

1 – O juiz pode, a todo o tempo, destituir o administrador da insolvência e substitui-lo por outro, se, ouvidos a comissão de credores, quando exista, o devedor e o próprio administrador da insolvência, fundadamente considerar existir justa causa.

2 – Salvo o disposto no n.º 3 do artigo 53.º, deverá ser designada como substituto a pessoa que para o efeito tenha sido eventualmente indicada pela assembleia de credores, mediante deliberação aprovada nos termos do n.º 1 do mesmo artigo.

Artigo 57.º
Registo e publicidade

A cessação de funções do administrador da insolvência e a nomeação de outra pessoa para o desempenho do cargo são objecto dos registos e da publicidade previstos no artigo 38.º.

Artigo 58.º
Fiscalização pelo juiz

O administrador da insolvência exerce a sua actividade sob a fiscalização do juiz, que pode, a todo o tempo, exigir-lhe informações sobre quaisquer assuntos ou a apresentação de um relatório da actividade desenvolvida e do estado da administração e da liquidação.

Artigo 59.º
Responsabilidade

1 – O administrador da insolvência responde pelos danos causados ao devedor e aos credores da insolvência e da massa insolvente pela inobservância culposa dos deveres que lhe incumbem; a culpa é apreciada pela diligência de um administrador da insolvência criterioso e ordenado.

2 – O administrador da insolvência responde igualmente pelos danos causados aos credores da massa insolvente se esta for insuficiente para satisfazer integralmente os respectivos direitos e estes resultarem de acto do administrador, salvo o caso de imprevisibilidade da insuficiência da massa, tendo em conta as circunstâncias conhecidas do administrador e aquelas que ele não devia ignorar.

3 – O administrador da insolvência responde solidariamente com os seus auxiliares pelos danos causados pelos actos e omissões destes,

salvo se provar que não houve culpa da sua parte ou que, mesmo com a diligência devida, se não teriam evitado os danos.

4 – A responsabilidade do administrador da insolvência prescreve no prazo de dois anos a contar da data em que o lesado teve conhecimento do direito que lhe compete, mas nunca depois de decorrido igual período sobre a data da cessação de funções.

Artigo 60.º
Remuneração

1 – O administrador da insolvência nomeado pelo juiz tem direito à remuneração prevista no seu estatuto e ao reembolso das despesas que razoavelmente tenha considerado úteis ou indispensáveis.

2 – Quando eleito pela assembleia de credores, a remuneração do administrador da insolvência é a que for prevista na deliberação respectiva.

3 – O administrador da insolvência que não tenha dado previamente o seu acordo à remuneração fixada pela assembleia de credores pela actividade de elaboração de um plano de insolvência, de gestão da empresa após a assembleia de apreciação do relatório ou de fiscalização do plano de insolvência aprovado pode renunciar ao exercício do cargo, desde que o faça na própria assembleia em que a deliberação seja tomada.

Artigo 61.º
Informação trimestral e arquivo de documentos

1 – No termo de cada período de três meses após a data da assembleia de apreciação do relatório, deve o administrador da insolvência apresentar um documento com informação sucinta sobre o estado da administração e liquidação, visado pela comissão de credores, se existir, e destinado a ser junto ao processo.

2 – O administrador da insolvência promove o arquivamento de todos os elementos relativos a cada diligência da liquidação, indicando nos autos o local onde os respectivos documentos se encontram.

Artigo 62.º
Apresentação de contas pelo administrador da insolvência

1 – O administrador da insolvência apresenta contas dentro dos 10

dias subsequentes à cessação das suas funções, qualquer que seja a razão que a tenha determinado, podendo o prazo ser prorrogado por despacho judicial.

2 – O administrador da insolvência é ainda obrigado a prestar contas em qualquer altura do processo, sempre que o juiz o determine, quer por sua iniciativa, quer a pedido da comissão ou da assembleia de credores, fixando o juiz o prazo para a apresentação das contas, que não pode ser inferior a 15 dias.

3 – As contas são elaboradas em forma de conta corrente, com um resumo de toda a receita e despesa destinado a retratar sucintamente a situação da massa insolvente, e devem ser acompanhadas de todos os documentos comprovativos, devidamente numerados, indicando-se nas diferentes verbas os números dos documentos que lhes correspondem.

Este preceito foi alterado pelo artigo 1.º do Decreto-Lei n.º 200/2004, de 18 de Agosto (Diário da República n.º 194/2004, série I-A, de 18 de Agosto de 2004, pp. 5260-5316).

Artigo 63.º
Prestação de contas por terceiro

Se o administrador da insolvência não prestar contas a que esteja obrigado no prazo aplicável, cabe ao juiz ordenar as diligências que tiver por convenientes, podendo encarregar pessoa idónea da apresentação das contas, para, depois de ouvida a comissão de credores, decidir segundo critérios de equidade, sem prejuízo da responsabilização civil e do procedimento criminal que caibam contra o administrador da insolvência.

Artigo 64.º
Julgamento das contas

1 – Autuadas por apenso as contas apresentadas pelo administrador da insolvência, cumpre à comissão de credores, caso exista, emitir parecer sobre elas, no prazo que o juiz fixar para o efeito, após o que os credores e o devedor insolvente são notificados por éditos de 10 dias afixados à porta do tribunal e por anúncio publicado no *Diário da República* para, no prazo de 5 dias, se pronunciarem.

2 – Para o mesmo fim tem o Ministério Público vista do processo, que é depois concluso ao juiz para decisão, com produção da prova que se torne necessária.

Artigo 65.º
Contas anuais do devedor

O disposto nos artigos anteriores não prejudica o dever de elaborar e depositar contas anuais, nos termos que forem legalmente obrigatórios para o devedor.

SECÇÃO II
Comissão de credores

Artigo 66.º
Nomeação da comissão de credores pelo juiz

1 – Anteriormente à primeira assembleia de credores, designadamente na própria sentença de declaração da insolvência, o juiz nomeia uma comissão de credores composta por três ou cinco membros e dois suplentes, devendo o encargo da presidência recair de preferência sobre o maior credor da empresa e a escolha dos restantes assegurar a adequada representação das várias classes de credores, com excepção dos credores subordinados.

2 – O juiz pode não proceder à nomeação prevista no número anterior quando o considere justificado, em atenção à exígua dimensão da massa insolvente, à simplicidade da liquidação ou ao reduzido número de credores da insolvência.

3 – Para efeitos do disposto no n.º 1, um dos membros da comissão representa os trabalhadores que detenham créditos sobre a empresa, devendo a sua escolha conformar-se com a designação feita pelos próprios trabalhadores ou pela comissão de trabalhadores, quando esta exista.

4 – Os membros da comissão de credores podem ser pessoas singulares ou colectivas; quando a escolha recaia em pessoa colectiva, compete a esta designar o seu representante, mediante procuração ou credencial subscrita por quem a obriga.

5 – O Estado e as instituições de segurança social só podem ser nomeados para a presidência da comissão de credores desde que se encontre nos autos despacho, do membro do Governo com supervisão sobre as entidades em causa, a autorizar o exercício da função e a indicar o representante.

Artigo 67.º
Intervenção da assembleia de credores

1 – A assembleia de credores pode prescindir da existência da comissão de credores, substituir quaisquer dos membros ou suplentes da comissão nomeada pelo juiz, eleger dois membros adicionais, e, se o juiz não a tiver constituído, criar ela mesma uma comissão, composta por três, cinco ou sete membros e dois suplentes, designar o presidente e alterar, a todo o momento, a respectiva composição, independentemente da existência de justa causa.

2 – Os membros da comissão de credores eleitos pela assembleia não têm de ser credores, e, na sua escolha, tal como na designação do presidente, a assembleia não está vinculada à observância dos critérios previstos no n.º 1 do artigo anterior, devendo apenas respeitar o critério imposto pelo n.º 3 do mesmo artigo.

3 – As deliberações da assembleia de credores mencionadas no n.º 1 devem ser tomadas pela maioria exigida no n.º 1 do artigo 53.º, excepto tratando-se da destituição de membro por justa causa.

Artigo 68.º
Funções e poderes da comissão de credores

1 – À comissão compete, para além de outras tarefas que lhe sejam especialmente cometidas, fiscalizar a actividade do administrador da insolvência e prestar-lhe colaboração.

2 – No exercício das suas funções, pode a comissão examinar livremente os elementos da contabilidade do devedor e solicitar ao administrador da insolvência as informações e a apresentação dos elementos que considere necessários.

Artigo 69.º
Deliberações da comissão de credores

1 – A comissão de credores reúne sempre que for convocada pelo presidente ou por outros dois membros.

2 – A comissão não pode deliberar sem a presença da maioria dos seus membros, sendo as deliberações tomadas por maioria de votos dos membros presentes, e cabendo ao presidente, em caso de empate, voto de qualidade.

3 – Nas deliberações é admitido o voto escrito se, previamente, todos os membros tiverem acordado nesta forma de deliberação.

4 – As deliberações da comissão de credores são comunicadas ao juiz pelo respectivo presidente.

5 – Das deliberações da comissão de credores não cabe reclamação para o tribunal.

Artigo 70.º
Responsabilidade dos membros da comissão

Os membros da comissão respondem perante os credores da insolvência pelos prejuízos decorrentes da inobservância culposa dos seus deveres, sendo aplicável o disposto n.º 4 do artigo 59.º.

Artigo 71.º
Reembolso de despesas

Os membros da comissão de credores não são remunerados, tendo apenas direito ao reembolso das despesas estritamente necessárias ao desempenho das suas funções.

SECÇÃO III
Assembleia de credores

Artigo 72.º
Participação na assembleia de credores

1 – Têm o direito de participar na assembleia de credores todos os credores da insolvência, bem como os titulares dos direitos referidos no n.º 2 do artigo 95.º que, nos termos dessa disposição, não possam ser exercidos no processo.

2 – Ao direito de participação na assembleia dos titulares de créditos subordinados é aplicável, com as necessárias adaptações, o disposto nos n.os 1 e 4 do artigo seguinte.

3 – Os credores podem fazer-se representar por mandatário com poderes especiais para o efeito.

4 – Sendo necessário ao conveniente andamento dos trabalhos, pode o juiz limitar a participação na assembleia aos titulares de créditos que atinjam determinado montante, o qual não pode ser fixado em mais de € 10 000, podendo os credores afectados fazer-se representar por outro cujo crédito seja pelo menos igual ao limite fixado, ou agrupar-se de forma a completar o montante exigido, participando através de um representante comum.

5 – O administrador da insolvência, os membros da comissão de credores e o devedor e os seus administradores têm o direito e o dever de participar.

6 – É ainda facultada a participação na assembleia, até três representantes, da comissão de trabalhadores ou, na falta desta, de até três representantes de trabalhadores por estes designados, bem como do Ministério Público.

Este preceito foi alterado pelo artigo 1.º do Decreto-Lei n.º 200/2004, de 18 de Agosto (Diário da República n.º 194/2004, série I-A, de 18 de Agosto de 2004, pp. 5260-5316).

Artigo 73.º
Direitos de voto

1 – Os créditos conferem um voto por cada euro ou fracção se já estiverem reconhecidos por decisão definitiva proferida no apenso de

verificação e graduação de créditos ou em acção de verificação ulterior, ou se, cumulativamente:

a) O credor já os tiver reclamado no processo, ou, se não estiver já esgotado o prazo fixado na sentença para as reclamações de créditos, os reclamar na própria assembleia, para efeito apenas da participação na reunião;

b) Não forem objecto de impugnação na assembleia por parte do administrador da insolvência ou de algum credor com direito de voto.

2 – O número de votos conferidos por crédito sob condição suspensiva é sempre fixado pelo juiz, em atenção à probabilidade da verificação da condição.

3 – Os créditos subordinados não conferem direito de voto, excepto quando a deliberação da assembleia de credores incida sobre a aprovação de um plano de insolvência.

4 – A pedido do interessado pode o juiz conferir votos a créditos impugnados, fixando a quantidade respectiva, com ponderação de todas as circunstâncias relevantes, nomeadamente da probabilidade da existência, do montante e da natureza subordinada do crédito, e ainda, tratando-se de créditos sob condição suspensiva, da probabilidade da verificação da condição.

5 – Da decisão do juiz prevista no número anterior não cabe recurso.

6 – Não é em caso algum motivo de invalidade das deliberações tomadas pela assembleia a comprovação ulterior de que aos credores competia efectivamente um número de votos diferente do que lhes foi conferido.

7 – Sem prejuízo do que, quanto ao mais, se dispõe nos números anteriores, os créditos com garantias reais pelos quais o devedor não responda pessoalmente conferem um voto por cada euro do seu montante, ou do valor do bem dado em garantia, se este for inferior.

Este preceito foi alterado pelo artigo 1.º do Decreto-Lei n.º 200/2004, de 18 de Agosto (Diário da República n.º 194/2004, série I-A, de 18 de Agosto de 2004, pp. 5260-5316).

Artigo 74.º
Presidência

A assembleia de credores é presidida pelo juiz.

Artigo 75.º
Convocação da assembleia de credores

1 – A assembleia de credores é convocada pelo juiz, por iniciativa própria ou a pedido do administrador da insolvência, da comissão de credores, ou de um credor ou grupo de credores cujos créditos representem, na estimativa do juiz, pelo menos um quinto do total dos créditos não subordinados.

2 – A data, hora, local e ordem do dia da assembleia de credores são imediatamente comunicados, com a antecedência mínima de 10 dias, por anúncio publicado no *Diário da República*, num jornal diário de grande circulação nacional e por editais afixados na porta da sede e dos estabelecimentos da empresa, se for o caso.

3 – Os cinco maiores credores, bem como o devedor, os seus administradores e a comissão de trabalhadores, são também avisados do dia, hora e local da reunião, por circulares expedidas sob registo, com a mesma antecedência.

4 – O anúncio, os editais e as circulares previstos no número anterior devem ainda conter:

a) A identificação do processo;
b) O nome e a sede ou residência do devedor, se for conhecida;
c) A advertência aos titulares de créditos que os não tenham reclamado da necessidade de o fazerem, se ainda estiver em curso o prazo fixado na sentença para as reclamações de créditos, informando-os de que a reclamação para mero efeito da participação na reunião pode ser feita na própria assembleia, se também na data desta tal prazo não estiver já esgotado;
d) Indicação dos eventuais limites à participação estabelecidos nos termos do n.º 4 do artigo 72.º, com informação da possibilidade de agrupamento ou de representação.

Artigo 76.º
Suspensão da assembleia

O juiz pode, por uma única vez, decidir a suspensão dos trabalhos da assembleia e determinar que eles sejam retomados num dos cinco dias úteis seguintes.

Artigo 77.º
Maioria

A não ser nos casos em que este Código exija para o efeito maioria superior ou outros requisitos, as deliberações da assembleia de credores são tomadas pela maioria dos votos emitidos, não se considerando como tal as abstenções, seja qual for o número de credores presentes ou representados, ou a percentagem dos créditos de que sejam titulares.

Artigo 78.º
Reclamação para o juiz e recurso

1 – Das deliberações da assembleia que forem contrárias ao interesse comum dos credores pode o administrador da insolvência ou qualquer credor com direito de voto reclamar para o juiz, oralmente ou por escrito, desde que o faça na própria assembleia.

2 – Da decisão que dê provimento à reclamação pode interpor recurso qualquer dos credores que tenha votado no sentido que fez vencimento, e da decisão de indeferimento apenas o reclamante.

Artigo 79.º
Informação

O administrador da insolvência presta à assembleia, a solicitação desta, informação sobre quaisquer assuntos compreendidos no âmbito das suas funções.

Artigo 80.º
Prevalência da assembleia de credores

Todas as deliberações da comissão de credores são passíveis de revogação pela assembleia e a existência de uma deliberação favorável da assembleia autoriza por si só a prática de qualquer acto para o qual neste Código se requeira a aprovação da comissão de credores.

TÍTULO IV
Efeitos da declaração de insolvência

CAPÍTULO I
Efeitos sobre o devedor e outras pessoas

Artigo 81.º
Transferência dos poderes de administração e disposição

1 – Sem prejuízo do disposto no título X, a declaração de insolvência priva imediatamente o insolvente, por si ou pelos seus administradores, dos poderes de administração e de disposição dos bens integrantes da massa insolvente, os quais passam a competir ao administrador da insolvência.

2 – Ao devedor fica interdita a cessão de rendimentos ou a alienação de bens futuros susceptíveis de penhora, qualquer que seja a sua natureza, mesmo tratando-se de rendimentos que obtenha ou de bens que adquira posteriormente ao encerramento do processo.

3 – Não são aplicáveis ao administrador da insolvência limitações ao poder de disposição do devedor estabelecidas por decisão judicial ou administrativa, ou impostas por lei apenas em favor de pessoas determinadas.

4 – O administrador da insolvência assume a representação do devedor para todos os efeitos de carácter patrimonial que interessem à insolvência.

5 – A representação não se estende à intervenção do devedor no âmbito do próprio processo de insolvência, seus incidentes e apensos, salvo expressa disposição em contrário.

6 – São ineficazes os actos realizados pelo insolvente em contravenção do disposto nos números anteriores, respondendo a massa insolvente pela restituição do que lhe tiver sido prestado apenas segundo as regras do enriquecimento sem causa, salvo se esses actos, cumulativamente:

a) Forem celebrados a título oneroso com terceiros de boa fé anteriormente ao registo da sentença da declaração de insolvência efectuado nos termos do n.º 2 do artigo 38.º;
b) Não forem de algum dos tipos referidos no n.º 1 do artigo 121.º.

7 – Os pagamentos de dívidas à massa efectuados ao insolvente após a declaração de insolvência só serão liberatórios se forem efectuados de boa fé em data anterior à do registo da sentença, ou se se demonstrar que o respectivo montante deu efectiva entrada na massa insolvente.

8 – Aos actos praticados pelo insolvente após a declaração de insolvência que não contrariem o disposto no n.º 1 é aplicável o regime seguinte:

a) Pelas dívidas do insolvente respondem apenas os seus bens não integrantes da massa insolvente;
b) A prestação feita ao insolvente extingue a obrigação da contraparte;
c) A contraparte pode opor à massa todos os meios de defesa que lhe seja lícito invocar contra o insolvente.

Artigo 82.º
Efeitos sobre os administradores e outras pessoas

1 – Os órgãos sociais do devedor mantêm-se em funcionamento após a declaração de insolvência, mas os seus titulares não serão remunerados, salvo no caso previsto no artigo 227.º, podendo renunciar aos cargos com efeitos imediatos.

2 – Durante a pendência do processo de insolvência, o administrador da insolvência tem exclusiva legitimidade para propor e fazer seguir:

a) As acções de responsabilidade que legalmente couberem, em favor do próprio devedor, contra os fundadores, administradores de direito e de facto, membros do órgão de fiscalização do devedor e sócios, associados ou membros, independentemente do acordo do devedor ou dos seus órgãos sociais, sócios, associados ou membros;
b) As acções destinadas à indemnização dos prejuízos causados à generalidade dos credores da insolvência pela diminuição do património integrante da massa insolvente, tanto anteriormente como posteriormente à declaração de insolvência;
c) As acções contra os responsáveis legais pelas dívidas do insolvente.

3 – Compete unicamente ao administrador da insolvência a exigência aos sócios, associados ou membros do devedor, logo que a tenha por

conveniente, das entradas de capital diferidas e das prestações acessórias em dívida, independentemente dos prazos de vencimento que hajam sido estipulados, intentando para o efeito as acções que se revelem necessárias.

4 – Toda a acção dirigida contra o administrador da insolvência com a finalidade prevista na alínea *b)* do n.º 2 apenas pode ser intentada por administrador que lhe suceda.

5 – As acções referidas nos n.os 2 a 4 correm por apenso ao processo de insolvência.

Este preceito foi alterado pelo artigo 1.º do Decreto-Lei n.º 200/2004, de 18 de Agosto (Diário da República n.º 194/2004, série I-A, de 18 de Agosto de 2004, pp. 5260-5316).

Artigo 83.º
Dever de apresentação e de colaboração

1 – O devedor insolvente fica obrigado a:

a) Fornecer todas as informações relevantes para o processo que lhe sejam solicitadas pelo administrador da insolvência, pela assembleia de credores, pela comissão de credores ou pelo tribunal;

b) Apresentar-se pessoalmente no tribunal, sempre que a apresentação seja determinada pelo juiz ou pelo administrador da insolvência, salva a ocorrência de legítimo impedimento ou expressa permissão de se fazer representar por mandatário;

c) Prestar a colaboração que lhe seja requerida pelo administrador da insolvência para efeitos do desempenho das suas funções.

2 – O juiz ordena que o devedor que sem justificação tenha faltado compareça sob custódia, sem prejuízo da multa aplicável.

3 – A recusa de prestação de informações ou de colaboração é livremente apreciada pelo juiz, nomeadamente para efeito da qualificação da insolvência como culposa.

4 – O disposto nos números anteriores é aplicável aos administradores do devedor e membros do seu órgão de fiscalização, se for o caso, bem como às pessoas que tenham desempenhado esses cargos dentro dos dois anos anteriores ao início do processo de insolvência.

5 – O disposto nas alíneas *a)* e *b)* do n.º 1 e no n.º 2 é também aplicável aos empregados e prestadores de serviços do devedor, bem

como às pessoas que o tenham sido dentro dos dois anos anteriores ao início do processo de insolvência.

Artigo 84.º
Alimentos ao insolvente e aos trabalhadores

1 – Se o devedor carecer absolutamente de meios de subsistência e os não puder angariar pelo seu trabalho, pode o administrador da insolvência, com o acordo da comissão de credores, ou da assembleia de credores, se aquela não existir, arbitrar-lhe um subsídio à custa dos rendimentos da massa insolvente, a título de alimentos.

2 – Havendo justo motivo, pode a atribuição de alimentos cessar em qualquer estado do processo, por decisão do administrador da insolvência.

3 – O disposto nos números anteriores é aplicável a quem, encontrando-se na situação prevista no n.º 1, seja titular de créditos sobre a insolvência emergentes de contrato de trabalho, ou da violação ou cessação deste contrato, até ao limite do respectivo montante, mas, a final, deduzir-se-ão os subsídios ao valor desses créditos.

CAPÍTULO II
Efeitos processuais

Artigo 85.º
Efeitos sobre as acções pendentes

1 – Declarada a insolvência, todas as acções em que se apreciem questões relativas a bens compreendidos na massa insolvente, intentadas contra o devedor, ou mesmo contra terceiros, mas cujo resultado possa influenciar o valor da massa, e todas as acções de natureza exclusivamente patrimonial intentadas pelo devedor são apensadas ao processo de insolvência, desde que a apensação seja requerida pelo administrador da insolvência, com fundamento na conveniência para os fins do processo.

2 – O juiz requisita ao tribunal ou entidade competente a remessa, para efeitos de apensação aos autos da insolvência, de todos os processos nos quais se tenha efectuado qualquer acto de apreensão ou detenção de bens compreendidos na massa insolvente.

3 – O administrador da insolvência substitui o insolvente em todas as acções referidas nos números anteriores, independentemente da apensação ao processo de insolvência e do acordo da parte contrária.

Este preceito foi alterado pelo artigo 1.º do Decreto-Lei n.º 200/2004, de 18 de Agosto (Diário da República n.º 194/2004, série I-A, de 18 de Agosto de 2004, pp. 5260-5316).

Artigo 86.º
Apensação de processos de insolvência

1 – A requerimento do administrador da insolvência são apensados aos autos os processos em que haja sido declarada a insolvência de pessoas que legalmente respondam pelas dívidas do insolvente ou, tratando-se de pessoa singular casada, do seu cônjuge, se o regime de bens não for o da separação.

2 – O mesmo se aplica, sendo o devedor uma sociedade comercial, relativamente aos processos em que tenha sido declarada a insolvência de sociedades que, nos termos do Código das Sociedades Comerciais, ela domine ou com ela se encontrem em relação de grupo.

3 – Quando os processos corram termos em tribunais com diferente competência em razão da matéria, a apensação só é determinada se for requerida pelo administrador da insolvência do processo instaurado em tribunal de competência especializada.

Artigo 87.º
Convenções arbitrais

1 – Fica suspensa a eficácia das convenções arbitrais em que o insolvente seja parte, respeitantes a litígios cujo resultado possa influenciar o valor da massa, sem prejuízo do disposto em tratados internacionais aplicáveis.

2 – Os processos pendentes à data da declaração de insolvência prosseguirão porém os seus termos, sem prejuízo, se for o caso, do disposto no n.º 3 do artigo 85.º e no n.º 3 do artigo 128.º.

Artigo 88.º
Acções executivas

1 – A declaração de insolvência determina a suspensão de quaisquer diligências executivas ou providências requeridas pelos credores da insolvência que atinjam os bens integrantes da massa insolvente e obsta à instauração ou ao prosseguimento de qualquer acção executiva intentada pelos credores da insolvência; porém, se houver outros executados, a execução prossegue contra estes.

2 – Tratando-se de execuções que prossigam contra outros executados e não hajam de ser apensadas ao processo nos termos do n.º 2 do artigo 85.º, é apenas extraído, e remetido para apensação, traslado do processado relativo ao insolvente.

Artigo 89.º
Acções relativas a dívidas da massa insolvente

1 – Durante os três meses seguintes à data da declaração de insolvência, não podem ser propostas execuções para pagamento de dívidas da massa insolvente.

2 – As acções, incluindo as executivas, relativas às dívidas da massa insolvente correm por apenso ao processo de insolvência, com excepção das execuções por dívidas de natureza tributária.

CAPÍTULO III
Efeitos sobre os créditos

Artigo 90.º
Exercício dos créditos sobre a insolvência

Os credores da insolvência apenas poderão exercer os seus direitos em conformidade com os preceitos do presente Código, durante a pendência do processo de insolvência.

Artigo 91.º
Vencimento imediato de dívidas

1 – A declaração de insolvência determina o vencimento de todas as obrigações do insolvente não subordinadas a uma condição suspensiva.

2 – Toda a obrigação ainda não exigível à data da declaração de insolvência pela qual não fossem devidos juros remuneratórios, ou pela qual fossem devidos juros inferiores à taxa de juros legal, considera-se reduzida para o montante que, se acrescido de juros calculados sobre esse mesmo montante, respectivamente, à taxa legal, ou a uma taxa igual à diferença entre a taxa legal e a taxa convencionada, pelo período de antecipação do vencimento, corresponderia ao valor da obrigação em causa.

3 – Tratando-se de obrigação fraccionada, o disposto no número anterior é aplicável a cada uma das prestações ainda não exigíveis.

4 – No cômputo do período de antecipação do vencimento considera-se que este ocorreria na data em que as obrigações se tornassem exigíveis, ou em que provavelmente tal ocorreria, sendo essa data indeterminada.

5 – A redução do montante da dívida, prevista nos números anteriores, é também aplicável ainda que tenha ocorrido a perda do benefício do prazo, decorrente da situação de insolvência ainda não judicialmente declarada, prevista no n.º 1 do artigo 780.º do Código Civil.

6 – A sub-rogação nos direitos do credor decorrente do cumprimento pelo insolvente de uma obrigação de terceiro terá lugar na proporção da quantia paga relativamente ao montante da dívida desse terceiro, actualizado nos termos do n.º 2.

7 – O disposto no número anterior aplica-se ao direito de regresso face a outros condevedores.

Artigo 92.º
Planos de regularização

O vencimento imediato, nos termos do n.º 1 do artigo anterior, de dívidas abrangidas em plano de regularização de impostos e de contribuições para a segurança social tem os efeitos que os diplomas legais respectivos atribuem ao incumprimento do plano, sendo os montantes exigíveis calculados em conformidade com as normas pertinentes desses diplomas.

Artigo 93.º
Créditos por alimentos

O direito a exigir alimentos do insolvente relativo a período posterior à declaração de insolvência só pode ser exercido contra a massa se nenhuma das pessoas referidas no artigo 2009.º do Código Civil estiver em condições de os prestar, e apenas se o juiz o autorizar, fixando o respectivo montante.

Artigo 94.º
Créditos sob condição resolutiva

No processo de insolvência, os créditos sobre a insolvência sujeitos a condição resolutiva são tratados como incondicionados até ao momento em que a condição se preencha, sem prejuízo do dever de restituição dos pagamentos recebidos, verificada que seja a condição.

Artigo 95.º
Responsáveis solidários e garantes

1 – O credor pode concorrer pela totalidade do seu crédito a cada uma das diferentes massas insolventes de devedores solidários e garantes, sem embargo de o somatório das quantias que receber de todas elas não poder exceder o montante do crédito.

2 – O direito contra o devedor insolvente decorrente do eventual pagamento futuro da dívida por um condevedor solidário ou por um garante só pode ser exercido no processo de insolvência, como crédito sob condição suspensiva, se o próprio credor da referida dívida a não reclamar.

Artigo 96.º
Conversão de créditos

1 – Para efeitos da participação do respectivo titular no processo:

a) Os créditos não pecuniários são atendidos pelo valor em euros estimável à data da declaração de insolvência;

b) Os créditos pecuniários cujo montante não esteja determinado são atendidos pelo valor em euros estimável à data da declaração de insolvência;
c) Os créditos expressos em moeda estrangeira ou índices são atendidos pelo valor em euros à cotação em vigor à data da declaração de insolvência no lugar do respectivo pagamento.

2 – Os créditos referidos nas alíneas *a)* e *c)* do número anterior consideram-se definitivamente convertidos em euros, uma vez reconhecidos.

Artigo 97.º

Extinção de privilégios creditórios e garantias reais

1 – Extinguem-se, com a declaração de insolvência:

a) Os privilégios creditórios gerais que forem acessórios de créditos sobre a insolvência de que forem titulares o Estado, as autarquias locais e as instituições de segurança social constituídos mais de 12 meses antes da data do início do processo de insolvência;
b) Os privilégios creditórios especiais que forem acessórios de créditos sobre a insolvência de que forem titulares o Estado, as autarquias locais e as instituições de segurança social vencidos mais de 12 meses antes da data do início do processo de insolvência;
c) As hipotecas legais cujo registo haja sido requerido dentro dos dois meses anteriores à data do início do processo de insolvência, e que forem acessórias de créditos sobre a insolvência do Estado, das autarquias locais e das instituições de segurança social;
d) Se não forem independentes de registo, as garantias reais sobre imóveis ou móveis sujeitos a registo integrantes da massa insolvente, acessórias de créditos sobre a insolvência e já constituídas, mas ainda não registadas nem objecto de pedido de registo;
e) As garantias reais sobre bens integrantes da massa insolvente acessórias dos créditos havidos como subordinados.

2 – Declarada a insolvência, não é admissível o registo de hipotecas legais que garantam créditos sobre a insolvência, inclusive após o encerramento do processo, salvo se o pedido respectivo tiver sido apre-

sentado em momento anterior ao da referida declaração, ou, tratando-se das hipotecas a que alude a alínea *c)* do número anterior, com uma antecedência de dois meses sobre a mesma data.

Artigo 98.º
Concessão de privilégio ao credor requerente

1 – Os créditos não subordinados do credor a requerimento de quem a situação de insolvência tenha sido declarada passam a beneficiar de privilégio creditório geral, graduado em último lugar, sobre todos os bens móveis integrantes da massa insolvente, relativamente a um quarto do seu montante, num máximo correspondente a 500 unidades de conta.

2 – Se o prosseguimento de um processo intentado por um credor for prejudicado pela declaração de insolvência do devedor em processo posteriormente instaurado, o privilégio referido no número anterior é atribuído ao requerente no processo mais antigo; no caso previsto na alínea *b)* do n.º 3 do artigo 264.º, o privilégio geral sobre os bens móveis próprios do cônjuge apresentante e sobre a sua meação nos bens móveis comuns compete ao requerente no processo instaurado em primeiro lugar, sem embargo da suspensão dos seus termos.

Artigo 99.º
Compensação

1 – Sem prejuízo do estabelecido noutras disposições deste Código, a partir da declaração de insolvência os titulares de créditos sobre a insolvência só podem compensá-los com dívidas à massa desde que se verifique pelo menos um dos seguintes requisitos:

a) Ser o preenchimento dos pressupostos legais da compensação anterior à data da declaração da insolvência;
b) Ter o crédito sobre a insolvência preenchido antes do contra-crédito da massa os requisitos estabelecidos no artigo 847.º do Código Civil.

2 – Para os efeitos das alíneas *a)* e *b)* do número anterior, não relevam:

a) A perda de benefício de prazo prevista no n.º 1 do artigo 780.º do Código Civil;

b) O vencimento antecipado e a conversão em dinheiro resultantes do preceituado no n.º 1 do artigo 91.º e no artigo 96.º.

3 – A compensação não é prejudicada pelo facto de as obrigações terem por objecto divisas ou unidades de cálculo distintas, se for livre a sua conversão recíproca no lugar do pagamento do contra-crédito, tendo a conversão lugar à cotação em vigor nesse lugar na data em que a compensação produza os seus efeitos.

4 – A compensação não é admissível:

a) Se a dívida à massa se tiver constituído após a data da declaração de insolvência, designadamente em consequência da resolução de actos em benefício da massa insolvente;

b) Se o credor da insolvência tiver adquirido o seu crédito de outrem, após a data da declaração de insolvência;

c) Com dívidas do insolvente pelas quais a massa não seja responsável;

d) Entre dívidas à massa e créditos subordinados sobre a insolvência.

Artigo 100.º

Suspensão da prescrição e caducidade

A sentença de declaração da insolvência determina a suspensão de todos os prazos de prescrição e de caducidade oponíveis pelo devedor, durante o decurso do processo.

Artigo 101.º

Sistemas de liquidação

As normas constantes deste capítulo são aplicáveis sem prejuízo do que em contrário se estabelece nos artigos 283.º e seguintes do Código de Valores Mobiliários.

CAPÍTULO IV
Efeitos sobre os negócios em curso

Artigo 102.º
Princípio geral quanto a negócios ainda não cumpridos

1 – Sem prejuízo do disposto nos artigos seguintes, em qualquer contrato bilateral em que, à data da declaração de insolvência, não haja ainda total cumprimento nem pelo insolvente nem pela outra parte, o cumprimento fica suspenso até que o administrador da insolvência declare optar pela execução ou recusar o cumprimento.

2 – A outra parte pode, contudo, fixar um prazo razoável ao administrador da insolvência para este exercer a sua opção, findo o qual se considera que recusa o cumprimento.

3 – Recusado o cumprimento pelo administrador da insolvência, e sem prejuízo do direito à separação da coisa, se for o caso:

a) Nenhuma das partes tem direito à restituição do que prestou;
b) A massa insolvente tem o direito de exigir o valor da contraprestação correspondente à prestação já efectuada pelo devedor, na medida em que não tenha sido ainda realizada pela outra parte;
c) A outra parte tem direito a exigir, como crédito sobre a insolvência, o valor da prestação do devedor, na parte incumprida, deduzido do valor da contraprestação correspondente que ainda não tenha sido realizada;
d) O direito à indemnização dos prejuízos causados à outra parte pelo incumprimento:
   i) Apenas existe até ao valor da obrigação eventualmente imposta nos termos da alínea *b)*;
   ii) É abatido do quantitativo a que a outra parte tenha direito, por aplicação da alínea *c)*;
   iii) Constitui crédito sobre a insolvência;
e) Qualquer das partes pode declarar a compensação das obrigações referidas nas alíneas *c)* e *d)* com a aludida na alínea *b)*, até à concorrência dos respectivos montantes.

4 – A opção pela execução é abusiva se o cumprimento pontual das obrigações contratuais por parte da massa insolvente for manifestamente improvável.

Este preceito foi alterado pelo artigo 1.º do Decreto-Lei n.º 200/2004, de 18 de Agosto (Diário da República n.º 194/2004, série I-A, de 18 de Agosto de 2004, pp. 5260-5316).

Artigo 103.º
Prestações indivisíveis

1 – Se o contrato impuser à outra parte o cumprimento de prestação que tenha natureza infungível, ou que seja fraccionável na entrega de várias coisas, não facilmente substituíveis, entre as quais interceda uma conexão funcional, e o administrador da insolvência recusar o cumprimento:

a) O direito referido na alínea *b)* do n.º 3 do artigo anterior é substituído pelo direito de exigir à outra parte a restituição do que lhe tiver sido prestado, na medida do seu enriquecimento à data da declaração de insolvência;

b) O direito previsto na alínea *c)* do n.º 3 do artigo anterior tem por objecto a diferença, se favorável à outra parte, entre os valores da totalidade das prestações contratuais;

c) A outra parte tem direito, como credor da insolvência, ao reembolso do custo ou à restituição do valor da parte da prestação realizada anteriormente à declaração de insolvência, consoante tal prestação seja ou não infungível.

2 – A outra parte tem direito, porém, a completar a sua prestação, e a exigir, como crédito sobre a insolvência, a parte da contraprestação em dívida, caso em que cessa o disposto no n.º 1 e no artigo anterior.

3 – Se o administrador da insolvência não recusar o cumprimento, o direito da outra parte à contraprestação só constitui crédito sobre a massa no que exceda o valor do que seria apurado por aplicação do disposto na alínea *c)* do n.º 1, caso o administrador da insolvência tivesse optado pela recusa do cumprimento.

4 – Sendo o cumprimento de uma prestação do tipo das referidas no n.º 1 imposto pelo contrato ao insolvente, e recusando o administrador esse cumprimento:

a) O direito referido na alínea *b)* do n.º 3 do artigo anterior cessa ou é substituído pelo direito à restituição do valor da parte da prestação já efectuada anteriormente à declaração de insolvência, consoante essa prestação tenha ou não natureza infungível;

b) Aplica-se o disposto na alínea *b)* do n.º 1, tendo a outra parte, adicionalmente, direito ao reembolso do que já tiver prestado, também como crédito sobre a insolvência.

5 – Sendo o cumprimento de uma prestação do tipo das referidas no n.º 1 imposto por contrato ao insolvente e não recusando o administrador esse cumprimento, o direito da outra parte à contraprestação em dívida constitui, na sua integralidade, crédito sobre a massa.

6 – Se a prestação de natureza infungível se desdobrar em parcelas autónomas e alguma ou algumas destas já tiverem sido efectuadas, o disposto nos números anteriores apenas se aplica às demais, repartindo-se a contraprestação por todas elas, pela forma apropriada.

Artigo 104.º
Venda com reserva de propriedade e operações semelhantes

1 – No contrato de compra e venda com reserva de propriedade em que o vendedor seja o insolvente, a outra parte poderá exigir o cumprimento do contrato se a coisa já lhe tiver sido entregue na data da declaração da insolvência.

2 – O disposto no número anterior aplica-se, em caso de insolvência do locador, ao contrato de locação financeira e ao contrato de locação com a cláusula de que a coisa locada se tornará propriedade do locatário depois de satisfeitas todas as rendas pactuadas.

3 – Sendo o comprador ou o locatário o insolvente, e encontrando-se ele na posse da coisa, o prazo fixado ao administrador da insolvência, nos termos do n.º 2 do artigo 102.º, não pode esgotar-se antes de decorridos cinco dias sobre a data da assembleia de apreciação do relatório, salvo se o bem for passível de desvalorização considerável durante esse período e a outra parte advertir expressamente o administrador da insolvência dessa circunstância.

4 – A cláusula de reserva de propriedade, nos contratos de alienação de coisa determinada em que o comprador seja o insolvente, só é oponível à massa no caso de ter sido estipulada por escrito, até ao momento da entrega da coisa.

5 – Os efeitos da recusa de cumprimento pelo administrador, quando admissível, são os previstos no n.º 3 do artigo 102.º, entendendo-se que o direito consignado na respectiva alínea *c)* tem por objecto o pagamento, como crédito sobre a insolvência, da diferença, se positiva, entre

o montante das prestações ou rendas previstas até final do contrato, actualizadas para a data da declaração de insolvência por aplicação do estabelecido no n.º 2 do artigo 91.º, e o valor da coisa na data da recusa, se a outra parte for o vendedor ou locador, ou da diferença, se positiva, entre este último valor e aquele montante, caso ela seja o comprador ou o locatário.

Artigo 105.º
Venda sem entrega

1 – Sem prejuízo do disposto no artigo 107.º, se a obrigação de entrega por parte do vendedor ainda não tiver sido cumprida, mas a propriedade já tiver sido transmitida:

a) O administrador da insolvência não pode recusar o cumprimento do contrato, no caso de insolvência do vendedor;

b) A recusa de cumprimento pelo administrador da insolvência, no caso de insolvência do comprador, tem os efeitos previstos no n.º 5 do artigo anterior, aplicável com as necessárias adaptações.

2 – O disposto no número anterior é igualmente aplicável, com as devidas adaptações, aos contratos translativos de outros direitos reais de gozo.

Artigo 106.º
Promessa de contrato

1 – No caso de insolvência do promitente-vendedor, o administrador da insolvência não pode recusar o cumprimento de contrato-promessa com eficácia real, se já tiver havido tradição da coisa a favor do promitente-comprador.

2 – À recusa de cumprimento de contrato-promessa de compra e venda pelo administrador da insolvência é aplicável o disposto no n.º 5 do artigo 104.º, com as necessárias adaptações, quer a insolvência respeite ao promitente-comprador quer ao promitente-vendedor.

3 – *[Revogado.]*

Este preceito foi alterado pelo artigo 1.º do Decreto-Lei n.º 200/2004, de 18 de Agosto (Diário da República n.º 194/2004, série I-A, de 18 de Agosto de 2004, pp. 5260-5316).

Artigo 107.º

Operações a prazo

1 – Se a entrega de mercadorias, ou a realização de prestações financeiras, que tenham um preço de mercado, tiver de se efectuar em determinada data ou dentro de certo prazo, e a data ocorrer ou o prazo se extinguir depois de declarada a insolvência, a execução não pode ser exigida por nenhuma das partes, e o comprador ou vendedor, consoante o caso, tem apenas direito ao pagamento da diferença entre o preço ajustado e o preço de mercado do bem ou prestação financeira no 2.º dia posterior ao da declaração de insolvência, relativamente a contratos com a mesma data ou prazo de cumprimento, a qual, sendo exigível ao insolvente, constitui crédito sobre a insolvência.

2 – Em qualquer dos casos, o vendedor restituirá as importâncias já pagas, podendo compensar tal obrigação com o crédito que lhe seja conferido pelo número anterior, até à concorrência dos respectivos montantes; sendo o vendedor o insolvente, o direito à restituição constitui para a outra parte crédito sobre a insolvência.

3 – Para efeitos do disposto no número anterior consideram-se prestações financeiras, designadamente:

a) A entrega de valores mobiliários, excepto se se tratar de acções representativas de, pelo menos, 10% do capital da sociedade, e não tiver carácter meramente financeiro a liquidação contratualmente prevista;

b) A entrega de metais preciosos;

c) Os pagamentos em dinheiro cujo montante seja directa ou indirectamente determinado pela taxa de câmbio de uma divisa estrangeira, pela taxa de juro legal, por uma unidade de cálculo ou pelo preço de outros bens ou serviços;

d) Opções ou outros direitos à venda ou à entrega de bens referidos nas alíneas *a)* e *b)* ou a pagamentos referidos na alínea *c)*.

4 – Integrando-se vários negócios sobre prestações financeiras num contrato quadro ao qual só possa pôr-se termo unitariamente no caso de incumprimento, o conjunto de tais negócios é havido como um contrato bilateral, para efeitos deste artigo e do artigo 102.º.

5 – Às operações a prazo não abrangidas pelo n.º 1 é aplicável o disposto no n.º 5 do artigo 104.º, com as necessárias adaptações.

Este preceito foi alterado pelo artigo 1.º do Decreto-Lei n.º 200/2004, de 18 de Agosto (Diário da República n.º 194/2004, série I-A, de 18 de Agosto de 2004, pp. 5260-5316).

Artigo 108.º
Locação em que o locatário é o insolvente

1 – A declaração de insolvência não suspende o contrato de locação em que o insolvente seja locatário, mas o administrador da insolvência pode sempre denunciá-lo com um pré-aviso de 60 dias, se nos termos da lei ou do contrato não for suficiente um pré-aviso inferior.

2 – Exceptua-se do número anterior o caso de o locado se destinar à habitação do insolvente, caso em que o administrador da insolvência poderá apenas declarar que o direito ao pagamento de rendas vencidas depois de transcorridos 60 dias sobre tal declaração não será exercível no processo de insolvência, ficando o senhorio, nessa hipótese, constituído no direito de exigir, como crédito sobre a insolvência, indemnização dos prejuízos sofridos em caso de despejo por falta de pagamentos de alguma ou algumas das referidas rendas, até ao montante das correspondentes a um trimestre.

3 – A denúncia do contrato pelo administrador da insolvência facultada pelo n.º 1 obriga ao pagamento, como crédito sobre a insolvência, das retribuições correspondentes ao período intercedente entre a data de produção dos seus efeitos e a do fim do prazo contratual estipulado, ou a data para a qual de outro modo teria sido possível a denúncia pelo insolvente, deduzidas dos custos inerentes à prestação do locador por esse período, bem como dos ganhos obtidos através de uma aplicação alternativa do locado, desde que imputáveis à antecipação do fim do contrato, com actualização de todas as quantias, nos termos do n.º 2 do artigo 91.º, para a data de produção dos efeitos da denúncia.

4 – O locador não pode requerer a resolução do contrato após a declaração de insolvência do locatário com algum dos seguintes fundamentos:

a) Falta de pagamento das rendas ou alugueres respeitantes ao período anterior à data da declaração de insolvência;
b) Deterioração da situação financeira do locatário.

5 – Não tendo a coisa locada sido ainda entregue ao locatário à data da declaração de insolvência deste, tanto o administrador da insolvência como o locador podem resolver o contrato, sendo lícito a qualquer deles fixar ao outro um prazo razoável para o efeito, findo o qual cessa o direito de resolução.

Artigo 109.º
Locação em que o insolvente é o locador

1 – A declaração de insolvência não suspende a execução de contrato de locação em que o insolvente seja locador, e a sua denúncia por qualquer das partes apenas é possível para o fim do prazo em curso, sem prejuízo dos casos de renovação obrigatória.

2 – Se, porém, a coisa ainda não tiver sido entregue ao locatário à data da declaração de insolvência, é aplicável o disposto no n.º 5 do artigo anterior, com as devidas adaptações.

3 – A alienação da coisa locada no processo de insolvência não priva o locatário dos direitos que lhe são reconhecidos pela lei civil em tal circunstância.

Artigo 110.º
Contratos de mandato e de gestão

1 – Os contratos de mandato, incluindo os de comissão, que não se mostre serem estranhos à massa insolvente, caducam com a declaração de insolvência do mandante, ainda que o mandato tenha sido conferido também no interesse do mandatário ou de terceiro, sem que o mandatário tenha direito a indemnização pelo dano sofrido.

2 – Considera-se, porém, que o contrato de mandato se mantém:

a) Caso seja necessária a prática de actos pelo mandatário para evitar prejuízos previsíveis para a massa insolvente, até que o administrador da insolvência tome as devidas providências;
b) Pelo período em que o mandatário tenha exercido funções desconhecendo, sem culpa, a declaração de insolvência do mandante.

3 – A remuneração e o reembolso de despesas do mandatário constitui dívida da massa insolvente, na hipótese da alínea *a)* do número anterior, e dívida da insolvência, na hipótese da alínea *b)*.

4 – O disposto nos números anteriores é aplicável, com as devidas adaptações, a quaisquer outros contratos pelos quais o insolvente tenha confiado a outrem a gestão de assuntos patrimoniais, com um mínimo de autonomia, nomeadamente a contratos de gestão de carteiras e de gestão do património.

Artigo 111.º
Contrato de prestação duradoura de serviço

1 – Os contratos que obriguem à realização de prestação duradoura de um serviço no interesse do insolvente, e que não caduquem por efeito do disposto no artigo anterior, não se suspendem com a declaração de insolvência, podendo ser denunciados por qualquer das partes nos termos do n.º 1 do artigo 108.º, aplicável com as devidas adaptações.

2 – A denúncia antecipada do contrato só obriga ao ressarcimento do dano causado no caso de ser efectuada pelo administrador da insolvência, sendo a indemnização nesse caso calculada, com as necessárias adaptações, nos termos do n.º 3 do artigo 108.º, e constituindo para a outra parte crédito sobre a insolvência.

Artigo 112.º
Procurações

1 – Salvo nos casos abrangidos pela alínea *a)* do n.º 2 do artigo 110.º, com a declaração de insolvência do representado caducam as procurações que digam respeito ao património integrante da massa insolvente, ainda que conferidas também no interesse do procurador ou de terceiro.

2 – Aos actos praticados pelo procurador depois da caducidade da procuração é aplicável o disposto nos n.os 6 e 7 do artigo 81.º, com as necessárias adaptações.

3 – O procurador que desconheça sem culpa a declaração de insolvência do representado não é responsável perante terceiros pela ineficácia do negócio derivada da falta de poderes de representação.

Artigo 113.º
Insolvência do trabalhador

1 – A declaração de insolvência do trabalhador não suspende o contrato de trabalho.

2 – O ressarcimento de prejuízos decorrentes de uma eventual violação dos deveres contratuais apenas podem ser reclamados ao próprio insolvente.

Artigo 114.º
Prestação de serviço pelo devedor

1 – O disposto no artigo anterior aplica-se aos contratos pelos quais o insolvente, sendo uma pessoa singular, esteja obrigado à prestação de um serviço, salvo se este se integrar na actividade da empresa de que for titular e não tiver natureza infungível.

2 – Sem prejuízo do disposto no número anterior, aos contratos que tenham por objecto a prestação duradoura de um serviço pelo devedor aplica-se o disposto no artigo 111.º, com as necessárias adaptações, mas o dever de indemnizar apenas existe se for da outra parte a iniciativa da denúncia.

Este preceito foi alterado pelo artigo 1.º do Decreto-Lei n.º 200/2004, de 18 de Agosto (Diário da República n.º 194/2004, série I-A, de 18 de Agosto de 2004, pp. 5260-5316).

Artigo 115.º
Cessão e penhor de créditos futuros

1 – Sendo o devedor uma pessoa singular e tendo ele cedido ou dado em penhor, anteriormente à declaração de insolvência, créditos futuros emergentes de contrato de trabalho ou de prestação de serviços, ou o direito a prestações sucedâneas futuras, designadamente subsídios de desemprego e pensões de reforma, a eficácia do negócio ficará limitada aos rendimentos respeitantes ao período anterior à data de declaração de insolvência, ao resto do mês em curso nesta data e aos 24 meses subsequentes.

2 – A eficácia da cessão realizada ou de penhor constituído pelo devedor anteriormente à declaração de insolvência que tenha por objecto rendas ou alugueres devidos por contrato de locação que o administrador da insolvência não possa denunciar ou resolver, nos termos, respectivamente, do n.º 2 do artigo 104.º e do n.º 1 do artigo 109.º, fica limitada, seja ou não o devedor uma pessoa singular, às que respeitem ao período anterior à data de declaração de insolvência, ao resto do mês em curso nesta data e ao mês subsequente.

3 – O devedor por créditos a que se reportam os números anteriores pode compensá-los com dívidas à massa, sem prejuízo do disposto na alínea *b)* do n.º 1 e nas alíneas *b)* a *d)* do n.º 4 do artigo 99.º.

Este preceito foi alterado pelo artigo 1.º do Decreto-Lei n.º 200/2004, de 18 de Agosto (Diário da República n.º 194/2004, série I-A, de 18 de Agosto de 2004, pp. 5260-5316).

Artigo 116.º
Contas correntes

A declaração de insolvência implica o termo dos contratos de conta corrente em que o insolvente seja parte, com o encerramento das contas respectivas.

Artigo 117.º
Associação em participação

1 – A associação em participação extingue-se pela insolvência do contraente associante.

2 – O contraente associado é obrigado a entregar à massa insolvente do associante a sua parte, ainda não satisfeita, nas perdas em que deva participar, conservando, porém, o direito de reclamar, como crédito sobre a insolvência, as prestações que tenha realizado e não devam ser incluídas na sua participação nas perdas.

Artigo 118.º
Agrupamento complementar de empresas e agrupamento europeu de interesse económico

1 – Sem prejuízo de disposição diversa do contrato, o agrupamento complementar de empresas e o agrupamento europeu de interesse económico não se dissolvem em consequência da insolvência de um ou mais membros do agrupamento.

2 – O membro declarado insolvente pode exonerar-se do agrupamento complementar de empresas.

3 – É nula a cláusula do contrato que obrigue o membro declarado insolvente a indemnizar os danos causados aos restantes membros ou ao agrupamento.

Artigo 119.º
Normas imperativas

1 – É nula qualquer convenção das partes que exclua ou limite a aplicação das normas anteriores do presente capítulo.

2 – É em particular nula a cláusula que atribua à situação de insolvência de uma das partes o valor de uma condição resolutiva do negócio ou confira nesse caso à parte contrária um direito de indemnização, de resolução ou de denúncia em termos diversos dos previstos neste capítulo.

3 – O disposto nos números anteriores não obsta que a situação de insolvência possa configurar justa causa de resolução ou de denúncia em atenção à natureza e conteúdo das prestações contratuais.

CAPÍTULO V
Resolução em benefício da massa insolvente

Artigo 120.º
Princípios gerais

1 – Podem ser resolvidos em benefício da massa insolvente os actos prejudiciais à massa praticados ou omitidos dentro dos quatro anos anteriores à data do início do processo de insolvência.

2 – Consideram-se prejudiciais à massa os actos que diminuam, frustrem, dificultem, ponham em perigo ou retardem a satisfação dos credores da insolvência.

3 – Presumem-se prejudiciais à massa, sem admissão de prova em contrário, os actos de qualquer dos tipos referidos no artigo seguinte, ainda que praticados ou omitidos fora dos prazos aí contemplados.

4 – Salvo nos casos a que respeita o artigo seguinte, a resolução pressupõe a má fé do terceiro, a qual se presume quanto a actos cuja prática ou omissão tenha ocorrido dentro dos dois anos anteriores ao início do processo de insolvência e em que tenha participado ou de que tenha aproveitado pessoa especialmente relacionada com o insolvente, ainda que a relação especial não existisse a essa data.

5 – Entende-se por má fé o conhecimento, à data do acto, de qualquer das seguintes circunstâncias:

a) De que o devedor se encontrava em situação de insolvência;

b) Do carácter prejudicial do acto e de que o devedor se encontrava à data em situação de insolvência iminente;
c) Do início do processo de insolvência.

Artigo 121.º
Resolução incondicional

1 – São resolúveis em benefício da massa insolvente os actos seguidamente indicados, sem dependência de quaisquer outros requisitos:
a) Partilha celebrada menos de um ano antes da data do início do processo de insolvência em que o quinhão do insolvente haja sido essencialmente preenchido com bens de fácil sonegação, cabendo aos co-interessados a generalidade dos imóveis e dos valores nominativos;
b) Actos celebrados pelo devedor a título gratuito dentro dos dois anos anteriores à data do início do processo de insolvência, incluindo o repúdio de herança ou legado, com excepção dos donativos conformes aos usos sociais;
c) Constituição pelo devedor de garantias reais relativas a obrigações preexistentes ou de outras que as substituam, nos seis meses anteriores à data de início do processo de insolvência;
d) Fiança, subfiança, aval e mandatos de crédito, em que o insolvente haja outorgado no período referido na alínea anterior e que não respeitem a operações negociais com real interesse para ele;
e) Constituição pelo devedor de garantias reais em simultâneo com a criação das obrigações garantidas, dentro dos 60 dias anteriores à data do início do processo de insolvência;
f) Pagamento ou outros actos de extinção de obrigações cujo vencimento fosse posterior à data do início do processo de insolvência, ocorridos nos seis meses anteriores à data do início do processo de insolvência, ou depois desta mas anteriormente ao vencimento;
g) Pagamento ou outra forma de extinção de obrigações efectuados dentro dos seis meses anteriores à data do início do processo de insolvência em termos não usuais no comércio jurídico e que o credor não pudesse exigir;
h) Actos a título oneroso realizados pelo insolvente dentro do ano anterior à data do início do processo de insolvência em que as

obrigações por ele assumidas excedam manifestamente as da contraparte;

i) Reembolso de suprimentos, quando tenha lugar dentro do mesmo período referido na alínea anterior.

2 – O disposto no número anterior cede perante normas legais que excepcionalmente exijam sempre a má fé ou a verificação de outros requisitos.

Este preceito foi alterado pelo artigo 1.º do Decreto-Lei n.º 200/2004, de 18 de Agosto (Diário da República n.º 194/2004, série I-A, de 18 de Agosto de 2004, pp. 5260-5316).

Artigo 122.º
Sistemas de pagamentos

Não podem ser objecto de resolução actos compreendidos no âmbito de um sistema de pagamentos tal como definido pela alínea *a)* do artigo 2.º da Directiva n.º 98/26/CE, do Parlamento Europeu e do Conselho, de 19 de Maio, ou equiparável.

Artigo 123.º
Forma de resolução e prescrição do direito

1 – A resolução pode ser efectuada pelo administrador da insolvência por carta registada com aviso de recepção nos seis meses seguintes ao conhecimento do acto, mas nunca depois de decorridos dois anos sobre a data da declaração de insolvência.

2 – Enquanto, porém, o negócio não estiver cumprido, pode a resolução ser declarada, sem dependência de prazo, por via de excepção.

Artigo 124.º
Oponibilidade a transmissários

1 – A oponibilidade da resolução do acto a transmissários posteriores pressupõe a má fé destes, salvo tratando-se de sucessores a título universal ou se a nova transmissão tiver ocorrido a título gratuito.

2 – O disposto no número anterior é aplicável, com as necessárias adaptações, à constituição de direitos sobre os bens transmitidos em benefício de terceiro.

Artigo 125.º
Impugnação da resolução

O direito de impugnar a resolução caduca no prazo de seis meses, correndo a acção correspondente, proposta contra a massa insolvente, como dependência do processo de insolvência.

Artigo 126.º
Efeitos da resolução

1 – A resolução tem efeitos retroactivos, devendo reconstituir-se a situação que existiria se o acto não tivesse sido praticado ou omitido, consoante o caso.

2 – A acção intentada pelo administrador da insolvência com a finalidade prevista no número anterior é dependência do processo de insolvência.

3 – Ao terceiro que não apresente os bens ou valores que hajam de ser restituídos à massa dentro do prazo fixado na sentença são aplicadas as sanções previstas na lei de processo para o depositário de bens penhorados que falte à oportuna entrega deles.

4 – A restituição do objecto prestado pelo terceiro só tem lugar se o mesmo puder ser identificado e separado dos que pertencem à parte restante da massa.

5 – Caso a circunstância prevista no número anterior não se verifique, a obrigação de restituir o valor correspondente constitui dívida da massa insolvente na medida do respectivo enriquecimento à data da declaração da insolvência, e dívida da insolvência quanto ao eventual remanescente.

6 – A obrigação de restituir a cargo do adquirente a título gratuito só existe na medida do seu próprio enriquecimento, salvo o caso de má fé, real ou presumida.

Artigo 127.º
Impugnação pauliana

1 – É vedado aos credores da insolvência a instauração de novas acções de impugnação pauliana de actos praticados pelo devedor cuja resolução haja sido declarada pelo administrador da insolvência.

2 – As acções de impugnação pauliana pendentes à data da declaração da insolvência ou propostas ulteriormente não serão apensas ao processo de insolvência, e, em caso de resolução do acto pelo administrador da insolvência, só prosseguirão os seus termos se tal resolução vier a ser declarada ineficaz por decisão definitiva, a qual terá força vinculativa no âmbito daquelas acções quanto às questões que tenha apreciado, desde que não ofenda caso julgado de formação anterior.

3 – Julgada procedente a acção de impugnação, o interesse do credor que a tenha instaurado é aferido, para efeitos do artigo 616.º do Código Civil, com abstracção das modificações introduzidas ao seu crédito por um eventual plano de insolvência ou de pagamentos.

TÍTULO V
Verificação dos créditos. Restituição e separação de bens

CAPÍTULO I
Verificação de créditos

Artigo 128.º
Reclamação de créditos

1 – Dentro do prazo fixado para o efeito na sentença declaratória da insolvência, devem os credores da insolvência, incluindo o Ministério Público na defesa dos interesses das entidades que represente, reclamar a verificação dos seus créditos por meio de requerimento, acompanhado de todos os documentos probatórios de que disponham, no qual indiquem:

a) A sua proveniência, data de vencimento, montante de capital e de juros;

b) As condições a que estejam subordinados, tanto suspensivas como resolutivas;

c) A sua natureza comum, subordinada, privilegiada ou garantida, e, neste último caso, os bens ou direitos objecto da garantia e respectivos dados de identificação registral, se aplicável;
d) A existência de eventuais garantias pessoais, com identificação dos garantes;
e) A taxa de juros moratórios aplicável.

2 – O requerimento é endereçado ao administrador da insolvência, e apresentado no seu domicílio profissional ou para aí remetido por via postal registada, devendo o administrador, respectivamente, assinar no acto de entrega, ou enviar ao credor no prazo de três dias, comprovativo do recebimento.

3 – A verificação tem por objecto todos os créditos sobre a insolvência, qualquer que seja a sua natureza e fundamento, e mesmo o credor que tenha o seu crédito reconhecido por decisão definitiva não está dispensado de o reclamar no processo de insolvência, se nele quiser obter pagamento.

Artigo 129.º
Relação de créditos reconhecidos e não reconhecidos

1 – Nos 15 dias subsequentes ao termo do prazo das reclamações, o administrador da insolvência apresenta na secretaria uma lista de todos os credores por si reconhecidos e uma lista dos não reconhecidos, ambas por ordem alfabética, relativamente não só aos que tenham deduzido reclamação como àqueles cujos direitos constem dos elementos da contabilidade do devedor ou sejam por outra forma do seu conhecimento.

2 – Da lista dos credores reconhecidos consta a identificação de cada credor, a natureza do crédito, o montante de capital e juros à data do termo do prazo das reclamações, as garantias pessoais e reais, os privilégios, a taxa de juros moratórios aplicável, e as eventuais condições suspensivas ou resolutivas.

3 – A lista dos credores não reconhecidos indica os motivos justificativos do não reconhecimento.

4 – Todos os credores não reconhecidos, bem como aqueles cujos créditos forem reconhecidos sem que os tenham reclamado, ou em termos diversos dos da respectiva reclamação, devem ser disso avisados pelo administrador da insolvência, por carta registada, com observância, com as devidas adaptações, do disposto nos artigos 40.º a 42.º do Regu-

lamento (CE) n.º 1346/2000, do Conselho, de 29 de Maio, tratando-se de credores com residência habitual, domicílio ou sede em outros Estados membros da União Europeia que não tenham já sido citados nos termos do n.º 3 do artigo 37.º.

Artigo 130.º
Impugnação da lista de credores reconhecidos

1 – Nos 10 dias seguintes ao termo do prazo fixado no n.º 1 do artigo anterior, pode qualquer interessado impugnar a lista de credores reconhecidos através de requerimento dirigido ao juiz, com fundamento na indevida inclusão ou exclusão de créditos, ou na incorrecção do montante ou da qualificação dos créditos reconhecidos.

2 – Relativamente aos credores avisados por carta registada, o prazo de 10 dias conta-se a partir do 3.º dia útil posterior à data da respectiva expedição.

3 – Se não houver impugnações, é de imediato proferida sentença de verificação e graduação dos créditos, em que, salvo o caso de erro manifesto, se homologa a lista de credores reconhecidos elaborada pelo administrador da insolvência e se graduam os créditos em atenção ao que conste dessa lista.

Artigo 131.º
Resposta à impugnação

1 – Pode responder a qualquer das impugnações o administrador da insolvência e qualquer interessado que assuma posição contrária, incluindo o devedor.

2 – Se, porém, a impugnação se fundar na indevida inclusão de certo crédito na lista de credores reconhecidos, na omissão da indicação das condições a que se encontre sujeito ou no facto de lhe ter sido atribuído um montante excessivo ou uma qualificação de grau superior à correcta, só o próprio titular pode responder.

3 – A resposta deve ser apresentada dentro dos 10 dias subsequentes ao termo do prazo referido no artigo anterior ou à notificação ao titular do crédito objecto da impugnação, consoante o caso, sob pena de a impugnação ser julgada procedente.

Este preceito foi alterado pelo artigo 1.º do Decreto-Lei n.º 200/2004, de 18 de Agosto (Diário da República n.º 194/2004, série I-A, de 18 de Agosto de 2004, pp. 5260-5316).

Artigo 132.º
Autuação das impugnações e respostas

As listas de créditos reconhecidos e não reconhecidos pelo administrador da insolvência, as impugnações e as respostas são autuadas por um único apenso.

Artigo 133.º
Exame das reclamações e dos documentos de escrituração do insolvente

Durante o prazo fixado para as impugnações e as respostas, e a fim de poderem ser examinados por qualquer interessado e pela comissão de credores, deve o administrador da insolvência patentear as reclamações de créditos, os documentos que as instruam e os documentos da escrituração do insolvente no local mais adequado, o qual é objecto de indicação no final nas listas de credores reconhecidos e não reconhecidos.

Este preceito foi alterado pelo artigo 1.º do Decreto-Lei n.º 200/2004, de 18 de Agosto (Diário da República n.º 194/2004, série I-A, de 18 de Agosto de 2004, pp. 5260-5316).

Artigo 134.º
Meios de prova, cópias e dispensa de notificação

1 – Às impugnações e às respostas é aplicável o disposto no n.º 2 do artigo 25.º.

2 – São apenas oferecidos pelo requerente ou, no caso de apresentação em suporte digital, extraídos pela secretaria, dois duplicados dos articulados e dos documentos que os acompanhem, um dos quais se destina ao arquivo do tribunal, ficando o outro na secretaria judicial, para consulta dos interessados.

3 – Exceptua-se o caso em que a impugnação tenha por objecto créditos reconhecidos e não seja apresentada pelo próprio titular, em que se juntará ou será extraída uma cópia adicional, para entrega ao respectivo titular.

4 – As impugnações apenas serão objecto de notificação aos titulares de créditos a que respeitem, se estes não forem os próprios impugnantes.

5 – Durante o prazo para impugnações e respostas, o processo é mantido na secretaria judicial para exame e consulta dos interessados.

Este preceito foi alterado pelo artigo 1.º do Decreto-Lei n.º 200/2004, de 18 de Agosto (Diário da República n.º 194/2004, série I-A, de 18 de Agosto de 2004, pp. 5260-5316).

Artigo 135.º
Parecer da comissão de credores

Dentro dos 10 dias posteriores ao termo do prazo das respostas às impugnações, deve a comissão de credores juntar aos autos o seu parecer sobre as impugnações.

Artigo 136.º
Saneamento do processo

1 – Junto o parecer da comissão de credores ou decorrido o prazo previsto no artigo anterior sem que tal junção se verifique, o juiz designa dia e hora para uma tentativa de conciliação a realizar dentro dos 10 dias seguintes, para a qual são notificados, a fim de comparecerem pessoalmente ou de se fazerem representar por procuradores com poderes especiais para transigir, todos os que tenham apresentado impugnações e respostas, a comissão de credores e o administrador da insolvência.

2 – Na tentativa de conciliação são considerados como reconhecidos os créditos que mereçam a aprovação de todos os presentes e nos precisos termos em que o forem.

3 – Concluída a tentativa de conciliação, o processo é imediatamente concluso ao juiz, para que seja proferido despacho, nos termos previstos nos artigos 510.º e 511.º do Código de Processo Civil.

4 – Consideram-se sempre reconhecidos os créditos incluídos na respectiva lista e não impugnados e os que tiverem sido aprovados na tentativa de conciliação.

5 – Consideram-se ainda reconhecidos os demais créditos que possam sê-lo face aos elementos de prova contidos nos autos.

6 – O despacho saneador tem, quanto aos créditos reconhecidos, a forma e o valor de sentença, que os declara verificados e os gradua em harmonia com as disposições legais.

7 – Se a verificação de algum dos créditos necessitar de produção de prova, a graduação de todos os créditos tem lugar na sentença final.

Artigo 137.º
Diligências instrutórias

Havendo diligências probatórias a realizar antes da audiência de discussão e julgamento, o juiz ordena as providências necessárias para que estejam concluídas dentro do prazo de 20 dias a contar do despacho que as tiver determinado, aproveitando a todos os interessados a prova produzida por qualquer deles.

Artigo 138.º
Designação de dia para a audiência

Produzidas as provas ou expirado o prazo marcado nas cartas, é marcada a audiência de discussão e julgamento para um dos 10 dias posteriores.

Artigo 139.º
Audiência

Na audiência de julgamento são observados os termos estabelecidos para o processo declaratório sumário, com as seguintes especialidades:

a) Sempre que necessário, serão ouvidos, na altura em que o tribunal o determine, quer o administrador da insolvência, quer a comissão de credores;

b) As provas são produzidas segundo a ordem por que tiverem sido apresentadas as impugnações;
c) Na discussão, podem usar da palavra, em primeiro lugar, os advogados dos impugnantes e depois os dos respondentes, não havendo lugar a réplica.

Artigo 140.º
Sentença

1 – Finda a audiência de julgamento, o juiz profere sentença de verificação e graduação dos créditos, nos 10 dias subsequentes.

2 – A graduação é geral para os bens da massa insolvente e é especial para os bens a que respeitem direitos reais de garantia e privilégios creditórios.

3 – Na graduação de créditos não é atendida a preferência resultante de hipoteca judicial, nem a proveniente da penhora, mas as custas pagas pelo autor ou exequente constituem dívidas da massa insolvente.

CAPÍTULO II
Restituição e separação de bens

Artigo 141.º
Aplicabilidade das disposições relativas à reclamação e verificação de créditos

1 – As disposições relativas à reclamação e verificação de créditos são igualmente aplicáveis:

a) À reclamação e verificação do direito de restituição, a seus donos, dos bens apreendidos para a massa insolvente, mas de que o insolvente fosse mero possuidor em nome alheio;
b) À reclamação e verificação do direito que tenha o cônjuge a separar da massa insolvente os seus bens próprios e a sua meação nos bens comuns;
c) À reclamação destinada a separar da massa os bens de terceiro indevidamente apreendidos e quaisquer outros bens, dos quais o insolvente não tenha a plena e exclusiva propriedade, ou sejam estranhos à insolvência ou insusceptíveis de apreensão para a massa.

2 – A aplicabilidade das disposições relativas à reclamação e verificação de créditos tem lugar com as adaptações seguintes, além das outras que se mostrem necessárias:

a) A reclamação não é objecto de notificações, e obedece ao disposto nos n.os 1 e 5 do artigo 134.º;
b) As contestações às reclamações podem ser apresentadas pelo administrador da insolvência ou por qualquer interessado nos 10 dias seguintes ao termo do prazo para a reclamação dos créditos fixado na sentença de declaração da insolvência, e o reclamante tem a possibilidade de lhes responder nos 5 dias subsequentes;
c) Na audiência, as provas são produzidas segundo a ordem por que tiverem sido apresentadas as reclamações e, na discussão, usam da palavra em primeiro lugar os advogados dos reclamantes e só depois os dos contestantes.

3 – A separação dos bens de que faz menção o n.º 1 pode igualmente ser ordenada pelo juiz, a requerimento do administrador da insolvência, instruído com parecer favorável da comissão de credores, se existir.

4 – Quando a reclamação verse sobre mercadorias ou outras coisas móveis, o reclamante deve provar a identidade das que lhe pertençam, salvo se forem fungíveis.

5 – Se as mercadorias enviadas ao insolvente a título de consignação ou comissão estiverem vendidas a crédito, pode o comitente reclamar o preço devido pelo comprador, a fim de o poder receber deste.

Este preceito foi alterado pelo artigo 1.º do Decreto-Lei n.º 200/2004, de 18 de Agosto (Diário da República n.º 194/2004, série I-A, de 18 de Agosto de 2004, pp. 5260-5316).

Artigo 142.º

Perda de posse de bens a restituir

1 – Se as coisas que o insolvente deve restituir não se encontrarem na sua posse à data da declaração de insolvência, pode o administrador da insolvência reavê-las, se tal for mais conveniente para a massa insolvente do que o pagamento ao seu titular, como crédito sobre a insolvência, do valor que tinham naquela data ou da indemnização pelas despesas resultantes da sua recuperação.

2 – Se a posse se perder depois de terem sido apreendidas para a massa insolvente as coisas que devam ser restituídas, tem o titular direito a receber da massa o seu valor integral.

Artigo 143.º
Reclamação de direitos próprios, estranhos à insolvência

Ao insolvente, bem como ao seu consorte, é permitido, sem necessidade de autorização do outro cônjuge, reclamar os seus direitos próprios, estranhos à insolvência.

Artigo 144.º
Restituição ou separação de bens apreendidos tardiamente

1 – No caso de serem apreendidos bens para a massa, depois de findo o prazo fixado para as reclamações, é ainda permitido exercer o direito de restituição ou separação desses bens nos cinco dias posteriores à apreensão, por meio de requerimento, apensado ao processo principal.

2 – Citados em seguida os credores, por éditos de 10 dias, o devedor e o administrador da insolvência, para contestarem dentro dos cinco 5 dias imediatos, seguem-se os termos do processo de verificação de créditos, com as adaptações necessárias, designadamente as constantes do n.º 2 do artigo 141.º.

Artigo 145.º
Entrega provisória de bens móveis

1 – Ao reclamante da restituição de coisas móveis determinadas pode ser deferida a sua entrega provisória, mediante caução prestada no próprio processo.

2 – Se a reclamação for julgada definitivamente improcedente, serão restituídos à massa os bens entregues provisoriamente ou o valor da caução.

CAPÍTULO III
Verificação ulterior

Artigo 146.º
Verificação ulterior de créditos ou de outros direitos

1 – Findo o prazo das reclamações, é possível reconhecer ainda outros créditos, bem como o direito à separação ou restituição de bens, de modo a serem atendidos no processo de insolvência, por meio de acção proposta contra a massa insolvente, os credores e o devedor, efectuando-se a citação dos credores por éditos de 10 dias.

2 – O direito à separação ou restituição de bens pode ser exercido a todo o tempo; porém, a reclamação de outros créditos, nos termos do número anterior:

a) Não pode ser apresentada pelos credores que tenham sido avisados nos termos do artigo 129.º, excepto tratando-se de créditos de constituição posterior;
b) Só pode ser feita no prazo de um ano subsequente ao trânsito em julgado da sentença de declaração da insolvência, ou no prazo de três meses seguintes à respectiva constituição, caso termine posteriormente.

3 – Proposta a acção, há-de o autor assinar termo de protesto no processo principal da insolvência.

4 – Os efeitos do protesto caducam, porém, se o autor deixar de promover os termos da causa durante 30 dias.

Artigo 147.º
Falta de assinatura do protesto ou caducidade dos seus efeitos

Se o autor não assinar termo de protesto ou os efeitos deste caducarem, observa-se o seguinte:

a) Tratando-se de acção para a verificação de crédito, o credor só adquire direito a entrar nos rateios posteriores ao trânsito em julgado da respectiva sentença pelo crédito que venha a ser verificado, ainda que de crédito garantido ou privilegiado se trate;
b) Tratando-se de acção para a verificação do direito à restituição ou separação de bens, o autor só pode tornar efectivos os direitos que lhe forem reconhecidos na respectiva sentença passada

em julgado, relativamente aos bens que a esse tempo ainda não tenham sido liquidados; se os bens já tiverem sido liquidados, no todo ou em parte, a venda é eficaz e o autor é apenas embolsado do respectivo produto, podendo este ser determinado, ou, quando o não possa ser, do valor que lhe tiver sido fixado no inventário;

c) Para a satisfação do crédito referido na última parte da alínea anterior, o autor só pode obter pagamento pelos valores que não tenham entrado já em levantamento ou rateio anterior, condicional ou definitivamente, nem se achem salvaguardados por terceiros, em virtude de recurso ou de protesto lavrado nos termos do artigo anterior e que, por isso, existam livres na massa insolvente, com respeito da preferência que lhe cabe, enquanto crédito sobre a massa insolvente.

Artigo 148.º
Apensação das acções e forma aplicável

As acções a que se refere o presente capítulo correm por apenso aos autos da insolvência e seguem, qualquer que seja o seu valor, os termos do processo sumário, ficando as respectivas custas a cargo do autor, caso não venha a ser deduzida contestação.

TÍTULO VI
Administração e liquidação da massa insolvente

CAPÍTULO I
Providências conservatórias

Artigo 149.º
Apreensão dos bens

1 – Proferida a sentença declaratória da insolvência, procede-se à imediata apreensão dos elementos da contabilidade e de todos os bens integrantes da massa insolvente, ainda que estes tenham sido:

a) Arrestados, penhorados ou por qualquer forma apreendidos ou detidos, seja em que processo for, com ressalva apenas dos que hajam sido apreendidos por virtude de infracção, quer de carácter criminal, quer de mera ordenação social;

b) Objecto de cessão aos credores, nos termos dos artigos 831.º e seguintes do Código Civil.

2 – Se os bens já tiverem sido vendidos, a apreensão tem por objecto o produto da venda, caso este ainda não tenha sido pago aos credores ou entre eles repartido.

Artigo 150.º

Entrega dos bens apreendidos

1 – O poder de apreensão resulta da declaração de insolvência, devendo o administrador da insolvência diligenciar, sem prejuízo do disposto nos n.ºs 1 e 2 do artigo 839.º do Código de Processo Civil, no sentido de os bens lhe serem imediatamente entregues, para que deles fique depositário, regendo-se o depósito pelas normas gerais e, em especial, pelas que disciplinam o depósito judicial de bens penhorados.

2 – A apreensão é feita pelo próprio administrador da insolvência, assistido pela comissão de credores ou por um representante desta, se existir, e, quando conveniente, na presença do credor requerente da insolvência e do próprio insolvente.

3 – Sempre que ao administrador da insolvência não convenha fazê-lo pessoalmente, é a apreensão de bens sitos em comarca que não seja a da insolvência realizada por meio de deprecada, ficando esses bens confiados a depositário especial, mas à ordem do administrador da insolvência.

4 – A apreensão é feita mediante arrolamento, ou por entrega directa através de balanço, de harmonia com as regras seguintes:

a) Se os bens já estiverem confiados a depositário judicial, manter-se-á o respectivo depósito, embora eles passem a ficar disponíveis e à ordem exclusiva do administrador da insolvência;

b) Se encontrar dificuldades em tomar conta dos bens ou tiver dúvidas sobre quais integram o depósito, pode o administrador da insolvência requerer que o funcionário do tribunal se desloque ao local onde os bens se encontrem, a fim de, superadas as dificuldades ou esclarecidas as dúvidas, lhe ser feita a entrega efectiva;

c) Quando depare com oposição ou resistência à apreensão, o próprio administrador da insolvência pode requisitar o auxílio da força pública, sendo então lícito o arrombamento de porta ou de cofre e lavrando-se auto de ocorrência do incidente;
d) O arrolamento consiste na descrição, avaliação e depósito dos bens;
e) Quer no arrolamento, quer na entrega por balanço, é lavrado pelo administrador da insolvência, ou por seu auxiliar, o auto no qual se descrevam os bens, em verbas numeradas, como em inventário, se declare, sempre que conveniente, o valor fixado por louvado, se destaque a entrega ao administrador da insolvência ou a depositário especial e se faça menção de todas as ocorrências relevantes com interesse para o processo;
f) O auto é assinado por quem presenciou a diligência e pelo possuidor ou detentor dos valores apreendidos ou, quando este não possa ou não queira assinar, pelas duas testemunhas a que seja possível recorrer.

5 – À desocupação de casa de habitação onde resida habitualmente o insolvente é aplicável o disposto no artigo 930.º-A do Código de Processo Civil.

6 – As somas recebidas em dinheiro pelo administrador da insolvência, ressalvadas as estritamente indispensáveis às despesas correntes de administração, devem ser imediatamente depositadas em instituição de crédito escolhida pelo administrador da insolvência.

Artigo 151.º
Junção do arrolamento e do balanço aos autos

O administrador da insolvência junta, por apenso ao processo de insolvência, o auto do arrolamento e do balanço respeitantes a todos os bens apreendidos, ou a cópia dele, quando efectuado em comarca deprecada.

Artigo 152.º
Registo da apreensão

1 – O administrador da insolvência deve registar prontamente a apreensão dos bens cuja penhora esteja sujeita a registo, servindo de

título bastante para o efeito o extracto do arrolamento ou do balanço assinado pelo administrador da insolvência.

2 – Se no registo existir, sobre os bens apreendidos, qualquer inscrição de transmissão, de domínio ou de mera posse em nome de pessoa diversa do insolvente, deve o administrador da insolvência juntar ao processo de insolvência nota das respectivas inscrições, para que se possa observar o disposto nas leis do registo e na legislação complementar.

CAPÍTULO II
Inventário, lista de credores e relatório do administrador da insolvência

Artigo 153.º
Inventário

1 – O administrador da insolvência elabora um inventário dos bens e direitos integrados na massa insolvente na data anterior à do relatório, com indicação do seu valor, natureza, características, lugar em que se encontram, direitos que os onerem, e dados de identificação registral, se for o caso.

2 – Se os valores dos bens ou direitos forem diversos consoante haja ou não continuidade da empresa, o administrador da insolvência consigna no inventário ambos os valores.

3 – Sendo particularmente difícil, a avaliação de bens ou direitos pode ser confiada a peritos.

4 – O inventário inclui um rol de todos os litígios cujo desfecho possa afectar o seu conteúdo.

5 – O juiz pode dispensar a elaboração do inventário, a requerimento fundamentado do administrador da insolvência, com o parecer favorável da comissão de credores, se existir.

Artigo 154.º
Lista provisória de credores

1 – O administrador da insolvência elabora uma lista provisória dos credores que constem da contabilidade do devedor, tenham reclamado os

seus créditos ou sejam por outra forma do seu conhecimento, por ordem alfabética, com indicação do respectivo endereço, do montante, fundamento, natureza garantida, privilegiada, comum ou subordinada dos créditos, subordinação a condições e possibilidades de compensação.

2 – A lista contém ainda uma avaliação das dívidas da massa insolvente na hipótese de pronta liquidação.

Artigo 155.º
Relatório

1 – O administrador da insolvência elabora um relatório contendo:

a) A análise dos elementos incluídos no documento referido na alínea *c)* do n.º 1 do artigo 24.º;

b) A análise do estado da contabilidade do devedor e a sua opinião sobre os documentos de prestação de contas e de informação financeira juntos aos autos pelo devedor;

c) A indicação das perspectivas de manutenção da empresa do devedor, no todo ou em parte, da conveniência de se aprovar um plano de insolvência, e das consequências decorrentes para os credores nos diversos cenários figuráveis;

d) Sempre que se lhe afigure conveniente a aprovação de um plano de insolvência, a remuneração que se propõe auferir pela elaboração do mesmo;

e) Todos os elementos que no seu entender possam ser importantes para a tramitação ulterior do processo.

2 – Ao relatório são anexados o inventário e a lista provisória de credores.

3 – O relatório e seus anexos deverão ser juntos aos autos pelo menos oito dias antes da data da assembleia de apreciação do relatório.

CAPÍTULO III
Liquidação

SECÇÃO I
Regime aplicável

Artigo 156.º
Deliberações da assembleia de credores de apreciação do relatório

1 – Na assembleia de apreciação do relatório deve ser dada ao devedor, à comissão de credores e à comissão de trabalhadores ou aos representantes dos trabalhadores a oportunidade de se pronunciarem sobre o relatório.

2 – A assembleia de credores de apreciação do relatório delibera sobre o encerramento ou manutenção em actividade do estabelecimento ou estabelecimentos compreendidos na massa insolvente.

3 – Se a assembleia cometer ao administrador da insolvência o encargo de elaborar um plano de insolvência pode determinar a suspensão da liquidação e partilha da massa insolvente.

4 – Cessa a suspensão determinada pela assembleia:

a) Se o plano não for apresentado pelo administrador da insolvência nos 60 dias seguintes; ou

b) Se o plano apresentado não for subsequentemente admitido, aprovado ou homologado.

5 – A suspensão da liquidação não obsta à venda dos bens da massa insolvente, ao abrigo do disposto no n.º 2 do artigo 158.º.

6 – A assembleia pode, em reunião ulterior, modificar ou revogar as deliberações tomadas.

Artigo 157.º
Encerramento antecipado

O administrador da insolvência pode proceder ao encerramento dos estabelecimentos do devedor, ou de algum ou alguns deles, previamente à assembleia de apreciação do relatório:

a) Com o parecer favorável da comissão de credores, se existir;

b) Desde que o devedor se não oponha, não havendo comissão de credores, ou se, não obstante a oposição do devedor, o juiz o autorizar com fundamento em que o adiamento da medida até à data da referida assembleia acarretaria uma diminuição considerável da massa insolvente.

Artigo 158.º
Começo da venda de bens

1 – Transitada em julgado a sentença declaratória da insolvência e realizada a assembleia de apreciação do relatório, o administrador da insolvência procede com prontidão à venda de todos os bens apreendidos para a massa insolvente, independentemente da verificação do passivo, na medida em que a tanto se não oponham as deliberações tomadas pelos credores na referida assembleia.

2 – Mediante prévia concordância da comissão de credores, ou, na sua falta, do juiz, o administrador da insolvência promove, porém, a venda imediata dos bens da massa insolvente que não possam ou não se devam conservar por estarem sujeitos a deterioração ou depreciação.

Artigo 159.º
Contitularidade e indivisão

Verificado o direito de restituição ou separação de bens indivisos ou apurada a existência de bens de que o insolvente seja contitular, só se liquida no processo de insolvência o direito que o insolvente tenha sobre esses bens.

Artigo 160.º
Bens de titularidade controversa

1 – Se estiver pendente acção de reivindicação, pedido de restituição ou de separação relativamente a bens apreendidos para a massa insolvente, não se procede à liquidação destes bens enquanto não houver decisão transitada em julgado, salvo:

a) Com a anuência do interessado;
b) No caso de venda antecipada efectuada nos termos do n.º 2 do artigo 158.º;

c) Se o adquirente for advertido da controvérsia acerca da titularidade, e aceitar ser inteiramente de sua conta a álea respectiva.

2 – Na hipótese da alínea *c)* do número anterior, comunicada a alienação pelo administrador da insolvência ao tribunal da causa, a substituição processual considera-se operada sem mais, independentemente de habilitação do adquirente ou do acordo da parte contrária.

Artigo 161.º
Necessidade de consentimento

1 – Depende do consentimento da comissão de credores, ou, se esta não existir, da assembleia de credores, a prática de actos jurídicos que assumam especial relevo para o processo de insolvência.

2 – Na qualificação de um acto como de especial relevo atende-se aos riscos envolvidos e às suas repercussões sobre a tramitação ulterior do processo, às perspectivas de satisfação dos credores da insolvência e à susceptibilidade de recuperação da empresa.

3 – Constituem, designadamente, actos de especial relevo:

a) A venda da empresa, de estabelecimentos ou da totalidade das existências;
b) A alienação de bens necessários à continuação da exploração da empresa, anteriormente ao respectivo encerramento;
c) A alienação de participações noutras sociedades destinadas a garantir o estabelecimento com estas de uma relação duradoura;
d) A aquisição de imóveis:
e) A celebração de novos contratos de execução duradoura;
f) A assunção de obrigações de terceiros e a constituição de garantias;
g) A alienação de qualquer bem da empresa por preço igual ou superior a € 10 000 e que represente, pelo menos, 10% do valor da massa insolvente, tal como existente à data da declaração da insolvência, salvo se se tratar de bens do activo circulante ou for fácil a sua substituição por outro da mesma natureza.

4 – A intenção de efectuar alienações que constituam actos de especial relevo por negociação particular, bem como a identidade do adquirente e todas as demais condições do negócio, deverão ser comunicadas não só à comissão de credores, se existir, como ao devedor, com a antecedência mínima de 15 dias relativamente à data da transacção.

5 – O juiz manda sobrestar na alienação e convoca a assembleia de credores para prestar o seu consentimento à operação, se isso lhe for requerido pelo devedor ou por um credor ou grupo de credores cujos créditos representem, na estimativa do juiz, pelo menos um quinto do total dos créditos não subordinados, e o requerente demonstrar a plausibilidade de que a alienação a outro interessado seria mais vantajosa para a massa insolvente.

Artigo 162.º
Alienação da empresa

1 – A empresa compreendida na massa insolvente é alienada como um todo, a não ser que não haja proposta satisfatória ou se reconheça vantagem na liquidação ou na alienação separada de certas partes.

2 – Iniciadas as suas funções, o administrador da insolvência efectua imediatamente diligências para a alienação da empresa do devedor ou dos seus estabelecimentos.

Artigo 163.º
Eficácia dos actos

A violação do disposto nos dois artigos anteriores não prejudica a eficácia dos actos do administrador da insolvência, excepto se as obrigações por ele assumidas excederem manifestamente as da contraparte.

Artigo 164.º
Modalidades da alienação e publicidade

1 – O administrador da insolvência escolhe a modalidade da alienação dos bens, podendo optar por qualquer das que são admitidas em processo executivo ou por alguma outra que tenha por mais conveniente.

2 – O credor com garantia real sobre o bem a alienar é sempre ouvido sobre a modalidade da alienação, e informado do valor base fixado ou do preço da alienação projectada a entidade determinada.

3 – Se, no prazo de uma semana, ou posteriormente mas em tempo útil, o credor garantido propuser a aquisição do bem, por si ou por

terceiro, por preço superior ao da alienação projectada ou ao valor base fixado, o administrador da insolvência, se não aceitar a proposta, fica obrigado a colocar o credor na situação que decorreria da alienação a esse preço, caso ela venha a ocorrer por preço inferior.

4 – A proposta prevista no número anterior só é eficaz se for acompanhada, como caução, de um cheque visado à ordem da massa falida, no valor de 20% do montante da proposta, aplicando-se, com as devidas adaptações, o disposto nos artigos 897.º e 898.º do Código de Processo Civil.

5 – Se o bem tiver sido dado em garantia de dívida de terceiro ainda não exigível pela qual o insolvente não responda pessoalmente, a alienação pode ter lugar com essa oneração, excepto se tal prejudicar a satisfação de crédito, com garantia prevalecente, já exigível ou relativamente ao qual se verifique aquela responsabilidade pessoal.

6 – À venda de imóvel, ou de fracção de imóvel, em que tenha sido feita, ou esteja em curso de edificação, uma construção urbana, é aplicável o disposto no n.º 6 do artigo 905.º do Código de Processo Civil, não só quando tenha lugar por negociação particular como quando assuma a forma de venda directa.

Este preceito foi alterado pelo artigo 1.º do Decreto-Lei n.º 200/2004, de 18 de Agosto (Diário da República n.º 194/2004, série I-A, de 18 de Agosto de 2004, pp. 5260-5316).

Artigo 165.º
Credores garantidos e preferentes

Aos credores garantidos que adquiram bens integrados na massa insolvente e aos titulares de direito de preferência, legal ou convencional com eficácia real, é aplicável o disposto para o exercício dos respectivos direitos na venda em processo executivo.

Artigo 166.º
Atraso na venda de bem objecto de garantia real

1 – Transitada em julgado a sentença declaratória da insolvência e realizada a assembleia de apreciação do relatório, o credor com garantia real deve ser compensado pelo prejuízo causado pelo retardamento da

alienação do bem objecto da garantia que lhe não seja imputável, bem como pela desvalorização do mesmo resultante da sua utilização em proveito da massa insolvente.

2 – O administrador da insolvência pode optar por satisfazer integralmente um crédito com garantia real à custa da massa insolvente antes de proceder à venda do bem objecto da garantia, contanto que o pagamento tenha lugar depois da data fixada no n.º 1 do artigo 158.º para o começo da venda dos bens.

Artigo 167.º
Depósito do produto da liquidação

1 – À medida que a liquidação se for efectuando, é o seu produto depositado à ordem da administração da massa, em conformidade com o disposto no n.º 6 do artigo 150.º.

2 – Quando exista comissão de credores, a movimentação do depósito efectuado, seja qual for a sua modalidade, só pode ser feita mediante assinatura conjunta do administrador da insolvência e de, pelo menos, um dos membros da comissão.

3 – Sempre que sejam previstos períodos relativamente longos de imobilização dos fundos depositados, devem ser feitas aplicações deles em modalidades sem grande risco e que recolham o parecer prévio favorável da comissão de credores, se existir.

Artigo 168.º
Proibição de aquisição

1 – O administrador da insolvência não pode adquirir, directamente ou por interposta pessoa, bens ou direitos compreendidos na massa insolvente, qualquer que seja a modalidade da venda.

2 – O administrador da insolvência que viole o disposto no número anterior é destituído por justa causa e restitui à massa o bem ou direito ilicitamente adquirido, sem direito a reaver a prestação efectuada.

Artigo 169.º
Prazo para a liquidação

A requerimento de qualquer interessado, o juiz decretará a destituição, com justa causa, do administrador da insolvência, caso o processo de insolvência não seja encerrado no prazo de um ano contado da data da assembleia de apreciação do relatório, ou no final de cada período de seis meses subsequente, salvo havendo razões que justifiquem o prolongamento.

Artigo 170.º
Processamento por apenso

O processado relativo à liquidação constitui um apenso ao processo de insolvência.

SECÇÃO II
Dispensa de liquidação

Artigo 171.º
Pressupostos

1 – Se o devedor for uma pessoa singular e a massa insolvente não compreender uma empresa, o juiz pode dispensar a liquidação da massa, no todo ou em parte, desde que o devedor entregue ao administrador da insolvência uma importância em dinheiro não inferior à que resultaria dessa liquidação.

2 – A dispensa da liquidação supõe uma solicitação nesse sentido por parte do administrador da insolvência, com o acordo prévio do devedor, ficando a decisão sem efeito se o devedor não fizer entrega da importância fixada pelo juiz, no prazo de oito dias.

TÍTULO VII
Pagamento aos credores

Artigo 172.º
Pagamento das dívidas da massa

1 – Antes de proceder ao pagamento dos créditos sobre a insolvência, o administrador da insolvência deduz da massa insolvente os bens ou direitos necessários à satisfação das dívidas desta, incluindo as que previsivelmente se constituirão até ao encerramento do processo.

2 – As dívidas da massa insolvente são imputadas aos rendimentos da massa, e, quanto ao excedente, na devida proporção, ao produto de cada bem, móvel ou imóvel; porém, a imputação não excederá 10% do produto de bens objecto de garantias reais, salvo na medida do indispensável à satisfação integral das dívidas da massa insolvente ou do que não prejudique a satisfação integral dos créditos garantidos.

3 – O pagamento das dívidas da massa insolvente tem lugar nas datas dos respectivos vencimentos, qualquer que seja o estado do processo.

4 – Intentada acção para a verificação do direito à restituição ou separação de bens que já se encontrem liquidados e assinado o competente termo de protesto, é mantida em depósito e excluída dos pagamentos aos credores da massa insolvente ou da insolvência, enquanto persistirem os efeitos do protesto, quantia igual à do produto da venda, podendo este ser determinado, ou, quando o não possa ser, à do valor constante do inventário; é aplicável o disposto nos n.os 2 e 3 do artigo 180.º, com as devidas adaptações.

Artigo 173.º
Início do pagamento dos créditos sobre a insolvência

O pagamento dos créditos sobre a insolvência apenas contempla os que estiverem verificados por sentença transitada em julgado.

Artigo 174.º
Pagamento aos credores garantidos

1 – Sem prejuízo do disposto nos n.os 1 e 2 do artigo 172.º, liquidados os bens onerados com garantia real, e abatidas as correspondentes

despesas, é imediatamente feito o pagamento aos credores garantidos, com respeito pela prioridade que lhes caiba; quanto àqueles que não fiquem integralmente pagos e perante os quais o devedor responda com a generalidade do seu património, são os saldos respectivos incluídos entre os créditos comuns, em substituição dos saldos estimados, caso não se verifique coincidência entre eles.

2 – Anteriormente à venda dos bens, o saldo estimado reconhecido como crédito comum é atendido nos rateios que se efectuarem entre os credores comuns, devendo continuar, porém, depositadas as quantias que pelos rateios lhe correspondam até à confirmação do saldo efectivo, sendo o levantamento autorizado na medida do que se vier a apurar.

3 – O pagamento de dívida de terceiro não exigível:

a) Não tem lugar, na hipótese prevista na primeira parte do n.º 5 do artigo 164.º ou se o respectivo titular renunciar à garantia;

b) Não pode exceder o montante da dívida, actualizado para a data do pagamento por aplicação do n.º 2 do artigo 91.º;

c) Importa sub-rogação nos direitos do credor, na proporção da quantia paga relativamente ao montante da dívida, actualizado nos mesmos termos.

Este preceito foi alterado pelo artigo 1.º do Decreto-Lei n.º 200/2004, de 18 de Agosto (Diário da República n.º 194/2004, série I-A, de 18 de Agosto de 2004, pp. 5260-5316).

Artigo 175.º

Pagamento aos credores privilegiados

1 – O pagamento dos créditos privilegiados é feito à custa dos bens não afectos a garantias reais prevalecentes, com respeito da prioridade que lhes caiba, e na proporção dos seus montantes, quanto aos que sejam igualmente privilegiados.

2 – É aplicável o disposto na segunda parte do n.º 1 e no n.º 2 do artigo anterior, com as devidas adaptações.

Artigo 176.º

Pagamento aos credores comuns

O pagamento aos credores comuns tem lugar na proporção dos seus créditos, se a massa for insuficiente para a respectiva satisfação integral.

Artigo 177.º
Pagamento aos credores subordinados

1 – O pagamento dos créditos subordinados só tem lugar depois de integralmente pagos os créditos comuns, e é efectuado pela ordem segundo a qual esses créditos são indicados no artigo 48.º, na proporção dos respectivos montantes, quanto aos que constem da mesma alínea, se a massa for insuficiente para o seu pagamento integral.

2 – No caso de subordinação convencional, é lícito às partes atribuírem ao crédito uma prioridade diversa da que resulta do artigo 48.º.

Artigo 178.º
Rateios parciais

1 – Sempre que haja em depósito quantias que assegurem uma distribuição não inferior a 5% do valor de créditos privilegiados, comuns ou subordinados, o administrador da insolvência judicial apresenta, com o parecer da comissão de credores, se existir, para ser junto ao processo principal, o plano e mapa de rateio que entenda dever ser efectuado.

2 – O juiz decide sobre os pagamentos que considere justificados.

Artigo 179.º
Pagamento no caso de devedores solidários

1 – Quando, além do insolvente, outro devedor solidário com ele se encontre na mesma situação, o credor não recebe qualquer quantia sem que apresente certidão comprovativa dos montantes recebidos nos processos de insolvência dos restantes devedores; o administrador da insolvência dá conhecimento do pagamento nos demais processos.

2 – O devedor solidário insolvente que liquide a dívida apenas parcialmente não pode ser pago nos processos de insolvência dos condevedores sem que o credor se encontre integralmente satisfeito.

Artigo 180.º
Cautelas de prevenção

1 – Havendo recurso da sentença de verificação e graduação de créditos, ou protesto por acção pendente, consideram-se condicional-

mente verificados os créditos dos autores do protesto ou objecto do recurso, neste último caso pelo montante máximo que puder resultar do conhecimento do mesmo, para o efeito de serem atendidos nos rateios que se efectuarem, devendo continuar, porém, depositadas as quantias que por estes lhes sejam atribuídas.

2 – Após a decisão definitiva do recurso ou da acção, é autorizado o levantamento das quantias depositadas, na medida que se imponha, ou efectuado o rateio delas pelos credores, conforme os casos; sendo o levantamento parcial, o rateio terá por objecto a importância sobrante.

3 – Aquele que, por seu recurso ou protesto, tenha obstado ao levantamento de qualquer quantia, e venha a decair, indemniza os credores lesados, pagando juros de mora às taxas legais pela quantia retardada, desde a data do rateio em que foi incluída.

4 – Sendo o protesto posterior à efectivação de algum rateio, deve ser atribuído aos credores em causa, em rateios ulteriores, o montante adicional necessário ao restabelecimento da igualdade com os credores equiparados, sem prejuízo da manutenção desse montante em depósito se a acção não tiver ainda decisão definitiva.

Este preceito foi alterado pelo artigo 1.º do Decreto-Lei n.º 200/2004, de 18 de Agosto (Diário da República n.º 194/2004, série I-A, de 18 de Agosto de 2004, pp. 5260-5316).

Artigo 181.º
Créditos sob condição suspensiva

1 – Os créditos sob condição suspensiva são atendidos pelo seu valor nominal nos rateios parciais, devendo continuar, porém, depositadas as quantias que por estes lhes sejam atribuídas, na pendência da condição.

2 – No rateio final, todavia, não estando preenchida a condição:

a) Não se atenderá a crédito que seja desprovido de qualquer valor em virtude da manifesta improbabilidade da verificação da condição, hipótese em que as quantias depositadas nos termos do número anterior serão rateadas pelos demais credores;

b) Não se verificando a situação descrita na alínea anterior, o administrador da insolvência depositará em instituição de crédito a quantia correspondente ao valor nominal do crédito para ser entregue ao titular, uma vez preenchida a condição suspensiva, ou rateada pelos demais credores, depois de adquirida a certeza de que tal verificação é impossível.

Artigo 182.º
Rateio final

1 – Encerrada a liquidação da massa insolvente, a distribuição e o rateio final são efectuados pela secretaria do tribunal quando o processo for remetido à conta e em seguida a esta; o encerramento da liquidação não é prejudicado pela circunstância de a actividade do devedor gerar rendimentos que acresceriam à massa.

2 – As sobras da liquidação, que nem sequer cubram as despesas do rateio, são atribuídas ao Cofre Geral dos Tribunais.

Artigo 183.º
Pagamentos

1 – Todos os pagamentos são efectuados, sem necessidade de requerimento, por meio de cheques sobre a conta da insolvência, emitidos nos termos do n.º 2 do artigo 167.º.

2 – Não sendo os cheques solicitados na secretaria, ou apresentados a pagamento no prazo de um ano, contado desde a data do aviso ao credor, prescrevem os créditos respectivos, revertendo as importâncias a favor do Cofre Geral dos Tribunais.

Artigo 184.º
Remanescente

1 – Se o produto da liquidação for suficiente para o pagamento da integralidade dos créditos sobre a insolvência, o saldo é entregue ao devedor pelo administrador da insolvência.

2 – Se o devedor não for uma pessoa singular, o administrador da insolvência entrega às pessoas que nele participem a parte do saldo que lhes pertenceria se a liquidação fosse efectuada fora do processo de insolvência, ou cumpre o que de diverso estiver a este respeito legal ou estatutariamente previsto.

Este preceito foi alterado pelo artigo 1.º do Decreto-Lei n.º 200/2004, de 18 de Agosto (Diário da República n.º 194/2004, série I-A, de 18 de Agosto de 2004, pp. 5260-5316).

TÍTULO VIII
Incidentes de qualificação da insolvência

CAPÍTULO I
Disposições gerais

Artigo 185.º
Tipos de insolvência

A insolvência é qualificada como culposa ou fortuita, mas a qualificação atribuída não é vinculativa para efeitos da decisão de causas penais, nem das acções a que se reporta o n.º 2 do artigo 82.º.

Este preceito foi alterado pelo artigo 1.º do Decreto-Lei n.º 200/2004, de 18 de Agosto (Diário da República n.º 194/2004, série I-A, de 18 de Agosto de 2004, pp. 5260-5316).

Artigo 186.º
Insolvência culposa

1 – A insolvência é culposa quando a situação tiver sido criada ou agravada em consequência da actuação, dolosa ou com culpa grave, do devedor, ou dos seus administradores, de direito ou de facto, nos três anos anteriores ao início do processo de insolvência.

2 – Considera-se sempre culposa a insolvência do devedor que não seja uma pessoa singular quando os seus administradores, de direito ou de facto, tenham:

a) Destruído, danificado, inutilizado, ocultado, ou feito desaparecer, no todo ou em parte considerável, o património do devedor;
b) Criado ou agravado artificialmente passivos ou prejuízos, ou reduzido lucros, causando, nomeadamente, a celebração pelo

devedor de negócios ruinosos em seu proveito ou no de pessoas com eles especialmente relacionadas;

c) Comprado mercadorias a crédito, revendendo-as ou entregando-as em pagamento por preço sensivelmente inferior ao corrente, antes de satisfeita a obrigação;

d) Disposto dos bens do devedor em proveito pessoal ou de terceiros;

e) Exercido, a coberto da personalidade colectiva da empresa, se for o caso, uma actividade em proveito pessoal ou de terceiros e em prejuízo da empresa;

f) Feito do crédito ou dos bens do devedor uso contrário ao interesse deste, em proveito pessoal ou de terceiros, designadamente para favorecer outra empresa na qual tenham interesse directo ou indirecto;

g) Prosseguido, no seu interesse pessoal ou de terceiro, uma exploração deficitária, não obstante saberem ou deverem saber que esta conduziria com grande probabilidade a uma situação de insolvência;

h) Incumprido em termos substanciais a obrigação de manter contabilidade organizada, mantido uma contabilidade fictícia ou uma dupla contabilidade ou praticado irregularidade com prejuízo relevante para a compreensão da situação patrimonial e financeira do devedor;

i) Incumprido, de forma reiterada, os seus deveres de apresentação e de colaboração até à data da elaboração do parecer referido no n.º 2 do artigo 188.º.

3 – Presume-se a existência de culpa grave quando os administradores, de direito ou de facto, do devedor que não seja uma pessoa singular, tenham incumprido:

a) O dever de requerer a declaração de insolvência;

b) A obrigação de elaborar as contas anuais, no prazo legal, de submetê-las à devida fiscalização ou de as depositar na conservatória do registo comercial.

4 – O disposto nos n.os 2 e 3 é aplicável, com as necessárias adaptações, à actuação de pessoa singular insolvente e seus administradores, onde a isso não se opuser a diversidade das situações.

5 – Se a pessoa singular insolvente não estiver obrigada a apresentar-se à insolvência, esta não será considerada culposa em virtude da mera omissão ou retardamento na apresentação, ainda que determinante de um agravamento da situação económica do insolvente.

Artigo 187.º
Declaração de insolvência anterior

Se o devedor insolvente houver já sido como tal declarado em processo anteriormente encerrado, o incidente de qualificação da insolvência só é aberto se o não tiver sido naquele processo em virtude da aprovação de um plano de pagamentos aos credores, ou for provado que a situação de insolvência não se manteve ininterruptamente desde a data da sentença de declaração anterior.

CAPÍTULO II
Incidente pleno de qualificação da insolvência

Artigo 188.º
Tramitação

1 – Até 15 dias depois da realização da assembleia de apreciação do relatório, qualquer interessado pode alegar, por escrito, o que tiver por conveniente para efeito da qualificação da insolvência como culposa.

2 – Dentro dos 15 dias subsequentes, o administrador da insolvência apresenta parecer, devidamente fundamentado e documentado, sobre os factos relevantes, que termina com a formulação de uma proposta, identificando, se for o caso, as pessoas que devem ser afectadas pela qualificação da insolvência como culposa.

3 – O parecer vai com vista ao Ministério Público, para que este se pronuncie, no prazo de 10 dias.

4 – Se tanto o administrador da insolvência como o Ministério Público propuserem a qualificação da insolvência como fortuita, o juiz profere de imediato decisão nesse sentido, a qual é insusceptível de recurso.

5 – No caso contrário, o juiz manda notificar o devedor e citar pessoalmente aqueles que, segundo o administrador da insolvência ou o Ministério Público, devam ser afectados pela qualificação da insolvência como culposa para se oporem, querendo, no prazo de 15 dias; a notificação e as citações são acompanhadas dos pareceres do administrador da insolvência e do Ministério Público e dos documentos que os instruam.

6 – O administrador da insolvência, o Ministério Público e qualquer interessado que assuma posição contrária à das oposições pode

responder-lhe dentro dos 10 dias subsequentes ao termo do prazo referido no número anterior.

7 – É aplicável às oposições e às respostas, bem como à tramitação ulterior do incidente da qualificação da insolvência, o disposto nos artigos 132.º a 139.º, com as devidas adaptações.

Artigo 189.º
Sentença de qualificação

1 – A sentença qualifica a insolvência como culposa ou como fortuita.

2 – Na sentença que qualifique a insolvência como culposa, o juiz deve:

a) Identificar as pessoas afectadas pela qualificação;
b) Decretar a inabilitação das pessoas afectadas por um período de 2 a 10 anos;
c) Declarar essas pessoas inibidas para o exercício do comércio durante um período de 2 a 10 anos, bem como para a ocupação de qualquer cargo de titular de órgão de sociedade comercial ou civil, associação ou fundação privada de actividade económica, empresa pública ou cooperativa;
d) Determinar a perda de quaisquer créditos sobre a insolvência ou sobre a massa insolvente detidos pelas pessoas afectadas pela qualificação e a sua condenação na restituição dos bens ou direitos já recebidos em pagamento desses créditos.

3 – A inibição para o exercício do comércio tal como a inabilitação são oficiosamente registadas na conservatória do registo civil, e bem assim, quando a pessoa afectada fosse comerciante em nome individual, na conservatória do registo comercial, com base em certidão da sentença remetida pela secretaria.

Artigo 190.º
Suprimento da inabilidade

1 – O juiz, ouvidos os interessados, nomeia um curador para cada um dos inabilitados, fixando os poderes que lhe competem.

2 – A nomeação do curador assim como a respectiva destituição estão sujeitas a registo, nos termos do n.º 3 do artigo anterior.

CAPÍTULO III
Incidente limitado de qualificação da insolvência

Artigo 191.º
Regras aplicáveis

1 – O incidente limitado de qualificação de insolvência aplica-se nos casos previstos no n.º 1 do artigo 39.º e no n.º 5 do artigo 232.º e é regido pelo disposto nos artigos 188.º e 189.º, com as seguintes adaptações:

a) O prazo para qualquer interessado alegar o que tiver por conveniente para efeito da qualificação da insolvência como culposa é de 45 dias contados da data da sentença de declaração da insolvência e o administrador da insolvência apresenta o seu parecer nos 15 dias subsequentes;
b) Os documentos da escrituração do insolvente são patenteados pelo próprio a fim de poderem ser examinados por qualquer interessado;
c) Da sentença que qualifique a insolvência como culposa constam apenas as menções referidas nas alíneas *a)* a *c)* do n.º 2 do artigo 189.º.

2 – É aplicável o disposto no artigo 83.º na medida do necessário ou conveniente para a elaboração do parecer do administrador da insolvência, sendo-lhe designadamente facultado o exame a todos os elementos da contabilidade do devedor.

TÍTULO IX
Plano de insolvência

CAPÍTULO I
Disposições gerais

Artigo 192.º
Princípio geral

1 – O pagamento dos créditos sobre a insolvência, a liquidação da massa insolvente e a sua repartição pelos titulares daqueles créditos e

pelo devedor, bem como a responsabilidade do devedor depois de findo o processo de insolvência, podem ser regulados num plano de insolvência em derrogação das normas do presente Código.

2 – O plano só pode afectar por forma diversa a esfera jurídica dos interessados, ou interferir com direitos de terceiros, na medida em que tal seja expressamente autorizado neste título ou consentido pelos visados.

Artigo 193.º
Legitimidade

1 – Podem apresentar proposta de plano de insolvência o administrador da insolvência, o devedor, qualquer pessoa que responda legalmente pelas dívidas da insolvência e qualquer credor ou grupo de credores cujos créditos representem pelo menos um quinto do total dos créditos não subordinados reconhecidos na sentença de verificação e graduação de créditos, ou na estimativa do juiz, se tal sentença ainda não tiver sido proferida.

2 – O administrador da insolvência deve apresentar em prazo razoável a proposta de plano de insolvência de cuja elaboração seja encarregado pela assembleia de credores.

3 – O administrador elabora a proposta de plano de insolvência em colaboração com a comissão de credores, se existir, com a comissão ou representantes dos trabalhadores e com o devedor, devendo conformar-se com as directrizes que tenham sido aprovadas em assembleia de credores, quando a proposta não seja de sua iniciativa.

Artigo 194.º
Princípio da igualdade

1 – O plano de insolvência obedece ao princípio da igualdade dos credores da insolvência, sem prejuízo das diferenciações justificadas por razões objectivas.

2 – O tratamento mais desfavorável relativamente a outros credores em idêntica situação depende do consentimento do credor afectado, o qual se considera tacitamente prestado no caso de voto favorável.

3 – É nulo qualquer acordo em que o administrador da insolvência, o devedor ou outrem confira vantagens a um credor não incluídas no

plano de insolvência em contrapartida de determinado comportamento no âmbito do processo de insolvência, nomeadamente quanto ao exercício do direito de voto.

Artigo 195.º
Conteúdo do plano

1 – O plano de insolvência deve indicar claramente as alterações dele decorrentes para as posições jurídicas dos credores da insolvência.

2 – O plano de insolvência deve indicar a sua finalidade, descreve as medidas necessárias à sua execução, já realizadas ou ainda a executar, e contém todos os elementos relevantes para efeitos da sua aprovação pelos credores e homologação pelo juiz, nomeadamente:

a) A descrição da situação patrimonial, financeira e reditícia do devedor;
b) A indicação sobre se os meios de satisfação dos credores serão obtidos através de liquidação da massa insolvente, de recuperação do titular da empresa ou da transmissão da empresa a outra entidade;
c) No caso de se prever a manutenção em actividade da empresa, na titularidade do devedor ou de terceiro, e pagamentos aos credores à custa dos respectivos rendimentos, plano de investimentos, conta de exploração previsional e demonstração previsional de fluxos de caixa pelo período de ocorrência daqueles pagamentos, e balanço pró-forma, em que os elementos do activo e do passivo, tal como resultantes da homologação do plano de insolvência, são inscritos pelos respectivos valores;
d) O impacte expectável das alterações propostas, por comparação com a situação que se verificaria na ausência de qualquer plano de insolvência;
e) A indicação dos preceitos legais derrogados e do âmbito dessa derrogação.

Artigo 196.º
Providências com incidência no passivo

1 – O plano de insolvência pode, nomeadamente, conter as seguintes providências com incidência no passivo do devedor:

a) O perdão ou redução do valor dos créditos sobre a insolvência, quer quanto ao capital, quer quanto aos juros, com ou sem cláusula «salvo regresso de melhor fortuna»;
b) O condicionamento do reembolso de todos os créditos ou de parte deles às disponibilidades do devedor;
c) A modificação dos prazos de vencimento ou das taxas de juro dos créditos;
d) A constituição de garantias;
e) A cessão de bens aos credores.

2 – O plano de insolvência não pode afectar as garantias reais e os privilégios creditórios gerais acessórios de créditos detidos pelo Banco Central Europeu, por bancos centrais de um Estado membro da União Europeia e por participantes num sistema de pagamentos tal como definido pela alínea *a)* do artigo 2.º da Directiva n.º 98/26/CE, do Parlamento Europeu e do Conselho, de 19 de Maio, ou equiparável, em decorrência do funcionamento desse sistema.

Artigo 197.º
Ausência de regulamentação expressa

Na ausência de estatuição expressa em sentido diverso constante do plano de insolvência:

a) Os direitos decorrentes de garantias reais e de privilégios creditórios não são afectados pelo plano;
b) Os créditos subordinados consideram-se objecto de perdão total;
c) O cumprimento do plano exonera o devedor e os responsáveis legais da totalidade das dívidas da insolvência remanescentes.

Artigo 198.º
Providências específicas de sociedades comerciais

1 – Se o devedor for uma sociedade comercial, o plano de insolvência pode ser condicionado à adopção e execução, pelos órgãos sociais competentes, de medidas que não consubstanciem meros actos de disposição do património societário, sem prejuízo do n.º 1 do artigo 201.º.

2 – Podem, porém, ser adoptados pelo próprio plano de insolvência:

a) Uma redução do capital social para cobertura de prejuízos, incluindo para zero ou outro montante inferior ao mínimo estabelecido na lei para o respectivo tipo de sociedade, desde que, neste caso, a redução seja acompanhada de aumento do capital para montante igual ou superior àquele mínimo;
b) Um aumento do capital social, em dinheiro ou em espécie, a subscrever por terceiros ou por credores, nomeadamente mediante a conversão de créditos em participações sociais, com ou sem respeito pelo direito de preferência dos sócios legal ou estatutariamente previsto;
c) A alteração dos estatutos da sociedade;
d) A transformação da sociedade noutra de tipo distinto;
e) A alteração dos órgãos sociais;
f) A exclusão de todos os sócios, tratando-se de sociedade em nome colectivo ou em comandita simples, acompanhada da admissão de novos sócios;
g) A exclusão dos sócios comanditados acompanhada da redução do capital a zero nos termos da alínea *a)*, tratando-se de sociedade em comandita por acções.

3 – A redução de capital a zero só é admissível se for de presumir que, em liquidação integral do património da sociedade, não subsistiria qualquer remanescente a distribuir pelos sócios.

4 – A aprovação de aumento de capital sem concessão de preferência aos sócios, ainda que por entradas em espécie, pressupõe, em alternativa, que:
a) O capital da sociedade seja previamente reduzido a zero;
b) A medida não acarrete desvalorização das participações que os sócios conservem.

5 – A adopção das medidas previstas nas alíneas *c)* a *e)* do n.º 2, a menos que o capital tenha sido reduzido a zero ou todos os sócios hajam sido excluídos, depende, cumulativamente, de que:
a) Do plano de insolvência faça parte igualmente um aumento de capital da sociedade destinado, no todo ou em parte, a não sócios;
b) Tais medidas pudessem, segundo a lei e o pacto da sociedade, ser deliberadas em assembleia geral dos sócios, e que do aumento decorra para o conjunto dos credores e terceiros participantes a maioria para esse efeito legal ou estatutariamente estabelecida.

6 – As medidas previstas nas alíneas *f)* e *g)* do n.º 2 pressupõem o pagamento aos sócios excluídos da contrapartida adequada, caso as partes sociais não sejam destituídas de qualquer valor.

Este preceito foi alterado pelo artigo 1.º do Decreto-Lei n.º 200/2004, de 18 de Agosto (Diário da República n.º 194/2004, série I-A, de 18 de Agosto de 2004, pp. 5260-5316).

Artigo 199.º
Saneamento por transmissão

O plano de insolvência que preveja a constituição de uma ou mais sociedades, neste Código designadas por nova sociedade ou sociedades, destinadas à exploração de um ou mais estabelecimentos adquiridos à massa insolvente mediante contrapartida adequada, contém, em anexo, os estatutos da nova ou novas sociedades e provê quanto ao preenchimento dos órgãos sociais.

Artigo 200.º
Proposta com conteúdos alternativos

Se o plano de insolvência oferecer a todos os credores, ou a algum ou alguns deles, várias opções em alternativa, deve indicar qual a aplicável se, no prazo fixado para o efeito, não for exercida a faculdade de escolha.

Artigo 201.º
Actos prévios à homologação e condições

1 – A aposição de condições suspensivas ao plano de insolvência só é lícita tratando-se da realização de prestações ou da execução de outras medidas que devam ocorrer antes da homologação pelo juiz.

2 – Se o plano de insolvência contemplar um aumento do capital social da sociedade devedora ou um saneamento por transmissão, a subscrição das participações sociais ocorre anteriormente à homologação, assim como a realização integral das entradas em dinheiro, mediante depósito à ordem do administrador da insolvência, a emissão

das declarações de que se transmitem as entradas em espécie e a verificação do valor destas pelo revisor oficial de contas designado no plano.

3 – Ao plano de insolvência não podem ser apostas condições resolutivas, sem prejuízo do disposto no artigo 218.º.

Artigo 202.º
Consentimentos

1 – A proposta de plano de insolvência segundo o qual o devedor deva continuar a exploração da empresa é acompanhada da declaração, por parte deste, da sua disponibilidade para o efeito, sendo ele uma pessoa singular, ou, no caso de uma sociedade comercial, por parte dos sócios que mantenham essa qualidade e respondam pessoalmente pelas suas dívidas.

2 – A dação de bens em pagamento dos créditos sobre a insolvência, a conversão destes em capital ou a transmissão das correspondentes dívidas com efeitos liberatórios para o antigo devedor depende da anuência dos titulares dos créditos em causa, prestada por escrito, aplicando-se o disposto na parte final do n.º 2 do artigo 194.º.

3 – Exceptua-se do disposto no número anterior o caso em que a dação em pagamento de créditos comuns ou subordinados tenha por objecto créditos sobre a nova sociedade ou sociedades decorrentes da aquisição de estabelecimentos à massa.

Artigo 203.º
Conversão e extinção independentes do consentimento

1 – Não carece do consentimento dos respectivos titulares a conversão de créditos comuns ou subordinados em capital da sociedade insolvente ou de uma nova sociedade, bem como a extinção desses créditos por contrapartida da atribuição de opções de compra de participações representativas do respectivo capital social liberadas por conversão de créditos sobre a insolvência de grau hierarquicamente superior, válidas pelo período mínimo de 60 dias contados da data do registo do aumento de capital ou da constituição da nova sociedade, e livremente transmissíveis, consoante o caso, desde que, em qualquer das situações, e ainda que em consequência do plano:

a) A sociedade emitente revista a forma de sociedade anónima;

b) Dos respectivos estatutos não constem quaisquer restrições à transmissibilidade das acções;

c) Dos respectivos estatutos conste a obrigatoriedade de ser requerida a admissão imediata das acções à cotação a mercado regulamentado, ou logo que verificados os requisitos exigidos;

d) Dos respectivos estatutos conste a insusceptibilidade de uma alteração que contrarie o disposto nas alíneas *b)* e *c)*, excepto por unanimidade, enquanto a sociedade mantiver a qualidade de sociedade aberta.

2 – O preço de exercício das opções de compra referidas no número anterior é igual ao valor nominal dos créditos empregues na liberação das acções a adquirir; o exercício das opções por parte dos titulares de créditos de certo grau faz caducar, na proporção que couber, as opções atribuídas aos titulares de créditos de grau hierarquicamente superior, pressupondo o pagamento a estes últimos do valor nominal dos créditos extintos por contrapartida da atribuição das opções caducadas.

3 – A sociedade emitente das acções objecto das opções de compra emite, no prazo de 10 dias, títulos representativos dessas opções a pedido dos respectivos titulares, formulado após a homologação do plano de insolvência.

Artigo 204.º
Qualidade de sociedade aberta

É considerada sociedade com o capital aberto ao investimento do público a sociedade emitente de acções em que sejam convertidos créditos sobre a insolvência independentemente do consentimento dos respectivos titulares.

Artigo 205.º
Oferta de valores mobiliários

O disposto no Código dos Valores Mobiliários e legislação complementar não é aplicável:

a) À oferta de valores mobiliários da sociedade devedora ou da nova sociedade ou sociedades, na parte dirigida a credores, e que estes devam liberar integralmente através da dação em pagamento de créditos sobre o devedor insolvente;

b) À oferta co-envolvida na atribuição de opções de compra que satisfaçam os requisitos previstos nos n.os 1 e 2 do artigo 203.º, bem como a oferta dirigida à respectiva aquisição;
c) À ultrapassagem dos limiares de obrigatoriedade do lançamento de uma oferta pública de aquisição decorrente do exercício de tais opções de compra, ou da aquisição de acções em aumento de capital da sociedade insolvente previsto no plano de insolvência.

Artigo 206.º
Suspensão da liquidação e partilha

1 – A requerimento do respectivo proponente, o juiz decreta a suspensão da liquidação da massa insolvente e da partilha do produto pelos credores da insolvência se tal for necessário para não pôr em risco a execução de um plano de insolvência proposto.

2 – O juiz deve, porém, abster-se de ordenar a suspensão, ou proceder ao levantamento de suspensão já decretada, se a medida envolver o perigo de prejuízos consideráveis para a massa insolvente, ou o prosseguimento da liquidação e da partilha lhe for requerido pelo administrador da insolvência, com o acordo da comissão de credores, se existir, ou da assembleia de credores.

3 – Aplica-se o disposto na alínea *b)* do n.º 4 e no n.º 5 do artigo 156.º, com as devidas adaptações.

Artigo 207.º
Não admissão da proposta de plano de insolvência

1 – O juiz não admite a proposta de plano de insolvência:
a) Se houver violação dos preceitos sobre a legitimidade para apresentar a proposta ou sobre o conteúdo do plano e os vícios forem insupríveis ou não forem sanados no prazo razoável que fixar para o efeito;
b) Quando a aprovação do plano pela assembleia de credores ou a posterior homologação pelo juiz forem manifestamente inverosímeis;
c) Quando o plano for manifestamente inexequível;

d) Quando, sendo o proponente o devedor, o administrador da insolvência se opuser à admissão, com o acordo da comissão de credores, se existir, contanto que anteriormente tenha já sido apresentada pelo devedor e admitida pelo juiz alguma proposta de plano.

2 – Da decisão de admissão da proposta de plano de insolvência não cabe recurso.

Artigo 208.º
Recolha de pareceres

Admitida a proposta de plano de insolvência, o juiz notifica a comissão de trabalhadores, ou, na sua falta, os representantes designados pelos trabalhadores, a comissão de credores, se existir, o devedor e o administrador da insolvência, para se pronunciarem, no prazo de 10 dias.

CAPÍTULO II
Aprovação e homologação do plano de insolvência

Artigo 209.º
Convocação da assembleia de credores

1 – O juiz convoca a assembleia de credores para discutir e votar a proposta de plano de insolvência nos termos do artigo 75.º, mas com a antecedência mínima de 20 dias, e devendo do anúncio e das circulares constar adicionalmente que a proposta de plano de insolvência se encontra à disposição dos interessados, para consulta, na secretaria do tribunal, desde a data da convocação, e que o mesmo sucederá com os pareceres eventualmente emitidos pelas entidades referidas no artigo anterior, durante os 10 dias anteriores à data da assembleia.

2 – A assembleia de credores convocada para os fins do número anterior não se pode reunir antes de transitada em julgado a sentença de declaração de insolvência, de esgotado o prazo para a impugnação da lista de credores reconhecidos e da realização da assembleia de apreciação de relatório.

3 – O plano de insolvência aprovado antes do trânsito em julgado da sentença de verificação e graduação dos créditos acautela os efeitos

da eventual procedência das impugnações da lista de credores reconhecidos ou dos recursos interpostos dessa sentença, de forma a assegurar que, nessa hipótese, seja concedido aos créditos controvertidos o tratamento devido.

Este preceito foi alterado pelo artigo 1.º do Decreto-Lei n.º 200/2004, de 18 de Agosto (Diário da República n.º 194/2004, série I-A, de 18 de Agosto de 2004, pp. 5260-5316).

Artigo 210.º
Alterações do plano de insolvência na assembleia de credores

O plano de insolvência pode ser modificado na própria assembleia pelo proponente, e posto à votação na mesma sessão com as alterações introduzidas, desde que estas, ainda que substanciais quanto a aspectos particulares de regulamentação, não contendam com o próprio cerne ou estrutura do plano ou com a finalidade prosseguida.

Artigo 211.º
Votação por escrito

1 – Finda a discussão do plano de insolvência, o juiz pode determinar que a votação tenha lugar por escrito, em prazo não superior a 10 dias; na votação apenas podem participar os titulares de créditos com direito de voto presentes ou representados na assembleia.

2 – O voto escrito deve conter a aprovação ou rejeição da proposta de plano de insolvência; qualquer proposta de modificação deste ou condicionamento do voto implica rejeição da proposta.

Artigo 212.º
Quórum

1 – A proposta de plano de insolvência considera-se aprovada se, estando presentes ou representados na reunião credores cujos créditos constituam, pelo menos, um terço do total dos créditos com direito de voto, recolher mais de dois terços da totalidade dos votos emitidos

e mais de metade dos votos emitidos correspondentes a créditos não subordinados, não se considerando como tal as abstenções.

2 – Não conferem direito de voto:

a) Os créditos que não sejam modificados pela parte dispositiva do plano;

b) Os créditos subordinados de determinado grau, se o plano decretar o perdão integral de todos os créditos de graus hierarquicamente inferiores e não atribuir qualquer valor económico ao devedor ou aos respectivos sócios, associados ou membros, consoante o caso.

3 – Cessa o disposto na alínea *a)* do número anterior, se, por aplicação desse preceito, em conjugação com o da alínea *b)*, todos os créditos resultassem privados do direito de voto.

4 – Considera-se, designadamente, que o plano de insolvência atribui um valor aos sócios de uma sociedade comercial se esta houver de continuar a exploração da empresa e o plano não contemplar uma redução a 0 do respectivo capital.

Este preceito foi alterado pelo artigo 1.º do Decreto-Lei n.º 200/2004, de 18 de Agosto (Diário da República n.º 194/2004, série I-A, de 18 de Agosto de 2004, pp. 5260-5316).

Artigo 213.º
Publicidade da deliberação

A deliberação de aprovação de um plano de insolvência é objecto de imediata publicação, nos termos prescritos no artigo 75.º, aplicáveis com as devidas adaptações.

Artigo 214.º
Prazo para a homologação

A sentença de homologação do plano de insolvência só pode ser proferida decorridos pelo menos 10 dias sobre a data da respectiva aprovação, ou, tendo o plano sido objecto de alterações na própria assembleia, sobre a data da publicação da deliberação.

Artigo 215.º
Não homologação oficiosa

O juiz recusa oficiosamente a homologação do plano de insolvência aprovado em assembleia de credores no caso de violação não negligenciável de regras procedimentais ou das normas aplicáveis ao seu conteúdo, qualquer que seja a sua natureza, e ainda quando, no prazo razoável que estabeleça, não se verifiquem as condições suspensivas do plano ou não sejam praticados os actos ou executadas as medidas que devam preceder a homologação.

Artigo 216.º
Não homologação a solicitação dos interessados

1 – O juiz recusa ainda a homologação se tal lhe for solicitado pelo devedor, caso este não seja o proponente e tiver manifestado nos autos a sua oposição, anteriormente à aprovação do plano de insolvência, ou por algum credor ou sócio, associado ou membro do devedor cuja oposição haja sido comunicada nos mesmos termos, contanto que o requerente demonstre em termos plausíveis, em alternativa, que:

a) A sua situação ao abrigo do plano é previsivelmente menos favorável do que a que interviria na ausência de qualquer plano;
b) O plano proporciona a algum credor um valor económico superior ao montante nominal dos seus créditos sobre a insolvência, acrescido do valor das eventuais contribuições que ele deva prestar.

2 – Se o plano de insolvência tiver sido objecto de alterações na própria assembleia, é dispensada a manifestação da oposição por parte de quem não tenha estado presente ou representado.

3 – Cessa o disposto no n.º 1 caso o oponente seja o devedor, um seu sócio, associado ou membro, ou um credor comum ou subordinado, se o plano de insolvência previr, cumulativamente:

a) A extinção integral dos créditos garantidos e privilegiados por conversão em capital da sociedade devedora ou de uma nova sociedade ou sociedades, na proporção dos respectivos valores nominais;
b) A extinção de todos os demais créditos por contrapartida da atribuição de opções de compra conformes com o disposto nos

n.ºs 1 e 2 do artigo 203.º relativamente à totalidade das acções assim emitidas;

c) A concessão ao devedor ou, se for o caso, aos respectivos sócios, associados ou membros, na proporção das respectivas participações, de opções de compra da totalidade das acções emitidas, contanto que o seu exercício determine a caducidade das opções atribuídas aos credores e pressuponha o pagamento do valor nominal dos créditos extintos por contrapartida da atribuição das opções caducadas.

4 – Se, respeitando-se quanto ao mais o previsto no número anterior, a conversão dos créditos em capital da sociedade devedora ou de uma nova sociedade ou sociedades não abranger apenas algum ou alguns dos créditos garantidos e privilegiados, ou for antes relativa à integralidade dos créditos comuns e somente a estes, o pedido de não homologação apresentado pelo devedor, pelos seus sócios, associados ou membros, ou por um credor comum ou subordinado, somente se pode basear na circunstância de o plano de insolvência proporcionar aos titulares dos créditos garantidos ou privilegiados excluídos da conversão, por contrapartida dos mesmos, um valor económico superior ao respectivo montante nominal.

CAPÍTULO III
Execução do plano de insolvência e seus efeitos

Artigo 217.º
Efeitos gerais

1 – Com a sentença de homologação produzem-se as alterações dos créditos sobre a insolvência introduzidas pelo plano de insolvência, independentemente de tais créditos terem sido, ou não, reclamados ou verificados.

2 – A sentença homologatória confere eficácia a quaisquer actos ou negócios jurídicos previstos no plano de insolvência, independentemente da forma legalmente prevista, desde que constem do processo, por escrito, as necessárias declarações de vontade de terceiros e dos credores que o não tenham votado favoravelmente, ou que, nos termos do plano, devessem ser emitidas posteriormente à aprovação, mas prescindindo-se

das declarações de vontade do devedor cujo consentimento não seja obrigatório nos termos das disposições deste Código e da nova sociedade ou sociedades a constituir.

3 – A sentença homologatória constitui, designadamente, título bastante para:

a) A constituição da nova sociedade ou sociedades e para a transmissão em seu benefício dos bens e direitos que deva adquirir, bem como para a realização dos respectivos registos;
b) A redução de capital, aumento de capital, modificação dos estatutos, transformação, exclusão de sócios e alteração dos órgãos sociais da sociedade devedora, bem como para a realização dos respectivos registos.

4 – As providências previstas no plano de insolvência com incidência no passivo do devedor não afectam a existência nem o montante dos direitos dos credores da insolvência contra os condevedores ou os terceiros garantes da obrigação, mas estes sujeitos apenas poderão agir contra o devedor em via de regresso nos termos em que o credor da insolvência pudesse exercer contra ele os seus direitos.

Artigo 218.º
Incumprimento

1 – Salvo disposição expressa do plano de insolvência em sentido diverso, a moratória ou o perdão previstos no plano ficam sem efeito:

a) Quanto a crédito relativamente ao qual o devedor se constitua em mora, se a prestação, acrescida dos juros moratórios, não for cumprida no prazo de 15 dias após interpelação escrita pelo credor;
b) Quanto a todos os créditos se, antes de finda a execução do plano, o devedor for declarado em situação de insolvência em novo processo.

2 – A mora do devedor apenas tem os efeitos previstos na alínea *a)* do número anterior se disser respeito a créditos reconhecidos pela sentença de verificação de créditos ou por outra decisão judicial, ainda que não transitadas em julgado.

3 – Os efeitos previstos no n.º 1 podem ser associados pelo plano a acontecimentos de outro tipo desde que ocorridos dentro do período máximo de três anos contados da data da sentença homologatória.

Artigo 219.º
Dívidas da massa insolvente

Antes do encerramento do processo que decorra da aprovação do plano de insolvência, o administrador da insolvência procede ao pagamento das dívidas da massa insolvente; relativamente às dívidas litigiosas, o administrador da insolvência acautela os eventuais direitos dos credores por meio de caução, prestada nos termos do Código de Processo Civil.

Artigo 220.º
Fiscalização

1 – O plano de insolvência que implique o encerramento do processo pode prever que a sua execução seja fiscalizada pelo administrador da insolvência e que a autorização deste seja necessária para a prática de determinados actos pelo devedor ou da nova sociedade ou sociedades; é aplicável neste último caso, com as devidas adaptações, o disposto no n.º 6 do artigo 81.º.

2 – O administrador da insolvência:

a) Informa anualmente o juiz e a comissão de credores, se existir, do estado da execução e das perspectivas de cumprimento do plano de insolvência pelo devedor;

b) Presta à comissão de credores e ao juiz as informações que lhe forem requeridas;

c) Informa de imediato o juiz e a comissão de credores, ou, não existindo esta, todos os titulares de créditos reconhecidos, da existência ou inevitabilidade de situações de incumprimento.

3 – O administrador da insolvência representa o devedor nas acções de impugnação da resolução de actos em benefício da massa insolvente durante o período de fiscalização, se o plano de insolvência assim o determinar de modo expresso.

4 – Para o efeito dos números anteriores, o administrador da insolvência e os membros da comissão de credores mantêm-se em funções e subsiste a fiscalização pelo juiz não obstante o encerramento do processo de insolvência.

5 – O plano de insolvência fixa a remuneração do administrador da insolvência durante o período de fiscalização, bem como as despesas a

cujo reembolso têm direito quer o administrador quer os membros da comissão de credores; os custos da fiscalização são suportados pelo devedor ou pela nova sociedade ou sociedades, consoante o caso.

6 – A fiscalização não se pode prolongar por mais de três anos e termina logo que estejam satisfeitos os créditos sobre a insolvência, nas percentagens previstas no plano de insolvência, ou que, em novo processo, seja declarada a situação de insolvência do devedor ou da nova sociedade ou sociedades; o juiz profere decisão confirmando o fim do período de fiscalização, a requerimento do administrador da insolvência, do devedor ou da nova sociedade ou sociedades.

Artigo 221.º
Prioridade a novos créditos

1 – No caso de fiscalização da sua execução pelo administrador da insolvência, o plano da insolvência pode estipular que terão prioridade sobre os créditos sobre a insolvência, em novo processo de insolvência aberto antes de findo o período de fiscalização, os créditos que, até certo limite global, sejam constituídos nesse período, desde que essa prioridade lhes seja reconhecida expressamente e por escrito, com indicação do montante abrangido e confirmação pelo administrador da insolvência.

2 – A prioridade reconhecida pelo número anterior é igualmente válida face a outros créditos de fonte contratual constituídos durante o período da fiscalização.

Artigo 222.º
Publicidade

1 – Sendo a execução do plano de insolvência objecto de fiscalização, a publicação e registo da decisão de encerramento do processo de insolvência incluirão a referência a esse facto, com divulgação, se for o caso, dos actos cuja prática depende do consentimento do administrador da insolvência e do limite dentro do qual é lícita a concessão de prioridade a novos créditos, nos termos do artigo anterior.

2 – A confirmação pelo juiz do fim do período de fiscalização é publicada e registada, nos termos previstos para a decisão de encerramento do processo de insolvência.

TÍTULO X
Administração pelo devedor

Artigo 223.º
Limitação às empresas

O disposto neste título é aplicável apenas aos casos em que na massa insolvente esteja compreendida uma empresa.

Artigo 224.º
Pressupostos da administração pelo devedor

1 – Na sentença declaratória da insolvência o juiz pode determinar que a administração da massa insolvente seja assegurada pelo devedor.

2 – São pressupostos da decisão referida no número anterior que:

a) O devedor a tenha requerido;

b) O devedor tenha já apresentado, ou se comprometa a fazê-lo no prazo de 30 dias após a sentença de declaração de insolvência, um plano de insolvência que preveja a continuidade da exploração da empresa por si próprio;

c) Não haja razões para recear atrasos na marcha do processo ou outras desvantagens para os credores;

d) O requerente da insolvência dê o seu acordo, caso não seja o devedor.

3 – A administração é também confiada ao devedor se este o tiver requerido e assim o deliberarem os credores na assembleia de apreciação de relatório ou em assembleia que a preceda, independentemente da verificação dos pressupostos previstos nas alínea *c)* e *d)* do número anterior, contando-se o prazo previsto na alínea *b)* do mesmo número a partir da deliberação dos credores.

Artigo 225.º
Início da liquidação

A liquidação só tem lugar depois que ao devedor seja retirada a administração, sem prejuízo do disposto no n.º 1 do artigo 158.º e da realização pelo devedor de vendas ao abrigo do n.º 2 do mesmo artigo, com o consentimento do administrador da insolvência e da comissão de credores, se existir.

Artigo 226.º
Intervenção do administrador da insolvência

1 – O administrador da insolvência fiscaliza a administração da massa insolvente pelo devedor e comunica imediatamente ao juiz e à comissão de credores quaisquer circunstâncias que desaconselhem a subsistência da situação; não havendo comissão de credores, a comunicação é feita a todos os credores que tiverem reclamado os seus créditos.

2 – Sem prejuízo da eficácia do acto, o devedor não deve contrair obrigações:

a) Se o administrador da insolvência se opuser, tratando-se de actos de gestão corrente;
b) Sem o consentimento do administrador da insolvência, tratando-se de actos de administração extraordinária.

3 – O administrador da insolvência pode exigir que fiquem a seu cargo todos os recebimentos em dinheiro e todos os pagamentos.

4 – Oficiosamente ou a pedido da assembleia de credores, pode o juiz proibir a prática de determinados actos pelo devedor sem a aprovação do administrador da insolvência, aplicando-se, com as devidas adaptações, o disposto no n.º 6 do artigo 81.º.

5 – Incumbe ao devedor exercer os poderes conferidos pelo capítulo III do título IV ao administrador da insolvência, mas só este pode resolver actos em benefício da massa insolvente.

6 – É da responsabilidade do devedor a elaboração e o depósito das contas anuais que forem legalmente obrigatórias.

7 – A atribuição ao devedor da administração da massa insolvente não prejudica o exercício pelo administrador da insolvência de todas as demais competências que legalmente lhe cabem e dos poderes necessários para o efeito, designadamente o de examinar todos os elementos da contabilidade do devedor.

Artigo 227.º
Remuneração

1 – Enquanto a administração da insolvência for assegurada pelo próprio devedor, manter-se-ão as remunerações dos seus administradores e membros dos seus órgãos sociais.

2 – Sendo o devedor uma pessoa singular, assiste-lhe o direito de retirar da massa os fundos necessários para uma vida modesta dele próprio e do seu agregado familiar, tendo em conta a sua condição anterior e as possibilidades da massa.

Artigo 228.º
Termo da administração pelo devedor

1 – O juiz põe termo à administração da massa insolvente pelo devedor:

a) A requerimento deste;
b) Se assim for deliberado pela assembleia de credores;
c) Se for afectada pela qualificação da insolvência como culposa a própria pessoa singular titular da empresa;
d) Se, tendo deixado de se verificar o pressuposto previsto na alínea *c)* do n.º 2 do artigo 224.º, tal lhe for solicitado por algum credor;
e) Se o plano de insolvência não for apresentado pelo devedor no prazo aplicável, ou não for subsequentemente admitido, aprovado ou homologado.

2 – Tomada a decisão referida no número anterior, tem lugar imediatamente a apreensão dos bens, em conformidade com o disposto nos artigos 149.º e seguintes, prosseguindo o processo a sua tramitação, nos termos gerais.

Artigo 229.º
Publicidade e registo

A atribuição ao devedor da administração da massa insolvente, a proibição da prática de certos actos sem o consentimento do administrador da insolvência e a decisão que ponha termo a essa administração são objecto de publicidade e registo, nos termos constantes do artigo 38.º.

TÍTULO XI
Encerramento do processo

Artigo 230.º
Quando se encerra o processo

1 – Prosseguindo o processo após a declaração de insolvência, o juiz declara o seu encerramento:

a) Após a realização do rateio final, sem prejuízo do disposto no n.º 6 do artigo 239.º;
b) Após o trânsito em julgado da decisão de homologação do plano de insolvência, se a isso não se opuser o conteúdo deste;
c) A pedido do devedor, quando este deixe de se encontrar em situação de insolvência ou todos os credores prestem o seu consentimento;
d) Quando o administrador da insolvência constate a insuficiência da massa insolvente para satisfazer as custas do processo e as restantes dívidas da massa insolvente.

2 – A decisão de encerramento do processo é notificada aos credores e objecto da publicidade e do registo previstos no artigo 38.º, com indicação da razão determinante.

Artigo 231.º
Encerramento a pedido do devedor

1 – O pedido do devedor de encerramento do processo fundado na cessação da situação de insolvência é notificado aos credores para que estes, querendo, deduzam oposição, no prazo de oito dias, aplicando-se o disposto nos n.ºs 3 e 4 do artigo 41.º.

2 – O pedido do devedor que não se baseie na cessação da situação de insolvência é acompanhado de documentos que comprovem o consentimento de todos os credores que tenham reclamado os seus créditos, quando seja apresentado depois de terminado o prazo concedido para o efeito, ou de todos os credores conhecidos, na hipótese contrária.

3 – Antes de decidir sobre o pedido o juiz ouve, em qualquer dos casos, o administrador da insolvência e a comissão de credores, se existir.

Este preceito foi alterado pelo artigo 1.º do Decreto-Lei n.º 200/2004, de 18 de Agosto (Diário da República n.º 194/2004, série I-A, de 18 de Agosto de 2004, pp. 5260-5316).

Artigo 232.º
Encerramento por insuficiência da massa insolvente

1 – Verificando o administrador da insolvência que a massa insolvente é insuficiente para a satisfação das custas do processo e das restantes dívidas da massa insolvente dá conhecimento do facto ao juiz.

2 – Ouvidos o devedor, a assembleia de credores e os credores da massa insolvente, o juiz declara encerrado o processo, salvo se algum interessado depositar à ordem do tribunal o montante determinado pelo juiz segundo o que razoavelmente entenda necessário para garantir o pagamento das custas do processo e restantes dívidas da massa insolvente.

3 – A secretaria do tribunal, quando o processo for remetido à conta e em seguida a esta, distribui as importâncias em dinheiro existentes na massa insolvente, depois de pagas as custas, pelos credores da massa insolvente, na proporção dos seus créditos.

4 – Depois de verificada a insuficiência da massa, é lícito ao administrador da insolvência interromper de imediato a respectiva liquidação.

5 – Encerrado o processo de insolvência por insuficiência da massa, o incidente de qualificação da insolvência, se ainda não estiver findo, prossegue os seus termos como incidente limitado.

6 – O disposto nos números anteriores não é aplicável na hipótese de o devedor beneficiar do diferimento do pagamento das custas, nos termos do n.º 1 do artigo 248.º, durante a vigência do benefício.

Artigo 233.º
Efeitos do encerramento

1 – Encerrado o processo:

a) Cessam todos os efeitos que resultam da declaração de insolvência, recuperando designadamente o devedor o direito de disposição dos seus bens e a livre gestão dos seus negócios, sem prejuízo dos efeitos da qualificação da insolvência como culposa e do disposto no artigo seguinte;

b) Cessam as atribuições da comissão de credores e do administrador da insolvência, com excepção das referentes à apresentação de contas e das conferidas, se for o caso, pelo plano de insolvência;

c) Os credores da insolvência poderão exercer os seus direitos contra o devedor sem outras restrições que não as constantes do eventual plano de insolvência e plano de pagamentos e do n.º 1 do artigo 242.º, constituindo para o efeito título executivo a sentença homologatória do plano de pagamentos, bem como a sentença de verificação de créditos ou a decisão proferida em acção de verificação ulterior, em conjugação, se for o caso, com a sentença homologatória do plano de insolvência;

d) Os credores da massa podem reclamar do devedor os seus direitos não satisfeitos.

2 – O encerramento do processo de insolvência antes do rateio final determina:

a) A ineficácia das resoluções de actos em beneficio da massa insolvente, excepto se o plano de insolvência atribuir ao administrador da insolvência competência para a defesa nas acções dirigidas à respectiva impugnação, bem como nos casos em que as mesmas não possam já ser impugnadas em virtude do decurso do prazo previsto no artigo 125.º, ou em que a impugnação deduzida haja já sido julgada improcedente por decisão com trânsito em julgado;

b) A extinção da instância dos processos de verificação de créditos e de restituição e separação de bens já liquidados que se encontrem pendentes, excepto se tiver já sido proferida a sentença de verificação e graduação de créditos prevista no artigo 140.º, ou se o encerramento decorrer da aprovação do plano de insolvência, caso em que prosseguem até final os recursos interpostos dessa sentença e as acções cujos autores assim o requeiram, no prazo de 30 dias;

c) A extinção da instância das acções pendentes contra os responsáveis legais pelas dívidas do insolvente propostas pelo administrador da insolvência, excepto se o plano de insolvência atribuir ao administrador da insolvência competência para o seu prosseguimento.

3 – As custas das acções de impugnação da resolução de actos em benefício da massa insolvente julgadas procedentes em virtude do dis-

posto na alínea *a)* do número anterior constituem encargo da massa insolvente se o processo for encerrado por insuficiência desta.

4 – Exceptuados os processos de verificação de créditos, qualquer acção que corra por dependência do processo de insolvência e cuja instância não se extinga, nos termos da alínea *b)* do n.º 2, nem deva ser prosseguida pelo administrador da insolvência, nos termos do plano de insolvência, é desapensada do processo e remetida para o tribunal competente, passando o devedor a ter exclusiva legitimidade para a causa, independentemente de habilitação ou do acordo da contraparte.

5 – Nos 10 dias posteriores ao encerramento, o administrador da insolvência entrega no tribunal, para arquivo, toda a documentação relativa ao processo que se encontre em seu poder, bem como os elementos da contabilidade do devedor que não hajam de ser restituídos ao próprio.

Este preceito foi alterado pelo artigo 1.º do Decreto-Lei n.º 200/2004, de 18 de Agosto (Diário da República n.º 194/2004, série I-A, de 18 de Agosto de 2004, pp. 5260-5316).

Artigo 234.º
Efeitos sobre sociedades comerciais

1 – Baseando-se o encerramento do processo na homologação de um plano de insolvência que preveja a continuidade da sociedade comercial, esta retoma a sua actividade independentemente de deliberação dos sócios.

2 – Os sócios podem deliberar a retoma da actividade se o encerramento se fundar na alínea *c)* do n.º 1 do artigo 230.º.

3 – Com o registo do encerramento do processo após o rateio final, a sociedade considera-se extinta.

4 – No caso de encerramento por insuficiência da massa, a liquidação da sociedade prossegue, nos termos gerais.

TÍTULO XII
Disposições específicas da insolvência de pessoas singulares

CAPÍTULO I
Exoneração do passivo restante

Artigo 235.º
Princípio geral

Se o devedor for uma pessoa singular, pode ser-lhe concedida a exoneração dos créditos sobre a insolvência que não forem integralmente pagos no processo de insolvência ou nos cinco anos posteriores ao encerramento deste, nos termos das disposições do presente capítulo.

Artigo 236.º
Pedido de exoneração do passivo restante

1 – O pedido de exoneração do passivo restante é feito pelo devedor no requerimento de apresentação à insolvência ou no prazo de 10 dias posteriores à citação e será sempre rejeitado se for deduzido após a assembleia de apreciação do relatório; o juiz decide livremente sobre a admissão ou rejeição de pedido apresentado no período intermédio.

2 – Se não tiver sido dele a iniciativa do processo de insolvência, deve constar do acto de citação do devedor pessoa singular a indicação da possibilidade de solicitar a exoneração do passivo restante, nos termos previstos no número anterior.

3 – Do requerimento consta expressamente a declaração de que o devedor preenche os requisitos e se dispõe a observar todas as condições exigidas nos artigos seguintes.

4 – Na assembleia de apreciação de relatório é dada aos credores e ao administrador da insolvência a possibilidade de se pronunciarem sobre o requerimento.

Artigo 237.º
Processamento subsequente

A concessão efectiva da exoneração do passivo restante pressupõe que:

a) Não exista motivo para o indeferimento liminar do pedido, por força do disposto no artigo seguinte;
b) O juiz profira despacho declarando que a exoneração será concedida uma vez observadas pelo devedor as condições previstas no artigo 239.º durante os cinco anos posteriores ao encerramento do processo de insolvência, neste capítulo designado despacho inicial;
c) Não seja aprovado e homologado um plano de insolvência;
d) Após o período mencionado na alínea *b)*, e cumpridas que sejam efectivamente as referidas condições, o juiz emita despacho decretando a exoneração definitiva, neste capítulo designado despacho de exoneração.

Artigo 238.º
Indeferimento liminar

1 – O pedido de exoneração é liminarmente indeferido se:
a) For apresentado fora de prazo;
b) O devedor, com dolo ou culpa grave, tiver fornecido por escrito, nos três anos anteriores à data do início do processo de insolvência, informações falsas ou incompletas sobre as suas circunstâncias económicas com vista à obtenção de crédito ou de subsídios de instituições públicas ou a fim de evitar pagamentos a instituições dessa natureza;
c) O devedor tiver já beneficiado da exoneração do passivo restante nos 10 anos anteriores à data do início do processo de insolvência;
d) O devedor tiver incumprido o dever de apresentação à insolvência ou, não estando obrigado a se apresentar, se tiver abstido dessa apresentação nos seis meses seguintes à verificação da situação de insolvência, com prejuízo em qualquer dos casos para os credores, e sabendo, ou não podendo ignorar sem culpa grave, não existir qualquer perspectiva séria de melhoria da sua situação económica;

e) Constarem já no processo, ou forem fornecidos até ao momento da decisão, pelos credores ou pelo administrador da insolvência, elementos que indiciem com toda a probabilidade a existência de culpa do devedor na criação ou agravamento da situação de insolvência, nos termos do artigo 186.º;

f) O devedor tiver sido condenado por sentença transitada em julgado por algum dos crimes previstos e punidos nos artigos 227.º a 229.º do Código Penal nos 10 anos anteriores à data da entrada em juízo do pedido de declaração da insolvência ou posteriormente a esta data;

g) O devedor, com dolo ou culpa grave, tiver violado os deveres de informação, apresentação e colaboração que para ele resultam do presente Código, no decurso do processo de insolvência.

2 – O despacho de indeferimento liminar é proferido após a audição dos credores e do administrador da insolvência na assembleia de apreciação do relatório, excepto se este for apresentado fora do prazo ou constar já dos autos documento autêntico comprovativo de algum dos factos referidos no número anterior.

Artigo 239.º
Cessão do rendimento disponível

1 – Não havendo motivo para indeferimento liminar, é proferido o despacho inicial na assembleia de apreciação do relatório ou nos 10 dias subsequentes.

2 – O despacho inicial determina que, durante os cinco anos subsequentes ao encerramento do processo de insolvência, neste capítulo designado período da cessão, o rendimento disponível que o devedor venha a auferir se considera cedido a entidade, neste capítulo designada fiduciário, escolhida pelo tribunal de entre as inscritas na lista oficial de administradores da insolvência, nos termos e para os efeitos do artigo seguinte.

3 – Integram o rendimento disponível todos os rendimentos que advenham a qualquer título ao devedor, com exclusão:

a) Dos créditos a que se refere o artigo 115.º cedidos a terceiro, pelo período em que a cessão se mantenha eficaz;

b) Do que seja razoavelmente necessário para:

i) O sustento minimamente digno do devedor e do seu agregado familiar, não devendo exceder, salvo decisão fundamentada do juiz em contrário, três vezes o salário mínimo nacional;

ii) O exercício pelo devedor da sua actividade profissional;

iii) Outras despesas ressalvadas pelo juiz no despacho inicial ou em momento posterior, a requerimento do devedor.

4 – Durante o período da cessão, o devedor fica ainda obrigado a:

a) Não ocultar ou dissimular quaisquer rendimentos que aufira, por qualquer título, e a informar o tribunal e o fiduciário sobre os seus rendimentos e património na forma e no prazo em que isso lhe seja requisitado;

b) Exercer uma profissão remunerada, não a abandonando sem motivo legítimo, e a procurar diligentemente tal profissão quando desempregado, não recusando desrazoavelmente algum emprego para que seja apto;

c) Entregar imediatamente ao fiduciário, quando por si recebida, a parte dos seus rendimentos objecto de cessão;

d) Informar o tribunal e o fiduciário de qualquer mudança de domicílio ou de condições de emprego, no prazo de 10 dias após a respectiva ocorrência, bem como, quando solicitado e dentro de igual prazo, sobre as diligências realizadas para a obtenção de emprego;

e) Não fazer quaisquer pagamentos aos credores da insolvência a não ser através do fiduciário e a não criar qualquer vantagem especial para algum desses credores.

5 – A cessão prevista no n.º 2 prevalece sobre quaisquer acordos que excluam, condicionem ou por qualquer forma limitem a cessão de bens ou rendimentos do devedor.

6 – Sendo interposto recurso do despacho inicial, a realização do rateio final só determina o encerramento do processo depois de transitada em julgado a decisão.

Artigo 240.º

Fiduciário

1 – A remuneração do fiduciário e o reembolso das suas despesas constitui encargo do devedor.

2 – São aplicáveis ao fiduciário, com as devidas adaptações, os n.os 2 e 4 do artigo 38.º, os artigos 56.º, 57.º, 58.º, 59.º e 62.º a 64.º; é

também aplicável o disposto no n.º 1 do artigo 60.º e no n.º 1 do artigo 61.º, devendo a informação revestir periodicidade anual e ser enviada a cada credor e ao juiz.

Artigo 241.º
Funções

1 – O fiduciário notifica a cessão dos rendimentos do devedor àqueles de quem ele tenha direito a havê-los e afecta os montantes recebidos, no final de cada ano em que dure a cessão:

a) Ao pagamento das custas do processo de insolvência ainda em dívida;
b) Ao reembolso ao Cofre Geral de Tribunais das remunerações e despesas do administrador da insolvência e do próprio fiduciário que por aquele tenham sido suportadas;
c) Ao pagamento da sua própria remuneração já vencida e despesas efectuadas;
d) À distribuição do remanescente pelos credores da insolvência, nos termos prescritos para o pagamento aos credores no processo de insolvência.

2 – O fiduciário mantém em separado do seu património pessoal todas as quantias provenientes de rendimentos cedidos pelo devedor, respondendo com todos os seus haveres pelos fundos que indevidamente deixe de afectar às finalidades indicadas no número anterior, bem como pelos prejuízos provocados por essa falta de distribuição.

3 – A assembleia de credores pode conferir ao fiduciário a tarefa de fiscalizar o cumprimento pelo devedor das obrigações que sobre este impendem, com o dever de a informar em caso de conhecimento de qualquer violação.

Artigo 242.º
Igualdade dos credores

1 – Não são permitidas quaisquer execuções sobre os bens do devedor destinadas à satisfação dos créditos sobre a insolvência, durante o período da cessão.

2 – É nula a concessão de vantagens especiais a um credor da insolvência pelo devedor ou por terceiro.

3 – A compensação entre dívidas da insolvência e obrigações de um credor sobre a insolvência apenas é lícita nas condições em que seria admissível durante a pendência do processo.

Artigo 243.º

Cessação antecipada do procedimento de exoneração

1 – Antes ainda de terminado o período da cessão, deve o juiz recusar a exoneração, a requerimento fundamentado de algum credor da insolvência, do administrador da insolvência, se estiver ainda em funções, ou do fiduciário, caso este tenha sido incumbido de fiscalizar o cumprimento das obrigações do devedor, quando:

a) O devedor tiver dolosamente ou com grave negligência violado alguma das obrigações que lhe são impostas pelo artigo 239.º, prejudicando por esse facto a satisfação dos créditos sobre a insolvência;

b) Se apure a existência de alguma das circunstâncias referidas nas alíneas *b)*, *e)* e *f)* do n.º 1 do artigo 238.º, se apenas tiver sido conhecida pelo requerente após o despacho inicial ou for de verificação superveniente;

c) A decisão do incidente de qualificação da insolvência tiver concluído pela existência de culpa do devedor na criação ou agravamento da situação de insolvência.

2 – O requerimento apenas pode ser apresentado dentro do ano seguinte à data em que o requerente teve ou poderia ter tido conhecimento dos fundamentos invocados, devendo ser oferecida logo a respectiva prova.

3 – Quando o requerimento se baseie nas alíneas *a)* e *b)* do n.º 1, o juiz deve ouvir o devedor, o fiduciário e os credores da insolvência antes de decidir a questão; a exoneração é sempre recusada se o devedor, sem motivo razoável, não fornecer no prazo que lhe seja fixado informações que comprovem o cumprimento das suas obrigações, ou, devidamente convocado, faltar injustificadamente à audiência em que deveria prestá-las.

4 – O juiz, oficiosamente ou a requerimento do devedor ou do fiduciário, declara também encerrado o incidente logo que se mostrem integralmente satisfeitos todos os créditos sobre a insolvência.

Artigo 244.º
Decisão final da exoneração

1 – Não tendo havido lugar a cessação antecipada, o juiz decide nos 10 dias subsequentes ao termo do período da cessão sobre a concessão ou não da exoneração do passivo restante do devedor, ouvido este, o fiduciário e os credores da insolvência.

2 – A exoneração é recusada pelos mesmos fundamentos e com subordinação aos mesmos requisitos por que o poderia ter sido antecipadamente, nos termos do artigo anterior.

Artigo 245.º
Efeitos da exoneração

1 – A exoneração do devedor importa a extinção de todos os créditos sobre a insolvência que ainda subsistam à data em que é concedida, sem excepção dos que não tenham sido reclamados e verificados, sendo aplicável o disposto no n.º 4 do artigo 217.º.

2 – A exoneração não abrange, porém:

a) Os créditos por alimentos;
b) As indemnizações devidas por factos ilícitos dolosos praticados pelo devedor, que hajam sido reclamadas nessa qualidade;
c) Os créditos por multas, coimas e outras sanções pecuniárias por crimes ou contra-ordenações;
d) Os créditos tributários.

Artigo 246.º
Revogação da exoneração

1 – A exoneração do passivo restante é revogada provando-se que o devedor incorreu em alguma das situações previstas nas alíneas *b)* e seguintes do n.º 1 do artigo 238.º, ou violou dolosamente as suas obrigações durante o período da cessão, e por algum desses motivos tenha prejudicado de forma relevante a satisfação dos credores da insolvência.

2 – A revogação apenas pode ser decretada até ao termo do ano subsequente ao trânsito em julgado do despacho de exoneração; quando

requerida por um credor da insolvência, tem este ainda de provar não ter tido conhecimento dos fundamentos da revogação até ao momento do trânsito.

3 – Antes de decidir a questão, o juiz deve ouvir o devedor e o fiduciário.

4 – A revogação da exoneração importa a reconstituição de todos os créditos extintos.

Artigo 247.º
Publicação e registo

Os despachos iniciais, de exoneração, de cessação antecipada e de revogação da exoneração são publicados e registados nos termos previstos para a decisão de encerramento do processo de insolvência.

Artigo 248.º
Apoio judiciário

1 – O devedor que apresente um pedido de exoneração do passivo restante beneficia do diferimento do pagamento das custas até à decisão final desse pedido, na parte em que a massa insolvente e o seu rendimento disponível durante o período da cessão sejam insuficientes para o respectivo pagamento integral, o mesmo se aplicando à obrigação de reembolsar o Cofre Geral dos Tribunais das remunerações e despesas do administrador da insolvência e do fiduciário que o Cofre tenha suportado.

2 – Sendo concedida a exoneração do passivo restante, é aplicável ao pagamento das custas e à obrigação de reembolso referida no número anterior o disposto no artigo 65.º do Código das Custas Judiciais, mas sem subordinação ao período máximo de 12 meses previsto no respectivo n.º 1.

3 – Se a exoneração for posteriormente revogada, caduca a autorização do pagamento em prestações, e aos montantes em dívida acresce a taxa de justiça equivalente aos juros de mora calculados como se o benefício previsto no n.º 1 não tivesse sido concedido.

4 – O benefício previsto no n.º 1 afasta a concessão de qualquer outra forma de apoio judiciário ao devedor, salvo quanto à nomeação e pagamento de honorários de patrono.

CAPÍTULO II
Insolvência de não empresários e titulares de pequenas empresas

SECÇÃO I
Disposições gerais

Artigo 249.º
Âmbito de aplicação

1 – O disposto neste capítulo é aplicável se o devedor for uma pessoa singular e, em alternativa:

a) Não tiver sido titular da exploração de qualquer empresa nos três anos anteriores ao início do processo de insolvência;

b) À data do início do processo:

i) Não tiver dívidas laborais;

ii) O número dos seus credores não for superior a 20;

iii) O seu passivo global não exceder € 300 000.

2 – Apresentando-se marido e mulher à insolvência, ou sendo o processo instaurado contra ambos, nos termos do artigo 264.º, os requisitos previstos no número anterior devem verificar-se relativamente a cada um dos cônjuges.

Artigo 250.º
Inadmissibilidade de plano de insolvência e da administração pelo devedor

Aos processos de insolvência abrangidos pelo presente capítulo não são aplicáveis as disposições dos títulos IX e X.

SECÇÃO II
Plano de pagamentos aos credores

Artigo 251.º
Apresentação de um plano de pagamentos

O devedor pode apresentar, conjuntamente com a petição inicial do processo de insolvência, um plano de pagamentos aos credores.

Artigo 252.º
Conteúdo do plano de pagamentos

1 – O plano de pagamentos deve conter uma proposta de satisfação dos direitos dos credores que acautele devidamente os interesses destes, de forma a obter a respectiva aprovação, tendo em conta a situação do devedor.

2 – O plano de pagamentos pode designadamente prever moratórias, perdões, constituições de garantias, extinções, totais ou parciais, de garantias reais ou privilégios creditórios existentes, um programa calendarizado de pagamentos ou o pagamento numa só prestação e a adopção pelo devedor de medidas concretas de qualquer natureza susceptíveis de melhorar a sua situação patrimonial.

3 – O devedor pode incluir no plano de pagamentos créditos cuja existência ou montante não reconheça, com a previsão de que os montantes destinados à sua liquidação serão objecto de depósito junto de intermediário financeiro para serem entregues aos respectivos titulares ou repartidos pelos demais credores depois de dirimida a controvérsia, na sede própria.

4 – A apresentação do plano de pagamentos envolve confissão da situação de insolvência, ao menos iminente, por parte do devedor.

5 – O plano de pagamentos é acompanhado dos seguintes anexos:

a) Declaração de que o devedor preenche os requisitos exigidos pelo artigo 249.º;
b) Relação dos bens disponíveis do devedor, bem como dos seus rendimentos;
c) Sumário com o conteúdo essencial dessa relação, neste capítulo designado resumo do activo;
d) Relação por ordem alfabética dos credores e dos seus endereços, com indicação dos montantes, natureza e eventuais garantias dos seus créditos;
e) Declaração de que as informações prestadas são verdadeiras e completas.

6 – Salvo manifesta inadequação ao caso concreto, os elementos constantes do número anterior devem constar de modelo aprovado por portaria do Ministro da Justiça.

7 – O plano de pagamentos e os seus anexos são apresentados em duas cópias, uma das quais se destina ao arquivo do tribunal, ficando a outra na secretaria judicial para consulta dos interessados; tratando-se de

documentos digitalizados, são extraídas pela secretaria duas cópias para os mesmos efeitos.

8 – Considera-se que desiste da apresentação do plano de pagamentos o devedor que, uma vez notificado pelo tribunal, não forneça no prazo fixado os elementos mencionados no n.º 5 que haja omitido inicialmente.

Artigo 253.º
Pedido de insolvência apresentado por terceiro

Se não tiver sido dele a iniciativa do processo de insolvência, deve constar do acto de citação do devedor pessoa singular a indicação da possibilidade de apresentação de um plano de pagamentos em alternativa à contestação, no prazo fixado para esta, verificado algum dos pressupostos referidos no n.º 1 do artigo 249.º, com expressa advertência para as consequências previstas no n.º 4 do artigo anterior e no artigo seguinte.

Artigo 254.º
Preclusão da exoneração do passivo restante

Não pode beneficiar da exoneração do passivo restante o devedor que, aquando da apresentação de um plano de pagamentos, não tenha declarado pretender essa exoneração, na hipótese de o plano não ser aprovado.

Artigo 255.º
Suspensão do processo de insolvência

1 – Se se afigurar altamente improvável que o plano de pagamentos venha a merecer aprovação, o juiz dá por encerrado o incidente, sem que da decisão caiba recurso; caso contrário, determina a suspensão do processo de insolvência até à decisão sobre o incidente do plano de pagamentos.

2 – Se o processo de insolvência houver de prosseguir, é logo proferida sentença de declaração da insolvência, seguindo-se os trâmites subsequentes, nos termos gerais.

3 – A suspensão prevista no n.º 1 não prejudica a adopção das medidas cautelares previstas no artigo 31.º.

Artigo 256.º
Notificação dos credores

1 – Havendo lugar à suspensão do processo de insolvência, a secretaria extrai ou notifica o devedor para juntar, no prazo de cinco dias, o número de cópias do plano de pagamentos e do resumo do activo necessários para entrega aos credores mencionados em anexo ao plano, consoante tais documentos tenham sido ou não apresentados em suporte digital.

2 – A notificação ao credor requerente da insolvência, se for o caso, e a citação dos demais credores é feita por carta registada, acompanhada dos documentos referidos no n.º 1, devendo do acto constar a indicação de que:

a) Dispõem de 10 dias para se pronunciarem, sob pena de se ter por conferida a sua adesão ao plano;

b) Devem, no mesmo prazo, corrigir as informações relativas aos seus créditos constantes da relação apresentada pelo devedor, sob pena de, em caso de aprovação do plano, se haverem como aceites tais informações e perdoadas quaisquer outras dívidas cuja omissão não seja por esse credor devidamente reportada;

c) Os demais anexos ao plano estão disponíveis para consulta na secretaria do tribunal.

3 – Quando haja sido contestada por algum credor a natureza, montante ou outros elementos do seu crédito tal como configurados pelo devedor, ou invocada a existência de outros créditos de que seja titular, é o devedor notificado para, no prazo máximo de 10 dias, declarar se modifica ou não a relação dos créditos, só ficando abrangidos pelo plano de pagamentos os créditos cuja existência seja reconhecida pelo devedor, e apenas:

a) Na parte aceite pelo devedor, caso subsista divergência quanto ao montante;

b) Se for exacta a indicação feita pelo devedor, caso subsista divergência quanto a outros elementos.

4 – Pode ainda ser dada oportunidade ao devedor para modificar o plano de pagamentos, no prazo de cinco dias, quando tal for tido por

conveniente em face das observações dos credores ou com vista à obtenção de acordo quanto ao pagamento das dívidas.

5 – As eventuais modificações ou acrescentos a que o devedor proceda nos termos dos n.os 3 e 4 serão notificadas, quando necessário, aos credores para novo pronunciamento quanto à adesão ao plano, entendendo-se que mantêm a sua posição os credores que nada disserem no prazo de 10 dias.

Artigo 257.º
Aceitação do plano de pagamentos

1 – Se nenhum credor tiver recusado o plano de pagamentos, ou se a aprovação de todos os que se oponham for objecto de suprimento, nos termos do artigo seguinte, o plano é tido por aprovado.

2 – Entende-se que se opõem ao plano de pagamentos:

a) Os credores que o tenham recusado expressamente;

b) Os credores que, por forma não aceite pelo devedor, tenham contestado a natureza, montante ou outros elementos dos seus créditos relacionados pelo devedor ou invocado a existência de outros créditos.

3 – Não são abrangidos pelo plano de pagamentos os créditos que não hajam sido relacionados pelo devedor, ou em relação aos quais não tenha sido possível ouvir os respectivos titulares, por acto que não lhes seja imputável.

Artigo 258.º
Suprimento da aprovação dos credores

1 – Se o plano de pagamentos tiver sido aceite por credores cujos créditos representem mais de dois terços do valor total dos créditos relacionados pelo devedor, pode o tribunal, a requerimento de algum desses credores ou do devedor, suprir a aprovação dos demais credores, desde que:

a) Para nenhum dos oponentes decorra do plano uma desvantagem económica superior à que, mantendo-se idênticas as circunstâncias do devedor, resultaria do prosseguimento do processo de insolvência, com liquidação da massa insolvente e exoneração do passivo restante, caso esta tenha sido solicitada pelo devedor em condições de ser concedida;

b) Os oponentes não sejam objecto de um tratamento discriminatório injustificado;

c) Os oponentes não suscitem dúvidas legítimas quanto à veracidade ou completude da relação de créditos apresentada pelo devedor, com reflexos na adequação do tratamento que lhes é dispensado.

2 – A apreciação da oposição fundada na alínea *c)* do número anterior não envolve decisão sobre a efectiva existência, natureza, montante e demais características dos créditos controvertidos.

3 – Pode ser sempre suprida pelo tribunal a aprovação do credor que se haja limitado a impugnar a identificação do crédito, sem adiantar quaisquer elementos respeitantes à sua configuração.

4 – Não cabe recurso da decisão que indefira o pedido de suprimento da aprovação de qualquer credor.

Artigo 259.º

Termos subsequentes à aprovação

1 – O juiz homologa o plano de pagamentos aprovado nos termos dos artigos anteriores por meio de sentença e, após o seu trânsito em julgado, declara igualmente a insolvência do devedor no processo principal; da sentença de declaração de insolvência constam apenas as menções referidas nas alíneas *a)* e *b)* do artigo 36.º, sendo aplicável o disposto na alínea *a)* do n.º 7 do artigo 39.º.

2 – Ambas as sentenças são notificadas apenas aos credores constantes da relação fornecida pelo devedor.

3 – Só podem recorrer da sentença de homologação do plano de pagamentos ou reagir contra a sentença de declaração de insolvência proferida nos termos do n.º 1, por via de recurso ou da oposição de embargos, os credores cuja aprovação haja sido suprida; a revogação desta última sentença implica também a ineficácia do plano.

4 – O trânsito em julgado das sentenças de homologação do plano de pagamentos e de declaração da insolvência determina o encerramento do processo de insolvência.

5 – As referidas sentenças e a decisão de encerramento do processo proferida nos termos do número anterior não são objecto de qualquer publicidade ou registo.

Artigo 260.º
Incumprimento

Salvo disposição expressa do plano de pagamentos em sentido diverso, a moratória ou o perdão previstos no plano ficam sem efeito nos casos previstos no n.º 1 do artigo 218.º, não sendo aplicável, todavia, o n.º 2 desse preceito.

Artigo 261.º
Outro processo de insolvência

1 – Os titulares de créditos constantes da relação anexa ao plano de pagamentos homologado judicialmente não podem pedir a declaração de insolvência em outro processo, excepto:

a) No caso de incumprimento do plano de pagamentos, nas condições definidas no artigo anterior;
b) Provando que os seus créditos têm um montante mais elevado ou características mais favoráveis do que as constantes daquela relação;
c) Por virtude da titularidade de créditos não incluídos na relação, total ou parcialmente, e que não se devam ter por perdoados, nos termos do n.º 3 do artigo 256.º.

2 – Em derrogação do disposto no artigo 8.º, a pendência de um processo de insolvência em que tenha sido apresentado um plano de pagamentos não obsta ao prosseguimento de outro processo instaurado contra o mesmo devedor por titulares de créditos não incluídos na relação anexa ao plano, nem a declaração de insolvência proferida no primeiro, nos termos do n.º 1 do artigo 259.º, suspende ou extingue a instância do segundo.

3 – O disposto no número anterior aplica-se igualmente se o outro processo for instaurado por titular de crédito que o devedor tenha relacionado, contanto que, após o termo do prazo previsto no n.º 3 do artigo 256.º, subsista divergência quanto ao montante ou a outros elementos do respectivo crédito, mas a insolvência não será declarada neste processo sem que o requerente faça a prova da incorreção da identificação efectuada pelo devedor.

Artigo 262.º
Retoma dos trâmites gerais

Se o plano de pagamentos não obtiver aprovação, ou a sentença de homologação for revogada em via de recurso, são logo retomados os termos do processo de insolvência através da prolação de sentença de declaração de insolvência nos termos dos artigos 36.º ou 39.º, consoante o caso.

Artigo 263.º
Processamento por apenso

O incidente de aprovação do plano de pagamentos é processado por apenso ao processo de insolvência.

SECÇÃO III
Insolvência de ambos os cônjuges

Artigo 264.º
Coligação

1 – Incorrendo marido e mulher em situação de insolvência, e não sendo o regime de bens o da separação, é lícito aos cônjuges apresentarem-se conjuntamente à insolvência, ou o processo ser instaurado contra ambos, a menos que perante o requerente seja responsável um só deles.

2 – Se o processo for instaurado contra um dos cônjuges apenas, pode o outro, desde que com a anuência do seu consorte, mas independentemente do acordo do requerente, apresentar-se à insolvência no âmbito desse processo; se, porém, já se tiver iniciado o incidente de aprovação de um plano de pagamentos, a intervenção apenas é admitida no caso de o plano não ser aprovado ou homologado.

3 – A apresentação à insolvência nos termos do número anterior, uma vez admitida:

a) Envolve confissão da situação de insolvência do apresentante apenas se a insolvência do outro cônjuge vier a ser declarada;
b) Suspende qualquer processo de insolvência anteriormente instaurado apenas contra o apresentante e em que a insolvência não

haja sido já declarada, se for acompanhada de confissão expressa da situação de insolvência ou caso seja apresentada pelos cônjuges uma proposta de plano de pagamentos.

4 – Apresentando-se marido e mulher à insolvência, ou correndo contra ambos o processo instaurado por terceiro:

a) A apreciação da situação de insolvência de ambos os cônjuges consta sempre da mesma sentença;

b) Deve ser formulada conjuntamente pelos cônjuges uma eventual proposta de plano de pagamentos.

5 – Exceptua-se do disposto na alínea *b)* do número anterior a hipótese em que um dos cônjuges se oponha ao pedido de declaração de insolvência, caso em que:

a) Apresentada uma proposta de um plano de pagamentos pelo outro cônjuge, correm em paralelo o correspondente incidente e o processo de insolvência contra o seu consorte, sem que, todavia, a tramitação do primeiro possa prosseguir, cumprido que seja o disposto no artigo 256.º, antes de proferida sentença no último;

b) Improcedendo a oposição ao pedido, a sentença declara a insolvência de ambos os cônjuges e extingue-se o incidente do plano de pagamentos;

c) Sendo a oposição julgada procedente, o incidente do plano de pagamentos segue os seus termos até final, cumprindo-se subsequentemente o disposto nos artigos 259.º ou 262.º, consoante o que for aplicável.

Artigo 265.º

Dívidas comuns e próprias de cada um dos cônjuges

1 – Respeitando o processo de insolvência a marido e mulher, a proposta de plano de pagamentos apresentada por ambos os cônjuges e as reclamações de créditos indicam, quanto a cada dívida, se a responsabilidade cabe aos dois ou a um só dos cônjuges, e a natureza comum ou exclusiva de um dos cônjuges dessa responsabilidade há-de ser igualmente referida na lista de credores reconhecidos elaborada pelo administrador da insolvência e fixada na sentença de verificação e graduação de créditos.

2 – Os votos na assembleia de credores são conferidos em função do valor nominal dos créditos, independentemente de a responsabilidade pelas dívidas ser de ambos os cônjuges ou exclusiva de um deles.

3 – Nas deliberações da assembleia de credores e da comissão de credores que incidam sobre bens próprios de um dos cônjuges, todavia, não são admitidos a votar os titulares de créditos da responsabilidade exclusiva do outro cônjuge.

Artigo 266.º
Separação dos bens

Os bens comuns e os bens próprios de cada um dos cônjuges são inventariados, mantidos e liquidados em separado.

TÍTULO XIII
Benefícios emolumentares e fiscais

Artigo 267.º
Emolumentos de registo

Não podem ser exigidos quaisquer preparos pelos actos de registo de despachos ou sentenças proferidos no processo de insolvência, bem como pelos de registo de apreensão de bens para a massa insolvente, constituindo os respectivos emolumentos uma dívida da massa equiparada às custas do processo de insolvência.

Artigo 268.º
Benefícios relativos a impostos sobre o rendimento das pessoas singulares e colectivas

1 – As mais-valias realizadas por efeito da dação em cumprimento de bens do devedor e da cessão de bens aos credores estão isentas de impostos sobre o rendimento das pessoas singulares e colectivas, não concorrendo para a determinação da matéria colectável do devedor.

2 – Não entram igualmente para a formação da matéria colectável do devedor as variações patrimoniais positivas resultantes das alterações das suas dívidas previstas em plano de insolvência ou em plano de pagamentos.

3 – O valor dos créditos que for objecto de redução, ao abrigo de plano de insolvência ou de plano de pagamentos, é considerado como custo ou perda do respectivo exercício para efeitos de apuramento do lucro tributável dos sujeitos passivos do imposto sobre o rendimento das pessoas singulares e do imposto sobre o rendimento das pessoas colectivas.

Artigo 269.º
Benefício relativo ao imposto do selo

Estão isentos de imposto do selo, quando a ele se encontrassem sujeitos, os seguintes actos, desde que previstos em planos de insolvência ou de pagamentos ou praticados no âmbito da liquidação da massa insolvente:

a) As modificações dos prazos de vencimento ou das taxas de juro dos créditos sobre a insolvência;
b) Os aumentos de capital, as conversões de créditos em capital e as alienações de capital;
c) A constituição de nova sociedade ou sociedades;
d) A dação em cumprimento de bens da empresa e a cessão de bens aos credores;
e) A realização de operações de financiamento, o trespasse ou a cessão da exploração de estabelecimentos da empresa, a constituição de sociedades e a transferência de estabelecimentos comerciais, a venda, permuta ou cessão de elementos do activo da empresa, bem como a locação de bens;
f) A emissão de letras ou livranças.

Artigo 270.º
Benefício relativo ao imposto municipal sobre as transmissões onerosas de imóveis

1 – Estão isentas de imposto municipal sobre as transmissões onerosas de imóveis as seguintes transmissões de bens imóveis, integradas em qualquer plano de insolvência ou de pagamentos:

a) As que se destinem à constituição de nova sociedade ou sociedades e à realização do seu capital;

b) As que se destinem à realização do aumento do capital da sociedade devedora;

c) As que decorram da dação em cumprimento de bens da empresa e da cessão de bens aos credores.

2 – Estão igualmente isentas de imposto municipal sobre as transmissões onerosas de imóveis os actos de venda, permuta ou cessão da empresa ou de estabelecimentos desta integrados no âmbito de plano de insolvência ou de pagamentos ou praticados no âmbito da liquidação da massa insolvente.

TÍTULO XIV
Execução do Regulamento (CE) n.º 1346/2000, do Conselho, de 29 de Maio

Artigo 271.º
Fundamentação da competência internacional

Sempre que do processo resulte a existência de bens do devedor situados noutro Estado membro da União Europeia, a sentença de declaração de insolvência indica sumariamente as razões de facto e de direito que justificam a competência dos tribunais portugueses, tendo em conta o disposto no n.º 1 do artigo 3.º do Regulamento (CE) n.º 1346/2000, do Conselho, de 29 de Maio, adiante designado Regulamento.

Artigo 272.º
Prevenção de conflitos de competência

1 – Aberto um processo principal de insolvência em outro Estado membro da União Europeia, apenas é admissível a instauração ou prosseguimento em Portugal de processo secundário, nos termos do capítulo III do título XV.

2 – O administrador da insolvência do processo principal tem legitimidade para recorrer de decisões que contrariem o disposto no número anterior.

3 – Se a abertura de um processo de insolvência for recusada por tribunal de um Estado membro da União Europeia em virtude de a

competência caber aos tribunais portugueses, nos termos do n.º 1 do artigo 3.º do Regulamento, não podem estes indeferir o pedido de declaração de insolvência com fundamento no facto de a competência pertencer aos tribunais desse outro Estado.

Artigo 273.º
Efeitos do encerramento

1 – O encerramento do processo por aplicação do n.º 1 do artigo anterior não afecta os efeitos já produzidos que não se circunscrevam à duração do processo, inclusive os decorrentes de actos praticados pelo administrador da insolvência ou perante este, no exercício das suas funções.

2 – Na hipótese prevista no número anterior, é aplicável o disposto no n.º 2 do artigo 233.º, extinguindo-se a instância de todos os processos que corram por apenso ao processo de insolvência.

Artigo 274.º
Publicidade de decisão estrangeira

1 – A publicação e a inscrição em registo público da decisão de abertura de um processo, a que se referem os artigos 21.º e 22.º do Regulamento, devem ser solicitadas no tribunal português em cuja área se situe um estabelecimento do devedor, ou, não sendo esse o caso, ao Tribunal de Comércio de Lisboa ou ao Tribunal Cível de Lisboa, consoante a massa insolvente integre ou não uma empresa, podendo o Tribunal exigir tradução certificada por pessoa que para o efeito seja competente segundo o direito de um Estado membro da União Europeia.

2 – Se o direito do Estado do processo de insolvência previr a efectivação de registo desconhecido do direito português, é determinado o registo que com ele apresente maiores semelhanças.

3 – A publicação prevista no n.º 1 do artigo 21.º do Regulamento é determinada oficiosamente se o devedor for titular de estabelecimento situado em Portugal.

TÍTULO XV
Normas de conflitos

CAPÍTULO I
Disposições gerais

Artigo 275.º
Prevalência de outras normas

As disposições deste título são aplicáveis na medida em que não contrariem o estabelecido no Regulamento e em outras normas comunitárias ou constantes de tratados internacionais.

Artigo 276.º
Princípio geral

Na falta de disposição em contrário, o processo de insolvência e os respectivos efeitos regem-se pelo direito do Estado em que o processo tenha sido instaurado.

Artigo 277.º
Relações laborais

Os efeitos da declaração de insolvência relativamente a contratos de trabalho e à relação laboral regem-se exclusivamente pela lei aplicável ao contrato de trabalho.

Artigo 278.º
Direitos do devedor sobre imóveis e outros bens sujeitos a registo

Os efeitos da declaração de insolvência sobre os direitos do devedor relativos a um bem imóvel, a um navio ou a uma aeronave cuja inscrição num registo público seja obrigatória regem-se pela lei do Estado sob cuja autoridade é mantido esse registo.

Artigo 279.º
Contratos sobre imóveis e móveis sujeitos a registo

1 – Os efeitos da declaração de insolvência sobre os contratos que conferem o direito de adquirir direitos reais sobre bem imóvel, ou o direito de o usar, regem-se exclusivamente pela lei do Estado em cujo território está situado esse bem.

2 – Respeitando o contrato a um navio ou a uma aeronave cuja inscrição num registo público seja obrigatória, é aplicável a lei do Estado sob cuja autoridade é mantido esse registo.

Artigo 280.º
Direitos reais e reserva de propriedade

1 – Os efeitos da declaração de insolvência sobre direitos reais de credores ou de terceiros sobre bens corpóreos ou incorpóreos, móveis ou imóveis, quer sejam bens específicos, quer sejam conjuntos de bens indeterminados considerados como um todo, cuja composição pode sofrer alterações ao longo do tempo, pertencentes ao devedor e que, no momento da abertura do processo, se encontrem no território de outro Estado regem-se exclusivamente pela lei deste; o mesmo se aplica aos direitos do vendedor relativos a bens vendidos ao devedor insolvente com reserva de propriedade.

2 – A declaração de insolvência do vendedor de um bem, após a entrega do mesmo, não constitui por si só fundamento de resolução ou de rescisão da venda nem obsta à aquisição pelo comprador da propriedade do bem vendido, desde que, no momento da abertura do processo, esse bem se encontre no território de outro Estado.

3 – O disposto nos números anteriores não prejudica a possibilidade de resolução em benefício da massa insolvente, nos termos gerais.

Artigo 281.º
Terceiros adquirentes

A validade de um acto celebrado após a declaração de insolvência pelo qual o devedor disponha, a título oneroso, de bem imóvel ou de navio ou de aeronave cuja inscrição num registo público seja obrigatória, rege-se pela lei do Estado em cujo território está situado o referido bem imóvel ou sob cuja autoridade é mantido esse registo.

Artigo 282.º
Direitos sobre valores mobiliários e sistemas de pagamento e mercados financeiros

1 – Os efeitos da declaração de insolvência sobre direitos relativos a valores mobiliários registados ou depositados regem-se pela lei aplicável à respectiva transmissão, nos termos do artigo 41.º do Código de Valores Mobiliários.

2 – Sem prejuízo do disposto no artigo 281.º, a determinação da lei aplicável aos efeitos da declaração de insolvência sobre os direitos e as obrigações dos participantes num mercado financeiro ou num sistema de pagamentos tal como definido pela alínea *a)* do artigo 2.º da Directiva n.º 98/26/CE, do Parlamento Europeu e do Conselho, de 19 de Maio, ou equiparável, rege-se pelo disposto no artigo 285.º do Código de Valores Mobiliários.

Artigo 283.º
Operações de venda com base em acordos de recompra

Os efeitos da declaração de insolvência sobre operações de venda com base em acordos de recompra, na acepção do artigo 12.º da Directiva n.º 86/635/CEE, do Conselho, de 8 de Dezembro, regem-se pela lei aplicável a tais contratos.

Artigo 284.º
Exercício dos direitos dos credores

1 – Qualquer credor pode exercer os seus direitos tanto no processo principal de insolvência como em quaisquer processos secundários.

2 – Na medida em que tal seja admissível segundo a lei aplicável a processo estrangeiro, o administrador da insolvência designado nesse processo pode:

a) Reclamar em Portugal os créditos reconhecidos no processo estrangeiro;

b) Exercer na assembleia de credores os votos inerentes a tais créditos, salvo se a tanto se opuserem os respectivos titulares.

3 – O credor que obtenha pagamento em processo estrangeiro de insolvência não pode ser pago no processo pendente em Portugal enquanto os credores do mesmo grau não obtiverem neste satisfação equivalente.

Artigo 285.º
Acções pendentes

Os efeitos da declaração de insolvência sobre acção pendente relativa a um bem ou um direito integrante da massa insolvente regem-se exclusivamente pela lei do Estado em que a referida acção corra os seus termos.

Artigo 286.º
Compensação

A declaração de insolvência não afecta o direito do credor da insolvência à compensação, se esta for permitida pela lei aplicável ao contra-crédito do devedor.

Artigo 287.º
Resolução em benefício da massa insolvente

A resolução de actos em benefício da massa insolvente é inadmissível se o terceiro demonstrar que o acto se encontra sujeito a lei que não permita a sua impugnação por nenhum meio.

CAPÍTULO II
Processo de insolvência estrangeiro

Artigo 288.º
Reconhecimento

1 – A declaração de insolvência em processo estrangeiro é reconhecida em Portugal, salvo se:

a) A competência do tribunal ou autoridade estrangeira não se fundar em algum dos critérios referidos no artigo 7.º ou em conexão equivalente;

b) O reconhecimento conduzir a resultado manifestamente contrário aos princípios fundamentais da ordem jurídica portuguesa.

2 – O disposto no número anterior é aplicável às providências de conservação adoptadas posteriormente à declaração de insolvência, bem como a quaisquer decisões tomadas com vista à execução ou encerramento do processo.

Artigo 289.º
Medidas cautelares

O administrador provisório designado anteriormente à declaração de insolvência pode solicitar a adopção das medidas cautelares referidas no artigo 31.º para efeitos da conservação de bens do devedor situados em Portugal.

Artigo 290.º
Publicidade

1 – Verificando-se os pressupostos do reconhecimento da declaração de insolvência, o tribunal português ordena, a requerimento do administrador da insolvência estrangeiro, a publicidade do conteúdo essencial da decisão de declaração de insolvência, da decisão de designação do administrador de insolvência e da decisão de encerramento do processo, nos termos do artigo 38.º, aplicável com as devidas adaptações, podendo o tribunal exigir tradução certificada por pessoa que para o efeito seja competente segundo o direito do Estado do processo.

2 – As publicações referidas no número anterior são determinadas oficiosamente se o devedor tiver estabelecimento em Portugal.

Artigo 291.º
Tribunal português competente

À determinação do tribunal competente para a prática dos actos referidos nos artigos 289.º e 290.º é aplicável o n.º 1 do artigo 274.º.

Artigo 292.º
Cumprimento a favor do devedor

É liberatório o pagamento efectuado em Portugal ao devedor na ignorância da declaração de insolvência, presumindo-se o conhecimento da declaração de insolvência à qual tenha sido dada publicidade, nos termos do artigo 290.º.

Este preceito foi alterado pelo artigo 1.º do Decreto-Lei n.º 200/2004, de 18 de Agosto (Diário da República n.º 194/2004, série I-A, de 18 de Agosto de 2004, pp. 5260-5316).

Artigo 293.º
Exequibilidade

As decisões tomadas em processo de insolvência estrangeiro só se podem executar em Portugal depois de revistas e confirmadas, não sendo, porém, requisito da confirmação o respectivo trânsito em julgado.

CAPÍTULO III
Processo particular de insolvência

Artigo 294.º
Pressupostos de um processo particular

1 – Se o devedor não tiver em Portugal a sua sede ou domicílio, nem o centro dos principais interesses, o processo de insolvência abrange apenas os seus bens situados em território português.

2 – Se o devedor não tiver estabelecimento em Portugal, a competência internacional dos tribunais portugueses depende da verificação dos requisitos impostos pela alínea *d)* do n.º 1 do artigo 65.º do Código de Processo Civil.

Artigo 295.º
Especialidades de regime

Em processo particular de insolvência:

a) O plano de insolvência ou de pagamentos só pode ser homologado pelo juiz se for aprovado por todos os credores afectados, caso preveja uma dação em pagamento, uma moratória, um perdão ou outras modificações de créditos sobre a insolvência;
b) A insolvência não é objecto de qualificação como fortuita ou culposa;
c) Não são aplicáveis as disposições sobre exoneração do passivo restante.

Artigo 296.º
Processo secundário

1 – O reconhecimento de um processo principal de insolvência estrangeiro não obsta à instauração em Portugal de um processo particular, adiante designado processo secundário.

2 – O administrador de insolvência estrangeiro tem legitimidade para requerer a instauração de um processo secundário.

3 – No processo secundário é dispensada a comprovação da situação de insolvência.

4 – O administrador da insolvência deve comunicar prontamente ao administrador estrangeiro todas as circunstâncias relevantes para o desenvolvimento do processo estrangeiro.

5 – O administrador estrangeiro tem legitimidade para participar na assembleia de credores e para a apresentação de um plano de insolvência.

6 – Satisfeitos integralmente os créditos sobre a insolvência, a importância remanescente é remetida ao administrador do processo principal.

TÍTULO XVI
Indiciação de infracção penal

Artigo 297.º
Indiciação de infracção penal

1 – Logo que haja conhecimento de factos que indiciem a prática de qualquer dos crimes previstos e punidos nos artigos 227.º a 229.º do Código Penal, manda o juiz dar conhecimento da ocorrência ao Ministério Público, para efeitos do exercício da acção penal.

2 – Sendo a denúncia feita no requerimento inicial, são as testemunhas ouvidas sobre os factos alegados na audiência de julgamento para a declaração de insolvência, extractando-se na acta os seus depoimentos sobre a matéria.

3 – Dos depoimentos prestados extrair-se-á certidão, que é mandada entregar ao Ministério Público, conjuntamente com outros elementos existentes, nos termos do disposto na alínea *h)* do artigo 36.º.

Artigo 298.º
Interrupção da prescrição

A declaração de insolvência interrompe o prazo de prescrição do procedimento criminal.

Artigo 299.º
Regime aplicável à instrução e julgamento

Na instrução e julgamento das infracções referidas no n.º 1 do artigo 297.º observam-se os termos prescritos nas leis de processo penal.

Artigo 300.º
Remessa das decisões proferidas no processo penal

1 – Deve ser remetida ao tribunal da insolvência certidão do despacho de pronúncia ou de não pronúncia, de acusação e de não acusação, da sentença e dos acórdãos proferidos no processo penal

2 – A remessa da certidão deve ser ordenada na própria decisão proferida no processo penal.

TÍTULO XVII
Disposições finais

Artigo 301.º
Valor da causa para efeitos de custas

Para efeitos de custas, o valor da causa no processo de insolvência em que a insolvência não chegue a ser declarada ou em que o processo seja encerrado antes da elaboração do inventário a que se refere o artigo 153.º é o equivalente ao da alçada da Relação, ou ao valor aludido no artigo 15.º, se este for inferior; nos demais casos, o valor é o atribuído ao activo no referido inventário, atendendo-se aos valores mais elevados dos bens, se for o caso.

Artigo 302.º
Taxa de justiça

1 – A taxa de justiça é reduzida a metade no processo de insolvência quando a insolvência não seja declarada; se o processo findar antes de iniciada a audiência de discussão e julgamento, a taxa de justiça é reduzida a um quarto.

2 – Havendo plano de insolvência que ponha termo ao processo, é reduzida a dois terços a taxa de justiça que no caso seria devida.

3 – Em qualquer dos casos a que se referem os n.os 1 e 2, a taxa de justiça pode ser reduzida pelo juiz para um montante não inferior a cinco unidades de conta de custas, sempre que por qualquer circunstância especial considere manifestamente excessiva a taxa aplicável.

Artigo 303.º
Base de tributação

Para efeitos de tributação, o processo de insolvência abrange o processo principal, a apreensão dos bens, os embargos do insolvente, ou do seu cônjuge, descendentes, herdeiros, legatários ou representantes, a liquidação do activo, a verificação do passivo, o pagamento aos credores, as contas de administração, os incidentes do plano de pagamentos, da exoneração do passivo restante, de qualificação da insolvência e quaisquer outros incidentes cujas custas hajam de ficar a cargo da massa, ainda que processados em separado.

Artigo 304.º
Responsabilidade pelas custas do processo

As custas do processo de insolvência são encargo da massa insolvente ou do requerente, consoante a insolvência seja ou não decretada por decisão com trânsito em julgado.

Parte II
Legislação Complementar*

---

* A leitura dos preceitos constantes desta Parte II, deverá obedecer ao disposto no artigo 11.º (remissão para preceitos revogados) do Decreto-Lei n.º 53/2004, de 18 de Março, a saber:

"1. Sempre que, em disposições legais, cláusulas contratuais ou providências de recuperação homologadas, se faça remissão para preceitos legais revogados pelo presente diploma, entende-se que a remissão vale para as correspondentes disposições do Código da Insolvência e da Recuperação de Empresas.

2. Sem prejuízo do disposto no número seguinte, sempre que disposições legais estabeleçam a caducidade de quaisquer autorizações para o exercício de uma actividade económica em resultado da falência do respectivo titular, deve entender-se que a autorização caduca com o encerramento do processo de insolvência por insuficiência da massa insolvente ou após a realização do rateio final.

3. O disposto no número anterior não se aplica sempre que a finalidade da disposição legal em questão imponha que a caducidade ocorra com a mera declaração de insolvência, designadamente quando a disposição preveja que a caducidade também ocorra em resultado de despacho de prosseguimento em processo de recuperação de empresa."

1. Órgãos do Processo de Insolvência e de Recuperação de Empresas

1.1. Estatuto do Administrador da Insolvência

Lei n.º 32/2004, de 22 de Julho*

A Assembleia da República decreta, nos termos da alínea *c)* do artigo 161.º da Constituição, para valer como lei geral da República, o seguinte:

CAPÍTULO I
Disposições gerais

Artigo 1.º
Objecto

A presente lei estabelece o estatuto do administrador da insolvência.

Artigo 2.º
Nomeação dos administradores da insolvência

1 – Sem prejuízo do disposto no artigo 53.º do Código da Insolvência e da Recuperação de Empresas, apenas podem ser nomeados

* Publicado no Diário da República n.º 171/2004, série I-A, de 22 de Julho de 2004, pp. 4565-4571.

administradores da insolvência aqueles que constem das listas oficiais de administradores da insolvência.

2 – Sem prejuízo do disposto no n.º 2 do artigo 52.º do Código da Insolvência e da Recuperação de Empresas, a nomeação a efectuar pelo juiz processa-se por meio de sistema informático que assegure a aleatoriedade da escolha e a distribuição em idêntico número dos administradores da insolvência nos processos.

3 – Tratando-se de um processo em que seja previsível a existência de actos de gestão que requeiram especiais conhecimentos por parte do administrador da insolvência, nomeadamente quando a massa insolvente integre estabelecimento em actividade, o juiz deve proceder à nomeação, nos termos do número anterior, de entre os administradores da insolvência especialmente habilitados para o efeito.

Artigo 3.º
Exercício de funções

1 – Os administradores da insolvência exercem as suas funções por tempo indeterminado e sem limite máximo de processos.

2 – Os administradores da insolvência são equiparados aos solicitadores de execução nas relações com os órgãos do Estado, nomeadamente no que concerne ao acesso e movimentação nas instalações dos tribunais, conservatórias e serviços de finanças.

3 – Para os efeitos do número anterior, os administradores da insolvência devem identificar-se mediante a apresentação de um documento de identificação pessoal emitido pelo Ministério da Justiça, de modelo a aprovar por portaria do Ministro da Justiça.

Artigo 4.º
Suspensão do exercício de funções

1 – Os administradores da insolvência podem suspender o exercício da sua actividade pelo período máximo de dois anos, mediante requerimento dirigido ao presidente da comissão referida no artigo 12.º, adiante designada comissão, com a antecedência mínima de 45 dias úteis relativamente à data do seu início.

2 – A suspensão do exercício de funções apenas pode ser requerida duas vezes, podendo a segunda ter lugar depois de decorridos pelo menos três anos após o termo da primeira.

3 – Sendo deferido o pedido de suspensão, o administrador da insolvência deve comunicá-lo aos juízes dos processos em que se encontra a exercer funções, para que se possa proceder à sua substituição.

4 – No prazo de 10 dias a contar do deferimento do pedido de suspensão, a comissão deve informar a Direcção-Geral da Administração da Justiça desse facto, para que esta proceda à actualização das listas oficiais.

Artigo 5.º
Listas oficiais de administradores da insolvência

1 – Para cada distrito judicial existe uma lista de administradores da insolvência, contendo o nome e o domicílio profissional das pessoas habilitadas a desempenhar a actividade de administrador da insolvência no respectivo distrito, bem como a identificação clara das pessoas especialmente habilitadas a praticar actos de gestão para efeitos do n.º 3 do artigo 2.º.

2 – Se o administrador da insolvência for sócio de uma sociedade de administradores da insolvência, a lista deve conter, para além dos elementos referidos no número anterior, a referência àquela qualidade e a identificação da respectiva sociedade.

3 – A manutenção e actualização das listas oficiais de administradores da insolvência, bem como a sua colocação à disposição dos tribunais, por meios informáticos, cabem à Direcção-Geral da Administração da Justiça.

4 – Compete à comissão desenvolver os procedimentos conducentes à inscrição nas listas oficiais.

5 – Sem prejuízo da sua disponibilização permanente em página informática de acesso público, as listas oficiais são anualmente publicadas no *Diário da República*, até ao final do 1.º trimestre de cada ano civil.

6 – A inscrição nas listas oficiais não investe os inscritos na qualidade de agente nem garante o pagamento de qualquer remuneração fixa por parte do Estado.

CAPÍTULO II
Inscrição nas listas oficiais de administradores da insolvência

Artigo 6.º
Requisitos de inscrição

1 – Apenas podem ser inscritos nas listas oficiais os candidatos que, cumulativamente:

a) Tenham uma licenciatura e experiência profissional adequadas ao exercício da actividade;

b) Obtenham aprovação no exame de admissão;

c) Não se encontrem em nenhuma situação de incompatibilidade para o exercício da actividade;

d) Sejam pessoas idóneas para o exercício da actividade de administrador da insolvência.

2 – Para os efeitos da alínea *a)* do número anterior, considera-se licenciatura e experiência profissional adequadas ao exercício da actividade aquelas que atestem a especial formação de base e experiência do candidato nas matérias sobre que versa o exame de admissão.

3 – Podem ainda ser inscritos nas listas oficiais os candidatos que, apesar de não reunirem a condição prevista na alínea *a)* do n.º 1, tenham três anos de exercício da profissão de solicitador nos últimos cinco anos e reúnam as demais condições previstas no n.º 1.

4 – Nos casos previstos no número anterior, está vedada a inscrição do candidato como pessoa especialmente habilitada a praticar actos de gestão para efeitos do disposto no n.º 3 do artigo 2.º.

Artigo 7.º
Processo de inscrição

1 – A inscrição nas listas oficiais é solicitada ao presidente da comissão, mediante requerimento acompanhado dos seguintes elementos:

a) *Curriculum vitae*;

b) Certificado de licenciatura ou comprovativo da situação prevista no n.º 3 do artigo anterior;

c) Certificado do registo criminal;

d) Declaração sobre o exercício de qualquer outra actividade remunerada e sobre a inexistência de qualquer das situações de incompatibilidade previstas no artigo seguinte;

e) Atestado médico a que se referem os n.os 5 e 6 do artigo 16.º, no caso de o candidato ter 70 anos completos;

f) Qualquer outro documento que o candidato considere importante para instruir a sua candidatura.

2 – O disposto no número anterior não obsta a que a comissão solicite ao candidato qualquer outro documento necessário à prova dos factos declarados ou que estabeleça pré-requisitos adicionais, nomeadamente no regulamento do concurso de admissão.

3 – O candidato pode requerer a sua inscrição em mais de uma lista distrital.

Artigo 8.º

Incompatibilidades, impedimentos e suspeições

1 – Os administradores da insolvência estão sujeitos aos impedimentos e suspeições aplicáveis aos juízes, bem como às regras gerais sobre incompatibilidades aplicáveis aos titulares de órgãos sociais das sociedades.

2 – Os administradores da insolvência, enquanto no exercício das respectivas funções, não podem integrar órgãos sociais ou ser dirigentes de empresas que prossigam actividades total ou predominantemente semelhantes às de empresa compreendida na massa insolvente.

3 – Os administradores da insolvência e os seus cônjuges e parentes ou afins até ao 2.º grau da linha recta ou colateral não podem, por si ou por interposta pessoa, ser titulares de participações sociais nas empresas referidas no número anterior.

4 – Os administradores da insolvência não podem, por si ou por interposta pessoa, ser membros de órgãos sociais ou dirigentes de empresas em que tenham exercido as suas funções sem que hajam decorrido três anos após a cessação daquele exercício.

Artigo 9.º
Idoneidade

1 – Entre outras circunstâncias, considera-se indiciador de falta de idoneidade para inscrição nas listas oficiais o facto de a pessoa ter sido:

a) Condenada com trânsito em julgado, no País ou no estrangeiro, por crime de furto, roubo, burla, burla informática e nas comunicações, extorsão, abuso de confiança, receptação, infidelidade, falsificação, falsas declarações, insolvência dolosa, frustração de créditos, insolvência negligente, favorecimento de credores, emissão de cheques sem provisão, abuso de cartão de garantia ou de crédito, apropriação ilegítima de bens do sector público ou cooperativo, administração danosa em unidade económica do sector público ou cooperativo, usura, suborno, corrupção, tráfico de influência, peculato, recepção não autorizada de depósitos ou outros fundos reembolsáveis, prática ilícita de actos ou operações inerentes à actividade seguradora ou dos fundos de pensões, fraude fiscal ou outro crime tributário, branqueamento de capitais ou crime previsto no Código das Sociedades Comerciais ou no Código dos Valores Mobiliários;

b) Declarada, nos últimos 15 anos, por sentença nacional ou estrangeira transitada em julgado, insolvente ou julgada responsável por insolvência de empresa por ela dominada ou de cujos órgãos de administração ou fiscalização tenha sido membro.

2 – O disposto no número anterior não impede que a comissão considere qualquer outro facto como indiciador de falta de idoneidade.

3 – A verificação da ocorrência dos factos descritos no n.º 1 não impede a comissão de considerar, de forma justificada, que estão reunidas as condições de idoneidade para o exercício da actividade de administrador da insolvência, tendo em conta, nomeadamente, o tempo decorrido desde a prática dos factos.

Artigo 10.º
Exame de admissão

1 – O exame de admissão consiste numa prova escrita sobre as seguintes matérias:

a) Direito comercial e Código da Insolvência e da Recuperação de Empresas;

b) Direito processual civil;

c) Contabilidade e fiscalidade.

2 – Os candidatos que requeiram a sua inscrição como administradores da insolvência especialmente habilitados a praticar actos de gestão, para efeitos do n.º 3 do artigo 2.º, são igualmente avaliados no domínio da gestão de empresas.

3 – O disposto nos números anteriores não impede a comissão de determinar a avaliação dos candidatos no que respeita a outras matérias, desde que o estabeleça dentro do prazo previsto para a fixação da data do exame de admissão.

4 – O exame de admissão ocorre uma vez por ano, preferencialmente durante os meses de Setembro ou Outubro, sendo a data definida pela comissão.

5 – A comissão tem a faculdade de, por deliberação fundamentada, estabelecer a não realização do exame de admissão em determinado ano.

6 – Sem prejuízo do seu anúncio em página informática de acesso público, a data do exame é publicada quer no *Diário da República* quer em jornal nacional de grande circulação, com um mínimo de 60 dias úteis de antecedência.

7 – Apenas são admitidos à realização do exame de admissão os candidatos que apresentem o requerimento referido no artigo 7.º com uma antecedência mínima de 15 dias úteis relativamente à data do exame e que respeitem os requisitos previstos nas alíneas *a)*, *c)* e *d)* do n.º 1 do artigo 6.º.

8 – Considera-se aprovação no exame de admissão a obtenção de uma classificação igual ou superior a 10 valores, numa escala de 0 a 20 valores.

9 – A comissão pode complementar a avaliação dos candidatos com a realização de uma prova oral que verse sobre as matérias questionadas no exame escrito.

Artigo 11.º
Inscrição nas listas oficiais de administradores da insolvência

1 – A comissão tem 45 dias, a contar da data de realização do exame de admissão, para notificar o candidato da sua classificação.

2 – Em caso de aprovação no exame de admissão, a comissão, no prazo de 10 dias, ordena à Direcção-Geral da Administração da Justiça que inscreva o candidato, no prazo de 5 dias, nas listas oficiais.

CAPÍTULO III
Comissão

Artigo 12.º
Nomeação e remuneração dos membros da comissão

1 – É criada uma comissão, na dependência do Ministro da Justiça, responsável pela admissão à actividade de administrador da insolvência e pelo controlo do seu exercício.

2 – A comissão é composta por um magistrado judicial nomeado pelo Conselho Superior da Magistratura, que preside, por um magistrado do Ministério Público nomeado pelo Conselho Superior do Ministério Público, por um administrador da insolvência designado pela associação mais representativa da actividade profissional e por duas individualidades de reconhecida experiência profissional nas áreas da economia, da gestão de empresas ou do direito comercial, nomeadas por despacho conjunto dos Ministros da Justiça e da Economia.

3 – Os membros da comissão têm direito ao abono de senhas de presença por cada sessão em que participem, de montante a fixar por despacho conjunto dos Ministros das Finanças, da Justiça e da Economia.

4 – Os encargos decorrentes do funcionamento da comissão são assegurados pelo Cofre Geral dos Tribunais.

Artigo 13.º
Funcionamento da comissão

1 – Ao funcionamento da comissão aplica-se o disposto no Código do Procedimento Administrativo, com as necessárias adaptações.

2 – Sob proposta do respectivo presidente, a comissão pode solicitar ainda o apoio de técnicos de reconhecido mérito para a coadjuvarem no exercício das suas competências.

3 – As deliberações da comissão são susceptíveis de recurso contencioso nos termos gerais.

Artigo 14.º
Secretário executivo

1 – A comissão é coadjuvada por um secretário executivo, nomeado, de entre licenciados, pelo Ministro da Justiça, sob proposta daquela.

2 – O secretário executivo é remunerado pelo índice 500 da escala salarial do regime geral, sem prejuízo de poder optar pelo vencimento do cargo de origem, no caso de ser funcionário público.

3 – O provimento do secretário executivo é efectuado em regime de comissão de serviço, pelo período de três anos, renovável por iguais períodos.

4 – O secretário executivo está isento de horário de trabalho, não lhe correspondendo, por isso, qualquer remuneração a título de trabalho extraordinário.

5 – O secretário executivo está sujeito ao cumprimento do dever geral de assiduidade e da duração normal do trabalho.

6 – Sem prejuízo das regras do Estatuto da Aposentação e respectiva legislação acessória, o exercício das funções de secretário executivo, no caso de este ser funcionário público, é contado, para todos os efeitos legais, designadamente para a progressão nas respectivas carreiras, como prestado nos lugares de origem.

Artigo 15.º
Competências da comissão

A comissão tem as seguintes competências:

a) Ordenar à Direcção-Geral da Administração da Justiça que inscreva os candidatos admitidos nas listas oficiais;
b) Ordenar à Direcção-Geral da Administração da Justiça que suspenda ou cancele a inscrição nas listas oficiais de qualquer administrador da insolvência;
c) Verificar o respeito pelos requisitos de inscrição nas listas oficiais;
d) Providenciar pela elaboração e avaliação dos exames de admissão;
e) Controlar e fiscalizar o exercício da actividade de administrador da insolvência;

f) Instaurar processos de averiguações e aplicar sanções aos administradores da insolvência;

g) Recolher dados estatísticos relacionados com o exercício das suas competências.

CAPÍTULO IV
Deveres e regime sancionatório

Artigo 16.º
Deveres

1 – O administrador da insolvência deve, no exercício das suas funções e fora delas, considerar-se um servidor da justiça e do direito e, como tal, mostrar-se digno da honra e das responsabilidades que lhes são inerentes.

2 – O administrador da insolvência, no exercício das suas funções, deve manter sempre a maior independência e isenção, não prosseguindo quaisquer objectivos diversos dos inerentes ao exercício da sua actividade.

3 – Sem prejuízo do disposto no artigo seguinte, os administradores da insolvência inscritos nas listas oficiais devem aceitar as nomeações efectuadas pelo juiz, devendo este comunicar à comissão a recusa de aceitação de qualquer nomeação.

4 – O administrador da insolvência deve comunicar, no prazo de 15 dias, aos juízes dos processos em que se encontrem a exercer funções e à Direcção-Geral da Administração da Justiça, qualquer mudança de domicílio profissional.

5 – Os administradores da insolvência que tenham completado 70 anos de idade devem fazer prova, mediante atestado médico a enviar à comissão, de que possuem aptidão para o exercício das funções.

6 – O atestado a que se refere o número anterior é apresentado de dois em dois anos, durante o mês de Janeiro.

Artigo 17.º
Escusa e substituição do administrador da insolvência

1 – O administrador da insolvência pode pedir escusa de um pro-

cesso para o qual tenha sido nomeado pelo juiz, em caso de grave e temporária impossibilidade de exercício de funções.

2 – O pedido de escusa é apreciado pelo juiz, sendo comunicado à comissão juntamente com a respectiva decisão, com vista à eventual instauração de processo de averiguações.

3 – Se a nomeação ou a escolha de administrador da insolvência o colocar em alguma das situações previstas nos n.os 1 a 3 do artigo 8.º, o administrador da insolvência deve comunicar imediatamente esse facto ao juiz do processo, requerendo a sua substituição.

4 – Se, em qualquer momento, se verificar alguma circunstância susceptível de revelar falta de idoneidade, o administrador da insolvência deve comunicar imediatamente esse facto aos juízes dos processos em que tenha sido nomeado, requerendo a sua substituição.

5 – Os juízes devem comunicar à comissão qualquer pedido de substituição que recebam dos administradores da insolvência.

6 – O administrador da insolvência substituído, nos termos deste artigo, do artigo seguinte ou do artigo 4.º, deve prestar toda a colaboração necessária que seja solicitada pelos administradores da insolvência que o substituam.

Artigo 18.º
Regime sancionatório

1 – A comissão pode, por deliberação fundamentada, e na sequência de processo de averiguações, ordenar à Direcção-Geral da Administração da Justiça que, no prazo de cinco dias, suspenda por um período não superior a cinco anos ou cancele definitivamente a inscrição de qualquer administrador da insolvência, por se ter verificado qualquer facto que consubstancie incumprimento dos deveres do administrador da insolvência ou que revele falta de idoneidade para o exercício das mesmas.

2 – No caso de se tratar de uma falta leve, a comissão pode aplicar uma repreensão por escrito.

3 – As medidas referidas nos números anteriores são sempre precedidas de audiência do interessado, o qual só pode ser suspenso enquanto decorrer o processo de averiguações se existirem vários indícios de falta de idoneidade ou forem graves os factos imputados.

4 – A destituição pelo juiz, nos termos do artigo 56.º do Código da Insolvência e da Recuperação de Empresas, é sempre comunicada por

este à comissão, tendo em vista a eventual instauração de processo de averiguações.

5 – Em caso de cancelamento ou de suspensão da inscrição, a comissão comunica à Direcção-Geral da Administração da Justiça esse facto, para que se possa proceder à actualização das listas oficiais.

6 – O exercício de funções de administrador da insolvência em violação do preceituado nos n.os 1 a 3 do artigo 8.º e no artigo 9.º ou durante o período de suspensão ou de cancelamento da inscrição implica a responsabilização pelos actos praticados e constitui contra-ordenação, punível com coima de € 500 a € 10 000, se não representar infracção criminal.

7 – A abertura do procedimento contra-ordenacional previsto no número anterior, a instrução do respectivo processo e a aplicação de coimas são competências da comissão.

8 – As sociedades de administradores da insolvência respondem solidariamente pelo pagamento das coimas e das custas em que forem condenados os seus sócios, nos termos dos n.os 6 e 7.

CAPÍTULO V
Remuneração e pagamento do administrador da insolvência

Artigo 19.º
Remuneração do administrador da insolvência

O administrador da insolvência tem direito a ser remunerado pelo exercício das funções que lhe são cometidas, bem como ao reembolso das despesas necessárias ao cumprimento das mesmas.

Artigo 20.º
Remuneração do administrador da insolvência nomeado pelo juiz

1 – O administrador da insolvência, nomeado pelo juiz, tem direito a ser remunerado pelos actos praticados, de acordo com o montante estabelecido em portaria conjunta dos Ministros das Finanças e da Justiça.

2 – O administrador da insolvência nomeado pelo juiz aufere ainda uma remuneração variável em função do resultado da liquidação da massa insolvente, cujo valor é o fixado na tabela constante da portaria prevista no número anterior.

3 – Para efeitos do número anterior, considera-se resultado da liquidação o montante apurado para a massa insolvente, depois de deduzidos os montantes necessários ao pagamento das dívidas dessa mesma massa, com excepção da remuneração referida no número anterior e das custas de processos judiciais pendentes na data de declaração da insolvência.

4 – O valor alcançado por aplicação da tabela referida no n.º 2 é majorado, em função do grau de satisfação dos créditos reclamados e admitidos, pela aplicação dos factores constantes da portaria referida no n.º 1.

5 – Se, por aplicação do disposto nos n.os 1 a 4, a remuneração exceder o montante de € 50 000 por processo, o juiz pode determinar que a remuneração devida para além desse montante seja inferior à resultante da aplicação dos critérios legais, tendo em conta, designadamente, os serviços prestados, os resultados obtidos, a complexidade do processo e a diligência empregue no exercício das funções.

Artigo 21.º

Remuneração do administrador da insolvência nomeado ou destituído pela assembleia de credores

1 – Sempre que o administrador da insolvência for nomeado pela assembleia de credores, o montante da remuneração é fixado na mesma deliberação que procede à nomeação.

2 – O administrador da insolvência nomeado pelo juiz, que for substituído pelos credores, nos termos do n.º 1 do artigo 53.º do Código da Insolvência e da Recuperação de Empresas, tem direito a receber, para além da remuneração determinada em função dos actos praticados, o valor resultante da aplicação da tabela referida no n.º 2 do artigo anterior, na proporção que o produto da venda de bens por si apreendidos, ou outros montantes por si apurados para a massa, representem no montante total apurado para a massa insolvente, reduzido a um quinto.

Artigo 22.º
Remuneração pela gestão de estabelecimento compreendido na massa insolvente

1 – Quando competir ao administrador da insolvência a gestão de estabelecimento em actividade compreendido na massa insolvente, cabe ao juiz fixar-lhe a remuneração devida até à deliberação a tomar pela assembleia de credores, nos termos do n.º 1 do artigo 156.º do Código da Insolvência e da Recuperação de Empresas.

2 – Na fixação da remuneração prevista no número anterior, deve o juiz atender ao volume de negócios do estabelecimento, à prática de remunerações seguida na empresa, ao número de trabalhadores e à dificuldade das funções compreendidas na gestão do estabelecimento.

3 – Caso os credores deliberem, nos termos referidos no n.º 1, manter em actividade o estabelecimento compreendido na massa insolvente, devem, na mesma deliberação, fixar a remuneração devida ao administrador da insolvência pela gestão do mesmo.

Artigo 23.º
Remuneração pela elaboração do plano de insolvência

Caso os credores deliberem, na assembleia referida no n.º 1 do artigo anterior, instruir o administrador da insolvência no sentido de elaborar um plano de insolvência, devem, na mesma deliberação, fixar a remuneração devida pela elaboração de tal plano.

Artigo 24.º
Remuneração do administrador judicial provisório

A fixação da remuneração do administrador judicial provisório, nos termos do n.º 2 do artigo 32.º do Código da Insolvência e da Recuperação de Empresas, deve respeitar os critérios enunciados no n.º 2 do artigo 22.º, bem como ter em conta a extensão das tarefas que lhe são confiadas.

Artigo 25.º
Remuneração do fiduciário

A remuneração do fiduciário corresponde a 10% das quantias objecto de cessão, com o limite máximo de € 5000 por ano.

Artigo 26.º
Pagamento da remuneração do administrador da insolvência

1 – A remuneração do administrador da insolvência e o reembolso das despesas são suportados pela massa insolvente, salvo o disposto no artigo seguinte.

2 – A remuneração prevista no n.º 1 do artigo 20.º é paga em duas prestações de igual montante, vencendo-se a primeira na data da nomeação e a segunda seis meses após tal nomeação, mas nunca após a data de encerramento do processo.

3 – A remuneração prevista nos n.os 2 a 4 do artigo 20.º é paga a final, vencendo-se na data de encerramento do processo.

4 – A remuneração pela gestão, nos termos do n.º 1 do artigo 22.º, é suportada pela massa insolvente e, prioritariamente, pelos proventos obtidos com a exploração do estabelecimento.

5 – Sempre que a remuneração do administrador da insolvência e o reembolso das despesas sejam suportados pela massa insolvente, o Cofre Geral dos Tribunais paga apenas uma provisão para despesas de montante igual a um quarto da remuneração fixada pela portaria referida no n.º 1 do artigo 20.º.

6 – A provisão referida no número anterior é paga em duas prestações de igual montante, sendo a primeira paga imediatamente após a nomeação e a segunda após a elaboração do relatório pelo administrador da insolvência, nos termos do artigo 155.º do Código da Insolvência e da Recuperação de Empresas.

7 – No que respeita às despesas de deslocação, apenas são reembolsadas aquelas que seriam devidas a um administrador da insolvência que tenha domicílio profissional no distrito judicial em que foi instaurado o processo de insolvência.

8 – Os credores podem igualmente assumir o encargo de adiantamento da remuneração do administrador da insolvência ou das respectivas despesas.

9 – A massa insolvente deve reembolsar o Cofre Geral dos Tribunais ou os credores dos montantes adiantados nos termos dos números anteriores, logo que tenha recursos disponíveis para esse efeito.

Artigo 27.º
Pagamento da remuneração do administrador da insolvência suportada pelo Cofre Geral dos Tribunais

1 – No caso de o processo ser encerrado por insuficiência da massa insolvente, a remuneração do administrador da insolvência e o reembolso das despesas são suportados pelo Cofre Geral dos Tribunais.

2 – Nos casos referidos no número anterior, a provisão a adiantar pelo Cofre Geral dos Tribunais é metade daquela prevista no n.º 5 do artigo anterior, sendo paga imediatamente após a nomeação.

3 – Se o devedor beneficiar do diferimento do pagamento das custas nos termos do n.º 1 do artigo 248.º do Código da Insolvência e da Recuperação de Empresas, o pagamento da remuneração e o reembolso das despesas são suportados pelo Cofre Geral dos Tribunais, na medida em que a massa insolvente seja insuficiente para esse efeito.

4 – Nos casos referidos nos n.os 1 e 3, a remuneração do administrador da insolvência é reduzida a um quarto do valor fixado pela portaria referida no n.º 1 do artigo 20.º.

5 – Para efeitos do presente artigo, não se considera insuficiência da massa a mera falta de liquidez.

CAPÍTULO VI
Disposições finais e transitórias

Artigo 28.º
Disposições transitórias

1 – No prazo de 60 dias após a data da entrada em vigor da presente lei, os gestores e liquidatários judiciais, inscritos nas listas distritais previstas no Decreto-Lei n.º 254/93, de 15 de Julho, que demonstrem exercício efectivo das respectivas funções e que respeitem os

requisitos previstos nas alíneas *c)* e *d)* do n.º 1 do artigo 6.º podem requerer a inscrição nas listas oficiais de administradores da insolvência.

2 – Para efeitos do disposto no presente artigo, considera-se exercício efectivo de funções de gestor ou liquidatário judicial o exercício das funções de gestor ou liquidatário em, pelo menos, dois processos de recuperação de empresa ou de falência nos últimos dois anos.

3 – No caso de se tratar de gestores ou liquidatários judiciais que tenham iniciado a sua actividade há menos de dois anos, é suficiente o exercício de funções de gestor ou liquidatário judicial em apenas um processo.

4 – O requerimento de inscrição é dirigido ao presidente da comissão, devendo ser instruído com os elementos mencionados nas alíneas *a)* e *c)* a *f)* do n.º 1 do artigo 7.º, bem como com a prova documental do exercício efectivo da actividade, nos termos do número anterior.

5 – A comissão deve, no prazo de 10 dias após o termo do período previsto no n.º 1, publicar no *Diário da República* e enviar à Direcção-Geral da Administração da Justiça as listas oficiais, para que, em 5 dias, aquelas sejam colocadas à disposição dos tribunais.

6 – Até à publicação das listas oficiais no *Diário da República*, os gestores e liquidatários judiciais exercem as funções de administradores da insolvência, sendo todas as nomeações efectuadas de entre os inscritos nas listas de gestores e liquidatários judiciais previstas no Decreto-Lei n.º 254/93, de 15 de Julho, incidindo sobre os gestores judiciais as nomeações para processos em que seja previsível a existência de actos de gestão que requeiram especiais conhecimentos nessa área, nos termos do n.º 3 do artigo 2.º.

7 – As nomeações de gestores e liquidatários judiciais para exercício de funções em processos especiais de recuperação da empresa e de falência pendentes à data de publicação no *Diário da República* das listas oficiais de administradores da insolvência recaem sobre administradores da insolvência, sendo as nomeações para gestor judicial efectuadas de entre aqueles especialmente habilitados para praticar actos de gestão.

8 – Para efeitos do número anterior, a remuneração devida aos administradores da insolvência nomeados para exercer as funções de gestor ou liquidatário judicial é a fixada no Código dos Processos Especiais de Recuperação da Empresa e de Falência.

9 – Os gestores e liquidatários judiciais que continuem a exercer funções em processos de recuperação da empresa ou de falência após a

entrada em vigor do Código da Insolvência e da Recuperação de Empresas ficam sujeitos ao estatuto estabelecido no Decreto-Lei n.º 254/93, de 15 de Julho, na redacção que lhe foi dada pelo Decreto-Lei n.º 293/95, de 17 de Novembro, e no Decreto-Lei n.º 188/96, de 8 de Outubro, com a redacção que lhe foi dada pelo Decreto-Lei n.º 323/2001, de 17 de Dezembro.

10 – A comissão criada pela presente lei assume as competências de fiscalização das actividades de gestor e liquidatário judicial atribuídas às comissões distritais previstas no Decreto-Lei n.º 254/93, de 15 de Julho.

11 – Para os efeitos previstos no número anterior, as comissões distritais criadas pelo Decreto-Lei n.º 254/93, de 15 de Julho, devem remeter à comissão toda a documentação relativa às listas de gestores e liquidatários judiciais, no prazo de 15 dias a contar da entrada em vigor da presente lei.

Artigo 29.º
Revogação

É revogado o Decreto-Lei n.º 254/93, de 15 de Julho, na redacção que lhe foi dada pelo Decreto-Lei n.º 293/95, de 17 de Novembro, e o Decreto-Lei n.º 188/96, de 8 de Outubro, com a redacção que lhe foi dada pelo Decreto-Lei n.º 323/2001, de 17 de Dezembro.

Artigo 30.º
Entrada em vigor

A presente lei entra em vigor no dia 15 de Julho de 2004.

Aprovada em 27 de Maio de 2004.

O Presidente da Assembleia da República, *João Bosco Mota Amaral*.

Promulgada em 8 de Julho de 2004.

Publique-se.

O Presidente da República, JORGE SAMPAIO.

Referendada em 9 de Julho de 2004.

O Primeiro-Ministro, *José Manuel Durão Barroso*.

1.2. Recrutamento, Estatuto e Remuneração do Gestor e do Liquidatário Judiciais

Decreto-Lei n.º 254/93, de 15 de Julho*

Com a entrada em vigor do Decreto-Lei n.º 132/93, de 23 de Abril, que aprovou o Código dos Processos Especiais de Recuperação da Empresa e de Falência, foi alterado o regime das empresas em situação de insolvência. A nova legislação, bastante inovadora do ponto de vista substantivo e muito simplificada e transparente do ponto de vista processual, veio enquadrar os processos de recuperação da empresa e de falência.

A figura do administrador judicial, criada pelo Decreto-Lei n.º 177/86, de 2 de Julho, no âmbito do processo especial de recuperação da empresa e da protecção dos credores, foi, no quadro desta modificação de regimes, substituída pela do gestor judicial.

Por outro lado, no âmbito do processo de falência, desapareceram o síndico e o administrador de falências. Em seu lugar, foi instituída uma nova figura, o liquidatário judicial. Pelas funções de que é incumbido e pelo perfil que estas exigem, a figura do liquidatário judicial adequa-se às necessidades inerentes à renovada natureza do processo de falência.

Com efeito, o novo processo foi configurado essencialmente como uma liquidação célere e transparente do património da empresa em benefício dos credores, quando o tribunal, tenha ou não sido pedida inicial-

---

* Publicado no Diário da República n.º 164/93, série I-A, de 15 de Julho de 1993, pp. 3841-3843.

Este diploma foi revogado pelo artigo 29.º do Decreto-Lei n.º 32/2004, de 22 de Julho. Não obstante optámos pela sua inserção na presente colectânea, em virtude do disposto no art. 28.º do Decreto-Lei n.º 32/2004, de 22 de Julho.

De acordo com o art. 12.º, n.º 4 do Decreto-Lei n.º 53/2004, de 18 de Março, "até à entrada em vigor do estatuto do administrador da insolvência e publicação das respectivas listas oficiais, os gestores e liquidatários judiciais exercem as funções de administrador da insolvência, sendo todas as nomeações efectuadas de entre os inscritos nas listas de gestores e liquidatários judiciais previstas no Decreto-Lei n.º 254/93, de 15 de Julho, incidindo sobre os gestores judiciais as nomeações para processos em que seja previsível a necessidade de especiais conhecimentos de gestão, nomeadamente quando a massa insolvente integre estabelecimento em actividade".

mente a declaração da falência, verifique a inviabilidade económica da empresa durante o processo de recuperação financeira ou até logo no começo deste, ou quando se conclua pelo insucesso da recuperação decretada. O novo estilo de intervenção dos credores retrata bem uma das ideias mestras do novo regime da recuperação da empresa e da falência, que é a do papel proeminente que os titulares dos créditos desempenham em ambos os processos. Nesta perspectiva, a nomeação do gestor e do liquidatário judiciais pelo tribunal deve, sem afastar a possibilidade de a própria empresa se pronunciar sobre a escolha, ter em consideração, preferencialmente, as pessoas indicadas pelos credores. Deste modo se compreende que tenha adquirido carácter supletivo a selecção de gestores e de liquidatários judiciais, com anterioridade relativamente aos processos concretos e independentemente deles, para integrarem listas oficiais, no âmbito das quais o juiz, em momento posterior, pode fazer a sua nomeação.

Na sequência dos artigos 33.º e 133.º do referido Decreto-Lei n.º 132/93, são objectivos do presente diploma a regulamentação do modo de recrutamento para as listas oficiais dos gestores e dos liquidatários judiciais e a definição dos respectivos estatutos, bem como a previsão do regime da remuneração do liquidatário judicial, dos adiantamentos que a este sejam abonados e dos reembolsos de despesas que faça.

Porque o procedimento de liquidação do património na falência não pode deixar de envolver delicados actos de gestão, apoiados em critérios de racionalidade económico-financeira, entendeu-se preferível não distinguir, no recrutamento para as listas oficiais e no estatuto, entre gestores judiciais e liquidatários judiciais, tal como não se vislumbraram razões para não os integrar nas mesmas listas. Estas serão quatro, uma por cada um dos distritos judiciais.

Fundamental para um correcto e eficaz desempenho das funções de gestor e de liquidatário judiciais – mais do que o currículo académico – é, evidentemente, a idoneidade técnica aferida, nomeadamente, pela experiência profissional adquirida. Por isso, quer na composição das comissões incumbidas de elaborar as listas oficiais, quer nos critérios de selecção dos candidatos, se teve em consideração sobretudo a necessidade de avaliação desses factores.

Se é certo que a avaliação pode, em certos casos, não dispensar, embora com carácter complementar, uma entrevista em que sejam apreciadas questões de economia, de gestão de empresas e de direito, é igualmente certo que a prestação de provas com carácter científico deixou de constituir o elemento preponderante de selecção, como até agora acontecia quanto ao administrador judicial no âmbito do processo especial de recuperação da empresa e da protecção dos credores, tendo-se, aliás, bem presente a experiência administrativa de aplicação do Decreto-Lei n.º 276/86, de 4 de Setembro, que definiu o estatuto daquele.

Prevê-se, entretanto, como é justo e razoável, a possibilidade de transição dos actuais administradores judiciais para as listas oficiais cuja constituição é agora promovida.

Assim:

Nos termos da alínea *a*) do n.º 1 do artigo 201.º da Constituição, o Governo decreta o seguinte:

Artigo 1.º

Recrutamento dos gestores e liquidatários judiciais

Os gestores e liquidatários judiciais são recrutados de entre pessoas que ofereçam garantias de idoneidade técnica aferida, nomeadamente por habilitações na área da gestão de empresas ou experiência profissional adequada.

Artigo 2.º

Listas de gestores e liquidatários judiciais

1 – Em cada distrito judicial é elaborada, por uma comissão constituída para o efeito, uma lista contendo, por ordem alfabética, os nomes das pessoas habilitadas a exercer as funções de gestor judicial ou de liquidatário judicial.

2 – As listas distritais de gestores e de liquidatários judiciais são anualmente actualizadas e publicadas no *Diário da República*.

3 – A inscrição nas listas distritais de gestores e de liquidatários judiciais não investe os inscritos na qualidade de agente, nem garante o pagamento de qualquer remuneração fixa por parte do Estado.

Artigo 3.º

Período de exercício de funções

1 – Os gestores e liquidatários judiciais inscritos nas listas distritais

são considerados disponíveis para o exercício das respectivas funções por um período de cinco anos, renovável por uma só vez.

2 – O termo do período ou da renovação não implica a substituição do gestor judicial ou do liquidatário judicial nos processos para que já tenha sido nomeado.

Artigo 4.º
Impedimentos e suspeições

Os gestores e liquidatários judiciais estão sujeitos aos impedimentos e suspeições aplicáveis aos juízes, bem como às regras gerais sobre incompatibilidades aplicáveis aos titulares de órgãos sociais das sociedades.

Artigo 5.º
Remuneração do liquidatário judicial

1 – A remuneração do liquidatário judicial é fixada pelo juiz, nos termos previstos no Código dos Processos Especiais de Recuperação da Empresa e de Falência para a fixação da remuneração do gestor judicial e é suportada pelo Cofre Geral dos Tribunais, por verba para o efeito disponível no tribunal.

2 – As verbas despendidas com a remuneração de liquidatários judiciais devem ser reembolsadas ao Cofre Geral dos Tribunais pela massa falida, aplicando-se a este reembolso o estipulado no Código dos Processos Especiais de Recuperação da Empresa e de Falência para o reembolso dos adiantamentos de fundos feitos pelos credores destinados à remuneração do gestor judicial e ao reembolso das despesas feitas por este.

Artigo 5.º-A
Nomeação para a presidência da comissão de credores

A Fazenda Pública não pode ser designada para a presidência da comissão de credores no processo especial de recuperação da empresa nem suporta os encargos com o exercício das funções de gestor judicial.

Este preceito foi aditado pelo Decreto-Lei n.º 293/95, de 17 de Novembro (Diário da República n.º 266/95, série I-A, de 17 de Novembro de 1995, p. 7040).

Artigo 6.º
Comissão

1 – As listas distritais de gestores e de liquidatários judiciais são elaboradas por uma comissão constituída pelo presidente do tribunal da relação, que preside, pelo procurador-geral distrital junto do mesmo tribunal e por uma individualidade de reconhecida experiência profissional nas áreas da economia ou da gestão de empresas, nomeada por despacho conjunto dos Ministros das Finanças e da Justiça.

2 – Os membros da comissão têm direito ao abono de senhas de presença por cada sessão em que participarem, de montante a fixar por despacho conjunto dos Ministros das Finanças e da Justiça.

3 – Os encargos decorrentes do funcionamento das comissões distritais são assegurados pelo Cofre Geral dos Tribunais.

Artigo 7.º
Funcionamento da comissão

1 – Ao funcionamento da comissão aplica-se o disposto no Código do Procedimento Administrativo, com as necessárias adaptações.

2 – Sob proposta do respectivo presidente, a comissão pode solicitar o apoio de técnicos de reconhecido mérito para a coadjuvarem, sem direito a voto, na elaboração da lista.

3 – Das deliberações da comissão cabe recurso contencioso nos termos da lei geral.

Artigo 8.º
Processo de inscrição

1 – A inscrição nas listas de gestor judicial ou de liquidatário judicial é solicitada ao presidente da respectiva comissão, em requerimento acompanhado dos elementos que permitam auferir da idoneidade técnica dos candidatos.

2 – Cada candidato não pode requerer a sua inscrição em mais de uma lista distrital.

3 – A comissão, sempre que o julgue necessário, pode solicitar aos candidatos quaisquer elementos adicionais para prova da sua idoneidade técnica, bem como proceder à realização de entrevista.

Artigo 9.º
Suspensão e cancelamento da inscrição

1 – As comissões podem, por deliberação fundamentada, e na sequência de processo de averiguações, suspender por período determinado ou cancelar definitivamente a inscrição de qualquer gestor ou liquidatário judicial, por manifesta falta de idoneidade para o exercício das funções.

2 – As medidas referidas no número anterior são sempre precedidas de audiência do interessado, o qual pode ser suspenso enquanto decorrer o processo de averiguações, desde que haja vários indícios de falta de idoneidade técnica ou sejam graves os factos imputados.

Artigo 10.º
Disposição transitória

1 – No prazo de 60 dias após a data da entrada em vigor do presente diploma, os administradores judiciais inscritos na lista nacional prevista no Decreto-Lei n.º 276/86, de 4 de Setembro, podem requerer a inscrição numa das listas distritais.

2 – Não é aplicável o disposto no artigo 8.º ao requerimento a que se refere o número anterior.

Artigo 11.º
Revogação

São revogados o artigo 8.º do Decreto-Lei n.º 49 213, de 29 de Agosto de 1969, e os artigos 81.º e 83.º do Código das Custas Judiciais.

Visto e aprovado em Conselho de Ministros de 27 de Maio de 1993. – *Aníbal António Cavaco Silva – Jorge Braga de Macedo – Álvaro José Brilhante Laborinho Lúcio.*

Promulgado em 1 de Julho de 1993.

Publique-se.

O Presidente da República, MÁRIO SOARES.

Referendado em 2 de Julho de 1993.

O Primeiro-Ministro, *Aníbal António Cavaco Silva.*

1.3. Limitações, Incompatibilidades e Impedimentos dos Gestores e Liquidatários Judiciais

Decreto-Lei n.º 188/96, de 8 de Outubro*

O estatuto dos gestores e liquidatários judiciais a que se referem os artigos 33.º e 133.º do Código dos Processos Especiais de Recuperação da Empresa e de Falência, aprovado pelo artigo 1.º do Decreto-Lei n.º 132/93, de 23 de Abril, consta do Decreto-Lei n.º 254/93, de 15 de Julho.

Neste diploma não se prevêem quaisquer limites à acumulação de funções em mais de uma empresa. Daqui têm advindo, com indesejável frequência, situações prejudiciais da eficácia e da credibilidade de tais funções, com os consequentes danos para as empresas a gerir ou para os actos de liquidação.

Criam-se agora, no intuito de obviar aos referidos inconvenientes, regras limitativas da acumulação de funções.

No mesmo propósito, o do reforço da independência dos gestores e liquidatários, estabelece-se um período de tempo em que aqueles ficam impedidos de exercerem cargos sociais ou dirigentes nas empresas em causa.

Assim:

Nos termos da alínea *a*) do n.º 1 do artigo 201.º da Constituição, o Governo decreta o seguinte:

---

* Publicado no Diário da República n.º 233/96, série I-A, de 8 de Outubro de 1996, pp. 3516-3517.

Este diploma foi revogado pelo artigo 29.º do Decreto-Lei n.º 32/2004, de 22 de Julho. Não obstante optámos pela sua inserção na presente colectânea, em virtude do disposto no art. 28.º do Decreto-Lei n.º 32/2004, de 22 de Julho.

De acordo com o art. 12.º, n.º 4 do Decreto-Lei n.º 53/2004, de 18 de Março, "até à entrada em vigor do estatuto do administrador da insolvência e publicação das respectivas listas oficiais, os gestores e liquidatários judiciais exercem as funções de administrador da insolvência, sendo todas as nomeações efectuadas de entre os inscritos nas listas de gestores e liquidatários judiciais previstas no Decreto-Lei n.º 254/93, de 15 de Julho, incidindo sobre os gestores judiciais as nomeações para processos em que seja previsível a necessidade de especiais conhecimentos de gestão, nomeadamente quando a massa insolvente integre estabelecimento em actividade".

Artigo 1.º
Limitações ao exercício de funções de gestor ou liquidatário judicial

Os gestores ou liquidatários judiciais não podem exercer funções, simultaneamente:

a) Em número de empresas cuja soma total dos balanços, proveitos e ganhos seja igual ou superior a € 249398948,53;

b) Em mais de 7 empresas ou, se estas se encontrarem coligadas, em mais de 12 empresas;

c) Em número de empresas coligadas cuja soma total dos balanços, proveitos e ganhos seja igual ou superior a € 374098422,80.

As alíneas a) *e* c) *foram alteradas pelo artigo 16.º do Decreto-Lei n.º 323/2001, de 17 de Dezembro (Diário da República n.º 290/2001, série I-A, de 17 de Dezembro de 2001, pp. 8288-8297).*

Artigo 2.º
Incompatibilidades dos gestores ou liquidatários judiciais

1 – Os gestores ou liquidatários judiciais, enquanto no exercício das respectivas funções, não podem integrar órgãos sociais ou dirigentes de empresas que prossigam actividades total ou predominantemente idênticas.

2 – Os gestores ou liquidatários judiciais e os seus cônjuges e parentes ou afins até ao 2.º grau da linha recta ou colateral não podem, por si ou por interposta pessoal, ser titulares de participações sociais nas empresas referidas no número anterior.

Artigo 3.º
Impedimento após a cessação de funções

Os gestores ou liquidatários judiciais não podem, por si ou por interposta pessoa, ser membros de órgãos sociais ou dirigentes de empresas em que tenham exercido as referidas funções sem que hajam decorrido dois anos após a cessação daquele exercício.

Artigo 4.º
Substituição dos gestores ou liquidatários judiciais

Se a nomeação ou a escolha de gestores ou liquidatários judiciais os colocar em alguma das situações previstas nos artigos 1.º e 2.º, devem dar imediato conhecimento do facto ao juiz do processo e ao presidente da comissão a que se refere o n.º 1 do artigo 6.º do Decreto-Lei n.º 254/93, requerendo a sua substituição.

Artigo 5.º
Regime sancionatório

1 – A inobservância do disposto nos artigos 1.º a 3.º determina, em função da sua gravidade, a suspensão do cargo ou o cancelamento da inscrição, nos termos do n.º 1 do artigo 9.º do Decreto-Lei n.º 254/93, de 15 de Julho.

2 – O exercício de funções em violação do preceituado nos artigos 1.º e 2.º implica ainda para os gestores ou liquidatários judiciais a perda do direito à remuneração pelos cargos e a responsabilização pelos actos que tiverem praticado.

Artigo 6.º
Disposição transitória

Nos 30 dias seguintes à data da publicação do presente diploma, os gestores ou liquidatários judiciais abrangidos pelo disposto nos artigos 1.º a 3.º devem prestar ao presidente da comissão a que refere o n.º 1 do artigo 6.º do Decreto-Lei n.º 254/93 as informações necessárias para anotação em conformidade nas respectivas listas.

Artigo 7.º
Âmbito de aplicação

O presente diploma é aplicável aos processos pendentes em que não tenham sido ainda proferidos o despacho e a sentença previstos, respectivamente, nos artigos 28.º e 128.º do Código dos Processos Especiais de Recuperação da Empresa e de Falência.

Artigo 8.º
Entrada em vigor

1 – O presente diploma entra em vigor 30 dias após a data da sua publicação.

2 – Exceptua-se do preceituado no número anterior o artigo 6.º, que entra em vigor no dia imediato ao da publicação.

Visto e aprovado em Conselho de Ministros de 29 de Agosto de 1996. – *António Manuel de Oliveira Guterres – Fernando Teixeira dos Santos – José Manuel de Matos Fernandes – Augusto Carlos Serra Ventura Mateus.*

Promulgado em 20 de Setembro de 1996.

Publique-se.

O Presidente da República, JORGE SAMPAIO.

Referendado em 24 de Setembro de 1996.

O Primeiro-Ministro, *António Manuel de Oliveira Guterres.*

1.4. Sociedades de Gestores Judiciais e de Liquidatários Judiciais

Decreto-Lei n.º 79/98, de 2 de Abril*

As funções de gestão judicial e de liquidação judicial assumem uma complexidade crescente. A função dos gestores judiciais mostra--se presentemente acrescida dadas as expectativas que se geraram com vista à sua criação e a dos liquidatários judiciais porque exige uma idoneidade técnica que só o desempenho profissional permite aperfeiçoar.

Em ambos os casos, o desempenho das referidas funções pode beneficiar das sinergias e economias próprias da associação dos seus profissionais. A organização societária de gestores e liquidatários judiciais também servirá melhor os objectivos dos processos especiais em que desenvolvem a sua actividade.

Mostra-se assim útil e conveniente possibilitar a constituição de sociedades de gestores judiciais e de liquidatários judiciais, que, dada a natureza específica das suas funções, obedecerá a regras próprias.

---

* Publicado no Diário da República n.º 78/98, série I-A, de 2 de Abril de 1998, pp. 1434-1435.

Optámos por inserir este diploma na presente colectânea legislativa em virtude do preceituado no art. 9.º do Decreto-Lei n.º 54/2004, de 18 de Março.

Assim:

Nos termos da alínea a) do n.º 1 do artigo 198.º e do n.º 5 do artigo 112.º da Constituição, o Governo decreta o seguinte:

Artigo 1.º
Sociedades de gestores judiciais e sociedades de liquidatários judiciais

1 – Os gestores judiciais e os liquidatários judiciais podem constituir sociedades de gestores judiciais (SGJ) e sociedades de liquidatários judiciais (SLJ), nos termos do presente diploma.

2 – Só podem fazer parte de sociedades de gestores judiciais e de sociedades de liquidatários judiciais as pessoas singulares que se encontrem inscritas nas listas distritais de gestores e de liquidatários judiciais.

Artigo 2.º
Objecto

As sociedades de gestores judiciais e as sociedades de liquidatários judiciais têm por objecto exclusivo o exercício, respectivamente, das funções de gestão judicial e de liquidação judicial.

Artigo 3.º
Natureza

As sociedades de gestores judiciais e as sociedades de liquidatários judiciais devem assumir a natureza de sociedades civis sob forma comercial.

Artigo 4.º
Sócios

1 – É vedado a qualquer sócio de uma sociedade de gestores judiciais ser sócio de uma sociedade de liquidatários judiciais e vice-versa.

2 – Só com autorização da sociedade de gestores judiciais ou da sociedade de liquidatários judiciais podem os sócios exercer fora da sociedade actividades profissionais de gestão remunerada, devendo essa actividade constar expressamente do relatório anual da sociedade.

Artigo 5.º
Firmas

1 – A firma das sociedades de gestores judiciais deve, quando não individualizar todos os sócios, por extenso ou abreviadamente, conter, pelo menos, o nome de um deles, mas, em qualquer caso, concluir pela expressão «sociedade de gestores judiciais» ou pela abreviatura «SGJ», seguida da firma correspondente ao tipo societário adoptado.

2 – A firma das sociedades de liquidatários judiciais deve, quando não individualizar todos os sócios, por extenso ou abreviadamente, conter, pelo menos, o nome de um deles, mas, em qualquer caso, concluir pela expressão «sociedade de liquidatários judiciais» ou pela abreviatura «SLJ», seguida da firma correspondente ao tipo societário adoptado.

3 – As firmas referidas nos números anteriores devem constar de todos os actos externos da sociedade, nos termos do disposto no artigo 171.º do Código das Sociedades Comerciais.

Artigo 6.º
Responsabilidade

A sociedade de gestores judiciais e a sociedade de liquidatários judiciais e os seus gerentes, administradores ou directores são solidariamente responsáveis pelos prejuízos decorrentes dos actos praticados no exercício das funções de gestão ou de liquidação judicial.

Artigo 7.º
Limites

O exercício de funções de gestão judicial ou de liquidação judicial por sociedades de gestores judiciais ou por sociedades de liquidatários judiciais encontra-se sujeito aos seguintes limites:

a) A soma total dos activos líquidos das empresas em gestão judicial ou em liquidação judicial não poderá ser igual ou superior ao produto de 60 milhões de contos pelo número de gerentes, administradores ou directores;
b) O número de empresas em gestão judicial ou em liquidação judicial não poderá exceder em 8 vezes o número de gerentes, administradores ou directores ou, caso se trate de empresas coligadas, em 13 vezes;

c) A soma total dos activos líquidos de empresas coligadas em gestão judicial ou em liquidação judicial não pode atingir ou ultrapassar os 100 milhões de contos.

Artigo 8.º
Estatutos

Os estatutos das sociedades de gestores judiciais e das sociedades de liquidatários judiciais, bem como as respectivas alterações, são objecto de depósito na comissão distrital competente, nos 30 dias subsequentes à sua aprovação.

Artigo 9.º
Registo

As sociedades de gestores judiciais e as sociedades de liquidatários judiciais só podem ser registadas depois de inscritas nas listas distritais de gestores e de liquidatários judiciais.

Artigo 10.º
Regime

1 – As sociedades de gestores judiciais e as sociedades de liquidatários judiciais devem respeitar o disposto no Decreto-Lei n.º 254/93, de 15 de Julho.

2 – Em tudo o que não se encontre especialmente previsto no presente diploma aplicar-se-á o Código das Sociedades Comerciais.

Visto e aprovado em Conselho de Ministros de 19 de Fevereiro de 1998. – *António Manuel de Oliveira Guterres – António Luciano Pacheco de Sousa Franco – José Eduardo Vera Cruz Jardim – Joaquim Augusto Nunes de Pina Moura – Eduardo Luís Barreto Ferro Rodrigues.*

Promulgado em 18 de Março de 1998.

Publique-se.

O Presidente da República, JORGE SAMPAIO.

Referendado em 26 de Março de 1998.

O Primeiro-Ministro, *António Manuel de Oliveira Guterres*.

1.5. Sociedades Gestoras de Empresas

Decreto-Lei n.º 82/98, de 2 de Abril*

A criação de sociedades privadas especializadas na revitalização e modernização de empresas é uma necessidade há muito sentida. Na verdade, a estimulação de sociedades com este objecto permite a intervenção de entidades profissionalizadas, capazes de avaliar e assumir a responsabilidade de gestão, ao mesmo tempo que traz credibilidade ao meio envolvente da empresa a revitalizar e modernizar.

Com o presente diploma permite-se a constituição de sociedades, civis ou comerciais, que tenham por objecto a avaliação e a gestão de empresas, com vista à sua revitalização e modernização. Por outro lado, dada a especialidade do seu objecto e as repercussões que a sua constituição e funcionamento determinam no que respeita às empresas objecto de gestão, houve necessidade de estabelecer um conjunto de garantias.

Assim:

Nos termos da alínea *a*) do n.º 1 do artigo 198.º e do n.º 5 do artigo 112.º da Constituição, o Governo decreta o seguinte:

Artigo 1.º
Sociedades gestoras de empresas

1 – Consideram-se sociedades gestoras de empresas (SGE) as sociedades que tenham por objecto exclusivo a avaliação e a gestão de empresas, com vista à sua revitalização e modernização.

2 – A constituição de sociedades gestoras de empresas está sujeita às regras e princípios previstos no presente diploma e, subsidiariamente, ao disposto no Código das Sociedades Comerciais.

---

* Publicado no Diário da República n.º 78/98, série I-A, de 2 de Abril de 1998, p. 1438.

Artigo 2.º
Natureza

As sociedades gestoras de empresas podem assumir a natureza de sociedades comerciais ou de sociedades civis sob forma comercial.

Artigo 3.º
Sócios

1 – Os sócios das sociedades gestoras de empresas devem ser pessoas singulares.

2 – Uma pessoa singular só pode ser sócia de uma única sociedade gestora de empresas.

3 – Só com autorização da sociedade gestora de empresas podem os sócios exercer fora da sociedade actividades profissionais de gestão remunerada.

Artigo 4.º
Firma

1 – A firma das sociedades gestoras de empresas deve ser formada pelo nome, completo ou abreviado, de todos os sócios ou conter, pelo menos, o nome de um deles, mas, em qualquer caso, concluirá pela expressão «sociedade gestora de empresas» ou pela abreviatura «SGE» seguida da firma correspondente ao tipo societário adoptado.

2 – A firma referida no número anterior deve constar de todos os actos externos da sociedade, nos termos do disposto no artigo 171.º do Código das Sociedades Comerciais.

Artigo 5.º
Gerência, administração ou direcção em empresas sob gestão

1 – A sociedade gestora de empresas pode indicar, de entre os seus sócios, uma ou mais pessoas singulares que sejam designadas gerentes, administradoras ou directoras de outra sociedade comercial ou de cooperativa, em função do número de cargos para que for eleita ou designada.

2 – A sociedade gestora de empresas e os representantes eleitos ou designados nos termos do número anterior são solidariamente responsáveis.

Visto e aprovado em Conselho de Ministros de 19 de Fevereiro de 1998. – *António Manuel de Oliveira Guterres – António Luciano Pacheco de Sousa Franco – José Eduardo Vera Cruz Jardim – Joaquim Augusto Nunes de Pina Moura – Eduardo Luís Barreto Ferro Rodrigues.*

Promulgado em 18 de Março de 1998.

Publique-se.

O Presidente da República, JORGE SAMPAIO.

Referendado em 26 de Março de 1998.

O Primeiro-Ministro, *António Manuel de Oliveira Guterres.*

1.6. Tribunais de Comércio

Lei n.º 3/99, de 13 de Janeiro*

(...)

CAPÍTULO V
Tribunais judiciais de 1.ª instância

(...)

SECÇÃO III
Tribunais e juízos de competência especializada

SUBSECÇÃO I
Espécies de tribunais

Artigo 78.º
Espécies

Podem ser criados os seguintes tribunais de competência especializada:

a) De instrução criminal;

* Publicada no Diário da República n.º 10/99, série I-A, de 13 de Janeiro de 1999, pp. 208-227.

b) De família;
c) De menores;
d) Do trabalho;
e) De comércio;
f) Marítimos;
g) De execução das penas.

(...)

SUBSECÇÃO VI
Tribunais de comércio

Artigo 89.º
Competência

1 – Compete aos tribunais de comércio preparar e julgar:
a) O processo de insolvência se o devedor for uma sociedade comercial ou a massa insolvente integrar uma empresa;
b) As acções de declaração de inexistência, nulidade e anulação do contrato de sociedade;
c) As acções relativas ao exercício de direitos sociais;
d) As acções de suspensão e de anulação de deliberações sociais;
e) As acções de dissolução e de liquidação judicial de sociedades;
f) As acções de declaração em que a causa de pedir verse sobre propriedade industrial, em qualquer das modalidades previstas no Código da Propriedade Industrial;
g) As acções a que se refere o Código do Registo Comercial;
h) As acções de nulidade e de anulação previstas no Código da Propriedade Industrial.

2 – Compete ainda aos tribunais de comércio julgar:
a) Os recursos de decisões que, nos termos previstos no Código da Propriedade Industrial, concedam, recusem ou tenham por efeito a extinção de qualquer dos direitos privativos nele previstos;
b) Os recursos dos despachos dos conservadores do registo comercial;
c) Os recursos das decisões do Conselho da Concorrência e os recursos das decisões do Conselho da Concorrência e da Direcção-Geral do Comércio e da Concorrência, em processo de contra-ordenação.

3 – A competência a que se refere o n.º 1 abrange os respectivos incidentes e apensos.

Este preceito foi alterado pelo artigo 8.º do Decreto-Lei n.º 53/2004, de 18 de Março (publicado no Diário da República n.º 66/2004, série I-A, de 18 de Março de 2004, pp. 1402-1465).

(...)

CAPÍTULO X
Disposições finais e transitórias

(...)

Artigo 137.º
Tribunais de recuperação da empresa e de falência

1 – Os tribunais de recuperação da empresa e de falência passam a designar-se tribunais de comércio, com a competência referida no artigo 89.º.

2 – Não se aplica aos processos pendentes à data da instalação dos tribunais de recuperação da empresa e de falência o disposto na alínea *a*) do n.º 1 do artigo 89.º.

3 – O preceituado nas alíneas *b*) a *g*) do n.º 1 e no n.º 2 do artigo 89.º é apenas aplicável aos processos instaurados e aos recursos interpostos a partir da data da entrada em vigor da presente lei.

4 – São mantidos nos respectivos lugares os actuais juízes dos tribunais de recuperação da empresa e de falência.

(...)

1.7. Sociedades de Administradores da Insolvência

Decreto-Lei n.º 54/2004, de 18 de Março*

O novo Código da Insolvência e da Recuperação da Empresa eliminou a distinção existente entre gestor judicial e liquidatário judicial mediante a criação da nova figura do administrador da insolvência.

Deste modo, para que o desempenho das funções de administrador da insolvência possa continuar a beneficiar das sinergias e economias resultantes da associação dos seus profissionais – que se verificava nas sociedades de gestores judiciais e nas sociedades de liquidatários judiciais –, é necessário que se possibilite a constituição de sociedades de administradores da insolvência.

Por outro lado, tal como se passava com as sociedades de gestores judiciais e as sociedades de liquidatários judiciais, a natureza específica das funções que as sociedades de administradores da insolvência exercem impõe o estabelecimento de regras próprias, quer quanto à constituição quer quanto ao exercício da actividade na forma societária.

Por último, introduz-se um regime que permite a transformação das actuais sociedades de gestores judiciais e sociedades de liquidatários judiciais em sociedades de administradores da insolvência, com isenção de emolumentos para os correspondentes actos notariais e de registo.

Assim:

Nos termos da alínea *a)* do n.º 1 do artigo 198.º da Constituição, o Governo decreta o seguinte:

Artigo 1.º

Sociedades de administradores da insolvência

1 – Os administradores da insolvência podem constituir sociedades de administradores da insolvência (SAI).

2 – Apenas as pessoas singulares inscritas nas listas de administra-

---

* Publicado no Diário da República n.º 66/2004, série I-A, de 18 de Março de 2004, pp. 1465-1466.

dores da insolvência podem ser sócios das sociedades de administradores da insolvência.

Artigo 2.º
Objecto social

As sociedades de administradores da insolvência têm por objecto exclusivo o exercício das funções de administrador da insolvência.

Artigo 3.º
Natureza

As sociedades de administradores da insolvência devem assumir a natureza de sociedades civis sob a forma comercial.

Artigo 4.º
Exercício de actividade remunerada fora da sociedade

1 – Somente com a autorização da respectiva sociedade de administradores da insolvência podem os sócios exercer actividades de gestão, com carácter profissional e remunerado, fora da sociedade.

2 – A actividade de gestão, com carácter profissional e remunerado, autorizada nos termos do número anterior, deve constar expressamente do relatório anual da sociedade.

Artigo 5.º
Firma

1 – A firma das sociedades de administradores da insolvência deve, quando não individualizar todos os sócios, por extenso ou abreviadamente, conter, pelo menos, o nome de um deles, mas, em qualquer caso, concluir pela expressão «sociedade de administradores da insolvência» ou pela abreviatura «SAI», seguida da firma correspondente ao tipo societário adoptado.

2 – A firma deve constar de todos os actos externos da sociedade, nos termos do disposto no artigo 171.º do Código das Sociedades Comerciais.

Artigo 6.º
Responsabilidade

A sociedade de administradores da insolvência e os seus gerentes, administradores ou directores são solidariamente responsáveis pelos prejuízos decorrentes dos actos praticados no exercício das funções de administrador da insolvência.

Artigo 7.º
Estatutos

Os estatutos das sociedades de administradores da insolvência, bem como as respectivas alterações, são objecto de depósito na comissão competente prevista no Estatuto do Administrador da Insolvência, nos 30 dias subsequentes à sua aprovação.

Artigo 8.º
Regime

1 – As sociedades de administradores da insolvência devem respeitar o disposto no Estatuto do Administrador da Insolvência.

2 – A tudo o que não se encontre especialmente previsto neste diploma aplica-se o Código das Sociedades Comerciais.

Artigo 9.º
Transformação de sociedades de gestores judiciais e de sociedades de liquidatários judiciais

1 – As sociedades de gestores judiciais e as sociedades de liquidatários judiciais podem, no prazo de 60 dias úteis a contar da publicação no *Diário da República* das listas de administradores da insolvência, transformar-se em sociedades de administradores da insolvência, desde que respeitem os requisitos de constituição destas últimas, nomeadamente no que respeita à qualificação dos sócios.

2 – A transformação referida no número anterior está isenta de emolumentos notariais e de registo, sem prejuízo do disposto no n.º 2 do artigo 1.º do Regulamento Emolumentar dos Registos e Notariado, aprovado pelo Decreto-Lei n.º 322-A/2001, de 14 de Dezembro, quanto à

participação emolumentar e aos emolumentos pessoais devidos aos conservadores, notários e oficiais dos registos e do notariado pela sua intervenção nos actos.

Artigo 10.º
Entrada em vigor

O presente diploma entra em vigor 30 dias após a data da sua publicação.

Visto e aprovado em Conselho de Ministros de 28 de Janeiro de 2004. – *José Manuel Durão Barroso – Maria Manuela Dias Ferreira Leite – Maria Celeste Ferreira Lopes Cardona – Carlos Manuel Tavares da Silva – António José de Castro Bagão Félix.*

Promulgado em 3 de Março de 2004.

Publique-se.

O Presidente da República, JORGE SAMPAIO.

Referendado em 5 de Março de 2004.

O Primeiro-Ministro, *José Manuel Durão Barroso.*

1.8. Remuneração do Administrador da Insolvência

Portaria n.º 51/2005, de 20 de Janeiro*

A Lei n.º 32/2004, de 22 de Julho, aprovou o estatuto do administrador da insolvência, remetendo para portaria a fixação dos valores da respectiva remuneração.

A presente portaria aprova o montante fixo de remuneração do administrador da insolvência nomeado pelo juiz, bem como as tabelas

* Publicada no Diário da República n.º 14/2005, série I-B, de 20 de Janeiro de 2005, p. 487 e rectificada pela Declaração de Rectificação n.º 25/2005, de 22 de Março (publicada no Diário da República n.º 57/2005, série I-B, de 22 de Março de 2005, p. 2532).

relativas ao montante variável de tal remuneração, em função dos resultados obtidos.

Procede-se ainda à regulamentação da forma como são pagas as despesas do administrador da insolvência, em especial quanto à provisão paga nos termos dos artigos 26.º e 27.º do Estatuto.

Assim:

Manda o Governo, pelos Ministros das Finanças e da Administração Pública e da Justiça, ao abrigo do disposto na alínea *c)* do artigo 199.º da Constituição e na Lei n.º 32/2004, de 22 de Julho, o seguinte:

1.º
Valor fixo da remuneração

1 – O valor da remuneração do administrador da insolvência nomeado pelo juiz, nos termos do n.º 1 do artigo 20.º da Lei n.º 32/2004, de 22 de Julho, que aprovou o estatuto do administrador da insolvência, é de € 2000.

2 – No caso de o administrador da insolvência exercer as suas funções por menos de seis meses devido à sua substituição por outro administrador, aquele terá direito somente à primeira das prestações referidas no n.º 2 do artigo 26.º da Lei n.º 32/2004, de 22 de Julho, que aprovou o estatuto do administrador da insolvência.

2.º
Tabelas de remuneração variável

São aprovadas, em anexo à presente portaria, as tabelas que estabelecem a remuneração variável do administrador da insolvência, nos termos dos n.ºs 2 a 4 do artigo 20.º da Lei n.º 32/2004, de 22 de Julho, que aprovou o estatuto do administrador da insolvência.

3.º
Provisão para despesas

1 – Presume-se que a provisão para despesas paga pelo Cofre Geral dos Tribunais nos termos do n.º 5 do artigo 26.º e do n.º 2 do artigo 27.º da Lei n.º 32/2004, de 22 de Julho, corresponde às despesas efectuadas

pelo administrador da insolvência, não havendo lugar à restituição da mesma ainda que as despesas efectivamente realizadas sejam inferiores ao valor da provisão.

2 – Nos casos previstos no n.º 2 do artigo 27.º da Lei n.º 32/2004, de 22 de Julho, se o montante das despesas realizadas pelo administrador da insolvência for superior à provisão paga, o reembolso pelo Cofre Geral dos Tribunais só é efectuado mediante a apresentação de prova documental justificativa.

Em 12 de Janeiro de 2005.

O Ministro das Finanças e da Administração Pública, *António José de Castro Bagão Félix*. – O Ministro da Justiça, *José Pedro Aguiar Branco*.

ANEXO I

Tabela a que se refere o n.º 2 do artigo 20.º da Lei n.º 32/2004, de 22 de Julho, que aprovou o estatuto do administrador da insolvência.

(ver tabela no documento original)

O resultado da liquidação da massa insolvente, tal como definido no n.º 3 do artigo 20.º da Lei n.º 32/2004, de 22 de Julho, que aprovou o estatuto do administrador da insolvência, quando superior a € 15 000, é dividido em duas partes: uma, igual ao limite do maior dos escalões que nele couber, à qual se aplica a taxa marginal correspondente a esse escalão, outra, igual ao excedente, à qual se aplica a taxa base respeitante ao escalão imediatamente superior.

ANEXO II

Tabela a que se refere o n.º 4 do artigo 20.º da Lei n.º 32/2004, de 22 de Julho, que aprovou o estatuto do administrador da insolvência.

(ver tabela no documento original)

1.9. Cartão de Identificação dos Administradores da Insolvência

Portaria n.º 265/2005, de 17 de Março*

Na sequência da profunda reforma no direito falimentar português efectuada pela aprovação do Código da Insolvência e da Recuperação de Empresas, a Lei n.º 32/2004, de 22 de Julho, aprovou o Estatuto do Administrador da Insolvência.

No artigo 3.º daquele Estatuto determina-se que os administradores da insolvência devem identificar-se mediante um documento de identificação pessoal emitido pelo Ministério da Justiça, em modelo a aprovar por portaria do Ministro da Justiça.

Tal documento de identificação pessoal dos administradores da insolvência servirá para que estes possam identificar-se nas suas relações com os órgãos do Estado, nomeadamente no que respeita ao acesso e movimentação nas instalações dos tribunais, conservatórias e serviços de finanças.

Assim:

Manda o Governo, pelo Ministro da Justiça, ao abrigo do n.º 3 do artigo 3.º do Estatuto do Administrador da Insolvência, aprovado pela Lei n.º 32/2004, de 22 de Julho, o seguinte:

1.º É aprovado o modelo de cartão de identificação dos administradores da insolvência, anexo à presente portaria.

2.º O cartão é de cor branca, com a dimensão de 8,5 cm x 5,4 cm, tendo uma faixa vertical com as cores verde e vermelha do lado direito, cada uma com 1,2 cm de largura, sendo autenticado pela assinatura do director-geral da Administração da Justiça e contendo a assinatura do titular no verso.

3.º O cartão tem uma fotografia do tipo passe, a cores, do respectivo titular, colada no canto superior direito.

---

* Publicada no Diário da República n.º 54/2005, série I-B, de 17 de Março de 2005, p. 2414.

4.º Do verso do cartão consta a indicação dos direitos que são concedidos ao seu titular.

5.º A emissão do cartão é feita pela Direcção-Geral da Administração da Justiça, que deve proceder ao registo do mesmo em livro próprio ou base de dados donde constem os elementos de identificação necessários.

6.º O cartão de identificação é autenticado com o selo branco da Direcção-Geral da Administração da Justiça, de modo que este abranja o canto inferior esquerdo da fotografia do seu titular.

7.º O cartão deve ser substituído quando se verifique qualquer alteração do elemento dele constante, estando o seu titular obrigado à sua devolução em caso de cessação ou suspensão de funções.

8.º Em caso de extravio, destruição ou deterioração do cartão, pode ser emitida uma segunda via, fazendo-se menção expressa desse facto e mantendo-se o número de registo anterior.

O Ministro da Justiça, *José Pedro Aguiar Branco*, em 11 de Fevereiro de 2005.

ANEXO

(ver modelo no documento original)

2. *Medidas Extrajudiciais de Recuperação*

2.1. *Fundo para a Revitalização e Modernização do Tecido Empresarial*

Resolução do Conselho de Ministros n.º 40/98, de 23 de Março*

1. Decorrido um ano e meio sobre a criação do Quadro de Acção para a Recuperação de Empresas em Situação Financeira Difícil (QUARESD), aprovado pela Resolução do Conselho de Ministros n.º 100/96, de 4 de Julho, constata-se que a situação então existente que determinou a sua criação se alterou significativamente. A conjuntura macroeconómica, então ainda marcada por numerosas incertezas quanto ao crescimento da economia, modificou-se positivamente. Em três anos sucessivos – 1995, 1996 e 1997 – o produto cresceu acima da média da União Europeia, tudo indicando que o mesmo acontecerá em 1998. O desemprego diminuiu. O défice orçamental, a dívida pública e os preços iniciaram uma trajectória descendente sustentada que colocam Portugal entre os países que melhor atingiram os critérios de convergência fixados para a criação do euro.

A melhoria do ambiente macroeconómico repercutiu-se, favoravelmente, no tecido empresarial, nomeadamente pela sensível redução dos custos do capital, cujo valor diminuiu em mais de um terço desde Outubro de 1995. Decresceu, naturalmente, o número de empresas que, há dois anos, apresentavam sintomas de crise financeira. Em consequência desta nova situação, entende o Governo que deixou de fazer sentido a existência de um quadro específico – o QUARESD – vocacionado para

---

* Publicada no Diário da República n.º 69/98, série I-B, de 23 de Março de 1998, pp. 1253-1255.

atender às empresas em situação financeira difícil. Em relação a muitas delas a experiência de aplicação do QUARESD confirmou que a sua revitalização terá de depender cada vez menos de apoios ou incentivos concedidos aos empresários e gestores responsáveis por aquelas situações financeiras difíceis. Assim, ter-se-á de atender a novas dinâmicas de organização e gestão dos activos daquelas empresas, feitas por empresários, quadros ou sociedades que, no respeito pelas regras de mercado, as venham adquirir para as reestruturarem através, nomeadamente, de processos de fusão ou concentração. Por outro lado, todas as empresas que deixarem de poder exercer, de qualquer forma, a sua função social de produtoras de bens e serviços capazes de serem colocados, com proveitos, no mercado devem ser apresentadas à falência.

Simultaneamente, o esgotamento do QUARESD, com a criação do Sistema de Incentivos à Revitalização e Modernização do Tecido Empresarial (SIRME), que esta resolução consagra, exprime também uma nova realidade para que a economia portuguesa caminhe, aceleradamente, permitindo que as empresas estejam preparadas desde o início para o impacte do euro.

Na verdade, com a plena participação de Portugal na União Económica e Monetária (UEM) perderão rapidamente eficácia todos os instrumentos macroeconómicos (política cambial, monetária e até orçamental) que tradicionalmente foram usados para criar às empresas melhores condições de competitividade.

Embora dependendo de um conjunto muito diversificado de factores onde outras políticas públicas continuarão a ter um papel importante (formação e qualificação dos recursos humanos; política energética; desburocratização da Administração Pública; promoção de ambiente macroeconómico são e estável; políticas regionais activas; melhoria de todas as infra-estruturas de comunicações), os factores de competitividade dependerão de forma acentuada das condições microeconómicas em que operam as empresas portuguesas.

Alcançado um ambiente macroeconómico estável e são, no quadro da UEM, o equilíbrio da nossa economia dependerá, cada vez mais, da boa saúde e do sucesso das nossas empresas.

A partir do 2.º semestre, se não conseguirmos construir uma boa microeconomia, viremos a sofrer consequências na nossa economia.

Daí que seja objectivo primordial da política económica contribuir para acelerar um movimento de revitalização e modernização do tecido empresarial absolutamente indispensável a enfrentar, com sucesso, os desafios do euro.

Neste sentido, a criação do SIRME dá, também, um sinal inequívoco na orientação da política económica do Governo.

Através da criação de dois novos instrumentos – Fundo para a Revitalização e Modernização do Tecido Empresarial e Fundo para a Revitalização e Modernização do Tecido Empresarial em Regiões de Monoindústria – lança-se um novo sistema de incentivos que vem, também, a agregar outros instrumentos já disponíveis, tanto no domínio dos incentivos financeiros, como fiscais, como de formação e de base regional ou local e que constituam efectivos estímulos a empresários, quadros e sociedades com credibilidade, que apresentem índices inequívocos de saúde financeira e queiram mobilizar a sua capacidade de risco na aquisição e gestão, ou apenas na gestão, de activos cuja rendibilidade actual apresente sinais de crise.

Assim sendo, a actuação deste novo sistema de incentivos orientar-se-á para uma lógica de revitalização e modernização do tecido empresarial (e não de recuperação) incentivando a intervenção de quem tenha provas dadas com sucesso (e não apoiará ou premiará o continuado fracasso empresarial) e estimulando o nascimento, a maturação e o fortalecimento de processos empresariais sãos, não intervindo nunca numa lógica de prolongamento artificial da vida da empresa.

O novo sistema de incentivos terá as seguintes linhas de força:

a) Alargamento do leque de entidades candidatas a utilização do Sistema, já que ele se dirige a todas as empresas sólidas, com condições económicas e financeiras para liderarem processos de reestruturação e revitalização do tecido empresarial (incluindo as dirigidas a empresas em situação financeira difícil);
b) Criação de um instrumento de reestruturação empresarial especificamente dirigido a zonas cujas populações activas são fortemente dependentes de uma só empresa ou de empresas de uma mesma actividade;
c) Redefinição das missões dos poderes públicos e dos seus organismos, bem como o redimensionamento do seu papel.

2. O Sistema de Garantias do Estado a Empréstimos Bancários (SGEEB), não obstante os recursos disponibilizados pelo Governo, não foi um instrumento eficaz, operativo e credível, quer para o sistema financeiro, quer para as próprias empresas que a ele pretenderam recorrer, mantendo-se porém em vigor para todos os casos já abrangidos, bem como eventualmente para aqueles que se possam justificar.

Como é sabido, para além de procedimentos com excesso de morosidade e rigidez, considera-se que o SGEEB – sendo um sistema de garantia do Estado a créditos concedidos a empresas em situação financeira difícil – gerou no sistema financeiro um sentimento de falta de confiança, que levou, ao contrário do que se pretendia, a uma penalização das próprias empresas que a ele se pretenderam candidatar.

Tal realidade não nega a importante colaboração que se gerou entre as instituições públicas responsáveis pela gestão do QUARESD e o sistema financeiro na montagem de complexas operações de reestruturação empresarial, a qual deve ser mantida e desenvolvida na gestão do novo sistema de incentivos agora criado.

É essencial, no novo quadro, relançar igualmente a participação de outras instituições financeiras, como é o caso das sociedades de capitais de risco e das sociedades de investimento, que se mantiveram praticamente afastadas do lançamento de projectos de reestruturação empresarial no âmbito do QUARESD, apesar de serem indiscutivelmente as entidades promotoras mais experientes e credenciadas nesse domínio.

Conta-se mobilizar para a promoção de uma boa parte de operações de reestruturação empresarial um significativo número de empresas em boa situação, detentoras de capacidade de gestão, o que permitirá, por via de aquisição, revitalizar empresas em dificuldades e, sempre que for caso disso, a adopção e a preparação atempada, por via administrativa, das medidas e providências previstas na recuperação judicial de empresas, acelerando-se os processos falimentares através da iniciativa de credores públicos, sempre que se constatar a inviabilidade de revitalização.

Este tipo de operações beneficia já de incentivos fiscais, criados pelo Decreto-Lei n.º 14/98, de 28 de Janeiro.

A aquisição de capital social de empresas em situação difícil por parte de quadros ou trabalhadores (MBI e MBO), a que já se vem assistindo no âmbito de alguns processos de reestruturação em curso, constitui outro mecanismo de reestruturação empresarial que o Governo considera importante apoiar e estimular no quadro da autorização legislativa concedida nos termos do n.º 8 do artigo 43.º da Lei n.º 127-B//97, de 20 de Dezembro, que aprovou o Orçamento do Estado para 1998, tendo sido nesta data aprovado o respectivo diploma regulamentador, estando ainda em revisão o regime jurídico do FUNGEPI.

De igual modo se procede à aprovação de diplomas sobre sociedades de gestores judiciais (SGJ), sociedades de liquidatários judiciais (SLJ) e sociedades gestoras de empresas (SGE), reconhecendo e dignificando a actividade dos profissionais especializados em operações de reestruturação empresarial.

Complementarmente à criação destes instrumentos e como base de incentivos financeiros à sua utilização, constituir-se-á o Fundo para a Modernização e Reestruturação do Tecido Empresarial, sob a forma jurídica de SGPS, com um capital de 10 milhões de contos, a subscrever na fase de arranque pelo Estado e institutos públicos, prevendo-se o seu posterior aumento para 20 milhões de contos, os quais podem, nos termos da legislação aplicável, tomar participações e conceder empréstimos e garantias no quadro de operações de reestruturação empresarial.

3. Pretendendo-se o recurso, predominantemente, à iniciativa privada como motor de processos de reestruturação empresarial, prevê-se que, em zonas marcadas por situações de monoindústria ou de monoempresa, imperativos de desenvolvimento regional imponham, numa 1.ª fase, incentivos mais significativos e orientados para a preparação e concretização das respectivas operações de reestruturação.

A mobilização de esforços de todos os agentes económicos locais e das próprias autarquias poderá levar, designadamente, à constituição de sociedades de garantia mútua e de desenvolvimento regional.

Para assegurar um apoio mais efectivo ao lançamento destas operações constituir-se-á também, em moldes semelhantes aos anteriores, o Fundo para a Revitalização e Modernização do Tecido Empresarial em Regiões de Monoindústria, dotado de um capital de 3,5 milhões de contos.

4. Reconhecendo-se embora o esforço desenvolvido pelo Gabinete de Coordenação para a Recuperação de Empresas (GACRE) no atendimento de empresas em dificuldades, considera-se conveniente proceder à extinção daquela estrutura e à atribuição ao Instituto de Apoio às Pequenas e Médias Empresas e ao Investimento (IAPMEI) da competência para a recepção, instrução e aprovação de pedidos de apoio. Neste processo dever-se-ão ter em conta as possibilidades de combinação de outros instrumentos específicos da revitalização e modernização do tecido empresarial com os que, nesta data, são aprovados e ainda outros geridos por aquele Instituto, fazendo-o de forma articulada.

5. Neste sentido, o IAPMEI deve preparar o quadro de um Sistema de Incentivos à Revitalização e Modernização do Tecido Empresarial (SIRME).

6. Por sua vez, o Instituto de Emprego e Formação Profissional (IEFP) deve formular medidas que procurem assegurar a criação de oportunidades e alternativas de emprego, no quadro das soluções de revitalização e modernização, em articulação com o IAPMEI.

7. A articulação do quadro instituído pelo QUARESD com o SIRME implica que os projectos entrados no GACRE e já deferidos, de acordo com o disposto no Decreto-Lei n.º 127/96, de 10 de Agosto, sejam remetidos à Direcção-Geral do Tesouro para os efeitos que decorrem da garantia do Estado a empréstimos bancários, sendo os demais, em instrução, remetidos ao IAPMEI, que prosseguirá essa instrução à luz das várias alternativas que agora se instituem, para além do próprio SGEEB. Para essa articulação será criada junto do Ministério da Economia, como estrutura de projecto, uma auditoria para a reestruturação empresarial que integrará representantes dos Ministérios das Finanças, da Economia, do Trabalho e da Solidariedade e, sempre que necessário, dos Ministérios da Justiça e da Agricultura, do Desenvolvimento Rural e das Pescas.

Assim:

Nos termos da alínea *g*) do artigo 199.º da Constituição, o Conselho de Ministros resolveu:

1 – Aprovar a participação do Estado, através da Direcção-Geral do Tesouro, do Instituto de Apoio às Pequenas e Médias Empresas e ao Investimento e do Instituto de Gestão Financeira da Segurança Social, no capital do FRME – Fundo para a Revitalização e Modernização do Tecido Empresarial, SGPS, com o capital social de 10 000 000 000$00, representado por 10 000 000 de acções, com o valor nominal de 1 000$00, nela subscrevendo, respectivamente, 9 000 000, 500 000 e 500 000 acções.

2 – Aprovar a participação do Estado, através da Direcção-Geral do Tesouro, do Instituto de Apoio às Pequenas e Médias Empresas e ao Investimento e do Instituto de Gestão Financeira da Segurança Social, no capital social do FRMERMI – Fundo para a Modernização e Reestruturação do Tecido Empresarial em Regiões de Monoindústria, SGPS, com o capital social de 3 500 000 000$00, representado por 3 500 000 acções, com o valor nominal de 1 000$00, nela subscrevendo, respectivamente, 3 000 000, 250 000 e 250 000 acções.

3 – Articular igualmente os instrumentos disponíveis, como sejam, entre outros, os da formação profissional, as iniciativas de desenvolvimento local (IDL), as iniciativas locais de emprego (ILE), o Regime de Incentivos a Microempresas (RIME), o que será garantido através de uma profunda coordenação entre o Instituto de Apoio às Pequenas e Médias Empresas e ao Investimento, o Instituto do Emprego e Formação Profissional e os respectivos organismos gestores.

4 – Mandatar os Ministros das Finanças, da Economia e do Trabalho e da Solidariedade para, em conjunto, praticarem todos os actos que julguem necessários, úteis e convenientes à constituição e funcionamento dos fundos referidos nos números anteriores.

5 – Cometer ao Instituto de Apoio às Pequenas e Médias Empresas e ao Investimento a preparação do quadro em que se inserirá a prestação de apoios por parte do Fundo para a Revitalização e a Modernização do Tecido Empresarial e do Fundo para a Revitalização e a Modernização do Tecido Empresarial para as Regiões de Monoindústria e a celebração de acordos quadro de colaboração com os fundos referidos no número anterior e com as instituições financeiras, designadamente sociedades de capitais de risco e sociedades de investimento, que manifestem interesse em participar na concretização de projectos de revitalização e modernização do tecido empresarial, bem como a recepção, instrução e aprovação dos pedidos de apoio ou de aplicação dos incentivos à celebração de contratos de consolidação financeira e de reestruturação empresarial ou de aquisição de capital social por quadros e trabalhadores.

6 – Extinguir o Gabinete de Coordenação para a Recuperação de Empresas (GACRE), criado pela Resolução do Conselho de Ministros n.º 100/96, de 4 de Julho.

7 – Os projectos entrados no GACRE ao abrigo do Sistema de Garantia do Estado a Empréstimos Bancários (SGEEB) serão remetidos à Direcção-Geral do Tesouro ou ao Instituto de Apoio às Pequenas e Médias Empresas e ao Investimento, consoante os casos.

Presidência do Conselho de Ministros, 19 de Fevereiro de 1998 – O Primeiro-Ministro, *Antônio Manuel de Oliveira Guterres.*

2.2. *Sistema de Incentivos à Revitalização e Modernização Empresarial (SIRME)*

Decreto-Lei n.º 80/98, de 2 de Abril*

A Resolução do Conselho de Ministros n.º 40/98, de 23 de Março, aprovou, entre outras medidas, a criação de instrumentos para a revitalização e modernização empresarial, que se integram num sistema de incentivos que deverá agregar ainda outros instrumentos disponíveis. Esta orientação permitirá um aproveitamento e uma articulação integral de um vasto conjunto de medidas que visa, entre outros objectivos, o estímulo à recuperação de empresas em dificuldade financeira através de aquisições ou fusões por outras empresas e de aquisição, total ou parcial, do capital de uma empresa por parte de quadros técnicos, vinculados ou não à empresa, ou por parte de trabalhadores, com recurso, sempre que necessário, a sociedades gestoras de empresas, cometendo-se ao Instituto de Apoio às Pequenas e Médias Empresas e ao Investimento (IAPMEI) a gestão do sistema.

Na mesma lógica, o sistema procurará ainda dar resposta coerente a empresa que se integram em zonas cujas populações activas são fortemente dependentes de uma só empresa ou de empresas de uma mesma actividade.

Este sistema, designado por Sistema de Incentivos à Revitalização e Modernização Empresarial (SIRME), terá ainda o contributo e a participação dos Ministérios das Finanças, da Justiça, da Agricultura, do Desenvolvimento Rural e das Pescas e do Trabalho e da Solidariedade, para além do Ministério da Economia.

A concretização das medidas de revitalização e modernização empresarial será privilegiadamente alcançada através de contratos de consolidação financeira e reestruturação empresarial, para os quais poderão ser estabelecidos incentivos de natureza financeira e fiscal, para além de outras medidas que assegurem a criação de oportunidades e alternativas de emprego.

---

* Publicado no Diário da República n.º 78/98, série I-A, de 2 de Abril de 1998, pp. 1435-1436.

Assim:

Nos termos da alínea *a*) do n.º 1 do artigo 198.º da Constituição, o Governo decreta o seguinte:

Artigo 1.º

É instituído o Sistema de Incentivos à Revitalização e Modernização Empresarial (SIRME), que articulará todos os instrumentos que se adequam à revitalização e modernização empresarial através de aquisições ou fusões de empresas, nomeadamente em situação financeira difícil, por outras empresas, bem como por quadros trabalhadores ou por qualquer outra via, recorrendo-se, sempre que necessário, a sociedades de gestão de empresas.

Artigo 2.º

1 – São susceptíveis de beneficiarem dos incentivos para a revitalização e modernização empresarial todas as empresas e entidades que demonstrem, pela sua prática ou pela sua situação económico-financeira, terem condições de credibilidade para o exercício da gestão empresarial.

2 – Os incentivos destinados às empresas e entidades referidas no número anterior aproveitam à revitalização e modernização das empresas em situação financeira difícil ou a empresa ou empresas integradas em zonas cujas populações activas são fortemente delas dependentes.

Artigo 3.º

O organismo responsável pela gestão do SIRME é o Instituto de Apoio às Pequenas e Médias Empresas e ao Investimento (IAPMEI).

Artigo 4.º

1 – Fica a cargo do IAPMEI, sempre que necessário, em articulação com outras entidades, nomeadamente o Instituto Financeiro de Apoio ao Desenvolvimento da Agricultura e Pescas (IFADAP), estabelecer as condições e os mecanismos de ordem contratual para a aplicação das medidas que dentro do Sistema se justificarem.

2 – Sem prejuízo do disposto no número anterior, o IAPMEI deverá desenvolver uma acção concertada no sentido de dinamizar o Sistema através do estímulo a entidades ou empresas que possam beneficiar dos incentivos instituídos pelo SIRME.

Artigo 5.º

As condições de aplicação dos incentivos, a forma de recepção e de instrução e ainda a aprovação dos processos serão objecto de despacho do Ministro da Economia, com base em proposta apresentada pelo IAPMEI.

Artigo 6.º

O acompanhamento, controlo e fiscalização do SIRME é da responsabilidade do IAPMEI, para além das competências próprias da Inspecção-Geral das Finanças.

Visto e aprovado em Conselho de Ministros de 19 de Fevereiro de 1998. – *António Manuel de Oliveira Guterres – António Luciano Pacheco de Sousa Franco – José Eduardo Vera Cruz Jardim – Joaquim Augusto Nunes de Pina Moura – Luís Manuel Capoulas Santos – Eduardo Luís Barreto Ferro Rodrigues.*

Promulgado em 18 de Março de 1998.

Publique-se.

O Presidente da República, JORGE SAMPAIO.

Referendado em 26 de Março de 1998.

O Primeiro-Ministro, *António Manuel de Oliveira Guterres.*

2.3. *Benefícios à Aquisição, Total ou Parcial, do Capital Social de uma Empresa por Quadros Técnicos ou por Trabalhadores da Empresa*

Decreto-Lei n.º 81/98, de 2 de Abril*

A criação de condições efectivas para que os quadros técnicos e os trabalhadores possam ter acesso ao exercício da função empresarial, através da aquisição do capital social de empresas, nomeadamente concedendo incentivos fiscais às operações em causa, é uma necessidade que se impõe face revitalização e modernização da empresa.

Por força da autorização legislativa constante do n.º 8 do artigo 43.º da Lei n.º 127-B/97, de 20 de Dezembro, ficou o Governo autorizado a «tornar aplicáveis às medidas previstas (...) em contratos de aquisição de capital social por quadros e trabalhadores» conexos com contratos de consolidação financeira e de reestruturação empresarial «os benefícios consignados para medidas de idêntica natureza nos artigos 118.º a 121.º do Código dos Processos Especiais de Recuperação da Empresa e de Falência, aprovado pelo Decreto-Lei n.º 132/93, de 23 de Abril».

Em harmonia com a Resolução do Conselho de Ministros n.º 40/98, de 23 de Março, foram criados vários instrumentos com objectivo de incentivar e apoiar a revitalização e modernização de empresas em situação difícil. Com este diploma, concretizando a referida autorização legislativa, estabelecem-se incentivos à aquisição do respectivo capital social por quadros e trabalhadores, sempre que essa aquisição se mostre conexa com contratos de consolidação financeira e reestruturação empresarial.

Assim:

No uso da autorização legislativa concedida pelo n.º 8 do artigo 43.º da Lei n.º 127-B/97, de 20 de Dezembro, nos termos da alínea *b*) do n.º 1 do artigo 198.º e do n.º 5 do artigo 112.º da Constituição, o Governo decreta o seguinte:

---

* Publicado no Diário da República n.º 78/98, série I-A, de 2 de Abril de 1998, pp. 1436-1438.

Artigo 1.º
Objecto

O presente diploma define os benefícios aplicáveis à celebração de contratos de aquisição, total ou parcial, do capital social de uma empresa por parte de quadros técnicos, vinculados ou não à empresa, ou por parte de trabalhadores, que tenham por finalidade a sua revitalização e modernização e se encontrem conexos com contratos de consolidação financeira e contratos de reestruturação empresarial.

Artigo 2.º
Contratos de consolidação financeira

Consideram-se contratos de consolidação financeira, para efeitos do presente diploma, os contratos, celebrados entre uma empresa em situação financeira difícil e instituições de crédito ou outros parceiros interessados, que conduzam ao reequilíbrio financeiro da empresa através da reestruturação do passivo, da concessão de financiamentos adicionais ou do reforço dos capitais próprios.

Artigo 3.º
Contratos de reestruturação empresarial

Consideram-se contratos de reestruturação empresarial, para efeitos do presente diploma, os contratos, celebrados entre uma empresa em situação financeira difícil e instituições de crédito ou outros parceiros interessados, que prevejam a reconversão, o redimensionamento ou a reorganização da empresa, designadamente através da alienação de estabelecimento ou áreas de negócio, alteração da forma jurídica, fusão ou cisão.

Artigo 4.º
Previsão

Os contratos de consolidação financeira e de reestruturação empresarial deverão prever, uma vez executados, um nível de autonomia financeira, de cobertura do imobilizado por capitais permanentes e um grau de liquidez, a fixar por despacho do Ministro da Economia.

Artigo 5.º
Projectos

Os projectos subjacentes a contratos de consolidação financeira e de reestruturação empresarial são instruídos pelo Instituto de Apoio às Pequenas e Médias Empresas e ao Investimento (IAPMEI), que, quando tal se justifique no quadro do projecto, poderá propor aos organismos titulares de créditos públicos a abertura de procedimentos conducentes à sua alienação.

Artigo 6.º
Aquisições prévias

1 – As aquisições prévias a contratos de consolidação financeira ou a contratos de reestruturação empresarial são também abrangidas pelo presente diploma desde que:

a) Aos credores que detenham individualmente mais de 10% dos créditos sobre a empresa seja proposta a negociação de um contrato de consolidação financeira ou de um contrato de reestruturação empresarial no prazo de três meses a contar da data da aquisição;
b) O contrato de consolidação financeira ou o contrato de reestruturação empresarial seja celebrado no prazo máximo de quatro meses a contar da data da aquisição.

2 – Os benefícios apenas abrangem os actos e as operações posteriores à celebração do contrato de consolidação financeira ou do contrato de reestruturação empresarial.

Artigo 7.º
Efeitos da aquisição

1 – A aquisição do capital social das empresas objecto de revitalização e de modernização deve conferir aos adquirentes pelos menos 75% dos direitos de voto.

2 – Os adquirentes deverão, para garantir a existência de estabilidade na administração da empresa durante o período de execução do contrato de consolidação financeira ou do contrato de reestruturação empresarial:

a) Constituir, entre si, uma sociedade gestora de empresas;
b) Contratar com uma sociedade gestora de empresas a gestão da empresa em causa; ou

c) Celebrar um acordo parassocial que crie condições para a manutenção da estabilidade da administração naquele período.

3 – Os adquirentes converterão obrigatoriamente em capital social, no prazo de seis meses a contar da data da aquisição do capital, todos os créditos que, à data da aquisição, detenham, directa ou indirectamente, sobre a empresa.

Artigo 8.º
Assunção de dívidas

1 – A empresa adquirida poderá assumir as dívidas contraídas na aquisição do seu capital social desde que os montantes em causa sejam incluídos no contrato de consolidação e não exista oposição por parte de accionistas detentores de mais de 25% dos direitos de voto.

2 – Para efeitos do número anterior, consideram-se dívidas contraídas na aquisição do capital social as dívidas relativas à aquisição de partes sociais, bem como as relativas à aquisição de créditos que tenham sido convertidos em capital.

3 – A empresa fica sub-rogada no valor dos pagamentos que tiver satisfeito ao abrigo do n.º 1, sendo os créditos daí derivados considerados indisponíveis e amortizados através da retenção dos lucros que, nos termos legais e estatutários, devessem ser atribuídos aos devedores.

Artigo 9.º
Benefícios

Aos actos e operações abrangidos pelo presente diploma é aplicável o disposto nos artigos 118.º a 121.º do Código dos Processos Especiais de Recuperação da Empresa e de Falência.

Visto e aprovado em Conselho de Ministros de 19 de Fevereiro de 1998. – *António Manuel de Oliveira Guterres – António Luciano Pacheco de Sousa Franco – José Eduardo Vera Cruz Jardim – Joaquim Augusto Nunes de Pina Moura – Eduardo Luís Barreto Ferro Rodrigues.*

Promulgado em 18 de Março de 1998.

Publique-se.

O Presidente da República, JORGE SAMPAIO.

Referendado em 26 de Março de 1998.

O Primeiro-Ministro, *António Manuel de Oliveira Guterres.*

2.4. *Indicadores de Referência para a Atribuição de Incentivos Fiscais no Âmbito dos Contratos de Consolidação Financeira e Reestruturação Empresarial*

Despacho n.º 8513/98 (2ª série), de 5 de Maio*

O Decreto-Lei n.º 81/98, de 2 de Abril, no âmbito do SIRME – Sistema de Incentivos à Revitalização e Modernização Empresarial, definiu os benefícios aplicáveis à celebração de contratos de aquisição do capital social de uma empresa por parte de quadros técnicos ou trabalhadores, quando conexos com contratos de consolidação financeira e contratos de reestruturação empresarial.

O mesmo diploma legal determinou que esses contratos deveriam prever, no termo da sua vigência, a obtenção de determinados indicadores económico-financeiros, a fixar por despacho do Ministro da Economia.

O Decreto-Lei n.º 127/96, de 10 de Agosto, no âmbito do SGEEB – Sistema de Garantia do Estado a Empréstimos Bancários, também prevê a necessidade de regulamentação por despacho do Ministro da Economia do mesmo tipo de indicadores no contexto de projectos de consolidação financeira e de reestruturação empresarial.

O Decreto-Lei n.º 14/98, de 28 de Janeiro, por seu turno, permite a atribuição de incentivos fiscais pelo Ministério das Finanças no âmbito de contratos de consolidação financeira e de reestruturação empresarial que consubstanciem um projecto em que se preveja, uma vez executadas as medidas propostas, a obtenção de indicadores que meçam o sucesso do projecto, e que são fixados por despacho do Ministro da Economia.

Assim, nos termos e para os efeitos do artigo 4.º do Decreto-Lei n.º 81/98, de 2 de Abril, do artigo 4.º, n.º 1, do Decreto-Lei n.º 127/96, de 10 de Agosto, e do artigo 2.º do Decreto-Lei n.º 14/98, de 28 de Janeiro, determina-se:

1 – Os contratos de consolidação financeira e de reestruturação empresarial deverão prever, após a execução das medidas de consolidação

---

* Despacho do Ministro da Economia, publicado no Diário da República n.º 117/98, série II, de 21 de Maio de 1998, p. 6880.

ou reestruturação, a obtenção de um nível de autonomia financeira (capitais próprios/ total do activo líquido) superior a 30%.

2 – Os contratos de consolidação financeira e de reestruturação empresarial deverão prever, após a execução das medidas de consolidação ou reestruturação, a obtenção de um indicador de cobertura do imobilizado por capitais permanentes (capitais permanentes/ imobilizado líquido) e um grau de liquidez geral (activo de curto prazo/ passivo de curto prazo) superior a 1,1 em qualquer dos indicadores.

5 de Maio de 1998. – O Ministro da Economia, *Joaquim Augusto Nunes de Pina Moura.*

2.5. Regulamento do Sistema de Incentivos à Revitalização e Modernização Empresarial – SIRME

Despacho n.º 8514/98 (2ª série), de 5 de Maio*

O Decreto-Lei n.º 80/98, de 2 de Abril, criou o Sistema de Incentivos à Revitalização e Modernização Empresarial (SIRME).

Torna-se agora necessário regulamentar o Sistema criado, definindo os procedimentos a observar para atribuição dos incentivos.

Assim, ao abrigo do artigo 5.º do Decreto-Lei n.º 80/98, de 2 de Abril, determina-se:

Artigo 1.º
Âmbito

1 – São susceptíveis de enquadramento no Sistema de Incentivos à Revitalização e Modernização Empresarial os projectos que visem a

---

* Despacho do Ministro da Economia, publicado no Diário da República n.º 117/98, série II, de 21 de Maio de 1998, pp. 6880-6881.

promoção do crescimento das empresas e ou o restabelecimento das condições de competitividade do tecido empresarial.

2 – Os projectos a que se refere o número anterior visam a aquisição ou a fusão de empresas que se revelem ou perspectivem em situação económico-financeira difícil, ou as integradas em zonas cujas populações activas são fortemente delas dependentes, incluindo, ainda, os investimentos inerentes.

Artigo 2.º
Incentivos

Os incentivos de natureza fiscal e financeira atribuídos aos projectos constarão de um contrato, nos termos do artigo 10.º, ou serão atribuídos por despacho da entidade competente, quando seja essa a forma legalmente prevista.

Artigo 3.º
Processo

1 – São duas as fases processuais no âmbito deste sistema:

a) A fase pré-procedimental;

b) A fase procedimental.

2 – A fase pré-procedimental integra a do início do processo e a da negociação.

3 – A fase procedimental integra a candidatura ao sistema e a decisão sobre a mesma.

Artigo 4.º
Início do processo

1 – O início do processo pode resultar da iniciativa das empresas ou entidades referidas nos n.os 1 e 2 do artigo 2.º do Decreto-Lei n.º 80/98, de 2 de Abril.

2 – A entidade candidata deverá entregar no IAPMEI uma ficha de apresentação, de acordo com o modelo a aprovar pelo Instituto.

Artigo 5.º
Fase negocial

Compete à entidade candidata, com o apoio do agente dinamizador a que se refere o artigo seguinte, reunir as condições necessárias à apresentação da candidatura, nos termos do artigo 7.º, bem como obter os acordos de princípio necessários e relevantes para a concretização do projecto, expressando a disponibilidade das partes a envolver na operação.

Artigo 6.º
Agente dinamizador

1 – Ao agente dinamizador compete apoiar a entidade candidata na fase negocial e manter informado o IAPMEI do curso do processo.

2 – Ao agente dinamizador compete, ainda, promover a realização do diagnóstico e do estudo de viabilidade do projecto de aquisição ou fusão, tendo em consideração a estrutura definida pelo IAPMEI, bem como as posições assumidas pelas entidades intervenientes no processo.

3 – O agente dinamizador será escolhido pelo candidato, de entre a lista que lhe for apresentada pelo IAPMEI.

Artigo 7.º
Da candidatura

Concluída que seja a fase negocial, a entidade candidata deverá formalizar a sua candidatura mediante:

a) O preenchimento e apresentação do respectivo formulário de candidatura, conforme modelo aprovado pelo IAPMEI;
b) A apresentação dos acordos de princípio a que se refere o artigo 5.º;
c) A entrega do diagnóstico e estudo de viabilidade do projecto de aquisição ou fusão.

Artigo 8.º
Análise de candidatura

1 – Apresentada a candidatura, o IAPMEI deverá:

a) Verificar o cumprimento dos requisitos a que se refere o artigo anterior;

b) Analisar o diagnóstico e o estudo de viabilidade do projecto de aquisição ou fusão;

c) Definir a proposta final de viabilização do projecto.

2 – O IAPMEI, com o objectivo de melhor garantir a consolidação da proposta final, poderá promover a articulação com instrumentos complementares que reforcem as perspectivas de viabilização do projecto.

Artigo 9.º
Processo de decisão

1 – Concluída a fase de análise de candidatura, sem prejuízo do previsto no número seguinte, o conselho de administração do IAPMEI deliberará sobre aquela, submetendo a deliberação a homologação do Ministro da Economia.

2 – A deliberação que aprovar a candidatura será acompanhada por parecer da AUDITRE – Unidade de Auditoria para a Reestruturação Empresarial sempre que se verifique uma das seguintes situações:

a) Existência de prévia recomendação sua, quanto à inclusão da empresa no âmbito do SIRME;

b) Necessidade de suscitar, por parte dos ministérios nela representados, a tomada de medidas que, inserindo-se no âmbito das suas atribuições, reforcem as perspectivas de viabilização do projecto.

3 – Após homologada, a deliberação que incidir sobre o projecto será comunicada pelo IAPMEI à entidade candidata.

Artigo 10.º
Contrato

O IAPMEI, no caso de decisão favorável, promoverá a celebração de um contrato de revitalização e modernização empresarial, bem como dos contratos que a ele se reportam, incluindo contratos de consolidação financeira e de reestruturação empresarial, se for caso disso.

Artigo 11.º
Acompanhamento

O acompanhamento, controlo e fiscalização do presente sistema é da responsabilidade do IAPMEI, para além das competências próprias da Inspecção-Geral de Finanças.

Artigo 12.º
Rescisão

1 – Sem prejuízo do que se preveja contratualmente, a iniciativa da rescisão pelo IAPMEI só poderá efectuar-se, após autorização do Ministro da Economia ou da entidade na qual for delegada essa competência, desde que se invoquem alguns dos seguintes fundamentos:

a) Não cumprimento dos objectivos contratuais por facto imputável ao beneficiário;

b) Prestação de falsas informações ou viciação de documentos apresentados.

2 – A rescisão, quando verificada, conforme o previsto no número anterior, implica a restituição dos incentivos concedidos no prazo e nas condições a fixar no contrato.

Artigo 13.º
Candidaturas excepcionais

O IAPMEI poderá, para efeito do previsto no artigo 8.º, prescindir do que estipulam os artigos 4.º, 5.º e 6.º.

5 de Maio de 1998. – O Ministro da Economia, *Joaquim Augusto Nunes de Pina Moura.*

2.6. Procedimento Extrajudicial de Conciliação

Decreto-Lei n.º 316/98, de 20 de Outubro*

A experiência tem mostrado que, em número significativo de casos, o consenso entre os interessados na recuperação de empresas em dificuldades pode alcançar-se pela intervenção mediadora de uma entidade pública.

---

* Publicado no Diário da República n.º 242/98, série I-A, de 20 de Outubro de 1998, pp. 5464-5465.

O presente diploma proporciona esse tipo de intervenção, atribuindo-a ao Instituto de Apoio às Pequenas e Médias Empresas e ao Investimento (IAPMEI), que para o efeito se mostra particularmente vocacionado.

Cria-se um procedimento de conciliação, simples e flexível, em que se reserva, intencionalmente, ao IAPMEI o papel de condução de diligências extrajudiciais, sempre no respeito da vontade dos participantes, recusando-lhe quaisquer poderes sancionatórios ou coercitivos.

Dispõe-se ainda sobre a coordenação entre o procedimento de conciliação e o processo judicial de recuperação da empresa que se encontre pendente.

Com o procedimento extrajudicial de conciliação e as alterações a introduzir simultaneamente no Código dos Processos Especiais de Recuperação da Empresa e de Falência espera-se que as empresas em dificuldades económicas e os que directamente por tais dificuldades se vêem afectados tenham ao seu dispor um quadro normativo mais consentâneo com as exigências da vida empresarial.

Assim:

Nos termos do disposto na alínea *a*) do n.º 1 do artigo 198.º e do n.º 5 do artigo 112.º da Constituição, o Governo decreta o seguinte:

Artigo 1.º
Iniciativa do procedimento de conciliação

1 – Qualquer empresa em condições de requerer judicialmente a sua insolvência, nos termos do Código da Insolvência e da Recuperação de Empresas (CIRE), pode requerer ao Instituto de Apoio às Pequenas e Médias Empresas e ao Investimento (IAPMEI) o procedimento de conciliação regulado no presente diploma.

2 – Para os efeitos do presente diploma, entende-se como empresa toda a pessoa colectiva dotada de personalidade jurídica e com património autónomo.

3 – O procedimento de conciliação a que se refere o n.º 1 do presente artigo pode ainda ser requerido por qualquer credor que, nos termos do CIRE, tenha legitimidade para requerer a declaração de insolvência de uma empresa.

4 – A apresentação de requerimento de procedimento de conciliação pela empresa suspende, durante a pendência do procedimento, o prazo para apresentação à insolvência fixado no artigo 18.º do CIRE.

5 – A suspensão prevista no número anterior cessa logo que o procedimento se extinga ou decorram 60 dias sobre a data em que haja sido proferido o despacho referido no n.º 1 do artigo 4.º.

Este preceito foi alterado pelo artigo 1.º do Decreto-Lei 201/2004, de 18 de Agosto (Diário da República n.º 194/2004, série I-A, de 18 de Agosto de 2004, pp. 5316-5318).

Artigo 2.º
Finalidade do procedimento

1 – O procedimento de conciliação destina-se a obter a celebração de acordo, entre a empresa e todos ou alguns dos seus credores, que viabilize a recuperação da empresa em situação de insolvência, ainda que meramente iminente, nos termos do artigo 3.º do CIRE.

2 – No acordo podem ainda intervir os sócios da empresa ou outros interessados.

3 – A participação dos credores públicos no procedimento de conciliação é obrigatória desde que a regularização das respectivas dívidas contribua, de forma decisiva, para a recuperação da empresa.

4 – As propostas tendentes ao acordo a que se referem os números anteriores podem servir de base a propostas de planos de insolvência ou de planos de pagamentos a apresentar no âmbito de processo de insolvência.

5 – Caso o conteúdo da proposta de acordo corresponda ao disposto no n.º 2 do artigo 252.º do CIRE e haja sido, no âmbito do procedimento de conciliação, objecto de aprovação escrita por mais de dois terços do valor total dos créditos relacionados pelo devedor no procedimento de conciliação, pode a mesma ser submetida ao juiz do tribunal que seria competente para o processo de insolvência para suprimento dos restantes credores e consequente homologação, com os mesmos efeitos previstos no CIRE para o plano de pagamentos.

6 – Para os efeitos do número anterior, é dispensada a notificação dos credores cuja aprovação escrita conste do requerimento apresentado, sendo apenas notificados, nos termos do artigo 256.º do CIRE, os credores cuja aprovação se requer seja suprida pelo Tribunal.

Este preceito foi alterado pelo artigo 1.º do Decreto-Lei 201/2004, de 18 de Agosto (Diário da República n.º 194/2004, série I-A, de 18 de Agosto de 2004, pp. 5316-5318).

Artigo 3.º
Pedido de conciliação

1 – O procedimento de conciliação é requerido por escrito ao IAPMEI, devendo o requerente invocar os respectivos fundamentos, identificar as partes que nele devem intervir e indicar o conteúdo do acordo que pretende obter.

2 – O requerimento é acompanhado dos documentos que devessem ser apresentados com a petição em processo judicial de insolvência.

3 – O requerimento a apresentar deve integrar credores que representem mais de 50% das dívidas da empresa.

4 – Com a entrega do requerimento, a empresa deve simultaneamente proceder ao pagamento de uma taxa ao IAPMEI, cujo montante é fixado por portaria do Ministro da Economia, para cobertura dos custos do procedimento.

5 – Deve ser ainda apresentado, no prazo de 15 dias após a entrega do requerimento, um plano de negócios que demonstre a adequabilidade do acordo e da viabilidade da empresa.

Este preceito foi alterado pelo artigo 1.º do Decreto-Lei 201/2004, de 18 de Agosto (Diário da República n.º 194/2004, série I-A, de 18 de Agosto de 2004, pp. 5316-5318).

Artigo 4.º
Recusa do procedimento

1 – O IAPMEI deve recusar liminarmente o requerimento de conciliação se entender que:

a) A empresa é economicamente inviável;
b) Não é provável o acordo entre os principais interessados na recuperação;
c) Não é eficaz a sua intervenção para a obtenção do acordo;
d) A empresa não se encontra em situação de insolvência, ainda que meramente iminente;
e) Já se encontra ultrapassado o prazo para apresentação à insolvência, tal como fixado no n.º 1 do artigo 18.º do CIRE.

2 – O despacho a que se refere o número anterior é proferido no prazo de 15 dias.

Este preceito foi alterado pelo artigo 1.º do Decreto-Lei 201/2004, de 18 de Agosto (Diário da República n.º 194/2004, série I-A, de 18 de Agosto de 2004, pp. 5316-5318).

Artigo 5.º
Termos do procedimento

1 – Se o requerimento não for recusado, compete ao IAPMEI promover as diligências e os contactos necessários entre a empresa e os principais interessados, com vista à concretização de acordo que viabilize a recuperação da empresa, cabendo-lhe a orientação das reuniões que convocar.

2 – As diligências a efectuar podem incluir, nomeadamente, a sugestão de propostas e de modelos negociais.

3 – Sem prejuízo de contactos directos entre os interessados, o IAPMEI deve acompanhar as negociações, podendo fazer intervir outras entidades para além das indicadas pelo requerente.

4 – Em qualquer altura o IAPMEI pode solicitar ao requerente ou aos interessados a prestação de esclarecimentos ou de informações que considere indispensáveis.

5 – A todo o tempo pode o IAPMEI sugerir ao requerente a modificação dos termos do acordo inicialmente pretendido.

Artigo 6.º
Juízo técnico

1 – Sem prejuízo da audição dos intervenientes no procedimento de conciliação, o IAPMEI deve analisar, por si ou através de especialistas externos, a viabilidade da empresa e a adequação do acordo pretendido à sua viabilização.

2 – Na análise referida no número anterior, é especialmente ponderada a possibilidade de a empresa beneficiar de sistemas de incentivos.

3 – O IAPMEI pode exigir do requerente do procedimento ou de outros interessados que suportem, no todo ou em parte, os encargos com a perícia a que se refere o n.º 1, na medida das suas disponibilidades.

Artigo 7.º
Prazos

Sempre que devam ser ouvidos o requerente, os demais interessados ou outras entidades, o IAPMEI fixa prazo para o efeito, aplicando-se à respectiva contagem o regime do Código de Processo Civil.

Artigo 8.º
Forma do acordo

O acordo obtido em procedimento de conciliação deve ser reduzido a escrito, dependendo de escritura pública nos casos em que a lei o exija.

Artigo 9.º
Extinção do procedimento

Se o IAPMEI, em qualquer momento, concluir pela verificação de alguma das situações a que se refere o n.º 1 do artigo 4.º, declara extinto o procedimento.

Artigo 10.º
Procedimento de conciliação e processo judicial

1 – A pendência de processo judicial de insolvência não obsta ao procedimento de conciliação.

2 – No caso previsto no número anterior, se ainda não tiver sido declarada a insolvência, a instância judicial pode ser suspensa, a requerimento da empresa ou de qualquer interessado, instruído com declaração emitida pelo IAPMEI.

3 – O juiz, ouvidas as partes, decide conforme julgar mais conveniente, não podendo a suspensão da instância prolongar-se por mais de dois meses.

4 – A suspensão prevista nos números anteriores não prejudica a adopção das medidas cautelares previstas no artigo 31.º do CIRE.

Este preceito foi alterado pelo artigo 1.º do Decreto-Lei 201/2004, de 18 de Agosto (Diário da República n.º 194/2004, série I-A, de 18 de Agosto de 2004, pp. 5316-5318).

Artigo 11.º
Prazo de conclusão do procedimento de conciliação

1 – O prazo de conclusão do procedimento de conciliação, quando não exista processo de insolvência pendente, não deverá exceder seis meses.

2 – O prazo referido no número anterior poderá ser prorrogado por mais três meses, por uma única vez, sempre que, de forma devidamente fundamentada, a empresa ou um dos credores o requeira e o IAPMEI dê o seu parecer favorável.

Este preceito foi alterado pelo artigo 1.º do Decreto-Lei 201/2004, de 18 de Agosto (Diário da República n.º 194/2004, série I-A, de 18 de Agosto de 2004, pp. 5316-5318).

Visto e aprovado em Conselho de Ministros de 30 de Julho de 1998. – *António Manuel de Oliveira Guterres – José Manuel de Matos Fernandes – Vítor Manuel Sampaio Caetano Ramalho.*

Promulgado em 18 de Agosto de 1998.

Publique-se.

O Presidente da República, JORGE SAMPAIO.

Referendado em 20 de Agosto de 1998.

Pelo Primeiro-Ministro, *Jaime José Matos da Gama*, Ministro dos Negócios Estrangeiros.

Decreto-Lei n.º 201/2004, de 18 de Agosto*

A reforma do direito falimentar português, introduzida pelo Código da Insolvência e da Recuperação de Empresas, constitui um passo decisivo no incentivo aos empresários ao recurso aos meios formais de encerramento ou viabilização de empresas em situação de insolvência ou na iminência de tal situação.

Contudo, não se pode deixar de notar que o recurso a um processo de natureza judicial pode revelar-se demasiado oneroso.

Atendendo a tal preocupação, tornava-se necessária a adaptação do procedimento extrajudicial de conciliação à nova nomenclatura e conceitos do processo de insolvência, aproveitando simultaneamente para procurar corrigir alguns dos entraves detectados ao bom funcionamento deste procedimento.

* Publicado no Diário da República n.º 194/2004, série I-A, de 18 de Agosto de 2004, pp. 5316-5318.

Assim, e em primeiro lugar, estabelece-se expressamente que o requerimento de procedimento extrajudicial de conciliação suspende o prazo de que o devedor dispõe para apresentação à insolvência, como incentivo ao recurso a este procedimento.

Por outro lado, prevê-se agora a possibilidade de as empresas que obtenham a aprovação, em sede de procedimento de conciliação, de uma proposta de acordo de viabilização por, pelo menos, dois terços dos credores envolvidos obterem suprimento judicial da aprovação dos restantes credores de forma relativamente expedita.

Assim se procura ultrapassar um dos principais obstáculos ao sucesso dos acordos de viabilização promovidos no âmbito do IAPMEI, qual seja a necessidade de unanimidade entre todos os credores envolvidos.

Naturalmente, a dispensa dessa unanimidade, com a consequente imposição a determinados credores do acordo alcançado, não pode deixar de implicar a intervenção judicial, como forma de tutela dos direitos desses mesmos credores.

Alarga-se o âmbito de aplicação do diploma a outras entidades para além das empresas, uma vez que a natureza das situações em causa assim o determina.

Consagra-se expressamente a obrigatoriedade de participação no procedimento especial de conciliação dos credores que assegurem a representatividade do mínimo de 50% do montante das dívidas da empresa, assegurando-se deste modo, inequivocamente, a viabilidade da empresa e adequação do acordo.

Introduz-se um prazo máximo de seis meses para a conclusão do procedimento de conciliação, conferindo uma maior celeridade e credibilidade ao processo, podendo ser prorrogado pelo prazo de três meses mediante pedido fundamentado da empresa ou de um dos credores, e sujeito a autorização do IAPMEI.

Inclui-se ainda uma disposição que estabelece a obrigatoriedade de participação dos credores públicos no procedimento de conciliação quando a regularização das dívidas contribua, de forma decisiva, para o saneamento do passivo da devedora e sua consequente viabilização.

Por último, regula-se em termos mais claros a relação entre o procedimento de conciliação e o processo judicial de insolvência, esclarecendo-se que a suspensão só pode ser decretada caso a insolvência ainda não haja sido judicialmente declarada, que a dita suspensão não pode durar mais de dois meses e que a suspensão não impede a adopção de medidas cautelares destinadas a acautelar os direitos dos credores.

Introduz-se a obrigatoriedade do pagamento de uma taxa ao IAPMEI, cujo montante é definido por portaria do Ministro da Economia, tendo em vista a cobertura dos custos com o presente procedimento.

Assim:

Nos termos da alínea *a)* do n.º 1 do artigo 198.º da Constituição, o Governo decreta o seguinte:

Artigo 1.º

Alterações ao Decreto-Lei n.º 316/98, de 20 de Outubro

Os artigos 1.º a 4.º, 10.º e 11.º do Decreto-Lei n.º 316/98, de 20 de Outubro, passam a ter a seguinte redacção:

«Artigo 1.º

[. . .]

1 – Qualquer empresa em condições de requerer judicialmente a sua insolvência, nos termos do Código da Insolvência e da Recuperação de Empresas (CIRE), pode requerer ao Instituto de Apoio às Pequenas e Médias Empresas e ao Investimento (IAPMEI) o procedimento de conciliação regulado no presente diploma.

2 – Para os efeitos do presente diploma, entende-se como empresa toda a pessoa colectiva dotada de personalidade jurídica e com património autónomo.

3 – O procedimento de conciliação a que se refere o n.º 1 do presente artigo pode ainda ser requerido por qualquer credor que, nos termos do CIRE, tenha legitimidade para requerer a declaração de insolvência de uma empresa.

4 – A apresentação de requerimento de procedimento de conciliação pela empresa suspende, durante a pendência do procedimento, o prazo para apresentação à insolvência fixado no artigo 18.º do CIRE.

5 – A suspensão prevista no número anterior cessa logo que o procedimento se extinga ou decorram 60 dias sobre a data em que haja sido proferido o despacho referido no n.º 1 do artigo 4.º.

Artigo 2.º

[. . .]

1 – O procedimento de conciliação destina-se a obter a celebração de acordo, entre a empresa e todos ou alguns dos seus credores, que

viabilize a recuperação da empresa em situação de insolvência, ainda que meramente iminente, nos termos do artigo 3.º do CIRE.

2 – . . . .

3 – A participação dos credores públicos no procedimento de conciliação é obrigatória desde que a regularização das respectivas dívidas contribua, de forma decisiva, para a recuperação da empresa.

4 – As propostas tendentes ao acordo a que se referem os números anteriores podem servir de base a propostas de planos de insolvência ou de planos de pagamentos a apresentar no âmbito de processo de insolvência.

5 – Caso o conteúdo da proposta de acordo corresponda ao disposto no n.º 2 do artigo 252.º do CIRE e haja sido, no âmbito do procedimento de conciliação, objecto de aprovação escrita por mais de dois terços do valor total dos créditos relacionados pelo devedor no procedimento de conciliação, pode a mesma ser submetida ao juiz do tribunal que seria competente para o processo de insolvência para suprimento dos restantes credores e consequente homologação, com os mesmos efeitos previstos no CIRE para o plano de pagamentos.

6 – Para os efeitos do número anterior, é dispensada a notificação dos credores cuja aprovação escrita conste do requerimento apresentado, sendo apenas notificados, nos termos do artigo 256.º do CIRE, os credores cuja aprovação se requer seja suprida pelo Tribunal.

Artigo 3.º
Pedido de conciliação

1 – . . . .

2 – O requerimento é acompanhado dos documentos que devessem ser apresentados com a petição em processo judicial de insolvência.

3 – O requerimento a apresentar deve integrar credores que representem mais de 50% das dívidas da empresa.

4 – Com a entrega do requerimento, a empresa deve simultaneamente proceder ao pagamento de uma taxa ao IAPMEI, cujo montante é fixado por portaria do Ministro da Economia, para cobertura dos custos do procedimento.

5 – Deve ser ainda apresentado, no prazo de 15 dias após a entrega do requerimento, um plano de negócios que demonstre a adequabilidade do acordo e da viabilidade da empresa.

Artigo 4.º
[...]

1 – ....
a) ....
b) ....
c) ....
d) A empresa não se encontra em situação de insolvência, ainda que meramente iminente;
e) Já se encontra ultrapassado o prazo para apresentação à insolvência, tal como fixado no n.º 1 do artigo 18.º do CIRE.

2 – ....

Artigo 10.º
[...]

1 – A pendência de processo judicial de insolvência não obsta ao procedimento de conciliação.

2 – No caso previsto no número anterior, se ainda não tiver sido declarada a insolvência, a instância judicial pode ser suspensa, a requerimento da empresa ou de qualquer interessado, instruído com declaração emitida pelo IAPMEI.

3 – O juiz, ouvidas as partes, decide conforme julgar mais conveniente, não podendo a suspensão da instância prolongar-se por mais de dois meses.

4 – A suspensão prevista nos números anteriores não prejudica a adopção das medidas cautelares previstas no artigo 31.º do CIRE.

Artigo 11.º
Prazo de conclusão do procedimento de conciliação

1 – O prazo de conclusão do procedimento de conciliação, quando não exista processo de insolvência pendente, não deverá exceder seis meses.

2 – O prazo referido no número anterior poderá ser prorrogado por mais três meses, por uma única vez, sempre que, de forma devidamente fundamentada, a empresa ou um dos credores o requeira e o IAPMEI dê o seu parecer favorável.»

Artigo 2.º
Entrada em vigor

O presente diploma entra em vigor na data de início de vigência do diploma que aprova o Código da Insolvência e da Recuperação de Empresas.

Visto e aprovado em Conselho de Ministros de 1 de Julho de 2004. – *José Manuel Durão Barroso – Maria Celeste Ferreira Lopes Cardona – Carlos Manuel Tavares da Silva.*

Promulgado em 2 de Agosto de 2004.

Publique-se.

O Presidente da República, JORGE SAMPAIO.

Referendado em 5 de Agosto de 2004.

O Primeiro-Ministro, *Pedro Miguel de Santana Lopes.*

2.7. *Benefícios Aplicáveis à Celebração de Contratos de Consolidação Financeira e Reestruturação Empresarial*

Decreto-Lei n.º 1/99, de 4 de Janeiro*

Tem sido preocupação do Governo criar condições para que a aprovação e execução de planos de recuperação de empresas em situação difícil, enquadradas ou não no Sistema de Incentivos à Revitalização e Modernização do Tecido Empresarial (SIRME), se processem com celeridade, minimizando os custos de indefinição e os prejuízos de imagem inevitavelmente gerados pela apresentação da empresa em dificuldades a processo especial de recuperação.

Nesse contexto, importa que os benefícios, designadamente fiscais, garantidos a certos actos e operações necessários à boa execução dos

---

* Publicado no Diário da República n.º 2/99, série I-A, de 4 de Janeiro de 1999, pp. 9-10.

referidos planos, quando adoptados em processo especial de recuperação da empresa, possam ser também aplicados em procedimentos, sem carácter jurisdicional, conducentes à preparação de projectos de consolidação financeira e reestruturação empresarial e à celebração de contratos que envolvam na sua execução a empresa e os seus principais parceiros e, quando se preveja a mudança de titularidade da empresa, também os próprios adquirentes.

A autorização legislativa concedida pelo n.º 8 do artigo 43.º da Lei n.º 127-B/97, de 20 de Dezembro, foi já utilizada parcelarmente, com a publicação do Decreto-Lei n.º 81/98, de 2 de Abril, para permitir a aplicação dos benefícios consignados nos artigos 118.º a 121.º do Código dos Processos Especiais de Recuperação da Empresa e de Falência, aprovado pelo Decreto-Lei n.º 132/93, de 23 de Abril, a medidas previstas em contratos de aquisição de capital social por quadros e trabalhadores conexos com contratos de consolidação financeira e reestruturação empresarial.

Aprovado pelo Decreto-Lei n.º 316/98, de 20 de Outubro, o regime do procedimento extrajudicial de conciliação, procede-se, através do presente diploma, à extensão daqueles benefícios a todas as demais situações em que a lei prevê a celebração de contratos de consolidação financeira e reestruturação empresarial em execução de projectos aprovados pelo Instituto de Apoio às Pequenas e Médias Empresas e ao Investimento (IAPMEI).

Assim:

No uso de autorização legislativa concedida pelo n.º 8 do artigo 43.º da Lei n.º 127-B/97, de 20 de Dezembro, e nos termos das alíneas *a*) e *b*) do n.º 1 do artigo 198.º da Constituição, o Governo decreta, para valer como lei geral da República, o seguinte:

Artigo 1.º

Actos e operações decorrentes de contratos de consolidação financeira e de reestruturação empresarial

1 – Aos actos e operações decorrentes de medidas previstas em contratos de consolidação financeira de reestruturação empresarial previstos no Decreto-Lei n.º 14/98, de 28 de Janeiro, no Decreto-Lei n.º 81/98, de 2 de Abril, e no Decreto-Lei n.º 316/98, de 20 de Outubro, são aplicáveis, quando o Instituto de Apoio às Pequenas e Médias Empresas e ao Investimento (IAPMEI) considere verificadas, em relação aos correspon-

dentes projectos, respectivamente, as condições de enquadramento no Sistema de Incentivos à Modernização e Revitalização do Tecido Empresarial (SIRME) ou em procedimento extrajudicial de conciliação, os benefícios consignados nos artigos 118.º a 121.º do Código dos Processos Especiais de Recuperação da Empresa e de Falência (CPEREF), aprovado pelo Decreto-Lei n.º 132/93, de 23 de Abril.

2 – O disposto no número anterior é também aplicável, com as necessárias adaptações, aos actos e operações decorrentes de medidas previstas em contratos de consolidação financeira e reestruturação empresarial concluídos na sequência de apresentação de candidaturas ao abrigo do artigo 3.º do Decreto-Lei n.º 127/96, de 10 de Agosto, considerando-se atribuída ao IAPMEI a competência para a aprovação dos correspondentes projectos, sem prejuízo do cumprimento, na parte relativa à concessão de garantia pessoal do Estado, do disposto na Lei n.º 112/97, de 16 de Setembro.

3 – A aplicação dos benefícios referidos nos números anteriores depende da conformidade dos contratos com os projectos aprovados pelo IAPMEI e aproveita à empresa objecto de consolidação e reestruturação e, nas condições previstas nos artigos 118.º a 121.º do CPEREF, às entidades que intervenham no contrato.

4 – Poderão ser consideradas integradas nos contratos, para os efeitos previstos no número anterior, medidas às quais credores não outorgantes tenham dado anteriormente o seu acordo, desde que estes o confirmem expressamente em intervenção no procedimento aberto no IAPMEI.

Artigo 2.º
Procedimento

1 – O IAPMEI criará documento normalizado onde se descreverá sinteticamente o projecto aprovado e especificadamente os actos e operações aos quais se aplicam os benefícios referidos no artigo anterior, procedendo da mesma forma em relação aos projectos abrangidos pelo Decreto-Lei n.º 81/98, de 2 de Abril, cujo enquadramento no SIRME aprove.

2 – O IAPMEI passará, a requerimento dos interessados que pretendam pedir ou invocar os benefícios em causa junto das entidades competentes, certidão de aprovação do projecto de consolidação finan-

ceira e reestruturação empresarial, que consistirá em reprodução autenticada do documento a que se refere o número anterior.

3 – Independentemente do disposto no número anterior, o IAPMEI enviará à Direcção de Serviços de Benefícios Fiscais, da Direcção-Geral dos Impostos, logo após a aprovação do projecto, cópia do documento referido no n.º 1, a fim de que esta possa, nos termos legais, quantificar o montante da receita fiscal cessante, enviando também cópia do contrato, logo que celebrado.

Artigo 3.º
Execução

Os procedimentos necessários à boa execução do presente diploma serão aprovados por despacho conjunto do Ministro das Finanças e do Ministro da Economia.

Artigo 4.º
Produção de efeitos

O presente diploma aplica-se aos contratos de consolidação financeira e reestruturação empresarial celebrados desde 1 de Janeiro de 1998.

Visto e aprovado em Conselho de Ministros de 19 de Novembro de 1998. – *António Manuel de Oliveira Guterres – António Luciano Pacheco de Sousa Franco – José Eduardo Vera Cruz Jardim – Joaquim Augusto Nunes de Pina Moura.*

Promulgado em 14 de Dezembro de 1998.

Publique-se.

O Presidente da República, JORGE SAMPAIO.

Referendado em 16 de Dezembro de 1998.

O Primeiro-Ministro, *António Manuel de Oliveira Guterres.*

2.8. Regime dos Juros de Mora das Dívidas ao Estado e a Outras Entidades Públicas

Decreto-Lei n.º 73/99, de 16 de Março*

A taxa dos juros de mora aplicáveis às dívidas ao Estado e outras entidades públicas foi objecto de significativa redução por força do artigo 55.º da Lei n.º 10-B/96, de 23 de Março, tendo passado a ser liquidados e cobrados à taxa aplicável, nos termos do n.º 4 do artigo 83.º do Código de Processo Tributário, aos juros compensatórios, acrescida de 5 pontos percentuais, salvo se fosse superior à taxa de 1,5% por mês, caso em que se aplicaria esta última, tendo vindo a taxa anualizada a cair de 24% para os actuais 15%.

A experiência vem mostrando que este tratamento menos gravoso não se traduziu num aumento do número e dimensão das situações de incumprimento, antes veio facilitar a recuperação de atrasos de pagamento determinados por razões meramente conjunturais, sendo portanto de manter o sentido da evolução legislativa através da fixação de uma taxa de 1% ao mês, nível que, embora inferior a taxas aplicadas pelo mercado a situações de mora, se tem por adequadamente dissuasor do recurso do financiamento de agentes económicos através do incumprimento de obrigações perante entidades públicas.

Com carácter inovador, e tendo em conta a necessidade de garantir adequadamente os créditos do Estado e de outras entidades públicas em situações que afectem a continuidade da actividade económica do devedor, o diploma cria um incentivo à constituição de garantias reais por iniciativa ou com a colaboração dos devedores, ou de garantias bancárias, traduzido numa redução da taxa de juros de mora a metade.

Fica igualmente consagrada a possibilidade de fixação de taxas reduzidas, em situações de dificuldade económica do devedor, a comprovar em processo judicial de recuperação de empresas ou em procedimento administrativo conducente à celebração de contratos de consoli-

* Publicado no Diário da República n.º 63/99, série I-A, de 16 de Março de 1999, pp. 1428-1430.

dação financeira e reestruturação empresarial, prevendo-se que essa faculdade possa também ser exercida quando o devedor em dificuldades, não tendo natureza empresarial, esteja impossibilitado de aceder àqueles mecanismos de recuperação.

Foram ouvidas a Associação Nacional de Municípios Portugueses e a Associação Nacional de Freguesias.

Assim:

Nos termos da alínea *a)* do n.º 1 do artigo 198.º da Constituição o Governo decreta, para valer como lei geral da República, o seguinte:

Artigo 1.º
Incidência

1 – São sujeitas a juros de mora as dívidas ao Estado e a outras pessoas colectivas públicas que não tenham forma, natureza ou denominação de empresa pública, seja qual for a forma de liquidação e cobrança, provenientes de:

a) Contribuições, impostos, taxas e outros rendimentos quando pagos depois do prazo de pagamento voluntário;
b) Alcance, desvios de dinheiros ou outros valores;
c) Quantias autorizadas e despendidas fora das disposições legais;
d) Custas contadas em processos de qualquer natureza, incluindo os de quaisquer tribunais ou de serviços da Administração Pública, quando não pagas nos prazos estabelecidos para o seu pagamento.

2 – Para os efeitos da alínea *a)* do número anterior, considera-se prazo de pagamento voluntário o que estiver fixado por lei, contrato ou despacho ministerial que reconhecer a dívida nos termos da alínea *a)* do n.º 2 do artigo 233.º do Código de Processo Tributário.

3 – Nos casos em que as dívidas referidas na alínea *a)* do n.º 1 estão sujeitas a juros pelo diferimento do pagamento em prestações, ou tratando-se de diferimento do pagamento de prestações relativas a alienações de bens ou rendimentos do Estado, os juros de mora incidirão sobre o montante das prestações a pagar, acrescido do respectivo juro.

4 – Os juros de mora incidem sobre o montante da dívida, líquida de quaisquer descontos concedidos pelo pronto pagamento ou de compensações efectuadas por anulações.

Artigo 2.º
Isenções

1 – Estão isentos de juros de mora, quanto às dívidas abrangidas pelo artigo anterior, o Estado e as outras pessoas colectivas públicas que não tenham forma, natureza ou denominação de empresa pública.

2 – Estão isentas de juros de mora as dívidas abrangidas por legislação especial em que se faça expressa referência, quer à não sujeição a juros de mora, quer a outro procedimento relativo à falta de pagamento nos prazos estabelecidos.

Artigo 3.º
Taxa

1 – A taxa de juros de mora é de 1%, se o pagamento se fizer dentro do mês de calendário em que se verificou a sujeição aos mesmos juros, aumentando-se uma unidade por cada mês de calendário ou fracção se o pagamento se fizer posteriormente.

2 – Sobre os juros de mora não recaem quaisquer adicionais quer para o Estado quer para outras entidades públicas.

3 – A taxa referida no n.º 1 é reduzida a 0,5% para as dívidas cobertas por garantias reais constituídas por iniciativa da entidade credora ou por ela aceites e para as dívidas cobertas por garantia bancária.

4 – O montante coberto por garantias reais é determinado por diferença entre o valor atribuído ao bem pela entidade credora e o valor das garantias constituídas a favor de terceiros, quando gozem de prioridade.

5 – A taxa referida no n.º 1 pode ser reduzida por despacho do ministro de que dependa a entidade credora, no âmbito de procedimento conducente à celebração de contrato de consolidação financeira e reestruturação empresarial ou de processo especial de recuperação de empresas, desde que, cumulativamente:

a) Seja apresentado plano de recuperação económica considerado exequível;
b) As condições de regularização previstas para os créditos detidos pelo Estado ou por outras pessoas colectivas públicas sem forma, natureza ou denominação de empresa pública não sejam menos favoráveis do que o que vier a ser acordado para o conjunto dos restantes credores;

c) Os créditos detidos por sócios ou membros de órgãos de administração do devedor ou por pessoas com interesse patrimonial equiparável não obtenham, para cada pessoa, tratamento mais favorável que o previsto para os créditos detidos pelo Estado ou por outras pessoas colectivas públicas sem forma, natureza ou denominação de empresa pública;

d) As medidas adoptadas fiquem sujeitas à cláusula «salvo regresso de melhor fortuna», segundo formulação que preveja mecanismos de efectivação dessa cláusula.

6 – A faculdade prevista no n.º 5 é extensiva, com as devidas adaptações, às situações em que o devedor, pela sua natureza jurídica, não tenha acesso a procedimento conducente à celebração de contrato de consolidação financeira e reestruturação empresarial ou a processo especial de recuperação de empresas.

Artigo 4.º
Prazo de liquidação

1 – A liquidação de juros de mora não poderá ultrapassar os últimos cinco anos anteriores à data do pagamento da dívida sobre que incidem, não contando para este efeito os períodos durante os quais a liquidação de juros fique legalmente suspensa.

2 – O disposto no número anterior não prejudica o disposto em legislação especial que fixe prazo diverso.

Artigo 5.º
Anulação oficiosa de juros indevidos

1 – Quando, por motivos imputáveis aos serviços, tenham sido liquidados juros superiores aos devidos, proceder-se-á a anulação oficiosa, se ainda não tiverem decorrido cinco anos sobre o pagamento.

2 – Não se procederá a qualquer anulação quando o seu quantitativo seja inferior a 5 euros.

Artigo 6.º

Reclamações e impugnações dos devedores

1 – Poderão os devedores reclamar contra a liquidação de juros ou impugná-la com os fundamentos e nos termos do Código de Processo Tributário.

2 – Não poderá haver reclamação ou impugnação se a quantia em causa for inferior a 5 euros.

Artigo 7.º

Reparação de erros ou omissões prejudiciais à entidade credora

1 – Quando se verificar que na liquidação dos juros de mora se cometeram erros ou omissões de que resultou prejuízo para a entidade credora, os serviços competentes deverão exigi-los adicionalmente.

2 – Não serão exigidos adicionalmente se a importância que resultar da exigência for inferior a 5 euros.

Artigo 8.º

Privilégio

As dívidas provenientes de juros de mora gozam dos mesmos privilégios que por lei sejam atribuídos às dívidas sobre que recaírem.

Artigo 9.º

Planos prestacionais em curso

1 – Os devedores com planos prestacionais em curso ao abrigo do Decreto-Lei n.º 124/96, de 10 de Agosto, beneficiarão de uma redução, com efeitos reportados ao seu início, de 3 pontos percentuais da taxa de juros de mora vincendos prevista no n.º 2 do artigo 4.º daquele diploma legal, na redacção introduzida pelo Decreto-Lei n.º 235-A/96, de 9 de Dezembro, sendo essa redução de 6 pontos percentuais se, até 31 de Março de 1999, constituírem garantias reais ou garantia bancária cobrindo pelo menos metade do remanescente do capital em dívida naquela data.

2 – As entidades credoras aplicarão o regime referido no número anterior às garantias reais constituídas por sua própria iniciativa.

3 – O valor das prestações a pagar será reajustado, de acordo com o valor dos juros de mora vincendos resultante da aplicação da taxa referida no n.º 1, a partir da 25.ª prestação.

4 – Os devedores referidos no n.º 1 poderão também, independentemente da constituição de garantias, beneficiar, quanto à taxa de juros vincendos, da aplicação do disposto nos n.os 5 e 6 do artigo 3.º do presente diploma.

Artigo 10.º
Norma transitória

1 – As referências feitas a euros nos artigos 5.º e 6.º, e sem prejuízo do que neles se dispõe, consideram-se feitas, até 31 de Dezembro de 2001, ao correspondente valor em escudos, mediante a aplicação da taxa de conversão fixada irrevogavelmente pelo Conselho da União Europeia, de acordo com o n.º 4, primeiro período, do artigo 109.º-L do Tratado Que Institui a Comunidade Europeia.

2 – Sem prejuízo do disposto no n.º 2 do artigo 7.º, e até 31 de Dezembro de 2001, os serviços competentes da entidade credora poderão liquidar os juros adicionais em escudos.

Artigo 11.º
Norma revogatória

É revogado o Decreto-Lei n.º 49 168, de 5 de Agosto de 1969, à excepção do seu artigo 4.º, que se mantém em vigor.

Artigo 12.º
Entrada em vigor

O presente diploma entra em vigor no 1.º dia do mês seguinte ao da sua publicação.

Visto e aprovado em Conselho de Ministros de 8 de Janeiro de 1999. – *António Manuel de Oliveira Guterres – António Luciano Pacheco de Sousa Franco – Joaquim Augusto Nunes de Pina Moura.*

Promulgado em 26 de Fevereiro de 1999.
Publique-se.
O Presidente da República, JORGE SAMPAIO.
Referendado em 4 de Março de 1999.
O Primeiro-Ministro, *António Manuel de Oliveira Guterres*.

2.9. *Gabinete de Intervenção Integrada para a Reestruturação Empresarial (AGIIRE).*

Decreto Regulamentar n.º 5/2005, de 12 de Julho*

O fenómeno das reestruturações empresariais na Europa, decorrente da liberalização dos mercados à escala mundial, dos processos de aprofundamento e alargamento do mercado interno, das mutações do comércio internacional e dos padrões de consumo/procura, bem como do desenvolvimento tecnológico, impõe importantes desafios às sociedades contemporâneas.

Os níveis de produto e emprego dependem agora, directamente, da forma como as empresas, as regiões e os países forem capazes de preparar e gerir os processos de alteração dos seus padrões de especialização produtiva. Estes processos colocam em causa os equilíbrios sociais existentes – em particular nos países mais permeáveis às oscilações económicas, como é o caso de Portugal – mas são, em simultâneo, fonte de oportunidade no sentido da aceleração do crescimento económico e da melhoria dos níveis de vida.

Lidar eficazmente com as reestruturações industriais implica dispor de estratégias aptas a combinar o reforço da competitividade do tecido produtivo, a adaptabilidade das empresas e dos trabalhadores, bem como de medidas de natureza social que contribuam para minorar os impactes negativos que numa primeira fase se farão sentir, em particular em

* Publicado no Diário da República n.º 132/2005, série I-B, de 12 de Julho de 2005, pp. 4234-4237.

estratos da população menos qualificados, e muitas vezes geograficamente concentrados.

É neste sentido que a Comissão Europeia apresentou recentemente a comunicação «Reestruturações e emprego: antecipar e acompanhar as reestruturações para desenvolver o emprego», onde se equaciona o realinhamento dos instrumentos das políticas comunitárias – designadamente política industrial e empresarial, de concorrência e política externa –, bem como dos instrumentos financeiros no sentido da adequação aos objectivos da Agenda de Lisboa, visando lidar com esta nova realidade.

A situação portuguesa impõe que, em paralelo e em simultâneo às iniciativas de âmbito europeu, se desenvolva uma verdadeira estratégia de actuação no plano nacional, mobilizando os agentes e os instrumentos disponíveis. Na verdade, é hoje reconhecido que a economia portuguesa enfrenta, a par de dificuldades de natureza conjuntural que se têm prolongado, uma mudança estrutural com alterações profundas em sectores com forte impacte no emprego, no produto e nas exportações do País. Esta realidade é hoje particularmente visível nas indústrias têxtil, do vestuário e do calçado, onde, apesar dos assinaláveis progressos registados em muitas empresas – que desenvolvem hoje processos produtivos com incorporação de segmentos de elevado valor acrescentado, seja pela capacidade tecnológica, pelo domínio das marcas ou dos circuitos de distribuição –, subsistem ainda muitas unidades pouco preparadas para enfrentar o actual contexto de competição aberta. Por outro lado, reconhece-se que a sobrevivência de algumas destas unidades a laborar em regime de semi-informalidade tem-se constituído como pesado obstáculo à reconversão empresarial, na medida em que perpetua práticas de concorrência desleal e de desincentivo ao investimento nos modernos factores de competitividade.

Torna-se pois essencial assegurar, por um lado, o rápido reforço da competitividade nos sectores em causa e ou a reorientação dos investimentos para actividades de maior valor (o que terá de se traduzir, para um número não desprezável de empresas, numa reconversão global na capacidade de gestão e na estrutura financeira com vista à sua viabilização) e, por outro, a activação de políticas sociais que promovam a manutenção da coesão social.

O sucesso da estratégia nacional para as reestruturações industriais assenta fundamentalmente em três factores: i) na capacidade de actuação pró-activa junto das empresas e grupos em risco; ii) no desenvolvimento de uma política de proximidade junto dos agentes económicos e em estreita articulação com os agentes e parceiros locais; iii) na capacidade de mobilizar de forma coordenada e articulada o vasto e diverso conjunto de instrumentos e recursos disponíveis, em particular aqueles que estão ao serviço dos vários organismos do Estado.

É assim que o Governo concebe, como medida apropriada a fazer face ao referido estado de coisas, a criação do Gabinete de Intervenção Integrada para a Reestruturação Empresarial (AGIIRE). Esta estrutura terá a seu cargo a activação e articulação de instrumentos existentes potencialmente aplicáveis nas situações em apreço. Pretende-se acima de tudo garantir uma adequada coordenação dos serviços estatais, de modo a agilizar as respostas e garantir a sua eficácia, bem como promover a eficiência na utilização dos recursos públicos.

Destaca-se também a abordagem de proximidade às empresas e aos trabalhadores envolvidos em operações de reestruturação, nomeadamente através da deslocação às empresas de equipas especializadas em matéria de emprego e solidariedade social, aptas a configurar soluções ajustadas às especificidades de cada caso.

Assim:

Ao abrigo do artigo 24.º da Lei n.º 4/2004, de 15 de Janeiro, e nos termos da alínea *g)* do artigo 199.º da Constituição, o Governo decreta o seguinte:

Artigo 1.º

Gabinete de Intervenção Integrada de Reestruturação Empresarial

É criado o Gabinete de Intervenção Integrada de Reestruturação Empresarial, doravante designado por AGIIRE.

Artigo 2.º

Composição

O AGIIRE é composto por:

a) Representantes do Ministro da Economia e da Inovação, que assegura a coordenação dos trabalhos;
b) Representantes do Ministro de Estado e das Finanças;
c) Representantes do Ministro do Trabalho e da Solidariedade Social;

d) Representantes do Ministro da Justiça;
e) Representantes do Ministro da Ciência, Tecnologia e Ensino Superior;
f) Representantes do Ministro da Agricultura, do Desenvolvimento Rural e das Pescas.

Artigo 3.º
Funcionamento

O AGIIRE funciona na dependência do Ministro da Economia e da Inovação.

Artigo 4.º
Missão

O AGIIRE tem como missão:
a) Acelerar o processo de transição e reestruturação industrial, tendo em vista o reforço da competitividade e sã concorrência de mercado;
b) Minorar eventuais impactes ao nível da coesão social e territorial resultantes dos processos de reestruturação.

Artigo 5.º
Princípios

A actuação do AGIIRE obedece à prossecução dos seguintes princípios:
a) Proactividade, tendo em vista potenciar o sucesso e antecipar as dificuldades decorrentes dos processos de reestruturação;
b) Proximidade face às empresas, aos trabalhadores e aos diversos agentes e parceiros locais, regionais e nacionais;
c) Respeito estrito pelas regras de mercado e de promoção de sã concorrência.

Artigo 6.º
Objectivos

O AGIIRE tem como objectivos:

a) Identificar movimentos de reestruturação empresarial, através da implementação de um sistema de alerta eficaz que possibilite acção pró-activa;
b) Apoiar os processos de reestruturação que possam contribuir para a revitalização e modernização do tecido empresarial, bem como para a sustentabilidade do emprego de qualidade;
c) Coordenar a actuação do Estado no processo de reestruturação e viabilização de empresas, nomeadamente através da utilização de instrumentos de incremento da capacidade tecnológica e de gestão, de qualificação de recursos humanos ou eventuais mecanismos de consolidação financeira;
d) Coordenar a acção do Estado enquanto credor, sem prejuízo das competências legalmente atribuídas na gestão dos créditos tributários;
e) Recolher, nas condições legalmente admissíveis, informação para uma mais eficaz actuação no combate a práticas desleais e de incumprimento fiscal e contributivo, tendo em vista a aplicação das respectivas sanções;
f) Acompanhar os processos de recuperação de empresas e de regularização de dívidas ao Fisco e à segurança social;
g) Acompanhar os processos de execução operativa das situações de insolvência/falência visando a minimização dos respectivos custos sociais.

Artigo 7.º
Formas e instrumentos de actuação

1 – No cumprimento da sua missão, o AGIIRE apoia a utilização articulada e integrada, pelas empresas, de um conjunto de instrumentos públicos e privados, tais como:

a) Medidas do quadro comunitário de apoio (QCA) relevantes para a reestruturação e competitividade empresarial, em particular as destinadas à promoção do investimento, à inovação, à qualificação e à mudança organizacional;

b) Incentivos fiscais ao investimento, nomeadamente relativos a fusões e aquisições e à I&D;

c) Fundos de capital de risco captados nos mercados com o fim de actuar em operações de reengenharia financeira de empresas viáveis e com capacidade de gestão comprovada e que se traduzam em incentivos ao envolvimento, em parceria, de operadores públicos e privados, numa lógica de partilha de risco;

d) Fundos de garantia;

e) Inserção em redes de empresas, através da celebração de acordos entre elas, com carácter formal ou informal, orientados para gerar a massa crítica necessária à superação de problemas típicos do tecido empresarial em transição, bem como para o incremento da actividade comercial, da partilha de recursos e custos indirectos, do ganho de capacidade negocial junto de fornecedores e banca, e da troca de boas práticas;

f) Acordos de regularização de eventuais dívidas ao Fisco e à segurança social, no âmbito de procedimentos extrajudiciais de conciliação, processos de recuperação de empresas e contratos de consolidação financeira e de reestruturação empresarial, sem prejuízo das competências legalmente atribuídas na gestão dos créditos tributários;

g) Operações de fusão e aquisição, no âmbito do Sistema de Incentivos à Reestruturação e Modernização Empresarial (SIRME), as quais, quando visem apoiar o crescimento empresarial e restabelecimento de condições de competitividade sustentada, podem obter financiamento baseado na partilha de riscos;

h) Constituição de bolsas de recursos humanos, nomeadamente de gestores experimentados, de quadros experimentados precocemente retirados do mercado de trabalho por via de reformas antecipadas ou situações análogas e de jovens licenciados, que coloquem à disposição das empresas recursos humanos para apoio técnico de alta qualidade.

2 – Para efeitos do previsto na alínea *a)* do número anterior, o acesso das empresas aos instrumentos do QCA deve ser promovido sempre que contribua para o incremento dos processos de reestruturação e para o reforço da competitividade.

3 – As empresas em processo de reestruturação e reforço da capacidade competitiva empresarial podem fazer uso dos benefícios fiscais existentes que resultam da transmissibilidade de prejuízos, das isenções

de emolumentos, do imposto municipal sobre a transmissão de imóveis e do imposto do selo, estando o investimento em I&D sujeito aos benefícios fiscais em vigor.

4 – Para os efeitos do disposto na alínea *d)* do n.º 1, é admitido o recurso a instrumentos de mercado que visam facilitar o acesso a financiamento em condições favoráveis, impulsionando a reestruturação empresarial e o investimento, fundamentalmente através da prestação de garantias financeiras.

5 – Para os efeitos do previsto na alínea *f)* do n.º 1, o AGIIRE promove a negociação da dívida de empresas viáveis, favorecendo o investimento do respectivo produto na consolidação e competitividade sustentada a longo prazo, em articulação com os processos de reestruturação.

Artigo 8.º

Núcleos de intervenção rápida e personalizada

1 – Com vista ao reforço da empregabilidade dos activos e a minorar os eventuais impactes negativos dos processos de reestruturação, incumbe aos serviços públicos de emprego e segurança social desenvolver, de forma integrada, acções preventivas ou reparadoras.

2 – Para efeitos do disposto no número anterior, é deslocado, para cada empresa na qual a respectiva intervenção se considere adequada, um núcleo de intervenção rápida e personalizada (NIRP), constituído por técnicos do Instituto do Emprego e Formação Profissional, I. P., da segurança social e de outros organismos relevantes.

3 – Incumbe a cada NIRP aplicar, localmente e de forma individualizada, personalizada e adequada às necessidades específicas, os diversos instrumentos da política de emprego ou de protecção social, nomeadamente:

a) Serviços de informação e orientação profissional em cujo contexto o projecto profissional e percurso individual do trabalhador é acompanhado e direccionado pelos serviços públicos de emprego por forma a construir planos pessoais de emprego;
b) Apoios à criação do próprio emprego ou empresa, nomeadamente através da promoção da capacidade empreendedora dos trabalhadores como factor mobilizador decisivo para a superação de dificuldades pontuais de reestruturação e para o lançamento de

iniciativas inovadoras no tecido económico, à realização de investimentos e à criação de postos de trabalho, cumuláveis com o recebimento antecipado do subsídio de desemprego a que houver direito;

c) Medidas destinadas à promoção do acesso pelas empresas e pelos trabalhadores a acções de formação de reconversão profissional, visando a inserção dos trabalhadores em novos postos de trabalho dentro da mesma empresa ou noutras empresas, bem como a criação do emprego;

d) Bolsas de formação de iniciativa do trabalhador destinadas a apoiá-lo com a finalidade de incentivar a sua formação contínua, em salvaguarda do normal funcionamento das empresas;

e) Instrumentos de apoio da segurança social, nomeadamente consistentes em prestações ou medidas complementares de protecção social.

4 – As prestações previstas na alínea *e)* do número anterior devem ser utilizadas particularmente com vista a fazer face às consequências das reestruturações empresariais tendentes a agravar a situação social de famílias ou comunidades locais e resultam da actuação preventiva dos serviços locais de acção social, a partir do trabalho do NIRP, como diagnóstico atempado e determinação em concreto das intervenções necessárias.

Visto e aprovado em Conselho de Ministros de 5 de Maio de 2005. – *José Sócrates Carvalho Pinto de Sousa – Luís Manuel Moreira de Campos e Cunha – Manuel António Gomes de Almeida de Pinho – José António Fonseca Vieira da Silva.*

Promulgado em 23 de Junho de 2005.

Publique-se.

O Presidente da República, JORGE SAMPAIO.

Referendado em 27 de Junho de 2005.

O Primeiro-Ministro, *José Sócrates Carvalho Pinto de Sousa.*

3. Plano de Pagamentos

Portaria n.º 1039/2004, de 13 de Agosto*

Com a aprovação do Código da Insolvência e da Recuperação de Empresas (CIRE) pelo Decreto-Lei n.º 53/2004, de 18 de Março, reformou-se profundamente o direito falimentar português. Em traços gerais, ocorreu não só a modificação da estrutura do processo, como também a introdução de novas figuras com ele relacionadas. Uma dessas figuras é o plano de pagamentos, que, todavia, apenas se aplica nos casos em que o devedor seja uma pessoa singular, que não seja empresário ou que seja titular de uma pequena empresa.

O plano de pagamentos consiste numa proposta de satisfação dos direitos dos credores que acautele devidamente os seus interesses e que poderá conter moratórias, perdões, constituições de garantias, extinções, totais ou parciais, de garantias reais ou privilégios creditórios existentes, um programa calendarizado de pagamentos ou o pagamento numa só prestação e a adopção pelo devedor de medidas concretas de qualquer natureza susceptíveis de melhorar a sua situação patrimonial. O plano de pagamentos é apresentado pelo devedor conjuntamente com a petição inicial do processo de insolvência ou após a sua citação, no caso de o pedido de insolvência ter sido requerido por terceiro. O processo de insolvência em que ocorra a apresentação de um plano de pagamentos e este seja homologado possui características especiais face ao processo comum de insolvência, entre as quais se contam o encerramento do processo após o trânsito em julgado das sentenças de homologação do plano de pagamentos e de declaração de insolvência.

---

* Publicada no Diário da República n.º 190/2004, série I-B, de 13 de Agosto de 2004, pp. 5188-5189.

Desta forma, o plano de pagamentos é um instrumento útil para imprimir celeridade ao processo de insolvência e obter a satisfação dos direitos dos credores, constituindo, face ao processo comum de insolvência, uma verdadeira alternativa para as pessoas singulares, quer se tratem de não empresários quer de titulares de pequenas empresas.

Nos termos do n.º 6 do artigo 252.º do CIRE, os anexos que acompanham o plano de pagamentos elaborado pelo devedor devem constar de modelo aprovado por portaria do Ministro da Justiça.

Assim:

Manda o Governo, pela Ministra da Justiça, ao abrigo do n.º 6 do artigo 252.º do Código da Insolvência e da Recuperação de Empresas, aprovado pelo Decreto-Lei n.º 53/2004, de 18 de Março, que sejam aprovados os seguintes modelos, anexos à presente portaria:

a) Declaração de que o devedor preenche os requisitos do artigo 249.º do Código da Insolvência e da Recuperação de Empresas (anexo I);
b) Relação dos bens disponíveis do devedor, bem como dos seus rendimentos (anexo II);
c) Sumário com o conteúdo essencial da relação de bens disponíveis do devedor e dos seus rendimentos, designado por resumo do activo (anexo III);
d) Relação por ordem alfabética dos credores e dos seus endereços, com indicação dos montantes, natureza e eventuais garantias dos seus créditos (anexo IV);
e) Declaração que as informações prestadas são verdadeiras e completas (anexo V).

A Ministra da Justiça, *Maria Celeste Ferreira Lopes Cardona*, em 2 de Julho de 2004.

ANEXO I

Eu, [nome do devedor], declaro que preencho os requisitos constantes no artigo 249.º do Código da Insolvência e da Recuperação de Empresas. Nestes termos, declaro que sou uma pessoa singular e que não fui titular da exploração de qualquer empresa nos três anos anteriores à apresentação da petição inicial do processo de insolvência ou que, à data do início do processo, não tenho dívidas laborais, o número dos meus credores não é superior a 20 e o meu passivo global não excede os € 300 000.

ANEXO II

Eu, [nome do devedor], declaro que os meus bens disponíveis são:

Caso se trate de um bem imóvel:

1.º [identificação do bem], [estado de conservação], sito em [localização que deve compreender a rua/lugar, localidade, freguesia e concelho], não descrito/descrito sob o número [indicação do número] na Conservatória do Registo Predial de [indicação da conservatória] e omisso na matriz/inscrito sob o artigo [indicação do artigo] no Serviço de Finanças de [indicação do serviço de finanças].

Caso se trate de um bem móvel sujeito a registo:

1.º [identificação do bem, incluindo o número de matrícula ou o número de registo], [estado de conservação], que se encontra em [localização que deve compreender a rua/lugar, localidade, freguesia e concelho], do ano de [indicação do ano], registado na Conservatória/entidade de registo [indicação do organismo competente], no valor aproximado de [indicação do valor].

Caso se trate de um bem móvel não sujeito a registo:

1.º [identificação do bem], [estado de conservação], que se encontra em [localização que deve compreender a rua/lugar, localidade, freguesia e concelho], do ano de [indicação do ano], no valor aproximado de [indicação do valor].

Caso algum dos bens supradescritos proporcione rendimentos, os mesmos deverão ser discriminados na verba respectiva.

ANEXO III
Resumo do activo

Eu, [nome do devedor], declaro que o conteúdo essencial da relação de bens disponíveis apresentada é constituído por: [indicação e descrição dos bens da mesma forma que se encontra no anexo II].

ANEXO IV

Eu, [nome do devedor], declaro que os meus credores, por ordem alfabética, são os seguintes:

a) [nome do credor], residente em [endereço do credor], com um crédito no montante de [indicação do montante] decorrente de [indicação da natureza do crédito] e garantido por [indicação das eventuais garantias do crédito].

ANEXO V

Eu, [nome do devedor], declaro que todas as informações prestadas constantes dos anexos I, II, III e IV são verdadeiras e completas.

Parte III
Disposições Especiais e Avulsas*

* Na presente secção desta colectânea, apresenta-se, sem pretensões de exaustividade, uma compilação sistemática das principais disposições normativas especiais e avulsas, consagradas em diversos diplomas legislativos de Direito Privado e de Direito Público, que fazem referência expressa ou são pertinentes à temática da insolvência e da recuperação das empresas. Dada a vastidão destas referências normativas avulsas, optámos por ordenar a sua exposição de acordo com os ramos jurídicos a que pertencem, bem assim como, na maioria dos casos, por reproduzir apenas os respectivos excertos pertinentes (omitindo a transcrição integral do seu diploma de origem).

A leitura dos preceitos constantes desta Parte III, deverá obedecer ao disposto no artigo 11.º (remissão para preceitos revogados) do Decreto-Lei n.º 53/2004, de 18 de Março, a saber:

"1. Sempre que, em disposições legais, cláusulas contratuais ou providências de recuperação homologadas, se faça remissão para preceitos legais revogados pelo presente diploma, entende-se que a remissão vale para as correspondentes disposições do Código da Insolvência e da Recuperação de Empresas.

2. Sem prejuízo do disposto no número seguinte, sempre que disposições legais estabeleçam a caducidade de quaisquer autorizações para o exercício de uma actividade económica em resultado da falência do respectivo titular, deve entender-se que a autorização caduca com o encerramento do processo de insolvência por insuficiência da massa insolvente ou após a realização do rateio final.

3. O disposto no número anterior não se aplica sempre que a finalidade da disposição legal em questão imponha que a caducidade ocorra com a mera declaração de insolvência, designadamente quando a disposição preveja que a caducidade também ocorra em resultado de despacho de prosseguimento em processo de recuperação de empresa."

1. Direito Civil

1.1. Associações e Fundações

Código Civil*

LIVRO I
PARTE GERAL

(...)

TÍTULO II
Das relações jurídicas

SUBTÍTULO I
Das pessoas

(...)

CAPÍTULO II
Pessoas colectivas

(...)

SECÇÃO II
Associações

(...)

* Aprovado pelo Decreto-Lei n.º 47 344, de 25 de Novembro de 1966, publicado na Colecção Oficial de Legislação Portuguesa, 2.º Semestre de 1966, pp. 644-846.

Artigo 182.º
Causas de extinção

1 – As associações extinguem-se:

a) Por deliberação da assembleia geral;

b) Pelo decurso do prazo, se tiverem sido constituídas temporariamente;

c) Pela verificação de qualquer outra causa extintiva prevista no acto de constituição ou nos estatutos;

d) Pelo falecimento ou desaparecimento de todos os associados;

e) Por decisão judicial que declare a sua insolvência.

2 – As associações extinguem-se ainda por decisão judicial:

a) Quando o seu fim se tenha esgotado ou se haja tornado impossível;

b) Quando o seu fim real não coincida com o fim expresso no acto de constituição ou nos estatutos;

c) Quando o seu fim seja sistematicamente prosseguido por meios ilícitos ou imorais;

d) Quando a sua existência se torne contrária à ordem pública.

Redacção introduzida pelo Decreto-Lei n.º 496/77, de 25 de Novembro (Diário da República n.º 273/77, série I, Suplemento, de 25 de Novembro de 1977, pp. 2818-(1) e ss.).

Artigo 183.º
Declaração da extinção

1 – Nos casos previstos nas alíneas *b*) e *c*) do n.º 1 do artigo anterior, a extinção só se produzirá se, nos trinta dias subsequentes à data em que devia operar-se, a assembleia geral não decidir a prorrogação da associação ou a modificação dos estatutos.

2 – Nos casos previstos no n.º 2 do artigo precedente, a declaração da extinção pode ser pedida em juízo pelo Ministério Público ou por qualquer interessado.

3 – A extinção por virtude da declaração de insolvência dá-se em consequência da própria declaração.

Redacção introduzida pelo Decreto-Lei n.º 496/77, de 25 de Novembro (Diário da República n.º 273/77, série I, Suplemento, de 25 de Novembro de 1977, pp. 2818-(1) e ss.).

(...)

SECÇÃO III
Fundações

(…)

Artigo 192.º
Causas de extinção

1 – As fundações extinguem-se:

a) Pelo decurso do prazo, se tiverem sido constituídas temporariamente;

b) Pela verificação de qualquer outra causa extintiva prevista no acto de instituição;

c) Por decisão judicial que declare a sua insolvência.

2 – As fundações podem ainda ser extintas pela entidade competente para o reconhecimento:

a) Quando o seu fim se tenha esgotado ou se haja tornado impossível;

b) Quando o seu fim real não coincida com o fim expresso no acto de instituição;

c) Quando o seu fim seja sistematicamente prosseguido por meios ilícitos ou imorais;

d) Quando a sua existência se torne contrária à ordem pública.

Artigo 193.º
Declaração da extinção

Quando ocorra alguma das causas extintivas previstas no n.º 1 do artigo anterior, a administração da fundação comunicará o facto à autoridade competente para o reconhecimento, a fim de esta declarar a extinção e tomar as providências que julgue convenientes para a liquidação do património.

(…)

1.2. Direito das Obrigações

Código Civil*

(…)

LIVRO II
DIREITO DAS OBRIGAÇÕES

(…)

TÍTULO I
Das obrigações em geral

(…)

CAPÍTULO II
Fontes das obrigações

SECÇÃO I
Contratos

(…)

SUBSECÇÃO III
Pactos de preferência

(…)

Artigo 422.º
Valor relativo do direito de preferência

O direito convencional de preferência não prevalece contra os direitos legais de preferência; e, se não gozar de eficácia real, também não procede relativamente à alienação efectuada em execução, falência, insolvência ou casos análogos.

(…)

---

* Aprovado pelo Decreto-Lei n.º 47 344, de 25 de Novembro de 1966, publicado na Colecção Oficial de Legislação Portuguesa, 2.º Semestre de 1966, pp. 644-846.

SUBSECÇÃO V
Excepção de não cumprimento do contrato

(…)

Artigo 429.º
Insolvência ou diminuição de garantias

Ainda que esteja obrigado a cumprir em primeiro lugar, tem o contraente a faculdade de recusar a respectiva prestação enquanto o outro não cumprir ou não der garantias de cumprimento, se, posteriormente ao contrato, se verificar alguma das circunstâncias que importam a perda do benefício do prazo.

(…)

CAPÍTULO III
Modalidades das obrigações

(…)

SECÇÃO II
Obrigações solidárias

(…)

SUBSECÇÃO II
Solidariedade entre devedores

(…)

Artigo 519.º
Direitos do credor

1 – O credor tem o direito de exigir de qualquer dos devedores toda a prestação, ou parte dela, proporcional ou não à quota do interpelado; mas, se exigir judicialmente a um deles a totalidade ou parte da prestação, fica inibido de proceder judicialmente contra os outros pelo que ao primeiro tenha exigido salvo se houver razão atendível, como a insolvência ou risco de insolvência do demandado, ou dificuldade, por outra causa, em obter dele a prestação.

2 – Se um dos devedores tiver qualquer meio de defesa pessoal contra o credor, não fica este inibido de reclamar dos outros a prestação integral, ainda que esse meio já lhe tenha sido oposto.

(…)

Artigo 526.º
Insolvência dos devedores ou impossibilidade de cumprimento

1 – Se um dos devedores estiver insolvente ou não puder por outro motivo cumprir a prestação a que está adstrito, é a sua quota-parte repartida proporcionalmente entre todos os demais, incluíndo o credor de regresso e os devedores que pelo credor hajam sido exonerados da obrigação ou apenas do vínculo da solidariedade.

2 – Ao credor de regresso não aproveita o benefício da repartição na medida em que só por negligência sua lhe não tenha sido possível cobrar a parte do seu condevedor na obrigação solidária.

(...)

CAPÍTULO IV
Transmissão de créditos e de dívidas

SECÇÃO I
Cessão de créditos

(…)

Artigo 587.º
Garantia da existência do crédito e da solvência do devedor

1 – O cedente garante ao cessionário a existência e a exigibilidade do crédito ao tempo da cessão, nos termos aplicáveis ao negócio, gratuito ou oneroso, em que a cessão se integra.

2 – O cedente só garante a solvência do devedor se a tanto expressamente se tiver obrigado.

(…)

SECÇÃO III
Transmissão singular de dívidas

(…)

Artigo 600.º
Insolvência do novo devedor

O credor que tiver exonerado o antigo devedor fica impedido de exercer contra ele o seu direito de crédito ou qualquer direito de garantia, se o novo devedor se tornar insolvente, a não ser que expressamente haja ressalvado a responsabilidade do primitivo obrigado.

CAPÍTULO V
Garantia Geral das Obrigações

(…)

SECÇÃO II
Conservação da garantia patrimonial

SUBSECÇÃO I
Declaração de nulidade

Artigo 605.º
Legitimidade dos credores

1 – Os credores têm legitimidade para invocar a nulidade dos actos praticados pelo devedor, quer estes sejam anteriores, quer posteriores à constituição do crédito, desde que tenham interesse na declaração da nulidade, não sendo necessário que o acto produza ou agrave a insolvência do devedor.

2 – A nulidade aproveita não só ao credor que a tenha invocado, como a todos os demais.

(…)

CAPÍTULO VI
Garantias especiais das obrigações

(...)

SECÇÃO II
Fiança

SUBSECÇÃO I
Disposições gerais

(…)

Artigo 633.º
Idoneidade do fiador. Reforço da fiança

1 – Se algum devedor estiver obrigado a dar fiador, não é o credor forçado a aceitar quem não tiver capacidade para se obrigar ou não tiver bens suficientes para garantir a obrigação.

2 – Se o fiador nomeado mudar de fortuna, de modo que haja risco de insolvência, tem o credor a faculdade de exigir o reforço da fiança.

3 – Se o devedor não reforçar a fiança ou não oferecer outra garantia idónea dentro do prazo que lhe for fixado pelo tribunal, tem o credor o direito de exigir o imediato cumprimento da obrigação.

(…)

SUBSECÇÃO IV
Pluralidade de fiadores

Artigo 649.º
Responsabilidade para com o credor

1 – Se várias pessoas tiverem, isoladamente, afiançado o devedor pela mesma dívida, responde cada uma delas pela satisfação integral do crédito, excepto se foi convencionado o benefício da divisão; são aplicáveis, naquele caso, com as ressalvas necessárias, as regras das obrigações solidárias.

2 – Se os fiadores se houverem obrigado conjuntamente, ainda que em momentos diferentes, é lícito a qualquer deles invocar o benefício da divisão, respondendo, porém, cada um deles, proporcionalmente, pela quota do confiador que se encontre insolvente.

3 – É equiparado ao fiador insolvente aquele que não puder ser demandado, nos termos da alínea *b*) do artigo 640.º.

Artigo 650.º
Relações entre fiadores e subfiadores

1 – Havendo vários fiadores, e respondendo cada um deles pela totalidade da prestação, o que tiver cumprido fica sub-rogado nos direitos do credor contra o devedor e, de harmonia com as regras das obrigações solidárias, contra os outros fiadores.

2 – Se o fiador, judicialmente demandado, cumprir integralmente a obrigação ou uma parte superior à sua quota, apesar de lhe ser lícito invocar o benefício da divisão, tem o direito de reclamar dos outros as quotas deles, no que haja pago a mais, ainda que o devedor não esteja insolvente.

3 – Se o fiador, podendo embora invocar o benefício da divisão, cumprir voluntariamente a obrigação nas condições previstas no número anterior, o seu regresso contra os outros fiadores só é admitido depois de excutidos todos os bens do devedor.

4 – Se algum dos fiadores tiver um subfiador, este não responde, perante os outros fiadores, pela quota dos seu afiançado que se mostre insolvente, salvo se o contrário resultar do acto da subfiança.

(...)

SECÇÃO VI
Privilégios creditórios

(...)

SUBSECÇÃO V
Efeitos e extinção dos privilégios

(...)

Artigo 749.º
Privilégio geral e direitos de terceiro

1 – O privilégio geral não vale contra terceiros, titulares de direitos

que, recaindo sobre as coisas abrangidas pelo privilégio, sejam oponíveis ao exequente.

2 – As leis de processo estabelecem os limites ao objecto e à oponibilidade do privilégio geral ao exequente e à massa falida, bem como os casos em que ele não é invocável ou se extingue na execução ou perante a declaração da falência.

O n.º 2 foi introduzido pelo artigo 5.º do Decreto-Lei n.º 38/2003, de 8 de Março (Diário da República n.º 57/2003, série I-A, de 8 de Março de 2003, pp. 1588-1649).

(…)

CAPÍTULO VII
Cumprimento e não cumprimento das obrigações

SECÇÃO I
Cumprimento

(…)

SUBSECÇÃO IV
Prazo da prestação

(…)

Artigo 780.º
Perda do benefício do prazo

1 – Estabelecido o prazo a favor do devedor, pode o credor, não obstante, exigir o cumprimento imediato da obrigação, se o devedor se tornar insolvente, ainda que a insolvência não tenha sido judicialmente declarada, ou se, por causa imputável ao devedor, diminuírem as garantias do crédito ou não forem prestadas as garantias prometidas.

2 – O credor tem o direito de exigir do devedor, em lugar do cumprimento imediato da obrigação, a substituição ou reforço das garantias, se estas sofreram diminuição.

(…)

TÍTULO II
Dos contratos em especial

(…)

CAPÍTULO III
Sociedade

(…)

SECÇÃO V
Dissolução da sociedade

Artigo 1007.º
Causas de dissolução

A sociedade dissolve-se:
a) Por acordo dos sócios;
b) Pelo decurso do prazo fixado no contrato, não havendo prorrogação;
c) Pela realização do objecto social, ou por este se tornar impossível;
d) Por se extinguir a pluralidade dos sócios, se no prazo de seis meses não for reconstituída;
e) Por decisão judicial que declare a sua insolvência;
f) Por qualquer outra causa prevista no contrato.

(…)

CAPÍTULO X
Mandato

(…)

SECÇÃO VI
Mandato sem representação

(…)

Artigo 1183.º
Responsabilidade do mandatário

Salvo estipulação em contrário, o mandatário não é responsável pela falta de cumprimento das obrigações assumidas pelas pessoas com quem haja contratado, a não ser que no momento da celebração do contrato conhecesse ou devesse conhecer a insolvência delas.

(…)

1.3. Direito da Família

Código Civil*

LIVRO IV
DIREITO DA FAMÍLIA

(…)

TÍTULO III
Da filiação

(...)

CAPÍTULO II
Efeitos da filiação

(…)

SECÇÃO III
Meios de suprir o poder paternal

(…)

---

* Aprovado pelo Decreto-Lei n.º 47 344, de 25 de Novembro de 1966, publicado na Colecção Oficial de Legislação Portuguesa, 2.º Semestre de 1966, pp. 644-846.

SUBSECÇÃO II
Tutela

DIVISÃO I
Designação do tutor

(…)

Artigo 1933.º
Quem não pode ser tutor

1 – Não podem ser tutores:

a) Os menores não emancipados, os interditos e os inabilitados;

b) Os notoriamente dementes, ainda que não estejam interditos ou inabilitados;

c) As pessoas de mau procedimento ou que não tenham modo de vida conhecido;

d) Os que tiverem sido inibidos ou se encontrarem total ou parcialmente suspensos do poder paternal;

e) Os que tiverem sido removidos ou se encontrarem suspensos de outra tutela ou do cargo de vogal de conselho de família por falta de cumprimento das respectivas obrigações;

f) Os divorciados e os separados judicialmente de pessoas e bens por sua culpa;

g) Os que tenham demanda pendente com o menor ou com seus pais, ou a tenham tido há menos de cinco anos;

h) Aquele cujos pais, filhos ou cônjuges tenham, ou hajam tido há menos de cinco anos, demanda com o menor ou seus pais;

i) Os que sejam inimigos pessoais do menor ou dos seus pais;

j) Os que tenham sido excluídos pelo pai ou mãe do menor, nos mesmos termos em que qualquer deles pode designar tutor;

l) Os magistrados judiciais ou de Ministério Público que exerçam funções na comarca do domicílio do menor ou na da situação dos seus bens.

2 – Os inabilitados por prodigalidade, os falidos ou insolventes, e bem assim os inibidos ou suspensos do poder paternal ou removidos da tutela, quanto à administração de bens, podem ser nomeados tutores, desde que sejam apenas encarregados da guarda e regência da pessoa do menor.

(…)

SUBSECÇÃO III

Administração de bens

(…)

Artigo 1970.º

Quem não pode ser administrador

Além das pessoas que a lei impede de serem tutores, não podem ser administradores:

a) Os inabilitados por prodigalidade, os falidos ou insolventes, e bem assim os inibidos ou suspensos do poder paternal ou removidos da tutela quanto à administração de bens;

b) Os condenados como autores ou cúmplices dos crimes de furto, roubo, burla, abuso de confiança, falência ou insolvência fraudulenta e, em geral, de crimes dolosos contra a propriedade.

(…)

1.4. Direito das Sucessões

LIVRO V

DIREITO DAS SUCESSÕES

TÍTULO I

Das sucessões em geral

(…)

CAPÍTULO IX

Liquidação da herança

(…)

Artigo 2100.º
Pagamento dos direitos de terceiro

1 – Entrando os bens na partilha com os direitos referidos no artigo anterior, descontar-se-á neles o valor desses direitos, que serão suportados exclusivamente pelo interessado a quem os bens couberem.

2 – Se não se fizer tal desconto, o interessado que pagar a remição tem regresso contra os outros pela parte que a cada um tocar, em proporção do seu quinhão; mas, em caso de insolvência de alguns deles, é a sua parte repartida entre todos proporcionalmente.

(...)

TÍTULO III
Da sucessão legitimária

(...)

CAPÍTULO II
Redução de liberalidades

(...)

Artigo 2176.º
Insolvência do responsável

Nos casos previstos no artigo anterior e no n.º 3 do artigo 2174.º, a insolvência daqueles que, segundo a ordem estabelecida, devem suportar o encargo da redução não determina a responsabilidade dos outros.

(...)

2. *Direito Comercial*

2.1. Agrupamento Complementar de Empresas

Decreto-Lei n.º 430/73, de 25 de Agosto*

(...)

Artigo 13.º

A exclusão de membro do agrupamento compete à assembleia geral e pode ter lugar quando:

a) O agrupado deixar de exercer a actividade económica para a qual o agrupamento serve de complemento;
b) For declarado falido ou insolvente;
c) Estiver em mora na contribuição que lhe caiba para as despesas do agrupamento, depois de notificado pela administração, em carta registada, para satisfazer o pagamento no prazo que lhe seja fixado e nunca inferior a trinta dias.

(...)

Artigo 16.º

1 – O agrupamento dissolve-se:

a) Nos termos do contrato;

* Publicado no Diário do Governo n.º 199, série I, de 25 de Agosto de 1973, pp. 1506-1508.

b) A requerimento do Ministério Público ou de qualquer interessado, quando violar as normas legais que disciplinam a concorrência ou persistentemente se dedicar, como objecto principal, a actividade directamente lucrativa;

c) A requerimento de membro que houver respondido por obrigações do agrupamento vencidas e em mora.

2 – A morte, interdição, inabilitação, falência, insolvência, dissolução ou vontade de um ou mais membros não determina a dissolução do agrupamento, salvo disposição em contrário do contrato.

(…)

2.2. *Acesso à Actividade Comercial*

Decreto-Lei n.º 339/85, de 21 de Agosto*

(…)

Artigo 3.º

São condições para a obtenção do cartão de identificação de empresário individual que se proponha exercer uma actividade comercial, a emitir pelo Registo Nacional de Pessoas Colectivas:

a) Ter capacidade comercial nos termos da legislação comercial;

b) Não estar inibido do exercício do comércio por falência ou insolvência, nos termos da lei processual civil;

c) Não estar inibido do exercício do comércio por sentença penal transitada em julgado ou por decisão proferida em processo de contra-ordenação, nos termos e limites que estas determinarem;

d) Ter como habilitações mínimas a escolaridade obrigatória, de acordo com a idade do requerente.

---

* Publicado no Diário da República n.º 191/85, série I, de 21 de Agosto de 1985, pp. 2726-2727.

Artigo 4.º

1 – É condição para a inscrição da pessoa colectiva no Registo Nacional de Pessoas Colectivas, quando exerça uma actividade comercial, o preenchimento, por parte das pessoas singulares que a podem obrigar, de todos os requisitos exigidos no artigo anterior.

2 – A alteração do elenco das pessoas singulares que podem obrigar a pessoa colectiva que exerça uma actividade comercial implica actualização da inscrição desta no Registo Nacional de Pessoas Colectivas.

Artigo 5.º

1 – As decisões que imponham a interdição do exercício da actividade comercial serão notificadas ao Registo Nacional de Pessoas Colectivas e à Direcção-Geral de Inspecção Económica, sendo interditada a inscrição dos candidatos ou promovida a apreensão do correspondente cartão de identificação de pessoa colectiva ou de empresário individual, consoante os casos.

2 – A Direcção-Geral de Inspecção Económica pode solicitar ao Registo Nacional de Pessoas Colectivas fotocópia autenticada ou microfilme do pedido do cartão de identificação de pessoa colectiva ou de empresário individual sempre que suspeite terem sido prestadas falsas declarações para obtenção do mesmo.

3 – A Direcção-Geral de Inspecção Económica promoverá o procedimento criminal adequado sempre que verifique o exercício da actividade comercial em infracção ao disposto no artigo 97.º do Código Penal ou no artigo 12.º do Decreto-Lei n.º 28/84, de 20 de Janeiro.

(…)

2.3. Agrupamento Europeu de Interesse Económico

Regulamento (CEE) n.º 2137/85, de 25 de Julho*

(...)

Artigo 36.º

Os agrupamentos europeus de interesse económico encontram-se sujeitos às disposições do direito nacional que regula a insolvência e a cessação dos pagamentos. A instauração de um processo contra um agrupamento por motivo da sua insolvência ou de cessação dos seus pagamentos não implicará, por si só, a instauração de um processo semelhante contra os membros desse agrupamento.

(...)

Decreto-Lei n.º 148/90, de 9 de Maio**

(Regulamento do Agrupamento Europeu de Interesse Económico)

(...)

Artigo 6.º
Exclusão de membro

Sem prejuízo do disposto no Regulamento (CEE) n.º 2137/85, um membro considera-se excluído do agrupamento quando seja declarado falido ou insolvente.

(...)

---

* Publicado no Jornal Oficial n.º L 199, de 31 de Julho de 1985, e rectificado no Jornal Oficial n.º L 124/52, de 15 de Maio de 1990.

** Publicado no Diário da República n.º 106/90, série I, de 9 de Maio de 1990, pp. 2154-2155.

Artigo 10.º
Falência, insolvência e recuperação

O agrupamento está sujeito ao regime da falência ou da insolvência, consoante seja ou não comerciante, sendo-lhe aplicável o processo especial de recuperação de empresas e de protecção dos credores.

(…)

2.4. Estabelecimento Individual de Responsabilidade Limitada

Decreto-Lei n.º 248/86, de 25 de Agosto*

(…)

CAPÍTULO II
Administração e funcionamento

(...)

Artigo 11.º
Responsabilidade pelas dívidas do estabelecimento individual de responsabilidade limitada

1 – Pelas dívidas resultantes de actividades compreendidas no objecto do estabelecimento individual de responsabilidade limitada respondem apenas os bens a este afectados.

2 – No entanto, em caso de falência do titular por causa relacionada com a actividade exercida naquele estabelecimento, o falido responde

* Publicado no Diário da República n.º 194/86, série I, de 25 de Agosto de 1986, pp. 2148-2156.

com todo o seu património pelas dívidas contraídas nesse exercício, contanto que se prove que o princípio da separação patrimonial não foi devidamente observado na gestão do estabelecimento.

3 – No caso previsto no número anterior, a responsabilidade aí cominada recai sobre todo aquele que, tendo exercido anteriormente a administração do estabelecimento individual de responsabilidade limitada, haja transgredido nessa administração o princípio da separação de patrimónios. Se forem vários os obrigados, respondem solidariamente.

(...)

CAPÍTULO VI
Liquidação do estabelecimento individual de responsabilidade limitada

(...)

Artigo 24.º
Casos de liquidação imediata

O estabelecimento individual de responsabilidade limitada entra imediatamente em liquidação:

a) Por declaração do seu titular, expressa em documento particular;
b) Pelo decurso do prazo fixado no acto constitutivo;
c) Pela sentença que declare a falência do titular;
d) Pela impossibilidade de venda judicial na execução movida por um dos credores do titular, ao abrigo do artigo 22.º.

A alínea a) foi alterada pelo Decreto-Lei n.º 36/2000, de 14 de Março (Diário da República n.º 62/2000, série I-A, de 14 de Março de 2000, pp. 924-926).

(...)

Artigo 27.º
Processo de liquidação

1 – A liquidação do estabelecimento individual de responsabilidade limitada será feita nos termos dos artigos seguintes. Na hipótese de falência, os termos da liquidação são os da lei de processo, devendo

respeitar-se sempre a preferência dos credores do estabelecimento em relação aos credores comuns do falido.

2 – A firma do estabelecimento individual de responsabilidade limitada em liquidação deverá ser seguida das palavras "em liquidação". Esta menção e o nome do liquidatário devem figurar em todos os actos e documentos destinados a terceiros.

(...)

2.5. Cooperativas

Lei n.º 51/96, de 7 de Setembro*

(Código Cooperativo)

(...)

CAPÍTULO V
Dos órgãos das cooperativas

SECÇÃO I
Princípios gerais

(...)

Artigo 41.º
Perda de mandato

São causa de perda de mandato dos membros dos órgãos das cooperativas:

a) A declaração de falência dolosa;

---

* Publicada no Diário da República n.º 208/96, série I-A, de 7 de Setembro de 1996, pp. 3018-3032.

b) A condenação por crimes contra o sector público ou contra o sector cooperativo e social, designadamente pela apropriação de bens do sector cooperativo e social e por administração danosa em unidade económica nele integrada.

(…)

CAPÍTULO VIII
Dissolução, liquidação e transformação

Artigo 77.º
Dissolução

1 – As cooperativas dissolvem-se por:

a) Esgotamento do objecto ou impossibilidade insuperável da sua prossecução;

b) Decurso do prazo, se tiverem sido constituídas temporariamente;

c) Verificação de qualquer outra causa extintiva prevista nos estatutos;

d) Diminuição do número de membros abaixo do mínimo legalmente previsto por um período de tempo superior a 90 dias e desde que tal redução não seja temporária ou ocasional;

e) Fusão por integração, por incorporação ou cisão integral;

f) Deliberação da assembleia geral;

g) Decisão judicial transitada em julgado que declare a falência da cooperativa;

h) Decisão judicial transitada em julgado que verifique que a cooperativa não respeita no seu funcionamento os princípios cooperativos, que o objecto real da cooperativa não coincide com o objecto expresso nos estatutos, que utiliza sistematicamente meios ilícitos para a prossecução do seu objecto ou ainda que recorre à forma de cooperativa para alcançar indevidamente benefícios legais.

2 – A dissolução de cooperativas deliberada em assembleia geral não carece de ser consignada em escritura pública.

Redacção introduzida pelo Decreto-Lei n.º 108/2001, de 6 de Abril (Diário da República n.º 82/2001, série I-A, de 6 de Abril de 2001, pp. 2040-2041).

Artigo 78.º
Processo de liquidação e partilha

1 – A dissolução da cooperativa, qualquer que seja o motivo, implica a nomeação de uma comissão liquidatária, encarregada do processo de liquidação do respectivo património.

2 – A assembleia geral que deliberar a dissolução deve eleger a comissão liquidatária, à qual conferirá os poderes necessários para, dentro do prazo que lhe fixar, proceder à liquidação.

3 – Aos casos de dissolução referidos nas alíneas *a*) a *e*) e *h*) do artigo anterior é aplicável, com as necessárias adaptações, o processo de liquidação previsto na secção I do capítulo XV do título IV do Código de Processo Civil.

4 – Ao caso de dissolução referido na alínea *g*) do artigo anterior é aplicável, com as necessárias adaptações, o Código dos Processos Especiais de Recuperação da Empresa e de Falência.

5 – Feita a liquidação total, deve a comissão liquidatária apresentar as contas à assembleia geral ou ao tribunal, conforme os casos, organizando, sob a forma de mapa, um projecto de partilha do saldo, nos termos do artigo seguinte.

6 – A última assembleia geral ou o tribunal, conforme os casos, designarão quem deve ficar depositário dos livros, papéis e documentos da cooperativa, que deverão ser conservados pelo prazo de cinco anos.

2.6. Actividade das Agências de Viagens e Turismo

Decreto-Lei n.º 209/97, de 13 de Agosto*

(...)

CAPÍTULO II
Do licenciamento

Artigo 5.º
Licença

1 – O exercício da actividade de agências de viagens e turismo depende de licença, constante de alvará, a conceder pela Direcção-Geral do Turismo.

2 – A concessão da licença depende da observância pela requerente, dos seguintes requisitos:

a) Ser uma cooperativa, estabelecimento individual de responsabilidade limitada ou sociedade comercial que tenha por objecto o exercício daquela actividade e um capital social mínimo realizado de 20 000 000$00;
b) Prestação das garantias exigidas por este diploma;
c) Comprovação da idoneidade comercial do titular do estabelecimento em nome individual de responsabilidade limitada, dos directores ou gerentes da cooperativa e dos administradores ou gerentes da sociedade requerente.

3 – Para efeitos do disposto na alínea *c*) do número anterior, não são consideradas comercialmente idóneas as pessoas relativamente às quais se verifique:

a) A proibição legal do exercício do comércio;
b) A inibição do exercício do comércio por ter sido declarada a sua falência ou insolvência enquanto não for levantada a inibição e decretada a sua reabilitação;

---

* Publicado no Diário da República n.º 186/97, série I-A, de 13 de Agosto de 1997, pp. 4219-4230.

c) Terem sido titulares, gerentes ou administradores de uma agência de viagens e turismo falida, a menos que se comprove terem os memos actuado diligentemente no exercício dos seus cargos;
d) Terem sido titulares, gerentes ou administradores de uma agência de viagens e turismo punida com três ou mais coimas, desde que lhe tenha sido também aplicada a sanção de interdição do exercício da profissão ou a sanção de suspensão do exercício da actividade.

4 – A licença não pode ser objecto de negócios jurídicos.

Redacção introduzida pelo Decreto-Lei n.º 12/99, de 11 de Janeiro (Diário da República n.º 12/99, série I-A, de 11 de Janeiro de 1999, pp. 115-132).

(...)

Artigo 9.º
Revogação da licença

1 – A licença para o exercício da actividade de agência de viagens e turismo pode ser revogada nos seguintes casos:
a) Se a agência não iniciar a actividade no prazo de 90 dias após a emissão do alvará;
b) Havendo falência;
c) Se a agência cessar a actividade por um período superior a 90 dias sem justificação atendível;
d) Se deixar de se verificar algum dos requisitos legais para a concessão da licença.

2 – A revogação da licença será determinada por despacho do director-geral do Turismo e acarreta a cessação do alvará da agência.

(...)

2.7. Empreitadas de Obras Públicas

Decreto-Lei n.º 59/99, de 2 de Março*

(…)

TÍTULO III
Formação do contrato

(…)

CAPÍTULO II
Concorrentes

(…)

Artigo 55.º
Idoneidade dos concorrentes

1 – São excluídos dos procedimentos de contratação os concorrentes relativamente aos quais se verifique que:

a) Se encontrem em estado de falência, de liquidação, de cessação de actividade, sujeitos a qualquer meio preventivo da liquidação de patrimónios ou em qualquer situação análoga, ou tenham o respectivo processo pendente;

b) Tenham sido condenados por sentença transitada em julgado por qualquer dos crimes previstos nas alíneas *b*), *c*), *d*), *e*), *f*) e *g*) do n.º 1 do artigo 6.º do Decreto-Lei n.º 61/99, no caso de se tratar de empresários em nome individual, ou, caso sejam sociedades comerciais, tenham sido condenados por aqueles crimes os indivíduos encarregues da administração, direcção ou gerência social das mesmas;

---

* Publicado no Diário da República n.º 51/99, série I-A, de 2 de Março de 1999, pp. 1102-1156.

c) Tenham sido sancionados administrativamente por falta grave em matéria profissional, se entretanto não tiver ocorrido a sua reabilitação;

d) Não tenham a sua situação regularizada relativamente a contribuições para a segurança social em Portugal ou no Estado de que sejam nacionais ou no qual se situe o estabelecimento principal da empresa;

e) Não tenham a sua situação regularizada relativamente a dívidas por impostos ao Estado Português ou ao Estado de que sejam nacionais ou no qual se situe o estabelecimento principal da empresa;

f) Tenham sido objecto de aplicação da sanção acessória prevista na alínea *e*) do n.º 1 do artigo 21.º do Decreto-Lei n.º 433/82, de 27 de Outubro, durante o período de inabilidade legalmente previsto;

g) Tenham sido objecto de aplicação da sanção acessória prevista no n.º 1 do artigo 5.º do Decreto-Lei n.º 396/91, de 16 de Outubro, relativo ao trabalho de menores;

h) Tenham sido objecto de aplicação de sanção administrativa ou judicial pela utilização ao seu serviço de mão-de-obra legalmente sujeita ao pagamento de impostos e contribuições para a segurança social, não declarada nos termos das normas que imponham essa obrigação, em Portugal ou no Estado de que sejam nacionais ou no qual se situe o estabelecimento principal da empresa, durante o prazo de prescrição da sanção legalmente previsto.

2 – Das sentenças transitadas em julgado que ponham termo aos processos a que se referem as alíneas *a*) e *b*) do número anterior relativamente a indivíduos ou empresas cuja actividade inclua a realização de obras públicas ou aos respectivos gerentes ou administradores, deverá ser dado conhecimento ao Instituto dos Mercados de Obras Públicas e Particulares e do Imobiliário.

3 – As entidades que apliquem as sanções previstas nas alíneas *c*), *f*), *g*) e *h*) do n.º 1 a empresas cuja actividade inclua a realização de obras públicas devem comunicar o facto ao organismo indicado na parte final do número anterior.

4 – Sem prejuízo do disposto no n.º 3 do artigo 71.º, os donos de obras públicas perante os quais os concorrentes tenham incorrido em falsificação de documentos devem comunicar o facto ao organismo indicado na parte final do n.º 2, acompanhando essa comunicação com os

elementos de prova de que disponham, incluindo cópia da denúncia dirigida ao Ministério Público.

(...)

TÍTULO IV
Execução da empreitada

CAPÍTULO I
Disposições gerais

(...)

Artigo 147.º
Morte, interdição ou falência do empreiteiro

1 – Se, assinado o contrato, o empreiteiro falecer ou, por sentença judicial, for interdito, inabilitado ou declarado em estado de falência, o contrato caduca.

2 – Pode o dono da obra permitir a continuação da obra:

a) Se os herdeiros do empreiteiro falecido tomarem sobre si o encargo do seu cumprimento, desde que se habilitem, para o efeito, nos termos legais, no prazo máximo de 22 dias a contar da data do óbito;
b) Quando o empreiteiro se apresente ao tribunal para declaração de falência e haja acordo de credores, requerendo a sociedade formada por estes a continuação da execução do contrato.

3 – Verificada a caducidade do contrato, proceder-se-á à medição dos trabalhos efectuados e à sua liquidação pelos preços unitários respectivos, se existirem, ou, no caso contrário, pelos que forem fixados por acordo, por arbitragem ou judicialmente, observando-se, na parte aplicável, as disposições relativas à recepção e liquidação da obra, precedendo inquérito administrativo.

4 – O destino dos estaleiros, equipamentos e materiais existentes na obra ou a esta destinados regular-se-á pelas normas aplicáveis no caso da rescisão do contrato pelo dono da obra, no caso de falência, ou pelo empreiteiro, nos restantes casos.

5 – As quantias que, nos termos dos números anteriores, a final se apurar serem devidas à herança ou à massa falida serão depositadas em Portugal, em qualquer instituição de crédito, para serem pagas a quem se mostrar com direito.

(…)

2.8. Actividade Transitária

Decreto-Lei n.º 255/99, de 7 de Julho*

CAPÍTULO I
Disposições gerais

(…)

Artigo 4.º
Idoneidade

1 – A idoneidade é aferida pela inexistência de impedimentos legais, nomeadamente a condenação pelos ilícitos praticados pelos administradores, gerentes ou pelo director técnico da empresa, a seguir discriminados:

a) Proibição legal para o exercício do comércio;
b) Condenação, com trânsito em julgado, por crimes de falência fraudulenta, falência intencional, favorecimento de credores, apropriação ilegítima e administração danosa;
c) Condenação, com trânsito em julgado, pela prática de concorrência ilícita ou desleal;

---

* Publicado no Diário da República n.º 156/99, série I-A, de 7 de Julho de 1999, pp. 4207-4210.

d) Condenação, com trânsito em julgado, em pena não inferior a seis meses de prisão, por crime contra a saúde pública ou economia nacional;

e) Condenação, com pena não suspensa, com trânsito em julgado, por crime doloso contra a propriedade, por tráfico de estupefacientes, por branqueamento de capitais e por fraude fiscal ou aduaneira, em pena de prisão não inferior a dois anos;

f) Condenação, em pena não suspensa, com trânsito em julgado, por crime de danos contra a natureza ou poluição e poluição com perigo comum, em pena de prisão não inferior a um ano;

g) Condenação, com trânsito em julgado, por crime de corrupção e tráfico de influência;

h) Condenação, com trânsito em julgado, por infracção à legislação de segurança, higiene e saúde no trabalho, da qual resulte morte ou incapacidade física, total e permanente de trabalhador ou de terceiro.

2 – Deixam de preencher o requisito da idoneidade as sociedades comerciais cujos administradores, gerentes ou directores técnicos venham a encontrar-se em qualquer das situações indicadas no número anterior.

(…)

2.9. Actividade de Certificação de Assinatura Digital

Decreto-Lei n.º 290-D/99, de 2 de Agosto*

(…)

CAPÍTULO III
Certificação

SECÇÃO I
Acesso à actividade de certificação

(…)

Artigo 15.º
Requisitos de idoneidade

1 – A pessoa singular e, no caso de pessoa colectiva, os membros dos órgãos de administração e fiscalização, os empregados, comitidos e representantes das entidades certificadoras com acesso aos actos e instrumentos de certificação, os sócios da sociedade e, tratando-se de sociedade anónima, os accionistas com participações significativas serão sempre pessoas de reconhecida idoneidade.

2 – Entre outras circunstâncias atendíveis, considera-se indiciador de falta de idoneidade o facto de a pessoa ter sido:

a) Condenada, no País ou no estrangeiro, por crime de furto, roubo, burla, burla informática e nas comunicações, extorsão, abuso de confiança, infidelidade, falsificação, falsas declarações, insolvência dolosa, insolvência negligente, favorecimento de credores, emissão de cheques sem provisão, abuso de cartão de garantia ou de crédito, apropriação ilegítima de bens do sector público ou cooperativo, administração danosa em unidade económica do sector público ou cooperativo, usura, suborno, corrupção, recep-

* Publicado no Diário da República n.º 178/99, série I-A, 1.º Suplemento, de 2 de Agosto de 1999, pp. 4990-(2)-4990-(11).

ção não autorizada de depósitos ou outros fundos reembolsáveis, prática ilícita de actos ou operações inerentes à actividade seguradora ou dos fundos de pensões, branqueamento de capitais, abuso de informação, manipulação do mercado de valores mobiliários ou crime previsto no Código das Sociedades Comerciais;

b) Declarada, por sentença nacional ou estrangeira, falida ou insolvente ou julgada responsável por falência ou insolvência de empresa por ela dominada ou de cujos órgãos de administração ou fiscalização tenha sido membro;

c) Sujeita a sanções, no País ou no estrangeiro, pela prática de infracções às normas legais ou regulamentares que regem as actividades de produção, autenticação, registo e conservação de documentos, e designadamente as do notariado, dos registos públicos, do funcionalismo judicial, das bibliotecas públicas, e da certificação de assinaturas electrónicas qualificadas.

3 – A falta dos requisitos de idoneidade previstos no presente artigo constitui fundamento de recusa e de revogação da credenciação, nos termos da alínea *c)* do n.º 1 do artigo 18.º e da alínea *f)* do n.º 1 do artigo 20.º.

Este preceito foi alterado pelo artigo 2.º do Decreto-Lei n.º 62/2003, de 3 de Abril (Diário da República n.º 79/2003, série I-A, de 3 de Abril de 2003, pp. 2170-2185).

(...)

SECÇÃO II
Exercício da actividade

(...)

Artigo 27.º
Cessação da actividade

1 – No caso de pretender cessar voluntariamente a sua actividade, a entidade certificadora que emite certificados qualificados deve comunicar essa intenção à autoridade credenciadora e às pessoas a quem tenha emitido certificados que permaneçam em vigor, com a antecipação mínima de três meses, indicando também qual a entidade certificadora à qual é transmitida a sua documentação ou a revogação dos certificados no

termo daquele prazo, devendo neste último caso, quando seja credenciada, colocar a sua documentação à guarda da autoridade credenciadora.

2 – A entidade certificadora que emite certificados qualificados que se encontre em risco de decretação de falência, de processo de recuperação de empresa ou de cessação da actividade por qualquer outro motivo alheio à sua vontade deve informar imediatamente a autoridade credenciadora.

3 – No caso previsto no número anterior, se a entidade certificadora vier a cessar a sua actividade, a autoridade credenciadora promoverá a transmissão da documentação daquela para outra entidade certificadora ou, se tal transmissão for impossível, a revogação dos certificados emitidos e a conservação dos elementos de tais certificados pelo prazo em que deveria fazê-lo a entidade certificadora.

4 – A cessação da actividade de entidade certificadora que emite certificados qualificados é inscrita no registo a que se refere o n.º 2 do artigo 9.º e publicada na 2.ª série do *Diário da República.*

5 – A cessação da actividade de entidade certificadora é comunicada à Comissão Europeia e aos outros Estados membros da União Europeia.

Este preceito foi alterado pelo artigo 2.º do Decreto-Lei n.º 62/2003, de 3 de Abril (Diário da República n.º 79/2003, série I-A, de 3 de Abril de 2003, pp. 2170-2185).

(...)

2.10. Actividade Prestamista

Decreto-Lei n.º 365/99, de 17 de Setembro*

CAPÍTULO I
Disposições gerais

(...)

Artigo 4.º
Idoneidade

1 – A idoneidade dos requerentes é aferida pela inexistência de impedimentos legais, de condenação por determinados ilícitos praticados pelos requerentes, bem como pelos respectivos administradores, directores ou gerentes, no caso de se tratar de pessoa colectiva.

2 – São consideradas idóneas as pessoas relativamente às quais não se verifique algum dos seguintes impedimentos:

a) Condenação, com trânsito em julgado, em pena de prisão efectiva igual ou superior a dois anos, por crime contra o património, por tráfico de estupefacientes, por branqueamento de capitais, por fraude fiscal ou aduaneira;

b) Condenação, com trânsito em julgado, por crimes de insolvência dolosa, insolvência negligentes, favorecimento de credores, apropriação ilegítima, administração danosa e corrupção activa;

c) Condenação, com trânsito em julgado, pela prática de concorrência ilícita ou desleal;

d) Condenação, com trânsito em julgado, pela prática de infracções às regras legais ou regulamentares que regem a actividade das instituições de crédito;

e) Condenação, com trânsito em julgado, por emissão de cheque sem provisão;

---

* Publicado no Diário da República n.º 218/99, série I-A, de 17 de Setembro de 1999, pp. 6407-6413.

f) Condenação, com trânsito em julgado, por crime de falsificação, suborno e tráfico de influência;
g) Inibição para o exercício do comércio, seja qual for a causa que o determine.

(...)

2.11. Regime do Sector Empresarial do Estado e das Empresas Públicas

Decreto-Lei n.º 558/99, de 17 de Dezembro*

(...)

CAPÍTULO III
Entidades públicas empresariais

(...)

Artigo 34.º
Extinção

1 – Pode ser determinada por decreto-lei a extinção de entidades públicas empresariais, bem como o subsequente processo de liquidação.

2 – Não são aplicáveis as regras gerais sobre dissolução e liquidação de sociedades, nem as dos processos especiais de recuperação e falência, salvo na medida do expressamente determinado pelo decreto-lei referido no número anterior.

(...)

---

* Publicado no Diário da República n.º 292/99, série I-A, de 17 de Dezembro de 1999, pp. 9012-9019.

2.12. Transferências Internas e Transfronteiras nas Moedas dos Estados Integrantes do Espaço Económico Europeu

Decreto-Lei n.º 41/2000, de 17 de Março*

(…)

Artigo 14.º
Exclusão de responsabilidade

1 – Sem prejuízo das disposições relativas à prevenção da utilização do sistema financeiro para efeitos de branqueamento de capitais, que impedem ou limitam a execução de transferências, as instituições serão liberadas das obrigações previstas no presente decreto-lei, por motivo de força maior, nomeadamente circunstâncias alheias à sua vontade, anormais e imprevisíveis, cujas consequências não tenham podido evitar apesar de todos os esforços desenvolvidos.

2 – Não é considerado motivo de força maior qualquer procedimento de insolvência ou falência, segundo o qual, através de uma medida colectiva de reestruturação ou liquidação da entidade que dela é objecto, se limite, suspenda ou faça cessar o cumprimento de obrigações.

(…)

* Publicado no Diário da República n.º 65/2000, série I-A, de 17 de Março de 2000, pp. 1021-1023.

2.13. Actividade de Transporte Internacional Ferroviário

Decreto-Lei n.º 60/2000, de 19 de Abril*

(...)

CAPÍTULO II
Acesso à actividade

(...)

Artigo 5.º
Idoneidade

1 – O requisito da idoneidade deve ser preenchido pelas empresas e pelos administradores, gerentes ou directores que detenham a sua direcção efectiva.

2 – Para efeitos do disposto no presente diploma, não são consideradas idóneas:

a) As pessoas que tenham sido declaradas falidas, por sentença transitada em julgado;

b) As pessoas responsáveis pela falência de empresas cujo domínio hajam assegurado ou de que tenham sido administradoras, directoras, ou gerentes ou cuja falência haja sido prevenida, suspensa ou evitada por concordata, reconstituição empresarial, reestruturação financeira ou meio equivalente nos dois anos anteriores à apresentação do pedido de licença;

c) As empresas cuja falência haja sido prevenida, suspensa ou evitada por concordata, reconstituição empresarial, reestruturação financeira ou meio equivalente nos cinco anos anteriores à apresentação do pedido de licença;

d) As pessoas que tenham sido, por sentença transitada em julgado, condenadas por crime de captura ou desvio de aeronave, navio, comboio ou veículo de transporte colectivo de passageiros, aten-

---

* Publicado no Diário da República n.º 93/2000, série I-A, de 19 de Abril de 2000, pp. 1683-1687.

tado à segurança de transporte por ar, água ou caminho de ferro, condução perigosa de meio de transporte por ar, água ou caminho de ferro, infracção de regras de construção, dano em instalações e perturbação de serviços, furto, abuso de confiança, roubo, dano, burla, infidelidade, insolvência, favorecimento de credores, receptação ou auxílio material;

e) As pessoas ou empresas que hajam sido condenadas pela prática de contra-ordenação muito grave, ou pela prática reincidente de contra-ordenação grave, em matéria laboral, por decisão definitiva ou sentença transitada em julgado, nos dois anos anteriores à apresentação do pedido de licença.

3 – O disposto nas alíneas *a*) e *d*) do número anterior deixa de produzir efeitos após reabilitação.

(…)

2.14. Actividade das Empresas de Animação Turística

Decreto-Lei n.º 204/2000, de 1 de Setembro*

(…)

CAPÍTULO II
Do licenciamento

Artigo 6.º
Licença

1 – O exercício da actividade das empresas de animação turística depende de licença, constante de alvará, a conceder pela Direcção-Geral do Turismo.

---

* Publicado no Diário da República n.º 202/2000, série I-A, de 1 de Setembro de 2000, pp. 4599-4605.

2 – A concessão da licença depende da observância pela requerente dos seguintes requisitos:

a) Ser uma cooperativa, estabelecimento individual de responsabilidade limitada ou sociedade comercial que tenha por objecto o exercício daquela actividade e um capital social mínimo realizado de 2 500 000$00;

b) Prestação das garantias exigidas por este diploma;

c) Comprovação da idoneidade comercial do titular do estabelecimento em nome individual de responsabilidade limitada, dos directores ou gerentes da cooperativa e dos administradores ou gerentes da sociedade requerente.

3 – Para efeitos do disposto na alínea *c*) do número anterior, não são consideradas comercialmente idóneas as pessoas relativamente às quais se verifique:

a) A proibição legal do exercício do comércio;

b) A inibição do exercício do comércio por ter sido declarada a sua falência ou insolvência, enquanto não for levantada a inibição e decretada a sua reabilitação;

c) Terem sido titulares, gerentes ou administradores de uma empresa falida a menos que se comprove terem os mesmos actuado diligentemente no exercício dos seus cargos;

d) Terem sido titulares, gerentes ou administradores de uma empresa punida com três ou mais coimas, desde que lhe tenha sido também aplicada a sanção de interdição do exercício da profissão ou a sanção de suspensão do exercício da actividade.

4 – A licença não pode ser objecto de negócios jurídicos.

(...)

Artigo 11.º
Revogação da licença

1 – A licença para o exercício da actividade de empresa de animação turística pode ser revogada nos seguintes casos:

a) Se a empresa não iniciar a actividade no prazo de 90 dias após a emissão do alvará, sem justificação atendível;

b) Havendo falência;

c) Se a empresa cessar a actividade por um período superior a 90 dias, sem justificação atendível;

d) Se deixar de se verificar algum dos requisitos legais para a concessão da licença;

e) Quando não for feita a comunicação prevista no n.º 1 do artigo anterior.

2 – A revogação da licença será determinada por despacho do director-geral do Turismo e acarreta a cassação do alvará de empresa de animação turística.

(…)

2.15. Regime Especial Relativo aos Atrasos de Pagamento em Transacções Comerciais

Decreto-Lei n.º 32/2003, de 17 de Fevereiro*

Actualmente recaem sobre as empresas, particularmente as de pequena e média dimensão, encargos administrativos e financeiros em resultado de atrasos de pagamento e prazos excessivamente longos. Estes problemas são uma das principais causas de insolvência dessas empresas, ameaçando a sua sobrevivência e os postos de trabalho correspondentes.

A Directiva n.º 2000/35/CE, do Parlamento Europeu e do Conselho, de 29 de Junho, veio estabelecer medidas de luta contra os atrasos de pagamento em transacções comerciais. Esta directiva regulamenta todas as transacções comerciais, independentemente de terem sido estabelecidas entre pessoas colectivas privadas – a estas se equiparando os profissionais liberais – ou públicas, ou entre empresas e entidades públicas, tendo em conta que estas últimas procedem a um considerável volume de pagamentos às empresas. Por conseguinte, regulamenta todas as transacções comerciais entre os principais adjudicantes e os seus fornecedores e subcontratantes. Não se aplica, porém, às transacções

---

* Publicado no Diário da República n.º 40/2003, série I-A, de 17 de Fevereiro de 2003, pp. 1053-1057.

com os consumidores, aos juros relativos a outros pagamentos, como por exemplo os pagamentos efectuados nos termos da legislação em matéria de cheques ou de letras de câmbio, ou aos pagamentos efectuados a título de indemnização por perdas e danos, incluindo os efectuados por companhias de seguro.

O presente diploma visa transpor para a ordem jurídica interna a Directiva n.º 2000/35/CE, não procedendo, contudo, à transposição de todas as disposições da directiva, pois muitas das suas soluções encontram-se já consagradas na legislação portuguesa, nomeadamente no Código Civil.

Nestes termos, estabelece-se um valor mínimo para a taxa de juros legais de mora, por forma a evitar que eventuais baixas tornem financeiramente atraente o incumprimento. Uma vez que os juros comerciais previstos na legislação portuguesa não se aplicam actualmente a todas as situações cobertas pelo âmbito da directiva, e para evitar a duplicação de regimes, opta-se por sujeitar todas estas transacções ao regime comercial, prevendo-se o referido limite mínimo de taxa de juro legal de mora no Código Comercial.

Ao valor dos juros pode acrescer uma indemnização complementar. Prevê-se a possibilidade de o credor exigir uma indemnização suplementar quando prove que a mora lhe causou danos superiores ao valor dos juros.

Para facilitar a determinação do momento a partir do qual se vencem os juros de mora, prevê-se que, sempre que do contrato não conste a data de pagamento, aqueles se vençam automaticamente, sem necessidade de qualquer aviso, a partir de uma data determinada em função de algumas variáveis, mas que se aproximará, tendencialmente, de 30 dias a partir da recepção dos bens ou serviços.

A frequente desigualdade de posição entre as partes leva a que alguns contratos contenham normas que põem injustificadamente em causa o equilíbrio contratual – por exemplo, estabelecendo prazos excessivos para o pagamento. Desta forma, comina-se a nulidade para algumas destas cláusulas. Quando tais cláusulas revistam a natureza de cláusulas contratuais gerais, prevê-se a possibilidade de recurso à acção inibitória prevista no regime das cláusulas contratuais gerais, mesmo nos casos em que esse regime não fosse o aplicável – por exemplo, por o predisponente da cláusula ser o Estado. Esta remissão expressa para o citado regime em nada afecta a normal aplicação do mesmo quanto a outras questões, sempre que o caso o justifique.

O incumprimento pode também ser financeiramente atraente devido à lentidão dos processos de indemnização. A directiva exige que o credor possa obter um título executivo num prazo máximo de 90 dias sempre que a dívida não seja impugnada. O presente diploma facilita ao credor a obtenção desse título, permitindo-lhe o recurso à injunção, independentemente do valor da dívida. Esta possibilidade justifica que se estabeleça uma vacatio legis de 30 dias neste aspecto particular.

Por outro lado, aquela faculdade implica algumas alterações ao regime da injunção, nomeadamente ao nível das custas, sem prejuízo de uma posterior reavaliação, noutro contexto, das soluções ora adoptadas nesta matéria. Aproveita-se ainda para tornar mais claro o regime da notificação no que se refere ao procedimento da injunção, sem introduzir no mesmo alterações de carácter substancial.

Assim:

Nos termos da alínea *a)* do n.º 1 do artigo 198.º da Constituição, o Governo decreta o seguinte:

Artigo 1.º
Objecto

O presente diploma transpõe para a ordem jurídica interna a Directiva n.º 2000/35/CE, do Parlamento Europeu e do Conselho, de 29 de Junho, a qual estabelece medidas de luta contra os atrasos de pagamento nas transacções comerciais.

Artigo 2.º
Âmbito de aplicação

1 – O presente diploma aplica-se a todos os pagamentos efectuados como remunerações de transacções comerciais.

2 – São excluídos da sua aplicação:

a) Os contratos celebrados com consumidores;
b) Os juros relativos a outros pagamentos que não os efectuados para remunerar transacções comerciais;
c) Os pagamentos efectuados a título de indemnização por responsabilidade civil, incluindo os efectuados por companhias de seguros.

Artigo 3.º
Definições

Para efeitos do presente diploma, entende-se por:

a) «Transacção comercial» qualquer transacção entre empresas ou entre empresas e entidades públicas, qualquer que seja a respectiva natureza, forma ou designação, que dê origem ao fornecimento de mercadorias ou à prestação de serviços contra uma remuneração;

b) «Empresa» qualquer organização que desenvolva uma actividade económica ou profissional autónoma, mesmo que exercida por pessoa singular;

c) «Taxa de juro da principal facilidade de refinanciamento do Banco Central Europeu» a taxa de juro aplicável a estas operações no caso de leilões a taxa fixa. Quando uma operação principal de refinanciamento for efectuada segundo o processo de leilão a taxa variável, a taxa de juro reporta-se à taxa de juro marginal resultante do leilão em causa.

Artigo 4.º
Juros e indemnização

1 – Os juros aplicáveis aos atrasos de pagamento das transacções previstas no presente diploma são os estabelecidos no Código Comercial.

2 – Sempre que do contrato não conste a data ou o prazo de pagamento, são devidos juros, os quais se vencem automaticamente, sem necessidade de novo aviso:

a) 30 dias após a data em que o devedor tiver recebido a factura ou documento equivalente;

b) 30 dias após a data de recepção efectiva dos bens ou da prestação dos serviços quando a data de recepção da factura ou de documento equivalente seja incerta;

c) 30 dias após a data de recepção efectiva dos bens ou da prestação dos serviços quando o devedor receba a factura ou documento equivalente antes do fornecimento dos bens ou da prestação dos serviços;

d) 30 dias após a data de aceitação quando esteja previsto um processo mediante o qual deva ser determinada a conformidade dos bens ou serviços e o devedor receba a factura ou documento equivalente antes dessa aceitação.

3 – O credor pode provar que a mora lhe causou dano superior aos juros referidos no n.º 1 e exigir a indemnização suplementar correspondente.

Artigo 5.º
Cláusulas nulas

1 – Nas transacções comerciais previstas no presente diploma são nulas as cláusulas contratuais que, sem motivo atendível e justificado face às circunstâncias concretas:

a) Estabeleçam prazos excessivos para o pagamento;
b) Excluam ou limitem, de modo directo ou indirecto, a responsabilidade pela mora.

2 – Nos casos previstos no número anterior, os contratos mantêm-se, vigorando na parte afectada as normas supletivas aplicáveis, com recurso, se necessário, às regras de integração dos negócios jurídicos.

3 – Quando a nulidade afecte a cláusula que prevê o prazo de pagamento, aplicam-se os prazos previstos no n.º 2 do artigo anterior, salvo se o juiz, atendendo às circunstâncias do caso, estabelecer prazo diverso.

4 – A invocação da nulidade pode ser feita judicial ou extrajudicialmente, devendo, neste caso, ser efectuada por escrito, com a devida fundamentação.

5 – As cláusulas nulas referidas neste artigo, sendo cláusulas contratuais gerais, podem ser objecto da acção inibitória prevista no Decreto-Lei n.º 446/85, de 25 de Outubro, o qual estabelece o regime das cláusulas contratuais gerais, aplicando-se os respectivos artigos 25.º a 34.º, com as necessárias adaptações.

Artigo 6.º
Alteração ao Código Comercial

O artigo 102.º do Código Comercial passa a ter a seguinte redacção:

«Artigo 102.º

[...]

Há lugar ao decurso e contagem de juros em todos os actos comerciais em que for de convenção ou direito vencerem-se e nos mais casos especiais fixados no presente Código.

§ 1.º ...

§ 2.º Aplica-se aos juros comerciais o disposto nos artigos 559.º-A e 1146.º do Código Civil.

§ 3.º Os juros moratórios legais e os estabelecidos sem determinação de taxa ou quantitativo, relativamente aos créditos de que sejam titulares empresas comerciais, singulares ou colectivas, são os fixados em portaria conjunta dos Ministros das Finanças e da Justiça.

§ 4.º A taxa de juro referida no parágrafo anterior não poderá ser inferior ao valor da taxa de juro aplicada pelo Banco Central Europeu à sua mais recente operação principal de refinanciamento efectuada antes do 1.º dia de Janeiro ou Julho, consoante se esteja, respectivamente, no 1.º ou no 2.º semestre do ano civil, acrescida de 7 pontos percentuais.»

Artigo 7.º
Procedimentos especiais

1 – O atraso de pagamento em transacções comerciais, nos termos previstos no presente diploma, confere ao credor o direito a recorrer à injunção, independentemente do valor da dívida.

2 – Para valores superiores à alçada da Relação, a dedução de oposição e a frustração da notificação no procedimento de injunção determinam a remessa dos autos para o tribunal competente, aplicando-se a forma de processo comum.

3 – Recebidos os autos, o juiz pode convidar as partes a aperfeiçoar as peças processuais.

4 – As acções destinadas a exigir o cumprimento das obrigações pecuniárias emergentes de transacções comerciais, nos termos previstos no presente diploma, de valor não superior à alçada da Relação seguem os termos da acção declarativa especial para cumprimento de obrigações pecuniárias emergentes de contratos.

Este preceito foi alterado pelo art. 5.º do Decreto-Lei n.º 107/2005, de 1 de Julho (Diário da República n.º 125/2005, série I-A, de 1 de Julho de 2005, pp. 4068-4076), rectificado pela Declaração de Rectificação n.º 63/2005, de 19 de Agosto (Diário da República n.º 159/2005, série I-A, de 19 de Agosto de 2005, p. 4816).

Artigo 8.º
Alteração ao Decreto-Lei n.º 269/98, de 1 de Setembro

Os artigos 7.º, 10.º, 11.º, 12.º, 12.º-A e 19.º do anexo ao Decreto-Lei n.º 269/98, de 1 de Setembro, com a redacção dada pela Declaração de

Rectificação n.º 16-A/98 e pelos Decretos-Leis n.os 383/99, de 23 de Setembro, 183/2000, de 10 de Agosto, e 323/2001, de 17 de Dezembro, passam a ter a seguinte redacção:

«Artigo 7.º

[...]

Considera-se injunção a providência que tem por fim conferir força executiva a requerimento destinado a exigir o cumprimento das obrigações a que se refere o artigo 1.º do diploma preambular, ou das obrigações emergentes de transacções comerciais abrangidas pelo Decreto-Lei n.º 32/2003, de 17 de Fevereiro.

Artigo 10.º

[...]

1 – ...

2 – No requerimento deve o requerente:

a) ...
b) ...
c) ...
d) ...
e) ...
f) Indicar a taxa de justiça paga;
g) Indicar, quando for o caso, que se trata de transacção comercial abrangida pelo Decreto-Lei n.º 32/2003, de 17 de Fevereiro.

3 – ...

Artigo 11.º

[...]

1 – O requerimento só pode ser recusado se:

a) ...
b) ...
c) ...
d) ...
e) ...
f) Não se mostrar paga a taxa de justiça devida;
g) O valor ultrapassar a alçada da 1.ª instância, sem que dele conste a indicação prevista na alínea *g)* do artigo anterior.

2 – ...

Artigo 12.º

[...]

1 – ...

2 – À notificação é aplicável, com as devidas adaptações, o disposto nos artigos 231.º e 232.º, nos n.ᵒˢ 2 a 5 do artigo 236.º e no artigo 237.º do Código de Processo Civil.

3 – No caso de se frustrar a notificação por via postal, nos termos do número anterior, a secretaria obtém, oficiosamente, informação sobre residência, local de trabalho ou, tratando-se de pessoa colectiva ou sociedade, sobre sede ou local onde funciona normalmente a administração do notificando, nas bases de dados dos serviços de identificação civil, da segurança social, da Direcção-Geral dos Impostos e da Direcção-Geral de Viação.

4 – Se a residência, local de trabalho, sede ou local onde funciona normalmente a administração do notificando, para o qual se endereçou a carta registada com aviso de recepção, coincidir com o local obtido junto de todos os serviços enumerados no número anterior, procede-se à notificação por via postal simples, dirigida ao notificando e endereçada para esse local, aplicando-se o disposto nos n.ᵒˢ 2 a 4 do artigo seguinte.

5 – Se a residência, local de trabalho, sede ou local onde funciona normalmente a administração do notificando, para o qual se endereçou a notificação, não coincidir com o local obtido nas bases de dados de todos os serviços enumerados no n.º 3, ou se nestas constarem várias residências, locais de trabalho ou sedes, procede-se à notificação por via postal simples para cada um desses locais.

6 – Se qualquer das pessoas referidas no n.º 2 do artigo 236.º do Código de Processo Civil, diversa do notificando, recusar a assinatura do aviso de recepção ou o recebimento da carta, o distribuidor postal lavra nota do incidente antes de a devolver.

7 – (Anterior n.º 4.)

8 – O disposto no presente artigo não prejudica a notificação por solicitador de execução ou mandatário judicial, nos termos previstos no Código de Processo Civil para a citação.

Artigo 12.º-A

[...]

1 – Nos casos de domicílio convencionado, nos termos do n.º 1 do artigo 2.º do diploma preambular, a notificação do requerimento é efectuada mediante o envio de carta simples, dirigida ao notificando e endereçada para o domicílio ou sede convencionado.

2 – O funcionário judicial junta ao processo duplicado da notificação enviada.

3 – O distribuidor do serviço postal procede ao depósito da referida carta na caixa de correio do notificando e certifica a data e o local exacto em que a depositou, remetendo de imediato a certidão à secretaria.

4 – Não sendo possível o depósito da carta na caixa do correio do notificando, o distribuidor do serviço postal lavra nota do incidente, datando-a e remetendo-a de imediato à secretaria, excepto no caso de o depósito ser inviável em virtude das dimensões da carta, caso em que deixa um aviso nos termos do n.º 5 do artigo 236.º do Código de Processo Civil.

Artigo 19.º
[...]

1 – A apresentação do requerimento de injunção pressupõe o pagamento imediato de taxa de justiça, através de estampilha apropriada, de modelo aprovado por portaria do Ministro da Justiça, no seguinte valor:

a) Um quarto de UC, quando o procedimento tenha valor inferior a metade da alçada do tribunal de 1.ª instância;
b) Metade de UC, quando o procedimento tenha valor igual ou superior a metade da alçada do tribunal de 1.ª instância e inferior a esta alçada;
c) 1 UC, quando o procedimento tenha valor igual ou superior à alçada do tribunal de 1.ª instância e inferior à alçada do tribunal de relação;
d) 2 UC, quando o procedimento tenha valor igual ou superior à alçada do tribunal de relação.

2 – Se o procedimento seguir como acção, são devidas custas, calculadas e liquidadas nos termos do Código das Custas Judiciais, devendo as partes efectuar o pagamento da taxa de justiça inicial no prazo de 10 dias a contar da data da distribuição, e atendendo-se na conta ao valor da importância paga nos termos do número anterior.

3 – Na falta de junção do documento comprovativo do pagamento, pelo autor, da taxa de justiça inicial no prazo referido no número anterior, é desentranhada a respectiva peça processual.»

Artigo 9.º
Aplicação no tempo

O presente diploma aplica-se às prestações de contratos de execução continuada ou reiterada que se vençam a partir da data da sua entrada em vigor.

Artigo 10.º
Disposições finais

1 – O presente diploma entra em vigor no dia seguinte ao da sua publicação, sem prejuízo do disposto no número seguinte.

2 – Os artigos 7.º e 8.º do presente diploma entram em vigor no 30.º dia posterior à sua publicação.

Visto e aprovado em Conselho de Ministros de 20 de Dezembro de 2002. – *José Manuel Durão Barroso – Maria Manuela Dias Ferreira Leite – António Manuel de Mendonça Martins da Cruz – João Luís Mota de Campos – Carlos Manuel Tavares da Silva.*

Promulgado em 3 de Fevereiro de 2003.
Publique-se.
O Presidente da República, JORGE SAMPAIO.
Referendado em 7 de Fevereiro de 2003.
O Primeiro-Ministro, *José Manuel Durão Barroso.*

2.16. Regime Jurídico da Concorrência

Lei n.º 18/2003, de 11 de Junho*

CAPÍTULO I
Das regras de concorrência

(...)

SECÇÃO III
Concentração de empresas

Artigo 8.º
Concentração de empresas

1 – Entende-se haver uma operação de concentração de empresas, para efeitos da presente lei:

a) No caso de fusão de duas ou mais empresas anteriormente independentes;
b) No caso de uma ou mais pessoas singulares que já detenham o controlo de pelo menos uma empresa ou de uma ou mais empresas adquirirem, directa ou indirectamente, o controlo da totalidade ou de partes de uma ou de várias outras empresas.

---

* Publicada no Diário da República n.º 134/2003, série I-A, de 11 de Junho de 2003, pp. 3450-3461.

2 – A criação ou aquisição de uma empresa comum constitui uma operação de concentração de empresas, na acepção da alínea *b)* do número anterior, desde que a empresa comum desempenhe de forma duradoura as funções de uma entidade económica autónoma.

3 – Para efeitos do disposto nos números anteriores o controlo decorre de qualquer acto, independentemente da forma que este assuma, que implique a possibilidade de exercer, isoladamente ou em conjunto, e tendo em conta as circunstâncias de facto ou de direito, uma influência determinante sobre a actividade de uma empresa, nomeadamente:

a) Aquisição da totalidade ou de parte do capital social;
b) Aquisição de direitos de propriedade, de uso ou de fruição sobre a totalidade ou parte dos activos de uma empresa;
c) Aquisição de direitos ou celebração de contratos que confiram uma influência preponderante na composição ou nas deliberações dos órgãos de uma empresa.

4 – Não é havida como concentração de empresas:

a) A aquisição de participações ou de activos no quadro do processo especial de recuperação de empresas ou de falência;
b) A aquisição de participações com meras funções de garantia;
c) A aquisição por instituições de crédito de participações em empresas não financeiras, quando não abrangida pela proibição contida no artigo 101.º do Regime Geral das Instituições de Crédito e Sociedades Financeiras, aprovado pelo Decreto-Lei n.º 298/ /92, de 31 de Dezembro.

(...)

2.17. *Ingresso e Permanência na Actividade de Construção*

Decreto-Lei n.º 12/2004, de 9 de Janeiro*

CAPÍTULO I
Disposições gerais

(...)

SECÇÃO II
Dos alvarás

(...)

Artigo 8.º
Idoneidade

1 – O empresário em nome individual, as sociedades comerciais e os seus representantes legais devem possuir idoneidade comercial.

2 – Para efeitos do disposto no número anterior, não são considerados comercialmente idóneos os empresários em nome individual e os representantes legais de sociedades comerciais que tenham sido condenados, por decisão transitada em julgado, em pena de prisão não suspensa por qualquer dos seguintes crimes:

a) Ameaça, coacção, sequestro, rapto ou escravidão;
b) Burla ou burla relativa a trabalho ou emprego;
c) Insolvência dolosa, insolvência negligente, favorecimento de credores ou perturbação de arrematações;
d) Falsificação de documento, quando praticado no âmbito da actividade da construção;
e) Incêndios, explosões e outras condutas especialmente perigosas, danos contra a natureza ou poluição;

* Publicado no Diário da República n.º 7/2004, série I-A, de 9 de Janeiro de 2004, pp. 113-126.

f) Infracção de regras de construção, dano em instalações e perturbação de serviços;
g) Associação criminosa;
h) Tráfico de influência;
i) Desobediência, quando praticado no âmbito da actividade da construção;
j) Corrupção activa;
l) Tráfico de estupefacientes e de substâncias psicotrópicas;
m) Fraude na obtenção de subsídio ou subvenção, desvio de subvenção, subsídio ou crédito bonificado, fraude na obtenção de crédito, ofensa à reputação económica ou corrupção activa com prejuízo do comércio internacional;
n) Emissão de cheque sem provisão;
o) Concorrência desleal, contrafacção ou imitação e uso ilegal de marca, quando praticado no âmbito da actividade da construção;
p) Crimes relativos a branqueamento de capitais;
q) Crimes tributários.

3 – Para além das situações referidas no número anterior, consideram-se ainda comercialmente não idóneos os empresários em nome individual, as sociedades comerciais e os seus representantes legais relativamente aos quais se verifique qualquer das seguintes situações:

a) Proibição legal ou judicial do exercício do comércio e proibição legal, judicial ou administrativa do exercício da actividade da construção, durante o respectivo período de duração;
b) Ter sido objecto da sanção acessória prevista no n.º 1 do artigo 5.º do Decreto-Lei n.º 396/91, de 16 de Outubro, tornada pública nos termos do n.º 2 do mesmo artigo, durante o período de inabilidade legalmente previsto;
c) Ter sido objecto de três decisões condenatórias definitivas pela prática dolosa de ilícitos de mera ordenação social muito graves, previstos no presente diploma;
d) Ter sido representante legal de empresa ou empresas de construção que, no exercício das suas funções, no conjunto, tenha ou tenham sido punida ou punidas nos mesmos termos da alínea anterior.

4 – As situações referidas nas alíneas *c)* e *d)* do número anterior não relevam após o decurso do prazo de dois anos contados do cumprimento integral das obrigações decorrentes da última decisão aplicada.

5 – Deixam de se considerar idóneos:

a) Os empresários em nome individual e os representantes legais que venham a encontrar-se em qualquer das situações indicadas nos n.os 2 e 3 do presente artigo;

b) As sociedades comerciais que venham a encontrar-se em qualquer das situações indicadas no n.º 3 do presente artigo e aquelas cujos representantes legais sejam considerados não idóneos nos termos do presente artigo e não procedam à sua substituição no prazo máximo de 30 dias a contar do conhecimento da situação.

(...)

CAPÍTULO II
Da habilitação

(…)

SECÇÃO II
Da permanência

(...)

Artigo 20.º
Reavaliação

1 – A reavaliação consiste na apreciação da situação global da empresa, em função da idoneidade, da capacidade técnica e da capacidade económica e financeira, e tem em conta todos os elementos que o IMOPPI possa vir a obter com interesse para o efeito.

2 – As empresas podem ser sujeitas a reavaliação:

a) Aquando deixem de ser consideradas idóneas nos termos do artigo 8.º do presente diploma;

b) Quando o capital próprio, em qualquer dos exercícios, seja negativo;

c) Na sequência de acção de inspecção;

d) Quando sejam objecto de processos de recuperação ou de falência;

e) Na sequência de escolha aleatória, depois de ouvida a Comissão de Classificação de Empresas de Obras Públicas e Particulares;
f) Quando qualquer outra circunstância o aconselhe ou o IMOPPI o entenda.

3 – O IMOPPI pode exigir todos os documentos e esclarecimentos que entenda necessários à análise da situação da empresa.

4 – A reavaliação pode conduzir à manutenção, reclassificação ou cancelamento parcial ou total das habilitações.

5 – As habilitações reclassificadas ou canceladas nos termos do número anterior não podem ser de novo requeridas antes de decorridos seis meses após a data da notificação da decisão definitiva.

6 – A reclassificação não prejudica a possibilidade de a empresa finalizar as obras que tem em curso, desde que com o acordo dos donos das obras, tendo os mesmos, contudo, em alternativa, o direito à resolução do contrato por impossibilidade culposa da empresa.

7 – O cancelamento parcial ou total das habilitações inibe a empresa de finalizar as obras em curso, com excepção, no primeiro caso, das obras enquadráveis em subcategorias não canceladas, implicando a imediata resolução por impossibilidade culposa da empresa de todos os contratos de empreitada celebrados referentes a obras em curso, sem prejuízo dos efeitos já produzidos.

8 – Em caso de reclassificação ou cancelamento parcial ou total das habilitações, a empresa deve entregar o alvará no IMOPPI no prazo máximo de oito dias contados da data da notificação da decisão, findo o qual o alvará será apreendido pelas autoridades competentes.

(...)

CAPÍTULO IV
Do exercício da actividade

(...)

Artigo 25.º
Deveres para com o IMOPPI

1 – As empresas são obrigadas a comunicar ao IMOPPI, no prazo de 22 dias:

a) Quaisquer alterações nas condições de ingresso e permanência previstas nos artigos 8.º, 9.º e 10.º do presente diploma que possam determinar modificação na classificação para os tipos de trabalhos em que estão habilitadas;

b) As alterações à denominação e sede, assim como a nomeação ou demissão de representantes legais, quando se trate de sociedades;

c) As alterações da firma comercial e do domicílio fiscal, quando se trate de empresários em nome individual;

d) Os processos de recuperação ou de falência de que sejam objecto, a contar da data do conhecimento;

e) A cessação da respectiva actividade.

2 – As empresas são também obrigadas perante o IMOPPI, no prazo de 22 dias, a:

a) Enviar cópias das sentenças ou das decisões que ponham termo a processos em que tenham sido parte relacionados com a idoneidade, tal como definida no artigo 8.º, e com os deveres a que estão obrigadas no exercício da actividade, nos termos do artigo 24.º;

b) Prestar todas as informações relacionadas com a sua actividade, no âmbito do presente diploma, e disponibilizar toda a documentação a ela referente, quando solicitado.

3 – As empresas são ainda obrigadas a facultar ao IMOPPI, no exercício da sua competência de inspecção, o acesso às instalações e estaleiros, bem como a toda a informação e documentação relacionada com a actividade.

(...)

Artigo 28.º

Morte, interdição, inabilitação e falência

1 – Quando ocorra o falecimento, interdição ou inabilitação de empresário em nome individual, ou a falência de sociedade, o alvará caduca, sendo canceladas todas as habilitações dele constantes, devendo de imediato ser entregue no IMOPPI.

2 – Não obstante o disposto no número anterior, se existirem obras em curso à data do falecimento, interdição ou inabilitação, podem os herdeiros, o tutor ou o curador, respectivamente, requerer autorização para concluir os trabalhos por executar, desde que comprovem dispor dos necessários meios técnicos e financeiros e que o dono da obra aceite que eles tomem sobre si o encargo do cumprimento do contrato.

3 – Em caso de falência da empresa titular de alvará, podem as obras em curso ser concluídas desde que o dono da obra o permita e exista, da parte do liquidatário judicial, acordo nesse sentido.

4 – Nos casos previstos nos n.os 2 e 3 do presente artigo, o IMOPPI emite um título transitório com validade até à conclusão dos trabalhos.

(...)

CAPÍTULO VIII
Das taxas

Artigo 49.º
Taxas

1 – Os procedimentos administrativos tendentes à emissão, substituição ou revalidação de alvarás e títulos de registo e a emissão de certidões, bem como os demais procedimentos previstos no presente diploma, dependem do pagamento de taxas, nos termos a fixar por portaria do Ministro das Obras Públicas, Transportes e Habitação.

2 – As taxas previstas no número anterior constituem receita do IMOPPI.

3 – Não são devidas taxas em virtude de alteração da designação do arruamento ou do número de polícia, respeitante às sedes das empresas, quando essas alterações resultem de decisão administrativa.

4 – Não serão igualmente sujeitas ao pagamento de taxas as empresas que se encontrem abrangidas por programa de recuperação de empresas e durante o tempo que durar esse regime, desde que o solicitem ao IMOPPI.

(...)

2.18. Actividade de Mediação Imobiliária

Decreto-Lei n.º 211/2004, de 20 de Agosto*

(...)

CAPÍTULO II
Actividade de mediação imobiliária

SECÇÃO I
Licenciamento

(...)

Artigo 6.º
Requisitos de ingresso e manutenção na actividade

1 – A concessão e manutenção da licença dependem do preenchimento cumulativo, pelos requerentes, dos seguintes requisitos:

a) Revestir a forma de sociedade comercial ou outra forma de agrupamento de sociedades, com sede efectiva num Estado membro da União Europeia, que tenha a denominação de acordo com o estipulado no n.º 1 do artigo 8.º;
b) Ter por objecto e actividade principal o exercício da actividade de mediação imobiliária, com exclusão de quaisquer outras actividades para além da prevista no n.º 2 do artigo 3.º;
c) Apresentar a respectiva situação regularizada perante a administração fiscal e a segurança social;
d) Possuir capacidade profissional, nos termos do disposto no artigo 7.º;
e) Possuir seguro de responsabilidade civil, nos termos do disposto no artigo 23.º;

---

* Publicado no Diário da República n.º196/2004, série I-A, de 20 de Agosto de 2004, pp. 5525-5539.

f) Deter capital próprio positivo, nos termos do disposto no n.º 2;

g) Possuírem, a sociedade requerente bem como os respectivos administradores, gerentes ou directores, idoneidade comercial.

2 – O capital próprio é determinado nos termos estabelecidos pelo Plano Oficial de Contabilidade (POC).

3 – Para efeitos do disposto na alínea *g)* do n.º 1, não são consideradas comercialmente idóneas as pessoas relativamente às quais se verifique uma das seguintes situações:

a) Proibição legal do exercício do comércio;

b) Inibição do exercício do comércio, declarada em processo de falência ou insolvência, enquanto não for levantada a inibição e decretada a reabilitação.

4 – Para efeitos do disposto na alínea *g)* do n.º 1, considera-se indiciada a falta de idoneidade comercial sempre que se verifique, entre outras, qualquer das seguintes situações:

a) Declaração de falência ou insolvência;

b) Terem sido punidas, pelo menos três vezes, com coima pela prática dolosa dos ilícitos de mera ordenação social consubstanciados na violação do disposto nas alíneas *c)* e *e)* do n.º 1 do artigo 32.º;

c) Terem sido punidas, pelo menos duas vezes, com coima pela prática dolosa dos ilícitos de mera ordenação social consubstanciados na violação do disposto no n.º 2 do artigo 4.º, nas alíneas *a)*, *b)*, *f)* e *g)* do n.º 1 do artigo 32.º, no artigo 33.º e no n.º 3 do artigo 34.º;

d) Terem sido punidas com coima pela prática dolosa dos ilícitos de mera ordenação social consubstanciados na violação do disposto no n.º 1 do artigo 24.º e no n.º 4 do artigo 30.º, desde que fique demonstrada a violação repetida dos deveres previstos no artigo 33.º e no n.º 3 do artigo 34.º, no exercício ilegal da actividade de angariação imobiliária;

e) Terem sido administradores, gerentes ou directores de uma empresa de mediação imobiliária punida, pelo menos três vezes, com coima pela prática dolosa dos ilícitos de mera ordenação social consubstanciados na violação do disposto no n.º 6 do artigo 2.º, nos n.os 1, 2, 3 e 4 do artigo 14.º e nos n.os 1, 2, 3, 4 e 5 do artigo 20.º;

f) Terem sido administradores, gerentes ou directores de uma empresa de mediação imobiliária punida, pelo menos duas vezes, com coima pela prática dolosa dos ilícitos de mera ordenação social previstos na alínea *b)* do n.º 1 do artigo 44.º;

g) Terem sido punidas ou terem sido administradores, gerentes ou directores de uma empresa de mediação imobiliária punida com coima pela prática dolosa do ilícito de mera ordenação social previsto na alínea *a)* do n.º 1 do artigo 44.º, desde que fique demonstrada a violação repetida de um dos deveres estipulados no artigo 16.º, nos n.os 2, 3 e 4 do artigo 17.º e nos n.os 3, 4 e 5 do artigo 18.º, no exercício ilegal da actividade de mediação imobiliária;

h) Terem sido punidas, no âmbito do exercício da actividade de angariação imobiliária, com a sanção acessória de interdição do exercício da actividade, nos termos da alínea *b)* do n.º 1 do artigo 45.º, durante o período desta interdição;

i) Terem sido administradores, gerentes ou directores de uma empresa de mediação imobiliária punida com a sanção acessória de interdição do exercício da actividade, nos termos da alínea *b)* do n.º 1 do artigo 45.º, durante o período desta interdição;

j) Terem sido punidas ou terem sido administradores, gerentes ou directores de uma empresa punida, com coima, pela prática das contra-ordenações previstas no Código da Propriedade Industrial;

l) Terem sido condenadas, por decisão transitada em julgado, pela prática dos crimes previstos no Código da Propriedade Industrial, em pena de prisão efectiva;

m) Terem sido condenadas, por decisão transitada em julgado, por crime doloso contra o património, em pena de prisão efectiva;

(...)

3. Direito das Sociedades Comerciais

3.1. Sociedades Comerciais e Sociedades Civis Sob Forma Comercial

Código das Sociedades Comerciais*

TÍTULO I
Parte geral

(…)

CAPÍTULO III
Contrato de sociedade

(…)

SECÇÃO II
Obrigações e direitos do sócios

(…)

SUBSECÇÃO III
Conservação do capital

(…)

Artigo 35.º
Perda de metade do capital

1 – Resultando das contas de exercício ou de contas intercalares, tal como elaboradas pelo órgão de administração, que metade do capital

---

* Aprovado pelo Decreto-Lei n.º 262/86, de 2 de Setembro, publicado no Diário da República n.º 201/86, série I, de 2 de Setembro de 1986, pp. 2293-2339.

social se encontra perdido, ou havendo em qualquer momento fundadas razões para admitir que essa perda se verifica, devem os gerentes convocar de imediato a assembleia geral ou os administradores ou directores requerer prontamente a convocação da mesma, a fim de nela se informar os sócios da situação e de estes tomarem as medidas julgadas convenientes.

2 – Considera-se estar perdida metade do capital social quando o capital próprio da sociedade for igual ou inferior a metade do capital social.

3 – Do aviso convocatório da assembleia geral constarão, pelo menos, os seguintes assuntos para deliberação pelos sócios:

a) A dissolução da sociedade;
b) A redução do capital social para montante não inferior ao capital próprio da sociedade, com respeito, se for o caso, do disposto no n.º 1 do artigo 96.º;
c) A realização pelos sócios de entradas para reforço da cobertura do capital.

(…)

CAPÍTULO VII
Responsabilidade civil pela constituição, administração e fiscalização da sociedade

(…)

Artigo 78.º
Responsabilidade para com os credores sociais

1 – Os gerentes, administradores ou directores respondem para com os credores da sociedade quando, pela inobservância culposa das disposições legais ou contratuais destinadas à protecção destes, o património social se torne insuficiente para a satisfação dos respectivos créditos.

2 – Sempre que a sociedade ou os sócios o não façam, os credores sociais podem exercer, nos termos dos artigos 606.º a 609.º do Código Civil, o direito de indemnização de que a sociedade seja titular.

3 – A obrigação de indemnização não é, relativamente aos credores, excluída pela renúncia ou transacção da sociedade nem pelo facto de o acto ou omissão assentar em deliberação da assembleia geral.

4 – No caso de falência da sociedade, os direitos dos credores podem ser exercidos, durante o processo de falência, pela administração da massa falida.

5 – Ao direito de indemnização previsto neste artigo é aplicável o disposto nos n.os 2 a 5 do artigo 72.º, no artigo 73.º e no n.º 1 do artigo 74.º.

(…)

Artigo 84.º
Responsabilidade do sócio único

1 – Sem prejuízo da aplicação do disposto no artigo anterior e também do disposto quanto a sociedades coligadas, se for declarada falida uma sociedade reduzida a um único sócio, este responde ilimitadamente pelas obrigações sociais contraídas no período posterior à concentração das quotas ou das acções, contanto que se prove que nesse período não foram observados os preceitos da lei que estabelecem a afectação do património da sociedade ao cumprimento das respectivas obrigações.

2 – O disposto no número anterior é aplicável ao período de duração da referida concentração, caso a falência ocorra depois de ter sido reconstituída a pluralidade de sócios.

(…)

CAPÍTULO IX
Fusão de sociedades

Artigo 97.º
Noção. Modalidades

1 – Duas ou mais sociedades, ainda que de tipo diverso, podem fundir-se mediante a sua reunião numa só.

2 – As sociedades dissolvidas podem fundir-se com outras sociedades, dissolvidas ou não, ainda que a liquidação seja feita judicialmente, se preencherem os requisitos de que depende o regresso ao exercício da actividade social.

3 – Não é permitido a uma sociedade fundir-se a partir do requerimento para apresentação à falência e convocação de credores, previsto no artigo 1140.º, n.º 1, do Código de Processo Civil, e do requerimento de declaração de falência ou da participação, previstos no artigo 1177.º do mesmo Código.

4 – A fusão pode realizar-se:

a) Mediante a transferência global do património de uma ou mais sociedades para outra e a atribuição aos sócios daquelas de partes, acções ou quotas desta;

b) Mediante a constituição de uma nova sociedade, para a qual se transferem globalmente os patrimónios das sociedades fundidas, sendo aos sócios destas atribuídas partes, acções ou quotas da nova sociedade.

5 – Além das partes, acções ou quotas da sociedade incorporante ou da nova sociedade referidas no número anterior, podem ser atribuídas aos sócios da sociedade incorporada ou das sociedades fundidas quantias em dinheiro que não excedam 10% do valor nominal das participações que lhes forem atribuídas.

(...)

CAPÍTULO XII
Dissolução da sociedade

Artigo 141.º
Casos de dissolução imediata

1 – A sociedade dissolve-se nos casos previstos no contrato e ainda:

a) Pelo decurso do prazo fixado no contrato;

b) Por deliberação dos sócios;

c) Pela realização completa do objecto contratual;

d) Pela ilicitude superveniente do objecto contratual;

e) Pela declaração de falência da sociedade;

f) (Revogada.)

2 – No caso da dissolução imediata prevista nas alíneas *a)*, *c)* e *d)* do n.º 1, podem os sócios deliberar, por maioria simples dos votos produzidos em assembleia, o reconhecimento da dissolução, e, bem assim, pode qualquer sócio, sucessor de sócio, credor da sociedade ou credor de sócio de responsabilidade ilimitada promover a justificação notarial da dissolução.

A redacção do n.º 2 deste preceito foi alterada pelo artigo 1.º do Decreto-Lei n.º 19/2005, de 18 de Janeiro (publicado no Diário da República n.º 12/2005, série I-A, de 18 de Janeiro de 2005, pp. 323-324), o qual procedeu também à revogação da alínea f) do n.º 1. Porém, a alínea e) do n.º 1 mantém a alusão à declaração de falência *da sociedade, não obstante a publicação, em 18 de Março de 2004, do Código da Insolvência e da Recuperação de Empresas – que veio* substituir *o conceito de* falência *pelo conceito de* insolvência.

(…)

CAPÍTULO XIII
Liquidação da sociedade

Artigo 146.º
Regras gerais

1 – Salvo quando a lei disponha diferentemente, a sociedade dissolvida entra imediatamente em liquidação, que obedece aos termos dos artigos seguintes; nas hipóteses de falência e de liquidação judicial, deve observar-se também o preceituado nas leis de processo.

2 – A sociedade em liquidação mantém a personalidade jurídica e, salvo quando outra coisa resulte das disposições subsequentes ou da modalidade da liquidação, continuam a ser-lhe aplicáveis, com as necessárias adaptações, as disposições que regem as sociedades não dissolvidas.

3 – A partir da dissolução, à firma da sociedade deve ser aditada a menção "sociedade em liquidação" ou "em liquidação".

4 – O contrato de sociedade pode estipular que a liquidação seja feita judicialmente; o mesmo podem deliberar os sócios com a maioria que for exigida para a alteração do contrato.

5 – O contrato de sociedade e as deliberações dos sócios podem regulamentar a liquidação em tudo quanto não estiver disposto nos artigos seguintes.

(…)

Artigo 153.º
Exigibilidade de débitos e créditos da sociedade

1 – Salvo nos casos de falência ou de acordo diverso entre a sociedade e um seu credor, a dissolução da sociedade não torna exigíveis as dívidas desta, mas os liquidatários podem antecipar o pagamento delas, embora os prazos tenham sido estabelecidos em benefício dos credores.

2 – Os créditos sobre terceiros e sobre sócios por dívidas não incluídas no número seguinte devem ser reclamados pelos liquidatários, embora os prazos tenham sido estabelecidos em benefício da sociedade.

3 – As cláusulas de diferimento da prestação de entradas caducam na data da dissolução da sociedade, mas os liquidatários só poderão exigir dessas dívidas dos sócios as importâncias que forem necessárias para satisfação do passivo da sociedade e das despesas de liquidação, depois de esgotado o activo social, mas sem incluir neste os créditos litigiosos ou considerados incobráveis.

(…)

TÍTULO II
Sociedades em nome colectivo

CAPÍTULO I
Características e contrato

(...)

Artigo 186.º
Exclusão do sócio

1 – A sociedade pode excluir um sócio nos casos previstos na lei e no contrato e ainda:

a) Quando lhe seja imputável violação grave das suas obrigações para com a sociedade, designadamente da proibição de concorrência prescrita pelo artigo 180.º, ou quando for destituído da gerência com fundamento em justa causa que consista em facto culposo susceptível de causar prejuízo à sociedade;

b) Em caso de interdição, inabilitação, declaração de falência ou de insolvência;

c) Quando, sendo o sócio de indústria, se impossibilite de prestar à sociedade os serviços a que ficou obrigado.

2 – A exclusão deve ser deliberada por três quartos dos votos dos restantes sócios, se o contrato não exigir maioria mais elevada, nos 90 dias seguintes àquele em que algum dos gerentes tomou conhecimento do facto que permite a exclusão.

3 – Se a sociedade tiver apenas dois sócios, a exclusão de qualquer deles, com fundamento nalgum dos factos previstos nas alíneas *a*) e *c*) do n.º 1, só pode ser decretada pelo tribunal.

4 – O sócio excluído tem direito ao valor da sua parte social, calculado nos termos previstos no artigo 105.º, n.º 2, com referência ao momento da deliberação de exclusão.

5 – Se por força do disposto no artigo 188.º não puder a parte social ser liquidada, o sócio retoma o direito aos lucros e à quota de liquidação até lhe ser efectuado o pagamento.

(...)

CAPÍTULO IV
Dissolução e liquidação da sociedade

Artigo 195.º
Dissolução e liquidação

1 – Além dos casos previstos na lei, a sociedade pode ser dissolvida judicialmente:

a) A requerimento do sucessor do sócio falecido, se a liquidação da parte social não puder efectuar-se por força do disposto no artigo 188.º, n.º 1;

b) A requerimento do sócio que pretenda exonerar-se com fundamento no artigo 185.º, n.º 2, alíneas *a*) e *b*), se a parte social não puder ser liquidada por força do disposto no artigo 188.º, n.º 1.

2 – Nos termos e para os fins do artigo 153.º, n.º 3, os liquidatários devem reclamar dos sócios, além das dívidas de entradas, as quantias necessárias para satisfação das dívidas sociais, em proporção da parte de cada um nas perdas; se, porém, algum sócio se encontrar insolvente, será a sua parte dividida pelos demais, na mesma proporção.

(…)

TÍTULO III
Sociedades por quotas

(...)

CAPÍTULO II
Obrigações e direitos dos sócios

(...)

SECÇÃO III
Prestações suplementares

(...)

Artigo 213.º
Restituição das prestações suplementares

1 – As prestações suplementares só podem ser restituídas aos sócios desde que a situação líquida não fique inferior à soma do capital e da reserva legal e o respectivo sócio já tenha liberado a sua quota.

2 – A restituição das prestações suplementares depende de deliberação dos sócios.

3 – As prestações suplementares não podem ser restituídas depois de declarada a falência da sociedade.

4 – A restituição das prestações suplementares deve respeitar a igualdade entre os sócios que as tenham efectuado, sem prejuízo do disposto no n.º 1 deste artigo.

5 – Para o cálculo do montante da obrigação vigente de efectuar prestações suplementares não serão computadas as prestações restituídas.

(...)

CAPÍTULO III
Quotas

(…)

SECÇÃO IV
Amortização da quota

(…)

Artigo 235.º
Contrapartida da amortização

1 – Salvo estipulação contrária do contrato de sociedade ou acordo das partes, valem as disposições seguintes:

a) A contrapartida da amortização é o valor de liquidação da quota, determinado nos termos do artigo 105.º, n.º 2, com referência ao momento da deliberação;
b) O pagamento da contrapartida é fraccionado em duas prestações, a efectuar dentro de seis meses e um ano, respectivamente, após a fixação definitiva da contrapartida.

2 – Se a amortização recair sobre quotas arroladas, arrestadas, penhoradas ou incluídas em massa falida ou insolvente, a determinação e

o pagamento da contrapartida obedecerão aos termos previstos nas alíneas *a*) e *b*) do número anterior, salvo se os estipulados no contrato forem menos favoráveis para a sociedade.

3 – Na falta de pagamento tempestivo da contrapartida e fora da hipótese prevista no n.º 1 do artigo 236.º, pode o interessado escolher entre a efectivação do seu crédito e a aplicação da regra estabelecida na primeira parte do n.º 4 do mesmo artigo.

(…)

SECÇÃO V
Execução da quota

Artigo 239.º
Execução da quota

1 – A penhora de uma quota abrange os direitos patrimoniais a ela inerentes, com ressalva do direito a lucros já atribuídos por deliberação dos sócios à data da penhora e sem prejuízo da penhora deste crédito; o direito de voto continua a ser exercido pelo titular da quota penhorada.

2 – A transmissão de quotas em processo executivo ou de liquidação de patrimónios não pode ser proibida ou limitada pelo contrato de sociedade nem está dependente do consentimento desta. Todavia, o contrato pode atribuir à sociedade o direito de amortizar quotas em caso de penhora.

3 – A sociedade ou o sócio que satisfaça o exequente fica subrogado no crédito, nos termos do artigo 593.º do Código Civil.

4 – A decisão judicial que determine a venda da quota em processo de execução, falência ou insolvência do sócio deve ser oficiosamente notificada à sociedade.

5 – Na venda ou na adjudicação judicial terão preferência em primeiro lugar os sócios e, depois, a sociedade ou uma pessoa por esta designada.

(…)

CAPÍTULO IV
Contrato de suprimento

(...)

Artigo 245.º
Regime do contrato de suprimento

1 – Não tendo sido estipulado prazo para o reembolso dos suprimentos, é aplicável o disposto no n.º 2 do artigo 777.º do Código Civil; na fixação do prazo, o tribunal terá, porém, em conta as consequências que o reembolso acarretará para a sociedade, podendo, designadamente, determinar que o pagamento seja fraccionado em certo número de prestações.

2 – Os credores por suprimentos não podem requerer, por esses créditos, a falência da sociedade. Todavia, a concordata concluída no processo de falência produz efeitos a favor dos credores de suprimentos e contra eles.

3 – Decretada a falência ou dissolvida por qualquer causa a sociedade:

a) Os suprimentos só podem ser reembolsados aos seus credores depois de inteiramente satisfeitas as dívidas daquela para com terceiros;
b) Não é admissível compensação de créditos da sociedade com créditos de suprimentos.

4 – A prioridade de reembolso de créditos de terceiros estabelecida na alínea a) do número anterior pode ser estipulada em concordata concluída no processo de falência da sociedade.

5 – O reembolso de suprimentos efectuado no ano anterior à sentença declaratória da falência é resolúvel nos termos dos artigos 1200.º, 1203.º e 1204.º do Código de Processo Civil.

6 – São nulas as garantias reais prestadas pela sociedade relativas a obrigações de reembolso de suprimentos e extinguem-se as de outras obrigações, quando estas ficarem sujeitas ao regime de suprimentos.

(…)

CAPÍTULO VI
Gerência e fiscalização

(...)

Artigo 262.º-A
Dever de prevenção

1 – Nas sociedades por quotas em que haja revisor oficial de contas ou conselho fiscal compete ao revisor oficial de contas ou a qualquer membro do conselho fiscal comunicar imediatamente, por carta registada, os factos que considere reveladores de graves dificuldades na prossecução do objecto da sociedade.

2 – A gerência deve, nos 30 dias seguintes à recepção da carta, responder pela mesma via.

3 – Na falta de resposta ou se esta não for satisfatória, o revisor oficial de contas deve requerer a convocação de uma assembleia geral.

4 – Ao dever de prevenção nas sociedades por quotas aplica-se o disposto sobre o dever de vigilância nas sociedades anónimas em tudo o que não estiver especificamente regulado para aquelas.

Este preceito foi aditado pelo Decreto-Lei n.º 257/96, de 31 de Dezembro (Diário da República n.º 302/96, série I-A, de 31 de Dezembro de 1996, pp. 4702-4711).

(...)

TÍTULO IV
Sociedades anónimas

(...)

CAPÍTULO VI
Administração, fiscalização e secretário da sociedade

(...)

SECÇÃO II
Fiscalização

(...)

Artigo 414.º

Requisitos e incompatibilidades

1 – O fiscal único e o suplente ou, no caso de existência de conselho fiscal, um membro efectivo e um dos suplentes, têm de ser revisores oficiais de contas ou sociedades de revisores oficiais de contas e não podem ser accionistas.

2 – Os restantes membros do conselho fiscal podem não ser accionistas, mas devem ser pessoas singulares com capacidade jurídica plena, excepto se forem sociedades de advogados ou sociedades de revisores oficiais de contas.

3 – Não podem ser eleitos ou designados membros do conselho fiscal ou fiscal único:

a) Os beneficiários de vantagens particulares da própria sociedade;
b) Os que exercem funções de administração da própria sociedade ou as exerceram nos últimos três anos;
c) Os membros do órgão de administração de sociedade que se encontre em relação de domínio ou de grupo com a sociedade fiscalizada;
d) O sócio de sociedade em nome colectivo que se encontre em relação de domínio com a sociedade fiscalizada;
e) Os que prestem serviços remunerados com carácter permanente à sociedade fiscalizada ou sociedade que com esta se encontre em relação de domínio ou de grupo;
f) Os que exerçam funções em empresa concorrente;
g) Os cônjuges, parentes e afins na linha recta e até ao terceiro grau, inclusive, na linha colateral, de pessoas impedidas por força do disposto nas alíneas *a*), *b*), *c*), *d*) e *f*), bem como os cônjuges das pessoas abrangidas pelo disposto na alínea *e*);
h) Os que exerçam funções de administração ou de fiscalização em cinco sociedades, exceptuando as sociedades de advogados, as sociedades de revisores oficiais de contas e os revisores oficiais de contas, aplicando-se a estes o regime do artigo 9.º do Decreto-Lei n.º 519-L2/79, de 29 de Dezembro;
i) Os revisores oficiais de contas em relação aos quais se verifiquem outras incompatibilidades previstas na respectiva legislação;
j) Os interditos, os inabilitados, os insolventes, os falidos e os condenados a pena que implique a inibição, ainda que temporária, do exercício de funções públicas.

4 – A superveniência de algum dos motivos indicados no número anterior importa caducidade da designação.

5 – É nula a designação de pessoa relativamente à qual se verifique alguma das incompatibilidades estabelecidas no n.º 3 ou que não possua a capacidade exigida pelo n.º 2.

6 – A sociedade de revisores oficiais de contas que fizer parte do conselho fiscal deve designar até dois dos seus revisores para assistir às reuniões dos órgãos de fiscalização e de administração e da assembleia geral da sociedade fiscalizada.

7 – A sociedade de advogados que fizer parte do conselho fiscal deve, para efeitos do número anterior, designar um dos seus sócios.

8 – Os revisores designados nos termos do n.º 6 e os sócios de sociedades de advogados, designados nos termos do n.º 7, ficam sujeitos às incompatibilidades previstas no n.º 3.

A redacção do n.º 3, alínea h), foi alterada pelo Decreto-Lei n.º 280/87, de 8 de Julho (Diário da República n.º 154/87, série I, de 8 de Julho de 1987, pp. 2658-2668). A redacção do n.º 3, alínea c), foi alterada pelo Decreto-Lei n.º 238/91, de 2 de Julho (Diário da República n.º 149/91, série I-A, de 2 de Julho de 1991, pp. 3364-3389). A redacção dos n.os 1, 2 e 5 foi alterada pelo Decreto-Lei n.º 257/96, de 31 de Dezembro (Diário da República n.º 302/96, série I-A, de 31 de Dezembro de 1996, pp. 4702-4711).

(...)

SECÇÃO V
Revisor oficial de contas

Artigo 446.º
Designação

1 – Nas sociedades com a estrutura referida na alínea *b*) do n.º 1 do artigo 278.º a assembleia geral deve designar um revisor oficial de contas ou uma sociedade de revisores oficiais de contas para proceder ao exame das contas da sociedade.

2 – A designação é feita por tempo não superior a três anos.

3 – Aplica-se a este revisor oficial de contas e à sociedade de revisores oficiais de contas o disposto nos artigos 414.º, 416.º e 419.º.

4 – O revisor oficial de contas designado tem os poderes e deveres atribuídos por esta lei ao conselho fiscal e aos seus membros.

(…)

TÍTULO VI
Sociedades coligadas

(...)

CAPÍTULO III
Sociedades em relação de grupo

(...)

SECÇÃO III
Contrato de subordinação

(...)

Artigo 502.º
Responsabilidade por perdas da sociedade subordinada

1 – A sociedade subordinada tem o direito de exigir que a sociedade directora compense as perdas anuais que, por qualquer razão, se verifiquem durante a vigência do contrato de subordinação, sempre que estas não forem compensadas pelas reservas constituídas durante o mesmo período.

2 – A responsabilidade prevista no número anterior só é exigível após o termo do contrato de subordinação, mas torna-se exigível durante a vigência do contrato, se a sociedade subordinada for declarada falida.

(...)

3.2. Sociedades de Advogados

Decreto-Lei n.º 229/2004, de 10 de Dezembro*

(…)

CAPÍTULO XIII
Dissolução, liquidação e partilha da sociedade

Artigo 54.º
Dissolução imediata

1 – A sociedade dissolve-se nos casos previstos na lei, no contrato de sociedade e ainda:

a) Pelo decurso do prazo fixado no contrato de sociedade, se não ocorrer prorrogação;
b) Quando, no prazo de seis meses, não for reconstituída a pluralidade de sócios;
c) Por deliberação dos sócios, aprovada por unanimidade, salvo se diversamente convencionado no contrato de sociedade;
d) Por sentença que declare a insolvência da sociedade.

2 – No caso previsto na alínea *a)* do n.º 1, podem os sócios deliberar, por maioria de três quartos dos votos expressos, o reconhecimento da dissolução e, bem assim, pode qualquer sócio, herdeiro de sócio, credor da sociedade ou credor de sócio promover a justificação notarial da dissolução.

3 – No caso previsto na alínea *b)* do n.º 1, a dissolução deve ser decretada pelo conselho geral da Ordem dos Advogados, que promove o respectivo registo, notificando o sócio da decisão.

---

* Publicado no Diário da República n.º 288/2004, série I-A, de 10 de Dezembro de 2004, pp. 7040-7050.

4 – Pode o sócio único, no prazo de 10 dias a contar da data da notificação, requerer ao conselho geral da Ordem dos Advogados que lhe seja concedido um prazo razoável para regularizar a situação, suspendendo-se entretanto a dissolução da sociedade.

5 – A dissolução da sociedade deve ser registada no prazo de 15 dias a contar da data do título em que é reconhecida.

6 – A dissolução da sociedade produz efeitos após o registo.

(...)

Artigo 59.º
Insolvência da sociedade

1 – É aplicável à insolvência da sociedade de advogados o regime previsto no Código da Insolvência e da Recuperação de Empresas.

2 – A declaração de insolvência da sociedade de advogados obriga à correspondente comunicação nos processos judiciais em que existe mandato forense a favor de sócios da sociedade, designadamente para efeitos de eventual constituição de novo mandatário judicial, de prestação de contas e de liquidação de honorários.

3 – O administrador de insolvência deve constar da lista oficial e é designado, a solicitação do juiz do processo, pelo presidente do conselho distrital da Ordem dos Advogados com jurisdição na localidade onde a sociedade tem a sua sede.

(...)

4. *Direito Bancário*

4.1. *Falência do Banqueiro*

Código Comercial*

(...)

LIVRO SEGUNDO
Dos contratos especiais do comércio

(...)

TÍTULO IX
Das operações de banco

(...)

Artigo 365.º
Presunção de falência culposa

O banqueiro que cessa pagamentos presume-se em quebra culposa, salvo defesa legítima.

As epígrafes dos artigos do Código Comercial não constam do texto oficial.

(...)

---

* Aprovado pela Carta de Lei de 28 de Junho de 1888, publicada no Diário de Governo n.º 203, de 6 de Setembro de 1888.

4.2. Letras e Livranças

Lei Uniforme Relativa às Letras e Livranças*

TÍTULO I
Das letras

(…)

CAPÍTULO VII
Da acção por falta de aceite e falta de pagamento

Artigo 43.º
Contra quem pode ser proposta a acção de pagamento

O portador de uma letra pode exercer os seus direitos de acção contra os endossantes, sacador e outros co-obrigados.

No vencimento:

Se o pagamento não foi efectuado.

Mesmo antes do vencimento:

1.º Se houver recusa total ou parcial de aceite;

2.º Nos casos de falência do sacado, quer ele tenha aceite, quer não, de suspensão de pagamentos do mesmo, ainda que não constatada por sentença, ou de ter sido promovida, sem resultado, execução dos seus bens;

3.º Nos casos de falência do sacador de uma letra não aceitável.

As epígrafes dos artigos da LULL não constam do texto oficial.

(…)

* Aprovada pelo Decreto n.º 23 721, de 29 de Março de 1934, confirmada e ratificada pela Carta de 10 de Maio de 1934, publicada na "Colecção Oficial de Legislação Portuguesa", 1.º Semestre de 1934, pp. 675-882.

4.3. Regime Geral das Instituições de Crédito e Sociedades Financeiras

Regime Geral das Instituições de Crédito e Sociedades Financeiras*

(...)

TÍTULO II
Autorização das instituições de crédito com sede em Portugal

(...)

CAPÍTULO III
Administração e fiscalização

Artigo 30.º
Idoneidade dos membros dos órgãos de administração e fiscalização

1 – Dos órgãos de administração e fiscalização de uma instituição de crédito, incluindo os membros do conselho geral e os administradores não executivos, apenas poderão fazer parte pessoas cuja idoneidade e disponibilidade dêem garantias de gestão sã e prudente, tendo em vista, de modo particular, a segurança dos fundos confiados à instituição.

2 – Na apreciação da idoneidade deve ter-se em conta o modo como a pessoa gere habitualmente os negócios ou exerce a profissão, em especial nos aspectos que revelem incapacidade para decidir de forma ponderada e criteriosa, ou a tendência para não cumprir pontualmente as suas obrigações ou para ter comportamentos incompatíveis com a preservação da confiança do mercado.

3 – Entre outras circunstâncias atendíveis, considera-se indiciador de falta de idoneidade o facto de a pessoa ter sido:

---

* Aprovado pelo Decreto-Lei n.º 298/92, de 31 de Dezembro, publicado no Diário da República n.º 301/92, série I-A, 6.º Suplemento, de 31 de Dezembro de 1992, pp. 6056-(24)-6056-(51).

a) Declarada, por sentença nacional ou estrangeira, falida ou insolvente ou julgada responsável pela falência ou insolvência de empresa por ela dominada ou de que tenha sido administradora, directora ou gerente;

b) Administradora, directora ou gerente de empresa cuja falência ou insolvência, no País ou no estrangeiro, tenha sido prevenida, suspensa ou evitada por providências de recuperação de empresa ou outros meios preventivos ou suspensivos, ou detentora de uma posição de domínio em empresa nessas condições, desde que, em qualquer dos casos, tenha sido reconhecida pelas autoridades competentes a sua responsabilidade por essa situação;

c) Condenada, no País ou no estrangeiro, por crimes de falência dolosa, falência por negligência, favorecimento de credores, falsificação, furto, burla, roubo, frustração de créditos, extorsão, abuso de confiança, infidelidade, usura, corrupção, emissão de cheques sem provisão, apropriação ilegítima de bens do sector público ou cooperativo, administração danosa em unidade económica do sector público ou cooperativo, falsas declarações, recepção não autorizada de depósitos ou outros fundos reembolsáveis, branqueamento de capitais, abuso de informação, manipulação do mercado de valores mobiliários ou crimes previstos no Código das Sociedades Comerciais;

d) Condenada, no País ou no estrangeiro, pela prática de infracções às regras legais ou regulamentares que regem a actividade das instituições de crédito, sociedades financeiras ou instituições financeiras, a actividade seguradora e o mercado de valores mobiliários, quando a gravidade ou a reiteração dessas infracções o justifique.

4 – O Banco de Portugal, para os efeitos deste artigo, trocará informações com o Instituto de Seguros de Portugal e a Comissão do Mercado de Valores Mobiliários.

O n.º 1 deste preceito foi alterado pelo artigo 1.º do Decreto-Lei n.º 201/2002, de 26 de Setembro (Diário da República n.º 223/2002, série I-A, de 26 de Setembro de 2002, pp. 6550-6602).

(...)

TÍTULO IV
Actividade em Portugal de instituições de crédito com sede no estrangeiro

CAPÍTULO I
Princípios gerais

(…)

Artigo 45.º
Gerência

Os gerentes das sucursais ou dos escritórios de representação que as instituições de crédito que não estejam autorizadas em outros Estados membros da Comunidade Europeia mantenham em Portugal estão sujeitos a todos os requisitos de idoneidade e experiência que a lei estabelece para os membros do órgão de administração das instituições de crédito com sede em Portugal.

(...)

CAPÍTULO II
Sucursais

SECÇÃO I
Regime geral

(…)

Artigo 54.º
Responsabilidade por dívidas

1 – Por obrigações assumidas em outros países pela instituição de crédito poderá responder o activo da sucursal, mas apenas depois de satisfeitas todas as obrigações contraídas em Portugal.

2 – A decisão de autoridade estrangeira que decretar a falência ou a liquidação da instituição de crédito só se aplicará às sucursais que ela

tenha em Portugal, ainda quando revista pelos tribunais portugueses, depois de cumprido o disposto no número anterior.

(…)

TÍTULO VII
Normas prudenciais e supervisão

(…)

CAPÍTULO II
Normas prudenciais

(...)

Artigo 103.º
Idoneidade dos detentores de participações qualificadas

1 – No prazo máximo de três meses a contar da comunicação referida no artigo 102.º, o Banco de Portugal opor-se-á ao projecto, se não considerar demonstrado que a pessoa em causa ou as características do seu projecto reúnem condições que garantam uma gestão sã e prudente da instituição de crédito.

2 – Sem prejuízo de outras situações apreciadas pelo Banco de Portugal nos termos do número anterior, considera-se que tais condições não existem quando se verifique alguma das seguintes circunstâncias:

a) Se o modo como a pessoa em causa gere habitualmente os seus negócios ou a natureza da sua actividade profissional revelarem propensão acentuada para assumir riscos excessivos;

b) Se for inadequada a situação económico-financeira da pessoa em causa, em função do montante da participação que se propõe deter;

c) Se o Banco de Portugal tiver fundadas dúvidas sobre a licitude da proveniência dos fundos utilizados na aquisição da participação, ou sobre a verdadeira identidade do titular desses fundos;

d) Se a estrutura e as características do grupo empresarial em que a instituição de crédito passaria a estar integrada inviabilizarem uma supervisão adequada;

e) Se a pessoa em causa recusar condições necessárias ao saneamento da instituição de crédito que tenham sido previamente estabelecidas pelo Banco de Portugal;

f) Se a pessoa em causa tiver sido, nos últimos cinco anos, objecto da sanção prevista na alínea *d)* do n.º 1 do artigo 212.º;

g) Tratando-se de pessoa singular, se se verificar relativamente a ela algum dos factos que indiciem falta de idoneidade nos termos do artigo 30.º.

3 – O Banco de Portugal pode, antes de proferir a sua decisão, opor-se provisoriamente a uma aquisição ou reforço que tenha sido objecto de comunicação prévia nos termos do artigo anterior.

4 – Se o interessado for instituição de crédito autorizada noutro Estado membro da Comunidade Europeia ou empresa-mãe de instituição de crédito nestas condições, ou pessoa singular ou colectiva que domine instituição de crédito autorizada noutro Estado membro, e se, por força da operação projectada, a instituição em que a participação venha a ser detida se transformar em sua filial, o Banco de Portugal, para apreciação do projecto, solicitará parecer da autoridade de supervisão do Estado membro de origem.

5 – Quando não deduza oposição, o Banco de Portugal poderá fixar prazo razoável para a realização da operação projectada, entendendo-se, nos casos em que nada disser, que aquele é de um ano.

6 – O Banco de Portugal informará a Comissão Europeia de qualquer tomada de participações numa instituição de crédito sempre que o participante seja pessoa singular não nacional de Estados membros da Comunidade Europeia, ou pessoa colectiva que tenha a sua sede principal e efectiva de administração em país que não seja membro da mesma Comunidade, e, em virtude da participação, a instituição se transforme em sua filial.

7 – O Banco de Portugal determinará, por aviso, os elementos de informação que os interessados devem apresentar com o fim de instruir o procedimento regulado no presente artigo, sem prejuízo de, em qualquer momento, poder exigir quaisquer outros que considere necessários à sua apreciação.

8 – Sempre que o objecto da instituição de crédito compreender alguma actividade de intermediação de valores mobiliários, o Banco de Portugal, antes de se pronunciar nos termos do n.º 1, solicitará informações à Comissão do Mercado de Valores Mobiliários sobre a idoneidade

dos detentores de participações qualificadas, devendo a Comissão, se for caso disso, prestar as referidas informações no prazo de um mês.

Este preceito foi alterado pelo artigo 1.º do Decreto-Lei n.º 201/2002, de 26 de Setembro (Diário da República n.º 223/2002, série I-A, de 26 de Setembro de 2002, pp. 6550-6602).

(...)

TÍTULO VIII
Saneamento

Artigo 139.º
Finalidade das providências de saneamento

1 – Tendo em vista a protecção dos interesses dos depositantes, investidores e outros credores e a salvaguarda das condições normais de funcionamento do mercado monetário, financeiro ou cambial, o Banco de Portugal poderá adoptar, relativamente às instituições de crédito com sede em Portugal, as providências referidas no presente título.

2 – Não se aplicam às instituições de crédito os regimes gerais relativos aos meios preventivos da declaração de falência e aos meios de recuperação de empresas e protecção de credores.

Artigo 140.º
Dever de comunicação

1 – Quando uma instituição de crédito se encontre impossibilitada de cumprir as suas obrigações, ou em risco de o ficar, o órgão de administração ou de fiscalização deve comunicar imediatamente o facto ao Banco de Portugal.

2 – Os membros do órgão de administração e fiscalização estão individualmente obrigados à comunicação referida no número anterior, devendo fazê-la por si próprios se o órgão a que pertencem a omitir ou a diferir.

3 – A comunicação deve ser acompanhada ou seguida, com a maior brevidade, de exposição das razões determinantes da situação criada e da relação dos principais credores, com indicação dos respectivos domicílios.

Artigo 141.º
Providências extraordinárias de saneamento

Quando uma instituição de crédito se encontre em situação de desequilíbrio financeiro, traduzido, designadamente, na redução dos fundos próprios a um nível inferior ao mínimo legal ou na inobservância dos rácios de solvabilidade ou de liquidez, o Banco de Portugal poderá determinar, no prazo que fixará, a aplicação de alguma ou de todas as seguintes providências de recuperação e saneamento:

a) Apresentação, pela instituição em causa, de um plano de recuperação e saneamento, nos termos do artigo 142.º;
b) Restrições ao exercício de determinados tipos de actividade;
c) Restrições à concessão de crédito e à aplicação de fundos em determinadas espécies de activos, em especial no que respeite a operações realizadas com filiais, com entidade que seja a empresa-mãe da instituição ou com filiais desta;
d) Restrições à recepção de depósitos, em função das respectivas modalidades e da remuneração;
e) Imposição da constituição de provisões especiais;
f) Proibição ou limitação da distribuição de dividendos;
g) Sujeição de certas operações ou de certos actos à aprovação prévia do Banco de Portugal.

Artigo 142.º
Plano de recuperação e saneamento

1 – Verificando-se alguma das situações referidas no artigo anterior, o Banco de Portugal poderá exigir da instituição em causa que elabore um plano de recuperação e saneamento, a submeter à aprovação do Banco no prazo por este fixado.

2 – O Banco de Portugal poderá estabelecer as condições que entenda convenientes para a aceitação do plano de recuperação e saneamento, designadamente aumento ou redução do capital, alienação de participações sociais e outros activos.

3 – Se as medidas previstas nos números anteriores não forem aprovadas pelos accionistas, ou envolverem montantes de tal importância que possam pôr em causa a respectiva concretização, o Banco de Portugal, havendo risco grave de a instituição se encontrar em situação de não poder honrar os seus compromissos, em especial quanto à segurança dos

fundos que lhe tiverem sido confiados, pode apresentar um programa de intervenção que, entre outras medidas, defina o aumento de capital necessário e, sendo caso disso, determine que o mesmo seja precedido da absorção dos prejuízos da instituição pelos relevantes elementos positivos dos seus fundos próprios.

4 – As medidas previstas no âmbito do programa de intervenção englobarão o plano de recuperação e saneamento previsto no n.º 1 com as condições estabelecidas pelo Banco de Portugal, bem como os limites temporais dessa intervenção e a recomposição dos respectivos órgãos sociais, se tal se mostrar conveniente.

5 – No âmbito do programa de intervenção previsto no número anterior, o Banco de Portugal poderá convidar o Fundo de Garantia de Depósitos ou outras instituições a cooperar no saneamento, nomeadamente através da viabilização de adequado apoio monetário ou financeiro, ou da sua participação no aumento de capital definido nos termos do n.º 3, cabendo-lhe orientar e definir temporalmente essa cooperação.

6 – No decurso do saneamento, o Banco de Portugal terá o direito de requerer a todo o tempo a convocação da assembleia geral dos accionistas e de nela intervir com apresentação de propostas.

7 – Não sendo aceites as condições estabelecidas pelo Banco de Portugal, ou as propostas que apresente, poderá ser revogada a autorização de exercício de actividade.

Este preceito foi alterado pelo artigo 1.º do Decreto-Lei n.º 201/2002, de 26 de Setembro (Diário da República n.º 223/2002, série I-A, de 26 de Setembro de 2002, pp. 6550-6602).

Artigo 143.º

Designação de administradores provisórios

1 – O Banco de Portugal poderá designar para a instituição de crédito um ou mais administradores provisórios nos seguintes casos:

a) Quando a instituição esteja em risco de cessar pagamentos;

b) Quando a instituição se encontre em situação de desequilíbrio financeiro que, pela sua dimensão ou duração, constitua ameaça grave para a solvabilidade;

c) Quando, por quaisquer razões, a administração não ofereça garantias de actividade prudente, colocando em sério risco os interesses dos credores;

d) Quando a organização contabilística ou os procedimentos de controlo interno apresentem insuficiências graves que não permitam avaliar devidamente a situação patrimonial da instituição.

2 – Os administradores designados pelo Banco de Portugal terão os poderes e deveres conferidos pela lei e pelos estatutos aos membros do órgão de administração e, ainda, os seguintes:

a) Vetar as deliberações da assembleia geral e, sendo caso disso, dos órgãos referidos no n.º 3 do presente artigo;

b) Convocar a assembleia geral;

c) Elaborar, com a maior brevidade, um relatório sobre a situação patrimonial da instituição e as suas causas e submetê-lo ao Banco de Portugal, acompanhado de parecer da comissão de fiscalização, se esta tiver sido nomeada.

3 – Com a designação dos administradores provisórios poderá o Banco de Portugal suspender, no todo ou em parte, o órgão de administração, o conselho geral e quaisquer outros órgãos com funções análogas.

4 – Os administradores provisórios exercerão as suas funções pelo prazo que o Banco de Portugal determinar, no máximo de um ano, prorrogável uma vez por igual período.

5 – A remuneração dos administradores provisórios será fixada pelo Banco de Portugal e constitui encargo da instituição em causa.

Artigo 144.º

Designação de comissão de fiscalização

1 – Quando se verifique alguma das situações previstas no artigo 141.º ou no n.º 1 do artigo 143.º, o Banco de Portugal poderá, juntamente ou não com a designação de administradores provisórios, nomear uma comissão de fiscalização.

2 – A comissão de fiscalização será composta por:

a) Um revisor oficial de contas designado pelo Banco de Portugal, que presidirá;

b) Um elemento designado pela assembleia geral;

c) Um revisor oficial de contas designado pela Câmara dos Revisores Oficiais de Contas.

3 – A falta de designação do elemento referido na alínea *b*) do número anterior não obsta ao exercício das funções da comissão de fiscalização.

4 – A comissão de fiscalização terá os poderes e deveres conferidos por lei ou pelos estatutos ao conselho fiscal ou ao revisor oficial de contas, consoante a estrutura da sociedade, os quais ficarão suspensos pelo período da sua actividade.

5 – A comissão de fiscalização exercerá as suas funções pelo prazo que o Banco de Portugal determinar, no máximo de um ano, prorrogável uma vez por igual período.

6 – A remuneração dos membros da comissão de fiscalização será fixada pelo Banco de Portugal e constitui encargo da instituição em causa.

Artigo 145.º

Outras providências

1 – Juntamente com a designação de administradores provisórios, o Banco de Portugal poderá determinar as seguintes providências extraordinárias:

a) Dispensa temporária da observância de normas sobre controlo prudencial ou de política monetária;
b) Dispensa temporária do cumprimento pontual de obrigações anteriormente contraídas;
c) Encerramento temporário de balcões e outras instalações em que tenham lugar transacções com o público.

2 – O disposto na alínea *b*) do número anterior não obsta à conservação de todos os direitos dos credores contra os co-obrigados ou garantes.

3 – As providências referidas neste artigo terão a duração máxima de um ano, prorrogável uma só vez por igual período de tempo.

Artigo 146.º

Subsistência das providências extraordinárias

As providências extraordinárias previstas no presente título subsistirão apenas enquanto se verificar a situação que as tiver determinado.

Artigo 147.º

Suspensão de execução e prazos

Quando for adoptada a providência extraordinária de designação de administradores provisórios, e enquanto ela durar, ficarão suspensas todas as execuções, incluindo as fiscais, contra a instituição, ou que abranjam os seus bens, sem excepção das que tenham por fim a cobrança de créditos com preferência ou privilégio, e serão interrompidos os prazos de prescrição ou de caducidade oponíveis pela instituição.

Artigo 148.º
Recursos

Este preceito foi revogado pelo artigo 14.º do Decreto-Lei n.º 201/2002, de 26 de Setembro (Diário da República n.º 223/2002, série I-A, de 26 de Setembro de 2002, pp. 6550-6602).

Artigo 149.º
Aplicação de sanções

A adopção de providências extraordinárias de saneamento não obsta a que, em caso de infracção, sejam aplicadas as sanções previstas na lei.

Artigo 150.º
Levantamento e substituição das penhoras efectuadas pelas repartições de finanças

O disposto no n.º 1 do artigo 300.º do Código de Processo Tributário aplica-se, com as necessárias adaptações, quando tenha lugar e enquanto decorra a providência extraordinária de designação de administradores provisórios, competindo ao Banco de Portugal exercer a faculdade atribuída naquele artigo ao administrador judicial.

Artigo 151.º
Filiais referidas no artigo 18.º

1 – A adopção de providências extraordinárias de saneamento relativamente às filiais mencionadas no artigo 18.º deve ser precedida de consulta prévia das autoridades de supervisão do país de origem.

2 – Em caso de urgência, as autoridades de supervisão do país de origem devem ser imediatamente informadas das providências adoptadas e das fases essenciais do processo de recuperação.

Artigo 152.º
Regime de liquidação

Verificando-se que, com as providências extraordinárias adoptadas, não foi possível recuperar a instituição, será revogada a autorização para o exercício da respectiva actividade e seguir-se-á o regime de liquidação estabelecido na legislação aplicável.

Veja-se, a este propósito, o Decreto-Lei n.º 30 689, de 27 de Agosto de 1940 (Colecção Oficial de Legislação Portuguesa, 2.º Semestre de 1940, pp. 186-194) e a Directiva n.º 2001/24/CE do Parlamento Europeu e do Conselho, de 4 de Abril de 2001, relativa ao saneamento e à liquidação das instituições de crédito (publicada no Jornal Oficial n.º L 125, de 5/05/2001, pp. 15-23).

Artigo 153.º
Sucursais de instituições não comunitárias

O disposto no presente título é aplicável, com as devidas adaptações, às sucursais de instituições de crédito não compreendidas no artigo 48.º.

(…)

TÍTULO X
Sociedades Financeiras

CAPÍTULO I
Autorização de sociedades financeiras com sede em Portugal

(…)

Artigo 182.º
Administração e fiscalização

Salvo o disposto em lei especial, são aplicáveis às sociedades financeiras, com as necessárias adaptações, os artigos 30.º a 33.º.

(…)

CAPÍTULO IV
Outras disposições

(…)

Artigo 198.º
Saneamento

1 – Salvo o disposto em lei especial, é aplicável, com as necessárias adaptações, às sociedades financeiras e às sucursais estabelecidas em Portugal o disposto nos artigos 139.º a 153.º.

2 – Tratando-se de sociedades financeiras que exerçam alguma actividade de intermediação de valores mobiliários, o Banco de Portugal manterá a Comissão do Mercado de Valores Mobiliários informada das providências que tomar nos termos dos artigos referidos no número anterior e, sempre que possível, ouvi-la-á antes de tomar alguma das providências ou decisões previstas nos artigos 141.º a 145.º e 152.º.

(…)

4.4. Regime Jurídico dos Contratos de Garantia Financeira

Decreto-Lei n.º 105/2004, de 8 de Maio*

O presente decreto-lei transpõe para a ordem jurídica portuguesa a Directiva n.º 2002/47/CE, do Parlamento Europeu e do Conselho, de 6 de Junho, relativa aos acordos de garantia financeira. Este diploma surge na continuidade da Directiva n.º 98/26/CE, do Parlamento Europeu e do Conselho, de 19 de Maio, relativa ao carácter definitivo da liquidação nos sistemas de pagamento e de liquidação de valores mobiliários e insere-se no âmbito de objectivos genéricos de limitação dos riscos

* Publicado no Diário da República n.º 108/2004, série I-A, de 8 de Maio de 2004, pp. 2939-2944.

sistémicos inerentes ao funcionamento dos referidos sistemas, assim como de criação de condições para o aumento da liquidez nos mercados financeiros.

Ao realizar a transposição, o presente diploma consagra, entre nós, o contrato de garantia financeira, que se define e caracteriza a partir dos elementos previstos nos artigos 3.º a 7.º do presente diploma (sujeitos do contrato, objecto das garantias, necessidade de desapossamento e requisitos probatórios), sendo desses elementos contratuais que se depreende a sua natureza financeira. Com efeito, o leque de entidades que pode assumir-se como prestador ou beneficiário da garantia financeira (grosso modo, instituições financeiras), a natureza do objecto susceptível de ser prestado em garantia financeira (instrumentos financeiros ou numerário), assim como as obrigações passíveis de serem garantidas por este tipo de contrato (obrigações cuja prestação consista numa liquidação em numerário ou na entrega de instrumentos financeiros), explicam o seu carácter financeiro, resultante das disposições consagradas no título I deste diploma.

O contrato de garantia financeira não é, contudo, uniforme nos seus efeitos, podendo revestir tanto a modalidade de alienação fiduciária em garantia como a de penhor financeiro, consoante implique, ou não, a transmissão da propriedade do objecto da garantia para o respectivo beneficiário. A relevância dessa distinção justifica, aliás, a estrutura do diploma que, nos seus títulos II e III, regula, respectivamente, as especificidades ora do penhor financeiro (contrato de garantia financeira sem transmissão da propriedade), ora da alienação fiduciária em garantia (contrato de garantia financeira com transmissão da propriedade).

A possibilidade de as partes convencionarem a transmissão da propriedade a título de garantia resulta de expressa imposição da directiva agora transposta e constitui um dos aspectos mais inovadores do regime aprovado. Com a consagração de uma nova forma de transmissão de propriedade, ainda que a título de garantia, é alargado o *numerus clausus* pressuposto pelo artigo 1306.º do Código Civil, o que permitirá o reconhecimento da validade das alienações fiduciárias em garantia e o fim da insegurança jurídica que resultava da necessária requalificação desses acordos como meros contratos de penhor.

No que respeita ao contrato de penhor financeiro, merece ser realçada a possibilidade de as partes convencionarem, a favor do beneficiário da garantia, o direito de disposição sobre o objecto desta. Trata-se de uma faculdade que, no caso de instrumentos financeiros, permitirá aumentar a liquidez dos respectivos mercados.

Outra das novidades mais significativas deste diploma respeita ainda ao contrato de penhor financeiro e corresponde à aceitação do pacto comissório, em desvio da regra consagrada no artigo 694.º do Código Civil. Com efeito, desde que as partes o convencionem e acordem na forma de avaliação dos instrumentos financeiros dados em garantia, permite-se excepcionalmente que o beneficiário execute a garantia por apropriação do objecto desta, ficando obrigado a restituir o montante correspondente à diferença entre o valor do objecto da garantia e o montante da dívida. Este «direito de apropriação» visa dar resposta à necessidade de existência de mecanismos de execução das garantias sobre activos financeiros que, não pressupondo necessariamente a venda destes, permitam ver reduzidos os riscos decorrentes da potencial desvalorização do bem.

Prerrogativa comum aos contratos de alienação fiduciária em garantia e ao penhor financeiro é a possibilidade de as partes convencionarem que, em caso de incumprimento pelo prestador da garantia, se vence antecipadamente a obrigação de restituição e que esta pode ser objecto de compensação.

A directiva ora transposta, além de cláusulas de transposição obrigatória, contém também disposições de transposição facultativa para os Estados membros. Relativamente a estas, não se fez uso da possibilidade de excluir do âmbito de aplicação deste diploma determinadas garantias financeiras como, por exemplo, as que incidem sobre acções próprias do prestador da garantia. O não exercício da referida possibilidade de exclusão (*opt-out*) significa que tais garantias podem estar sujeitas ao âmbito de aplicação do presente diploma, sem prejuízo do regime fixado no Código das Sociedades Comerciais para a aquisição e alienação de acções próprias que, com as necessárias adaptações, é susceptível de aplicação.

Também não se fez uso da possibilidade dada aos Estados membros de excluir do âmbito de aplicação do diploma de transposição os contratos de garantia financeira em que uma das partes fosse uma pessoa colectiva não sujeita a supervisão prudencial. Tais contratos estão, portanto, abrangidos pelo presente decreto-lei, desde que a outra parte no contrato seja uma instituição sujeita a tal supervisão.

São ainda de assinalar como objectivos deste regime a simplificação do processo de celebração deste tipo de contratos, a celeridade a conferir à execução da garantia, bem como o alargamento do leque de situações em que a validade e eficácia dos mesmos contratos é ressalvada em prol da segurança jurídica.

Estas preocupações são legítimas, mesmo em situações que envolvam a possibilidade de insolvência de uma das partes no contrato, caso em que o diploma consagra um conjunto de disposições de carácter excepcional face ao regime comum estabelecido no Código da Insolvência e Recuperação de Empresas que, nos aspectos que poderiam constituir um entrave à execução da garantia, não são aplicáveis. Consagra-se assim a validade dos contratos de garantia celebrados e das prestações em garantia efectuadas no dia da abertura de processos de insolvência, no dia da adopção de medidas de saneamento e mesmo num período de tempo anterior a estas situações, não valendo neste âmbito a presunção de invalidade dos contratos celebrados nos chamados «períodos suspeitos».

Ao transpor a Directiva comunitária n.º 2002/47/CE, o presente diploma não pretende consagrar exaustivamente o regime jurídico dos contratos de garantia financeira, limitando-se, portanto, a introduzir as disposições que assumem especialidades ou representam excepções face ao regime comum que vigora, nomeadamente, para o penhor e para outros contratos de garantia. Do mesmo modo, o presente diploma não reproduz normas da directiva que traduzem meras faculdades das partes contratantes já decorrentes do direito vigente, como seja a possibilidade de tais contratos serem celebrados mediante subscrição ou aceitação de cláusulas contratuais gerais ou de serem acessórios de um outro contrato principal. Ainda neste sentido, o presente diploma transpõe apenas as definições da directiva que, pelo seu carácter inovador, se revelam indispensáveis à compreensão da globalidade do regime ora introduzido.

Por fim, os contratos de garantia financeira abrangidos pelo presente diploma terão naturalmente vocação para dar resposta a relações contratuais plurilocalizadas, assim se justificando a existência, neste diploma, de uma norma de conflitos específica que elege como elemento de conexão o sítio da localização da conta de referência.

Foram ouvidos o Banco de Portugal, a Comissão do Mercado de Valores Mobiliários, o Instituto de Seguros de Portugal, a Associação Portuguesa de Bancos e a Associação Portuguesa de Fundos de Investimento, Pensões e Patrimónios.

Assim:

Nos termos da alínea *a)* do n.º 1 do artigo 198.º da Constituição, o Governo decreta o seguinte:

TÍTULO I
Disposições gerais

Artigo 1.º
Objecto

O presente diploma transpõe para a ordem jurídica interna a Directiva n.º 2002/47/CE, do Parlamento Europeu e do Conselho, de 6 de Junho, relativa aos acordos de garantia financeira.

Artigo 2.º
Noção e modalidades

1 – Para efeitos do presente diploma, são contratos de garantia financeira os que preencham os requisitos previstos nos artigos 3.º a 7.º.

2 – São modalidades de contratos de garantia financeira, designadamente, a alienação fiduciária em garantia e o penhor financeiro, que se distinguem consoante tenham, ou não, por efeito a transmissão da propriedade com função de garantia.

3 – É modalidade de contrato de alienação fiduciária em garantia o contrato de reporte.

Artigo 3.º
Sujeitos

1 – O presente diploma é aplicável aos contratos de garantia financeira cujo prestador e beneficiário pertençam a uma das seguintes categorias:

a) Entidades públicas, incluindo os organismos do sector público do Estado responsáveis pela gestão da dívida pública ou que intervenham nesse domínio e os autorizados a deter contas de clientes;

b) Banco de Portugal, outros bancos centrais, Banco Central Europeu, Fundo Monetário Internacional, Banco de Pagamentos Internacionais, bancos multilaterais de desenvolvimento nos termos referidos no Aviso do Banco de Portugal n.º 1/93 e Banco Europeu de Investimento;

c) Instituições sujeitas a supervisão prudencial, incluindo:
   i) Instituições de crédito, tal como definidas no n.º 1 do artigo 2.º do Regime Geral das Instituições de Crédito e Sociedades Financeiras, aprovado pelo Decreto-Lei n.º 298/92, de 31 de Dezembro;
   ii) Empresas de investimento, tal como referidas no n.º 2 do artigo 293.º do Código dos Valores Mobiliários, aprovado pelo Decreto-Lei n.º 486/99, de 13 de Novembro;
   iii) Instituições financeiras, tal como definidas no n.º 4 do artigo 13.º do Regime Geral das Instituições de Crédito e Sociedades Financeiras;
   iv) Empresas de seguros, tal como definidas na alínea *b)* do artigo 2.º do Decreto-Lei n.º 94-B/98, de 17 Abril;
   v) Organismos de investimento colectivo, tal como definidas no artigo 1.º do Decreto-Lei n.º 252/2003, de 17 de Outubro;
   vi) Entidades gestoras de organismos de investimento colectivo, tal como definidas no n.º 1 do artigo 29.º do Decreto-Lei n.º 252/2003, de 17 de Outubro;

d) Uma contraparte central, um agente de liquidação ou uma câmara de compensação, tal como definidos, respectivamente, nas alíneas *e)*, *f)* e *g)* do artigo 2.º do Decreto-Lei n.º 221/2000, de 9 de Setembro, no que aos sistemas de pagamento diz respeito, e no artigo 268.º do Código dos Valores Mobiliários, incluindo instituições similares regulamentadas no âmbito da legislação nacional que operem nos mercados de futuros e opções, nos mercados de instrumentos financeiros derivados não abrangidos pela referida legislação e nos mercados de natureza monetária;

e) Uma pessoa que não seja pessoa singular, que actue na qualidade de fiduciário ou de representante por conta de uma ou mais pessoas, incluindo quaisquer detentores de obrigações ou de outras formas de títulos de dívida, ou qualquer instituição tal como definida nas alíneas *a)* a *d)*;

f) Pessoas colectivas, desde que a outra parte no contrato pertença a uma das categorias referidas nas alíneas *a)* a *d)*.

2 – A capacidade para a celebração de contratos de garantia financeira é a que resulta das normas especialmente aplicáveis às entidades referidas no n.º 1.

Artigo 4.º
Obrigações financeiras garantidas

Para efeitos do presente diploma, entende-se por obrigações financeiras garantidas quaisquer obrigações abrangidas por um contrato de garantia financeira cuja prestação consista numa liquidação em numerário ou na entrega de instrumentos financeiros.

Artigo 5.º
Objecto das garantias financeiras

O presente diploma é aplicável às garantias financeiras que tenham por objecto:

a) «Numerário», entendido como o saldo disponível de uma conta bancária, denominada em qualquer moeda, ou créditos similares que confiram direito à restituição de dinheiro, tais como depósitos no mercado monetário;
b) «Instrumentos financeiros», entendidos como valores mobiliários, instrumentos do mercado monetário e créditos ou direitos relativos a quaisquer dos instrumentos financeiros referidos.

Artigo 6.º
Desapossamento

1 – O presente diploma é aplicável às garantias financeiras cujo objecto seja efectivamente prestado.

2 – Considera-se prestada a garantia financeira cujo objecto tenha sido entregue, transferido, registado ou que de outro modo se encontre na posse ou sob o controlo do beneficiário da garantia ou de uma pessoa que actue em nome deste, incluindo a composse ou o controlo conjunto com o proprietário.

Artigo 7.º
Prova

1 – O presente diploma é aplicável aos contratos de garantia financeira e às garantias financeiras cuja celebração e prestação sejam susceptíveis de prova por documento escrito.

2 – O registo em suporte electrónico ou em outro suporte duradouro equivalente cumpre a exigência de prova por documento escrito.

3 – A prova da prestação da garantia financeira deve permitir identificar o objecto correspondente.

4 – É suficiente para identificar o objecto da garantia financeira:

a) Nas garantias financeiras sobre numerário, para o penhor financeiro, o registo na conta do prestador e, para a alienação fiduciária em garantia, o registo do crédito na conta do beneficiário;

b) Nas garantias financeiras sobre valores mobiliários escriturais, para o penhor financeiro, o registo na conta do titular ou, nos termos da lei, na conta do beneficiário e, para a alienação fiduciária em garantia, o registo da aquisição fiduciária.

Artigo 8.º
Formalidades

1 – Sem prejuízo do disposto nos artigos 6.º e 7.º, a validade, a eficácia ou a admissibilidade como prova de um contrato de garantia financeira e da prestação de uma garantia financeira não dependem da realização de qualquer acto formal.

2 – Sem prejuízo do acordado pelas partes, a execução da garantia pelo beneficiário não está sujeita a nenhum requisito, nomeadamente a notificação prévia ao prestador da garantia da intenção de proceder à execução.

TÍTULO II
Penhor financeiro

Artigo 9.º
Direito de disposição

1 – O contrato de penhor financeiro pode conferir ao beneficiário da garantia o direito de disposição sobre o objecto desta.

2 – O direito de disposição confere ao beneficiário da garantia financeira os poderes de alienar ou onerar o objecto da garantia prestada, nos termos previstos no contrato, como se fosse seu proprietário.

3 – O exercício do direito de disposição depende, relativamente aos valores mobiliários escriturais, de menção no respectivo registo em conta e, relativamente aos valores mobiliários titulados, de menção na conta de depósito.

Artigo 10.º
Efeitos do exercício do direito de disposição

1 – Exercido o direito de disposição, deve o beneficiário da garantia, até à data convencionada para o cumprimento das obrigações financeiras garantidas:

a) Restituir ao prestador objecto equivalente ao objecto da garantia financeira original, em caso de cumprimento das obrigações financeiras garantidas por parte deste; ou
b) Quando o contrato de penhor financeiro o preveja e em caso de cumprimento pelo prestador da garantia, entregar-lhe quantia em dinheiro correspondente ao valor que o objecto da garantia tem no momento do vencimento da obrigação de restituição, nos termos acordados pelas partes e segundo critérios comerciais razoáveis; ou
c) Quando o contrato de penhor financeiro o preveja, livrar-se da sua obrigação de restituição por meio de compensação, sendo o crédito do prestador avaliado nos termos da alínea anterior.

2 – O disposto no número anterior não é prejudicado pelo cumprimento antecipado das obrigações financeiras garantidas.

3 – O objecto equivalente substitui, para todos os efeitos, a garantia financeira original e considera-se como tendo sido prestado no momento da prestação desta.

4 – Os direitos que o beneficiário tenha ao abrigo do penhor financeiro relativamente à garantia financeira original mantêm-se relativamente ao objecto equivalente.

Artigo 11.º
Pacto comissório

1 – No penhor financeiro, o beneficiário da garantia pode proceder à sua execução, fazendo seus os instrumentos financeiros dados em garantia:

a) Se tal tiver sido convencionado pelas partes;
b) Se houver acordo das partes relativamente à avaliação dos instrumentos financeiros.

2 – O beneficiário da garantia fica obrigado a restituir ao prestador o montante correspondente à diferença entre o valor do objecto da garantia e o montante das obrigações financeiras garantidas.

3 – O disposto na alínea *b)* do n.º 1 não prejudica qualquer obrigação legal de proceder à realização ou avaliação da garantia financeira e ao cálculo das obrigações financeiras garantidas de acordo com critérios comerciais razoáveis.

Artigo 12.º
Vencimento antecipado e compensação

1 – As partes podem convencionar o vencimento antecipado da obrigação de restituição do beneficiário da garantia e o cumprimento da mesma por compensação, caso ocorra um facto que desencadeie a execução.

2 – Entende-se por facto que desencadeia a execução o não cumprimento do contrato ou qualquer facto a que as partes atribuam efeito análogo.

Artigo 13.º
Objecto equivalente

Para efeitos do presente diploma, entende-se por objecto equivalente:

i) No caso de numerário, um pagamento do mesmo montante e na mesma moeda;
ii) No caso de instrumentos financeiros, instrumentos financeiros do mesmo emitente ou devedor, que façam parte da mesma emissão ou categoria e tenham o mesmo valor nominal, sejam expressos na mesma moeda e tenham a mesma denominação, ou outros instrumentos financeiros, quando o contrato de garantia financeira o preveja, na ocorrência de um facto respeitante ou relacionado com os instrumentos financeiros prestados enquanto garantia financeira original.

TÍTULO III
Alienação fiduciária em garantia

Artigo 14.º
Deveres do beneficiário da garantia

Nos contratos de alienação fiduciária em garantia, deve o beneficiário, até à data convencionada para o cumprimento das obrigações financeiras garantidas:

a) Restituir ao prestador a garantia financeira prestada ou objecto equivalente;
b) Entregar ao prestador quantia em dinheiro correspondente ao valor que o objecto da garantia tem no momento do vencimento da obrigação de restituição, nos termos acordados pelas partes e segundo critérios comerciais razoáveis;
c) Livrar-se da sua obrigação por meio de compensação, avaliando-se o crédito do prestador nos termos da alínea anterior.

Artigo 15.º
Vencimento antecipado e compensação

O disposto no artigo 12.º é aplicável aos contratos de alienação fiduciária em garantia.

TÍTULO IV
Liquidação e saneamento

Artigo 16.º
Processo de liquidação e medidas de saneamento

Para efeitos do presente diploma e relativamente ao prestador ou ao beneficiário da garantia, entende-se por:

a) «Processo de liquidação» o processo colectivo que inclui a realização de activos e a repartição do produto dessa realização entre os credores, os accionistas ou os membros, consoante o caso, e que implica a intervenção de uma autoridade administrativa ou judicial, incluindo os casos em que esse processo é encerrado mediante uma concordata ou qualquer outra medida análoga, independentemente de se basear ou não numa insolvência e de ter carácter voluntário ou obrigatório;

b) «Medidas de saneamento» as medidas que implicam a intervenção de uma autoridade administrativa ou judicial e destinadas a preservar ou restabelecer a situação financeira e que afectam os direitos preexistentes de terceiros, incluindo, nomeadamente, as medidas que envolvem uma suspensão de pagamentos, uma suspensão das medidas de execução ou uma redução dos montantes dos créditos.

Artigo 17.º
Validade dos contratos e das garantias financeiras

1 – Os contratos de garantia financeira celebrados e as garantias financeiras prestadas ao abrigo desses contratos não podem ser resolvidos pelo facto de o contrato ter sido celebrado ou a garantia financeira prestada:

a) No dia da abertura de um processo de liquidação ou da adopção de medidas de saneamento, desde que antes de proferido o despacho, a sentença ou decisão equivalente;

b) Num determinado período anterior definido por referência:

i) À abertura de um processo de liquidação ou à adopção de medidas de saneamento;

ii) À tomada de qualquer outra medida ou à ocorrência de qualquer outro facto no decurso desse processo ou dessas medidas.

2 – Não podem ser declarados nulos ou anulados os seguintes actos quando praticados no período referido no número anterior:

a) A prestação de nova garantia no caso de variação do montante das obrigações financeiras garantidas ou a prestação de garantia financeira adicional em situação de variação do valor da garantia financeira;

b) A substituição da garantia financeira por objecto equivalente.

Artigo 18.º
Eficácia dos contratos

1 – Em situação de abertura ou prossecução de um processo de liquidação ou de adopção de medidas de saneamento relativas ao prestador ou ao beneficiário da garantia, os contratos de garantia financeira produzem efeitos nas condições e segundo os termos convencionados pelas partes.

2 – Os contratos de garantia financeira celebrados e as garantias financeiras prestadas após a abertura de processos de liquidação e a adopção de medidas de saneamento relativas ao prestador da garantia financeira são eficazes perante terceiros desde que o beneficiário da garantia prove que não tinha nem deveria ter conhecimento da abertura desse processo ou da adopção dessas medidas.

Artigo 19.º
Actos fraudulentos

A validade dos actos a que se referem os artigos 17.º e 18.º não é ressalvada sempre que os mesmos tenham sido praticados intencionalmente em detrimento de outros credores.

Artigo 20.º
Vencimento antecipado e compensação

O vencimento antecipado e a compensação previstos nos artigos 12.º e 15.º não são prejudicados:

a) Pela abertura ou prossecução de um processo de liquidação relativamente ao prestador ou ao beneficiário da garantia;
b) Pela adopção de medidas de saneamento relativamente ao prestador e ou beneficiário da garantia;
c) Pela cessão, apreensão judicial ou actos de outra natureza nem por qualquer alienação de direitos respeitante ao beneficiário ou ao prestador da garantia.

TÍTULO V
Disposições finais e transitórias

Artigo 21.º
Norma de conflitos

São reguladas pela lei do país em que está localizada a conta na qual é feito o registo da garantia as seguintes matérias:

a) A qualificação e os efeitos patrimoniais da garantia que tenha por objecto valores mobiliários escriturais;
b) Os requisitos relativos à celebração de um contrato de garantia financeira que tenha por objecto valores mobiliários escriturais;
c) A prestação de uma garantia que tenha por objecto valores mobiliários escriturais ao abrigo de determinado contrato de garantia financeira;
d) As formalidades necessárias à oponibilidade a terceiros do contrato de garantia financeira e da prestação da garantia financeira;
e) A relação entre o direito de propriedade ou outro direito de determinada pessoa a uma garantia financeira que tenha por objecto valores mobiliários e outro direito de propriedade concorrente;
f) A qualificação de uma situação como de aquisição do objecto da garantia pela posse de terceiro de boa fé;
g) As formalidades necessárias à execução de uma garantia que tenha por objecto valores mobiliários escriturais.

Artigo 22.º
Direito subsidiário

Em tudo que não vier previsto no presente diploma aplicam-se os regimes comum ou especial estabelecidos para outras modalidades de penhor ou reporte.

Artigo 23.º
Aplicação no tempo

O presente diploma aplica-se aos contratos de garantia financeira celebrados após a sua entrada em vigor.

Artigo 24.º
Entrada em vigor

O presente diploma entra em vigor 30 dias após a sua publicação.

Visto e aprovado em Conselho de Ministros de 24 de Março de 2004. – *José Manuel Durão Barroso – Maria Manuela Dias Ferreira Leite – Maria Teresa Pinto Basto Gouveia.*

Promulgado em 26 de Abril de 2004.

Publique-se.

O Presidente da República, JORGE SAMPAIO.

Referendado em 27 de Abril de 2004.

O Primeiro-Ministro, *José Manuel Durão Barroso.*

5. Direito Segurador

5.1. Dos Seguros Contra Riscos e do Seguro de Vidas

Código Comercial*

(...)

LIVRO SEGUNDO
Dos contratos especiais do comércio

(...)

TÍTULO XV
Dos seguros

(...)

CAPÍTULO II
Dos seguros contra riscos

SECÇÃO I
Disposições gerais

(...)

* Aprovado pela Carta de Lei de 28 de Junho de 1888, publicada no Diário de Governo n.º 203, de 6 de Setembro de 1888. As epígrafes dos artigos do Código Comercial não constam do texto oficial.

Artigo 434.º
Segundo seguro

O segurado não pode, sob pena de nulidade, fazer segurar segunda vez pelo mesmo tempo e risco objecto já seguro pelo seu inteiro valor, excepto nos seguintes casos:

1.º Quando o segundo seguro houver sido subordinado a nulidade do primerio ou à insolvência total ou parcial do respectivo segurador;

2.º Quando se fez cessão dos direitos do primeiro seguro ao segundo segurador ou quando houve renúncia daquele.

(…)

Artigo 438.º
Falência do segurado ou do segurador

Se o segurador falir antes de acabarem os riscos e dever o prémio, o segurador pode exigir caução, e, quando esta se não preste, a anulação do contrato.

§ único. Ao segurado assiste o mesmo direito, se o segurador falir ou liquidar.

(...)

CAPÍTULO III
Do seguro de vidas

(...)

Artigo 460.º
Morte ou falência de quem fez o seguro

No caso de morte ou quebra daquele que segurou, sobre a sua própria vida ou sobre a de um terceiro, uma quantia para ser paga a outrem que lhe haja de suceder, o seguro subsiste em benefício exclusivo da pessoa designada no contrato, salvo, porém, com relação às quantias recebidas pelo segurador, as disposições do Código Civil relativas a colocações, inoficiosidade nas sucessões e rescisão dos actos praticados em prejuízo dos credores.

(...)

5.2. Fundo de Garantia Automóvel

Decreto-Lei n.º 522/85, de 31 de Dezembro*

CAPÍTULO III
Do Fundo de Garantia Automóvel

SECÇÃO I
Disposições gerais

Artigo 21.º
Âmbito do fundo

1 – Compete ao Fundo de Garantia Automóvel satisfazer, nos termos do presente capítulo, as indemnizações decorrentes de acidentes originados por veículos sujeitos ao seguro obrigatório e que sejam matriculados em Portugal ou em países terceiros em relação à Comunidade Económica Europeia que não tenham gabinete nacional de seguros, ou cujo gabinete não tenha aderido à Convenção Complementar entre Gabinetes Nacionais.

2 – O Fundo de Garantia Automóvel garante, por acidente originado pelos veículos referidos no número anterior, a satisfação das indemnizações por:

a) Morte ou lesões corporais, quando o responsável seja desconhecido ou não beneficie de seguro válido ou eficaz, ou for declarada a falência da seguradora;

b) Lesões materiais, quando o responsável, sendo conhecido, não beneficie de seguro válido ou eficaz.

3 – Nos casos previstos na alínea *b*) do número anterior, haverá uma franquia de 60 000$00 a deduzir no montante a cargo do Fundo.

4 – Só aproveitam do benefício do Fundo de Garantia Automóvel os lesados por acidentes ocorridos em Portugal continental e nas Regiões Autónomas da Madeira e dos Açores.

---

* Publicado no Diário da República n.º 301/85, série I, 6.º Suplemento, de 31 de Dezembro de 1985, pp. 4260-(84)-4260-(91).

5 – Ocorrendo um fundado conflito entre o Fundo e uma seguradora sobre qual deles recai o dever de indemnizar, caberá ao Fundo reparar os danos sofridos pelos lesados, sem prejuízo de vir a ser reembolsado pela seguradora, nos termos previstos no n.º 1 do artigo 25.º, se sobre esta vier, a final, a impender essa responsabilidade.

Alterado pelo Decreto-Lei n.º 122-A/86, de 30 de Maio (Diário da República n.º 123/86, série I, 3.º Suplemento, de 30 de Maio de 1986, pp. 1294-(7)-1294-(10)) e pelo Decreto-Lei n.º 130/94, de 19 de Maio (Diário da República n.º 116/94, série I-A, de 19 de Maio de 1994, pp. 2672-2674).

(…)

SECÇÃO II

Do funcionamento

(...)

Artigo 26.º

Reembolso do Fundo ao Gabinete Português de Carta Verde e outros reembolsos entre Fundos de Garantia

1 – O Fundo de Garantia Automóvel reembolsa o Gabinete Português de Certificado Internacional de Seguro pelo montante dispendido por este, ao abrigo da Convenção Complementar entre Gabinetes Nacionais, em consequência das indemnizações devidas por acidentes causados por veículos matriculados em Portugal e sujeitos ao seguro obrigatório previsto neste diploma, desde que:

a) O acidente ocorra num outro Estado membro da Comunidade Económica Europeia ou num país terceiro, cujo gabinete nacional de seguros tenha aderido à Convenção Complementar entre Gabinetes Nacionais ou ainda no trajecto que ligue directamente dois Estados membros, quando nesse território não exista gabinete nacional de seguros;

b) O responsável não seja titular de um seguro de responsabilidade civil automóvel;

c) As indemnizações tenham sido atribuídas nas condições previstas para o seguro de responsabilidade civil automóvel na legislação nacional do país onde ocorreu o acidente, ou nos termos da alínea *c*) do artigo 5.º, quando o acidente ocorreu no trajecto que liga dois Estados membros.

2 – Para os efeitos do disposto no número anterior, o Gabinete Português de Certificado Internacional de Seguro deve transmitir ao Fundo todas as indicações relativas à identificação do acidente, do responsável, do veículo e das vítimas, para além de dever justificar o pagamento efectuado ao gabinete nacional de seguros do país onde ocorreu o acidente.

3 – O Fundo reembolsa e será reembolsado dos montantes resultantes da liquidação de sinistros cobertos por seguradoras declaradas em estado de falência, nos termos dos acordos que vier a celebrar com entidades congéneres de outros países da União Europeia, do Espaço Económico Europeu (EEE) ou de outros países que tenham relações preferenciais baseados em acordos celebrados com a União Europeia no campo específico da actividade seguradora dos ramos "Não vida".

4 – Satisfeito o reembolso, o Fundo fica sub-rogado nos termos do artigo 25.º.

Redacção introduzida pelo Decreto-Lei n.º 122-A/86, de 30 de Maio (Diário da República n.º 123/86, série I, 3.º Suplemento, de 30 de Maio de 1986, pp. 1294-(7)--1294-(10)), pelo Decreto-Lei n.º 68/97, de 3 de Abril (Diário da República n.º 78/97, série I-A, de 3 de Abril de 1997, p. 1494) e pelo Decreto-Lei n.º 368/97, de 23 de Dezembro de 1997 (Diário da República n.º 295/97, série I-A, de 23 de Dezembro de 1997, p. 6758).

(...)

5.3. Seguro de Crédito

Decreto-Lei n.º 183/88, de 24 de Maio*

(...)

CAPÍTULO II
Dos seguros de crédito

(...)

Artigo 4.º
Factos geradores de sinistro

1 – Constituem factos geradores de sinistro, relativamente ao seguro de créditos:

a) A insolvência declarada judicialmente;
b) A insolvência de facto;
c) A concordata judicial;
d) A concordata extrajudicial, desde que celebrada com a generalidade dos credores do devedor e oponível a cada um deles;
e) O incumprimento, ou mora, que prevaleça pelo prazo constitutivo de sinistro indicado na apólice;
f) A rescisão ou suspensão arbitrária do contrato comercial por parte do devedor;
g) A recusa arbitrária do devedor em aceitar os bens ou serviços encomendados;
h) Acto ou decisão do Governo ou de autoridades públicas do país do devedor ou de um país terceiro que obstem ao cumprimento do contrato;
i) Moratória geral decretada pelo governo do país do devedor ou de um país terceiro interveniente no pagamento;

---

* Publicado no Diário da República n.º 120/88, série I, de 24 de Maio de 1988, pp. 2190-2193.

j) Acontecimentos políticos, dificuldades económicas ou medidas legislativas ou administrativas que ocorram ou sejam adoptadas fora de Portugal e que impeçam ou atrasem a transferência de fundos pagos ao abrigo do contrato seguro;

l) Disposições legais adoptadas no país do devedor declarando liberatórios os pagamentos por ele efectuados na divisa local quando, em resultado das flutuações cambiais, tais pagamentos, quando convertidos na divisa do contrato seguro, não atinjam, no momento da transferência, o montante do crédito em dívida;

m) Qualquer medida ou decisão das autoridades portuguesas ou do país do titular da apólice, visando especificamente o comércio externo, incluindo as medidas e decisões da Comunidade Europeia relativas ao comércio entre um Estado membro e países terceiros, e que impossibilite a execução do contrato, a entrega dos bens ou a prestação dos serviços contratada, desde que os efeitos de tal medida não sejam compensados de outro modo;

n) Ocorrência, fora de Portugal, de guerras, ainda que não declaradas, revoluções, revoltas, perturbação da ordem pública, anexações ou factos de efeitos análogos;

o) Eventos catastróficos, tais como terramotos, maremotos, erupções vulcânicas, tufões, ciclones ou inundações ou acidentes nucleares, verificados fora de Portugal, sempre que os seus efeitos não sejam de outro modo cobertos.

2 – Para efeitos do disposto no número anterior, entende-se por «país terceiro» país que não seja o do devedor nem o da seguradora ou o do titular da apólice.

Redacção introduzida pelo Decreto-Lei n.º 214/99, de 15 de Junho (Diário da República n.º 137/99, série I-A, de 15 de Junho de 1999, pp. 3381-3393).

(...)

5.4. Regulamento Geral do Funcionamento dos Grupos

Portaria n.º 942/92, de 28 de Setembro*

(...)

CAPÍTULO VI
Da desistência, cessão, incumprimento e exclusão

(…)

Artigo 27.º

Sem prejuízo de notificação pela sociedade administradora, por carta registada com aviso de recepção, pode aquela determinar a exclusão de qualquer participante nos seguintes casos:

a) Falta ou atraso de pagamento integral de duas ou mais prestações consecutivas ou de uma prestação por prazo superior a 60 dias;

b) Entrega, para pagamento, de cheque sem provisão ou com provisão insuficiente;

c) Insolvência ou falência;

d) Prática de actos que em assembleia de grupo se reconheça redundarem em grave prejuízo para o funcionamento e existência do mesmo grupo.

(...)

---

* Publicada no Diário da República n.º 224/92, série I-B, de 28 de Setembro de 1992, pp. 4566-4568.

5.5. Sociedades Anónimas e Mútuas de Seguros

Decreto-Lei n.º 94-B/98, de 17 de Abril*

(…)

TÍTULO II
Condições de acesso à actividade seguradora

CAPÍTULO I
Do estabelecimento

(…)

SECÇÃO II
Sociedades anónimas de seguros

(...)

Artigo 14.º
Instrução do requerimento

1 – O requerimento de autorização é dirigido ao Instituto de Seguros de Portugal e instruído com os seguintes elementos:

a) Acta da reunião em que foi deliberada a constituição da sociedade;
b) Projecto de contrato de sociedade ou de estatutos;
c) Identificação dos accionistas iniciais, titulares de participação directa ou indirecta, sejam pessoas singulares ou colectivas, com especificação do montante do capital social correspondente a cada participação;
d) Acta do órgão social competente dos accionistas que revistam a natureza de pessoas colectivas deliberando a participação na empresa de seguros;

* Publicado no Diário da República n.º 90/98, série I-A, 2.º Suplemento, de 17 de Abril de 1998, pp. 1706-(8)-1706-(59).

e) Certificado do registo criminal dos accionistas iniciais, quando pessoas singulares, e dos respectivos administradores, directores ou gerentes, quando pessoas colectivas;
f) Declaração de que nem os accionistas iniciais nem as sociedades ou empresas cuja gestão tenham assegurado ou de que tenham sido administradores, directores ou gerentes foram declarados em estado de insolvência ou falência, tendo nas mesmas sociedades ou empresas exercido sempre uma gestão sã e prudente;
g) Informações detalhadas relativas à estrutura do grupo que permitam verificar os requisitos previstos na alínea *e)* do n.º 2 do artigo anterior.

2 – O certificado referido na alínea *e)* pode ser, em relação a cidadãos estrangeiros, substituído por documento equivalente emitido há menos de 90 dias.

3 – O requerimento de autorização é ainda instruído com um programa de actividades, que incluirá, pelo menos, os seguintes elementos:
(...)
h) Para cada um dos três primeiros exercícios sociais:
 I) Balanço e conta de ganhos e perdas previsionais, com informação separada, pelo menos, para as seguintes rubricas:
  i) Capital social subscrito e realizado, despesas de constituição e instalação, investimentos e provisões técnicas de seguro directo, resseguro aceite e resseguro cedido;
  ii) Prémios, proveitos dos investimentos, custos com sinistros e variações das provisões técnicas, tanto para o seguro directo como para o resseguro aceite e cedido;
  iii) Custos de aquisição, explicitando as comissões, e custos administrativos;
 II) Previsão do número de trabalhadores e respectiva massa salarial;
 III) Previsão da demonstração dos fluxos de caixa;
 IV) Previsão dos meios financeiros necessários à representação das provisões técnicas;
 V) Previsão da margem de solvência e dos meios financeiros necessários à sua cobertura, em conformidade com as disposições legais em vigor.

4 – As hipóteses e os pressupostos em que se baseia a elaboração das projecções incluídas no programa previsto no número anterior serão devida e especificamente fundamentadas.

5 – Quando no capital da empresa de seguros participem pessoas, singulares ou colectivas, nacionais de países não pertencentes à Comunidade Europeia, o requerimento de autorização é ainda instruído, relativamente aos accionistas iniciais que sejam pessoas colectivas, com uma memória explicativa da actividade no âmbito internacional e, nomeadamente, nas relações seguradoras, resseguradoras ou de outro tipo mantidas com empresas ou entidades portuguesas.

6 – Todos os documentos destinados a instruir o pedido de autorização devem ser apresentados nos termos do Decreto-Lei n.º 112/90, de 4 de Abril, rectificado pela Declaração de 30 de Abril de 1990, e redigidos em português ou devidamente traduzidos e legalizados.

7 – Os requerentes devem designar quem os representa perante as autoridades encarregadas de apreciar o processo de autorização e indicar os técnicos, nomeadamente o actuário, o financeiro e o jurista, responsáveis, respectivamente, pelas partes técnica, financeira e jurídica do processo.

8 – Relativamente aos técnicos referidos no número anterior, devem os requerentes apresentar os respectivos currículos profissionais.

9 – A instrução do processo deve incluir ainda um parecer de um actuário, que cumpra os requisitos aplicáveis ao actuário responsável, sobre a adequação das tarifas, das provisões técnicas e do resseguro.

Este preceito foi alterado pelo artigo 1.º do Decreto-Lei n.º 8-C/2002, de 11 de Janeiro (publicado no Diário da República n.º 9/2002, série I-A, 2.º Suplemento, de 11 de Janeiro de 2002, pp. 288-(34) a 288-(103) e rectificado pela Declaração de Rectificação n.º 3/2002, de 26 de Janeiro, publicada no Diário da República n.º 22/2002, série I-A, de 26 de Janeiro de 2002, p. 602).

(...)

SECÇÃO VI

Estabelecimento em Portugal de sucursais de empresas com sede fora do território da Comunidade Europeia

(...)

Artigo 37.º
Mandatário geral

1 – Quando o mandatário geral for uma pessoa singular, a empresa de seguros designará também o respectivo substituto, devendo ambos preencher os seguintes requisitos:

a) Terem residência habitual em Portugal;
b) Satisfazerem o disposto no artigo 51.º;
c) Possuírem conhecimentos bastantes da língua portuguesa.

2 – Quando o mandatário geral for uma pessoa colectiva, esta deve:

a) Ser constituída nos termos da lei portuguesa;
b) Ter por objecto social exclusivo a representação de seguradoras estrangeiras;
c) Ter sede principal e efectiva da administração em Portugal;
d) Designar uma pessoa singular para a representar e o respectivo substituto, devendo ambos preencher os requisitos estabelecidos no n.º 1.

3 – O mandatário geral e, quando este for uma pessoa singular, o respectivo substituto, devem dispor dos poderes necessários para, em representação e por conta da empresa de seguros, celebrarem contratos de seguro, resseguro e contratos de trabalho, assumindo os compromissos deles decorrentes, bem como para a representarem judicial e extrajudicialmente.

4 – A empresa de seguros não pode revogar o mandato sem designar simultaneamente novo mandatário.

5 – Em caso de falência do mandatário geral ou de morte da pessoa que o representa ou do mandatário geral pessoa singular ou dos respectivos substitutos, a regularização da situação deve ocorrer no prazo máximo de 15 dias.

O n.º 3 foi rectificado pela Declaração de Rectificação n.º 11-D/98 (Diário da República n.º 148/98, série I-A, 2.º Suplemento, de 30 de Junho de 1998, pp. 2930-(6)--2930-(7)).

(...)

SECÇÃO IX
Administração e fiscalização

Artigo 51.º
Composição dos órgãos sociais

1 – Os membros dos órgãos de administração e fiscalização das sociedades anónimas e das mútuas de seguros, incluindo os que integrem o conselho geral e os administradores não executivos, têm de preencher os seguintes requisitos:

a) Qualificação adequada, nomeadamente através de experiência profissional ou de graus académicos;
b) Reconhecida idoneidade.

2 – Entre outras circunstâncias atendíveis, considera-se indiciador de falta de idoneidade o facto de a pessoa:

a) Ter sido condenada por furto, abuso de confiança, roubo, burla, extorsão, infidelidade, abuso de cartão de garantia ou de crédito, emissão de cheques sem cobertura, usura, insolvência dolosa, falência não intencional, favorecimento de credores, apropriação ilegítima de bens do sector público ou cooperativo, administração danosa em unidade económica do sector público ou cooperativo, falsificação, falsas declarações, suborno, corrupção, branqueamento de capitais, abuso de informação, manipulação do mercado de valores mobiliários ou pelos crimes previstos no Có-digo das Sociedades Comerciais;
b) Ter sido declarada, por sentença nacional ou estrangeira transitada em julgado, falida ou insolvente ou julgada responsável pela falência de empresas cujo domínio haja assegurado ou de que tenha sido administrador, director ou gerente;
c) Ter sido condenada, no país ou no estrangeiro, pela prática de infracções às regras legais ou regulamentares que regem as actividades seguradoras, das instituições de crédito, sociedades financeiras ou instituições financeiras e o mercado de valores mobiliários, quando a gravidade ou a reiteração dessas infracções o justifique.

3 – O disposto nos números anteriores aplica-se aos membros do conselho fiscal, do qual deve obrigatoriamente fazer parte um revisor oficial de contas, e do conselho geral, se for caso disso, das sociedades anónimas e das mútuas de seguros.

4 – Presume-se existir qualificação adequada através de experiência profissional quando a pessoa em causa tenha previamente exercido, com competência, funções de responsabilidade no domínio financeiro e técnico, devendo a duração dessa experiência, bem como a natureza e grau de responsabilidade das funções antes exercidas, estar em consonância com as características e dimensão da empresa de seguros.

5 – O Instituto de Seguros de Portugal pode fazer uma consulta prévia junto da respectiva autoridade competente para verificar o preenchimento do requisito referido no número anterior e, bem assim, para os efeitos do presente artigo, trocar informações com o Banco de Portugal e a Comissão do Mercado de Valores Mobiliários.

6 – A maioria dos membros da administração deve, sem prejuízo do disposto no número seguinte, ser nacional de Portugal ou de um outro Estado membro da Comunidade Europeia.

7 – Os membros da administração devem ter conhecimentos bastantes da língua portuguesa.

8 – No caso de serem eleitos ou designados para a administração pessoas colectivas, as pessoas por estas designadas para o exercício da função devem cumprir o disposto no presente artigo.

(...)

TÍTULO III
Condições de exercício da actividade seguradora

CAPÍTULO I
Garantias prudenciais

(...)

SECÇÃO III
Margem de solvência

Artigo 93.º
Empresas de seguros com sede em Portugal

1 – As empresas de seguros com sede em Portugal devem ter, em permanência, uma margem de solvência disponível suficiente em relação ao conjunto das suas actividades.

2 – A margem de solvência disponível de uma empresa de seguros consiste no seu património, correspondente aos elementos referidos no n.º 1 do artigo 96.º e no n.º 1 do artigo 98.º, livre de toda e qualquer obrigação previsível e deduzido dos elementos incorpóreos.

3 – A margem de solvência disponível pode igualmente ser constituída pelos elementos referidos no n.º 2 do artigo 96.º e no n.º 2 do artigo 98.º e, mediante autorização prévia do Instituto de Seguros de Portugal, pelos elementos referidos no n.º 3 do artigo 96.º e no n.º 3 do artigo 98.º.

Este preceito foi alterado pelo artigo 2.º do Decreto-Lei n.º 251/2003, de 14 de Outubro (Diário da República n.º 238/2003, série I-A, de 14 de Outubro de 2003, pp. 6772-6834).

Artigo 94.º
Sucursais de empresas de seguros com sede fora da União Europeia

1 – As sucursais de empresas de seguros com sede fora do território da União Europeia devem ter, em permanência, uma margem de solvência disponível suficiente em relação ao conjunto da sua actividade em Portugal.

2 – A margem de solvência disponível das sucursais referidas no número anterior é constituída por activos livres de toda e qualquer obrigação previsível e deduzidos dos elementos incorpóreos

3 – Os activos correspondentes à margem de solvência disponível devem estar localizados em Portugal até à concorrência do fundo de garantia e, na parte excedente, no território da União Europeia.

Este preceito foi alterado pelo artigo 2.º do Decreto-Lei n.º 251/2003, de 14 de

Outubro (Diário da República n.º 238/2003, série I-A, de 14 de Outubro de 2003, pp. 6772-6834).

Artigo 95.º
Valorimetria

1 – Os critérios de valorimetria dos activos correspondentes à margem de solvência disponível são fixados pelo Instituto de Seguros de Portugal.

2 – O Instituto de Seguros de Portugal pode, em casos devidamente justificados, reavaliar para valores inferiores todos os elementos elegíveis para efeitos da margem de solvência disponível, em especial, se se verificar uma alteração significativa do valor de mercado destes elementos desde o final do último exercício.

Artigo 96.º
Margem de solvência disponível relativa aos ramos «Não vida»

1 – Para efeitos da margem de solvência disponível, no que respeita a todos os ramos de seguros «Não vida», o património das empresas de seguros com sede em Portugal compreende:

a) O capital social realizado ou, nas mútuas de seguros, o fundo inicial ou capital de garantia efectivamente realizado, acrescido das contas dos associados que satisfaçam cumulativamente os seguintes critérios:

i) Estipulação nos estatutos que o pagamento aos associados a partir dessas contas só pode ser efectuado desde que tal pagamento não origine a descida da margem de solvência disponível abaixo do nível exigido ou, após a dissolução da empresa, se todas as outras dívidas da empresa tiverem sido liquidadas;

ii) Estipulação nos estatutos que os pagamentos referidos na alínea anterior, efectuados por outras razões além da rescisão individual de filiação, são notificados ao Instituto de Seguros de Portugal com a antecedência mínima de um mês e podem, durante esse período, ser proibidos;

iii) Estipulação nos estatutos que as respectivas disposições sobre esta matéria só podem ser alteradas se não houver objecções do Instituto de Seguros de Portugal, sem prejuízo dos critérios referidos;

b) Os prémios de emissão, as reservas de reavaliação e quaisquer outras reservas, legais ou livres, não representativas de qualquer compromisso;

c) O saldo de ganhos e perdas, deduzido de eventuais distribuições.

2 – A margem de solvência disponível pode igualmente ser constituída pelos seguintes elementos:

a) Acções preferenciais e empréstimos subordinados, até ao limite de 50% da margem de solvência disponível ou da margem de solvência exigida, consoante a que for menor, admitindo-se, até ao limite de 25% desta margem, empréstimos subordinados com prazo fixo ou acções preferenciais com duração determinada desde que:

i) Em caso de falência ou liquidação da empresa, existam acordos vinculativos nos termos dos quais os empréstimos subordinados ou as acções preferenciais ocupem uma categoria inferior em relação aos créditos de todos os outros credores e só sejam reembolsados após a liquidação de todas as outras dívidas da empresa;

ii) Um exemplar dos contratos de empréstimos subordinados seja entregue ao Instituto de Seguros de Portugal previamente à sua assinatura;

iii) Os empréstimos subordinados preencham ainda as seguintes condições:

1) Consideração apenas dos fundos efectivamente recebidos;

2) Fixação do prazo inicial para os empréstimos a prazo fixo em, pelo menos, cinco anos, devendo a empresa de seguros apresentar ao Instituto de Seguros de Portugal, para aprovação, o mais tardar um ano antes do termo do prazo, um plano indicando a forma como a margem de solvência disponível será mantida ou colocada ao nível desejado no termo do prazo, a menos que o montante até ao qual o empréstimo pode ser incluído nos elementos da mencionada margem seja progressivamente reduzido durante, pelo menos, os cinco últimos anos anteriores à data do vencimento, podendo o Instituto de Seguros de Portugal autorizar o reembolso antecipado

desses fundos, desde que o pedido tenha sido feito pela empresa de seguros emitente e que a sua margem de solvência disponível não desça abaixo do nível exigido;

3) Reembolso, não estando fixada data de vencimento da dívida para os empréstimos, mediante um pré-aviso de cinco anos, a menos que tenham deixado de ser considerados elementos da margem de solvência disponível ou que haja acordo prévio do Instituto de Seguros de Portugal para o reembolso antecipado, caso em que a empresa de seguros informará este Instituto, pelo menos seis meses antes da data do reembolso, indicando a margem de solvência disponível e a margem de solvência exigida antes e depois do reembolso, só devendo o referido Instituto autorizá-lo se a margem de solvência disponível não descer abaixo do nível exigido;

4) Não inclusão, no contrato de empréstimo, de cláusulas que estabeleçam, em circunstâncias determinadas, o reembolso da dívida antes da data acordada para o seu vencimento, excepto em caso de liquidação da empresa de seguros;

5) Alteração do contrato de empréstimo apenas com autorização do Instituto de Seguros de Portugal;

b) Títulos de duração indeterminada e outros instrumentos, incluindo as acções preferenciais não abrangidas pela alínea anterior, num máximo de 50% da margem de solvência disponível ou da margem de solvência exigida, consoante a que for menor, para o total desses títulos e dos empréstimos subordinados também referidos na alínea anterior, desde que preencham as seguintes condições:

i) Não serem reembolsáveis por iniciativa do portador ou sem autorização prévia do Instituto de Seguros de Portugal;

ii) Permitirem o diferimento do pagamento dos juros do empréstimo conferido à empresa de seguros pelo contrato de emissão;

iii) Preverem a total subordinação dos créditos do mutuante sobre a empresa de seguros aos créditos de todos os credores não subordinados;

iv) Conterem, nos documentos que regulam a emissão dos títulos, a previsão da capacidade da dívida e dos juros não pagos para absorver os prejuízos, permitindo, em simultâneo, a continuação da actividade da empresa de seguros;

v) Preverem a relevância exclusiva, para este efeito, dos montantes efectivamente pagos.

3 – Mediante pedido devidamente fundamentado da empresa de seguros, o Instituto de Seguros de Portugal pode autorizar que a margem de solvência disponível inclua igualmente:

a) Metade da parte do capital social ou, nas mútuas de seguros, do fundo inicial ou capital de garantia, ainda não realizado, desde que a parte realizada atinja, pelo menos, 25% do valor do capital social, ou do fundo inicial ou capital de garantia, até ao limite de 50% da margem de solvência disponível ou da margem de solvência exigida, consoante a que for menor;

b) Os reforços de quotizações que as mútuas de seguros e as empresas sob a forma mútua de quotizações variáveis podem exigir aos seus associados no decurso do exercício, até ao limite máximo de metade da diferença entre as quotizações máximas e as quotizações efectivamente exigidas, desde que esses reforços não representem mais de 50% da margem de solvência disponível ou da margem de solvência exigida, consoante a que for menor;

c) As mais-valias, não incluídas na reserva de reavaliação, que não tenham carácter excepcional e que resultem da avaliação de elementos do activo.

4 – Para efeitos da determinação da margem de solvência disponível, devem ser deduzidos aos elementos referidos nos números anteriores os montantes referentes a:

a) Acções próprias directamente detidas pela empresa de seguros;

b) Imobilizado incorpóreo;

c) Menos-valias, não incluídas na reserva de reavaliação, que não tenham carácter excepcional e que resultem da avaliação de elementos do activo;

d) Responsabilidades previsíveis que, nos termos de norma regulamentar, o Instituto de Seguros de Portugal considere que não se encontram, para esse efeito, adequadamente reflectidas nas contas da empresa de seguros.

5 – Para efeitos de determinação da margem de solvência disponível, o Instituto de Seguros de Portugal pode ainda deduzir aos elementos referidos nos n.os 1 a 3 os montantes referentes a subavaliações

de elementos do passivo decorrentes de uma aplicação inadequada da regulamentação em vigor.

6 – Para as sucursais com sede fora do território da União Europeia, a margem de solvência disponível relativa aos ramos «Não vida» compreende:

a) As reservas, legais e livres, incluindo as reservas de reavaliação, não representativas de qualquer compromisso;

b) O saldo de ganhos e perdas, deduzido de eventuais transferências;

c) Os empréstimos subordinados, nos termos e condições referidos na alínea *a*) do n.º 2;

d) Os títulos de duração indeterminada e outros instrumentos, com exclusão de todas e quaisquer acções preferenciais, nos termos e condições da alínea *b*) do n.º 2;

e) Mediante autorização prévia do Instituto de Seguros de Portugal, as mais-valias, não incluídas na reserva de reavaliação, que não tenham carácter excepcional e que resultem da avaliação de elementos do activo, desde que devidamente fundamentadas pela sucursal.

7 – Para efeitos da determinação da margem de solvência disponível das sucursais com sede fora do território da União Europeia, devem ser deduzidos aos elementos referidos no número anterior os montantes mencionados nas alíneas *b)* a *d)* do n.º 4, aplicando-se igualmente o disposto no n.º 5.

Este preceito foi alterado pelo artigo 2.º do Decreto-Lei n.º 251/2003, de 14 de Outubro (Diário da República n.º 238/2003, série I-A, de 14 de Outubro de 2003, pp. 6772-6834).

Artigo 97.º

Determinação da margem de solvência exigida para os ramos «Não vida»

1 – A margem de solvência exigida, no que respeita a todos os ramos de seguros «Não vida», é calculada em relação ao montante anual dos prémios ou ao valor médio anual dos custos com sinistros nos três últimos exercícios, devendo o seu valor ser igual ao mais elevado dos resultados obtidos pela aplicação de dois métodos distintos descritos nos números seguintes.

2 – O primeiro método referido no número anterior baseia-se no montante anual dos prémios e corresponde ao valor mais elevado entre os prémios brutos emitidos e os prémios adquiridos e traduz-se na aplicação da seguinte fórmula de cálculo:

a) Ao volume global dos prémios de seguro directo e de resseguro aceite do último exercício deduz-se o valor dos impostos e demais taxas que incidiram sobre esses prémios e que foram considerados nas contas de ganhos e perdas da empresa de seguros;

b) Divide-se o montante assim obtido em duas parcelas, em que a primeira vai até € 50 000 000 e a segunda abrange o excedente, adicionando-se 18% do valor da primeira parcela e 16% do valor da segunda;

c) Multiplica-se o valor obtido nos termos da alínea anterior pela relação existente, relativamente à soma dos três últimos exercícios, entre o montante dos custos com sinistros a cargo da empresa de seguros após a cessão em resseguro e o montante total dos custos com sinistros, não podendo, no entanto, essa relação ser inferior a 50%.

3 – O segundo dos métodos referidos no n.º 1 baseia-se na média dos valores dos custos com sinistros dos três últimos exercícios e traduz-se na aplicação da seguinte fórmula de cálculo:

a) Adicionam-se o valor global dos sinistros pagos em seguro directo (sem dedução do valor suportado pelos cessionários ou retrocessionários) e o valor global dos sinistros pagos em resseguro aceite ou em retrocessão referentes aos três últimos exercícios;

b) Soma-se o montante global das provisões para sinistros em seguro directo e em resseguro aceite, constituídas no último exercício;

c) Deduz-se o valor global dos reembolsos efectivamente recebidos nos três últimos exercícios;

d) Deduz-se o valor global das provisões para sinistros em seguro directo e em resseguro aceite, constituídas no início do segundo exercício anterior ao último exercício encerrado;

e) Divide-se um terço do montante obtido em duas parcelas, em que a primeira vai até € 35 000 000 e a segunda abrange o excedente, adicionando-se 26% do valor da primeira parcela e 23% do valor da segunda;

f) Multiplica-se o valor obtido nos termos da alínea anterior pela relação existente, relativamente à soma dos três últimos exercícios, entre o montante dos custos com sinistros a cargo da empresa de seguros após a cessão em resseguro e o montante total dos custos com sinistros, não podendo, no entanto, essa relação ser inferior a 50%.

4 – Quando uma empresa de seguros explore, primordialmente, apenas um ou vários dos riscos de crédito, tempestade, granizo ou geada, o período de referência para o valor médio anual dos custos com sinistros, referido na alínea *c)* do n.º 2 e no n.º 3, é reportado aos sete últimos exercícios.

5 – Na aplicação dos métodos descritos nos n.os 2 e 3, os prémios e a média dos valores dos custos com sinistros dos três últimos exercícios relativos aos ramos referidos nos n.os 11), 12) e 13) do artigo 123.º serão majorados em 50%.

6 – O factor de redução por efeito do resseguro, referido nas alíneas *c)* do n.º 2 e *f)* do n.º 3, pode ser diminuído por determinação do Instituto de Seguros de Portugal quando se verificar que uma empresa de seguros alterou, de modo significativo e desde o último exercício, a natureza e fiabilidade dos contratos de resseguro ou for insignificante ou mesmo inexistente, ao abrigo dos contratos de resseguro estabelecidos, a transferência de risco para os resseguradores.

7 – As percentagens aplicáveis às parcelas referidas nas alíneas *b)* do n.º 2 e *e)* do n.º 3 serão reduzidas para um terço no que se respeita ao seguro de doença praticado segundo a técnica do seguro de vida se, cumulativamente:

a) Os prémios recebidos forem calculados com base em tabelas de morbidez;
b) For constituída uma provisão para envelhecimento;
c) For cobrado um prémio adicional para constituir uma margem de segurança de montante apropriado;
d) A empresa puder, o mais tardar até ao final do 3.º ano de vigência do contrato, proceder à sua denúncia;
e) O contrato prever a possibilidade de aumentar os prémios ou reduzir as prestações, mesmo para os contratos em curso.

8 – Quando a margem de solvência exigida, calculada de acordo com o disposto nos números anteriores, for inferior à margem de solvência exigida do ano precedente, a exigência de margem a considerar deverá corresponder, pelo menos, ao montante resultante da multipli-

cação da margem de solvência exigida do ano precedente pela relação existente entre o montante das provisões para sinistros, líquidas de resseguro, no final e no início do último exercício, não podendo, no entanto, esse rácio ser superior a 1.

9 – Os limiares previstos nas alíneas *b)* do n.º 2 e *e)* do n.º 3 são revistos anualmente tendo por base a evolução verificada no índice geral de preços no consumidor para todos os Estados membros publicado pelo EUROSTAT, arredondados para um valor múltiplo de € 100 000, sempre que a taxa de variação verificada desde a última revisão seja igual ou superior a 5%, competindo ao Instituto de Seguros de Portugal proceder à sua divulgação.

Este preceito foi alterado pelo artigo 2.º do Decreto-Lei n.º 251/2003, de 14 de Outubro (Diário da República n.º 238/2003, série I-A, de 14 de Outubro de 2003, pp. 6772-6834).

Artigo 98.º
Margem de solvência disponível relativa ao ramo «Vida»

1 – Para efeitos da margem de solvência disponível, no que respeita ao ramo «Vida», o património das empresas de seguros com sede em Portugal compreende:

a) O capital social realizado ou, nas mútuas de seguros, o fundo inicial ou capital de garantia efectivamente realizado, acrescido das contas dos associados que satisfaçam cumulativamente os critérios referidos na alínea *a)* do n.º 1 do artigo 96.º;
b) As reservas, legais e livres, incluindo as reservas de reavaliação, não representativas e qualquer compromisso;
c) O saldo de ganhos e perdas, deduzido de eventuais distribuições.

2 – A margem de solvência disponível pode igualmente ser constituída pelos seguintes elementos:

a) As acções preferenciais e os empréstimos subordinados, nos termos e condições referidos na alínea *a)* do n.º 2 do artigo 96.º;
b) Os títulos de duração indeterminada e outros instrumentos, nos termos e condições referidos na alínea *b)* do n.º 2 do artigo 96.º.

3 – Mediante pedido devidamente fundamentado da empresa de seguros, o Instituto de Seguros de Portugal pode autorizar que a margem de solvência disponível inclua igualmente:

a) Até 31 de Dezembro de 2009, um montante correspondente a

50% dos lucros futuros da empresa, mas não superior a 10% da margem de solvência exigida ou da margem de solvência disponível, consoante a que for menor, desde que sejam respeitadas as seguintes condições:

i) Montante dos lucros futuros determinado pela multiplicação do lucro anual previsível, estimado em valor não superior à média aritmética dos lucros obtidos nos últimos cinco exercícios com referência ao ramo «Vida», por um factor, não superior a 6, representativo da duração residual média dos contratos, sendo as bases de cálculo para a determinação do factor multiplicador e do lucro efectivamente obtido estabelecidas por norma regulamentar do Instituto de Seguros de Portugal;

ii) Apresentação ao Instituto de Seguros de Portugal, para efeitos de autorização, do parecer do actuário responsável sobre a probabilidade de realização dos lucros no futuro, de acordo com o estabelecido por norma regulamentar do Instituto de Seguros de Portugal;

b) As mais-valias, não incluídas na reserva de reavaliação, que não tenham carácter excepcional e que resultem da avaliação de elementos do activo;

c) A diferença entre a provisão matemática não zillmerizada ou a parcialmente zillmerizada e uma provisão matemática zillmerizada, a uma taxa de zillmerização definida pelo Instituto de Se-guros de Portugal;

d) Metade da parte do capital social ou, nas mútuas de seguros, do fundo inicial ou capital de garantia, ainda não realizado, desde que a parte realizada atinja, pelo menos, 25% do valor do capital social, ou do fundo inicial ou capital de garantia, até ao limite de 50% da margem de solvência disponível ou da margem de solvência exigida, consoante a que for menor.

4 – Para efeitos da determinação da margem de solvência disponível, devem ser deduzidos aos elementos referidos nos números anteriores os montantes referentes a:

a) Acções próprias directamente detidas pela empresa de seguros;

b) Imobilizado incorpóreo;

c) Menos-valias, não incluídas na reserva de reavaliação, que não tenham carácter excepcional e que resultem da avaliação de elementos do activo;

d) Responsabilidades previsíveis que, nos termos de norma regulamentar, o Instituto de Seguros de Portugal considere que não se encontram, para esse efeito, adequadamente reflectidas nas contas da empresa de seguros.

5 – Para efeitos de determinação da margem de solvência disponível, o Instituto de Seguros de Portugal pode ainda deduzir aos elementos referidos nos n.ºs 1 a 3 os montantes referentes a subavaliações de elementos do passivo decorrentes de uma aplicação inadequada da regulamentação em vigor.

6 – Para as sucursais com sede fora do território da União Europeia, a margem de solvência disponível relativa ao ramo «Vida» compreende os elementos referidos nas alíneas *b)* e *c)* do n.º 1 e no n.º 2, com exclusão das acções preferenciais e, mediante autorização do Instituto de Seguros de Portugal, os mencionados nas alíneas *a)* a *c)* do n.º 3.

7 – Para efeitos da determinação da margem de solvência disponível das sucursais com sede fora do território da União Europeia, devem ser deduzidos aos elementos referidos no número anterior os montantes mencionados nas alíneas *b)* a *d)* do n.º 4, aplicando-se igualmente o disposto no n.º 5.

Este preceito foi alterado pelo artigo 2.º do Decreto-Lei n.º 251/2003, de 14 de Outubro (Diário da República n.º 238/2003, série I-A, de 14 de Outubro de 2003, pp. 6772-6834).

Artigo 99.º

Determinação da margem de solvência exigida para o ramo «Vida»

1 – O montante da margem de solvência exigida no que respeita ao ramo «Vida», para os seguros referidos nas alíneas *a)* e *b)* do n.º 1 e no n.º 2 do artigo 124.º, corresponde à soma dos dois resultados obtidos nos termos seguintes:

a) O primeiro corresponde ao valor resultante da multiplicação de 4% do valor da provisão de seguros e operações do ramo «Vida» relativa ao seguro directo e ao resseguro aceite, sem dedução do resseguro cedido, pela relação existente, no último exercício, entre o montante da provisão de seguros e operações do ramo «Vida», deduzida das cessões em resseguro, e o montante total da provisão de seguros e operações do ramo «Vida», não podendo, no entanto, essa relação ser inferior a 85%;

b) O segundo, respeitante aos contratos cujos capitais em risco não sejam negativos, corresponde ao valor resultante da multiplicação de 0,3% dos capitais em risco pela relação existente, no último exercício, entre o montante dos capitais em risco que, após a cessão em resseguro ou retrocessão, ficaram a cargo da empresa de seguros, e o montante dos capitais em risco, sem dedução do resseguro, não podendo, no entanto, essa relação ser inferior a 50%;

c) A percentagem de 0,3% referida na alínea anterior é reduzida para 0,1% nos seguros temporários em caso de morte com a duração máxima de três anos e para 0,15% naqueles cuja duração seja superior a três mas inferior a cinco anos;

d) Para efeitos da alínea *b)*, entende-se por capital em risco o capital seguro em caso de morte após a dedução da provisão de seguros e operações do ramo «Vida» da cobertura principal.

2 – Para as operações de capitalização referidas no n.º 4 do artigo 124.º, o montante da margem de solvência exigida corresponde ao valor resultante da multiplicação de 4% do valor da provisão de seguros e operações do ramo «Vida», calculado nas condições estabelecidas na alínea *a)* do número anterior.

3 – Para os seguros referidos no n.º 3) do artigo 124.º e para as operações referidas nos n.os 5) e 6) do artigo 124.º, o montante da margem de solvência exigida corresponde à soma dos seguintes elementos:

a) O valor correspondente a 4% da provisão de seguros e operações do ramo «Vida», calculado nas condições previstas para o primeiro resultado da alínea *a)* do n.º 1, quando a empresa de seguros assuma um risco de investimento;

b) O valor correspondente a 1% da provisão de seguros e operações do ramo «Vida», calculado nas condições previstas para o primeiro resultado da alínea *a)* do n.º 1, quando a empresa de seguros não assuma um risco de investimento e o montante destinado a cobrir as despesas de gestão esteja fixado para um período superior a cinco anos;

c) O valor correspondente a 25% dos custos administrativos do último exercício imputáveis a essas actividades, calculado nas condições previstas para o primeiro resultado da alínea *a)* do n.º 1, quando a empresa de seguros não assuma um risco de investimento e o montante destinado a cobrir as despesas de gestão não esteja fixado para um período superior a cinco anos;

d) O valor correspondente a 0,3% dos capitais em risco, calculado nas condições previstas para o segundo resultado da alínea *b)* do n.º 1, quando a empresa de seguros cubra um risco de mortalidade.

4 – Os factores de redução por efeito do resseguro, referidos nas alíneas dos números anteriores, podem ser diminuídos, por determinação do Instituto de Seguros de Portugal, quando se verificar que uma empresa de seguros alterou, de modo significativo e desde o último exercício, a natureza e fiabilidade dos contratos de resseguro ou for insignificante ou mesmo inexistente, ao abrigo dos contratos de resseguro estabelecidos, a transferência de risco para os resseguradores.

Este preceito foi alterado pelo artigo 2.º do Decreto-Lei n.º 251/2003, de 14 de Outubro (Diário da República n.º 238/2003, série I-A, de 14 de Outubro de 2003, pp. 6772-6834).

Artigo 100.º

Determinação da margem de solvência exigida relativamente aos seguros complementares do ramo «Vida»

O montante da margem de solvência exigida, no que respeita aos seguros complementares do ramo «Vida», referidos na alínea *c)* do n.º 1) do artigo 124.º, corresponde ao valor mais elevado que resultar da aplicação aos prémios brutos emitidos ou ao valor médio anual dos custos com sinistros dos três últimos exercícios relativos a esses seguros dos métodos referidos no artigo 97.º.

Este preceito foi alterado pelo artigo 2.º do Decreto-Lei n.º 251/2003, de 14 de Outubro (Diário da República n.º 238/2003, série I-A, de 14 de Outubro de 2003, pp. 6772-6834).

Artigo 101.º

Exploração cumulativa dos ramos «Não Vida» e «Vida»

As empresas de seguros que exploram, cumulativamente, a actividade de seguros dos ramos «Não Vida» e a actividade de seguros do ramo «Vida» devem dispor de uma margem de solvência para cada uma dessas duas actividades.

(...)

SECÇÃO VI
Insuficiência de garantias financeiras

(...)

Artigo 109.º
Situação financeira insuficiente e providências de recuperação e saneamento

1 – Uma empresa de seguros é considerada em situação financeira insuficiente quando não apresente, nos termos do presente diploma e demais legislação e regulamentação em vigor, garantias financeiras suficientes.

2 – Quando uma empresa de seguros se encontre em situação financeira insuficiente, o Instituto de Seguros de Portugal, tendo em vista a protecção dos interesses dos segurados e beneficiários e a salvaguarda das condições normais de funcionamento do mercado segurador, poderá determinar, por prazo que fixará e no respeito pelo princípio da proporcionalidade, a aplicação de alguma ou de todas as seguintes providências de recuperação e saneamento:

a) Rectificação das provisões técnicas ou apresentação de plano de financiamento ou de recuperação, nos termos dos artigos 110.º, 111.º e 112.º;
b) Restrições ao exercício da actividade, designadamente à exploração de determinados ramos ou modalidades de seguros ou tipos de operações;
c) Restrições à tomada de créditos e à aplicação de fundos em determinadas espécies de activos, em especial no que respeite a operações realizadas com filiais, com entidade que seja empresa mãe da empresa ou com filiais desta;
d) Proibição ou limitação da distribuição de dividendos;
e) Sujeição de certas operações ou de certos actos à aprovação prévia do Instituto de Seguros de Portugal;
f) Imposição da suspensão ou da destituição de titulares de órgãos sociais da empresa;
g) Encerramento e selagem de estabelecimentos.

3 – Verificando-se que, com as providências de recuperação e saneamento adoptadas, não é possível recuperar a empresa, será revogada a autorização para o exercício da respectiva actividade, nos termos do artigo 20.º.

4 – No decurso do saneamento, o Instituto de Seguros de Portugal poderá a todo o tempo convocar a assembleia geral dos accionistas e nela intervir com apresentação de propostas.

Artigo 110.º
Insuficiência de provisões técnicas

1 – Se o Instituto de Seguros de Portugal verificar que as provisões técnicas são insuficientes ou se encontram incorrectamente constituídas, a empresa de seguros deve proceder imediatamente à sua rectificação de acordo com as instruções que lhe forem dadas por este Instituto.

2 – Se o Instituto de Seguros de Portugal verificar que as provisões técnicas não se encontram total ou correctamente representadas, a empresa de seguros deve, no prazo que lhe vier a ser fixado por este Instituto, submeter à sua aprovação um plano de financiamento a curto prazo, fundado num adequado plano de actividades, elaborado nos termos do disposto no artigo 108.º-A.

3 – O Instituto de Seguros de Portugal definirá, caso a caso, as condições específicas a que deve obedecer o plano de financiamento referido no número anterior, bem como o seu acompanhamento, podendo, nomeadamente e no respeito pelo princípio da proporcionalidade, determinar a prestação de garantias adequadas, a alienação de participações sociais e outros activos e a redução ou o aumento do capital.

Este preceito foi alterado pelo artigo 2.º do Decreto-Lei n.º 251/2003, de 14 de Outubro (Diário da República n.º 238/2003, série I-A, de 14 de Outubro de 2003, pp. 6772-6834).

Artigo 111.º
Insuficiência de margem de solvência

Se o Instituto de Seguros de Portugal verificar a insuficiência, mesmo circunstancial ou previsivelmente temporária, da margem de solvência de uma empresa de seguros, esta deve, no prazo que lhe vier a ser fixado por este Instituto, submeter à sua aprovação um plano de recuperação com vista ao restabelecimento da sua situação financeira, sendo-lhe aplicável, com as devidas adaptações, o disposto nos n.os 2 e 3 do artigo anterior.

Artigo 112.º

Insuficiência do fundo de garantia

Se o Instituto de Seguros de Portugal verificar que o fundo de garantia não atinge, mesmo circunstancial ou temporariamente, o limite mínimo fixado, a empresa de seguros deve, no prazo que lhe vier a ser fixado por este Instituto, submeter à sua aprovação um plano de financiamento a curto prazo, sendo-lhe aplicável, com as devidas adaptações, o disposto nos n.os 2 e 3 do artigo 110.º.

Artigo 113.º

Incumprimento

1 – O incumprimento das instruções referidas no n.º 1 do artigo 110.º, a não apresentação de planos de financiamento ou de recuperação de acordo com o disposto no n.º 2 do artigo 110.º e nos artigos 111.º e 112.º e a não aceitação, por duas vezes consecutivas, ou o não cumprimento destes planos pode originar, por decisão do Instituto de Seguros de Portugal, a suspensão da autorização para a celebração de novos contratos e ou a aplicação de qualquer outra das medidas previstas na presente secção, bem como, nos termos do n.º 3, a revogação, total ou parcial, da autorização para o exercício da actividade seguradora, consoante a gravidade da situação financeira da empresa.

2 – A gravidade da situação financeira da empresa referida no número anterior afere-se, nomeadamente, pela viabilidade económico-financeira da mesma, pela fiabilidade das garantias de que dispõe, pela evolução da sua situação líquida, bem como pelas disponibilidades necessárias ao exercício da sua actividade corrente.

3 – À revogação da autorização prevista no n.º 1 aplica-se, nomeadamente, o disposto no artigo 20.º.

Este preceito foi alterado pelo artigo 1.º do Decreto-Lei n.º 8-C/2002, de 11 de Janeiro (publicado no Diário da República n.º 9/2002, série I-A, 2.º Suplemento, de 11 de Janeiro de 2002, pp. 288-(34) a 288-(103) e rectificado pela Declaração de Rectificação n.º 3/2002, de 26 de Janeiro, publicada no Diário da República n.º 22/2002, série I-A, de 26 de Janeiro de 2002, p. 602) e pelo artigo 2.º do Decreto-Lei n.º 90/2003, de 30 de Abril (publicado no Diário da República n.º 100/2003, série I-A, de 30 de Abril de 2003, pp. 2768-2774).

Artigo 114.º
Indisponibilidade dos activos

1 – Às empresas de seguros que se encontrem em qualquer das situações previstas nos artigos 109.º a 113.º pode, também, ser restringida ou vedada, por decisão do Instituto de Seguros de Portugal, a livre disponibilidade dos seus activos.

2 – Os activos abrangidos pela restrição ou indisponibilidade referidas no número anterior:

a) Sendo constituídos por bens móveis, devem ser colocados à ordem do Instituto de Seguros de Portugal;

b) Sendo bens imóveis, só poderão ser onerados ou alienados com expressa autorização do Instituto de Seguros de Portugal, não devendo proceder-se ao acto do registo correspondente sem a mencionada autorização.

3 – O Instituto de Seguros de Portugal informa das medidas tomadas ao abrigo do presente artigo as autoridades competentes dos Estados-Membros da Comunidade Europeia em cujo território a empresa exerça a sua actividade, solicitando-lhes, se for caso disso, a adopção de idênticas medidas relativamente aos bens situados nos respectivos territórios, indicando quais os que deverão ser objecto das mesmas.

4 – Os activos localizados em Portugal pertencentes a empresas de seguros com sede no território de outros Estados-Membros podem ser restringidos ou vedados, nos termos previstos nos números anteriores, desde que as autoridades competentes do Estado-Membro de origem o solicitem ao Instituto de Seguros de Portugal, indicando quais os que deverão ser objecto de tais medidas.

Artigo 115.º
Suspensão ou cancelamento da autorização a empresas com sede no território de outros Estados-Membros

O Instituto de Seguros de Portugal deve tomar todas as medidas adequadas para impedir que as empresas de seguros com sede no território de outros Estados-Membros iniciem em Portugal novas operações de seguros, quer em regime de estabelecimento quer em regime de livre prestação de serviços, sempre que as autoridades competentes do Estado-Membro de origem lhe comunicarem a suspensão ou o cancelamento da autorização para a empresa exercer a actividade seguradora.

Artigo 116.º
Comercialização de novos produtos de seguros

O Instituto de Seguros de Portugal pode impedir a comercialização de novos produtos a uma empresa de seguros em situação financeira insuficiente ou que já esteja em fase de execução de um plano de recuperação ou de um plano de financiamento enquanto a empresa não lhe fizer prova de que dispõe de uma margem de solvência disponível suficiente, de um fundo de garantia, pelo menos, igual ao limite mínimo exigido e que as respectivas provisões técnicas são suficientes e estão correctamente constituídas e representadas.

Este preceito foi alterado pelo artigo 2.º do Decreto-Lei n.º 251/2003, de 14 de Outubro (Diário da República n.º 238/2003, série I-A, de 14 de Outubro de 2003, pp. 6772-6834).

Artigo 117.º
Designação de administradores provisórios

1 – O Instituto de Seguros de Portugal poderá ainda, isolada ou cumulativamente com qualquer das medidas previstas na presente secção, designar para a empresa de seguros um ou mais administradores provisórios, nos seguintes casos:

a) Quando a empresa se encontre em risco de cessar pagamentos;
b) Quando a empresa se encontre em situação de desequilíbrio financeiro que, pela sua dimensão, constitua ameaça grave para a solvabilidade;
c) Quando, por quaisquer razões, a administração não ofereça garantias de actividade prudente, colocando em sério risco os interesses dos segurados e credores em geral, designadamente nos casos referidos no n.º 1 do artigo 113.º;
d) Quando a organização contabilística ou os procedimentos de controlo interno apresentem insuficiências graves que não permitam avaliar devidamente a situação patrimonial da empresa.

2 – Os administradores designados pelo Instituto de Seguros de Portugal terão os poderes e deveres conferidos pela lei e pelos estatutos aos membros de órgão de administração e ainda os seguintes:

a) Vetar as deliberações da assembleia geral e, sendo caso disso, dos órgãos referidos no n.º 3 do presente artigo;

b) Convocar a assembleia geral;

c) Elaborar, com a maior brevidade, um relatório sobre a situação patrimonial da empresa e as suas causas e submetê-lo ao Instituto de Seguros de Portugal, acompanhado do parecer da comissão de fiscalização, se esta tiver sido nomeada.

3 – O Instituto de Seguros de Portugal poderá suspender, no todo ou em parte, o órgão de administração, o conselho geral e quaisquer outros órgãos com funções análogas, simultaneamente ou não com a designação de administradores provisórios.

4 – Os administradores provisórios exercerão as suas funções pelo prazo que o Instituto de Seguros de Portugal determinar, no máximo de dois anos, podendo o Instituto, em qualquer momento, renovar o mandato ou substituí-los por outros administradores provisórios, desde que observado aquele limite.

5 – A remuneração dos administradores provisórios será fixada pelo Instituto de Seguros de Portugal e constitui encargo da empresa de seguros em causa.

Artigo 118.º
Outras providências de saneamento

1 – Caso sejam ou tenham sido adoptadas as providências referidas no artigo anterior ou no artigo 120.º, o Instituto de Seguros de Portugal poderá ainda, em ligação ou não com os accionistas da empresa de seguros em dificuldades, aprovar outras medidas necessárias ao respectivo saneamento, designadamente, nos termos dos subsequentes números, o aumento do capital social e a cedência a terceiros de participações no mesmo.

2 – Quando tal se mostre indispensável à recuperação da empresa, o Instituto de Seguros de Portugal poderá impor aos accionistas o reforço do capital social, com dispensa, sujeita a autorização do Ministro das Finanças, dos requisitos legais ou estatutários relativos ao número de accionistas que deverão estar representados ou presentes na assembleia geral e maiorias qualificadas.

3 – A alienação de participações qualificadas no capital da empresa de seguros só deve ser aprovada quando, ouvidos os titulares das participações a alienar, o Instituto de Seguros de Portugal concluir que a manutenção da titularidade delas constitui impedimento ponderoso à execução das restantes medidas de recuperação.

Artigo 119.º
Redução do capital social

O Instituto de Seguros de Portugal poderá autorizar ou impor a redução do capital de uma empresa de seguros, aplicando-se, com as necessárias adaptações, o regime constante do Código de Processo Civil, sempre que, por razões prudenciais, a situação financeira da empresa torne aconselhável a redução do seu capital.

Artigo 120.º
Designação de comissão de fiscalização

1 – O Instituto de Seguros de Portugal poderá ainda, juntamente ou não com a designação de administradores provisórios, nomear uma comissão de fiscalização.

2 – A comissão de fiscalização será composta por:

a) Um revisor oficial de contas designado pelo Instituto de Seguros de Portugal, que presidirá;

b) Um elemento designado pela assembleia geral;

c) Um revisor oficial de contas designado pela respectiva Câmara.

3 – A falta de designação do elemento referido na alínea *b*) do número anterior não obsta ao exercício das funções da comissão de fiscalização.

4 – A comissão de fiscalização terá os poderes e deveres conferidos por lei ou pelos estatutos do conselho fiscal ou do revisor oficial de contas, consoante a estrutura da sociedade, os quais ficarão suspensos pelo período da sua actividade.

5 – A comissão de fiscalização exercerá as suas funções pelo prazo que o Instituto de Seguros de Portugal determinar, no máximo de um ano, prorrogável por igual período.

6 – A remuneração dos membros da comissão de fiscalização será fixada pelo Instituto de Seguros de Portugal e constitui encargo da instituição em causa.

Artigo 120.º-A
Publicidade

1 – O Instituto de Seguros de Portugal noticiará em dois jornais diários de ampla difusão as suas decisões previstas na presente secção que

sejam susceptíveis de afectar os direitos preexistentes de terceiros que não a própria empresa de seguros.

2 – As decisões do Instituto de Seguros de Portugal previstas na presente secção são aplicáveis independentemente da sua publicação e produzem todos os seus efeitos em relação aos credores.

3 – Em derrogação do previsto no n.º 1, quando as decisões do Instituto de Seguros de Portugal afectem exclusivamente os direitos dos accionistas, sócios ou empregados da empresa de seguros considerados enquanto tal, o Instituto notifica-os das mesmas por carta registada a enviar para o respectivo último domicílio conhecido.

Este preceito foi aditado pelo artigo 3.º do Decreto-Lei n.º 90/2003, de 30 de Abril (publicado no Diário da República n.º 100/2003, série I-A, de 30 de Abril de 2003, pp. 2768-2774).

SUBSECÇÃO I
Dimensão transfronteiras

Artigo 120.º-B
Âmbito

A presente subsecção é aplicável às decisões do Instituto de Seguros de Portugal relativas ao saneamento previstas na presente secção que sejam susceptíveis de afectar os direitos preexistentes de terceiros que não a própria empresa de seguros.

Este preceito foi aditado pelo artigo 3.º do Decreto-Lei n.º 90/2003, de 30 de Abril (publicado no Diário da República n.º 100/2003, série I-A, de 30 de Abril de 2003, pp. 2768-2774).

Artigo 120.º-C
Lei aplicável

Salvo disposição em contrário do previsto na subsecção I da secção II do capítulo II do regime transfronteiras do saneamento e da liquidação de empresas de seguros, o processo de saneamento nos termos previstos na presente secção é regulado pela lei portuguesa.

Este preceito foi aditado pelo artigo 3.º do Decreto-Lei n.º 90/2003, de 30 de Abril (publicado no Diário da República n.º 100/2003, série I-A, de 30 de Abril de 2003, pp. 2768-2774).

Artigo 120.º-D
Produção de efeitos

1 – As decisões do Instituto de Seguros de Portugal relativas ao saneamento previstas na presente secção produzem todos os seus efeitos de acordo com a lei portuguesa em toda a Comunidade, sem nenhuma outra formalidade, inclusivamente em relação a terceiros nos demais Estados membros.

2 – Os efeitos dessas decisões produzem-se nos demais Estados membros logo que se produzam em Portugal.

Este preceito foi aditado pelo artigo 3.º do Decreto-Lei n.º 90/2003, de 30 de Abril (publicado no Diário da República n.º 100/2003, série I-A, de 30 de Abril de 2003, pp. 2768-2774).

Artigo 120.º-E
Delimitação da decisão administrativa relativa ao saneamento

As decisões do Instituto de Seguros de Portugal relativas ao saneamento tomadas nos termos da presente secção indicam, quando for caso disso, se e de que modo abrangem as sucursais da empresa de seguros estabelecidas noutros Estados membros.

Este preceito foi aditado pelo artigo 3.º do Decreto-Lei n.º 90/2003, de 30 de Abril (publicado no Diário da República n.º 100/2003, série I-A, de 30 de Abril de 2003, pp. 2768-2774).

Artigo 120.º-F
Informação às autoridades de supervisão dos demais Estados membros

O Instituto de Seguros de Portugal informa com urgência as autoridades de supervisão de seguros dos demais Estados membros das decisões relativas ao saneamento tomadas nos termos da presente secção, incluindo os possíveis efeitos práticos dessas decisões.

Este preceito foi aditado pelo artigo 3.º do Decreto-Lei n.º 90/2003, de 30 de Abril (publicado no Diário da República n.º 100/2003, série I-A, de 30 de Abril de 2003, pp. 2768-2774).

Artigo 120.º-G
Publicação

1 – Quando o Instituto de Seguros de Portugal deva tornar pública a decisão tomada nos termos da presente secção, promove a publicação no *Jornal Oficial da União Europeia*, o mais rapidamente possível, e em português, de um extracto do documento que fixa a decisão relativa ao saneamento.

2 – A publicação prevista no número anterior identifica o Instituto de Seguros de Portugal como a autoridade competente em Portugal para a supervisão do saneamento e recuperação das empresas de seguros e, bem assim, qual a lei aplicável às matérias envolvidas na decisão, designadamente nos termos do artigo 120.º-C.

3 – As decisões do Instituto de Seguros de Portugal previstas na presente secção são aplicáveis independentemente da publicação prevista no n.º 1 e produzem todos os seus efeitos em relação aos credores.

Este preceito foi aditado pelo artigo 3.º do Decreto-Lei n.º 90/2003, de 30 de Abril (publicado no Diário da República n.º 100/2003, série I-A, de 30 de Abril de 2003, pp. 2768-2774).

Artigo 120.º-H
Empresas de seguros com sede nos demais Estados membros

1 – As medidas de saneamento de empresas de seguros com sede nos demais Estados membros determinadas pelas autoridades do Estado membro da respectiva sede com competência para o efeito produzem os seus efeitos em Portugal de acordo com a legislação desse Estado membro, sem requisito de formalidade específica à lei portuguesa, e ainda que a lei portuguesa não preveja tais medidas de saneamento ou as sujeite a condições que não se encontrem preenchidas.

2 – Os efeitos das medidas previstas no número anterior produzem-se em Portugal logo que se produzam no Estado membro da sede da empresa de seguros delas objecto.

3 – O Instituto de Seguros de Portugal, quando informado da decisão de aplicação de uma medida das previstas no n.º 1, pode assegurar a sua publicação em Portugal da forma que entenda adequada.

Este preceito foi aditado pelo artigo 3.º do Decreto-Lei n.º 90/2003, de 30 de Abril (publicado no Diário da República n.º 100/2003, série I-A, de 30 de Abril de 2003, pp. 2768-2774).

Artigo 120.º-I
Informação relativa ao saneamento de empresa de seguros com sede noutro Estado membro

Ao Instituto de Seguros de Portugal é aplicável a secção II do capítulo V do título III do presente diploma relativamente à informação que receba das autoridades de supervisão de seguros dos demais Estados membros sobre o saneamento de empresas de seguros com sede nos respectivos Estados.

Este preceito foi aditado pelo artigo 3.º do Decreto-Lei n.º 90/2003, de 30 de Abril (publicado no Diário da República n.º 100/2003, série I-A, de 30 de Abril de 2003, pp. 2768-2774).

Artigo 120.º-J
Remissão

Ao previsto na presente secção é aplicável, com as devidas adaptações, a subsecção I da secção II do capítulo II do regime da dimensão transfronteiras do saneamento e da liquidação de empresas de seguros.

Este preceito foi aditado pelo artigo 3.º do Decreto-Lei n.º 90/2003, de 30 de Abril (publicado no Diário da República n.º 100/2003, série I-A, de 30 de Abril de 2003, pp. 2768-2774).

SUBSECÇÃO II
Sucursais em Portugal de empresas de seguros com sede fora do território da Comunidade Europeia

Artigo 120.º-L
Regime

1 – A presente subsecção é aplicável, com as devidas adaptações, às sucursais em Portugal de empresas de seguros com sede fora do território da Comunidade Europeia.

2 – A aplicação prevista no número anterior não abrange as sucursais da mesma empresa de seguros noutros Estados membros.

3 – Caso, em simultâneo com a aplicação prevista no n.º 1, ocorra saneamento de sucursal da mesma empresa de seguros noutro Estado

membro, o Instituto de Seguros de Portugal esforçar-se-á por coordenar a sua acção nos termos do n.º 1 com a acção relativa a este segundo saneamento prosseguida pelas respectivas autoridade de supervisão de seguros e, caso as haja, pelas demais entidades competentes para o efeito.

Este preceito foi aditado pelo artigo 3.º do Decreto-Lei n.º 90/2003, de 30 de Abril (publicado no Diário da República n.º 100/2003, série I-A, de 30 de Abril de 2003, pp. 2768-2774).

Artigo 121.º

Regimes gerais de recuperação de empresas e falência

1 – Não se aplicam às empresas de seguros os regimes gerais relativos aos meios preventivos da declaração de falência e aos meios de recuperação de empresas e protecção de credores.

2 – A dissolução voluntária, bem como a liquidação, judicial ou extrajudicial, de uma empresa de seguros depende da não oposição do Instituto de Seguros de Portugal, o qual tem legitimidade para requerer a liquidação judicial em benefício dos sócios e ainda a legitimidade exclusiva para requerer a dissolução judicial e falência e para requerer, sem prejuízo da legitimidade atribuída a outras entidades, a dissolução e liquidação judicial de uma sociedade ou de outra pessoa colectiva que, sem a autorização exigida por lei, pratique operações reservadas às empresas de seguros.

3 – Sem prejuízo do disposto nos números anteriores e no número seguinte, são aplicáveis, com as necessárias adaptações, à dissolução judicial, à liquidação judicial em benefício dos sócios e à falência de empresas de seguros as normas gerais constantes, designadamente, do Código de Processo Civil e do Código dos Processos Especiais de Recuperação da Empresa e de Falência.

4 – Compete ao Instituto de Seguros de Portugal a nomeação dos liquidatários judiciais ou extrajudiciais de empresas de seguros.

5 – A manifesta insuficiência do activo para satisfação do passivo constitui fundamento de declaração de falência das empresas de seguros.

Este preceito foi alterado pelo artigo 1.º do Decreto-Lei n.º 8-C/2002, de 11 de Janeiro (publicado no Diário da República n.º 9/2002, série I-A, 2.º Suplemento, de 11 de Janeiro de 2002, pp. 288-(34) a 288-(103) e rectificado pela Declaração de Rectificação n.º 3/2002, de 26 de Janeiro, publicada no Diário da República n.º 22/2002, série I-A, de 26 de Janeiro de 2002, p. 602).

Artigo 122.º
Aplicação de sanções

A adopção das providências previstas na presente secção não obsta a que, em caso de infracção, sejam aplicadas as sanções previstas na lei.

SECÇÃO VII*
Outras garantias prudenciais

Artigo 122.º-A
Organização e controlo interno

As empresas de seguros com sede em Portugal e as sucursais de empresas de seguros com sede fora do território da Comunidade Europeia devem possuir uma boa organização administrativa e contabilística, procedimentos adequados de controlo interno, bem como assegurar elevados níveis de aptidão profissional, cumprindo requisitos mínimos a fixar em norma pelo Instituto de Seguros de Portugal.

Artigo 122.º-B
Actuário responsável

1 – As empresas de seguros com sede em Portugal devem nomear um actuário responsável, nas condições e com as funções, em matéria de garantias financeiras e outras, poderes e obrigações a fixar em norma pelo Instituto de Seguros de Portugal.

2 – A administração da empresa de seguros deve disponibilizar tempestivamente ao actuário responsável toda a informação necessária para o exercício das suas funções.

3 – O actuário responsável deve apresentar à administração da empresa de seguros os relatórios referidos na regulamentação em vigor, devendo, sempre que detecte situações de incumprimento ou inexactidão

* Esta secção foi introduzida pelos artigos 2.º e 3.º do Decreto-Lei n.º 8-C/2002, de 11 de Janeiro (publicado no Diário da República n.º 9/2002, série I-A, 2.º Suplemento, de 11 de Janeiro de 2002, pp. 288-(34) a 288-(103) e rectificado pela Declaração de Rectificação n.º 3/2002, de 26 de Janeiro, publicada no Diário da República n.º 22/2002, série I-A, de 26 de Janeiro de 2002, p. 602).

materialmente relevantes, propor à administração medidas que permitam ultrapassar tais situações, devendo então o actuário responsável ser informado das medidas tomadas na sequência da sua proposta.

4 – Os relatórios referidos no número anterior devem ser presentes ao Instituto de Seguros de Portugal nos termos e com a periodicidade estabelecidos por norma do mesmo.

5 – O presente artigo será aplicado, com as devidas adaptações, às sucursais de empresas de seguros com sede fora do território da Comunidade Europeia.

Artigo 122.º-C
Gestão sã e prudente

As condições em que decorre a actividade de uma empresa de seguros devem respeitar as regras de uma gestão sã e prudente, e designadamente provendo a que a mesma seja efectuada por pessoas suficientes e com conhecimentos adequados à natureza da actividade, e segundo estratégias que levem em conta cenários razoáveis e, sempre que adequado, a eventualidade da ocorrência de circunstâncias desfavoráveis.

CAPÍTULO II
Ramos de seguros e supervisão de contratos e tarifas

Artigo 123.º
Ramos «Não Vida»

Os seguros «Não Vida» incluem os seguintes ramos:

(...)

14) «Crédito», que abrange os seguintes riscos:

a) Insolvência geral, declarada ou presumida;

(...)

(...)

CAPÍTULO V
Supervisão

(...)

SECÇÃO II
Sigilo profissional

Artigo 158.º
Sigilo profissional

1 – Os membros dos órgãos do Instituto de Seguros de Portugal, bem como todas as pessoas que nele exerçam ou tenham exercido uma actividade profissional, estão sujeitos ao dever de guardar sigilo dos factos cujo conhecimento lhes advenha exclusivamente pelo exercício das suas funções.

2 – O dever de sigilo profissional referido no número anterior implica que qualquer informação confidencial recebida no exercício da actividade profissional não pode ser comunicada a nenhuma pessoa ou autoridade, excepto de forma sumária ou agregada, e de modo que as empresas de seguros não possam ser individualmente identificadas.

3 – Sempre que uma empresa de seguros seja declarada em estado de falência ou que tenha sido decidida judicialmente a sua liquidação, as informações confidenciais que não digam respeito a terceiros implicados nas tentativas de recuperação da seguradora podem ser divulgadas no âmbito do processo.

Artigo 159.º
Troca de informações entre autoridades competentes

1 – O dever de sigilo profissional não impede que o Instituto de Seguros de Portugal proceda à troca de informações necessárias ao exercício da supervisão da actividade seguradora com as autoridades competentes dos outros Estados-Membros, sem prejuízo da sujeição dessas informações ao dever de sigilo profissional.

2 – O disposto no número anterior é aplicável à troca de informações entre o Instituto de Seguros de Portugal e as seguintes entidades nacionais ou de outros Estados-Membros:

a) Autoridades investidas da atribuição pública de fiscalização das instituições de crédito e outras instituições financeiras, bem como autoridades encarregadas da supervisão dos mercados financeiros;

b) Órgãos intervenientes na liquidação e no processo de falência de empresas de seguros e outros processos similares, bem como autoridades competentes para a supervisão desses órgãos;

c) Entidades responsáveis pela detecção e investigação de violações do direito das sociedades;

d) Entidades incumbidas da gestão de processos de liquidação ou de fundos de garantia;

e) Bancos centrais, outras entidades de vocação semelhante enquanto autoridades monetárias e outras autoridades encarregadas da supervisão dos sistemas de pagamento.

3 – O dever de sigilo profissional não impede o Instituto de Seguros de Portugal de solicitar, nem as pessoas e entidades a seguir indicadas de fornecer, as informações necessárias ao exercício da supervisão da actividade seguradora, sem prejuízo da sujeição dessas informações ao dever de sigilo profissional:

a) Pessoas encarregadas da certificação legal das contas das empresas de seguros, das instituições de crédito, das empresas de investimento e de outras instituições financeiras, bem como as autoridades competentes para a supervisão das pessoas encarregadas da revisão legal das contas destas entidades;

b) Actuários responsáveis que exerçam, nos termos da lei, uma função de controlo sobre as empresas de seguros, bem como entidades com competência para a supervisão desses actuários.

4 – Sem prejuízo do disposto no n.º 1, se as informações referidas no n.º 2 forem provenientes de outro Estado-Membro, só poderão ser divulgadas com o acordo explícito das autoridades competentes que tiverem procedido à respectiva comunicação e, se for caso disso, exclusivamente para os fins relativamente aos quais as referidas autoridades tiverem dado o seu acordo, devendo ser-lhes comunicada a identidade e o mandato preciso das entidades a quem devem ser transmitidas essas informações.

5 – A troca de informações necessárias ao exercício da supervisão da actividade seguradora com autoridades competentes de países não membros da União Europeia ou com autoridades ou organismos destes países, definidos nas alíneas *a)*, *b)* e *d)* dos n.os 2 e 3, está sujeita às garantias de sigilo profissional previstas na presente secção, estabelecidas e aceites reciprocamente, sendo-lhes aplicável o previsto no n.º 4.

Este preceito foi alterado pelo artigo 2.º do Decreto-Lei n.º 169/2002, de 25 de Julho (Diário da República n.º 170/2002, série I-A, de 25 de Julho de 2002, pp. 5468--5469b).

(...)

TÍTULO V
Endividamento

(...)

Artigo 196.º
Regime especial

1 – Para ultrapassar o limite fixado no n.º 1 do artigo anterior, mas só até 75% do património livre líquido, a deliberação social de endividamento deverá ser tomada pela assembleia geral nos termos dos artigos 383.º, n.º 2, e 386.º, n.º 3, do Código das Sociedades Comerciais.

2 – No caso previsto no número anterior, a empresa de seguros, quando for convocada a assembleia geral, ou, caso esta não careça de convocação, pelo menos 30 dias antes da celebração ou emissão do empréstimo, deve comunicar os termos do empréstimo ao Instituto de Seguros de Portugal.

3 – À empresa que, após a contracção ou a emissão de um empréstimo, exceda a percentagem fixada no n.º 1 do presente artigo, é aplicável o regime previsto nos n.os 5 a 7 do artigo anterior.

Este preceito foi alterado pelo artigo 1.º do Decreto-Lei n.º 8-C/2002, de 11 de Janeiro (publicado no Diário da República n.º 9/2002, série I-A, 2.º Suplemento, de 11 de Janeiro de 2002, pp. 288-(34) a 288-(103) e rectificado pela Declaração de Rectificação n.º 3/2002, de 26 de Janeiro, publicada no Diário da República n.º 22/2002, série I-A, de 26 de Janeiro de 2002, p. 602).

Artigo 197.º
Elementos documentais

O Instituto de Seguros de Portugal fixará por norma quais os elementos documentais das empresas de seguros, e respectivos termos, relevantes para aferir do cumprimento dos limites fixados nos n.os 1 e 4 do artigo 195.º e no n.º 1 do artigo anterior.

Este preceito foi alterado pelo artigo 1.º do Decreto-Lei n.º 8-C/2002, de 11 de Janeiro (publicado no Diário da República n.º 9/2002, série I-A, 2.º Suplemento, de 11 de Janeiro de 2002, pp. 288-(34) a 288-(103) e rectificado pela Declaração de Rectificação n.º 3/2002, de 26 de Janeiro, publicada no Diário da República n.º 22/2002, série I-A, de 26 de Janeiro de 2002, p. 602).

(...)

Artigo 200.º
Publicidade

Nos prospectos, anúncios, títulos dos empréstimos e todos os documentos em geral relativos a quaisquer empréstimos contraídos ou emitidos pelas empresas de seguros, deve constar, de forma explícita, a preferência de que os credores específicos de seguros gozam sobre o seu património em caso de liquidação ou falência, assim como os poderes do Instituto de Seguros de Portugal decorrentes do n.º 2 do artigo 198.º.

Este preceito foi alterado pelo artigo 1.º do Decreto-Lei n.º 8-C/2002, de 11 de Janeiro (publicado no Diário da República n.º 9/2002, série I-A, 2.º Suplemento, de 11 de Janeiro de 2002, pp. 288-(34) a 288-(103) e rectificado pela Declaração de Rectificação n.º 3/2002, de 26 de Janeiro, publicada no Diário da República n.º 22/2002, série I-A, de 26 de Janeiro de 2002, p. 602).

(...)

5.6. *Informação Prévia de Participações Qualificadas em Empresas de Seguros*

Portaria n.º 292/99, de 28 de Abril*

(...)

1.º Qualquer pessoa, singular ou colectiva, ou entidade legalmente equiparada, que, directa ou indirectamente, pretenda deter participação qualificada em empresa de seguros, definida no n.º 2 do artigo 3.º do Decreto-Lei n.º 94-B/98, de 17 de Abril, ou aumentar participação qualificada já detida, de tal modo que a percentagem de direitos de voto ou de capital atinja ou ultrapasse os limiares referidos no n.º 1 do artigo 43.º, ou que a empresa se transforme em sua filial nos termos do n.º 4 do artigo 3.º do mesmo diploma, deve comunicar previamente a operação projectada ao Ministro das Finanças, transmitindo, designadamente, os seguintes elementos de informação:

(...)

n) Indicação das declarações de falência ou de insolvência de que tenha sido objecto o participante, empresas do grupo a que pertença ou empresas por ele participadas ou geridas;

o) Se o participante for uma pessoa colectiva, cópia do balanço e da conta de ganhos e perdas dos três últimos exercícios e, quando exigível, os mesmos elementos deverão ser apresentados em base consolidada;

p) Indicação das providências de recuperação de empresas ou de outros meios preventivos ou suspensivos da falência de que o participante, empresas do grupo a que este pertença ou empresas por este participadas ou geridas tenham sido objecto;

q) Se o participante for uma empresa de seguros ou outra entidade que desenvolva uma actividade financeira, com sede no estrangeiro, indicação da suficiência das garantias financeiras ou do

* Publicada no Diário da República n.º 99/99, série I-B, de 28 de Abril de 1999, pp. 2269-2271.

rácio de solvabilidade e outros indicadores que permitam conhecer o nível de adequação dos seus fundos próprios à actividade que exerce;

(...)

s) Compromisso detalhado, quando for o caso, quanto ao cumprimento pelo adquirente do plano de recuperação ou financiamento estabelecido pelo Instituto de Seguros de Portugal para a empresa de seguros cuja participação se propõe adquirir.

2.º Tratando-se de pessoa singular, deve ainda a comunicação prévia ser instruída com *curriculum vitae* pormenorizado, identificativo da experiência profissional e ou graus académicos, e certificado do registo criminal ou documento equivalente no caso de cidadão estrangeiro, bem como declaração emitida há menos de 90 dias, com assinatura reconhecida, declarando que não se encontra em nenhuma das seguintes circunstâncias:

a) Ter sido condenada por furto, abuso de confiança, roubo, burla, extorsão, infidelidade, abuso de cartão de garantia ou de crédito, emissão de cheques sem cobertura, usura, insolvência dolosa, falência não intencional, favorecimento de credores, apropriação ilegítima de bens do sector público ou cooperativo, falsificação, falsas declarações, suborno, corrupção, branqueamento de capitais, abuso de informação ou manipulação do mercado de valores mobiliários ou pelos crimes previstos no Código das Sociedades Comerciais;

b) Ter sido declarada, por sentença nacional ou estrangeira transitada em julgado, falida ou insolvente ou julgada responsável pela falência de empresas cujo domínio haja assegurado ou de que tenha sido administrador, director ou gerente;

c) Ter sido condenada, no País ou no estrangeiro, pela prática de infracções às regras legais ou regulamentares que regem as actividades das seguradoras, das instituições de crédito, das sociedades financeiras ou instituições financeiras e o mercado de valores mobiliários, quando a gravidade ou a reiteração dessas infracções o justifique.

(...)

5.7. Seguro de Créditos à Exportação

Princípios Comuns Aplicáveis ao Seguro de Créditos à Exportação*

CAPÍTULO I
Elementos constitutivos da cobertura

(...)

SECÇÃO 3
Factos geradores de sinistro e exclusão da responsabilidade

13 – Responsabilidade do segurador:

O segurador será responsável se o sinistro for directa e exclusivamente imputável a um ou mais dos factos geradores de sinistro cobertos indicados nos n.os 14 a 22.

14 – Insolvência:

Insolvência do devedor privado e, se for caso disso, do seu garante, *de jure* ou *de facto*.

(...)

(...)

---

* Aprovados pelo Decreto-Lei n.º 214/99, de 15 de Junho, publicado no Diário da República n.º 137/99, série I-A, de 15 de Junho de 1999, pp. 3381-3393.

5.8. Fundos de Pensões e Sociedades Gestoras de Fundos de Pensões

Decreto-Lei n.º 475/99, de 9 de Novembro*

(...)

CAPÍTULO III
Regime geral dos fundos de pensões

(...)

Artigo 24.º
Liquidação

1 – A entidade gestora deve proceder à liquidação do património de um fundo de pensões ou de uma quota-parte deste, nos termos fixados no contrato de extinção ou na resolução unilateral prevista no n.º 11 do artigo 23.º

2 – Na liquidação do património de um fundo de pensões ou de uma quota-parte deste, o respectivo património responderá, até ao limite da sua capacidade financeira, por:

a) Despesas que lhe sejam imputáveis nos termos das alíneas *d*), *e*), e *j*) do artigo 26.º;

b) O montante da conta individual de cada participante, no caso de fundos de pensões que financiam planos de pensões contributivos, que deverá ser aplicado de acordo com as regras estabelecidas no contrato constitutivo ou regulamento de gestão;

c) Prémios únicos de rendas vitalícias que assegurem as pensões em pagamento de acordo com o montante da pensão à data da extinção;

d) Prémios únicos de rendas vitalícias que assegurem o pagamento das pensões relativas aos participantes com idade superior ou

---

* Publicado no Diário da República n.º 261/99, série I-A, de 9 de Novembro de 1999, pp. 7819-7831.

igual à idade normal de reforma estabelecida no plano de pensões;

e) Montante que garanta os direitos adquiridos dos participantes existentes à data de extinção, que deverá ser aplicado de acordo com as regras estabelecidas no contrato constitutivo ou regulamento de gestão;

f) Garantia das pensões em formação, para os participantes que não tenham sido abrangidos no âmbito da alínea anterior;

g) Montantes que garantam a actualização das pensões em pagamento, desde que esta esteja contratualmente estipulada.

3 – Em caso de insuficiência financeira, o património do fundo ou da respectiva quota-parte responderá preferencialmente pelas responsabilidades enunciadas e pela ordem das alíneas do número anterior, com recurso a rateio proporcional naquela em que for necessário.

4 – O saldo final líquido positivo que eventualmente seja apurado durante a liquidação prevista no número anterior terá o destino que for decidido conjuntamente pelas entidades gestoras e os associados, mediante prévia aprovação do Instituto de Seguros de Portugal.

5 – Salvo em casos devidamente justificados, sempre que o saldo líquido positivo referido no número anterior resulte de uma redução drástica do número de participantes em planos de pensões sem direitos adquiridos, aquele saldo deverá ser utilizado prioritariamente para garantia das pensões que se encontravam em formação, relativamente aos participantes abrangidos por aquela redução.

CAPÍTULO IV
Regime de financiamento dos fundos de pensões

(...)

Artigo 31.º
Composição dos activos

1 – A natureza dos activos que constituem o património dos fundos de pensões e os respectivos limites percentuais, bem como os princípios gerais da congruência e da avaliação desses activos, são fixados por norma regulamentar do Instituto de Seguros de Portugal.

2 – Na composição do património dos fundos de pensões, as entidades gestoras devem ter em conta o tipo de responsabilidades que aqueles se encontram a financiar de modo a garantir a segurança, o rendimento e a liquidez dos respectivos investimentos, assegurando uma diversificação e dispersão prudentes dessas aplicações.

3 – Os critérios de contabilização e valorimetria dos activos são fixados por norma regulamentar do Instituto de Seguros de Portugal.

Este preceito foi alterado pelo artigo 1.º do Decreto-Lei n.º 292/2001, de 20 de Novembro (Diário da República n.º 269/2001, série I-A, de 20 de Novembro de 2001, pp. 7355-7356).

(...)

CAPÍTULO V
Gestão e depósito dos fundos de pensões

(...)

Artigo 38.º
Revogação da autorização

1 – A autorização pode ser revogada, sem prejuízo do disposto sobre a inexistência ou insuficiência de garantias financeiras mínimas, quando se verifique alguma das seguintes situações:

a) Ter sido obtida por meio de falsas declarações ou outros meios ilícitos, independentemente das sanções penais que ao caso couberem;

b) A sociedade gestora cessar a actividade por período ininterrupto superior a 12 meses;

c) Os capitais próprios da empresa atingirem, na sua totalidade, um valor inferior a metade do valor indicado na alínea *b*) do n.º 1 do artigo 34.º para o capital social e, simultaneamente, não cobrirem a margem de solvência da empresa;

d) Não ser efectuada a comunicação ou ser recusada a designação de qualquer membro da administração ou fiscalização nos termos previstos no n.º 3 do artigo 34.º;

e) Irregularidades graves na administração, organização contabilística ou fiscalização interna da empresa.

2 – Os factos previstos na alínea *d*) do número anterior não constituem fundamento de revogação se, no prazo estabelecido pelo Instituto de Seguros de Portugal, a empresa tiver procedido à comunicação ou à designação de outro administrador que seja aceite.

(...)

Artigo 45.º
Liquidez

As entidades gestoras devem garantir que os fundos de pensões dispõem em cada momento dos meios líquidos necessários para efectuar o pagamento pontual das pensões e capitais de remição aos beneficiários ou o pagamento de prémios de seguros destinados à satisfação das garantias previstas no plano de pensões estabelecido.

Artigo 46.º
Margem de solvência e fundo de garantia

1 – A entidade gestora deve dispor de adequada margem de solvência e de fundo de garantia compatível.

2 – A margem de solvência de uma entidade gestora corresponde ao seu património, livre de toda e qualquer obrigação previsível e deduzido dos elementos incorpóreos.

3 – As entidades gestoras devem, desde o momento em que são autorizadas, dispor e manter um fundo de garantia que faz parte integrante da margem de solvência e que corresponde a um terço do seu valor, não podendo, no entanto, ser inferior a € 800 000.

Este preceito foi alterado pelo artigo 4.º do Decreto-Lei n.º 251/2003, de 14 de Outubro (Diário da República n.º 238/2003, série I-A, de 14 de Outubro de 2003, pp. 6772-6834).

Artigo 47.º
Constituição da margem de solvência das sociedades gestoras

1 – A margem de solvência é constituída pelos elementos definidos nos termos do disposto nos n.os 1 e 2 do artigo 98.º do Decreto-Lei n.º 94-B/98, de 17 de Abril, e, mediante autorização prévia do Instituto

de Seguros de Portugal, pode igualmente incluir os elementos constantes do disposto nas alíneas *b)* e *d)* do n.º 3 do mesmo artigo.

2 – Os elementos constitutivos do fundo de garantia são os definidos nos termos do disposto no artigo 103.º do diploma referido no número anterior, relativamente à actividade de seguros «Vida».

3 – Os critérios de valorimetria dos activos correspondentes à margem de solvência são fixados pelo Instituto de Seguros de Portugal.

Este preceito foi alterado pelo artigo 4.º do Decreto-Lei n.º 251/2003, de 14 de Outubro (Diário da República n.º 238/2003, série I-A, de 14 de Outubro de 2003, pp. 6772-6834).

Artigo 48.º
Determinação da margem de solvência

1 – Sem prejuízo do estabelecido no n.º 3, o montante da margem de solvência é determinado da seguinte forma:

Se a entidade gestora assume o risco de investimento, o valor correspondente a 4% do montante dos respectivos fundos de pensões;

Se a entidade gestora não assume o risco de investimento, o valor correspondente a 1% do montante dos respectivos fundos de pensões, desde que a duração do contrato de gestão seja superior a cinco anos e que o montante destinado a cobrir as despesas de gestão previstas naquele contrato seja fixado por prazo superior a cinco anos.

2 – O valor da margem de solvência, no que respeita às adesões individuais a fundos de pensões abertos, a fundos de pensões PPR e a fundos de pensões PPA, se a entidade gestora não assume o risco de investimento, é o correspondente a 1% do montante da quota-parte do fundo relativa a essas adesões e do montante dos fundos de pensões PPR e PPA.

3 – O montante da margem de solvência não pode, no entanto, ser inferior às seguintes percentagens do montante dos fundos de pensões geridos:

a) Até 15 milhões de contos ou 75 milhões de euros - 1%;

b) No excedente - 1‰.

Artigo 49.º
Insuficiência de margem de solvência

1 – Sempre que se verifique, mesmo circunstancial ou temporariamente, a insuficiência da margem de solvência de uma sociedade gestora ou sempre que o fundo de garantia não atinja o limite mínimo fixado, a sociedade gestora deve, no prazo que lhe vier a ser fixado pelo Instituto de Seguros de Portugal, submeter à aprovação deste um plano de financiamento a curto prazo, nos termos dos números seguintes.

2 – O plano de financiamento a curto prazo a apresentar deve ser fundamentado num adequado plano de actividades, que incluirá contas previsionais.

3 – O Instituto de Seguros de Portugal definirá, caso a caso, as condições específicas a que deve obedecer o plano de financiamento referido no número anterior, bem como o seu acompanhamento.

(...)

5.9. Saneamento e Liquidação das Empresas de Seguros

Decreto-Lei n.º 90/2003, de 30 de Abril*

A Directiva n.º 2001/17/CE, do Parlamento Europeu e do Conselho, de 19 de Março, regula a dimensão transfronteiras dos processos de saneamento e de liquidação de empresas de seguros com impacte em dois ou mais Estados membros da UE num duplo sentido: resolução dos problemas de coordenação transfronteiras e garantia de um tratamento não discriminatório dos credores não residentes no Estado membro da sede da empresa.

Para tanto, estabelece os princípios da unidade (competência única das autoridades do Estado membro da sede da empresa) e da universali-

---

* Publicado no Diário da República n.º 100/2003, série I-A, de 30 de Abril de 2003, pp. 2768-2744.

dade (efeitos em toda a UE das decisões tomadas no processo único) daqueles processos, não só prevendo medidas de publicação, de informação a credores não residentes e autoridades de supervisão dos demais Estados membros, e de propiciamento de eficaz reclamação de créditos por parte destes credores, mas também explicitando a lei aplicável a um conjunto de relações jurídicas transfronteiras importantes nos processos de liquidação (e que poderão também relevar num processo de saneamento).

Embora não se destinando à reforma dos sistemas nacionais de saneamento e liquidação de empresas de seguros, a directiva acaba por, em matéria de liquidação, exigir-lhes um nível de protecção mínimo dos credores de seguros, basicamente consistente na atribuição de preferências creditórias (artigo 10.º), o que entronca no regime português, centrado nas preferências previstas no artigo 23.º do Decreto de 21 de Outubro de 1907.

Assim, na matéria da liquidação, para lá de, em transposição do artigo 10.º da directiva, se clarificar a ordem de prelacção relativa dos outros credores preferentes relativamente aos credores de seguros, exigindo das empresas de seguros o específico provisionamento das responsabilidades eventuais para com os credores que prevaleçam sobre os credores de seguros, e, bem assim, se prever um registo dos activos da representação em função da liquidação, aproveitou-se o ensejo para aclarar o regime intrafronteiras de liquidação de empresas de seguros nos aspectos em que a transposição, sem mais, do regime transfronteiras, da directiva pudesse sugerir um tratamento desequilibrado entre credores residentes e não residentes. Trata-se principalmente da matéria da publicidade da liquidação e do chamamento dos credores, onde o regime agora previsto teve também uma preocupação de compatibilidade com o regime falimentar.

Relativamente à matéria do saneamento financeiro das empresas de seguros, a transposição da directiva foi condicionada pela opção principal do legislador nacional, vinda de 1998 (Decreto-Lei n.º 94-B/98, de 17 de Abril), de não aplicar às empresas de seguros a parte relativa à recuperação de empresas do Código dos Processos Especiais de Recuperação da Empresa e de Falência, restringindo o saneamento dessas empresas aos processos de cariz administrativista constantes do regime do acesso e exercício da actividade seguradora.

Foram ouvidos o Instituto de Seguros de Portugal e a Associação Portuguesa de Seguradores.

Assim:

Nos termos da alínea *a)* do n.º 1 do artigo 198.º da Constituição, o Governo decreta o seguinte:

Artigo 1.º

Objecto

O presente diploma procede à transposição para a ordem jurídica nacional da Directiva n.º 2001/17/CE, do Parlamento Europeu e do Conselho, de 19 de Março.

CAPÍTULO I

Saneamento e recuperação financeira de empresas de seguros

Artigo 2.º

Alterações ao Decreto-Lei n.º 94-B/98, de 17 de Abril

Os artigos 20.º, 39.º e 113.º do Decreto-Lei n.º 94-B/98, de 17 de Abril, passam a ter a seguinte redacção:

«Artigo 20.º

Competência e forma da revogação

1 – ...

2 – ...

3 – O Instituto de Seguros de Portugal tomará as providências necessárias para o encerramento dos estabelecimentos da empresa.

4 – (Anterior n.º 5.)

5 – (Anterior n.º 6.)

Artigo 39.º

[...]

1 – ...

2 – À revogação da autorização das sucursais a que se refere a presente secção aplica-se, com as devidas adaptações, o previsto para a revogação da autorização das empresas de seguros com sede em Portugal.

Artigo 113.º
[...]

1 – ...
2 – ...
3 – À revogação da autorização prevista no n.º 1 aplica-se, nomeadamente, o disposto no artigo 20.º»

Artigo 3.º
Aditamentos ao Decreto-Lei n.º 94-B/98, de 17 de Abril

Ao Decreto-Lei n.º 94-B/98, de 17 de Abril, são aditados os artigos 120.º-A a 120.º-L, com a seguinte redacção:

«Artigo 120.º-A
Publicidade

1 – O Instituto de Seguros de Portugal noticiará em dois jornais diários de ampla difusão as suas decisões previstas na presente secção que sejam susceptíveis de afectar os direitos preexistentes de terceiros que não a própria empresa de seguros.

2 – As decisões do Instituto de Seguros de Portugal previstas na presente secção são aplicáveis independentemente da sua publicação e produzem todos os seus efeitos em relação aos credores.

3 – Em derrogação do previsto no n.º 1, quando as decisões do Instituto de Seguros de Portugal afectem exclusivamente os direitos dos accionistas, sócios ou empregados da empresa de seguros considerados enquanto tal, o Instituto notifica-os das mesmas por carta registada a enviar para o respectivo último domicílio conhecido.

SUBSECÇÃO I
Dimensão transfronteiras

Artigo 120.º-B
Âmbito

A presente subsecção é aplicável às decisões do Instituto de Seguros de Portugal relativas ao saneamento previstas na presente secção que sejam susceptíveis de afectar os direitos preexistentes de terceiros que não a própria empresa de seguros.

Artigo 120.º-C
Lei aplicável

Salvo disposição em contrário do previsto na subsecção I da secção II do capítulo II do regime transfronteiras do saneamento e da liquidação de empresas de seguros, o processo de saneamento nos termos previstos na presente secção é regulado pela lei portuguesa.

Artigo 120.º-D
Produção de efeitos

1 – As decisões do Instituto de Seguros de Portugal relativas ao saneamento previstas na presente secção produzem todos os seus efeitos de acordo com a lei portuguesa em toda a Comunidade, sem nenhuma outra formalidade, inclusivamente em relação a terceiros nos demais Estados membros.

2 – Os efeitos dessas decisões produzem-se nos demais Estados membros logo que se produzam em Portugal.

Artigo 120.º-E
Delimitação da decisão administrativa relativa ao saneamento

As decisões do Instituto de Seguros de Portugal relativas ao saneamento tomadas nos termos da presente secção indicam, quando for caso disso, se e de que modo abrangem as sucursais da empresa de seguros estabelecidas noutros Estados membros.

Artigo 120.º-F
Informação às autoridades de supervisão dos demais Estados membros

O Instituto de Seguros de Portugal informa com urgência as autoridades de supervisão de seguros dos demais Estados membros das decisões relativas ao saneamento tomadas nos termos da presente secção, incluindo os possíveis efeitos práticos dessas decisões.

Artigo 120.º-G
Publicação

1 – Quando o Instituto de Seguros de Portugal deva tornar pública a decisão tomada nos termos da presente secção, promove a publicação no *Jornal Oficial da União Europeia,* o mais rapidamente possível, e em português, de um extracto do documento que fixa a decisão relativa ao saneamento.

2 – A publicação prevista no número anterior identifica o Instituto de Seguros de Portugal como a autoridade competente em Portugal para a supervisão do saneamento e recuperação das empresas de seguros e, bem assim, qual a lei aplicável às matérias envolvidas na decisão, designadamente nos termos do artigo 120.º-C.

3 – As decisões do Instituto de Seguros de Portugal previstas na presente secção são aplicáveis independentemente da publicação prevista no n.º 1 e produzem todos os seus efeitos em relação aos credores.

Artigo 120.º-H
Empresas de seguros com sede nos demais Estados membros

1 – As medidas de saneamento de empresas de seguros com sede nos demais Estados membros determinadas pelas autoridades do Estado membro da respectiva sede com competência para o efeito produzem os seus efeitos em Portugal de acordo com a

legislação desse Estado membro, sem requisito de formalidade específica à lei portuguesa, e ainda que a lei portuguesa não preveja tais medidas de saneamento ou as sujeite a condições que não se encontrem preenchidas.

2 – Os efeitos das medidas previstas no número anterior produzem-se em Portugal logo que se produzam no Estado membro da sede da empresa de seguros delas objecto.

3 – O Instituto de Seguros de Portugal, quando informado da decisão de aplicação de uma medida das previstas no n.º 1, pode assegurar a sua publicação em Portugal da forma que entenda adequada.

Artigo 120.º-I
Informação relativa ao saneamento de empresa de seguros com sede noutro Estado membro

Ao Instituto de Seguros de Portugal é aplicável a secção II do capítulo V do título III do presente diploma relativamente à informação que receba das autoridades de supervisão de seguros dos demais Estados membros sobre o saneamento de empresas de seguros com sede nos respectivos Estados.

Artigo 120.º-J
Remissão

Ao previsto na presente secção é aplicável, com as devidas adaptações, a subsecção I da secção II do capítulo II do regime da dimensão transfronteiras do saneamento e da liquidação de empresas de seguros.

SUBSECÇÃO II
Sucursais em Portugal de empresas de seguros com sede fora do território da Comunidade Europeia

Artigo 120.º-L
Regime

1 – A presente subsecção é aplicável, com as devidas adaptações, às sucursais em Portugal de empresas de seguros com sede fora do território da Comunidade Europeia.

2 – A aplicação prevista no número anterior não abrange as sucursais da mesma empresa de seguros noutros Estados membros.

3 – Caso, em simultâneo com a aplicação prevista no n.º 1, ocorra saneamento de sucursal da mesma empresa de seguros noutro Estado membro, o Instituto de Seguros de Portugal esforçar-se-á por coordenar a sua acção nos termos do n.º 1 com a acção relativa a este segundo saneamento prosseguida pelas respectivas autoridade de supervisão de seguros e, caso as haja, pelas demais entidades competentes para o efeito.»

CAPÍTULO II
Liquidação de empresas de seguros

Artigo 4.º
Âmbito

O presente capítulo é aplicável a todos os processos de liquidação de empresas de seguros, independentemente da sua forma ou modalidade.

SECÇÃO I
Aspectos do regime geral

Artigo 5.º
Créditos de seguros

1 – Para efeitos do regime de liquidação de empresas de seguros, consideram-se créditos de seguros quaisquer quantias que representem uma dívida de uma empresa de seguros para com os tomadores de seguros, segurados, beneficiários ou qualquer terceiro lesado que tenha direito de acção directa contra a empresa de seguros decorrente de um contrato da actividade seguradora, nos termos dos artigos 123.º e 124.º do Decreto-Lei n.º 94-B/98, de 17 de Abril, incluindo as quantias provisionadas a favor das pessoas acima mencionadas enquanto não são conhecidos alguns elementos da dívida.

2 – São também consideradas créditos de seguros as prestações devidas por uma empresa de seguros em resultado do exercício pelo tomador de seguro, subscritor de operação de capitalização ou participante de fundo de pensões, do direito de renúncia ao contrato.

SUBSECÇÃO I
Regime material

Artigo 6.º
Registo dos activos representativos das provisões técnicas em função da liquidação

1 – As empresas de seguros sediadas em Portugal devem manter na sede um registo especial actualizado dos activos representativos das provisões técnicas em função da hipótese de liquidação.

2 – No caso das empresas de seguros que explorem cumulativamente os ramos «Vida» e «Não vida», o registo previsto no número anterior é separado para cada uma dessas actividades.

3 – No caso de exploração cumulativa previsto no n.º 1 do artigo 9.º do Decreto-Lei n.º 94-B/98, de 17 de Abril, as empresas devem manter um registo único para o conjunto das suas actividades.

4 – O montante total dos activos inscritos, avaliados nos termos da lei, deve ser, em qualquer momento, pelo menos igual ao montante das provisões técnicas.

5 – Sempre que um activo inscrito no registo seja onerado com um direito real constituído a favor de um credor ou de um terceiro, tornando indisponível para a cobertura das responsabilidades seguradoras uma parte do montante desse activo, essa situação é inscrita no registo e o montante não disponível não é tido em conta no total referido no número anterior.

6 – A composição dos activos inscritos no registo nos termos dos números anteriores e do artigo 23.º, no momento da abertura da liquidação, não pode ser posteriormente modificada, nem pode ser introduzida alteração nos registos, excepto para efeitos de correcção de erros puramente materiais, salvo autorização do Instituto de Seguros de Portugal.

7 – Em derrogação do disposto no número anterior, os liquidatários devem acrescentar aos activos aí referidos os respectivos rendimentos financeiros, bem como o montante dos prémios puros cobrados na actividade em causa desde a abertura da liquidação até à satisfação dos créditos de seguros ou até à transferência de carteira.

8 – Se o produto da realização dos activos for inferior ao valor pelo qual se encontravam avaliados nos registos, os liquidatários devem justificar o facto perante o Instituto de Seguros de Portugal.

9 – Cabe ao Instituto de Seguros de Portugal aprovar a regulamentação que assegure a plena aplicação do fixado no presente artigo, nomeadamente coordenando-o com as exigências às empresas de seguros em matéria de constituição e manutenção das garantias financeiras.

Artigo 7.º

Prelacção sobre os créditos de seguros

1 – A preferência dos créditos de seguros sobre o demais activo social necessário para perfazer o seu montante não satisfeito nos termos da preferência sobre os activos representativos das provisões técnicas é

primada apenas pelos créditos dos trabalhadores da empresa decorrentes da relação de trabalho e, relativamente ao ramo «Não vida», também pelos créditos referentes a activos onerados com direitos reais.

2 – Os créditos que nos termos do número anterior têm preferência sobre os créditos de seguros devem ser, em qualquer momento e independentemente de uma possível liquidação, inscritos nas contas da empresa de seguros na qualidade de prevalência aí prevista e representados por activos nos termos previstos na subsecção IV da secção II do capítulo I do título III do Decreto-Lei n.º 94-B/98, de 17 de Abril, alterado pelo Decreto-Lei n.º 8-C/2002, de 11 de Janeiro, e respectiva regulamentação.

3 – As despesas do processo de liquidação prevalecem sobre todos os créditos.

SUBSECÇÃO II

Regime processual

Artigo 8.º

Revogação da autorização

1 – A entrada da empresa de seguros em liquidação determina a revogação da autorização para o exercício da actividade seguradora, observando-se o fixado no artigo 20.º do Decreto-Lei n.º 94-B/98, de 17 de Abril, caso a autorização não tenha sido revogada anteriormente.

2 – A revogação da autorização não prejudica a prossecução da actividade da empresa de seguros necessária ou adequada aos efeitos da liquidação.

Artigo 9.º

Publicidade

1 – Cabe ao Instituto de Seguros de Portugal dar publicidade à decisão de revogação no *Diário da República* e em dois jornais diários de ampla difusão.

2 – Cabe ao liquidatário, nos 30 dias seguintes à abertura da liquidação, promover a publicação, em dois jornais diários de ampla difusão, do que for relevante que os credores da empresa de seguros conheçam para o decurso da liquidação e, nomeadamente, os prazos a observar, as sanções previstas relativamente a esses prazos, a entidade habilitada a

receber a reclamação dos créditos ou as observações relativas aos mesmos e outras medidas que tenham sido determinadas.

3 – Da publicação prevista no número anterior consta igualmente se os credores cujos créditos gozem de preferência ou de uma garantia real devem reclamar esses créditos.

4 – No caso dos créditos de seguros, da publicação prevista no n.º 2 constam os efeitos gerais da liquidação sobre os contratos e operações de seguros, nomeadamente a data de cessação dos seus efeitos e os direitos e deveres advenientes para as partes.

Artigo 10.º
Informação e relação de credores

1 – Os titulares de créditos de seguros em razão de ocorrência do evento previsto na cobertura que um mês após a publicação prevista no n.º 2 do artigo anterior não tenham enviado reclamação do crédito, e respectiva documentação de sustentação, quando necessária, são avisados da revogação da autorização pelo liquidatário por carta registada a enviar para o último domicílio constante do contrato, e convidados ao envio daqueles documentos.

2 – Passados 30 dias da publicação prevista no n.º 2 do artigo anterior, o liquidatário deve elaborar, dentro dos 14 dias seguintes, uma relação dos credores reclamantes e uma outra dos credores que, embora não reclamantes, saiba existirem.

3 – O liquidatário pode aplicar o previsto no n.º 1 aos créditos que, nos termos do previsto no n.º 1 do artigo 7.º, têm preferência sobre os créditos de seguros.

Artigo 11.º
Dissolução voluntária solvente

O Instituto de Seguros de Portugal, no âmbito do parecer relativo à dissolução voluntária solvente de uma empresa de seguros prevista no n.º 2 do artigo 121.º do Decreto-Lei n.º 94-B/98, de 17 de Abril, pode autorizar o liquidatário ao não cumprimento integral justificado do regime constante dos dois artigos anteriores.

Artigo 12.º
Informação regular dos credores

1 – Os liquidatários devem informar regularmente os credores, de um modo adequado, em especial sobre o andamento da liquidação.

2 – Compete ao Instituto de Seguros de Portugal responder às solicitações de informação sobre a evolução da liquidação efectuadas pelas autoridades de supervisão dos demais Estados membros.

SECÇÃO II
Dimensão transfronteiras

Artigo 13.º
Abertura da liquidação

1 – A competência para a abertura da liquidação das empresas de seguros com sede em Portugal, inclusivamente em relação às sucursais estabelecidas noutros Estados membros, é da lei portuguesa, enquanto lei do Estado membro de origem da empresa.

2 – A decisão de abertura da liquidação nos termos previstos no número anterior produz todos os seus efeitos de acordo com a lei portuguesa, em todos os demais Estados membros da Comunidade, sem nenhuma outra formalidade, logo que produza os seus efeitos em Portugal.

3 – O Instituto de Seguros de Portugal informa com urgência as autoridades de supervisão de seguros dos demais Estados membros da abertura da liquidação, incluindo os efeitos concretos que esse processo pode acarretar.

Artigo 14.º
Publicação

1 – Cabe ao Instituto de Seguros de Portugal, quando torne pública a abertura da liquidação, promover a publicação, em português, de um extracto da respectiva decisão no *Jornal Oficial da União Europeia*.

2 – A publicação prevista no número anterior identifica a autoridade portuguesa competente e a lei aplicável, bem como o liquidatário designado.

Artigo 15.º
Informação aos credores conhecidos

1 – Aberta a liquidação, o liquidatário informa rapidamente desse facto por carta registada os credores conhecidos que tenham a sua residência habitual, o seu domicílio ou a sua sede noutro Estado membro.

2 – Essa informação incide, nomeadamente, sobre os prazos a observar, as sanções previstas relativamente a esses prazos, a entidade habilitada a receber a reclamação dos créditos e outras medidas que tenham sido determinadas.

3 – Da informação consta igualmente se os credores cujos créditos gozem de preferência ou de uma garantia real devem reclamar esses créditos.

4 – No caso dos créditos de seguros, da informação constam os efeitos gerais da liquidação sobre os mesmos, nomeadamente a data de cessação dos seus efeitos e os direitos e deveres advenientes para as partes.

5 – A informação prevista no presente artigo é prestada em português, e relativamente aos titulares de créditos de seguros na língua ou numa das línguas oficiais do Estado membro em que o credor tenha a sua residência habitual, domicílio ou sede.

6 – Para o efeito do presente artigo, é utilizado um formulário intitulado, em todas as línguas oficiais da União Europeia: «Aviso de reclamação de créditos. Prazos legais a observar.»

Artigo 16.º
Direito à reclamação de créditos

1 – Os credores que tenham a sua residência habitual, o seu domicílio ou a sua sede num outro Estado membro, incluindo as respectivas autoridades públicas, têm o direito de proceder à reclamação dos seus créditos ou de apresentar por escrito observações relativas a esses créditos.

2 – Os créditos previstos no número anterior beneficiam do mesmo tratamento e graduação que os créditos de natureza equivalente susceptíveis de serem reclamados por credores com residência habitual, domicílio ou sede em Portugal.

3 – Os credores previstos no n.º 1 devem enviar cópia dos documentos comprovativos dos seus créditos, caso existam, indicar a natureza

dos créditos, a data da sua constituição e o seu montante e, ainda, informar se reivindicam uma preferência, uma garantia real ou uma reserva de propriedade em relação a esses créditos, e quais os bens sobre que incide essa garantia.

4 – A reclamação de créditos prevista no n.º 1 não necessita indicar a preferência conferida aos créditos de seguros pela lei portuguesa.

5 – A reclamação de créditos prevista no n.º 1 pode ser efectuada na língua ou numa das línguas oficiais do Estado membro onde o credor tenha a sua residência habitual, domicílio ou sede.

6 – Em caso de exercício da faculdade prevista no número anterior, a reclamação dos créditos será intitulada «Reclamação de créditos», em língua portuguesa.

Artigo 17.º
Abertura de liquidação de empresa de seguros com sede noutro Estado membro

O Instituto de Seguros de Portugal, tendo sido informado por autoridade de supervisão congénere de outro Estado membro da abertura da liquidação de uma empresa de seguros com sede nesse Estado membro, pode assegurar a publicação dessa decisão em Portugal sob a forma que considerar adequada.

SUBSECÇÃO I
Lei aplicável

Artigo 18.º
Princípio

1 – Além do fixado no n.º 1 do artigo 13.º, a lei portuguesa, enquanto lei do Estado membro de origem da empresa de seguros, determina ainda o processo de liquidação e os seus efeitos, com as excepções previstas nos artigos seguintes.

2 – A lei portuguesa determina, designadamente:

a) Os bens do património a liquidar e o regime dos bens adquiridos pela empresa de seguros, ou a devolver-lhe, após a abertura da liquidação;

b) Os poderes respectivos da empresa de seguros e do liquidatário;

c) As condições de oponibilidade de uma compensação;
d) Os efeitos da liquidação sobre os contratos em que a empresa de seguros seja parte;
e) Os efeitos da liquidação sobre as acções individuais, com excepção dos processos pendentes, nos termos do artigo 27.º;
f) Os créditos a reclamar contra o património da empresa de seguros e o destino dos créditos nascidos após a abertura da liquidação;
g) O regime da reclamação, verificação e aprovação dos créditos;
h) As regras de pagamento aos credores, a graduação de créditos e os direitos dos credores que, após a abertura da liquidação, te-nham sido parcialmente satisfeitos em razão de um direito real ou por efeito de compensação;
i) As condições e os efeitos do encerramento da liquidação, nomeadamente por concordata;
j) Os direitos dos credores após o encerramento da liquidação;
l) A imputação das custas e despesas da liquidação;
m) O regime de nulidade, anulação ou não execução dos actos prejudiciais em detrimento dos credores.

Artigo 19.º
Efeitos sobre determinados contratos e direitos

Os efeitos da abertura da liquidação de uma empresa de seguros:
a) Sobre os contratos de trabalho e as relações de trabalho regem-se unicamente pela lei do Estado membro aplicável ao contrato de trabalho;
b) Sobre os contratos que conferem o direito ao usufruto ou à aquisição de imóveis regem-se unicamente pela lei do Estado membro em cujo território os imóveis se encontrem situados;
c) Sobre os direitos da empresa de seguros relativos a imóveis, navios ou aeronaves sujeitos a inscrição em registo público regem-se pela lei do Estado membro sob cuja a autoridade é mantido o registo.

Artigo 20.º
Direitos reais de terceiros

1 – A abertura da liquidação de uma empresa de seguros não afecta os direitos reais de credores ou terceiros sobre bens pertencentes à

empresa de seguros situados no território de outro Estado membro no momento da abertura do processo.

2 – Os bens referidos no número anterior são todos os bens corpóreos ou incorpóreos, móveis ou imóveis, específicos ou massas de activos indeterminados, considerados como um todo e susceptíveis de se alterarem de quando em quando.

3 – Os direitos referidos no n.º 1 são, nomeadamente:

a) O direito de dispor ou de ordenar a disposição de bens e de obter o pagamento a partir dos produtos ou rendimentos deles, em particular em virtude de penhor ou hipoteca;
b) O direito exclusivo de cobrar um crédito, nomeadamente quando garantido por penhor ou pela cessão desse crédito a título de garantia;
c) O direito de reinvindicar o bem e ou de exigir a sua restituição a quem o detiver ou usufruir contra a vontade do titular;
d) O direito real de percepção dos frutos do bem.

4 – É considerado um direito real o direito inscrito num registo público e oponível a terceiros, nos termos do qual pode ser obtido um direito real.

5 – O previsto no n.º 1 não prejudica as acções de nulidade, anulação ou não execução dos actos prejudiciais em detrimento dos credores.

Artigo 21.º
Reserva de propriedade

1 – A abertura da liquidação de uma empresa de seguros compradora de um bem que nesse momento se encontre no território de um outro Estado membro não afecta os direitos do vendedor fundados numa reserva de propriedade.

2 – A abertura da liquidação de uma empresa de seguros vendedora de um bem, após a entrega desse bem, não constitui fundamento de resolução da venda, nem obsta à aquisição da propriedade do bem vendido pelo comprador, desde que, no momento da abertura do processo, o bem se encontre no território de um outro Estado membro.

3 – O previsto nos números anteriores não prejudica as acções de nulidade, anulação ou não execução dos actos prejudiciais em detrimento dos credores.

Artigo 22.º
Compensação

1 – A abertura da liquidação de uma empresa de seguros não afecta o direito dos credores de pedir a compensação dos seus créditos com os créditos daquela quando a compensação seja permitida pela lei aplicável ao crédito da empresa de seguros.

2 – O previsto no número anterior não prejudica as acções de nulidade, anulação ou não execução dos actos prejudiciais em detrimento dos credores.

Artigo 23.º
Oneração a favor de terceiro dos activos representativos das provisões técnicas inscritos no registo especial

Em caso de liquidação da empresa de seguros, o funcionamento da preferência dos titulares de créditos de seguros sobre os activos representativos das provisões técnicas relativamente ao activo onerado com um direito real constituído a favor de um credor ou de um terceiro que, em incumprimento do fixado no n.º 5 do artigo 6.º, tenha sido utilizado para cobrir provisões técnicas, bem como ao activo sujeito a uma reserva de propriedade a favor de um credor ou de um terceiro, ou em relação ao qual um credor esteja habilitado a requerer a compensação do seu crédito com o crédito da empresa de seguros, será determinado pela lei portuguesa, enquanto lei do Estado membro de origem, sem prejuízo da aplicação a esse activo do fixado nos três artigos anteriores.

Artigo 24.º
Mercados regulamentados

1 – Sem prejuízo do fixado no artigo 20.º, os efeitos da abertura da liquidação de uma empresa de seguros sobre os direitos e obrigações dos participantes num mercado regulamentado regem-se pela lei aplicável a esse mercado.

2 – O previsto no número anterior não prejudica as acções de nulidade, anulação ou não execução dos pagamentos ou transacções nos termos da lei aplicável a esse mercado.

Artigo 25.º
Actos prejudiciais

O previsto na alínea *l)* do n.º 2 do artigo 18.º não é aplicável no caso de a pessoa que beneficiar de um acto prejudicial a todos os credores provar que o acto se rege pela lei de um outro Estado membro que, no caso, não permite a impugnação do acto por nenhum meio.

Artigo 26.º
Protecção de terceiros compradores

A validade do acto de disposição pela empresa de seguros, após a abertura da liquidação e a título oneroso de um imóvel, de um navio ou uma aeronave sujeitos a inscrição em registo público, ou de valores mobiliários ou outros títulos cuja existência ou transferência pressuponha a sua inscrição num registo ou numa conta previstos na lei ou que se encontrem colocados num sistema de depósitos central regulado pela lei de um Estado membro rege-se pela lei do Estado membro em cujo território está situado o imóvel, ou sob cuja autoridade são mantidos esse registo, conta ou sistema.

Artigo 27.º
Acções pendentes

Os efeitos da liquidação sobre as acções pendentes relativas a bem ou direito de cuja administração ou disposição o devedor está inibido regem-se pela lei do Estado membro em que se encontra pendente a acção.

Artigo 28.º
Liquidatário

1 – No que depender da lei portuguesa, o liquidatário de uma empresa de seguros está habilitado a exercer, nos demais Estados membros, os poderes para cujo exercício está habilitado em Portugal.

2 – O liquidatário, no exercício dos seus poderes, observará a lei dos Estados membros em cujo território pretende agir, em particular no respeitante às modalidades de realização do activo e à informação dos trabalhadores assalariados.

3 – prova da nomeação do liquidatário é efectuada por meio de certificado emitido pelo Instituto de Seguros de Portugal, autenticado com o respectivo selo branco.

4 – No decurso da liquidação, o Instituto de Seguros de Portugal pode nomear, a pedido do liquidatário, pessoas para o coadjuvar ou representar, nomeadamente nos demais Estados membros onde a empresa de seguros tenha uma sucursal, e, em especial, para ajudar na superação de dificuldades que se deparem aos credores naqueles Estados membros.

5 – No acto de nomeação do liquidatário, ou posteriormente, o Instituto de Seguros de Portugal pode conferir ao liquidatário o poder de nomeação de representantes para a prática de actos no âmbito dos fins previstos no número anterior.

6 – O n.º 3 é aplicável, com as devidas adaptações, ao previsto nos dois números anteriores.

Artigo 29.º
Inscrição em registo público

1 – O liquidatário ou a pessoa habilitada nos termos dos n.os 4 a 6 do artigo anterior deve solicitar a inscrição do processo de liquidação no registo predial, no registo comercial ou em qualquer outro registo público existente nos demais Estados membros onde tal inscrição seja obrigatória e seja justificável, em razão, nomeadamente, da situação activa e passiva conhecida ou eventual da empresa objecto da liquidação.

2 – Os encargos da inscrição prevista no número anterior são custas da liquidação.

Artigo 30.º
Liquidatário de empresa de seguros com sede noutro Estado membro

1 – O liquidatário de uma empresa de seguros com sede noutro Estado membro está habilitado a exercer em Portugal os poderes para cujo exercício se encontra habilitado no Estado membro de origem.

2 – Em Portugal, no exercício dos seus poderes nos termos da lei do Estado membro da origem, o liquidatário previsto no número anterior observa a lei portuguesa, em particular no que respeita às modalidades de

realização dos bens e à informação dos trabalhadores assalariados, bem como à proibição do uso da força e do poder de dirimir litígios ou diferendos.

3 – Para o efeito do exercício em Portugal dos poderes do liquidatário de empresa de seguros com sede noutro Estado membro, além de cópia autenticada da decisão da sua nomeação, ou certificado equivalente, pode apenas ser-lhe exigida a respectiva tradução para português.

4 – O previsto no número anterior é aplicável, com as devidas adaptações, às pessoas nomeadas para coadjuvar ou representar em Portugal o liquidatário previsto no n.º 1.

5 – O liquidatário previsto no n.º 1 bem como as pessoas nomeadas para o coadjuvar ou representar em Portugal podem solicitar a inscrição do processo de liquidação no registo predial, no registo comercial ou em qualquer outro registo público existente em Portugal.

Artigo 31.º
Informação relativa à liquidação de empresa de seguros com sede noutro Estado membro

Ao Instituto de Seguros de Portugal é aplicável a secção II do capítulo V do título III do Decreto-Lei n.º 94-B/98, de 17 de Abril, relativamente à informação que receba das autoridades de supervisão de seguros dos demais Estados membros sobre a liquidação de empresas de seguros com sede nos respectivos Estados.

SECÇÃO III
Sucursais em Portugal de empresas de seguros com sede fora do território da Comunidade Europeia

Artigo 32.º
Regime

1 – O presente capítulo é aplicável, com as devidas adaptações, às sucursais em Portugal de empresas de seguros com sede fora do território da Comunidade Europeia.

2 – A aplicação prevista no número anterior não abrange as sucursais da mesma empresa de seguros noutros Estados membros.

3 – Caso, em simultâneo com a aplicação prevista no n.º 1, ocorra liquidação de sucursal da mesma empresa de seguros noutro Estado

membro, o Instituto de Seguros de Portugal, as demais entidades responsáveis pela supervisão da liquidação e o liquidatário esforçar-se-ão por coordenar a sua acção nos termos do n.º 1 com a acção relativa a esta segunda liquidação prosseguida pelos respectivos autoridade de supervisão de seguros, liquidatário e demais entidades competentes para o efeito.

CAPÍTULO III
Disposição final

Artigo 33.º
Produção de efeitos

1 – O presente diploma produz efeitos desde 20 de Abril de 2003, aplicando-se às medidas de saneamento e recuperação financeira e aos processos de liquidação de empresas de seguros adoptadas e abertos a partir dessa data.

2 – As medidas de saneamento e recuperação financeira e os processos de liquidação de empresas de seguros anteriores a essa data continuam a regular-se pela lei que lhes era aplicável na data da sua adopção ou abertura.

Visto e aprovado em Conselho de Ministros de 19 de Março de 2003. – *José Manuel Durão Barroso – Maria Manuela Dias Ferreira Leite – António Manuel de Mendonça Martins da Cruz – Maria Celeste Ferreira Lopes Cardona.*

Promulgado em 16 de Abril de 2003.

Publique-se.

O Presidente da República, JORGE SAMPAIO.

Referendado em 21 de Abril de 2003.

O Primeiro-Ministro, *José Manuel Durão Barroso.*

6. Direito do Mercado de Capitais

6.1. Oponibilidade à Massa Falida dos Acordos Bilaterais de Compensação

Decreto-Lei n.º 70/97, de 3 de Abril*

Em Julho de 1994, o Comité de Basileia sobre Supervisão Bancária, emendando o Acordo de Julho de 1988 sobre adequação de capital para riscos de crédito, decidiu reconhecer os acordos bilaterais de compensação.

Assim, o Comité passou a reconhecer os acordos em que duas partes, que celebrem habitualmente entre si contratos sobre instrumentos financeiros, dos quais resultem direitos e obrigações similares, estipulam que todas as obrigações emergentes do contrato se considerarão vencidas e compensadas, na parte relevante, no caso de uma das partes não cumprir as suas obrigações por, nomeadamente, vir a ser declarada em estado de falência.

Do referido reconhecimento resulta que, para efeitos de cálculo do denominador do rácio de adequação do capital aos riscos de crédito, as instituições de crédito podem proceder à «compensação» entre posições «devedoras» e posições «credoras» resultantes da realização de operações extrapatrimoniais relativas a taxas de juro e a taxas de câmbio com a contraparte no acordo. Deste modo, do aludido reconhecimento

---

* Publicado no Diário da República n.º 78/97, série I-A, de 3 de Abril de 1997, pp. 1495-1496.

decorre que se pode passar a considerar apenas o valor «líquido» das operações abrangidas pelos acordos.

Também a Directiva n.º 96/10/CE, do Parlamento Europeu e do Conselho, de 21 de Março de 1996, a qual altera a Directiva n.º 89/647/CEE, do Conselho, de 18 de Dezembro de 1989 – relativa a um rácio de solvibilidade das instituições de crédito –, permite às autoridades competentes dos Estados membros reconhecer a compensação contratual.

Quer o Comité de Basileia quer a Directiva n.º 96/10/CE permitem às autoridades competentes recusar o reconhecimento dos acordos bilaterais de compensação se não se encontrarem convencidas sobre a validade dos mesmos face aos diversos ordenamentos jurídicos aplicáveis.

Considerando que o artigo 153.º do Código dos Processos Especiais de Recuperação da Empresa e de Falência impede os credores do falido de, a partir da data da sentença da declaração de falência, compensar os respectivos débitos com créditos que detenham sobre o falido;

Considerando ainda que do artigo 2.º do Decreto-Lei n.º 132/93, de 23 de Abril – que aprovou o referido Código –, ressalva a possibilidade de a falência de instituições de crédito ou financeiras e sociedades seguradoras se reger por normas especiais;

Considerando, por último, que o Decreto-Lei n.º 30 689, de 27 de Agosto de 1940, designadamente o seu artigo 15.º, não permite, em todos os casos, reconhecer os acordos bilaterais de compensação:

Assim:

Nos termos da alínea *a*) do n.º 1 do artigo 201.º da Constituição, o Governo decreta o seguinte:

Artigo 1.º

1 – O negócio jurídico através do qual as partes, na sua qualidade de intervenientes em contratos sobre instrumentos financeiros, de que decorrem direitos e obrigações similares, acordam em que todas as obrigações entre elas contraídas no âmbito desse negócio se considerarão compensadas, na parte relevante, se uma das partes vier a ser declarada em estado de falência, é oponível à massa falida e aos credores dessa massa.

2 – O disposto no número anterior é aplicável, com as devidas adaptações, se o negócio jurídico estabelecer que a mesma compensação

terá lugar se um dos sujeitos vier a ser objecto de medida de recuperação, de saneamento ou outras de natureza similar.

Artigo 2.º

Para efeitos do disposto no presente diploma, são considerados instrumentos financeiros os valores mobiliários, os contratos a prazo relativos a divisas, a taxas de juro e a taxas de câmbio, os *swaps*, as opções e outros contratos de natureza análoga.

Artigo 3.º

O disposto no presente diploma prevalece sobre qualquer outra disposição legal, ainda que de natureza especial.

Visto e aprovado em Conselho de Ministros de 20 de Fevereiro de 1997. – *António Manuel de Oliveira Guterres – António Luciano Pacheco de Sousa Franco – José Eduardo Vera Cruz Jardim.*

Promulgado em 14 de Março de 1997.

Publique-se.

O Presidente da República, JORGE SAMPAIO.

Referendado em 19 de Março de 1997.

O Primeiro-Ministro, *António Manuel de Oliveira Guterres.*

6.2. Sociedades Gestoras de Mercado Regulamentado

Decreto-Lei n.º 394/99, de 13 de Outubro*

TÍTULO I
Sociedades gestoras de mercado regulamentado

(...)

CAPÍTULO VII
Regras prudenciais

(...)

Artigo 33.º
Segregação patrimonial

1 – As sociedades gestoras de mercado regulamentado apenas podem utilizar os valores mobiliários e outros instrumentos financeiros e dinheiro de terceiros nos termos e para os efeitos para os quais estão mandatadas.

2 – A sociedade gestora de mercado regulamentado que exerça cumulativamente funções de gestão de um sistema de liquidação e que actue como câmara de compensação ou como contraparte central deve gerir separadamente cada uma dessas actividades, distinguindo a contabilidade relativa a cada uma delas, em particular os respectivos custos e proveitos.

3 – A separação da contabilidade é também observada relativamente a cada mercado gerido pela sociedade.

4 – Salvo quando actue como contraparte central, a sociedade gestora de mercado regulamentado não é responsável pelo pagamento de saldos credores dos participantes em sistema de liquidação por ela gerido, nem os saldos devedores destes respondem, mesmo em caso de insolvência, por dívidas da sociedade gestora.

---

* Publicado no Diário da República n.º 239/99, série I-A, de 13 de Outubro de 1999, pp. 6872-6882.

Este preceito foi alterado pelo artigo 1.º do Decreto-Lei n.º 8-D/2002, de 15 de Janeiro (Diário da República n.º 12/2002, série I-A, 2.º Suplemento, de 15 de Janeiro de 2002, pp. 320-(16)-320-(27)).

(...)

6.3. Titularização de Créditos

Decreto-Lei n.º 453/99, de 5 de Novembro*

CAPÍTULO I
Titularização de créditos

(...)

Artigo 5.º
Gestão dos créditos

1 – Quando a entidade cedente seja instituição de crédito, sociedade financeira, empresa de seguros, fundo de pensões ou sociedade gestora de fundos de pensões, deve ser sempre celebrado, simultaneamente com a cessão, contrato pelo qual a entidade cedente ou, no caso dos fundos de pensões, a respectiva sociedade gestora fique obrigada a praticar, em nome e em representação da entidade cessionária, todos os actos que se revelem adequados à boa gestão dos créditos e, se for o caso, das respectivas garantias, a assegurar os serviços de cobrança, os serviços administrativos relativos aos créditos, todas as relações com os respectivos devedores e os actos conservatórios, modificativos e extintivos relativos às garantias, caso existam.

---

* Publicado no Diário da República n.º 258/99, série I-A, de 5 de Novembro de 1999, pp. 7682-7693.

2 – Sem prejuízo do caso previsto no número seguinte, a gestão dos créditos pode, nas demais situações, ser assegurada pelo cessionário, pelo cedente ou por terceira entidade idónea.

3 – A gestão e cobrança dos créditos tributários objecto de cessão pelo Estado e pela segurança social para efeitos de titularização é assegurada, mediante retribuição, pelo cedente ou pelo Estado através da Direcção-Geral dos Impostos.

4 – Em casos devidamente justificados, pode a CMVM autorizar que, nas situações referidas no n.º 1, a gestão dos créditos seja assegurada por entidade diferente do cedente.

5 – Quando o gestor dos créditos não for o cessionário, a oneração e a alienação dos créditos são sempre expressa e individualmente autorizadas por aquele.

6 – Sem prejuízo da responsabilidade das partes, o contrato de gestão de créditos objecto de titularização só pode cessar com motivo justificado, devendo a substituição do gestor dos créditos, nesse caso, realizar-se com a observância do disposto nos números anteriores.

7 – Em caso de falência do gestor dos créditos, os montantes que estiverem na sua posse decorrentes de pagamentos relativos a créditos cedidos para titularização não integram a massa falida.

Este preceito foi alterado pelo Decreto-Lei n.º 82/2002, de 5 de Abril (Diário da República n.º 80/2002, série I-A, de 5 de Abril de 2002, pp. 3134-3153) e pelo artigo 1.º do Decreto-Lei n.º 303/2003, de 5 de Dezembro (publicado no Diário da República n.º 281/2003, série I-A, de 5 de Dezembro de 2003, pp. 8216-8238).

(...)

Artigo 8.º
Tutela dos créditos

1 – A cessão de créditos para titularização:

a) Só pode ser objecto de impugnação pauliana no caso de os interessados provarem a verificação dos requisitos previstos nos artigos 610.º e 612.º do Código Civil, não sendo aplicáveis as presunções legalmente estabelecidas, designadamente no artigo 158.º do Código dos Processos Especiais de Recuperação da Empresa e de Falência;
b) Não pode ser resolvida em benefício da massa falida, excepto se os interessados provarem que as partes agiram de má fé.

2 – Não fazem parte da massa falida do cedente os montantes pagos no âmbito de créditos cedidos para titularização anteriormente à falência e que apenas se vençam depois dela.

(...)

CAPÍTULO II
Fundos de titularização de créditos

(...)

SECÇÃO IV
Constituição dos fundos de titularização e regulamento de gestão

Artigo 27.º
Autorização

1 – A constituição de fundos depende de autorização da CMVM.

2 – O pedido de autorização a apresentar pela sociedade gestora deve ser instruído com os seguintes documentos:

a) Projecto do regulamento de gestão;
b) Projecto de contrato a celebrar com o depositário;
c) Contrato de aquisição dos créditos que irão integrar o fundo;
d) Se for caso disso, projecto dos contratos de gestão dos créditos, a celebrar nos termos do artigo 5.º;
e) Plano financeiro previsional do fundo, detalhando os fluxos financeiros que se prevêem para toda a sua duração e a respectiva afectação aos detentores das unidades de titularização.

3 – Caso as unidades de titularização se destinem a ser emitidas com recurso a subscrição pública, o pedido deve ainda ser instruído com os seguintes documentos:

a) Projecto de prospecto;
b) Contrato de colocação;
c) Relatório elaborado por uma sociedade de notação de risco registada na CMVM.

4 – O relatório de notação de risco a que alude a alínea *c)* do número anterior deve conter, pelo menos e sem prejuízo de outros que a CMVM, por regulamento, venha a estabelecer:

a) Apreciação sobre a qualidade dos créditos que integram o fundo e, se este detiver créditos de qualidade distinta, uma análise sobre a qualidade de cada categoria de créditos detidos;
b) Confirmação sobre os pressupostos e consistência das perspectivas de evolução patrimonial na base das quais foi financeiramente planeada a operação;
c) A adequação da estrutura da operação, incluindo os meios necessários para a gestão dos créditos;
d) A natureza e adequação das eventuais garantias de que beneficiem os detentores das unidades de titularização;
e) O risco de insolvência inerente a cada unidade de titularização.

5 – Se a entidade cedente dos créditos a adquirir pelo fundo for instituição de crédito, sociedade financeira, empresa de seguros, fundo de pensões ou sociedade gestora de fundos de pensões, a autorização depende de parecer favorável a emitir pelo Banco de Portugal ou pelo Instituto de Seguros de Portugal, consoante o caso.

6 – O prazo para a emissão dos pareceres referidos no número anterior é de 30 dias contados da data de recepção da cópia do processo que a CMVM enviará ao Banco de Portugal ou ao Instituto de Seguros de Portugal, consoante o caso.

7 – A CMVM pode solicitar à sociedade gestora os esclarecimentos e as informações complementares que repute adequados, bem como as alterações necessárias aos documentos que instruem o pedido.

8 – A decisão deve ser notificada pela CMVM à requerente no prazo de 30 dias a contar da data de recepção do pedido ou, se for o caso, da recepção dos pareceres previstos no n.º 5, das informações complementares ou dos documentos alterados a que se refere o número anterior, mas em caso nenhum depois de decorridos 90 dias sobre a data de apresentação do pedido.

9 – Quando a sociedade gestora requeira que a emissão das unidades de titularização se realize por recurso a subscrição pública, a concessão de autorização implica o registo da oferta pública de subscrição.

Este preceito foi alterado pelo Decreto-Lei n.º 82/2002, de 5 de Abril (Diário da República n.º 80/2002, série I-A, de 5 de Abril de 2002, pp. 3134-3153) e pelo artigo 1.º do Decreto-Lei n.º 303/2003, de 5 de Dezembro (publicado no Diário da República n.º 281/2003, série I-A, de 5 de Dezembro de 2003, pp. 8216-8238).

(...)

CAPÍTULO III
Sociedades de titularização de créditos

SECÇÃO I
Das sociedades de titularização de créditos

SUBSECÇÃO I
Requisitos gerais

(...)

Artigo 41.º
Idoneidade, disponibilidade e experiência profissional dos membros dos órgãos de administração e de fiscalização

1 – Os membros dos órgãos de administração e de fiscalização de sociedade de titularização de créditos devem ser pessoas cuja idoneidade e disponibilidade dêem garantias de gestão sã e prudente e possuir a experiência profissional adequada ao exercício das suas funções.

2 – Na apreciação da idoneidade dos membros dos órgãos de administração e de fiscalização deve atender-se ao modo como a pessoa gere habitualmente os negócios ou exerce a profissão, em especial nos aspectos que revelem incapacidade para decidir de forma ponderada e criteriosa, ou tendência para não cumprir pontualmente as suas obrigações ou para ter comportamentos incompatíveis com a preservação da confiança do mercado.

3 – De entre outras circunstâncias atendíveis, considera-se indiciador de falta de idoneidade o facto de a pessoa ter sido:

a) Condenada por crime de branqueamento de capitais, manipulação do mercado, abuso de informação, falsificação, furto, abuso de confiança, roubo, burla, extorsão, infidelidade, usura, frustração de créditos, falência dolosa ou não intencional, favorecimento de credores, receptação, apropriação ilegítima, corrupção ou emissão de cheques sem provisão;

b) Declarada falida ou julgada responsável por falência de pessoa colectiva, nos termos previstos nos artigos 126.º-A e 126.º-B do Código dos Processos Especiais de Recuperação da Empresa e de Falência;

c) Condenada em processo de contra-ordenação iniciado pela CMVM, pelo Banco de Portugal ou pelo Instituto de Seguros de Portugal;

d) Afastada do exercício das suas funções por força de suspensão preventiva, total ou parcial, daquelas funções, nos termos da alínea *a)* do n.º 1 do artigo 412.º do Código dos Valores Mobiliários, e até que cesse essa suspensão.

(...)

6.4. Valores Mobiliários

Código dos Valores Mobiliários*

(...)

TÍTULO II
Valores mobiliários

(...)

CAPÍTULO III
Valores mobiliários titulados

(...)

SECÇÃO II
Depósito

(...)

* Aprovado pelo Decreto-Lei n.º 486/99, de 13 de Novembro, publicado no Diário da República n.º 265/99, série I-A, de 13 de Novembro de 1999, pp. 7968-8040.

Artigo 100.º
Titularidade dos valores mobiliários depositados

1 – A titularidade sobre os valores mobiliários titulados depositados não se transmite para a entidade depositária, nem esta pode utilizá-los para fins diferentes dos que resultem do contrato de depósito.

2 – Em caso de falência da entidade depositária, os valores mobiliários não podem ser apreendidos para a massa falida, assistindo aos titulares o direito de reclamar a sua separação e restituição.

(...)

TÍTULO III
Ofertas públicas

(...)

CAPÍTULO III
Ofertas públicas de aquisição

(...)

SECÇÃO II
Oferta pública de aquisição obrigatória

(...)

Artigo 189.º
Derrogações

1 – O disposto no artigo 187.º não se aplica quando a ultrapassagem do limite de direitos de voto relevantes nos termos dessa disposição resultar:

a) Da aquisição de valores mobiliários por efeito de oferta pública de aquisição lançada sobre a totalidade dos valores mobiliários referidos no artigo 187.º emitidos pela sociedade visada, sem nenhuma restrição quanto à quantidade ou percentagem máximas de valores mobiliários a adquirir e com respeito dos requisitos estipulados no artigo anterior;

b) Da execução de plano de saneamento financeiro no âmbito de uma das modalidades de recuperação ou saneamento previstas na lei;

c) Da fusão de sociedades, se da deliberação da assembleia geral da sociedade emitente dos valores mobiliários em relação aos quais a oferta seria dirigida constar expressamente que da operação resultaria o dever de lançamento de oferta pública de aquisição.

2 – A derrogação do dever de lançamento de oferta é objecto de declaração pela CMVM, requerida e imediatamente publicada pelo interessado.

(...)

TÍTULO IV
Mercados

(...)

CAPÍTULO II
Bolsas

(...)

SECÇÃO VI
Operações a prazo

(...)

Artigo 260.º
Garantia

1 – A realização de operações a prazo exige a prestação prévia de caução a favor da contraparte, salvo quando, em função da natureza da operação, seja dispensada nos casos e nos termos a estabelecer em regulamento da CMVM.

2 – Os membros do mercado são responsáveis pela constituição, pelo reforço ou pela substituição da caução.

3 – A caução é prestada através de:

a) Penhor ou reporte sobre valores mobiliários de baixo risco e elevada liquidez, livres de quaisquer ónus, ou sobre depósito de dinheiro em instituição autorizada;

b) Garantia bancária.

4 – Sobre os valores dados em caução não podem ser constituídas outras garantias.

5 – Os valores recebidos em caução podem ser vendidos extrajudicialmente, nos termos a definir em regulamento da CMVM, para satisfação das obrigações emergentes das operações caucionadas ou como consequência do encerramento das posições dos membros que tenham prestado a caução.

6 – Em caso de abertura de um processo de falência, de recuperação de empresa ou de saneamento de um membro do mercado, as cauções a que se referem os números anteriores continuam a garantir as obrigações vencidas e não vencidas decorrentes de operações efectuadas até ao momento da abertura daquele processo, revertendo apenas para a massa falida ou para a empresa em recuperação ou saneamento o saldo que eventualmente se apure após o encerramento de todas as posições.

7 – É aplicável o disposto no n.º 3 do artigo 283.º.

(...)

TÍTULO V
Sistemas de liquidação

(...)

CAPÍTULO III
Insolvência dos participantes

Artigo 283.º
Ordens de transferência e compensação

1 – A abertura de processo de falência, de recuperação de empresa ou de saneamento de qualquer participante não tem efeitos retroactivos sobre os direitos e obrigações decorrentes da sua participação no sistema ou a ela associados.

2 – A abertura dos processos a que se refere o número anterior não afecta a irrevogabilidade das ordens de transferência nem a sua oponibilidade a terceiros nem o carácter definitivo da compensação, desde que as ordens tenham sido introduzidas no sistema:

a) Antes da abertura do processo; ou

b) Após a abertura do processo, se as ordens tiverem sido executadas no dia em que foram introduzidas e se a câmara de compensação, o agente de liquidação ou a contraparte central provarem que não tinham nem deviam ter conhecimento da abertura do processo.

3 – O momento de abertura dos processos a que se refere o presente capítulo é aquele em que a autoridade competente profere a decisão de declaração de falência, de prosseguimento da acção de recuperação de empresa ou decisão equivalente.

Artigo 284.º
Garantias

1 – As garantias de obrigações decorrentes do funcionamento de um sistema de liquidação não são afectadas pela abertura de processo de falência, de recuperação de empresa ou de saneamento da entidade garante, revertendo apenas para a massa falida ou para a empresa em recuperação ou saneamento o saldo que eventualmente se apure após o cumprimento das obrigações garantidas.

2 – O disposto no número anterior aplica-se às garantias prestadas a favor de bancos centrais de Estados membros da Comunidade Europeia e do Banco Central Europeu, actuando nessa qualidade.

3 – Para os efeitos do presente artigo consideram-se garantias o penhor e os direitos decorrentes de reporte e de outros contratos similares.

4 – Se os valores mobiliários dados em garantia nos termos do presente artigo estiverem registados ou depositados em sistema centralizado situado ou a funcionar num Estado membro da Comunidade Europeia, a determinação dos direitos dos beneficiários da garantia rege-se pela legislação desse Estado membro, desde que a garantia tenha sido registada no mesmo sistema centralizado.

Artigo 285.º
Direito aplicável

Aberto um processo de falência, de recuperação de empresa ou de saneamento de um participante, os direitos e obrigações decorrentes dessa participação ou a ela associados regem-se pelo direito aplicável ao sistema.

Artigo 286.º
Notificações

1 – A decisão de abertura de processo de falência, de recuperação de empresa ou de saneamento de qualquer participante é imediatamente notificada à CMVM e ao Banco de Portugal pelo tribunal ou pela autoridade administrativa que a proferir.

2 – A CMVM ou o Banco de Portugal, em relação aos sistemas por ele geridos, notificam imediatamente os restantes Estados membros da Comunidade Europeia da decisão a que se refere o n.º 1.

3 – A CMVM é a autoridade competente para receber a notificação das decisões a que se refere o n.º 1, quando tomadas por autoridade judicial ou administrativa de outro Estado membro da Comunidade Europeia.

4 – A CMVM e o Banco de Portugal notificam imediatamente as entidades gestoras dos sistemas de liquidação junto delas registados das decisões a que se refere o n.º 1 e de qualquer notificação recebida de um Estado estrangeiro relativa à falência de um participante.

(...)

TÍTULO VI
Intermediação

CAPÍTULO I
Disposições gerais

(...)

SECÇÃO III
Exercício

(...)

Artigo 306.º
Segregação patrimonial

1 – Em todos os actos que pratique, assim como nos registos contabilísticos e de operações, o intermediário financeiro deve assegurar uma clara distinção entre os bens pertencentes ao seu património e os bens pertencentes ao património de cada um dos clientes.

2 – A abertura de processo de falência, de recuperação de empresa ou de saneamento do intermediário financeiro não tem efeitos sobre os actos praticados pelo intermediário financeiro por conta dos seus clientes.

3 – O intermediário financeiro não pode, no seu interesse ou no interesse de terceiros, dispor dos valores mobiliários pertencentes aos seus clientes ou exercer os direitos a eles inerentes, salvo acordo escrito dos titulares.

4 – O dinheiro recebido dos clientes ou a seu favor deve ser depositado em conta bancária aberta em nome do beneficiário ou em nome do intermediário financeiro com menção que permita distingui-la das contas próprias deste.

5 – As empresas de investimento não podem utilizar no seu interesse ou no interesse de terceiros o dinheiro depositado nas contas referidas no número anterior nem os respectivos rendimentos.

(...)

TÍTULO VII
Supervisão e regulação

CAPÍTULO I
Disposições gerais

(...)

Artigo 355.º
Troca de informações

1 – Quando seja necessário para o exercício das respectivas funções, a CMVM pode trocar informações sobre factos e elementos sujei-

tos a segredo com as seguintes entidades, que ficam igualmente sujeitas ao dever de segredo:

a) Banco de Portugal e Instituto de Seguros de Portugal;

b) Entidades gestoras de mercados regulamentados;

c) Entidades gestoras de sistemas de liquidação e de sistemas centralizados de valores mobiliários;

d) Autoridades intervenientes em processos de falência, de recuperação de empresa ou de saneamento das entidades referidas nas alíneas *a*) e *b*) do n.º 1 do artigo 359.º;

e) Entidades gestoras de fundos de garantia e de sistemas de indemnização dos investidores;

f) Auditores e autoridades com competência para a sua supervisão.

2 – A CMVM pode também trocar informações, ainda que sujeitas a segredo, com as autoridades de supervisão dos Estados membros da Comunidade Europeia ou com as entidades que aí exerçam funções equivalentes às referidas no n.º 1.

3 – A CMVM pode ainda trocar informações com as autoridades de supervisão de Estados que não sejam membros da Comunidade Europeia e com as entidades que aí exerçam funções equivalentes às referidas no n.º 1, se, e na medida em que, for necessário para a supervisão dos mercados de valores mobiliários e para a supervisão, em base individual ou consolidada, de intermediários financeiros.

(...)

6.5. Carácter Definitivo da Liquidação nos Sistemas de Pagamento

Decreto-Lei n.º 221/2000, de 9 de Setembro*

O presente diploma transpõe para a ordem jurídica interna, apenas no que aos sistemas de pagamentos diz respeito, a Directiva n.º 98/26/ /CE, do Parlamento Europeu e do Conselho, de 19 de Maio de 1998, porquanto no que respeita ao carácter definitivo da liquidação de valores mobiliários, a transposição da citada directiva foi efectuada através do Decreto-Lei n.º 486/99, de 13 de Novembro, que aprovou o Código dos Valores Mobiliários.

Os sistemas de pagamentos, principalmente devido aos montantes elevados que processam diariamente, à sua interdependência nacional e internacional e à velocidade a que as operações ocorrem, comportam elevados riscos, nomeadamente o chamado "risco sistémico", que consiste na possibilidade de um incumprimento gerar, sucessivamente, muitos outros. Com efeito, sendo impossível a um participante liquidar uma dívida no quadro dos referidos sistemas – no caso mais grave, devido a falência –, isto pode facilmente gerar uma incontrolável série de incumprimentos ou mesmo de falências em cadeia.

Para minimizar este tipo específico de risco torna-se necessário que a liquidação financeira não seja posta em causa e que as garantias constituídas possam, em qualquer circunstância, ser executadas.

À luz deste objectivo fundamental, torna-se necessário garantir, de acordo com as disposições da directiva, os efeitos jurídicos das ordens de transferência e da respectiva compensação no âmbito dos sistemas de pagamentos, bem como a sua oponibilidade a terceiros em caso de falência ou medida equivalente. Dentro do mesmo espírito, estabelece-se a irrevogabilidade das ordens de transferência, em termos que assegurem a intangibilidade da liquidação financeira operada no âmbito do sistema.

O cumprimento das obrigações dos participantes é também protegido, em caso de falência ou medida equivalente, pela possibilidade de utilização dos fundos existentes nas contas de liquidação até ao fim do dia da abertura do respectivo processo, assim como, em qualquer caso,

* Publicado no Diário da República n.º 209/00, série I-A, de 9 de Setembro de 2000, pp. 4783-4785.

pela impenhorabilidade desses mesmos fundos enquanto existirem outros bens ou direitos penhoráveis no património do respectivo titular. Com idêntico objectivo, estabelece-se a imunidade, perante os efeitos de uma eventual falência ou medida equivalente, das garantias constituídas no quadro dos sistemas de pagamentos.

Por fim, importa salientar que, para protecção dos terceiros que tenham um interesse legítimo, se consagra o direito de estes obterem informações sobre a participação de uma entidade em determinado sistema e sobre as regras essenciais do mesmo.

Foram ouvidos o Banco Central Europeu, o Banco de Portugal e a Associação Portuguesa de Bancos.

Assim:

Nos termos da alínea *a)* do n.º 1 do artigo 198.º da Constituição, o Governo decreta o seguinte:

Artigo 1.º
Objecto e âmbito

1 – O presente diploma regula o carácter definitivo da liquidação financeira realizada no âmbito dos sistemas de pagamentos, nomeadamente em caso de falência ou medida equivalente aplicada a algum dos seus participantes.

2 – O disposto no presente diploma é aplicável:

a) Aos sistemas de pagamento que realizem operações em qualquer moeda ou em várias moedas que o sistema converta entre si;
b) Aos participantes nos sistemas de pagamentos;
c) Às garantias constituídas no quadro da participação num sistema ou no quadro das operações dos bancos centrais dos Estados membros e do Banco Central Europeu, quando desempenham funções típicas de bancos centrais.

Artigo 2.º
Definições

Para efeitos do presente diploma entende-se por:

a) "Sistema" um acordo escrito instituindo uma ligação entre, pelo menos, três instituições, com regras comuns e procedimentos padronizados, tendo como objecto principal a execução de ordens de transferência entre si, regulado pela lei portuguesa e notificado à Comissão Europeia nos termos do presente diploma;

b) "Instituição de crédito" uma instituição tal como definida no artigo 2.º do Regime Geral das Instituições de Crédito e Sociedades Financeiras, aprovado pelo Decreto-Lei n.º 298/92, de 31 de Dezembro, incluindo as instituições enumeradas no seu artigo 3.º;

c) "Empresa de investimento" uma empresa tal como definida no n.º 3 do artigo 199.º-A do Regime Geral das Instituições de Crédito e Sociedades Financeiras, aprovado pelo Decreto-Lei n.º 298/92, de 31 de Dezembro, com as alterações introduzidas pelo Decreto-Lei n.º 232/96, de 5 de Dezembro;

d) "Instituição" uma instituição de crédito, uma empresa de investimento, um organismo público ou empresa que beneficie de garantia estatal, ou qualquer empresa estrangeira com funções idênticas às instituições de crédito ou às empresas de investimento, que participe num sistema e que seja responsável pela execução das obrigações financeiras decorrentes de ordens de transferência emitidas no âmbito desse sistema;

e) "Contraparte central" uma entidade intermediária entre as instituições de um sistema, actuando como contraparte exclusiva dessas instituições no que respeita às ordens de transferência;

f) "Agente de liquidação" entidade na qual são abertas as contas para a liquidação de obrigações no quadro dos sistemas;

g) "Câmara de compensação" entidade que calcula os saldos resultantes da compensação dos créditos e das dívidas das instituições, das contrapartes centrais e dos agentes de liquidação;

h) "Participante" uma instituição, um participante indirecto, uma contraparte central, um agente de liquidação ou uma câmara de compensação, tal como definidos no presente artigo;

i) "Participante indirecto" uma instituição de crédito ligada a uma instituição participante num sistema por uma relação contratual, notificada ao sistema de acordo com as regras deste, que permite à mencionada instituição de crédito executar ordens de transferência através do mesmo sistema;

j) "Valores mobiliários" instrumentos financeiros como tal qualificados pelo artigo 1.º do Código dos Valores Mobiliários, aprovado pelo Decreto-Lei n.º 486/99, de 13 de Novembro, instrumentos do mercado monetário, futuros sobre instrumentos financeiros, incluindo instrumentos equivalentes que dêem origem a uma liquidação em dinheiro, contratos a prazo relativos a taxas de juro (FRA), *swaps* de taxas de juro, de divisas, ou relativos a um índice sobre acções (*equity swaps*) e opções destinadas à compra ou à venda de qualquer instrumento financeiro atrás referido, incluindo os instrumentos equivalentes que dêem origem a uma liquidação em dinheiro, nomeadamente opções sobre divisas e sobre taxas de juro;

l) "Ordem de transferência" instrução de um participante para colocar um certo montante pecuniário à disposição de um destinatário ou que resulte na assunção ou na execução de uma obrigação de pagamento tal como definida pelas regras do sistema;

m) "Processo de falência ou equivalente" qualquer medida colectiva, tendo por fim a liquidação, a reestruturação ou a recuperação de um participante, de que resulte a limitação, suspensão ou cessação do cumprimento das respectivas obrigações ou das garantias a elas associadas;

n) "Conta de liquidação" conta aberta num banco central, num agente de liquidação ou numa contraparte central, funcionando para depósito de dinheiro e para a liquidação de transacções entre participantes num sistema;

o) "Garantia" qualquer activo realizável, incluindo dinheiro e valores mobiliários, objecto de uma relação jurídica, nomeadamente de penhor ou de reporte, com o objectivo de tornar mais segura a posição jurídica dos participantes e dos bancos integrantes do sistema europeu de bancos centrais.

Artigo 3.º

Ordens de transferência e compensação

1 – As ordens de transferência, assim como a sua compensação bilateral ou multilateral de acordo com as regras do sistema, produzem efeitos jurídicos e, mesmo em caso de falência ou medida equivalente relativas a um participante, serão oponíveis a terceiros desde que tenham sido introduzidas no sistema antes do momento da abertura do respectivo processo, nos termos definidos no artigo 8.º, n.º 1.

2 – Depois do momento da abertura do processo de falência ou equivalente, e até ao fim do respectivo dia, as ordens de transferência serão ainda juridicamente eficazes e oponíveis a terceiro se o agente de

liquidação, a contraparte central ou a câmara de compensação demonstrarem que não conheciam nem tinham a obrigação de conhecer a abertura daquele processo.

3 – Nenhuma norma, qualquer que seja a sua fonte, relativa à invalidade dos negócios jurídicos celebrados antes de abertura de um processo de falência ou equivalente poderá conduzir a que seja anulada, alterada ou por qualquer outro modo afectada uma operação de compensação realizada no âmbito de um sistema.

Artigo 4.º
Irrevogabilidade das ordens de transferência

1 – A partir do momento definido pelo próprio sistema, uma ordem de transferência não pode ser revogada nem pelos participantes nem por terceiros.

2 – O momento referido no número anterior não pode ser posterior à liquidação financeira.

Artigo 5.º
Cumprimento de obrigações

Para satisfazer as obrigações de um participante que tenha sido objecto de um processo de falência ou medida equivalente, podem ser utilizados, até ao fim do dia da abertura desse processo:

a) Os fundos existentes na respectiva conta de liquidação;
b) Uma linha de crédito relacionada com o sistema, mediante constituição de garantias.

Artigo 6.º
Garantias

As garantias constituídas no quadro de um sistema em favor de um participante ou de um banco integrante do sistema europeu de bancos centrais não são afectadas pela abertura do processo de falência e podem ser executadas pelos respectivos titulares, revertendo apenas para a massa falida o saldo remanescente.

Artigo 7.º
Contas de liquidação

Os saldos das contas de liquidação só podem ser penhorados ou objecto de medida cautelar se no património da instituição titular da conta não existirem outros bens adequados ao mesmo fim.

Artigo 8.º
Abertura e efeitos da falência

1 – Para os efeitos do presente diploma, o momento de abertura do processo de falência ou equivalente é aquele em que a autoridade competente profere qualquer decisão que limite, suspenda ou faça cessar o cumprimento de obrigações ou as garantias a estas associadas.

2 – O processo de falência ou equivalente não produz qualquer efeito sobre os direitos e obrigações de um participante, decorrentes da sua participação num sistema ou a esta associados, que se tenham constituído antes do momento da respectiva abertura.

Artigo 9.º
Notificações

1 – Sem prejuízo das notificações a que se refere o artigo 286.º do Código dos Valores Mobiliários, a autoridade competente deve comunicar de imediato ao Banco de Portugal a decisão referida no n.º 1 do artigo anterior, quando esta tenha por objecto qualquer instituição.

2 – O Banco de Portugal notifica imediatamente as entidades designadas pelos outros Estados membros.

3 – O Banco de Portugal, caso receba do estrangeiro qualquer notificação relativa à falência de uma instituição, avisa imediatamente as entidades que gerem os sistemas.

Artigo 10.º
Direito de informação

Quem demonstre interesse legítimo, nomeadamente por ser credor de uma instituição, pode requerer junto desta informação sobre a respectiva participação em um ou vários dos sistemas abrangidos pelo presente diploma, bem como sobre as regras essenciais de funcionamento dos referidos sistemas.

Artigo 11.º
Informações ao Banco de Portugal

Os sistemas de pagamentos regidos pela lei portuguesa comunicarão ao Banco de Portugal, no mais breve prazo possível, as regras jurídicas, técnicas e operacionais do sistema e as respectivas alterações, bem como a lista dos participantes, incluindo os participantes indirectos e todas as alterações ocorridas.

Artigo 12.º
Lei reguladora dos sistemas

1 – As regras dos sistemas podem determinar a aplicabilidade da lei portuguesa desde que pelo menos um participante tenha a sede principal e efectiva da sua administração ou a sede estatutária em Portugal.

2 – Na falta de estipulação em contrário, presume-se a sujeição à lei portuguesa quando a liquidação financeira tenha lugar em Portugal.

3 – Sem prejuízo de regras especiais sobre a lei aplicável aos direitos dos titulares de garantias constituídas por valores mobiliários ou direitos sobre valores mobiliários, a lei portuguesa, quando aplicável, regula todos os direitos e obrigações decorrentes da participação no sistema, mesmo em caso de abertura de um processo de falência ou equivalente.

Artigo 13.º
Designação dos sistemas

1 – O Banco de Portugal, sempre que o grau de risco sistémico o justifique, designa, através de aviso, os sistemas de pagamentos abrangidos pelo presente diploma.

2 – O Banco de Portugal informa a Comissão Europeia da designação referida no número anterior.

Visto e aprovado em Conselho de Ministros de 27 de Julho de 2000. – *Jaime José Matos da Gama – Joaquim Augusto Nunes Pina Moura – Diogo Campos Barradas de Lacerda Machado.*

Promulgado em 23 de Agosto de 2000.

Publique-se.

O Presidente da República, JORGE SAMPAIO.

Referendado em 1 de Setembro de 2000.

O Primeiro-Ministro, *António Manuel de Oliveira Guterres.*

7. Direito dos Contratos Mercantis

7.1. Contratos de Mandato, de Comissão, de Depósito em Armazéns Gerais e de Compra e Venda Mercantil

Código Comercial*

(...)

LIVRO SEGUNDO
Dos contratos especiais do comércio

(...)

TÍTULO V
Do Mandato

CAPÍTULO I
Disposições gerais

(…)

---

* Aprovado pela Carta de Lei de 28 de Junho de 1888, publicada no Diário de Governo n.º 203, de 6 de Setembro de 1888.

As epígrafes dos artigos do Código Comercial não constam do texto oficial.

Artigo 243.º
Provisão de fundos

O mandante é obrigado a fornecer ao mandatário os meios necessários à execução do mandato, slavo convenção em contrário.

§1 Não será obrigatório o desempenho de mandato que exija provisão de fundos, embora haja sido aceito, enquanto o mandante não puser à disposição do mandatário as importâncias que lhe forem necessárias.

§2 Ainda depois de recebidos os fundos para a execução do mandato, se for necessária nova remessa e o mandante a recusar, pode o mandatário suspender as suas diligências.

§3 Estipulada a antecipação de fundos por parte do mandatário, fica este obrigado a supri-los, excepto no caso de cessação de pagamentos ou falência do mandante.

(…)

TÍTULO V
Do Mandato

(...)

CAPÍTULO III
Da comissão

(...)

Artigo 272.º
Deveres especiais do comissário na venda a prazo

Ainda que o comissário tenha autorização para vender a prazo, não o poderá fazer a pessoas conhecidamente insolventes, nem expor os interesses do comitente a risco manifesto e notório, sob pena de responsabilidade pessoal.

(...)

TÍTULO XIV
Do depósito de Géneros e Mercadorias nos Armazéns Gerais

(…)

Artigo 413.º
Endosso em branco

O conhecimento de depósito e a cautela de penhor podem ser conjuntamente endossados em branco, conferindo tal endosso ao portador os mesmos direitos do endossante.

§único. Os endossos dos títulos referidos não ficam sujeitos a nulidade alguma com fundamento na insolvência do endossante, salvo provando-se que o endossado tinha conhecimento desse estado, ou presumindo-se que o tinha nos termos das diposições especiais à falência.

(…)

TÍTULO XVI
Da compra e venda

(...)

Artigo 468.º
Falência do comprador

O vendedor que se obrigar a entregar a cousa vendida antes de lhe ser pago o preço considerar-se-á exonerado de tal obrigação, se o comprador falir antes da entrega, salvo prestando-se caução ao respectivo pagamento.

(...)

7.2. Contratos de Consórcio e de Associação em Participação

Decreto-Lei n.º 231/81, de 28 de Julho*

CAPÍTULO I
Do contrato de consórcio

(...)

Artigo 10.º
Resolução do contrato

1 – O contrato de consórcio pode ser resolvido, quanto a alguns dos contraentes, por declarações escritas emanadas de todos os outros, ocorrendo justa causa.

2 – Considera-se justa causa para resolução do contrato de consórcio quanto a algum dos contraentes:

a) A declaração de falência ou a homologação de concordata;

b) A falta grave, em si mesma ou pela sua repetição, culposa ou não, a deveres de membro do consórcio;

c) A impossibilidade, culposa ou não, de cumprimento da obrigação de realizar certa actividade ou de efectuar certa contribuição.

3 – Na hipótese da alínea *b*) do número anterior, a resolução do contrato não afecta o direito à indemnização que for devida.

(...)

CAPÍTULO II
Do contrato de associação em participação

(...)

---

* Publicado no Diário da República n.º 171/81, série I, de 28 de Julho de 1981, pp. 1928-1934.

Artigo 27.º
Extinção da associação

A associação extingue-se pelos factos previstos no contrato e ainda pelos seguintes:

a) Pela completa realização do objecto da associação;
b) Pela impossibilidade de realização do objecto da associação;
c) Pela vontade dos sucessores ou pelo decurso de certo tempo sobre a morte de um contraente, nos termos do artigo 28.º;
d) Pela extinção da pessoa colectiva contraente, nos termos do artigo 29.º;
e) Pela confusão das posições de associante e associado;
f) Pela vontade unilateral de um contraente, nos termos do artigo 30.º;
g) Pela falência ou insolvência do associante.

(...)

7.3. Contrato de Locação Financeira (Leasing)

Decreto-Lei n.º 149/95, de 24 de Junho*

(...)

Artigo 18.º
Casos específicos de resolução do contrato

O contrato de locação financeira pode ainda ser resolvido pelo locador nos casos seguintes:

a) Dissolução ou liquidação da sociedade locatária;
b) Verificação de qualquer dos fundamentos de declaração de falência do locatário.

(...)

---

* Publicado no Diário da República n.º 144/95, série I-A, de 24 de Junho de 1995, pp. 4091-4094.

8. *Direito Tributário e Aduaneiro*

8.1. *Declarações Aduaneiras*

Reforma Aduaneira*

LIVRO V
DOS DECLARANTES E REPRESENTANTES PERANTE A ALFÂNDEGA

TÍTULO I
De quem pode declarar

(…)

Artigo 430.º

Não podem efectuar declarações perante a alfândega os comerciantes falidos não reabilitados ou aqueles sobre quem impenda a interdição do exercício da actividade de declarar perante a alfândega e os despachantes oficiais durante o período de cumprimento da pena disciplinar de suspensão.

Alterado pelo Decreto-Lei n.º 73/2001, de 26 de Fevereiro (Diário da República n.º 48/2001, série I-A, de 26 de Fevereiro de 2001, pp. 1076-1082).

(...)

---

* Aprovada pelo Decreto-Lei n.º 46 311, de 27 de Abril de 1965, publicado na “Colecção Oficial de Legislação Portuguesa”, 1.º Semestre de 1965, pp. 431-519.

8.2. Liquidação, Pagamento do IVA e Penalidades

Código do Imposto Sobre o Valor Acrescentado*

(...)

CAPÍTULO V
Liquidação e pagamento do imposto

(...)

SECÇÃO V
Disposições comuns

(...)

Artigo 71.º

(...)

8 – Os sujeitos passivos poderão deduzir ainda o imposto respeitante a créditos considerados incobráveis em processo de execução, processo ou medida especial de recuperação de empresas ou a créditos de falidos ou insolventes, quando for decretada a falência ou insolvência.

(...)

12 – No caso previsto no n.º 8 e na alínea *c*) do n.º 9 será comunicada ao adquirente do bem ou serviço, que seja um sujeito passivo do imposto, a anulação total ou parcial do imposto, para efeitos de rectificação da dedução inicialmente efectuada.

(...)

A redacção do n.º 8 foi introduzida pelo artigo 1.º do Decreto-Lei n.º 114/98, de 4 de Maio (Diário da República n.º 102/98, série I-A, de 4 de Maio de 1998, pp. 1972-1973); e a redacção do n.º 12 foi introduzida pelo Decreto-Lei n.º 418/99, (Diário da República n.º 246/99, série I-A, de 21 de Outubro de 1999, pp. 7017-7019).

(...)

Aprovado pelo Decreto-Lei n.º 394-B/84, de 26 de Dezembro, publicado no Diário da República n.º 297/84, série I, 1º Suplemento, de 26 de Dezembro de 1984, pp. 3924-(12)-3924-(44).

8.3. Provisões, Créditos Incobráveis e Tributação dos Grupos de Sociedades

CÓDIGO DO IRC*

(...)

CAPÍTULO III
Determinação da matéria colectável

(...)

SECÇÃO II
Pessoas colectivas e outras entidades residentes que exerçam, a título principal, actividade comercial, industrial ou agrícola

(...)

SUBSECÇÃO IV
Regime das provisões

(...)

Artigo 35.º
Provisão para créditos de cobrança duvidosa

1 – Para efeitos da constituição da provisão prevista na alínea *a*) do n.º 1 do artigo anterior, são créditos de cobrança duvidosa aqueles em que o risco de incobrabilidade se considere devidamente justificado, o que se verifica nos seguintes casos:

a) O devedor tenha pendente processo especial de recuperação de empresa e protecção de credores ou processo de execução, falência ou insolvência;
b) Os créditos tenham sido reclamados judicialmente;
c) Os créditos estejam em mora há mais de seis meses desde a data do respectivo vencimento e existam provas de terem sido efectuadas diligências para o seu recebimento.

---

* Aprovado pelo Decreto-Lei n.º 442-B/88, de 30 de Novembro, publicado no Diário da República n.º 277/88, série I, 2.º Suplemento, de 30 de Novembro de 1988, pp. 4754-(38)-4754-(71).

2 – O montante anual acumulado da provisão para cobertura de créditos referidos na alínea *c*) do número anterior não pode ser superior às seguintes percentagens dos créditos em mora:

a) 25% para créditos em mora há mais de 6 meses e até 12 meses;
b) 50% para créditos em mora há mais de 12 meses e até 18 meses;
c) 75% para créditos em mora há mais de 18 meses e até 24 meses;
d) 100% para créditos em mora há mais de 24 meses.

3 – Não são considerados de cobrança duvidosa:

a) Os créditos sobre o Estado, Regiões Autónomas e autarquias locais ou aqueles em que estas entidades tenham prestado aval;
b) Os créditos cobertos por seguro, com excepção da importância correspondente à percentagem de descoberto obrigatório, ou por qualquer espécie de garantia real;
c) Os créditos sobre pessoas singulares ou colectivas que detenham mais de 10% do capital da empresa ou sobre membros dos seus órgãos sociais, salvo nos casos previstos nas alíneas *a*) e *b*) do n.º 1;
d) Os créditos sobre empresas participadas em mais de 10% do capital, salvo nos casos previstos nas alíneas *a*) e *b*) do n.º 1.

Alterado pelo Decreto-Lei n.º 198/2001, de 3 de Julho (Diário da República n.º 152//2001, série I-A, de 3 de Julho de 2001, pp. 3923-4012).

(...)

SUBSECÇÃO V
Regime de outros encargos

Artigo 39.º
Créditos incobráveis

Os créditos incobráveis podem ser directamente considerados custos ou perdas do exercício na medida em que tal resulte de processo especial de recuperação de empresa e protecção de credores ou de processo de execução, falência ou insolvência, quando relativamente aos mesmos não seja admitida a constituição de provisão ou, sendo-o, esta se mostre insuficiente.

Alterado pelo Decreto-Lei n.º 198/2001, de 3 de Julho (Diário da República n.º 152/2001, série I-A, de 3 de Julho de 2001, pp. 3923-4012).

(...)

SECÇÃO VI

Disposições comuns e diversas

(...)

SUBSECÇÃO II

Regime especial de tributação dos grupos de sociedades

Artigo 63.º

Âmbito e condições de aplicação

(...)

4 – Não podem fazer parte do grupo as sociedades que, no início ou durante a aplicação do regime, se encontrem nas situações seguintes:

a) Estejam inactivas há mais de um ano ou tenham sido dissolvidas;

b) Tenha sido contra elas instaurado processo especial de recuperação ou de falência em que haja sido proferido despacho de prosseguimento da acção;

c) Registem prejuízos fiscais nos três exercícios anteriores ao do início da aplicação do regime, salvo se a participação já for detida pela sociedade dominante há mais de dois anos;

d) Estejam sujeitas a uma taxa de IRC inferior à taxa normal mais elevada e não renunciem à sua aplicação;

e) Adoptem um período de tributação não coincidente com o da sociedade dominante;

f) O nível de participação exigido de, pelo menos, 90% seja obtido indirectamente através de uma entidade que não reúna os requisitos legalmente exigidos para fazer parte do grupo;

g) Não assumam a forma jurídica de sociedade por quotas, sociedade anónima ou sociedade em comandita por acções, salvo o disposto no n.º 12.

(...)

8 – O regime especial de tributação dos grupos de sociedades cessa a sua aplicação quando:

a) Deixe de se verificar algum dos requisitos referidos nos n.os 2 e 3, sem prejuízo do disposto nas alíneas *d*) e *e*);

b) Se verifique alguma das situações previstas no n.º 4;

c) O lucro tributável de qualquer das sociedades do grupo seja determinado com recurso à aplicação de métodos indirectos;

d) Ocorram alterações na composição do grupo, designadamente com a entrada de novas sociedades que satisfaçam os requisitos legalmente exigidos sem que seja feita a sua inclusão no âmbito do regime e efectuada a respectiva comunicação à Direcção-Geral dos Impostos nos termos e prazo previstos no n.º 7;

e) Ocorra a saída de sociedades do grupo por alienação da participação ou por incumprimento das demais condições, ou outras alterações na composição do grupo motivadas nomeadamente por fusões ou cisões, sempre que a sociedade dominante não opte pela continuidade do regime em relação às demais sociedades do grupo, mediante o envio da respectiva comunicação nos termos e prazo previstos no n.º 7.

9 – Quando não seja renovada a opção pelo regime especial de tributação dos grupos de sociedades, bem como quando a cessação do regime resulte de algum dos factos previstos nas alíneas *d*) e *e*) do número anterior, os efeitos da cessação reportam-se ao final do exercício em que tais factos se verificam.

10 – Quando a cessação do regime resulte de algum dos factos previstos nas alíneas *a*), *b*) e *c*) do n.º 8, os seus efeitos produzem-se no final do exercício anterior ao da verificação daqueles factos.

(...)

Alterado pelo Decreto-Lei n.º 198/2001, de 3 de Julho (Diário da República n.º 152/2001, série I-A, de 3 de Julho de 2001, pp. 3923-4012).

(...)

8.4. Responsabilidade do Titular de Estabelecimento Individual de Responsabilidade Limitada e dos Liquidatários das Sociedades

Lei Geral Tributária*

(...)

TÍTULO II
Da relação jurídica tributária

CAPÍTULO I
Sujeitos da relação jurídica tributária

(...)

Artigo 25.º
Responsabilidade do titular de estabelecimento individual de responsabilidade limitada

1 – Pelas dívidas fiscais do estabelecimento individual de responsabilidade limitada respondem apenas os bens a este afectos.

2 – Sem prejuízo do disposto no artigo anterior, em caso de falência do estabelecimento individual de responsabilidade limitada por causa relacionada com a actividade do seu titular, responderão todos os seus bens, salvo se ele provar que o princípio da separação patrimonial foi devidamente observado na sua gestão.

Artigo 26.º
Responsabilidade dos liquidatários das sociedades

1 – Na liquidação de qualquer sociedade, devem os liquidatários começar por satisfazer as dívidas fiscais, sob pena de ficarem pessoal e solidariamente responsáveis pelas importâncias respectivas.

---

* Aprovada pelo Decreto-Lei n.º 398/98, de 17 de Dezembro, publicado no Diário da República n.º 290/98, série I-A, de 17 de Dezembro de 1998, pp. 6872-6892.

2 – A responsabilidade prevista no número anterior fica excluída em caso de dívidas da sociedade que gozem de preferência sobre os débitos fiscais.

3 – Quando a liquidação ocorra em processo de falência, devem os liquidatários satisfazer os débitos fiscais em conformidade com a ordem prescrita na sentença de verificação e graduação dos créditos nele proferida.

(...)

8.5. Imposto do Selo

Código do Imposto do Selo*

(...)

CAPÍTULO V
Liquidação

(...)

SECÇÃO II
Nas transmissões gratuitas

(...)

Artigo 26.º
Participação da transmissão de bens

1 – O cabeça-de-casal e o beneficiário de qualquer transmissão gratuita sujeita a imposto são obrigados a participar ao serviço de finanças competente a doação, o falecimento do autor da sucessão, a declaração de morte presumida ou a justificação judicial do óbito, a justificação judicial ou notarial da aquisição por usucapião ou qualquer outro acto ou contrato que envolva transmissão de bens.

---

* Aprovado pela Lei n.º 150/99, de 11 de Setembro, publicada no Diário da República n.º 213/99, série I-A, de 11 de Setembro de 1999, pp. 6264-6275.

2 – A participação a que se refere o número anterior é de modelo oficial, identifica o autor da sucessão ou da liberalidade, as respectivas datas e locais, bem como os sucessores, donatários, usucapientes ou beneficiários, as relações de parentesco e respectiva prova, devendo, sendo caso disso, conter a relação dos bens transmitidos, com a indicação dos valores que devam ser declarados pelo apresentante.

3 – A participação deve ser apresentada no serviço de finanças competente para promover a liquidação, até final do 3.º mês seguinte ao do nascimento da obrigação tributária.

4 – O cabeça-de-casal deve identificar todos os beneficiários, se possuir os elementos para esse efeito, caso em que os mesmos ficam desonerados da participação que lhes competir.

5 – Os prazos são improrrogáveis, salvo alegando-se e provando-se motivo justificado, caso em que o chefe de finanças pode conceder um adiamento até ao limite máximo de 60 dias.

6 – A participação é instruída com os documentos seguintes, consoante os casos:

a) Certidão do testamento com que tiver falecido o autor da herança;
b) Certidão da escritura de doação, ou da escritura de partilha, se esta já tiver sido efectuada;
c) Certidão da sentença, transitada em julgado, que justificou a aquisição, ou da escritura de justificação notarial;
d) Certidão, passada pela Comissão do Mercado de Valores Mobiliários ou pelo Instituto de Gestão do Crédito Público, conforme os casos, da cotação das acções, títulos ou certificados de dívida pública e de outros valores mobiliários ou do valor determinado nos termos do artigo 15.º;
e) Certidão comprovativa da falta de cotação oficial das acções, passada pela Comissão do Mercado de Valores Mobiliários, contendo sempre a indicação do respectivo valor nominal;
f) Havendo lugar a aplicação da fórmula constante da alínea *a)* do n.º 3 do artigo 15.º, extracto do último balanço da sociedade participada, acompanhado de declaração emitida por esta donde constem a data da sua constituição, o número de acções em que se divide o seu capital e respectivo valor nominal e os resultados líquidos obtidos nos dois últimos exercícios;
g) No caso referido na alínea *a)* do n.º 4 do artigo 15.º, além da declaração mencionada na parte final da alínea anterior, extracto do último balanço ou do balanço de liquidação;

h) No caso referido na alínea *b)* do n.º 4 do artigo 15.º, declaração passada por cada uma das cooperativas donde conste o valor nominal dos títulos;

i) No caso referido na alínea *c)* do n.º 4 do artigo 15.º, documento comprovativo, passado pela sociedade participada, de que as acções apenas dão direito a participação nos lucros, o qual deve evidenciar igualmente o valor do dividendo distribuído nos dois exercícios anteriores;

j) Extracto do último balanço do estabelecimento comercial, industrial ou agrícola, ou do balanço de liquidação, havendo-o, ou certidão do contrato social, nos termos e para os efeitos das alíneas *a)* e *b)* do n.º 4 do artigo 15.º, ou, não havendo balanço, o inventário previsto no n.º 1 do artigo 16.º, podendo a certidão do contrato social ser substituída por exemplar do *Diário da República* onde tenha sido publicado;

l) Documentos necessários para comprovar o passivo referido no artigo 20.º.

7 – Quando não possa juntar-se a certidão do testamento por este se encontrar em poder de terceiro, o chefe de finanças deve notificá-lo para, dentro do prazo de 15 dias, lhe fornecer aquela certidão.

8 – Alegando e provando os interessados que não lhes é possível obter o extracto do balanço ou inventário ou as declarações referidas nas alíneas *f)* a *h)* do n.º 6, serão notificados os administradores, gerentes ou liquidatários da empresa ou os administradores da massa falida para os apresentarem dentro de 15 dias.

9 – Se, no termo do prazo, houver bens da herança na posse de qualquer herdeiro ou legatário que não tenham sido relacionados pelo cabeça-de-casal, incumbirá àqueles descrevê-los nos 30 dias seguintes.

10 – Os documentos referidos nas alíneas *f)*, *g)* e *j)* do n.º 6 devem conter a assinatura de quem represente a sociedade no momento da sua emissão, a qual deve ser comprovada através de reconhecimento, podendo este ser efectuado pelo serviço de finanças competente.

Redacção introduzida pelo artigo 7.º do Decreto-Lei n.º 287/2003, de 12 de Novembro de 2003, publicado no Diário da República n.º 262/2003, série I-A, de 12 de Novembro de 2003, pp. 7568 a 7647, rectificado pela Declaração de Rectificação n.º 4/ /2004 (publicada no Diário da República n.º 7/2004, de 9 de Janeiro de 2004, série I-A, pp. 101-102).

(...)

Artigo 35.º
Suspensão do processo por exigência de dívidas activas

1 – As pessoas referidas no artigo anterior também podem requerer a suspensão do processo de liquidação, nos termos nele previstos, quando penda acção judicial a exigir dívidas activas pertencentes à herança ou doação ou quando tenha corrido ou esteja pendente processo de insolvência ou de falência contra os devedores.

2 – Enquanto durar o processo, os requerentes da suspensão devem apresentar nova certidão do seu estado, no mês de Janeiro de cada ano.

3 – À medida que as dívidas activas forem sendo recebidas, em parte ou na totalidade, os responsáveis pelo imposto devem declarar o facto no serviço de finanças competente, dentro dos 30 dias seguintes, a fim de se proceder à respectiva liquidação.

Redacção introduzida pelo artigo 7.º do Decreto-Lei n.º 287/2003, de 12 de Novembro de 2003, publicado no Diário da República n.º 262/2003, série I-A, de 12 de Novembro de 2003, pp. 7568 a 7647, rectificado pela Declaração de Rectificação n.º 4/ /2004 (publicada no Diário da República n.º 7/2004, de 9 de Janeiro de 2004, série I-A, pp. 101-102).

8.6. Execução Fiscal

Código de Procedimento e de Processo Tributário*

TÍTULO I
Disposições gerais

(...)

CAPÍTULO II
Dos sujeitos procedimentais e processuais

(...)

SECÇÃO IV
Dos actos procedimentais e processuais

(...)

SUBSECÇÃO III
Das notificações e citações

(...)

Artigo 41.º
Notificação ou citação das pessoas colectivas ou sociedades

1 – As pessoas colectivas e sociedades serão citadas ou notificadas na pessoa de um dos seus administradores ou gerentes, na sua sede, na residência destes ou em qualquer lugar onde se encontrem.

2 – Não podendo efectuar-se na pessoa do representante por este não ser encontrado pelo funcionário, a citação ou notificação realiza-se na pessoa de qualquer empregado, capaz de transmitir os termos do acto, que se encontre no local onde normalmente funcione a administração da pessoa colectiva ou sociedade.

* Aprovado pelo Decreto-Lei n.º 433/99, de 26 de Outubro, publicado no Diário da República n.º 250/99, série I-A, de 26 de Outubro de 1999, pp. 7170-7215.

3 – O disposto no número anterior não se aplica se a pessoa colectiva ou sociedade se encontrar em fase de liquidação ou falência, caso em que a diligência será efectuada na pessoa do liquidatário.

(...)

TÍTULO IV
Da execução fiscal

CAPÍTULO I
Disposições gerais

(...)

SECÇÃO III
Da legitimidade

(...)

SUBSECÇÃO II
Da legitimidade dos executados

(...)

Artigo 156.º
Falência do executado

Se o funcionário ou a pessoa que deva realizar o acto verificarem que o executado foi declarado em estado de falência, o órgão da execução fiscal ordenará que a citação se faça na pessoa do liquidatário judicial.

(...)

Artigo 161.º
Reversão da execução contra funcionários

1 – Os funcionários que intervierem no processo ficarão subsidiariamente responsáveis, pela importância das dívidas que não puderam ser

cobradas, por qualquer dos seguintes actos, desde que dolosamente praticados:

a) Quando, por terem dado causa à instauração tardia da execução, por passarem mandado para penhora fora do prazo legal ou por não o terem cumprido atempadamente, não forem encontrados bens suficientes ao executado ou aos responsáveis;
b) Quando, sendo conhecidos bens penhoráveis, lavrarem auto de diligência a testar a sua inexistência;
c) Quando possibilitem um novo estado de insolvência por não informarem nas execuções declaradas em falhas que os devedores ou responsáveis adquiriram posteriormente bens penhoráveis.

2 – A responsabilidade subsidiária do funcionário só poderá ser exercida após condenação em processo disciplinar pelos factos referidos no número anterior.

(...)

CAPÍTULO II
Do processo

SECÇÃO I
Disposições gerais

(...)

Artigo 180.º
Efeito do processo de recuperação da empresa e de falência na execução fiscal

1 – Proferido o despacho judicial de prosseguimento da acção de recuperação da empresa ou declarada falência, serão sustados os processos de execução fiscal que se encontrem pendentes e todos os que de novo vierem a ser instaurados contra a mesma empresa, logo após a sua instauração.

2 – O tribunal judicial competente avocará os processos de execução fiscal pendentes, os quais serão apensados ao processo de recuperação ou ao processo de falência, onde o Ministério Público reclamará o pagamento dos respectivos créditos pelos meios aí previstos, se não estiver constituído mandatário especial.

3 – Os processos de execução fiscal, antes de remetidos ao tribunal judicial, serão contados, fazendo-se neles o cálculo dos juros de mora devidos.

4 – Os processos de execução fiscal avocados serão devolvidos no prazo de 8 dias, quando cesse o processo de recuperação ou logo que finde o de falência.

5 – Se a empresa, o falido ou os responsáveis subsidiários vierem a adquirir bens em qualquer altura, o processo de execução fiscal prossegue para cobrança do que se mostre em dívida à Fazenda Pública, sem prejuízo das obrigações contraídas por esta no âmbito do processo de recuperação, bem como sem prejuízo da prescrição.

6 – O disposto neste artigo não se aplica aos créditos vencidos após a declaração de falência ou despacho de prosseguimento da acção de recuperação da empresa, que seguirão os termos normais até à extinção da execução.

Artigo 181.º

Deveres tributários do liquidatário judicial da falência

1 – Declarada a falência, o liquidatário judicial requererá, no prazo de 10 dias a contar da notificação da sentença, a citação pessoal dos dirigentes dos serviços centrais da administração tributária que procedam à liquidação de tributos e a do órgão periférico local do domicílio do falido ou onde possua bens ou onde exista qualquer estabelecimento comercial ou industrial que lhe pertença, para, no prazo de 15 dias, remeterem certidão das dívidas do falido à Fazenda Pública, aplicando-se o disposto nos n.os 2 e 3 do artigo 80.º do presente Código.

2 – No prazo de 10 dias a contar da notificação da sentença que tiver declarado a falência ou da citação que lhe tenha sido feita em processo de execução fiscal, requererá o liquidatário judicial, sob pena de incorrer em responsabilidade subsidiária, a avocação dos processos em que o falido seja executado ou responsável e que se encontrem pendentes nos órgãos da execução fiscal do seu domicílio, e daqueles onde tenha bens ou exerça comércio ou indústria, a fim de serem apensados ao processo de falência.

Artigo 182.º
Impossibilidade da declaração de falência

1 – Em processo de execução fiscal não pode ser declarada a falência ou insolvência do executado.

2 – Sem prejuízo do disposto no número anterior e da prossecução da execução fiscal contra os responsáveis solidários ou subsidiários, quando os houver, o órgão da execução fiscal, em caso de concluir pela inexistência ou fundada insuficiência dos bens penhoráveis do devedor para o pagamento da dívida exequenda e acrescido, comunicará o facto ao representante do Ministério Público competente para que apresente o pedido da declaração da falência no tribunal competente, sem prejuízo da possibilidade de apresentação do pedido por mandatário especial.

(...)

SECÇÃO VII
Da apreensão de bens

SUBSECÇÃO I
Do arresto

Artigo 214.º
Fundamentos do arresto. Conversão em penhora

1 – Havendo justo receio de insolvência ou de ocultação ou alienação de bens, pode o representante da Fazenda Pública junto do competente tribunal tributário requerer arresto em bens suficientes para garantir a dívida exequenda e o acrescido, com aplicação do disposto pelo presente Código para o arresto no processo judicial tributário.

2 – As circunstâncias referidas no número anterior presumem-se no caso de dívidas por impostos que o executado tenha retido ou repercutido a terceiros e não entregue nos prazos legais.

3 – O arresto efectuado nos termos do número anterior ou antes da instauração do processo de execução será convertido em penhora se o pagamento não tiver sido efectuado.

4 – Para efeitos de arresto ou penhora dos bens do contribuinte, pode ser requerida às instituições bancárias informação acerca do número das suas contas e respectivos saldos.

O n.º 4 foi introduzido pelo artigo 16.º da Lei nº 30-G/2000, de 29 de Dezembro (Diário da República n.º 229/2000, série I-A, 3.º Suplemento, de 29 de Dezembro de 2000, pp. 7492-(653)-7492-(692)).

(...)

Artigo 218.º

Levantamento da penhora. Bens penhoráveis em execução fiscal

1 – No processo de recuperação da empresa e quando a medida for extensiva aos credores em idênticas circunstâncias da Fazenda Pública, o juiz poderá levantar a penhora, a requerimento do gestor judicial, fundamentado nos interesses da recuperação, com parecer favorável da comissão de credores, bem como no processo de falência.

2 – Sempre que possível, o levantamento da penhora depende da sua substituição por garantia idónea.

3 – Podem ser penhorados pelo órgão da execução fiscal os bens apreendidos por qualquer tribunal, não sendo a execução, por esse motivo, sustada nem apensada.

(...)

8.7. Isenção do Imposto Municipal sobre as Transmissões Onerosas de Imóveis

Código do Imposto Municipal sobre as Transmissões Onerosas de Imóveis*

(...)

CAPÍTULO II
Isenções

(...)

Artigo 8.º
Isenção pela aquisição de imóveis por instituições de crédito

1 – São isentas do IMT as aquisições de imóveis por instituições de crédito ou por sociedades comerciais cujo capital seja directa ou indirectamente por aquelas dominado, em processo de execução movido por essas instituições ou por outro credor, bem como as efectuadas em processo de falência ou de insolvência e, ainda, as que derivem de actos de dação em cumprimento, desde que, em qualquer caso, se destinem à realização de créditos resultantes de empréstimos feitos ou de fianças prestadas.

2 – No caso de serem adquirentes sociedades directa ou indirectamente dominadas pelas instituições de crédito, só haverá lugar à isenção quando as aquisições resultem da cessão do crédito ou da fiança efectuadas pelas mesmas instituições àquelas sociedades comerciais.

* Aprovado pelo artigo 2.º, n.º 2 do Decreto-Lei n.º 287/2003, de 12 de Novembro de 2003, publicado no Diário da República n.º 262/2003, série I-A, de 12 de Novembro de 2003, pp. 7568 a 7647, rectificado pela Declaração de Rectificação n.º 4/2004 (publicada no Diário da República n.º 7/2004, de 9 de Janeiro de 2004, série I-A, pp. 101-102).

9. Direito do Trabalho

9.1. Fundo de Acidentes de Trabalho e Fundo de Garantia Salarial

Código do Trabalho*

LIVRO I
Parte geral

(...)

TÍTULO II
Contrato de trabalho

(...)

CAPÍTULO V
Acidentes de trabalho

(...)

---

* Aprovado pela Lei n.º 99/2003, de 27 de Agosto, publicada no Diário da República n.º 197/2003, série I-A, de 27 de Agosto de 2003, pp. 5558-5656 e rectificada pela Declaração de Rectificação n.º 15/2003, de 28 de Outubro (publicada no Diário da República n.º 250/2003, série I-A, p. 7139).

SECÇÃO VI
Garantia de cumprimento

(...)

Artigo 305.º
Garantia e actualização de indemnizações

1 – A garantia do pagamento das indemnizações estabelecidas neste capítulo que não possam ser pagas pela entidade responsável, nomeadamente por motivo de incapacidade económica, é assumida e suportada pelo Fundo de Acidentes de Trabalho, nos termos regulamentados em legislação especial.

2 – São igualmente da responsabilidade do fundo referido no número anterior as actualizações do valor das indemnizações devidas por incapacidade permanente igual ou superior a 30% ou por morte e outras responsabilidades nos termos regulamentados em legislação especial.

3 – O fundo referido nos números anteriores constitui-se credor da entidade economicamente incapaz, ou da respectiva massa falida, cabendo aos seus créditos, caso a entidade incapaz seja uma empresa de seguros, graduação idêntica à dos credores específicos de seguros.

4 – Se no âmbito de um processo de recuperação de empresa esta se encontrar impossibilitada de pagar os prémios dos seguros de acidentes de trabalho dos respectivos trabalhadores, o gestor da empresa deve comunicar tal impossibilidade ao fundo referido nos números anteriores 60 dias antes do vencimento do contrato, por forma a que o fundo, querendo, possa substituir-se à empresa nesse pagamento, sendo neste caso aplicável o disposto no n.º 3.

Nos termos do artigo 3.º da Lei n.º 99/2003, de 27 de Agosto, este preceito só entra em vigor após a entrada em vigor da respectiva legislação especial para a qual remete.

(...)

CAPÍTULO VIII
Incumprimento do contrato

(...)

SECÇÃO III
Garantias dos créditos

(...)

Artigo 380.º
Garantia de pagamento

A garantia do pagamento dos créditos emergentes do contrato de trabalho e da sua violação ou cessação, pertencentes ao trabalhador, que não possam ser pagos pelo empregador por motivo de insolvência ou de situação económica difícil é assumida e suportada pelo Fundo de Garantia Salarial, nos termos previstos em legislação especial.

(...)

9.2. *Efeitos da Declaração de Insolvência e de Situação Económica Difícil do Empregador sobre o Contrato de Trabalho*

Código do Trabalho*

LIVRO I
Parte geral

(...)

TÍTULO II
Contrato de trabalho

(...)

* Aprovado pela Lei n.º 99/2003, de 27 de Agosto, publicada no Diário da República n.º 197/2003, série I-A, de 27 de Agosto de 2003, pp. 5558-5656 e rectificada pela Declaração de Rectificação n.º 15/2003, de 28 de Outubro (publicada no Diário da República n.º 250/2003, série I-A, p. 7139).

CAPÍTULO VII
Vicissitudes contratuais

(...)

SECÇÃO IV
Redução da actividade e suspensão do contrato

(...)

SUBSECÇÃO III
Redução temporária do período normal de trabalho ou suspensão do contrato de trabalho por facto respeitante ao empregador

DIVISÃO I
Situações de crise empresarial

(...)

Artigo 349.º
Declaração da empresa em situação económica difícil

O regime da redução ou suspensão previsto nesta divisão aplica-se aos casos em que essas medidas sejam determinadas, na sequência de declaração da empresa em situação económica difícil ou, com as necessárias adaptações, em processo de recuperação de empresa.

(...)

CAPÍTULO IX
Cessação do contrato

(...)

SECÇÃO II
Caducidade

(...)

Artigo 391.º
Insolvência e recuperação de empresa

1 – A declaração judicial de insolvência do empregador não faz cessar os contratos de trabalho, devendo o administrador da insolvência continuar a satisfazer integralmente as obrigações que dos referidos contratos resultem para os trabalhadores enquanto o estabelecimento não for definitivamente encerrado.

2 – Pode, todavia, o administrador da insolvência, antes do encerramento definitivo do estabelecimento, fazer cessar os contratos de trabalho dos trabalhadores cuja colaboração não seja indispensável à manutenção do funcionamento da empresa.

3 – Com excepção das microempresas, a cessação do contrato de trabalho decorrente do encerramento previsto no n.º 1 ou realizada nos termos do n.º 2 deve ser antecedida de procedimento previsto nos artigos 419.º e seguintes, com as necessárias adaptações.

4 – O disposto no número anterior aplica-se em caso de processo de insolvência que possa determinar o encerramento do estabelecimento.

(...)

SECÇÃO IV
Cessação por iniciativa do empregador

(...)

SUBSECÇÃO III
Ilicitude do despedimento

(...)

Artigo 431.º
Despedimento colectivo

1 – O despedimento colectivo é ainda ilícito sempre que o empregador:

a) Não tiver feito as comunicações e promovido a negociação previstas nos n.os 1 ou 4 do artigo 419.º e n.º 1 do artigo 420.º;
b) Não tiver observado o prazo para decidir o despedimento, referido no n.º 1 do artigo 422.º;

c) Não tiver posto à disposição do trabalhador despedido, até ao termo do prazo de aviso prévio, a compensação a que se refere o artigo 401.º e, bem assim, os créditos vencidos ou exigíveis em virtude da cessação do contrato de trabalho, sem prejuízo do disposto no número seguinte.

2 – O requisito constante da alínea *c)* do número anterior não é exigível na situação prevista no artigo 391.º nem nos casos regulados em legislação especial sobre recuperação de empresas e reestruturação de sectores económicos.

(...)

9.3. *Reforço dos Privilégios dos Créditos Laborais em Processo de Falência*

Lei n.º 96/2001, de 20 de Agosto*

A Assembleia da República decreta, nos termos da alínea *c)* do artigo 161.º da Constituição, para valer como lei geral da República, o seguinte:

Artigo 1.º
Âmbito

1 – A presente lei altera o regime de privilégios dos créditos dos trabalhadores resultantes da lei dos salários em atraso, Lei n.º 17/86, de

---

* Publicada no Diário da República n.º 192/2001, série I-A, de 20 de Agosto de 2001, pp. 5375-5376.

De acordo com o art. 21.º, n.º 2, al. *t)* da Lei n.º 99/2003, de 27 de Agosto (publicada no Diário da República n.º 197/2003, série I-A, de 27 de Agosto de 2003, pp. 5558-5656 e rectificada pela Declaração de Rectificação n.º 15/2003, de 28 de Outubro, publicada no Diário da República n.º 250/2003, série I-A, de 28 de Outubro de 2003, p. 7139), a Lei n.º 96/2001, de 20 de Agosto é revogado com a entrada em vigor das normas regulamentares do Código do Trabalho.

14 de Junho, na redacção que lhe foi conferida pelo Decreto-Lei n.º 221/89, de 5 de Julho, pelo Decreto-Lei n.º 402/91, de 16 de Outubro, e pela Lei n.º 118/99, de 11 de Agosto, e dos restantes créditos emergentes do contrato de trabalho e a graduação dos mesmos em processos instaurados ao abrigo do Código dos Processos Especiais de Recuperação da Empresa e de Falência.

2 – Altera, ainda, o Decreto-Lei n.º 219/99, de 15 de Junho, na redacção que lhe foi conferida pelo Decreto-Lei n.º 139/2001, de 24 de Abril.

Artigo 2.º

Alteração à Lei n.º 17/86, de 14 de Junho

O artigo 12.º da Lei n.º 17/86, de 14 de Junho, passa a ter a seguinte redacção:

«Artigo 12.º

[...]

1 – ...

2 – Os privilégios dos créditos referidos no n.º 1, ainda que resultantes de retribuições em falta antes da entrada em vigor da presente lei, gozam de preferência nos termos do número seguinte, incluindo os créditos respeitantes a despesas de justiça.

3 – ...

4 – ...»

Artigo 3.º

Aplicação imediata

A alteração constante do artigo anterior tem aplicação imediata às acções pendentes em que não tenha havido sentença de verificação e graduação de créditos.

Artigo 4.º

Créditos dos trabalhadores exceptuados da Lei n.º 17/86, de 14 de Junho

1 – Os créditos emergentes de contrato de trabalho ou da sua violação não abrangidos pela Lei n.º 17/86, de 14 de Junho, gozam dos seguintes privilégios:

a) Privilégio mobiliário geral;
b) Privilégio imobiliário geral.

2 – Exceptuam-se do disposto no número anterior os créditos de carácter excepcional, nomeadamente as gratificações extraordinárias e a participação nos lucros das empresas.

3 – Os privilégios dos créditos referidos no n.º 1, ainda que sejam preexistentes à entrada em vigor da presente lei, gozam de preferência nos termos do número seguinte, sem prejuízo, contudo, dos créditos emergentes da Lei n.º 17/86, de 14 de Junho, e dos privilégios anteriormente constituídos com direito a ser graduados antes da entrada em vigor da presente lei.

4 – A graduação dos créditos far-se-á pela ordem seguinte:

a) Quanto ao privilégio mobiliário geral, antes dos créditos referidos no n.º 1 do artigo 747.º do Código Civil, mas pela ordem dos créditos enunciados no artigo 737.º do mesmo Código;
b) Quanto ao privilégio imobiliário geral, antes dos créditos referidos no artigo 748.º do Código Civil e ainda dos créditos devidos à segurança social.

5 – Ao crédito de juros de mora é aplicável o regime previsto no artigo anterior.

Artigo 5.º
Extinção de privilégios creditórios

O artigo 152.º do Decreto-Lei n.º 132/93, de 23 de Abril – Código dos Processos Especiais de Recuperação da Empresa e de Falência –, na redacção que lhe foi dada pelo Decreto-Lei n.º 315/98, de 20 de Outubro, é de aplicação imediata às acções pendentes na data da entrada em vigor do Decreto-Lei n.º 132/93, de 23 de Abril, em que não tenha havido sentença de verificação e graduação de créditos.

Artigo 6.º
Apresentação de mapa de rateio provisório findo o prazo das reclamações de créditos em processo de falência

1 – Findo o prazo das reclamações de créditos, na relação a apresentar nos termos do artigo 191.º do Código dos Processos Especiais de Recuperação da Empresa e de Falência, deve o liquidatário apresentar

também um mapa de rateio provisório entre os credores reclamantes, tendo por base o produto da venda de bens ou a avaliação constante do auto de arrolamento dos bens apreendidos, consoante tenha ou não ocorrido liquidação.

2 – Caso a liquidação tenha sido parcial, o mapa de rateio será elaborado simultaneamente com base no produto da venda de bens e na avaliação do auto de arrolamento, respectivamente, em relação aos bens vendidos e aos bens ainda não liquidados.

3 – Independentemente do prosseguimento dos trâmites subsequentes do apenso da reclamação de créditos, a relação referida nos números anteriores é conclusa ao juiz para decisão sobre o mapa apresentado, o qual produzirá efeitos apenas para as finalidades referidas nos artigos seguintes.

Artigo 7.º
Reapreciação do mapa de rateio provisório

1 – No parecer final referido no artigo 195.º do Código dos Processos Especiais de Recuperação da Empresa e de Falência, o liquidatário, sendo caso disso, apresentará as alterações ao mapa de rateio provisório.

2 – No despacho de saneamento do processo, o juiz reapreciará o mapa de rateio provisório apresentado no parecer final do liquidatário, excluindo os créditos sujeitos a produção de prova.

3 – Na sentença a proferir nos termos do artigo 200.º do Código dos Processos Especiais de Recuperação da Empresa e de Falência o mapa de rateio provisório será alterado tendo em conta os novos créditos verificados e graduados.

4 – As alterações decorrentes da liquidação do activo durante o processamento do apenso da reclamação de créditos serão consideradas sempre que se proceda à reapreciação do mapa de rateio provisório.

Artigo 8.º
Irrecorribilidade dos despachos do juiz

Dos despachos do juiz sobre o mapa de rateio provisório não haverá reclamação nem recurso.

Artigo 9.º
Alteração do Decreto-Lei n.º 219/99, de 15 de Junho

É alterado o artigo 4.º do Decreto-Lei n.º 219/99, de 15 de Junho, que passa a ter a seguinte redacção:

A alteração já foi introduzida no texto respectivo.

Artigo 10.º
Entrada em vigor e produção de efeitos

A presente lei entra em vigor no prazo de 30 dias a contar da data da sua publicação.

Aprovada em 28 de Junho de 2001.

O Presidente da Assembleia da República, *António de Almeida Santos*.

Promulgada em 4 de Agosto de 2001.

Publique-se.

O Presidente da República, JORGE SAMPAIO.

Referendada em 9 de Agosto de 2001.

O Primeiro-Ministro, em exercício, *Jaime José Matos da Gama*.

9.4. Regulamentação do Código do Trabalho

Lei n.º 35/2004, de 29 de Julho*

CAPÍTULO I
Disposições gerais

(...)

Artigo 2.º
Transposição de directivas

Com a aprovação da presente lei, é efectuada a transposição, parcial ou total, das seguintes directivas comunitárias:

a) Directiva do Conselho n.º 75/117/CEE, de 10 de Fevereiro, relativa à aproximação das legislações dos Estados membros no que se refere à aplicação do princípio da igualdade de remuneração entre os trabalhadores masculinos e femininos;

b) Directiva do Conselho n.º 76/207/CEE, de 9 de Fevereiro, relativa à concretização do princípio da igualdade de tratamento entre homens e mulheres no que se refere ao acesso ao emprego, à formação e promoção profissionais e às condições de trabalho, alterada pela Directiva n.º 2002/73/CE, do Parlamento Europeu e do Conselho, de 23 de Setembro;

c) Directiva n.º 80/987/CEE, do Conselho, de 20 de Outubro, relativa à aproximação das legislações dos Estados membros respeitantes à protecção dos trabalhadores em caso de insolvência do empregador, alterada pela Directiva n.º 2002/74/CE, do Parlamento Europeu e do Conselho, de 23 de Setembro;

(...)

---

* Publicada no Diário da República n.º 177/2004, série I-A, de 29 de Julho de 2004, pp. 4810-4885.

CAPÍTULO XXVI
Fundo de Garantia Salarial

Artigo 316.º
Âmbito

O presente capítulo regula o artigo 380.º do Código do Trabalho.

Artigo 317.º
Finalidade

O Fundo de Garantia Salarial assegura, em caso de incumprimento pelo empregador, ao trabalhador o pagamento dos créditos emergentes do contrato de trabalho e da sua violação ou cessação nos termos dos artigos seguintes.

Artigo 318.º
Situações abrangidas

1 – O Fundo de Garantia Salarial assegura o pagamento dos créditos a que se refere o artigo anterior, nos casos em que o empregador seja judicialmente declarado insolvente.

2 – O Fundo de Garantia Salarial assegura igualmente o pagamento dos créditos referidos no número anterior, desde que se tenha iniciado o procedimento de conciliação previsto no Decreto-Lei n.º 316/98, de 20 de Outubro.

3 – Sem prejuízo do disposto no número anterior, caso o procedimento de conciliação não tenha sequência, por recusa ou extinção, nos termos dos artigos 4.º e 9.º, respectivamente, do Decreto-Lei n.º 316/98, de 20 de Outubro, e tenha sido requerido por trabalhadores da empresa o pagamento de créditos garantidos pelo Fundo de Garantia Salarial, deve este requerer judicialmente a insolvência da empresa.

4 – Para efeito do cumprimento do disposto nos números anteriores, o Fundo de Garantia Salarial deve ser notificado, quando as empresas em causa tenham trabalhadores ao seu serviço:

a) Pelos tribunais judiciais, no que respeita ao requerimento do processo especial de insolvência e respectiva declaração;

b) Pelo Instituto de Apoio às Pequenas e Médias Empresas e ao Investimento (IAPMEI), no que respeita ao requerimento do procedimento de conciliação, à sua recusa ou extinção do procedimento.

Artigo 319.º
Créditos abrangidos

1 – O Fundo de Garantia Salarial assegura o pagamento dos créditos previstos no artigo 317.º que se tenham vencido nos seis meses que antecedem a data da propositura da acção ou apresentação do requerimento referido no artigo anterior.

2 – Caso não haja créditos vencidos no período de referência mencionado no número anterior, ou o seu montante seja inferior ao limite máximo definido no n.º 1 do artigo seguinte, o Fundo de Garantia Salarial assegura até este limite o pagamento de créditos vencidos após o referido período de referência.

3 – O Fundo de Garantia Salarial só assegura o pagamento dos créditos que lhe sejam reclamados até três meses antes da respectiva prescrição.

Artigo 320.º
Limites das importâncias pagas

1 – Os créditos são pagos até ao montante equivalente a seis meses de retribuição, não podendo o montante desta exceder o triplo da retribuição mínima mensal garantida.

2 – Se o trabalhador for titular de créditos correspondentes a prestações diversas, o pagamento é prioritariamente imputado à retribuição.

3 – Às importâncias pagas são deduzidos os valores correspondentes às contribuições para a segurança social e à retenção na fonte de imposto sobre o rendimento que forem devidos.

4 – A satisfação de créditos do trabalhador efectuada pelo Fundo de Garantia Salarial não libera o empregador da obrigação de pagamento do valor correspondente à taxa contributiva por ele devida.

Artigo 321.º
Regime do Fundo de Garantia Salarial

1 – A gestão do Fundo de Garantia Salarial cabe ao Estado e a representantes dos trabalhadores e dos empregadores.

2 – O financiamento do Fundo de Garantia Salarial é assegurado pelos empregadores, através de verbas respeitantes à parcela dos encargos de solidariedade laboral da taxa contributiva global, nos termos do diploma que regula a desagregação da taxa contributiva dos trabalhadores por conta de outrem, na quota-parte por aqueles devida, e pelo Estado em termos a fixar por portaria dos ministros responsáveis pelas áreas das finanças e laboral.

3 – O regime do Fundo de Garantia Salarial consta de diploma autónomo.

Artigo 322.º
Sub-rogação legal

O Fundo de Garantia Salarial fica sub-rogado nos direitos de crédito e respectivas garantias, nomeadamente privilégios creditórios dos trabalhadores, na medida dos pagamentos efectuados acrescidos dos juros de mora vincendos.

Artigo 323.º
Requerimento

1 – O Fundo de Garantia Salarial efectua o pagamento dos créditos garantidos mediante requerimento do trabalhador, do qual consta, designadamente, a identificação do requerente e do respectivo empregador, bem como a discriminação dos créditos objecto do pedido.

2 – O requerimento é apresentado em modelo próprio, fixado por portaria do ministro responsável pela área laboral.

3 – O requerimento, devidamente instruído, é apresentado em qualquer serviço ou delegação do Instituto de Gestão Financeira da Segurança Social.

Artigo 324.º
Instrução

O requerimento previsto no número anterior é instruído, consoante as situações, com os seguintes meios de prova:

a) Certidão ou cópia autenticada comprovativa dos créditos reclamados pelo trabalhador emitida pelo tribunal competente onde corre o processo de insolvência ou pelo IAPMEI, no caso de ter sido requerido o procedimento de conciliação;
b) Declaração, emitida pelo empregador, comprovativa da natureza e do montante dos créditos em dívida declarados no requerimento pelo trabalhador, quando o mesmo não seja parte constituída;
c) Declaração de igual teor, emitida pela Inspecção-Geral do Trabalho.

Artigo 325.º
Prazo de apreciação

1 – O requerimento deve ser objecto de decisão final no prazo de 30 dias.

2 – A contagem do prazo previsto no número anterior suspende-se até à data de notificação do Fundo de Garantia Salarial pelo tribunal judicial ou pelo IAPMEI, nos termos do n.º 4 do artigo 318.º.

Artigo 326.º
Decisão

A decisão proferida relativamente ao pedido é notificada ao requerente, com a indicação, em caso de deferimento total ou parcial, nomeadamente, do montante a pagar, da respectiva forma de pagamento e dos valores deduzidos correspondentes às contribuições para a segurança social e à retenção na fonte do imposto sobre o rendimento.

CAPÍTULO XXVIII
Direitos das comissões e subcomissões de trabalhadores

(...)

SECÇÃO III
Informação e consulta

(...)

Artigo 357.º
Obrigatoriedade de parecer prévio

1 – Têm de ser obrigatoriamente precedidos de parecer escrito da comissão de trabalhadores os seguintes actos do empregador:

a) Regulação da utilização de equipamento tecnológico para vigilância a distância no local de trabalho;
b) Tratamento de dados biométricos;
c) Elaboração de regulamentos internos da empresa;
d) Modificação dos critérios de base de classificação profissional e de promoções;
e) Definição e organização dos horários de trabalho aplicáveis a todos ou a parte dos trabalhadores da empresa;
f) Elaboração do mapa de férias dos trabalhadores da empresa;
g) Mudança de local de actividade da empresa ou do estabelecimento;
h) Quaisquer medidas de que resulte uma diminuição substancial do número de trabalhadores da empresa ou agravamento substancial das suas condições de trabalho e, ainda, as decisões susceptíveis de desencadear mudanças substanciais no plano da organização de trabalho ou dos contratos de trabalho;
i) Encerramento de estabelecimentos ou de linhas de produção;
j) Dissolução ou requerimento de declaração de insolvência da empresa.

2 – O parecer referido no número anterior deve ser emitido no prazo máximo de 10 dias a contar da recepção do escrito em que for solicitado, se outro maior não for concedido em atenção da extensão ou complexidade da matéria.

3 – Nos casos a que se refere a alínea *c)* do n.º 1, o prazo de emissão de parecer é de cinco dias.

4 – Quando seja solicitada a prestação de informação sobre as matérias relativamente às quais seja requerida a emissão de parecer ou quando haja lugar à realização de reunião nos termos do n.º 1 do artigo 355.º, o prazo conta-se a partir da prestação das informações ou da realização da reunião.

5 – Decorridos os prazos referidos nos n.ºs 2 e 3 sem que o parecer tenha sido entregue à entidade que o tiver solicitado considera-se preenchida a exigência referida no n.º 1.

(...)

10. Direito Registral e Notarial

10.1. Factos Sujeitos a Inscrição no Registo Predial

Código do Registo Predial*

TÍTULO I
Da natureza e valor do registo

CAPÍTULO I
Objecto e efeitos do registo

SECÇÃO I
Disposições fundamentais

(...)

Artigo 2.º
Factos sujeitos a registo

1 – Estão sujeitos a registo:

(...)

n) A penhora, o arresto, a apreensão em processo de falência e o arrolamento, bem como quaisquer outros actos ou providências que afectem a livre disposição de bens;

(...)

---

* Aprovado pelo Decreto-Lei n.º 224/84, de 6 de Julho, publicado no Diário da República n.º 155/84, série I, Suplemento, de 6 de Julho de 1984, pp. 2052-(1)-2052-(40).

A redacção do n.º 1, alínea n), foi alterada pelo Decreto-Lei n.º 533/99, de 11 de Dezembro (Diário da República n.º 287/99 série I-A, de 11 de Dezembro de 1999, pp. 8750-8780).

Artigo 3.º

Acções e decisões sujeitas a registo

1 – Estão igualmente sujeitas a registo:

a) As acções que tenham por fim, principal ou acessório, o reconhecimento, a constituição, a modificação ou a extinção de algum dos direitos referidos no artigo anterior;

b) As acções que tenham por fim, principal ou acessório, a reforma, a declaração de nulidade ou a anulação de um registo ou do seu cancelamento;

c) As decisões finais das acções referidas nas alíneas anteriores, logo que transitem em julgado.

2 – As acções sujeitas a registo não terão seguimento após os articulados sem se comprovar a sua inscrição, salvo se o registo depender da respectiva procedência.

3 – Sem prejuízo da impugnação do despacho do conservador, se o registo for recusado com fundamento em que a acção a ele não está sujeita, a recusa faz cessar a suspensão da instância a que se refere o número anterior.

O n.º 3 deste preceito foi aditado pelo Decreto-Lei n.º 67/96, de 31 de Maio (Diário da República n.º 127/96, série I-A, de 31 de Maio de 1996, pp. 1354-1355).

(...)

Artigo 9.º

Legitimação de direitos sobre imóveis

1 – Os factos de que resulte transmissão de direitos ou constituição de encargos sobre imóveis não podem ser titulados sem que os bens estejam definitivamente inscritos a favor da pessoa de quem se adquire o direito ou contra a qual se constitui o encargo.

2 – Exceptuam-se do disposto no número anterior:

a) A expropriação, a venda executiva, a penhora, o arresto, a apreensão em processo de falência e outras providências que afectem a livre disposição dos imóveis;

b) Os actos de transmissão ou oneração outorgados por quem tenha adquirido, em instrumento lavrado no mesmo dia, os bens transmitidos ou onerados;

c) Os casos de urgência devidamente justificada por perigo de vida dos outorgantes.

3 – Tratando-se de prédio situado em área onde não tenha vigorado o registo obrigatório, o primeiro acto de transmissão posterior a 1 de Outubro de 1984 pode ser titulado sem a exigência prevista no n.º 1, se for exibido documento comprovativo, ou feita justificação simultânea, do direito da pessoa de quem se adquire.

A redacção dos n.os 2, alínea a), e 3 foi alterada pelo Decreto-Lei n.º 533/99, de 11 de Dezembro (Diário da República n.º 287/99, série I-A, de 11 de Dezembro de 1999, pp. 8750-8780).

(...)

TÍTULO IV
Dos actos de registo

(...)

CAPÍTULO III
Inscrição e seus averbamentos

SECÇÃO I
Inscrição

(...)

Artigo 92.º
Provisoriedade por natureza

1 – São pedidas como provisórias por natureza as seguintes inscrições:

a) Das acções referidas no artigo 3.º;

(...)

n) De apreensão em processo de falência, depois de proferida a sentença de declaração de falência, mas antes da efectiva apreensão;

(...)

2 – Além das previstas no número anterior, são ainda provisórias por natureza:

a) As inscrições de penhora, arresto ou apreensão em processo de falência, se existir sobre os bens registo de aquisição ou reconhecimento do direito de propriedade ou de mera posse a favor de pessoa diversa do executado ou requerido;

(...)

3 – As inscrições referidas nas alíneas *a)* a *e)* e *j)* a *o)* do n.º 1, bem como na alínea *c)* do n.º 2, se não forem também provisórias com outro fundamento, mantêm-se em vigor pelo prazo de três anos, renovável por períodos de igual duração, a pedido dos interessados, mediante documento que comprove a subsistência da razão da provisoriedade.

(...)

5 – As inscrições referidas na alínea *a)* do n.º 2 mantêm-se em vigor pelo prazo de um ano, salvo o disposto no n.º 5 do artigo 119.º, e caducam se a acção declarativa não for proposta e registada dentro de 30 dias a contar da notificação da declaração prevista no n.º 4 do mesmo artigo.

(...)

A redacção do n.º 3 foi alterada pelo Decreto-Lei n.º 355/85, de 2 de Setembro (Diário da República n.º 201/85, série I-A, de 2 de Setembro de 1985, pp. 2827-2828). A redacção do n.º 2, alínea a), *e dos n.os 3 e 5 foi alterada pelo Decreto-Lei n.º 533/99, de 11 de Dezembro (Diário da República n.º 287/99 série I-A, de 11 de Dezembro de 1999, pp. 8750-8780). A redacção do n.º 1, alínea* n) *foi alterada pelo artigo 6.º do Decreto-Lei n.º 38/2003, de 8 de Março (Diário da República n.º 57/2003, série I-A, de 8 de Março de 2003, pp. 1588-1649).*

(...)

Artigo 95.º
Requisitos especiais

1 – O extracto das inscrições deve ainda conter as seguintes menções especiais:

(...)

l) Na de penhora, arresto ou apreensão de bens em processo de falência: a data destes factos e a quantia exequenda ou por que se promove o arresto; sendo a inscrição provisória nos termos da alínea *n)* do n.º 1 do artigo 92.º, a data a mencionar é a da sentença que declarou a falência e, sendo provisória nos termos da alínea *a)* do n.º 2 do mesmo artigo, será ainda mencionado o nome, estado e residência do titular da inscrição;

(...)

A redacção do n.º 1, alínea l), foi alterada pelo artigo 6.º do Decreto-Lei n.º 38/ /2003, de 8 de Março (Diário da República n.º 57/2003, série I-A, de 8 de Março de 2003, pp. 1588-1649).

(...)

TÍTULO VI
Do suprimento, da rectificação e da reconstituição do registo

CAPÍTULO I
Meios de suprimento

(...)

Artigo 119.º
Suprimento em caso de arresto, penhora ou apreensão

1 – Havendo registo provisório de arresto, penhora ou apreensão em falência de bens inscritos a favor de pessoa diversa do requerido ou executado, o juiz deve ordenar a citação do titular inscrito para declarar, no prazo de 10 dias, se o prédio ou o direito lhe pertence.

2 – No caso de ausência ou falecimento do titular da inscrição, far-se-á a citação deste ou dos seus herdeiros independentemente de habilitação, afixando-se editais pelo prazo de 30 dias na sede da junta de freguesia da situação dos prédios e na conservatória competente.

3 – Se o citado declarar que os bens lhe não pertencem ou não fizer nenhuma declaração, será expedida certidão do facto à conservatória para conversão oficiosa do registo.

4 – Se o citado declarar que os bens lhe pertencem, o juiz remeterá os interessados para os meios processuais comuns, expedindo-se igualmente certidão do facto, com a data da notificação da declaração, para ser anotada no registo.

5 – O registo da acção declarativa na vigência do registo provisório é anotado neste e prorroga o respectivo prazo até caducar ou ser cancelado o registo da acção.

6 – No caso de procedência da acção, deve o interessado pedir a conversão do registo no prazo de 10 dias a contar do trânsito em julgado.

A redacção do n.º 4 foi alterada pelo Decreto-Lei n.º 355/85, de 2 de Setembro (Diário da República n.º 201/85, série I, de 2 de Setembro de 1985, pp. 2827-2828). A redacção dos n.os 1 e 6 foi alterada pelo Decreto-Lei n.º 533/99, de 11 de Dezembro (Diário da República n.º 287/99, série I-A, de 11 de Dezembro de 1999, pp. 8750-8780).

(...)

10.2. Factos Sujeitos a Inscrição no Registo Comercial

Código do Registo Comercial*

CAPÍTULO I
Objecto, efeitos e vícios do registo

(...)

Artigo 9.º
Acções e decisões sujeitas a registo

Estão sujeitas a registo:

(...)

i) As sentenças de declaração de insolvência de comerciantes individuais, de sociedades comerciais, de sociedades civis sob forma comercial, de cooperativas, de agrupamentos complementares de empresas, de agrupamentos europeus de interesse económico e de estabelecimentos individuais de responsabilidade limitada, e as de indeferimento do respectivo pedido, nos casos de designação prévia de administrador judicial provisório, bem como o trânsito em julgado das referidas sentenças;

---

* Aprovado pelo Decreto-Lei n.º 403/86, de 3 de Dezembro, publicado no Diário da República n.º 278/86, série I, de 3 de Dezembro de 1986, pp. 3623-3638.

O Regulamento do Registo Comercial foi adaptado ao Código da Insolvência e da Recuperação de Empresas pela Portaria n.º 1269/2004, de 6 de Outubro (publicada no Diário da República n.º 235/2004, série I-B, de 6 de Outubro de 2004, pp. 6217-6218).

j) As sentenças, com trânsito em julgado, de inabilitação e de inibição de comerciantes individuais para o exercício do comércio e de determinados cargos, bem como as decisões de nomeação e de destituição do curador do inabilitado;
l) Os despachos de nomeação e de destituição do administrador judicial e do administrador judicial provisório da insolvência, de atribuição ao devedor da administração da massa insolvente, assim como de proibição da prática de certos actos sem o consentimento do administrador da insolvência e os despachos que ponham termo a essa administração;
m) Os despachos, com trânsito em julgado, de exoneração do passivo restante de comerciantes individuais, assim como os despachos inicial e de cessação antecipada do respectivo procedimento e de revogação dessa exoneração;
n) As decisões judiciais de encerramento do processo de insolvência;
o) As decisões judiciais de confirmação do fim do período de fiscalização incidente sobre a execução de plano de insolvência.

Artigo 10.º
Outros factos sujeitos a registo

Estão ainda sujeitos a registo:
a) O mandato comercial escrito, suas alterações e extinção;
b) *(Revogada);*
c) A criação, a alteração e o encerramento de representações permanentes de sociedades, cooperativas, agrupamentos complementares de empresas e agrupamentos europeus de interesse económico com sede em Portugal ou no estrangeiro, bem como a designação, poderes e cessação de funções dos respectivos representantes;
d) A prestação de contas das sociedades com sede no estrangeiro e representação permanente em Portugal;
e) O contrato de agência ou representação comercial, quando celebrado por escrito, suas alterações e extinção;
f) Quaisquer outros factos que a lei declare sujeitos a registo comercial.

(...)

CAPÍTULO IV
Actos de registo

(...)

Artigo 61.º
Primeiro registo

1 – Nenhum facto referente a comerciante individual, pessoa colectiva sujeita a registo ou estabelecimento individual de responsabilidade limitada pode ser registado sem que se mostre efectuado o registo do início de actividade do comerciante individual ou da constituição da pessoa colectiva ou do estabelecimento de responsabilidade limitada.

2 – O disposto no número anterior não é aplicável aos registos decorrentes do processo de insolvência, bem como aos de penhor, penhora, arresto e arrolamento de quotas de sociedades por quotas e penhor de partes de sociedades em nome colectivo e em comandita simples.

3 – No caso de transferência da sede de sociedade anónima europeia para Portugal, o primeiro registo referente a essa sociedade é o da alteração dos estatutos decorrente de tal transferência, sem prejuízo do disposto no número anterior quanto aos registos decorrentes do processo de insolvência.

4 – Do primitivo registo decorre a matrícula do comerciante individual, da pessoa colectiva ou do estabelecimento individual de responsabilidade limitada.

(...)

Artigo 64.º
Inscrições provisórias por natureza

1 – São provisórias por natureza as seguintes inscrições:

(...)

e) De declaração de insolvência ou de indeferimento do respectivo pedido, antes do trânsito em julgado da sentença;

(...)

l) De apreensão em processo de insolvência, depois de proferida a sentença de declaração de insolvência, mas antes da efectiva apreensão;

(...)

2 – São ainda provisórias por natureza as inscrições:

a) De penhora ou arresto de quotas das sociedades por quotas ou dos direitos a que se refere a parte final da alínea *e*) e da alínea *f*) do artigo 3.º e, bem assim, da apreensão dos mesmos bens em processo de insolvência, no caso de sobre eles subsistir registo de aquisição a favor de pessoa diversa do executado, requerido ou insolvente;

(...)

(...)

Artigo 66.º

Unidade de inscrição

1 – Todas as alterações do contrato ou acto constitutivo da pessoa colectiva ou estabelecimento individual de responsabilidade limitada dão lugar a uma só inscrição, desde que constem do mesmo título.

2 – A nomeação ou recondução dos gerentes, administradores, directores, liquidatários e membros do órgão de fiscalização feita no título constitutivo da pessoa colectiva ou estabelecimento individual de responsabilidade limitada ou da sua alteração não tem inscrição autónoma, devendo constar, consoante os casos, da inscrição do acto constitutivo ou da sua alteração.

3 – A nomeação de administrador judicial da insolvência, a atribuição ao devedor da administração da massa insolvente e a proibição ao devedor administrador da prática de certos actos sem o consentimento do administrador judicial, quando determinadas simultaneamente com a declaração de insolvência, não têm inscrição autónoma, devendo constar da inscrição que publicita este último facto; a inscrição conjunta é também feita em relação aos factos referidos que sejam determinados simultaneamente em momento posterior àquela declaração.

4 – A nomeação de curador ao comerciante individual insolvente, quando efectuada na sentença de inabilitação daquele, é registada na inscrição respeitante a este último facto.

Artigo 67.º

Factos constituídos com outros sujeitos a registo

1 – O registo de aquisição de uma participação social, acompanhada de outro facto sujeito a registo, determina a realização oficiosa do registo deste facto.

2 – O registo da decisão de encerramento do processo de insolvência, quando respeitante a sociedade comercial ou sociedade civil sob forma comercial, determina a realização oficiosa:

a) Do registo de regresso à actividade da sociedade, quando o encerramento do processo se baseou na homologação de um plano de insolvência que preveja a continuidade daquela;
b) Do cancelamento da matrícula da sociedade, nos casos em que o encerramento do processo foi declarado após a realização do rateio final.

3 – O registo referido no número anterior determina ainda, qualquer que seja a entidade a que respeite, a realização oficiosa do registo de cessação de funções do administrador judicial da insolvência, salvo nos casos em que exista plano de insolvência homologado e este lhe confira competências e ainda nos casos a que se refere a alínea *b)* do número anterior.

(...)

Artigo 69.º

Factos a averbar

1 – São registados por averbamento às inscrições a que respeitam os seguintes factos:

(...)

q) A cessação de funções do administrador judicial e do administrador judicial provisório da insolvência;
r) A decisão judicial de proibição ao devedor insolvente da prática de certos actos sem o consentimento do administrador da insolvência, quando tal proibição não for determinada conjuntamente com a atribuição ao devedor da administração da massa insolvente;
s) A decisão judicial que ponha termo à administração da massa insolvente pelo devedor;

t) A decisão judicial de cessação antecipada do procedimento de exoneração do passivo restante de comerciante individual e a de revogação dessa exoneração;

u) A decisão judicial de confirmação do fim do período de fiscalização incidente sobre a execução de plano de insolvência.

(…)

6 – O trânsito em julgado das sentenças previstas nas alíneas *e)* e *g)* do n.º 1 do artigo 64.º determina o averbamento de conversão em definitivo dos correspondentes registos.

7 – As decisões judiciais previstas na alínea *s)* do n.º 1 são averbadas, respectivamente, à inscrição do despacho inicial de exoneração do passivo restante e à do despacho final que determine essa exoneração.

8 – A decisão judicial prevista na alínea *t)* do n.º 1 é averbada à inscrição da decisão de encerramento do processo de insolvência que publicite a sujeição da execução de plano de insolvência a fiscalização.

(...)

CAPÍTULO VI
Suprimento, rectificação e reconstituição do registo

(...)

Artigo 80.º
Suprimento em caso de arresto, penhora ou apreensão

1 – Havendo registo provisório de arresto, penhora ou apreensão em processo de insolvência de quotas ou de direitos relativos a partes sociais inscritas em nome de pessoa diversa do requerido, executado, ou insolvente, o juiz deve ordenar a citação do titular inscrito para declarar, no prazo de 10 dias, se a quota ou parte social lhe pertence.

2 – No caso de ausência ou falecimento do titular da inscrição, far-se-á a citação deste ou dos seus herdeiros, independentemente da habilitação.

3 – Se o citado declarar que as quotas ou partes sociais lhe não pertencem ou não fizer declaração alguma, será expedida certidão do facto à conservatória para conversão oficiosa do registo.

4 – Se o citado declarar que as quotas ou partes sociais lhe pertencem, o juiz remeterá os interessados para os meios processuais comuns, expedindo-se igualmente certidão do facto, com a data da notificação da declaração, para ser anotado no registo.

5 – O registo da acção declarativa na vigência do registo provisório é anotado neste e prorroga o respectivo prazo até caducar ou ser cancelado o registo da acção.

6 – No caso de procedência da acção, pode o interessado pedir a conversão do registo no prazo de oito dias a contar do trânsito em julgado.

(...)

10.3. Factos Sujeitos a Inscrição no Registo Civil

Código do Registo Civil*

TÍTULO I
Disposições gerais

CAPÍTULO I
Objecto e valor do registo civil

Artigo 1.º
Objecto e obrigatoriedade do registo

1 – O registo civil é obrigatório e tem por objecto os seguintes factos:

(...)

---

* Aprovado pelo Decreto-Lei n.º 131/95, de 6 de Junho, publicado no Diário da República n.º 131/95, série I-A, de 6 de Junho de 1995, pp. 3596-3638.

j) A declaração de insolvência, o indeferimento do respectivo pedido, nos casos de designação prévia de administrador judicial provisório, e o encerramento do processo de insolvência;
l) A nomeação e cessação de funções do administrador judicial e do administrador judicial provisório da insolvência, a atribuição ao devedor da administração da massa insolvente, assim como a proibição da prática de certos actos sem o consentimento do administrador da insolvência e a cessação dessa administração;
m) A inabilitação e a inibição do insolvente para o exercício do comércio e de determinados cargos;
n) A exoneração do passivo restante, assim como o início e cessação antecipada do respectivo procedimento e a revogação da exoneração;
(...)

Redacção introduzida pelo Decreto-Lei n.º 53/2004, de 18 de Março (publicado no Diário da República n.º 66/2004, série I-A, de 18 de Março de 2004, pp. 1402-1465).

(...)

TÍTULO II
Actos de registo

CAPÍTULO I
Actos de registo em geral

(...)

SECÇÃO III
Modalidades do registo

(...)

SUBSECÇÃO III
Averbamentos

(...)

Artigo 69.º
Averbamentos ao assento de nascimento

1 – Ao assento de nascimento são especialmente averbados:

(...)

h) A declaração de insolvência, o indeferimento do respectivo pedido e o encerramento do processo de insolvência;

i) A nomeação e a cessação de funções do administrador judicial e do administrador judicial provisório da insolvência e a atribuição ao devedor da administração da massa insolvente, bem como a proibição da prática de certos actos sem o consentimento do administrador da insolvência e a cessação dessa administração;

j) A inabilitação e a inibição do insolvente para o exercício do comércio e de determinados cargos;

l) O início, cessação antecipada e decisão final do procedimento de exoneração do passivo restante e a revogação desta;

(...)

Redacção introduzida pelo Decreto-Lei n.º 36/97, de 31 de Janeiro (publicado no Diário da República n.º 26/97, série I-A, de 31 de Janeiro de 1997, pp. 520-529), pelo Decreto-Lei n.º 273/2001, de 13 de Outubro (publicado no Diário da República n.º 238/ /2001, série I-A , de 13 de Outubro de 2001, pp. 6477-6490) e pelo Decreto-Lei n.º 53/ /2004, de 18 de Março (publicado no Diário da República n.º 66/2004, série I-A, de 18 de Março de 2004, pp. 1402-1465).

Quanto ao modelo de averbamento ao assento de nascimento, veja-se a Portaria n.º 1257/2004, de 28 de Setembro (publicada no Diário da República n.º 229/2004, série I-B, de 28 de Setembro de 2004, pp. 6136-6137).

10.4. Declaração de Não Estar em Situação de Falência

Código do Notariado*

TÍTULO I
Da organização dos serviços notariais

(...)

CAPÍTULO II
Competência funcional

SECÇÃO I
Atribuições dos notários

Artigo 4.º
Competência dos notários

1 – Compete, em geral, ao notário redigir o instrumento público conforme a vontade das partes, a qual deve indagar, interpretar e adequar ao ordenamento jurídico, esclarecendo-as do seu valor e alcance.

2 – Em especial, compete ao notário, designadamente:

(...)

h) Lavrar instrumentos para receber a declaração, com carácter solene ou sob juramento, de honorabilidade e de não se estar em situação de falência, nomeadamente, para efeitos do preenchimento dos requisitos condicionantes, na ordem jurídica comunitária, da liberdade de estabelecimento ou de prestação de serviços;

(...)

3 – Salvo disposição legal em contrário, o notário pode praticar, dentro da área do concelho em que se encontra sediado o cartório

---

* Aprovado pelo Decreto-Lei n.º 207/95, de 14 de Agosto, publicado no Diário da República n.º 187/95, série I-A, de 14 de Agosto de 1995, pp. 5047-5080.

notarial, todos os actos da sua competência que lhe sejam requisitados, ainda que respeitem a pessoas domiciliadas ou a bens situados fora dessa área.

4 – A solicitação dos interessados, o notário pode requisitar por qualquer via, a outros serviços públicos, os documentos necessários à instrução dos actos da sua competência.

(...)

10.5. Registo Provisório por Natureza de Bens Móveis

Código do Registo de Bens Móveis*

TÍTULO I
Disposições legais

(...)

CAPÍTULO IV
Registos

(...)

Artigo 33.º
Registo provisório por natureza

1 – São lavrados como provisórios por natureza os registos seguintes:

(...)

h) De penhora, arresto ou apreensão em processo de falência ou insolvência, depois de ordenada a diligência mas antes de esta ser efectuada;

(...)

---

* Aprovado pelo Decreto-Lei n.º 277/95 de 25 de Outubro, publicado no Diário da República n.º 247/95, série I-A, de 25 de Outubro de 1995, pp. 6611-6619.

j) De inscrições de penhora, arresto ou apreensão em processo de falência, se existir sobre os bens registo de aquisição ou reconhecimento do direito de propriedade a favor de pessoa diversa do executado ou do requerido;

(...)

2 – As inscrições referidas nas alíneas *a*) e *b*) caducam no prazo de seis meses, as referidas nas alíneas *c*) a *f*) no prazo de três anos, as das alíneas *g*) a *l*) no prazo de um ano e as da alínea *m*) no prazo do registo de que dependem.

3 – As inscrições provisórias por natureza são renováveis por períodos de igual duração, mediante a apresentação de documento comprovativo de que se mantém a razão da provisoriedade.

4 – Após o primeiro período de renovação, esta só é admitida, no caso da alínea *a*) do n.º 1, mediante apresentação de documento passado pela entidade a quem incumbir a tutela das condições técnicas do bem, no qual se especifiquem as razões impeditivas da passagem do título definitivo e, no caso da alínea *b*) do n.º 1, mediante apresentação de documento comprovativo da pendência da acção.

5 – É aplicável ao registo de bens móveis o disposto no artigo 119.º do Código do Registo Predial.

(...)

11. Direito Processual Civil

11.1. Regime Geral

Código de Processo Civil*

(...)

LIVRO II
Da competência e das garantias da imparcialidade

(...)

CAPÍTULO II
Da competência internacional

(...)

Artigo 65.º-A
Competência exclusiva dos tribunais portugueses

Sem prejuízo do que se ache estabelecido em tratados, convenções, regulamentos comunitários e leis especiais, os tribunais portugueses têm competência exclusiva para:

a) As acções relativas a direitos reais ou pessoais de gozo sobre bens imóveis sitos em território português;

---

* Aprovado pelo Decreto-Lei n.º 44 129, de 28 de Dezembro de 1961, publicado na "Colecção Oficial de Legislação Portuguesa", 2.º Semestre de 1961, pp. 871-1058.

b) Os processos especiais de recuperação de empresa e de falência, relativos a pessoas domiciliadas em Portugal ou a pessoas colectivas ou sociedades cuja sede esteja situada em território português;
c) As acções relativas à apreciação da validade do acto constitutivo ou ao decretamento da dissolução de pessoas colectivas ou sociedades que tenham a sua sede em território português, bem como à apreciação da validade das deliberações dos respectivos órgãos;
d) As acções que tenham como objecto principal a apreciação da validade da inscrição em registos públicos de quaisquer direitos sujeitos a registo em Portugal;
e) As execuções sobre bens existentes em território português.

Este preceito foi alterado pelo artigo 1.º do Decreto-Lei n.º 38/2003, de 8 de Março (Diário da República n.º 57/2003, série I-A, de 8 de Março de 2003, pp. 1588-1649).

(...)

LIVRO III
DO PROCESSO

TÍTULO I
Das disposições gerais

CAPÍTULO I
Dos actos processuais

(...)

SECÇÃO II
Actos especiais

SUBSECÇÃO I
Distribuição

(...)

DIVISÃO II

Disposições relativas à 1.ª instância

(...)

Artigo 222.º

Espécies de distribuição

Na distribuição há as seguintes espécies:

1.ª Acções de processo ordinário;

2.ª Acções de processo sumário;

3.ª Acções de processo sumaríssimo e acções especiais para cumprimento de obrigações pecuniárias emergentes de contratos;

4.ª Acções de processo especial;

5.ª Divórcio e separação litigiosos;

6.ª Execuções comuns que, não sendo por custas, multas ou outras quantias contadas, não provenham de acções propostas no tribunal;

7.ª Execuções por custas, multas ou outras quantias contadas, execuções especiais por alimentos e outras execuções que não provenham de acções propostas no tribunal;

8.ª Inventários;

9.ª Processos especiais de insolvência;

10.ª Cartas precatórias ou rogatórias, recursos de conservadores, notários e outros funcionários, reclamações e quaisquer outros papéis não classificados.

Este preceito foi alterado pelo Decreto-Lei n.º 269/98, de 1 de Setembro (publicado no Diário da República n.º 201/98, série I-A, de 1 de Setembro de 1998, pp. 4527--4530), pelo Decreto-Lei n.º 199/2003, de 10 de Setembro (publicado no Diário da República n.º 209/2003, série I-A, de 10 de Setembro de 2003, pp. 5903-5906) e pelo Decreto-Lei n.º 53/2004, de 18 de Março (publicado no Diário da República n.º 66//2004, série I-A, de 18 de Março de 2004, pp. 1402-1465).

(...)

CAPÍTULO III
Dos incidentes da instância

(...)

SECÇÃO III
Intervenção de terceiros

(...)

SUBSECÇÃO III
Oposição

(...)

DIVISÃO III
Oposição mediante embargos de terceiro

Artigo 351.º
Fundamento dos embargos de terceiro

1 – Se a penhora, ou qualquer acto judicialmente ordenado de apreensão ou entrega de bens, ofender a posse ou qualquer direito incompatível com a realização ou o âmbito da diligência, de que seja titular quem não é parte na causa, pode o lesado fazê-lo valer, deduzindo embargos de terceiro.

2 – Não é admitida a dedução de embargos de terceiro relativamente à apreensão de bens realizada no processo especial de recuperação da empresa e de falência.

Este preceito foi alterado pelo artigo 1.º do Decreto-Lei n.º 38/2003, de 8 de Março (Diário da República n.º 57/2003, série I-A, de 8 de Março de 2003, pp. 1588--1649).

(...)

11.2. Processo Executivo e Processos Especiais

Código de Processo Civil*

(...)

LIVRO III
DO PROCESSO

(...)

TÍTULO III
Do processo de execução

(...)

SUBTÍTULO I
Das disposições gerais

(...)

Artigo 806.º
Registo informático de execuções

1 – O registo informático de execuções contém o rol dos processos de execução pendentes e, relativamente a cada um deles, a seguinte informação:

a) Identificação do processo;
b) Identificação do agente de execução;
c) Identificação das partes, nos termos da alínea *a)* do n.º 1 do artigo 467.º e incluindo ainda, sempre que possível, o número de identificação de pessoa colectiva, a filiação e os números de bilhete de identidade e de identificação fiscal;

---

* Aprovado pelo Decreto-Lei n.º 44 129, de 28 de Dezembro de 1961, publicado na "Colecção Oficial de Legislação Portuguesa", 2.º Semestre de 1961, pp. 871-1058.

d) Pedido;
e) Bens indicados para penhora;
f) Bens penhorados;
g) Identificação dos créditos reclamados.

2 – Do mesmo registo consta também o rol das execuções findas ou suspensas, mencionando-se, além dos elementos referidos no número anterior:

a) A extinção com pagamento integral;
b) A extinção com pagamento parcial;
c) A suspensão da instância por não se terem encontrado bens penhoráveis, nos termos do disposto no n.º 3 do artigo 832.º e no n.º 6 do artigo 833.º.

3 – Os dados constantes dos números anteriores são introduzidos diariamente pela secretaria de execução.

4 – Na sequência de despacho judicial, procede-se ainda à introdução dos seguintes dados:

a) A declaração de insolvência e a nomeação de um administrador da insolvência, bem como o encerramento do processo especial de insolvência;
b) O arquivamento do processo executivo de trabalho, por não se terem encontrado bens para penhora.

5 – Os dados previstos no número anterior são acompanhados das informações referidas nas alíneas *a)* e *c)* do n.º 1.

Este preceito foi alterado pelo Decreto-Lei n.º 38/2003, de 8 de Março (publicado no Diário da República n.º 57/2003, série I-A de 8 de Março de 2004, pp. 1588-1649), pelo Decreto-Lei n.º 199/2003, de 10 de Setembro (publicado no Diário da República n.º 209/2003, série I-A de 10 de Setembro de 2003, pp. 5903-5906) e pelo Decreto-Lei n.º 53/2004, de 18 de Março (publicado no Diário da República n.º 66/2004, série I-A, de 18 de Março de 2004, pp. 1402-1465).

(...)

SUBTÍTULO II
Da execução para pagamento de quantia certa

CAPÍTULO ÚNICO
Do processo comum

(...)

SECÇÃO IV
Citações e concurso de credores

(...)

SUBSECÇÃO II
Concurso de credores

(...)

Artigo 870.º
Suspensão da execução nos casos de falência

Qualquer credor pode obter a suspensão da execução, a fim de impedir os pagamentos, mostrando que foi requerido processo especial de recuperação da empresa ou de falência do executado.

Redacção introduzida pelo Decreto-Lei n.º 329-A/95, de 12 de Dezembro (Diário da República n.º 285/95, série I-A, Suplemento de 12 de Dezembro de 1995, pp. 7780-(2)-7780-(268)).

(...)

TÍTULO IV
Dos processos especiais

(...)

CAPÍTULO XVI
Do inventário

(...)

SECÇÃO IV
Da conferência de interessados

(...)

Artigo 1361.º
Insolvência da herança

Quando se verifique a situação de insolvência da herança, seguir-se-ão, a requerimento de algum credor ou por deliberação de todos os interessados, os termos do processo de falência que se mostrem adequados, aproveitando-se, sempre que possível, o processado.

(...)

SECÇÃO IX
Partilha de bens em alguns casos especiais

(...)

Artigo 1406.º
Processo para a separação de bens em casos especiais

1 – Requerendo-se a separação de bens nos termos do artigo 825.º, ou tendo de proceder-se a separação por virtude da falência de um dos cônjuges, aplicar-se-á o disposto no artigo 1404.º, com as seguintes alterações:

a) O exequente, no caso de artigo 825.º, ou qualquer credor, no caso de falência, tem o direito de promover o andamento do inventário;
b) Não podem ser aprovadas dívidas que não estejam devidamente documentadas;
c) O cônjuge do executado ou falido tem o direito de escolher os bens com que há-de ser formada a sua meação; se usar desse direito, são notificados da escolha os credores, que podem reclamar contra ela, fundamentando a sua queixa.

2 – Se julgar atendível a reclamação, o juiz ordena avaliação dos bens que lhe pareçam mal avaliados.

3 – Quando a avaliação modifique o valor dos bens escolhidos pelo cônjuge do executado ou falido, este pode declarar que desiste da escolha; nesse caso, ou não tendo ele usado do direito de escolha, as meações são adjudicadas por meio de sorteio.

Redacção introduzida pelo Decreto-Lei n.º 329-A/95, de 12 de Dezembro (Diário da República n.º 285/95, série I-A, Suplemento, de 12 de Dezembro de 1995, pp. 7780-(2)-7780-(268)).

(...)

11.3. Registo informático de execuções

Decreto-Lei n.º 201/2003, de 10 de Setembro*

O novo regime jurídico da acção executiva, aprovado pelo Decreto--Lei n.º 38/2003, de 8 de Março, tem como objectivo claro a simplificação e aperfeiçoamento do actual processo executivo, pondo termo a uma excessiva morosidade para a qual contribuía a forte jurisdicionalização e rigidez dos actos praticados no âmbito do mesmo.

Nessa medida, com o intuito de evitar o impulso processual que venha a revelar-se improfícuo, mas sobretudo de agilizar a fase processual da penhora, conferindo-lhe maior eficácia, o novo regime do processo executivo prevê a existência de um registo informático das execuções.

Pretende-se ainda, com este registo, prevenir potenciais litígios jurisdicionais através do acesso concedido à informação dele constante por parte de quem tenha uma relação contratual ou pré-contratual com o titular dos dados.

Cabe, aliás, referir que a informação constante deste registo informático já é, na sua totalidade, de acesso público, constando dos processos judiciais pendentes em tribunal.

Com essas finalidades, esse registo informático disponibilizará todas as informações necessárias à realização da penhora, nomeadamente um rol dos processos de execução pendentes contra o executado, bem como informação sobre os bens já penhorados no património do mesmo e ainda um elenco das acções instauradas contra o exequente que foram declaradas findas ou suspensas.

A qualidade e tratamento dos dados não foi descurada, pelo que o seu registo e actualização, bem como o registo diário dos pedidos de consulta, dos acessos ao registo informático e dos certificados emitidos, é assegurado pela secretaria. Ainda no âmbito desta matéria, foi atribuída ao titular dos dados a faculdade de requerer, a todo o tempo, a actualização ou rectificação dos dados inscritos no registo.

---

* Publicado no Diário da República n.º 209/2003, série I-A, de 10 de Setembro de 2003, pp. 5928-5931.

Com o fito de proteger os dados de acessos ilegítimos, estabelece-se que apenas poderão proceder à consulta do registo informático de execuções determinadas categorias de pessoas: os magistrados judiciais ou do Ministério Público, as pessoas capazes de exercer o mandato judicial ou os solicitadores de execução, quando munidos de título executivo, o mandatário constituído ou o agente de execução nomeado, o próprio titular dos dados e ainda qualquer pessoa que tenha uma relação contratual ou pré-contratual com o executado, neste último caso mediante autorização judicial e verificados determinados requisitos legais.

Ponderados a natureza dos dados inscritos no registo e os objectivos da reforma, as únicas entidades com acesso directo ao registo são os magistrados judiciais ou do Ministério Público; nas restantes situações, a consulta do registo de execuções depende de pedido formulado em requerimento cujo modelo consta de portaria do Ministro da Justiça.

Ainda em obediência a objectivos de garantia da segurança da informação contida no registo de execuções, foram adoptadas medidas legislativas adequadas a proteger os dados pessoais, cabendo ao director-geral da Administração da Justiça velar pela utilização das medidas eficazes à prossecução desse propósito.

Com este diploma dá-se, assim, cumprimento ao disposto no n.º 4 do artigo 807.º do Código de Processo Civil, na redacção que lhe foi conferida pelo Decreto-Lei n.º 38/2003, de 8 de Março.

Nos termos do n.º 2 do artigo 22.º da Lei n.º 67/98, de 26 de Outubro, foi ouvida a Comissão Nacional de Protecção de Dados.

Assim:

Nos termos da alínea *a)* do n.º 1 do artigo 198.º da Constituição, o Governo decreta o seguinte:

Artigo 1.º

Objecto e finalidade do registo

1 – O registo informático de execuções contém o rol dos processos cíveis e laborais de execução e dos processos especiais de falência.

2 – O registo informático tem como finalidade a criação de mecanismos expeditos para conferir eficácia à penhora e à liquidação de bens.

3 – O registo informático tem ainda como finalidade a prevenção de eventuais conflitos jurisdicionais resultantes de incumprimento contratual.

Artigo 2.º

Dados do registo

1 – O registo informático de execuções contém o rol dos processos de execução pendentes e, relativamente a cada um deles, a seguinte informação:

a) Identificação do processo;

b) Identificação do agente de execução, através do seu nome e, sendo solicitador de execução, domicílio profissional, números de cédula pessoal e de identificação fiscal ou, sendo oficial de justiça, número mecanográfico;

c) Identificação das partes, nos termos da alínea *a)* do n.º 1 do artigo 467.º do Código de Processo Civil, incluindo ainda, sempre que possível, o número de identificação de pessoa colectiva, a filiação, o número de identificação fiscal, o número de bilhete de identidade ou, na impossibilidade atendível da sua apresentação, os números de passaporte ou de licença de condução;

d) Pedido, indicando o fim e o montante, a coisa ou a prestação, consoante os casos;

e) Bens indicados para penhora;

f) Bens penhorados, com indicação da data e hora da penhora e da adjudicação ou venda;

g) Identificação dos créditos reclamados, através do seu titular e montante do crédito.

2 – Do mesmo registo consta também o rol das execuções findas ou suspensas, mencionando-se, além dos elementos referidos no número anterior:

a) A extinção com pagamento integral;

b) A extinção com pagamento parcial;

c) A suspensão da instância por não se terem encontrado bens penhoráveis, nos termos do disposto no n.º 3 do artigo 832.º e no n.º 6 do artigo 833.º do Código de Processo Civil.

3 – Na sequência de despacho judicial, procede-se ainda à introdução dos seguintes dados:

a) A declaração de insolvência e a nomeação de um administrador da insolvência, bem como o encerramento do processo especial de insolvência;

b) O arquivamento do processo executivo de trabalho, por não se terem encontrado bens para penhora.

4 – Os dados previstos no número anterior são acompanhados das informações referidas nas alíneas *a)* e *c)* do n.º 1.

5 – Não havendo indicação do número de identificação fiscal do titular dos dados ou, em alternativa, do número de bilhete de identidade, passaporte ou licença de condução, deve o solicitador de execução ser notificado pela secretaria, previamente à inscrição da execução no registo, para que aquele proceda, no prazo de 10 dias, à indicação de, pelo menos, um destes elementos identificativos.

6 – O solicitador de execução pode, se necessário para o fim previsto no número anterior, socorrer-se das bases de dados, arquivos e outros registos, nos termos previstos no artigo 833.º do Código de Processo Civil.

7 – Se o solicitador de execução não proceder à indicação dos elementos solicitados, com fundamento na inexistência dos mesmos, a secretaria inscreve a execução no registo informático sem tais elementos.

A redacção da alínea a) *do n.º 3 foi alterada pelo artigo 5.º do Decreto-Lei n.º 53/2004, de 18 de Março (publicado no Diário da República n.º* 66/2004, *série I-A, de 18 de Março de 2004, pp. 1402-1465).*

Artigo 3.º

Momento da inscrição

A secretaria inscreve o processo executivo no registo informático de execuções após a consulta prévia efectuada pelo agente de execução, nos termos do artigo 832.º do Código de Processo Civil.

Artigo 4.º

Modo de recolha e actualização

1 – Os dados do registo informático de execuções são inscritos e actualizados pela secretaria a partir dos elementos constantes dos autos.

2 – Os dados constantes dos n.ºs 1 e 2 do artigo 2.º são introduzidos diariamente pela secretaria onde corre o processo de execução.

Artigo 5.º
Actualização, rectificação e eliminação dos dados

1 – A actualização ou rectificação dos dados inscritos no registo informático de execuções pode ser requerida pelo respectivo titular, a todo o tempo, junto da secretaria onde corre o processo de execução.

2 – A extinção da execução por absolvição da instância ou por procedência da oposição à execução determina a eliminação oficiosa do registo da execução.

3 – O registo da execução finda com pagamento integral é igualmente eliminado oficiosamente, uma vez verificado o trânsito em julgado da decisão que determine ou verifique a extinção do processo.

4 – A menção de a execução ter findado com pagamento parcial ou suspensão da instância, nos termos das alíneas *b)* e *c)* do n.º 2 do artigo 2.º, pode ser eliminada a requerimento do devedor logo que este prove o cumprimento da obrigação.

Artigo 6.º
Legitimidade para consultar o registo informático

1 – A consulta do registo informático de execuções pode ser efectuada:

a) Por magistrado judicial ou do Ministério Público;
b) Por pessoa capaz de exercer o mandato judicial ou solicitador de execução, mediante exibição de título executivo contra o titular dos dados, antes de proposta a acção executiva;
c) Pelo mandatário constituído ou pelo agente de execução designado;
d) Pelo titular dos dados;
e) Por quem tenha relação contratual ou pré-contratual com o titular dos dados ou revele outro interesse atendível na consulta, mediante consentimento do titular ou autorização dada por entidade judicial.

2 – A consulta do registo informático de execuções para finalidades não determinantes da respectiva recolha depende de autorização da Comissão Nacional de Protecção de Dados, nos termos da legislação aplicável à protecção de dados pessoais.

Artigo 7.º
Competência para o acesso e consulta

1 – Proposta a acção executiva, o pedido de consulta é dirigido ao tribunal da causa.

2 – Não havendo ou não se conhecendo a acção proposta, o pedido de consulta é dirigido a qualquer tribunal cível.

Artigo 8.º
Formas de acesso

1 – A consulta do registo de execuções pode ser feito pelas formas seguintes:

a) Certificado passado pela secretaria do tribunal;

b) Acesso directo.

2 – O certificado deve transcrever integralmente todos os dados que o registo de execuções contém relativamente ao titular de dados.

3 – O certificado é passado no prazo máximo de três dias úteis a contar da data em que foi requerido.

4 – A passagem do certificado pode ser requerida com urgência, quando se alegue fundamento razoável, sendo o mesmo passado com preferência sobre o restante serviço, dentro do prazo máximo de vinte e quatro horas.

5 – Caso o requerimento seja enviado por telecópia ou correio electrónico, o prazo referido nos n.os 3 e 4 conta-se a partir da data em que é recebida a cópia de segurança.

6 – Pela passagem do certificado, é devida a quantia de um quarto de unidade de conta, que reverte, na sua totalidade, a favor do Cofre Geral dos Tribunais.

7 – No caso de a passagem do certificado ser requerida com urgência, a quantia referida no número anterior é elevada ao dobro.

8 – O certificado requerido por agente de execução nos termos da alínea *c)* do n.º 1 do artigo 6.º é expedido imediata e gratuitamente.

Artigo 9.º
Consulta por magistrados

1 – Os magistrados judiciais e do Ministério Público têm acesso directo ao registo informático.

2 – As pesquisas ou as tentativas de pesquisa directa de informação ficam registadas automaticamente por período nunca inferior a um ano.

Artigo 10.º

Consulta sem necessidade de autorização judicial

1 – Nos casos previstos nas alíneas *b)* a *d)* do n.º 1 do artigo 6.º, e ainda nos casos em que haja autorização do titular dos dados, o requerimento é dirigido ao oficial de justiça da secretaria do tribunal competente.

2 – O requerimento é formulado em modelo aprovado por portaria do Ministro da Justiça.

3 – A utilização do modelo para requerimento de certificado pode ser dispensada, em condições a fixar por despacho do director-geral da Administração da Justiça, quando o pedido é feito presencialmente nas secretarias judiciais.

4 – O requerimento é acompanhado de comprovativo do pagamento da quantia referida nos n.os 6 e 7 do artigo 8.º ou da estampilha aprovada pela Portaria n.º 233/2003, de 17 de Março, de igual valor.

5 – Nos casos da alínea *b)* do n.º 1 do artigo 6.º, o requerimento é ainda acompanhado do original ou da cópia do título executivo.

6 – O requerimento é assinado pelo requerente e contém a sua identificação bem como a indicação do titular dos dados a que respeita.

7 – A identificação do requerente é feita pelo nome, estado e residência sendo confirmada:

a) Pela exibição do bilhete de identidade ou de outro documento de identificação idóneo;

b) Pelo reconhecimento da assinatura ou pela aposição de assinatura electrónica.

8 – A passagem do certificado deve ser rejeitada se o requerente não tiver legitimidade ou não respeitar o disposto nos n.os 2 a 6, sendo o requerimento devolvido com decisão fundamentada do oficial de justiça.

Artigo 11.º

Consulta com autorização do tribunal

1 – Nos casos referidos na alínea *e)* do n.º 1 do artigo 6.º, em que não haja autorização do titular dos dados, o requerimento de autorização

para consulta do registo informático de execuções é dirigido ao juiz do tribunal competente, em modelo aprovado nos termos do n.º 2 do artigo anterior.

2 – No requerimento deve o requerente:

a) Designar o tribunal;

b) Identificar-se, indicando o seu nome, residência e, sempre que possível, filiação, número de bilhete de identidade e identificação fiscal;

c) Identificar o titular dos dados a consultar, indicando os elementos de identificação referidos na alínea anterior;

d) Expor os factos e as razões que servem de fundamento ao pedido.

3 – O requerente deve ainda juntar comprovativo do pagamento da quantia referida nos n.os 6 e 7 do artigo 8.º ou estampilha, aprovada pela Portaria n.º 233/2003, de 17 de Março, de igual valor.

4 – A secretaria recusa o recebimento do requerimento, indicando por escrito o fundamento da rejeição, quando o requerente não cumpra o disposto nos números anteriores.

5 – Do acto de recusa de recebimento cabe reclamação para o juiz, não havendo recurso do despacho que confirme o não recebimento.

6 – Recebido o requerimento, o juiz, no prazo de 10 dias, profere despacho fundamentado destinado a:

a) Recusar a consulta do registo informático;

b) Autorizar a consulta do registo informático, ordenando a secretaria a passar o respectivo certificado.

7 – Não cabe recurso dos despachos referidos no número anterior.

Artigo 12.º
Registo diário de acessos

1 – A secretaria assegura o registo diário dos pedidos de consulta, dos acessos ao registo informático de execuções e dos certificados emitidos, nos termos do disposto nos números seguintes, com o fim de evitar o acesso não autorizado aos dados pessoais recolhidos e de garantir o respectivo controlo administrativo.

2 – Feito o requerimento de consulta do registo de execuções, deve ser lançada a respectiva anotação no registo diário, que deve conter os seguintes elementos:

a) A data da entrada do requerimento;

b) O nome do requerente ou o seu cargo, quando se trate de entidade oficial que nessa qualidade assine o requerimento;

c) O nome e número de identificação fiscal do titular dos dados de que se pretende obter informação.

3 – O registo diário deve permitir ainda a identificação dos utilizadores do registo informático de execuções, a data e a hora dos respectivos acessos, bem como uma relação discriminada dos certificados emitidos.

4 – Apenas os funcionários da secretaria poderão consultar o registo diário, de harmonia com as indicações dadas pelos interessados.

5 – Aos dados constantes do registo diário de acessos aplica-se, com as devidas adaptações, o disposto no n.º 1 do artigo 5.º e no artigo seguinte.

Artigo 13.º

Conservação dos dados

Sem prejuízo do previsto no artigo 5.º relativamente à eliminação de determinados dados, os dados constantes do registo informático de execuções são conservados em registo até 10 anos após a extinção da instância.

Artigo 14.º

Consulta para fins de investigação criminal ou estatística

1 – Os dados registados na base de dados podem ser consultados, pelas entidades competentes, para efeitos de investigação criminal ou de instrução em processos judiciais, sempre que os dados não possam ou não devam ser obtidos através das entidades a quem respeitam.

2 – A informação contida nos dados pode ser divulgada para fins de estatística, desde que não possam ser identificáveis as pessoas a quem respeitam.

Artigo 15.º

Segurança dos dados

1 – São objecto de controlo, tendo em vista a segurança da informação:

a) Os suportes de dados, a fim de impedir que possam ser lidos, copiados, alterados ou eliminados por qualquer pessoa ou por qualquer forma não autorizada;
b) A inserção de dados, a fim de impedir a introdução, bem como qualquer tomada de conhecimento, transmissão, alteração ou eliminação não autorizada de dados pessoais;
c) O acesso aos dados de modo que as pessoas autorizadas só possam ter acesso aos dados que interessem ao exercício dos seus interesses reconhecidos por lei;
d) A transmissão de dados, para garantir que a sua utilização seja limitada às entidades autorizadas;
e) A introdução de dados, de forma a verificar-se quando e por quem foram introduzidos.

2 – Compete ao director-geral da Administração da Justiça garantir o respeito pelo disposto no número anterior, nomeadamente através da implementação de sistemas de acesso mediante palavras-passe, medidas de restrição de acessos aos equipamentos e aplicações, bem como auditorias para verificação dos acessos ao registo informático de execuções, a realizar através dos mecanismos previstos no artigo 12.º.

Artigo 16.º
Regime transitório

No que respeita às acções entradas antes de 15 de Setembro de 2003, são desde já inscritos no registo informático das execuções os dados actualmente sujeitos a tratamento informático, sendo a inscrição dos restantes efectuada no prazo máximo de um ano a contar da entrada em vigor deste diploma.

Artigo 17.º
Entrada em vigor

O presente diploma entra em vigor no dia 15 de Setembro de 2003.

Visto e aprovado em Conselho de Ministros de 31 de Julho de 2003. – *José Manuel Durão Barroso – João Luís Mota de Campos.*

Promulgado em 2 de Setembro de 2003.

Publique-se.
O Presidente da República, Jorge Sampaio.
Referendado em 3 de Setembro de 2003.
O Primeiro-Ministro, *José Manuel Durão Barroso*.

12. Direito Penal

12.1. Crimes Contra Direitos Patrimoniais

Código Penal*

(...)

LIVRO II
PARTE ESPECIAL

(...)

TÍTULO II
Dos crimes contra o património

(...)

CAPÍTULO IV
Dos crimes contra direitos patrimoniais

Artigo 227.º
Insolvência dolosa

1 – O devedor que com intenção de prejudicar os credores:

a) Destruir, danificar, inutilizar ou fizer desaparecer parte do seu património;

---

* Aprovado pelo Decreto-Lei n.º 400/82, de 23 de Setembro, publicado no Diário da República n.º 221/82, série I, Suplemento, de 23 de Setembro de 1982, pp. 3006-(2)-3006-(64).

b) Diminuir ficticiamente o seu activo, dissimulando coisas, invocando dívidas supostas, reconhecendo créditos fictícios, incitando terceiros a apresentá-los, ou simulando, por qualquer outra forma, uma situação patrimonial inferior à realidade, nomeadamente por meio de contabilidade inexacta, falso balanço, destruição ou ocultação de documentos contabilísticos ou não organizando a contabilidade apesar de devida;

c) Criar ou agravar artificialmente prejuízos ou reduzir lucros; ou

d) Para retardar falência, comprar mercadorias a crédito, com o fim de as vender ou utilizar em pagamento por preço sensivelmente inferior ao corrente;

é punido, se ocorrer a situação de insolvência e esta vier a ser reconhecida judicialmente, com pena de prisão até 5 anos ou com pena de multa até 600 dias.

2 – O terceiro que praticar algum dos factos descritos no n.º 1 deste artigo, com o conhecimento do devedor ou em benefício deste, é punido com a pena prevista nos números anteriores, conforme os casos, especialmente atenuada.

3 – Sem prejuízo do disposto no artigo 12.º, é punível nos termos dos n.os 1 e 2 deste artigo, no caso de o devedor ser pessoa colectiva, sociedade ou mera associação de facto, quem tiver exercido de facto a respectiva gestão ou direcção efectiva e houver praticado algum dos factos previstos no n.º 1.

Redacção introduzida pelo Decreto-Lei n.º 48/95, de 15 de Março (Diário da República n.º 63/95, série I-A, de 15 de Março de 1995, pp. 1350-1416), pela Lei n.º 65/ /98, de 2 de Setembro (Diário da República n.º 202/98, série I-A, de 2 de Setembro de 1998, pp. 4572-4578) e pelo Decreto-Lei n.º 53/2004, de 18 de Março (Diário da República n.º 66/2004, série I-A, de 18 de Março de 2004, pp. 1402-1465).

Artigo 227.º-A

Frustração de créditos

1 – O devedor que, após prolação de sentença condenatória exequível, destruir, danificar, fizer desaparecer, ocultar ou sonegar parte do seu património, para dessa forma intencionalmente frustar, total ou parcialmente, a satisfação de um crédito de outrem, é punido, se, instaurada a acção executiva, nela não se conseguir satisfazer inteiramente os direitos do credor, com pena de prisão até 3 anos ou com pena de multa.

2 – É correspondentemente aplicável o disposto nos n.os 2 e 3 do artigo anterior.

Este preceito foi introduzido pelo artigo 12.º do Decreto-Lei n.º 38/2003, de 8 de Março (Diário da República n.º 57/2003, série I-A, de 8 de Março de 2003, pp. 1588--1649) e alterado pelo Decreto-Lei n.º 53/2004, de 18 de Março (Diário da República n.º 66/2004, série I-A, de 18 de Março de 2004, pp. 1402-1465).

Artigo 228.º
Insolvência negligente

1 – O devedor que:

a) Por grave incúria ou imprudência, prodigalidade ou despesas manifestamente exageradas, especulações ruinosas, ou grave negligência no exercício da sua actividade, criar um estado de insolvência; ou
b) Tendo conhecimento das dificuldades económicas e financeiras da sua empresa, não requerer em tempo nenhuma providência de recuperação;

é punido, se ocorrer a situação de insolvência e esta vier a ser reconhecida judicialmente, com pena de prisão até um ano ou com pena de multa até 120 dias.

2 – É correspondentemente aplicável o disposto no n.º 3 do artigo 227.º.

Redacção introduzida pelo Decreto-Lei n.º 48/95, de 15 de Março (Diário da República n.º 63/95, série I-A, de 15 de Março de 1995, pp. 1350-1416), pela Lei n.º 65/98, de 2 de Setembro (Diário da República n.º 202/98, série I-A, de 2 de Setembro de 1998, pp. 4572-4578) e pelo Decreto-Lei n.º 53/2004, de 18 de Março (Diário da República n.º 66/2004, série I-A, de 18 de Março de 2004, pp. 1402-1465).

Artigo 229.º
Favorecimento de credores

1 – O devedor que, conhecendo a sua situação de insolvência ou prevendo a sua iminência e com intenção de favorecer certos credores em prejuízo de outros, solver dívidas ainda não vencidas ou as solver de maneira diferente do pagamento em dinheiro ou valores usuais, ou der garantias para suas dívidas a que não era obrigado, é punido com pena de prisão até 2 anos ou com pena de multa até 240 dias, se vier a ser reconhecida judicialmente a insolvência.

2 – É correspondentemente aplicável o disposto no n.º 3 do artigo 227.º.

Redacção introduzida pelo Decreto-Lei n.º 48/95, de 15 de Março (Diário da República n.º 63/95, série I-A, de 15 de Março de 1995, pp. 1350-1416), pela Lei n.º 65/98, de 2 de Setembro (Diário da República n.º 202/98, série I-A, de 2 de Setembro de 1998, pp. 4572-4578) e pelo Decreto-Lei n.º 53/2004, de 18 de Março (Diário da República n.º 66/2004, série I-A, de 18 de Março de 2004, pp. 1402-1465).

Artigo 229.º-A
Agravação

As penas previstas no n.º 1 do artigo 227.º, no n.º 1 do artigo 227.º-A, no n.º 1 do artigo 228.º e no n.º 1 do artigo 229.º são agravadas de um terço, nos seus limites mínimo e máximo, se, em consequência da prática de qualquer dos factos ali descritos, resultarem frustrados créditos de natureza laboral, em sede de processo executivo ou processo especial de insolvência.

Preceito introduzido pelo artigo 3.º do Decreto-Lei n.º 53/2004, de 18 de Março (publicado no Diário da República n.º 66/2004, série I-A, de 18 de Março de 2004, pp. 1402-1465).

(...)

12.2. Duração Máxima da Prisão Preventiva

Código de Processo Penal*

PARTE I

(...)

LIVRO IV
DAS MEDIDAS DE COACÇÃO E DE GARANTIA PATRIMONIAL

(...)

TÍTULO II
Das medidas de coacção

(...)

CAPÍTULO III
Da revogação, alteração e extinção das medidas

(...)

Artigo 215.º
Prazos de duração máxima da prisão preventiva

1 – A prisão preventiva extingue-se quando, desde o seu início, tiverem decorrido:

a) 6 meses sem que tenha sido deduzida acusação;
b) 10 meses sem que, havendo lugar a instrução, tenha sido proferida decisão instrutória;
c) 18 meses sem que tenha havido condenação em 1.ª instância;
d) 2 anos sem que tenha havido condenação com trânsito em julgado.

2 – Os prazos referidos no número anterior são elevados, respectivamente, para 8 meses, 1 ano, 2 anos e 30 meses, em casos de terro-

* Aprovado pelo Decreto-Lei n.º 78/87, de 17 de Fevereiro, publicado no Diário da República n.º 40/87, série I, de 17 de Fevereiro de 1987, pp. 617-699.

rismo, criminalidade violenta ou altamente organizada, ou quando se proceder por crime punível com pena de prisão de máximo superior a oito anos, ou por crime:

a) Previsto nos artigos 299.º, 312.º, n.º 1, 315.º, n.º 2, 318.º, n.º 1, 319.º, 326.º, 331.º ou 333.º, n.º 1, do Código Penal;
b) De furto de veículos ou de falsificação de documentos a eles respeitantes ou de elementos identificadores de veículos;
c) De falsificação de moeda, títulos de crédito, valores selados, selos e equiparados ou da respectiva passagem;
d) De burla, insolvência dolosa, administração danosa do sector público ou cooperativo, falsificação, corrupção, peculato ou de participação económica em negócio;
e) De branqueamento de capitais, bens ou produtos provenientes de crime;
f) De fraude na obtenção ou desvio de subsídio, subvenção ou crédito;
g) Abrangido por convenção sobre segurança da navegação aérea ou marítima.

3 – Os prazos referidos no n.º 1 são elevados, respectivamente, para 12 meses, 16 meses, 3 anos e 4 anos, quando o procedimento for por um dos crimes referidos no número anterior e se revelar de excepcional complexidade, devido, nomeadamente, ao número de arguidos ou de ofendidos ou ao carácter altamente organizado do crime.

4 – Os prazos referidos nas alíneas *c*) e *d*) do n.º 1, bem como os correspondentemente referidos nos n.os 2 e 3, são acrescentados de seis meses se tiver havido recurso para o Tribunal Constitucional ou se o processo penal tiver sido suspenso para julgamento em outro tribunal de questão prejudicial.

Os n.os 2 e 3 foram alterados pela Lei n.º 59/98, de 25 de Agosto (Diário da República n.º 195/98, série I-A, de 25 de Agosto de 1998, pp. 4236-4344).

(...)

13. Direito Eleitoral

13.1. Inelegibilidade para os Órgãos das Autarquias Locais

Lei Orgânica n.º 1/2001, de 14 de Agosto*

TÍTULO I
Âmbito e capacidade eleitoral

(...)

CAPÍTULO III
Capacidade eleitoral passiva

(...)

Artigo 6.º
Inelegibilidades gerais

1 – São inelegíveis para os órgãos das autarquias locais:
a) O Presidente da República;
b) O Provedor de Justiça;
c) Os juízes do Tribunal Constitucional e do Tribunal de Contas;
d) O Procurador-Geral da República;

---

* Publicada no Diário da República n.º 188/2001, série I-A, de 14 de Agosto de 2001, pp. 5150-5180.

e) Os magistrados judiciais e do Ministério Público;
f) Os membros do Conselho Superior da Magistratura, do Conselho Superior do Ministério Público, da Comissão Nacional de Eleições e da Alta Autoridade para a Comunicação Social;
g) Os militares e os agentes das forças militarizadas dos quadros permanentes, em serviço efectivo, bem como os agentes dos serviços e forças de segurança, enquanto prestarem serviço activo;
h) O inspector-geral e os subinspectores-gerais de Finanças, o inspector-geral e os subinspectores-gerais da Administração do Território e o director-geral e os subdirectores-gerais do Tribunal de Contas;
i) O secretário da Comissão Nacional de Eleições;
j) O director-geral e os subdirectores-gerais do Secretariado Técnico dos Assuntos para o Processo Eleitoral;
l) O director-geral dos Impostos.

2 – São igualmente inelegíveis para os órgãos das autarquias locais:
a) Os falidos e insolventes, salvo se reabilitados;
b) Os cidadãos eleitores estrangeiros que, em consequência de decisão de acordo com a lei do seu Estado de origem, tenham sido privados do direito de sufrágio activo ou passivo.

(...)

14. *Direito Corporativo*

14.1. *Exercício da Solicitadoria*

ESTATUTO DA CÂMARA DOS SOLICITADORES*

CAPÍTULO IV
Solicitadores e solicitadores estagiários

SECÇÃO I
Solicitadores

SUBSECÇÃO I
Inscrição

(...)

Artigo 78.º
Restrições ao direito de inscrição

1 – É recusada a inscrição:

a) Àquele que não possua idoneidade moral para o exercício da profissão, nomeadamente por ter sido condenado pela prática de

* Aprovado pelo Decreto-Lei n.º 88/2003, de 26 de Abril, publicado no Diário da República n.º 97/2003, série I-A, de 26 de Abril de 2003, pp. 2690-2719.

crime desonroso para o exercício da profissão ou ter sido sujeito a pena disciplinar superior a multa no exercício das funções de funcionário público ou equiparado, advogado ou membro de qualquer associação pública;

b) A quem esteja enquadrado nas incompatibilidades definidas no artigo 114.º;

c) A quem não esteja no pleno gozo dos seus direitos civis;

d) A quem esteja declarado falido ou insolvente.

2 – Aos solicitadores ou solicitadores estagiários que se encontrem em qualquer das situações enumeradas no número anterior é suspensa ou cancelada a inscrição.

3 – A declaração de falta de idoneidade segue a tramitação prevista para o processo de inquérito disciplinar, com as necessárias adaptações, só podendo ser proferida mediante a obtenção de dois terços dos votos dos membros do conselho competente em efectividade de funções.

4 – Os condenados criminalmente que tenham obtido a reabilitação judicial podem obter a sua inscrição, desde que demonstrem idoneidade moral para o exercício da profissão e preencham os demais requisitos.

14.2. Exercício da Função Notarial

ESTATUTO DO NOTARIADO*

CAPÍTULO I
Disposições gerais

SECÇÃO I
Notário e função notarial

(...)

Artigo 4.º
Função notarial

1 – Compete, em geral, ao notário redigir o instrumento público conforme a vontade dos interessados, a qual deve indagar, interpretar e adequar ao ordenamento jurídico, esclarecendo-os do seu valor e alcance.

2 – Em especial, compete ao notário, designadamente:

a) Lavrar testamentos públicos, instrumentos de aprovação, depósito e abertura de testamentos cerrados e de testamentos internacionais;

b) Lavrar outros instrumentos públicos nos livros de notas e fora deles;

c) Exarar termos de autenticação em documentos particulares ou de reconhecimento da autoria da letra com que esses documentos estão escritos ou das assinaturas neles apostas;

d) Passar certificados de vida e identidade e, bem assim, do desempenho de cargos públicos, de gerência ou de administração de pessoas colectivas;

e) Passar certificados de outros factos que tenha verificado;

f) Certificar, ou fazer e certificar, traduções de documentos;

---

* Aprovado pelo Decreto-Lei n.º 26/2004, de 4 de Fevereiro, publicado no Diário da República n.º 29/2004, série I-A, de 4 de Fevereiro de 2004, pp. 568-587.

g) Passar certidões de instrumentos públicos, de registos e de outros documentos arquivados, extrair públicas-formas de documentos que para esse fim lhe sejam presentes ou conferir com os respectivos originais e certificar as fotocópias extraídas pelos interessados;
h) Lavrar instrumentos para receber a declaração, com carácter solene ou sob juramento, de honorabilidade e de não se estar em situação de falência, nomeadamente para efeitos do preenchimento dos requisitos condicionantes, na ordem jurídica comunitária, da liberdade de estabelecimento ou de prestação de serviços;
i) Lavrar instrumentos de actas de reuniões de órgãos sociais;
j) Transmitir por telecópia, sob forma certificada, o teor dos instrumentos públicos, registos e outros documentos que se achem arquivados no cartório, a outros serviços públicos perante os quais tenham de fazer fé e receber os que lhe forem transmitidos, por esses serviços, nas mesmas condições;
l) Intervir nos actos jurídicos extrajudiciais a que os interessados pretendam dar garantias especiais de certeza e autenticidade;
m) Conservar os documentos que por lei devam ficar no arquivo notarial e os que lhe forem confiados com esse fim.

3 – A solicitação dos interessados, o notário pode requisitar por qualquer via, a outros serviços públicos, os documentos necessários à instrução dos actos da sua competência.

4 – Incumbe ao notário, a pedido dos interessados, preencher a requisição de registo, em impresso de modelo aprovado, e remetê-la à competente conservatória do registo predial ou comercial, acompanhada dos respectivos documentos e preparo.

14.3. Exercício da Advocacia

ESTATUTO DA ORDEM DOS ADVOGADOS*

(...)

TÍTULO II
Exercício da advocacia

(...)

CAPÍTULO II
Incompatibilidades e impedimentos

(...)

Artigo 77.º
Incompatibilidades

1 – São, designadamente, incompatíveis com o exercício da advocacia os seguintes cargos, funções e actividades:

a) Titular ou membro de órgão de soberania, representantes da República para as Regiões Autónomas, membros do Governo Regional das Regiões Autónomas, presidentes de câmara municipal e, bem assim, respectivos adjuntos, assessores, secretários, funcionários, agentes ou outros contratados dos respectivos gabinetes ou serviços;
b) Membro do Tribunal Constitucional e respectivos funcionários, agentes ou contratados;
c) Membro do Tribunal de Contas e respectivos funcionários, agentes ou contratados;

* Aprovado pela Lei n.º 15/2005, de 26 de Janeiro, publicada no Diário da República n.º 18/2005, série I-A, de 26 de Janeiro de 2005, pp. 612-646.

d) Provedor de Justiça e funcionários, agentes ou contratados do respectivo serviço;
e) Magistrado, ainda que não integrado em órgão ou função jurisdicional;
f) Governador civil, vice-governador civil e funcionários, agentes ou contratados do respectivo serviço;
g) Assessor, administrador, funcionário, agente ou contratado de qualquer tribunal;
h) Notário ou conservador de registos e funcionários, agentes ou contratados do respectivo serviço;
i) Gestor público;
j) Funcionário, agente ou contratado de quaisquer serviços ou entidades que possuam natureza pública ou prossigam finalidades de interesse público, de natureza central, regional ou local;
l) Membro de órgão de administração, executivo ou director com poderes de representação orgânica das entidades indicadas na alínea anterior;
m) Membro das Forças Armadas ou militarizadas;
n) Revisor oficial de contas ou técnico oficial de contas e funcionários, agentes ou contratados do respectivo serviço;
o) Gestor judicial ou liquidatário judicial ou pessoa que exerça idênticas funções;
p) Mediador mobiliário ou imobiliário, leiloeiro e funcionários, agentes ou contratados do respectivo serviço;
q) Quaisquer outros cargos, funções e actividades que por lei sejam considerados incompatíveis com o exercício da advocacia.

2 – As incompatibilidades verificam-se qualquer que seja o título, designação, natureza e espécie de provimento ou contratação, o modo de remuneração e, em termos gerais, qualquer que seja o regime jurídico do respectivo cargo, função ou actividade, com excepção das seguintes situações:

a) Dos membros da Assembleia da República, bem como dos respectivos adjuntos, assessores, secretários, funcionários, agentes ou outros contratados dos respectivos gabinetes ou serviços;
b) Dos que estejam aposentados, reformados, inactivos, com licença ilimitada ou na reserva;
c) Dos docentes;
d) Dos que estejam contratados em regime de prestação de serviços.

3 – É permitido o exercício da advocacia às pessoas indicadas nas alíneas *j)* e *l)* do n.º 1, quando esta seja prestada em regime de subordinação e em exclusividade, ao serviço de quaisquer das entidades previstas nas referidas alíneas, sem prejuízo do disposto no artigo 81.º.

4 – É ainda permitido o exercício da advocacia às pessoas indicadas nas alíneas *j)* e *l)* do n.º 1 quando providas em cargos de entidades ou estruturas com carácter temporário, sem prejuízo do disposto no estatuto do pessoal dirigente dos serviços e organismos da administração central, regional e local do Estado.

(...)

Parte IV
Direito Europeu e Internacional

1. *Protecção dos Trabalhadores Assalariados em Caso de Insolvência do Empregador*

Directiva n.º 80/987/CEE do Conselho, de 20 de Outubro de 1980*

(relativa à protecção dos trabalhadores assalariados em caso de insolvência do empregador)

O CONSELHO DAS COMUNIDADES EUROPEIAS,

Tendo em conta o Tratado que institui a Comunidade Económica Europeia e, nomeadamente, o seu artigo 100.º,

Tendo em conta a proposta da Comissão[1],

Tendo em conta o parecer do Parlamento Europeu[2],

Tendo em conta o parecer do Comité Económico e Social[3],

Considerando que são necessárias disposições para proteger os trabalhadores assalariados em caso de insolvência do empregador, em particular para garantir o pagamento dos seus créditos em dívida, tendo em

---

* Publicada no Jornal Oficial n.º L 283, de 28 de Outubro de 1980, pp. 23-27 e alterada pela Directiva n.º 2002/74/CE, do Parlamento Europeu e do Conselho, de 23 de Setembro de 2002, publicada no Jornal Oficial n.º L 270, de 8 de Outubro de 2002, pp. 10-13 (e cujo artigo 2.º, n.º 1 dispõe o seguinte: "Os Estados-Membros devem pôr em vigor as disposições legislativas, regulamentares e administrativas necessárias para dar cumprimento à presente directiva antes de 8 de Outubro de 2005 e informar imediatamente a Comissão desse facto. Os Estados-Membros devem aplicar as disposições a que se refere o primeiro parágrafo a todo e qualquer estado de insolvência de um empregador que ocorra após a data de entrada em vigor dessas disposições (...)").

[1] JO C 135 de 9/06/1978, p. 2.

[2] JO C 39 de 12/02/1979, p. 26.

[3] JO C 105 de 26/04/1979, p. 15.

conta a necessidade e um desenvolvimento económico e social equilibrado na Comunidade;

Considerando que subsistem diferenças entre os Estados-membros quanto ao alcance da protecção dos trabalhadores assalariados neste domínio; que é conveniente reduzir essas diferenças que podem ter uma incidência directa no funcionamento do mercado comum;

Considerando que, por conseguinte, se justifica promover a aproximação das legislações sobre esta matéria numa via de progresso na acepção do artigo 117.º do Tratado;

Considerando que o mercado de trabalho da Gronelândia, em razão da situação geográfica e das estruturas profissionais actuais desta região, difere fundamentalmente do mercado de trabalho das outras regiões da Comunidade;

Considerando que, na medida em que a República Helénica se tornará membro da Comunidade Económica Europeia em 1 de Janeiro de 1981, de acordo com o Acto relativo às condições de adesão da República Helénica e às adaptações dos Tratados, é conveniente fixar no anexo da directiva, sob o título «Grécia», as categorias de trabalhadores assalariados cujos créditos podem ser excluídos em conformidade com o n.º 2 do artigo 1.º,

ADOPTOU A PRESENTE DIRECTIVA;

SECÇÃO I

Âmbito de aplicação e definições

Artigo 1.º

1 – A presente directiva aplica-se aos créditos dos trabalhadores assalariados emergentes de contratos de trabalho ou de relações de trabalho existentes em relação a empregadores que se encontrem em estado de insolvência, na acepção do n.º 1 do artigo 2.º.

2 – Os Estados-Membros podem, a título excepcional, excluir do âmbito de aplicação da presente directiva os créditos de certas categorias de trabalhadores assalariados devido à existência de outras formas de garantia, se for determinado que estas asseguram aos interessados uma protecção equivalente à que resulta da presente directiva.

3 – Caso tal disposição seja já aplicável na sua legislação nacional, os Estados-Membros podem continuar a excluir do âmbito de aplicação da presente directiva:

a) Os trabalhadores domésticos contratados por uma pessoa singular;

b) Os pescadores remunerados à percentagem.

Artigo 2.º

1 – Para efeitos do disposto na presente directiva, considera-se que um empregador se encontra em estado de insolvência quando tenha sido requerida a abertura de um processo colectivo, com base na insolvência do empregador, previsto pelas disposições legislativas, regulamentares e administrativas de um Estado-Membro, que determine a inibição total ou parcial desse empregador da administração ou disposição de bens e a designação de um síndico, ou de uma pessoa que exerça uma função análoga, e quando a autoridade competente por força das referidas disposições tenha:

a) Decidido a abertura do processo; ou

b) Declarado o encerramento definitivo da empresa ou do estabelecimento do empregador, bem como a insuficiência do activo disponível para justificar a abertura do processo.

2 – A presente directiva não prejudica o direito nacional no que se refere à definição dos termos "trabalhador assalariado", "empregador", "remuneração", "direito adquirido" e "direito em vias de aquisição".

Todavia, os Estados-Membros não podem excluir do âmbito de aplicação da presente directiva:

a) Os trabalhadores a tempo parcial, na acepção da Directiva 97/ /81/CE;

b) Os trabalhadores com contratos de trabalho a termo, na acepção da Directiva 1999/70/CE;

c) Os trabalhadores que têm uma relação de trabalho temporário, na acepção do ponto 2 do artigo 1.º da Directiva 91/383/CEE.

3 – Os Estados-Membros não podem submeter o direito dos trabalhadores a beneficiarem da presente directiva a uma duração mínima do contrato de trabalho ou da relação de trabalho.

4 – A presente directiva não impede os Estados-Membros de alargarem a protecção dos trabalhadores assalariados a outras situações de

insolvência, como a cessação de facto de pagamentos com carácter permanente, constatadas por via de processos que não os mencionados no n.º 1, que estejam previstos no direito nacional.

Todavia, tais processos não criam uma obrigação de garantia para as instituições dos outros Estados-Membros, nos casos previstos na secção III-A.

SECÇÃO II
Disposições relativas às instituições de garantia

Artigo 3.º

Os Estados-Membros devem tomar as medidas necessárias para que as instituições de garantia assegurem, sob reserva do artigo 4.º, o pagamento dos créditos em dívida dos trabalhadores assalariados emergentes de contratos de trabalho ou de relações de trabalho, incluindo, sempre que o direito nacional o estabeleça, as indemnizações pela cessação da relação de trabalho.

Os créditos a cargo da instituição de garantia consistem em remunerações em dívida correspondentes a um período anterior e/ou, conforme os casos, posterior a uma data fixada pelos Estados-Membros.

Artigo 4.º

1 – Os Estados-Membros têm a faculdade de limitar a obrigação de pagamento das instituições de garantia a que se refere o artigo 3.º.

2 – Quando os Estados-Membros fizerem uso da faculdade a que se refere o n.º 1, devem determinar a duração do período que dá lugar ao pagamento dos créditos em dívida pela instituição de garantia. Contudo, esta duração não pode ser inferior ao período relativo à remuneração dos três últimos meses da relação de trabalho anterior e/ou posterior à data a que se refere o artigo 3.º. Os Estados-Membros podem calcular este período mínimo de três meses com base num período de referência cuja duração não pode ser inferior a seis meses.

Os Estados-Membros que fixarem um período de referência não inferior a 18 meses têm a possibilidade de reduzir a oito semanas o período que dá lugar ao pagamento dos créditos em dívida pela instituição de garantia. Neste caso, para o cálculo do período mínimo, são considerados os períodos mais favoráveis aos trabalhadores.

3 – Os Estados-Membros podem igualmente estabelecer limites máximos em relação aos pagamentos efectuados pela instituição de garantia. Estes limites não devem ser inferiores a um limiar socialmente compatível com o objectivo social da presente directiva.

Quando os Estados-Membros fizerem uso desta faculdade, devem comunicar à Comissão os métodos através dos quais estabeleceram o referido limite máximo.

Artigo 5.º

Os Estados-Membros estabelecem as modalidades da organização do financiamento e do funcionamento das instituições de garantia observando, nomeadamente, os seguintes princípios:

a) O património das instituições deve ser independente do capital de exploração dos empregadores e ser constituído por forma que não possa ser apreendido no decurso de um processo de insolvência;
b) Os empregadores devem contribuir para o financiamento, a menos que este seja assegurado integralmente pelos poderes públicos;
c) A obrigação de pagamento das instituições existirá independentemente da execução das obrigações de contribuir para o seu financiamento.

SECÇÃO III

Disposições relativas à segurança social

Artigo 6.º

Os Estados-Membros podem prever que os artigos 3.º, 4.º e 5.º não se apliquem às cotizações devidas a título de regimes legais nacionais de segurança social ou a título de regimes complementares de previdência profissionais ou interprofissionais existentes para além dos regimes legais nacionais de segurança social.

Artigo 7.º

Os Estados-Membros tomarão as medidas necessárias para assegurar que o não pagamento, às suas instituições de segurança, de cotizações obrigatórias devidas pelo empregador antes da superveniência da insolvência, a título de regimes legais nacionais de segurança social, não prejudicará o direito do trabalhador assalariado a prestações dessas instituições, na medida em que as cotizações tenham sido descontadas dos salários pagos.

Artigo 8.º

Os Estados-Membros certificar-se-ão de que serão tomadas as medidas necessárias para proteger os interesses dos trabalhadores assalariados e das pessoas que tenham deixado a empresa ou o estabelecimento da entidade patronal na data da superveniência da insolvência desta, no que respeita aos seus direitos adquiridos ou em vias de aquisição, a prestações de velhice, incluindo as prestações de sobrevivência, a título de regimes complementares de previdência, profissionais ou interprofissionais existentes para além dos regimes legais nacionais de segurança social.

SECÇÃO III-A
Disposições relativas às situações transnacionais

Artigo 8.º-A

1 – Sempre que uma empresa com actividades no território de dois ou mais Estados-Membros se encontre em estado de insolvência na acepção do n.º 1 do artigo 2.º, a instituição responsável pelo pagamento dos créditos em dívida dos trabalhadores assalariados é a do Estado-Membro em cujo território o trabalhador exerce ou exercia habitualmente a sua profissão.

2 – O conteúdo dos direitos dos trabalhadores assalariados é determinado pelo direito que rege a instituição de garantia competente.

3 – Os Estados-Membros devem tomar as medidas necessárias para garantir que, nos casos referidos no n.º 1, as decisões tomadas no âmbito

de um processo de insolvência referido no n.º 1 do artigo 2.º, cuja abertura tenha sido requerida noutro Estado-Membro, sejam tidas em consideração para determinar o estado de insolvência do empregador na acepção da presente directiva.

Artigo 8.º-B

1 – Para efeitos da aplicação do artigo 8.º-A, os Estados-Membros devem dispor o intercâmbio de informações pertinentes entre as administrações públicas competentes e/ou entre as instituições de garantia a que se refere o artigo 3.º, intercâmbio que permita, nomeadamente, dar à instituição de garantia competente conhecimento dos créditos em dívida dos trabalhadores.

2 – Os Estados-Membros devem comunicar à Comissão e aos restantes Estados-Membros as coordenadas das respectivas administrações públicas competentes e/ou instituições de garantia. A Comissão deve possibilitar ao público o acesso às referidas informações.

SECÇÃO IV
Disposições gerais e finais

Artigo 9.º

A presente directiva não prejudicará a faculdade de os Estados-Membros aplicarem ou introduzirem disposições legislativas, regulamentares ou administrativas mais favoráveis aos trabalhadores assalariados.

A aplicação da presente directiva não pode, de modo algum, constituir motivo para justificar um retrocesso em relação à situação existente nos Estados-Membros no que se refere ao nível geral da protecção dos trabalhadores no domínio por ela abrangido.

Artigo 10.º

A presente directiva não prejudicará a faculdade de os Estados-Membros:

a) Tomarem as medidas necessárias para evitar abusos;

b) Recusarem ou reduzirem a obrigação de pagamento previsto no artigo 3.º ou a obrigação de garantia prevista no artigo 7.º no caso da execução da obrigação não se justificar por força de existência de laços particulares entre o trabalhador assalariado e a entidade patronal e de interesses comuns concretizados por conluio entre eles;

c) Recusarem ou reduzirem a obrigação de pagamento a que se refere o artigo 3.º ou a obrigação de garantia a que se refere o artigo 7.º nos casos em que o trabalhador assalariado possuísse, individual ou conjuntamente com os seus familiares próximos, uma parte essencial da empresa ou do estabelecimento do empregador e exercesse uma influência considerável sobre as suas actividades.

Artigo 10.º-A

Os Estados-Membros notificam a Comissão e os outros Estados-Membros dos tipos de processos nacionais de insolvência que integram o âmbito de aplicação da presente directiva, bem como de todas as modificações que lhes digam respeito. A Comissão deve publicar as referidas notificações no Jornal Oficial das Comunidades Europeias.

Artigo 11.º

1 – Os Estados-Membros devem adoptar as disposições legislativas, regulamentares e administrativas necessárias para darem cumprimento à presente directiva no prazo de trinta e seis meses a contar da sua notificação. Desse facto informarão imediatamente a Comissão.

2 – Os Estados-Membros devem comunicar à Comissão o texto das disposições legislativas, regulamentares e administrativas que adoptarem sobre as matérias reguladas pela presente directiva.

Artigo 12.º

Os Estados-Membros devem transmitir à Comissão, no prazo de dezoito meses a contar da expiração do período de trinta e seis meses previsto no n.º 1, do artigo 11.º, todos os dados úteis que lhe permitam elaborar um relatório a submeter ao Conselho sobre a aplicação da presente directiva.

Artigo 13.º

Os Estados-Membros são destinatários da presente directiva.

Feito em Luxemburgo 10 de Outubro de 1980.

Pelo Conselho
O Presidente
J. SANTER

2. Carácter Definitivo da Liquidação nos Sistemas de Pagamentos e de Liquidação de Valores Mobiliários

Directiva n.º 98/26/CE do Parlamento Europeu e do Conselho, de 19 de Maio de 1998*

(relativa ao carácter definitivo da liquidação nos sistemas de pagamentos e de liquidação de valores mobiliários)

O PARLAMENTO EUROPEU E O CONSELHO DA UNIÃO EUROPEIA,

Tendo em conta o Tratado que institui a Comunidade Europeia, nomeadamente o artigo 100.º A,

Tendo em conta a proposta da Comissão[1],

Tendo em conta o parecer do Instituto Monetário Europeu[2],

Tendo em conta o parecer do Comité Económico e Social[3],

Deliberando nos termos do artigo 189.º B do Tratado[4],

1. Considerando que o relatório Lamfalussy de 1990 dirigido aos governadores dos bancos centrais dos países do Grupo dos Dez demons-

---

* Publicada no Jornal Oficial n.º L 166, de 11 de Junho de 1998, pp. 45-50.

[1] JO C 207 de 18/07/1996, p. 13 e JO C 259 de 26/08/1997, p. 6.

[2] Parecer emitido em 21 de Novembro de 1996.

[3] JO C 56 de 24/02/1997, p. 1.

[4] Parecer do Parlamento Europeu de 9 de Abril de 1997 (JO C 132 de 28/04/1997, p. 74), posição comum do Conselho de 13 de Outubro de 1997 (JO C 375 de 10/12/1997, p. 34), e decisão do Parlamento Europeu de 29 de Janeiro de 1998, (JO C 56 de 23/02/1998). Decisão do Conselho de 27 de Abril de 1998.

trou a importância dos riscos sistémicos inerentes aos sistemas de pagamentos que funcionam com base em vários tipos jurídicos de compensação (*netting*) de pagamentos, em particular os multilaterais; que a redução da incerteza jurídica associada à participação em sistemas com liquidação pelo valor bruto em tempo real é de uma importância fundamental, dado o crescente desenvolvimento desses sistemas;

2. Considerando que é também da máxima importância minorar os riscos associados à participação nos sistemas de liquidação de operações sobre valores mobiliários, em particular nos casos em que existe uma estreita ligação entre esses sistemas e os sistemas de pagamentos;

3. Considerando que a presente directiva se destina a contribuir para reforçar a eficácia do funcionamento dos mecanismos transfronteiras de pagamento e de liquidação de valores mobiliários na Comunidade, bem como para reduzir os seus custos, fortalecendo assim a liberdade de circulação de capitais no mercado interno; que a presente directiva se inscreve, portanto, no quadro dos progressos feitos no sentido da realização do mercado interno, nomeadamente no domínio da liberdade de prestação de serviços e da liberalização dos movimentos de capitais, com vista à realização da união económica e monetária;

4. Considerando que é desejável que a legislação dos Estados-membros vise minimizar as perturbações dos sistemas decorrentes de processos de falência intentados contra participantes nesses sistemas;

5. Considerando que continua pendente no Conselho uma proposta de directiva relativa ao saneamento e à liquidação das instituições de crédito, apresentada em 1985 e alterada em 8 de Fevereiro de 1988; que a Convenção relativa aos processos de falência, estabelecida em 23 de Novembro de 1995 pelos Estados-membros reunidos no Conselho, exclui expressamente do seu âmbito de aplicação as empresas de seguros, as instituições de crédito e as empresas de investimento;

6. Considerando que a presente directiva se destina a abranger os sistemas de pagamentos e de liquidação de operações sobre valores mobiliários, tanto nacionais como com um carácter transfronteiras; que a directiva é aplicável aos sistemas comunitários e às garantias constituídas pelos seus participantes, comunitários ou de países terceiros, no quadro da sua participação nesses sistemas;

7. Considerando que os Estados-membros podem aplicar as disposições da presente directiva às suas próprias instituições que participem directamente em sistemas de países terceiros e às garantias constituídas no quadro da participação nesses sistemas;

8. Considerando que os Estados-membros devem poder considerar como abrangido pela presente directiva um sistema cuja actividade principal seja a liquidação de operações sobre valores mobiliários, mesmo que o sistema também opere, em medida limitada, com instrumentos derivados sobre matérias-primas;

9. Considerando que a redução do risco sistémico requer, em especial, o carácter definitivo da liquidação e a exigibilidade das garantias constituídas; que, por garantia, se entende qualquer meio fornecido por um participante aos restantes participantes num sistema de pagamentos e/ou de liquidação de operações sobre valores mobiliários para garantir os direitos e obrigações decorrentes da participação nesse sistema, incluindo os contratos de reporte e similares, as garantias legais e as transferências fiduciárias; que a regulamentação, pelo direito nacional, dos tipos de garantias que podem ser utilizados não é afectada pela definição de garantia da presente directiva;

10. Considerando que a presente directiva, ao abranger as garantias constituídas no quadro das operações efectuadas pelos bancos centrais dos Estados-membros, na sua qualidade de bancos centrais, incluindo as operações de política monetária, apoia o Instituto Monetário Europeu nas suas funções de promover a eficácia dos pagamentos transfronteiras, na perspectiva da preparação da terceira fase da união económica e monetária, contribuindo desse modo para configurar o quadro jurídico de que deverá dispor o futuro Banco Central Europeu para realizar a sua política;

11. Considerando que deve ser garantida a produção de efeitos jurídicos das ordens de transferência e da sua compensação (*netting*) nas legislações de todos os Estados-membros, bem como a sua oponibilidade a terceiros;

12. Considerando que as disposições relativas ao carácter definitivo da compensação não devem obstar a que os sistemas verifiquem, antes de se efectuar a compensação, se as ordens que entraram no sistema obedecem às regras desse sistema e permitem a liquidação por esse sistema;

13. Considerando que a presente directiva não impede um participante ou um terceiro de exercerem, relativamente a uma ordem de transferência que tenha sido introduzida num sistema, qualquer direito ou qualquer pretensão a uma cobrança ou a uma restituição, decorrente da transacção subjacente, nomeadamente em caso de fraude ou de erro técnico, desde que esse direito ou pretensão não acarrete a reforma da compensação nem conduza à revogação da ordem de transferência no sistema;

14. Considerando que é necessário garantir que as ordens de transferência não possam ser revogadas após o momento definido pelas regras do sistema;

15. Considerando que é necessário que um Estado-membro notifique imediatamente os outros Estados-membros da abertura de um processo de falência contra um participante no sistema;

16. Considerando que os processos de falência não devem ter efeitos retroactivos sobre os direitos e obrigações dos participantes no sistema;

17. Considerando que a presente directiva tem ainda em vista determinar, em caso de abertura de um processo de falência contra um participante num sistema, a legislação sobre falência aplicável aos direitos e obrigações do participante decorrentes da sua participação nesse sistema;

18. Considerando que as garantias constituídas devem ser preservadas dos efeitos da legislação sobre falência aplicável ao participante insolvente;

19. Considerando que o disposto no n.º 2 do artigo 9.º é aplicável apenas a um registo, conta ou sistema de depósito centralizado que evidencie a existência de direitos sobre os valores em questão, ou a entrega ou transferência desses valores;

20. Considerando que o disposto no n.º 2 do artigo 9.º tem por objectivo assegurar que, se o participante, o banco central de um Estado-membro ou o futuro Banco Central Europeu beneficiar de uma garantia válida e eficaz ao abrigo da legislação do Estado-membro em que se situe o registo, conta ou sistema de depósito centralizado pertinente, a validade e a exigibilidade dessa garantia em relação a esse sistema, ao respectivo operador e a qualquer outra pessoa que reclame um crédito, directa ou indirectamente, através do sistema, serão determinadas unicamente pela legislação desse Estado-membro;

21. Considerando que o disposto no n.º 2 do artigo 9.º não tem por objectivo afectar a aplicação e os efeitos da legislação do Estado-membro em que os valores mobiliários estejam constituídos ou do Estado-membro em que esses valores possam de outra forma estar situados (incluindo, sem restrições, a legislação relativa à criação, propriedade ou transferência desses valores ou dos direitos sobre esses valores) e não pode ser interpretado como significando que uma garantia nos termos referidos será directamente exigível ou susceptível de ser reconhecida em qualquer um desses Estados-membros de um modo contrário à sua legislação;

22. Considerando que é desejável que os Estados-membros se esforcem por estabelecer ligações suficientes entre todos os sistemas de liquidação de valores mobiliários abrangidos pela presente directiva, a fim de promover a máxima transparência e segurança jurídica das transacções relativas a valores mobiliários;

23. Considerando que a adopção da presente directiva constitui a forma mais adequada de realizar os objectivos acima referidos, não excedendo o necessário para esse efeito,

ADOPTARAM A PRESENTE DIRECTIVA:

SECÇÃO I
Âmbito de aplicação e definições

Artigo 1.º

O disposto na presente directiva é aplicável:

a) A qualquer sistema, definido no artigo 2.º, alínea *a*), regulado pela legislação de um Estado-membro, que realize operações em qualquer moeda, em ecus ou em várias moedas que o sistema converta entre si;

b) A qualquer participante nesse sistema;

c) Às garantias constituídas no quadro:
- da participação num sistema, ou
- das operações dos bancos centrais dos Estados-membros na sua qualidade de bancos centrais.

Artigo 2.º

Para efeitos da presente directiva, entende-se por:

a) «Sistema» um acordo formal:
- entre três ou mais participantes, sem contar com um eventual agente de liquidação, uma eventual contraparte central, uma eventual câmara de compensação ou um eventual participante indirecto, com regras comuns e procedimentos padronizados para a execução de ordens de transferência entre os participantes,
- regulado pela legislação de um Estado-membro escolhida pelos participantes; contudo, os participantes apenas podem escolher a legislação de um Estado-membro em que pelo menos um deles tenha a sua sede e
- designado, sem prejuízo de outras condições mais rigorosas de aplicação geral previstas na legislação nacional, como sistema e notificado à Comissão pelo Estado-membro cuja legislação é aplicável, depois de esse Estado-membro se ter certificado da adequação das regras do sistema.

Nas mesmas condições do primeiro parágrafo, os Estados-membros podem designar como sistema de pagamentos um acordo formal, cuja actividade consista na execução de ordens de transferência tal como definidas no segundo travessão da alínea *i*) e que, em medida limitada, execute ordens relacionadas com outros instrumentos financeiros, quando os Estados-membros considerarem que essa designação se justifica em termos de risco sistémico.

Os Estados-membros podem ainda, caso a caso, designar como sistema um dos referidos acordos formais entre dois participantes, sem contar com um eventual agente de liquidação, uma eventual contraparte central, uma eventual câmara de compensação ou um eventual participante indirecto, quando considerarem que essa designação se justifica em termos de risco sistémico;

b) «Instituição»:

- uma instituição de crédito, tal como definida no primeiro travessão do artigo 1.º da Directiva 77/780/CEE[5], incluindo as instituições enumeradas no n.º 2 do seu artigo 2.º, ou
- uma empresa de investimento, tal como definida no n.º 2 do artigo 1.º da Directiva 93/22/CEE[6], excluindo as instituições enumeradas no n.º 2, alíneas *a*) a *k*), do seu artigo 2.º, ou
- um organismo público ou uma empresa que beneficie de garantia estatal, ou
- qualquer empresa com sede fora da Comunidade e cujas funções correspondam às das instituições de crédito ou das empresas de investimento da Comunidade, na acepção do primeiro e segundo travessões, que participe num sistema e que seja responsável pela execução das obrigações financeiras decorrentes de ordens de transferência emitidas no âmbito desse sistema.

---

[5] Primeira Directiva 77/780/CEE do Conselho, de 12 de Dezembro de 1977, relativa à coordenação das disposições legislativas, regulamentares e administrativas respeitantes ao acesso à actividade dos estabelecimentos de crédito e ao seu exercício (JO L 322 de 17/12/1977, p. 30). Directiva com a última redacção que lhe foi dada pela Directiva 96/13/CE (JO L 66 de 16/03/1996, p. 15).

[6] Directiva 93/22/CEE do Conselho, de 10 de Maio de 1993, relativa aos serviços de investimento no domínio dos valores mobiliários (JO L 141 de 11/06/1993, p. 27). Directiva com a última redacção que foi dada pela Directiva 97/9/CE (JO L 84 de 26/03/ /1997, p. 22).

Se um sistema for supervisado nos termos da legislação nacional e apenas executar ordens de transferência tal como definidas no segundo travessão da alínea i), bem como os pagamentos decorrentes dessas ordens, os Estados-membros têm a faculdade de decidir que as empresas que participem nesse sistema e que estejam incumbidas da execução das obrigações financeiras decorrentes de ordens de transferência emitidas no âmbito desse sistema, podem ser consideradas instituições, desde que pelo menos três dos outros participantes nesse sistema pertençam às categorias referidas no primeiro parágrafo e que essa decisão se justifique em termos de risco sistémico;

c) «Contraparte central»: uma entidade intermediária entre as instituições de um sistema e que actua como contraparte exclusiva dessas instituições no que respeita às suas ordens de transferência;

d) «Agente de liquidação»: uma entidade que assegura, às instituições e/ou à contraparte central que participam nos sistemas, contas de liquidação, através das quais são liquidadas as ordens de transferência emitidas no quadro desses sistemas e que pode, eventualmente, conceder crédito a essas instituições e/ou contrapartes centrais para efeitos de liquidação;

e) «Câmara de compensação»: uma entidade incumbida do cálculo das posições líquidas das instituições, uma eventual contraparte central e/ou um eventual agente de liquidação;

f) «Participante»: uma instituição, uma contraparte central, um agente de liquidação ou uma câmara de compensação.

De acordo com as regras do sistema, o mesmo participante pode actuar como contraparte central, agente de liquidação ou câmara de compensação ou exercer uma parte ou a totalidade dessas funções.

Para efeitos da presente directiva, os Estados-membros podem considerar um participante indirecto como participante, quando entenderem que essa designação se justifica em termos de risco sistémico e desde que o participante indirecto seja conhecido do sistema;

g) «Participante indirecto»: uma instituição de crédito, tal como definida no primeiro travessão da alínea b), que tenha uma relação contratual com uma instituição que participe num sistema que execute ordens de transferência, tal como definidas no primeiro travessão da alínea i), relação essa que permita à instituição de crédito acima referida executar ordens de transferência através do sistema;

h) «Valores mobiliários»: todos os instrumentos referidos na secção B do anexo da Directiva 93/22/CEE;

i) «Ordem de transferência»:
- uma instrução de um participante para colocar um certo montante pecuniário à disposição de um destinatário, através do lançamento nas contas de uma instituição de crédito, de um banco central ou de um agente de liquidação, ou uma instrução que resulte na assunção ou execução de uma obrigação de pagamento tal como definida pelas regras do sistema, ou
- uma instrução de um participante para transferir a titularidade de um ou mais valores mobiliários ou o direito relativo a um ou mais valores mobiliários através da inscrição num registo, ou sob outra forma;

j) «Processo de falência»: qualquer medida colectiva prevista na legislação de um Estado-membro ou de um país terceiro para efeitos da liquidação do participante ou da sua reestruturação, desde que tal medida implique a suspensão ou limitação das transferências ou pagamentos;

k) «Compensação» (*netting*): a conversão dos créditos e obrigações decorrentes de ordens de transferência que um ou mais participantes emitem a favor de outro ou outros participantes, ou que dele ou deles recebem, num único crédito (líquido ou numa única obrigação líquida, de forma que apenas será exigível esse crédito líquido ou devida essa obrigação líquida;

l) «Conta de liquidação»: uma conta num banco central, num agente de liquidação ou numa contraparte central utilizada para depósito de fundos e valores mobiliários, bem como para a liquidação de transacções entre participantes num sistema;

m) «Garantia»: qualquer activo realizável dado em penhor (incluindo dinheiro dado em penhor), de um contrato de reporte ou similar, ou de qualquer outro modo, com o objectivo de garantir direitos e obrigações que possam eventualmente decorrer do funcionamento de um sistema, ou fornecido aos bancos centrais dos Estados-membros ou ao futuro Banco Central Europeu.

SECÇÃO II
Compensação e ordens de transferência

Artigo 3.º

1 – As ordens de transferência e a compensação têm efeitos jurídicos e, mesmo em caso de falência de um participante, serão oponíveis a terceiros, desde que as ordens de transferência tenham sido introduzidas no sistema antes do momento da abertura do processo de falência tal como definido no n.º 1 do artigo 6.º.

Sempre que, excepcionalmente, as ordens de transferência tenham sido introduzidas no sistema após a abertura do processo de falência e tenham sido executadas no dia dessa abertura, só produzirão efeitos jurídicos e serão oponíveis a terceiros se o agente de liquidação, a contraparte central ou a câmara de compensação puderem provar, após o momento de execução, que não tinham conhecimento nem obrigação de ter conhecimento da abertura do processo de falência.

2 – Nenhuma lei, regulamento, regra ou prática em matéria de anulação de contratos e transacções celebrados antes do momento da abertura de um processo de falência tal como definido no n.º 1 do artigo 6.º pode conduzir à reforma de uma compensação.

3 – O momento da introdução de uma ordem de transferência num sistema será definido pelas regras aplicáveis desse sistema. Se o direito nacional previr condições que regulamentem o sistema quanto ao momento da introdução, as regras desse sistema devem estar em conformidade com essas condições.

Artigo 4.º

Os Estados-membros podem estabelecer que a abertura de um processo de falência de um participante não obste a que os fundos ou valores mobiliários disponíveis na conta de liquidação desse participante sejam utilizados para satisfazer as obrigações do participante no âmbito do sistema no dia da abertura do processo de falência. Além disso, os Estados-membros podem também prever que seja utilizada uma linha de crédito desse participante relacionada com o sistema, contra uma garantia existente e disponível, para lhe permitir cumprir as suas obrigações no âmbito desse sistema.

Artigo 5.º

Uma ordem de transferência não pode ser revogada por um participante no sistema, nem por terceiros, a partir do momento definido nas regras aplicáveis a esse sistema.

SECÇÃO III

Disposições relativas aos processos de falência

Artigo 6.º

1 – Para efeitos da presente directiva, o momento da abertura de um processo de falência será o momento em que a autoridade judicial ou administrativa competente proferir a sua decisão.

2 – Quando for proferida uma decisão nos termos do n.º 1, a autoridade judicial ou administrativa competente notificará imediatamente essa decisão à autoridade competente designada pelo seu Estado-membro.

3 – O Estado-membro referido no n.º 2 notificará imediatamente os outros Estados-membros.

Artigo 7.º

Um processo de falência não terá efeitos retroactivos sobre os direitos e obrigações de um participante decorrentes da sua participação no sistema ou a ela associados antes do momento da abertura desse processo tal como definido no n.º 1 do artigo 6.º.

Artigo 8.º

Se for aberto um processo de falência de um participante num sistema, os direitos e obrigações decorrentes da sua participação ou associados a essa participação serão determinados pela legislação aplicável ao sistema.

SECÇÃO IV
Preservação dos direitos dos titulares de garantias contra os efeitos da falência da parte que constituiu as garantias

Artigo 9.º

1 – Os direitos
– de um participante beneficiário das garantias constituídas a seu favor no quadro de um sistema, e
– dos bancos centrais dos Estados-membros ou do futuro Banco Central Europeu beneficiários das garantias constituídas a seu favor,

não serão afectados por um processo de falência contra o participante ou a contraparte dos bancos centrais dos Estados-membros ou do futuro Banco Central Europeu que constituiu as garantias. Estas poderão ser realizadas para satisfação desses direitos.

2 – Quando forem dados valores mobiliários (incluindo direitos sobre valores mobiliários) como garantia aos participantes e/ou aos bancos centrais dos Estados-membros ou ao futuro Banco Central Europeu nos termos referidos no n.º 1 e o direito destes (ou o de qualquer mandatário, agente ou terceiro actuando em seu nome) relativamente aos valores esteja legalmente inscrito num registo, conta ou sistema de depósito centralizado situado num Estado-membro, a determinação dos direitos dessas entidades como titulares da garantia relativa a esses valores regular-se-á pela legislação desse Estado-membro.

SECÇÃO V
Disposições finais

Artigo 10.º

Os Estados-membros designarão os sistemas que devem ser incluídos no âmbito de aplicação da presente directiva e deles notificarão a Comissão; informarão igualmente a Comissão das autoridades que tiverem designado nos termos do n.º 2 do artigo 6.º.

O sistema indicará ao Estado-membro cuja legislação seja aplicável quais os participantes no sistema, incluindo quaisquer eventuais participantes indirectos, assim como qualquer alteração que se verifique nessa participação.

Para além da indicação prevista no segundo parágrafo, os Estados-membros poderão sujeitar os sistemas sob a sua jurisdição a supervisão ou autorização.

Qualquer pessoa com um interesse legítimo pode requerer a qualquer instituição que a informe sobre os sistemas em que participa e sobre as disposições essenciais que regulam o funcionamento desses sistemas.

Artigo 11.º

1 – Os Estados-membros porão em vigor as disposições legislativas, regulamentares e administrativas necessárias para dar cumprimento à presente directiva até 11 de Dezembro de 1999. Do facto informarão imediatamente a Comissão.

Quando os Estados-membros adoptarem essas disposições, estas deverão incluir uma referência à presente directiva ou ser acompanhadas dessa referência na publicação oficial. As modalidades dessa referência serão adoptadas pelos Estados-membros.

2 – Os Estados-membros comunicarão à Comissão o texto das disposições de direito interno que adoptarem nas matérias reguladas pela presente directiva. Nas suas comunicações, os Estados-membros apresentarão um quadro de correspondências que indique as disposições nacionais em vigor ou que estejam a ser introduzidas que correspondem a cada um dos artigos da presente directiva.

Artigo 12.º

O mais tardar três anos a contar da data referida no n.º 1 do artigo 11.º, a Comissão apresentará um relatório ao Parlamento Europeu e ao Conselho sobre a aplicação da presente directiva, acompanhado, se for caso disso, de propostas de revisão.

Artigo 13.º

A presente directiva entra em vigor na data da sua publicação no *Jornal Oficial das Comunidades Europeias.*

Artigo 14.º

Os Estados-membros são os destinatários da presente directiva.

Feito em Bruxelas, em 19 de Maio de 1998.

Pelo Parlamento Europeu
O Presidente
J.M. GIL-ROBLES

Pelo Conselho
O Presidente
G. BROWN

3. Processos de Insolvência

Regulamento (CE) n.º 1346/2000 do Conselho, de 29 de Maio de 2000*,

(relativo aos processos de insolvência)

O CONSELHO DA UNIÃO EUROPEIA,

Tendo em conta o Tratado que institui a Comunidade Europeia e, nomeadamente, a alínea *c*) do seu artigo 61.º e o n.º 1 do seu artigo 67.º,

Tendo em conta a iniciativa da República Federal da Alemanha e da República da Finlândia,

Tendo em conta o parecer do Parlamento Europeu[1],

Tendo em conta o parecer do Comité Económico e Social[2],

Considerando o seguinte:

1. A União Europeia estabeleceu o objectivo de criar um espaço de liberdade, de segurança e de justiça.

2. O bom funcionamento do mercado interno exige que os processos de insolvência que produzem efeitos transfronteiriços se efectuem de forma eficiente e eficaz. A aprovação do presente regulamento é

---

* Publicado no Jornal Oficial n.º L 160 de 30 de Junho de 2000 pp. 1-18, e alterado pelo Regulamento (CE) n.º 603/2005 do Conselho, de 12 de Abril de 2005 (publicado no Jornal Oficial n.º L 100 de 20 de Abril de 2005, pp. 1-8).

[1] Parecer emitido em 2 de Março de 2000 (ainda não publicado no Jornal Oficial).

[2] Parecer emitido em 26 de Janeiro de 2000 (ainda não publicado no Jornal Oficial).

necessária para alcançar esse objectivo, o qual se insere no âmbito da cooperação judiciária em matéria civil, na acepção do artigo 65.º do Tratado.

3. Cada vez mais, as actividades das empresas produzem efeitos transfronteiriços e são, por este motivo, regulamentadas por legislação comunitária. Como a insolvência dessas empresas afecta, nomeadamente, o bom funcionamento do mercado interno, faz-se sentir a necessidade de um acto da Comunidade que exija a coordenação das medidas a tomar relativamente aos bens de um devedor insolvente.

4. Para assegurar o bom funcionamento do mercado interno, há que evitar quaisquer incentivos que levem as partes a transferir bens ou acções judiciais de um Estado-Membro para outro, no intuito de obter uma posição legal mais favorável (*forum shopping*).

5. Estes objectivos não podem ser concretizados de modo satisfatório a nível nacional, pelo que se justifica uma acção ao nível comunitário.

6. De acordo com o princípio da proporcionalidade, o presente regulamento deve limitar-se às disposições que regulam a competência em matéria de abertura de processos de insolvência e de decisões directamente decorrentes de processos de insolvência e com eles estreitamente relacionadas. Além disso, o presente regulamento deve conter disposições relativas ao reconhecimento dessas decisões e ao direito aplicável, que respeitam igualmente aquele princípio.

7. Os processos de insolvência relativos à liquidação de sociedades ou outras pessoas colectivas insolventes, as concordatas e os processos análogos ficam excluídos do âmbito de aplicação da Convenção relativa à competência judiciária e à execução de decisões em matéria civil e comercial[3], assinada em Bruxelas em 1968, alterada pelas convenções de adesão a essa convenção[4].

---

[3] JO L 299 de 31/12/1972, p. 32.

[4] JO L 204 de 2/8/1975, p. 28. JO L 304 de 30/10/1978, p. 1. JO L 388 de 31/12//1982, p. 1. JO L 285 de 3/10/1989, p. 1. JO C 15 de 15/1/1997, p. 1.

8. Para alcançar o objectivo de melhorar a eficácia e a eficiência dos processos de insolvência que produzem efeitos transfronteiriços, é necessário e oportuno que as disposições em matéria de competência, reconhecimento e direito aplicável neste domínio constem de um acto normativo da Comunidade, vinculativo e directamente aplicável nos Estados-Membros.

9. O presente regulamento é aplicável aos processos de insolvência, independentemente de o devedor ser uma pessoa singular ou colectiva, um comerciante ou um não comerciante. Os processos de insolvência a que se aplica o presente regulamento estão enumerados nos anexos. Os processos de insolvência relativos a empresas de seguros, instituições de crédito e empresas de investimento detentoras de fundos ou títulos por conta de terceiros e as empresas colectivas de investimento devem ficar excluídas do seu âmbito de aplicação. Essas empresas não devem ficar abrangidas pelo presente regulamento por estarem sujeitas a um regime específico e dado que, em certa medida, as autoridades nacionais de fiscalização dispõem de extensos poderes de intervenção.

10. Os processos de insolvência não implicam necessariamente a intervenção de uma autoridade judicial. A expressão "órgão jurisdicional" deve, no presente regulamento, ser interpretada, em sentido lato, abrangendo pessoas ou órgãos habilitados pela legislação nacional a abrir processos de insolvência. Para que o presente regulamento seja aplicável, os processos (incluindo actos e formalidades estabelecidos na legislação) devem não só respeitar o disposto no presente regulamento, mas também ser oficialmente reconhecidos e legalmente eficazes no Estado-Membro de abertura do processo colectivo de insolvência, bem como ser processos colectivos de insolvência que determinem a inibição parcial ou total do devedor da administração ou disposição de bens e a designação de um síndico.

11. O presente regulamento reconhece que não é praticável instituir um processo de insolvência de alcance universal em toda a Comunidade, tendo em conta a grande variedade de legislações de natureza substantiva existentes. Nestas circunstâncias, a aplicabilidade exclusiva do direito do Estado de abertura do processo levantaria frequentemente dificuldades. Tal vale, por exemplo, para a grande diversidade das legislações sobre as garantias vigentes na Comunidade. Além disso, os privilégios creditórios de alguns credores no processo de insolvência são, muitas vezes, extremamente diferentes. O presente regulamento pretende ter essas circunstâncias em conta de dois modos diferentes: por um lado, devem ser previstas normas específicas em matéria de legislação aplicável no caso de direitos e relações jurídicas particularmente significativos (por exemplo, direitos reais e contratos de trabalho) e, por outro, deve igualmente admitir-se, a par de um processo de insolvência principal de alcance universal, processos nacionais que incidam apenas sobre os bens situados no território do Estado de abertura do processo.

12. O presente regulamento permite que o processo de insolvência principal seja aberto no Estado-Membro em que se situa o centro dos interesses principais do devedor. O processo tem alcance universal, visando abarcar todo o património do devedor. Para proteger a diversidade dos interesses, o presente regulamento permite que os processos secundários eventualmente instaurados corram paralelamente ao processo principal. Pode-se instaurar um processo secundário no Estado-Membro em que o devedor tenha um estabelecimento. Os efeitos dos processos secundários limitar-se-ão aos activos situados no território desse Estado. A necessidade de manter a unidade dentro da Comunidade é garantida por normas imperativas de coordenação com o processo principal.

13. O "centro dos interesses principais" do devedor deve corresponder ao local onde o devedor exerce habitualmente a administração dos seus interesses, pelo que é determinável por terceiros.

14. O presente regulamento aplica-se exclusivamente aos processos em que o centro dos interesses principais do devedor está situado na Comunidade.

15. As normas de competência previstas no presente regulamento estabelecem unicamente a competência internacional, isto é, determinam o Estado-Membro cujos órgãos jurisdicionais estão habilitados a abrir processos de insolvência. A competência territorial interna deve ser determinada pelo direito interno do Estado-Membro em questão.

16. O órgão jurisdicional competente para abrir o processo de insolvência principal deve poder ordenar a adopção de medidas provisórias e cautelares a partir da apresentação do requerimento para abertura do processo. A adopção de medidas cautelares antes ou depois do início do processo de insolvência é extremamente importante para garantir a eficácia do processo. O presente regulamento estabelece diferentes possibilidades nesse sentido: por um lado, o órgão jurisdicional competente para abrir o processo de insolvência principal deve estar habilitado a ordenar a adopção de medidas cautelares provisórias inclusivamente em relação aos bens que se encontrem no território de outros Estados-Membros, e, por outro lado, o síndico provisório designado antes da abertura do processo principal deve estar habilitado a requerer, nos Estados-Membros em que se encontre qualquer estabelecimento do devedor, as medidas cautelares admissíveis nos termos das legislações desses Estados.

17. Antes da abertura do processo de insolvência principal, o direito de requerer a abertura de um processo de insolvência no Estado-Membro em que o devedor tenha um estabelecimento fica limitado aos credores locais e aos credores do estabelecimento local, ou aos casos em que não se pode proceder à abertura do processo principal, ao abrigo da lei do Estado-Membro em que está situado o centro dos interesses principais do devedor. Esta limitação deve-se à preocupação de restringir ao mínimo indispensável os casos em que é requerida a abertura de um processo de insolvência territorial antes da abertura do processo principal. Caso seja aberto um processo de insolvência principal, o processo territorial passa a ser secundário.

18. O presente regulamento não restringe o direito de requerer, na sequência da abertura do processo de insolvência principal, a abertura de um processo de insolvência no Estado-Membro em que o devedor tenha um estabelecimento: o síndico do processo principal ou qualquer outra pessoa habilitada pela legislação nacional desse Estado-Membro pode requerer a abertura de um processo de insolvência secundário.

19. Os processos de insolvência secundários podem ter diferentes finalidades, para além da protecção dos interesses locais. Pode acontecer que o património do devedor seja demasiado complexo para ser administrado como uma unidade, ou que as diferenças entre os sistemas jurídicos sejam tão substanciais que possam surgir dificuldades decorrentes da extensão dos efeitos produzidos pela lei do Estado de abertura do processo a outros Estados em que se encontrem situados os bens. Por esse motivo, o síndico do processo principal pode requerer a abertura de um processo secundário sempre que a administração eficaz do património assim o exija.

20. Porém, o processo principal e os processos secundários apenas podem contribuir para uma eficaz liquidação do activo se houver uma coordenação dos processos paralelos pendentes. Uma estreita colaboração entre os diversos síndicos baseada, nomeadamente, num suficiente intercâmbio de informações é, aqui, uma condição essencial. Para assegurar o papel dominante do processo principal, devem ser atribuídas ao síndico deste processo várias possibilidades de intervenção nos processos secundários simultaneamente pendentes: deve, assim, poder propor um plano de recuperação ou uma concordata, ou requerer a suspensão das operações de liquidação do activo no processo secundário.

21. Qualquer credor que tenha residência habitual, domicílio ou sede na Comunidade deve ter o direito de reclamar os seus créditos sobre o património do devedor em cada processo de insolvência pendente na Comunidade. O mesmo se deve aplicar às autoridades fiscais e aos organismos de segurança social. Para assegurar um tratamento equitativo dos credores, a distribuição do produto terá, porém, de ser coordenada. Cada credor deve poder conservar o que tiver obtido no âmbito de um processo de insolvência, mas só deve ter direito a participar na distribuição do activo noutro processo quando os credores do mesmo grau tiverem obtido uma quota de rateio equivalente com base no respectivo crédito.

22. O presente regulamento deve prever o reconhecimento imediato de decisões relativas à abertura, tramitação e encerramento dos processos de insolvência abrangidos pelo seu âmbito de aplicação, bem como de decisões proferidas em conexão directa com esses processos. Assim sendo, o reconhecimento automático deve conduzir a que os efeitos conferidos ao processo pela lei do Estado de abertura se estendam a todos os outros Estados-Membros. O reconhecimento das decisões proferidas pelos órgãos jurisdicionais dos Estados-Membros tem de assentar no princípio da confiança mútua. Neste contexto, os motivos do não reconhecimento devem ser reduzidos ao mínimo. A resolução de conflitos entre os órgãos jurisdicionais de dois Estados-Membros que se considerem competentes para proceder à abertura do processo principal dever-se-á regular por este mesmo princípio. A decisão proferida pelo órgão jurisdicional que proceder à abertura em primeiro lugar deve ser reconhecida nos demais Estados-Membros, sem que estes estejam habilitados a submeter a decisão desse órgão jurisdicional a quaisquer formalidades de reconhecimento.

23. O presente regulamento deve estabelecer, quanto às matérias por ele abrangidas, normas uniformes sobre o conflito de leis que substituam, dentro do respectivo âmbito de aplicação, as normas internas de direito internacional privado. Salvo disposição em contrário do presente regulamento, deve aplicar-se a lei do Estado-Membro de abertura do processo (*lex concursus*). Esta norma de conflito de leis deve aplicar-se tanto aos processos principais como aos processos locais. A *lex concursus* determina todos os efeitos processuais e materiais dos processos de insolvência sobre as pessoas e relações jurídicas em causa, regulando todas as condições de abertura, tramitação e encerramento do processo de insolvência.

24. O reconhecimento automático de um processo de insolvência ao qual é geralmente aplicável a lei do Estado de abertura pode interferir com as normas a que obedece o comércio jurídico noutros Estados-Membros. Para proteger as expectativas legítimas e a segurança do comércio jurídico nos Estados-Membros que nos Estados-Membros que não o de abertura, deve prever-se uma série de derrogações à regra geral.

25. No caso dos direitos reais, sente-se uma particular necessidade de estabelecer um vínculo especial diverso do da lei do Estado de abertura, uma vez que esses direitos se revestem de substancial importância para o reconhecimento de créditos. Por conseguinte, o fundamento, a validade e o alcance de um direito real devem ser geralmente determinados pela lei do Estado em que tiver sido constituído o direito e não ser afectados pela abertura do processo de insolvência. O titular do direito real deve, pois, poder continuar a fazer valer esse direito à restituição ou liquidação do bem em causa. Quando haja bens que sejam objecto de direitos reais constituídos ao abrigo da legislação de um Estado-Membro, correndo, porém, o processo principal noutro Estado-Membro, o síndico deste processo pode requerer a abertura de um processo secundário na jurisdição em que foram constituídos os direitos reais, se o devedor aí tiver um estabelecimento. Não sendo aberto processo secundário, o excedente da venda dos bens abrangidos por direitos reais tem de ser entregue ao síndico do processo principal.

26. Se a lei do Estado de abertura do processo não admitir a compensação, nenhum credor deverá deixar de a ela ter direito se se encontrar prevista na lei aplicável ao crédito do devedor insolvente. Deste modo, a compensação adquirirá como que uma função de garantia com base em disposições de direito em que o credor em causa se pode fundamentar no momento da constituição do crédito.

27. Existe igualmente a necessidade de uma protecção especial relativamente aos sistemas de pagamento e aos mercados financeiros, por exemplo, no caso do vencimento antecipado da obrigação e da compensação, bem como da realização de garantias e das garantias constituídas para assegurar estas transacções, regulamentadas na Directiva 98/26/CE do Parlamento Europeu e do Conselho, de 19 de Maio de 1998, relativa ao carácter definitivo da liquidação nos sistemas de pagamentos e de liquidação de valores mobiliários[5]. Por esse motivo, apenas deverá ser determinante para essas transacções a lei aplicável ao sistema ou mercado em questão. Esta disposição pretende evitar que, em caso de insolvência de um parceiro comercial, possam ser alterados os mecanismos que os sistemas de pagamento, a compensação ou os mercados financeiros regulados dos Estados-Membros prevêem para os pagamentos ou a celebração de transacções. A Directiva 98/26/CE contém disposições específicas que prevalecem sobre as normas gerais previstas no presente regulamento.

28. Para proteger os trabalhadores por conta de outrem e os postos de trabalho, os efeitos dos processos de insolvência sobre a continuação ou a cessação da relação laboral, bem como sobre os direitos e obrigações de cada parte nessa relação, serão determinados pela lei aplicável ao contrato, de acordo com as regras gerais sobre conflito de leis. Todas as outras questões legais em matéria de insolvência, como a de saber se os créditos dos trabalhadores se encontram protegidos por direitos preferenciais e qual o grau desses direitos preferenciais, deverão ser reguladas pelo direito do Estado de abertura do processo.

---

[5] JO L 166 de 11/06/1998, p. 45.

29. A fim de garantir a segurança das transacções comerciais, o conteúdo essencial da decisão de abertura do processo deve ser publicado nos outros Estados-Membros, a pedido do síndico. Se existir um estabelecimento no Estado-Membro em questão, pode ser determinada a publicação obrigatória. Porém, em nenhum dos casos a publicação constitui condição do reconhecimento do processo estrangeiro.

30. No entanto, em certos casos, algumas das pessoas afectadas podem não ter conhecimento da abertura do processo e agir de boa fé em contradição com a nova situação. A fim de proteger as pessoas que, por não terem conhecimento da abertura do processo noutro Estado, tenham cumprido uma obrigação a favor do devedor, quando o deveriam ter feito a favor do síndico no outro Estado-Membro, deve prever-se o carácter liberatório do cumprimento da obrigação.

31. O presente regulamento inclui anexos relativos à organização do processo de insolvência, visto que tais anexos dizem exclusivamente respeito à legislação dos Estados-Membros, o Conselho tem motivos específicos e fundamentados para se reservar o direito de alterar esses anexos por forma a atender a quaisquer alterações nacionais dos Estados--Membros.

32. O Reino Unido e a Irlanda, nos termos do artigo 3.º do Protocolo relativo à posição do Reino Unido e da Irlanda anexo ao Tratado da União Europeia e ao Tratado que institui a Comunidade Europeia, notificaram o seu desejo de participar na aprovação e aplicação do presente regulamento.

33. A Dinamarca, nos termos dos artigos 1.º e 2.º do Protocolo relativo à posição da Dinamarca anexo ao Tratado da União Europeia ao Tratado que institui a Comunidade Europeia, não participa na aprovação do presente regulamento e, por conseguinte, não está por ele vinculada nem sujeita à sua aplicação,

ADOPTOU O PRESENTE REGULAMENTO:

CAPÍTULO I
Disposições gerais

Artigo 1.º
Âmbito de aplicação

1 – O presente regulamento é aplicável aos processos colectivos em matéria de insolvência do devedor que determinem a inibição parcial ou total desse devedor da administração ou disposição de bens e a designação de um síndico.

2 – O presente regulamento não é aplicável aos processos de insolvência referentes a empresas de seguros e instituições de crédito, a empresas de investimento que prestem serviços que impliquem a detenção de fundos ou de valores mobiliários de terceiros, nem aos organismos de investimento colectivo.

Artigo 2.º
Definições

Para efeitos do presente regulamento, são aplicáveis as seguintes definições:

a) "Processos de insolvência", os processos colectivos a que se refere o n.º 1 do artigo 1.º. A lista destes processos consta do anexo A;

b) "Síndico", qualquer pessoa ou órgão cuja função seja administrar ou liquidar os bens de cuja administração ou disposição o devedor esteja inibido ou fiscalizar a gestão dos negócios do devedor. A lista destas pessoas e órgãos consta do anexo C;

c) "Processo de liquidação", um processo de insolvência na acepção da alínea a) que determine a liquidação dos bens do devedor, incluindo os casos em que o processo for encerrado através de concordata ou de qualquer outra medida que ponha fim à situação de insolvência, ou em virtude da insuficiência do activo. A lista destes processos consta do anexo B;

d) "Órgão jurisdicional", o órgão judicial ou qualquer outra autoridade competente de um Estado-Membro habilitado a abrir um processo de insolvência ou a tomar decisões durante a tramitação do processo;

e) "Decisão", quando se utilize em relação à abertura de um processo de insolvência ou à nomeação de um síndico, a decisão de um órgão jurisdicional competente para abrir um processo dessa natureza ou para nomear um síndico;

f) "Momento de abertura do processo", o momento em que a decisão de abertura produz efeitos, independentemente de essa decisão ser ou não definitiva;

g) "Estado-Membro onde se encontra um bem":
- no caso de bens corpóreos, o Estado-Membro em cujo território está situado esse bem,
- no caso de bens e direitos que devam ser inscritos num registo público pelo respectivo proprietário ou titular, o Estado-Membro sob cuja autoridade é mantido esse registo,
- no caso de créditos, o Estado-Membro em cujo território está situado o centro dos interesses principais do terceiro devedor, tal como determinado no n.º 1 do artigo 3.º;

h) "Estabelecimento", o local de operações em que o devedor exerça de maneira estável uma actividade económica com recurso a meios humanos e a bens materiais.

Artigo 3.º
Competência internacional

1 – Os órgãos jurisdicionais do Estado-Membro em cujo território está situado o centro dos interesses principais do devedor são competentes para abrir o processo de insolvência. Presume-se, até prova em contrário, que o centro dos interesses principais das sociedades e pessoas colectivas é o local da respectiva sede estatutária.

2 – No caso de o centro dos interesses principais do devedor se situar no território de um Estado-Membro, os órgãos jurisdicionais de outro Estado-Membro são competentes para abrir um processo de insolvência relativo ao referido devedor se este possuir um estabelecimento no território desse outro Estado-Membro. Os efeitos desse processo são limitados aos bens do devedor que se encontrem neste último território.

3 – Quando um processo de insolvência for aberto ao abrigo do disposto no n.º 1, qualquer processo de insolvência aberto posterior-

mente ao abrigo do disposto no n.º 2 constitui um processo secundário. Este processo deve ser um processo de liquidação.

4 – Nenhum processo territorial de insolvência referido no n.º 2 pode ser aberto antes da abertura de um processo principal de insolvência ao abrigo do n.º 1, salvo se:

a) Não for possível abrir um processo de insolvência ao abrigo do n.º 1 em virtude das condições estabelecidas pela legislação do Estado-Membro em cujo território se situa o centro dos interesses principais do devedor;

b) A abertura do processo territorial de insolvência for requerida por um credor que tenha residência habitual, domicílio ou sede no Estado-Membro em cujo território se situa o estabelecimento, ou cujo crédito tenha origem na exploração desse estabelecimento.

Artigo 4.º
Lei aplicável

1 – Salvo disposição em contrário do presente regulamento, a lei aplicável ao processo de insolvência e aos seus efeitos é a lei do Estado-Membro em cujo território é aberto o processo, a seguir designado "Estado de abertura do processo".

2 – A lei do Estado de abertura do processo determina as condições de abertura, tramitação e encerramento do processo de insolvência. A lei do Estado de abertura do processo determina, nomeadamente:

a) Os devedores que podem ser sujeitos a um processo de insolvência em razão da qualidade dos mesmos;

b) Os bens de cuja administração ou disposição o devedor está inibido e o destino a dar aos bens adquiridos pelo devedor após a abertura do processo de insolvência;

c) Os poderes respectivos do devedor e do síndico;

d) As condições de oponibilidade de uma compensação;

e) Os efeitos do processo de insolvência nos contratos em vigor nos quais o devedor seja parte;

f) Os efeitos do processo de insolvência nas acções individuais, com excepção dos processos pendentes;

g) Os créditos a reclamar no passivo do devedor e o destino a dar aos créditos nascidos após a abertura do processo de insolvência;

h) As regras relativas à reclamação, verificação e aprovação dos créditos;

i) As regras de distribuição do produto da liquidação dos bens, a graduação dos créditos e os direitos dos credores que tenham sido parcialmente satisfeitos, após a abertura do processo de insolvência, em virtude de um direito real ou por efeito de uma compensação;

j) As condições e os efeitos do encerramento do processo de insolvência, nomeadamente por concordata;

k) Os direitos dos credores após o encerramento do processo de insolvência;

l) A imputação das custas e despesas do processo de insolvência;

m) As regras referentes à nulidade, à anulação ou à impugnação dos actos prejudiciais aos credores.

Artigo 5.º
Direitos reais de terceiros

1 – A abertura do processo de insolvência não afecta os direitos reais de credores ou de terceiros sobre bens corpóreos ou incorpóreos, móveis ou imóveis, quer sejam bens específicos, quer sejam conjuntos de bens indeterminados considerados como um todo, cuja composição pode sofrer alterações ao longo do tempo, pertencentes ao devedor e que, no momento da abertura do processo, se encontrem no território de outro Estado-Membro.

2 – Os direitos referidos no n.º 1 são, nomeadamente:

a) O direito de liquidar ou de exigir a liquidação de um bem e de ser pago com o respectivo produto ou rendimentos, em especial por força de um penhor ou hipoteca;

b) O direito exclusivo de cobrar um crédito, nomeadamente quando garantido por um penhor ou pela cessão desse crédito a título de garantia;

c) O direito de reivindicar o bem e/ou de exigir que o mesmo seja restituído por quem o detiver ou usufruir contra a vontade do titular;

d) O direito real de perceber os frutos de um bem.

3 – É equiparado a um direito real o direito, inscrito num registo público e oponível a terceiros, que permita obter um direito real na acepção do n.º 1.

4 – O n.º 1 não obsta às acções de nulidade, de anulação ou de impugnação referidas no n.º 2, alínea m), do artigo 4.º.

Artigo 6.º
Compensação

1 – A abertura do processo de insolvência não afecta o direito de um credor a invocar a compensação do seu crédito com o crédito do devedor, desde que essa compensação seja permitida pela lei aplicável ao crédito do devedor insolvente.

2 – O n.º 1 não obsta às acções de nulidade, de anulação ou de impugnação referidas no n.º 2, alínea m), do artigo 4.º.

Artigo 7.º
Reserva de propriedade

1 – A abertura de um processo de insolvência contra o comprador de um bem não afecta os direitos do vendedor que se fundamentem numa reserva de propriedade, desde que, no momento da abertura do processo, esse bem se encontre no território de um Estado-Membro que não o Estado de abertura do processo.

2 – A abertura de um processo de insolvência contra o vendedor de um bem, após a entrega desse bem, não constitui fundamento de resolução ou de rescisão da venda nem obsta à aquisição pelo comprador da propriedade do bem vendido, desde que, no momento da abertura do processo, esse bem se encontre no território de um Estado-Membro que não o Estado de abertura do processo.

3 – Os n.os 1 e 2 não obstam às acções de nulidade, de anulação ou de impugnação referidas no n.º 2, alínea m), do artigo 4.º.

Artigo 8.º
Contratos relativos a bens imóveis

Os efeitos do processo de insolvência nos contratos que conferem o direito de adquirir um bem imóvel ou de o usufruir regem-se exclusivamente pela lei do Estado-Membro em cujo território está situado esse bem.

Artigo 9.º
Sistemas de pagamento e mercados financeiros

1 – Sem prejuízo do disposto no artigo 5.º, os efeitos do processo de insolvência nos direitos e nas obrigações dos participantes num sistema de pagamento ou de liquidação ou num mercado financeiro regem-se exclusivamente pela lei do Estado-Membro aplicável ao referido sistema ou mercado.

2 – O n.º 1 não obsta a uma acção de nulidade, de anulação ou de impugnação dos pagamentos ou das transacções celebradas ao abrigo da lei aplicável ao sistema de pagamento ou ao mercado financeiro em causa.

Artigo 10.º
Contratos de trabalho

Os efeitos do processo de insolvência nos contratos de trabalho e na relação laboral regem-se exclusivamente pela lei do Estado-Membro aplicável ao contrato de trabalho.

Artigo 11.º
Efeitos em relação a certos bens sujeitos a registo

Os efeitos do processo de insolvência nos direitos do devedor relativos a um bem imóvel, a um navio ou a uma aeronave, cuja inscrição num registo público seja obrigatória, regem-se pela lei do Estado-Membro sob cuja autoridade é mantido esse registo.

Artigo 12.º
Patentes e marcas comunitárias

Para efeitos do presente regulamento, uma patente comunitária, uma marca comunitária ou qualquer outro direito análogo instituído por força de disposições comunitárias apenas pode ser abrangido por um processo referido no n.º 1 do artigo 3.º.

Artigo 13.º
Actos prejudiciais

O n.º 2, alínea m), do artigo 4.º não é aplicável se quem tiver beneficiado de um acto prejudicial a todos os credores fizer prova de que:

– esse acto se rege pela lei de um Estado-Membro que não o Estado de abertura do processo, e
– no caso em apreço, essa mesma lei não permite a impugnação do acto por nenhum meio.

Artigo 14.º
Protecção do terceiro adquirente

A validade de um acto celebrado após a abertura do processo de insolvência e pelo qual o devedor disponha, a título oneroso,

– de bem imóvel,
– de navio ou de aeronave cuja inscrição num registo público seja obrigatória, ou
– de valores mobiliários cuja existência pressuponha a respectiva inscrição num registo previsto pela lei,

rege-se pela lei do Estado em cujo território está situado o referido bem imóvel ou sob cuja autoridade é mantido esse registo.

Artigo 15.º
Efeitos do processo de insolvência em relação a acções pendentes

Os efeitos do processo de insolvência numa acção pendente relativa a um bem ou um direito de cuja administração ou disposição o devedor está inibido regem-se exclusivamente pela lei do Estado-Membro em que a referida acção se encontra pendente.

CAPÍTULO II
Reconhecimento do processo de insolvência

Artigo 16.º
Princípio

1 – Qualquer decisão que determine a abertura de um processo de insolvência, proferida por um órgão jurisdicional de um Estado-Membro competente por força do artigo 3.º, é reconhecida em todos os outros Estados-Membros logo que produza efeitos no Estado de abertura do processo.

A mesma regra é aplicável no caso de o devedor, em virtude da sua qualidade, não poder ser sujeito a um processo de insolvência nos restantes Estados-Membros.

2 – O reconhecimento de um processo referido no n.º 1 do artigo 3.º não obsta à abertura de um processo referido no n.º 2 do artigo 3.º por um órgão jurisdicional de outro Estado-Membro. Este último processo constitui um processo de insolvência secundário na acepção do capítulo III.

Artigo 17.º
Efeitos do reconhecimento

1 – A decisão de abertura de um processo referido no n.º 1 do artigo 3.º produz, sem mais formalidades, em qualquer dos demais Estados-Membros, os efeitos que lhe são atribuídos pela lei do Estado de abertura do processo, salvo disposição em contrário do presente regulamento e enquanto não tiver sido aberto nesse outro Estado-Membro um processo referido no n.º 2 do artigo 3.º.

2 – Os efeitos de um processo referido no n.º 2 do artigo 3.º não podem ser impugnados nos outros Estados-Membros. Qualquer limitação dos direitos dos credores, nomeadamente uma moratória ou um perdão de dívida resultante desse processo, só é oponível, relativamente aos bens situados no território de outro Estado-Membro, aos credores que tiverem concordado com essa limitação.

Artigo 18.º
Poderes do síndico

1 – O síndico designado por um órgão jurisdicional competente por força do n.º 1 do artigo 3.º pode exercer no território de outro Estado-Membro todos os poderes que lhe são conferidos pela lei do Estado de abertura do processo, enquanto nesse outro Estado-Membro não tiver sido aberto qualquer processo de insolvência, nem sido tomada qualquer medida cautelar em contrário na sequência de um requerimento de abertura de um processo de insolvência nesse Estado. O síndico pode, nomeadamente, deslocar os bens do devedor para fora do território do Estado-Membro onde se encontrem, sob reserva do disposto nos artigos 5.º e 7.º.

2 – O síndico designado por um órgão jurisdicional competente por força do n.º 2 do artigo 3.º pode arguir, em qualquer dos demais Estados-Membros, em juízo ou fora dele, que um bem móvel foi transferido do território do Estado de abertura do processo para o território desse outro Estado-Membro após a abertura do processo de insolvência. Pode igualmente propor qualquer acção revogatória útil aos interesses dos credores.

3 – No exercício dos seus poderes, o síndico deve observar a lei do Estado-Membro em cujo território pretende agir, em especial as disposições que digam respeito às formas de liquidação dos bens. Esses poderes não podem incluir o uso de meios coercivos, nem o direito de dirimir litígios ou diferendos.

Artigo 19.º
Prova da nomeação do síndico

A prova da nomeação do síndico é efectuada mediante a apresentação de uma cópia autenticada da decisão da sua nomeação ou de qualquer outro certificado emitido pelo órgão jurisdicional competente.

Pode ser exigida uma tradução na língua oficial ou numa das línguas oficiais do Estado-Membro em cujo território o síndico pretende agir. Não é exigida qualquer legalização ou outra formalidade análoga.

Artigo 20.º
Restituição e imputação de créditos

1 – Qualquer credor que, após a abertura de um processo referido no n.º 1 do artigo 3.º, obtiver por qualquer meio, nomeadamente com carácter executório, satisfação total ou parcial do seu crédito com base nos bens do devedor situados no território de outro Estado-Membro, deve restituir ao síndico o que tiver obtido, sob reserva do disposto nos artigos 5.º e 7.º.

2 – A fim de assegurar um tratamento equitativo dos credores, qualquer credor que, num processo de insolvência, tiver obtido um dividendo com base no respectivo crédito só toma parte no rateio iniciado noutro processo se os credores do mesmo grau ou da mesma categoria tiverem obtido um dividendo equivalente nesse outro processo.

Artigo 21.º
Publicidade

1 – O síndico pode solicitar que o conteúdo essencial da decisão de abertura do processo de insolvência, bem como, se for caso disso, da decisão que o nomeia, seja publicado em todos os demais Estados-Membros, de acordo com as normas de publicação previstas nesse Estado. As medidas de publicidade devem, além disso, identificar o síndico designado e indicar se a regra de competência aplicada é a do n.º 1 ou a do n.º 2 do artigo 3.º.

2 – Contudo, qualquer Estado-Membro em cujo território o devedor tenha um estabelecimento pode prever a publicação obrigatória. Nesse caso, o síndico, ou qualquer autoridade habilitada para o efeito no Estado-Membro em que o processo referido no n.º 1 do artigo 3.º tenha sido aberto, deve tomar as medidas necessárias para assegurar a publicação.

Artigo 22.º
Inscrição num registo público

1 – O síndico pode solicitar que seja inscrita no registo predial, no registo comercial e em qualquer outro registo público dos outros Estados-Membros a decisão de abertura de um processo referido no n.º 1 do artigo 3.º.

2 – Contudo, qualquer Estado-Membro pode prever a inscrição obrigatória. Nesse caso, o síndico, ou qualquer autoridade habilitada para o efeito no Estado-Membro em que o processo referido no n.º 1 do artigo 3.º tenha sido aberto, deve tomar as medidas necessárias para assegurar a inscrição.

Artigo 23.º
Encargos

Os encargos decorrentes das medidas de publicidade e de inscrição previstas nos artigos 21.º e 22.º são considerados custas e despesas do processo.

Artigo 24.º
Execução a favor do devedor

1 – Quem, num Estado-Membro, cumprir uma obrigação a favor de devedor sujeito a um processo de insolvência aberto noutro Estado--Membro, quando a deveria cumprir a favor do síndico desse processo, fica liberado caso não tenha tido conhecimento da abertura do processo.

2 – Presume-se, até prova em contrário, que quem cumpriu a referida obrigação antes da execução das medidas de publicidade previstas no artigo 21.º não tinha conhecimento da abertura do processo de insolvência; presume-se, até prova em contrário, que quem cumpriu a referida obrigação após a execução das medidas de publicidade previstas no artigo 21.º tinha conhecimento da abertura do processo.

Artigo 25.º
Reconhecimento e carácter executório de outras decisões

1 – As decisões relativas à tramitação e ao encerramento de um processo de insolvência proferidas por um órgão jurisdicional cuja decisão de abertura do processo seja reconhecida por força do artigo 16.º, bem como qualquer acordo homologado por esse órgão jurisdicional, são igualmente reconhecidos sem mais formalidades. Essas decisões são executadas em conformidade com o disposto nos artigos 31.º a 51.º, com excepção do n.º 2 do artigo 34.º, da Convenção de Bruxelas

relativa à competência judiciária e à execução de decisões em matéria civil e comercial, alterada pelas convenções relativas à adesão a essa convenção.

O primeiro parágrafo é igualmente aplicável às decisões directamente decorrentes do processo de insolvência e que com este se encontrem estreitamente relacionadas, mesmo que proferidas por outro órgão jurisdicional.

O primeiro parágrafo é igualmente aplicável às decisões relativas às medidas cautelares tomadas após a apresentação do requerimento de abertura de um processo de insolvência.

2 – O reconhecimento e a execução de decisões que não as referidas no n.º 1 regem-se pela convenção referida no n.º 1 do presente artigo, na medida em que esta for aplicável.

3 – Os Estados-Membros não são obrigados a reconhecer ou executar qualquer decisão referida no n.º 1 que possa resultar numa restrição da liberdade individual ou do sigilo postal.

Artigo 26.º[6]
Ordem pública

Qualquer Estado-Membro pode recusar o reconhecimento de um processo de insolvência aberto noutro Estado-Membro ou execução de uma decisão proferida no âmbito de um processo dessa natureza, se esse reconhecimento ou execução produzir efeitos manifestamente contrários à ordem pública desse Estado, em especial aos seus princípios fundamentais ou aos direitos e liberdades individuais garantidos pela sua Constituição.

CAPÍTULO III
Processo de insolvência secundário

Artigo 27.º
Abertura

O processo referido no n.º 1 do artigo 3.º que for aberto por um órgão jurisdicional de um Estado-Membro e reconhecido noutro

[6] Note-se a declaração de Portugal relativa à aplicação dos artigos 26.º e 37.º (JO C 183 de 30/06/2000, p. 1).

Estado-Membro (processo principal) permite abrir, neste outro Estado--Membro, em cujo território um órgão jurisdicional seja competente por força do n.º 2 do artigo 3.º, um processo de insolvência secundário sem que a insolvência do devedor seja examinada neste outro Estado. Este processo deve ser um dos processos referidos no anexo B, ficando os seus efeitos limitados aos bens do devedor situados no território desse outro Estado-Membro.

Artigo 28.º
Lei aplicável

Salvo disposição em contrário do presente regulamento, a lei aplicável ao processo secundário é a do Estado-Membro em cujo território tiver sido aberto o processo secundário.

Artigo 29.º
Direito de requerer a abertura de um processo secundário

A abertura de um processo secundário pode ser requerida:

a) Pelo síndico do processo principal;
b) Por qualquer outra pessoa ou autoridade habilitada a requerer a abertura de um processo de insolvência pela lei do Estado--Membro em cujo território seja requerida a abertura do processo secundário.

Artigo 30.º
Adiantamentos para custas e despesas

Se a lei do Estado-Membro em cujo território for requerida a abertura de um processo secundário exigir que o activo do devedor seja suficiente para cobrir a totalidade ou parte das custas e despesas do processo, o órgão jurisdicional a que for apresentado o requerimento de abertura pode exigir do requerente um adiantamento para custas ou uma garantia de montante adequado.

Artigo 31.º
Dever de cooperação e de informação

1 – Sob reserva das regras que limitam a comunicação de informações, o síndico do processo principal e os síndicos dos processos secundários estão sujeitos a um dever de informação recíproca. Devem comunicar, sem demora, quaisquer informações que possam ser úteis para o outro processo, nomeadamente as respeitantes à reclamação e verificação dos créditos e às medidas destinadas a pôr termo ao processo.

2 – Sob reserva das regras aplicáveis a cada um dos processos, o síndico do processo principal e os síndicos dos processos secundários estão sujeitos a um dever de cooperação recíproca.

3 – O síndico de um processo secundário deve dar atempadamente ao síndico do processo principal a possibilidade de apresentar propostas relativas à liquidação ou a qualquer utilização a dar aos activos do processo secundário.

Artigo 32.º
Exercício dos direitos dos credores

1 – Qualquer credor pode reclamar o respectivo crédito no processo principal e em qualquer processo secundário.

2 – Os síndicos do processo principal e dos processos secundários estão habilitados a reclamar nos outros processos os créditos já reclamados no processo para o qual tenham sido designados, desde que tal seja útil aos credores no processo para o qual tenham sido designados e sob reserva do direito de os credores se oporem a tal reclamação ou retirarem a reclamação dos seus créditos, caso a lei aplicável o preveja.

3 – O síndico de um processo principal ou secundário está habilitado a participar, na mesma qualidade que qualquer credor, noutro processo, nomeadamente tomando parte numa assembleia de credores.

Artigo 33.º
Suspensão da liquidação

1 – O órgão jurisdicional que tiver aberto o processo secundário suspende total ou parcialmente as operações de liquidação quando o síndico do processo principal o requerer, sob reserva da faculdade de nesse caso exigir ao síndico do processo principal que tome todas as

medidas adequadas para protecção dos interesses dos credores do processo secundário e de certos grupos de credores. O requerimento do síndico do processo principal só pode ser indeferido se for manifestamente destituído de interesse para os credores do processo principal. A suspensão da liquidação pode ser determinada por um período máximo de três meses. Pode ser prorrogada ou renovada por períodos da mesma duração.

2 – O órgão jurisdicional referido no n.º 1 põe termo à suspensão das operações de liquidação:

– a requerimento do síndico do processo principal,
– oficiosamente, a requerimento de um credor ou do síndico do processo secundário, se essa medida tiver deixado de ser justificada, nomeadamente pelo interesse dos credores quer do processo principal quer do processo secundário.

Artigo 34.º

Medidas que põem termo ao processo secundário de insolvência

1 – Sempre que a lei aplicável ao processo secundário previr a possibilidade de pôr termo a esse processo sem liquidação, através de um plano de recuperação, de uma concordata ou de qualquer medida análoga, a medida pode ser proposta pelo síndico do processo principal.

O encerramento do processo secundário através de uma das medidas a que se refere o primeiro parágrafo apenas se torna definitivo com o acordo do síndico do processo principal ou, na falta do seu acordo, se a medida proposta não afectar os interesses financeiros dos credores do processo principal.

2 – Qualquer limitação dos direitos dos credores, como uma moratória ou um perdão de dívida, decorrente de uma das medidas a que se refere o n.º 1 que tenha sido proposta no âmbito de um processo secundário, só pode produzir efeitos nos bens do devedor não afectados por esse processo se houver acordo de todos os credores interessados.

3 – Durante a suspensão das operações de liquidação determinada ao abrigo de artigo 33.º, só o síndico do processo principal, ou o devedor com o seu consentimento, pode propor no âmbito do processo secundário quaisquer das medidas previstas no n.º 1 do presente artigo; nenhuma outra proposta relativa a uma medida dessa natureza pode ser sujeita a votação ou homologada.

Artigo 35.º
Activo remanescente do processo secundário

Se a liquidação dos activos do processo secundário permitir o pagamento de todos os créditos aprovados nesse processo, o síndico designado para esse processo transfere sem demora o activo remanescente para o síndico do processo principal.

Artigo 36.º
Abertura posterior do processo principal

Se for aberto um processo referido no n.º 1 do artigo 3.º após a abertura noutro Estado-Membro de um processo referido no n.º 2 do artigo 3.º, os artigos 31.º a 35.º são aplicáveis ao processo aberto em primeiro lugar, na medida em que a situação desse processo o permita.

Artigo 37.º[7]
Conversão do processo anterior

O síndico do processo principal pode requerer a conversão de um processo referido no anexo A anteriormente aberto noutro Estado-Membro num processo de liquidação, se a conversão se revelar útil aos interesses dos credores do processo principal.

Cabe ao órgão jurisdicional competente por força do n.º 2 do artigo 3.º decidir desta conversão num dos processos referidos no anexo B.

Artigo 38.º
Medidas cautelares

Se o órgão jurisdicional de um Estado-Membro competente por força do n.º 1 do artigo 3.º designar um síndico provisório a fim de assegurar a conservação dos bens do devedor, esse síndico provisório está habilitado a requerer quaisquer medidas de conservação ou de protecção dos bens do devedor que se encontrem noutro Estado-Membro, previstas na lei desse Estado, pelo período compreendido entre o requerimento de abertura de um processo de insolvência e a decisão de abertura.

[7] Note-se a declaração de Portugal relativa à aplicação dos artigos 26.º e 37.º (JO C 183 de 30/06/2000, p. 1).

CAPÍTULO IV
Informação dos credores e reclamação dos respectivos créditos

Artigo 39.º
Direito de reclamação de créditos

Os credores que tenham residência habitual, domicílio ou sede num Estado-Membro que não o Estado de abertura do processo, incluindo as autoridades fiscais e os organismos de segurança social dos Estados-Membros, têm o direito de reclamar os seus créditos por escrito no processo de insolvência.

Artigo 40.º
Obrigação de informação dos credores

1 – Logo que num Estado-Membro seja aberto um processo de insolvência, o órgão jurisdicional competente desse Estado, ou o síndico por ele nomeado, deve informar sem demora os credores conhecidos que tenham residência habitual, domicílio ou sede nos outros Estados-Membros.

2 – Essa informação, prestada mediante o envio de uma comunicação a cada credor conhecido, diz respeito aos prazos a observar, às sanções previstas relativamente a esses prazos, ao órgão ou autoridade habilitado a receber a reclamação dos créditos e a outras medidas impostas. A comunicação deve igualmente indicar se os credores cujo crédito seja garantido por um privilégio ou uma garantia real devem reclamar o seu crédito.

Artigo 41.º
Conteúdo da reclamação dos créditos

Os credores devem enviar cópia dos documentos comprovativos, caso existam, e indicar a natureza dos créditos, a data da respectiva constituição e o seu montante; devem igualmente informar se reivindicam, em relação a esses créditos, um privilégio, uma garantia real ou uma reserva de propriedade, e quais os bens sobre os quais incide a garantia que invocam.

Artigo 42.º
Línguas

1 – A informação prevista no artigo 40.º é prestada na língua oficial ou numa das línguas oficiais do Estado de abertura do processo. Para o efeito, é utilizado um formulário em que figura, em todas as línguas oficiais das Instituições da União Europeia, o título “Aviso de reclamação de créditos. Prazos legais a observar”.

2 – Os credores que tenham residência habitual, domicílio ou sede num Estado-Membro que não o Estado de abertura do processo podem reclamar os respectivos créditos na língua oficial ou numa das línguas oficiais do Estado-Membro em causa. No entanto, neste caso, a reclamação deve mencionar o título “Reclamação de crédito” na língua oficial ou numa das línguas oficiais do Estado de abertura do processo. Além disso, pode ser-lhes exigida uma tradução na língua oficial ou numa das línguas oficiais do Estado de abertura do processo.

CAPÍTULO V
Disposições transitórias e finais

Artigo 43.º
Aplicação temporal

O disposto no presente regulamento é aplicável apenas aos processos de insolvência abertos posteriormente à sua entrada em vigor. Os actos realizados pelo devedor antes da entrada em vigor do presente regulamento continuam a ser regidos pela legislação que lhes era aplicável no momento em que foram praticados.

Artigo 44.º
Relações com as convenções existentes

1 – Após a sua entrada em vigor, o presente regulamento substitui, nas relações entre os Estados-Membros, no seu âmbito de aplicação concreto, as convenções concluídas entre dois ou mais Estados-Membros, nomeadamente:

a) A Convenção entre a Bélgica e a França relativa à competência judiciária, ao valor e execução de decisões judiciais, sentenças arbitrais e actos autênticos, assinada em Paris, em 8 de Julho de 1899;

b) A Convenção entre a Bélgica e a Áustria relativa à falência, à concordata e à moratória (acompanhada de protocolo adicional de 13 de Junho de 1973), assinada em Bruxelas, em 16 de Julho de 1969;
c) A Convenção entre a Bélgica e os Países Baixos relativa à competência judiciária territorial, à falência, bem como ao valor e execução de decisões judiciais, sentenças arbitrais e actos autênticos, assinada em Bruxelas, em 28 de Março de 1925;
d) A Convenção entre a Alemanha e a Áustria em matéria de falência e de concordata, assinada em Viena, em 25 de Maio de 1979;
e) A Convenção entre a França e a Áustria relativa à competência judicial, ao reconhecimento e à execução de decisões em matéria de falência, assinada em Viena, em 27 de Fevereiro de 1979;
f) A Convenção entre a França e a Itália relativa à execução de sentenças em matéria civil e comercial, assinada em Roma, em 3 de Junho de 1930;
g) A Convenção entre a Itália e a Áustria em matéria de falência e de concordata, assinada em Roma, em 12 de Julho de 1977;
h) A Convenção entre o Reino dos Países Baixos e a República Federal da Alemanha relativa ao reconhecimento e execução mútuos de decisões judiciais e de outros títulos executivos em matéria civil e comercial, assinada em Haia, em 30 de Agosto de 1962;
i) A Convenção entre o Reino Unido e o Reino da Bélgica relativa à execução recíproca de sentenças em matéria civil e comercial, acompanhada de um protocolo, assinada em Bruxelas, em 2 de Maio de 1934;
j) A Convenção entre a Dinamarca, a Finlândia, a Noruega, a Suécia e a Islândia relativa à falência, assinada em Copenhaga, em 7 de Novembro de 1933;
k) A Convenção europeia sobre certos aspectos internacionais da falência, assinada em Istambul, em 5 de Junho de 1990.

2 – As convenções referidas no n.º 1 continuarão a produzir efeitos no que respeita aos processos que tenham sido abertos antes da entrada em vigor do presente regulamento.

3 – O presente regulamento não é aplicável:

a) Em nenhum dos Estados-Membros, quando incompatível com as obrigações em matéria de falência resultantes de uma convenção concluída por esse Estado com um ou mais países terceiros antes da entrada em vigor do presente regulamento;

b) No Reino Unido da Grã-Bretanha e da Irlanda do Norte, quando incompatível com as obrigações em matéria de falência e liquidação de sociedades insolventes decorrentes de quaisquer convénios com a Commonwealth existentes antes da entrada em vigor do presente regulamento.

Artigo 45.º
Alteração dos anexos

O Conselho, deliberando por maioria qualificada, por iniciativa de um dos seus membros ou sob proposta da Comissão, pode alterar os anexos.

Artigo 46.º
Relatórios

Até 1 de Junho de 2012 e, em seguida, de cinco em cinco anos, a Comissão deve apresentar ao Parlamento Europeu, ao Conselho e ao Comité Económico e Social um relatório relativo à aplicação do presente regulamento, acompanhado, se for caso disso, de propostas de adaptação.

Artigo 47.º
Entrada em vigor

O presente regulamento entra em vigor em 31 de Maio de 2002.

O presente regulamento é obrigatório em todos os seus elementos e directamente aplicável nos Estados-Membros em conformidade com o Tratado que institui a Comunidade Europeia.

Feito em Bruxelas, em 29 de Maio de 2000.

Pelo Conselho
O Presidente
A. COSTA

ANEXO A

Processos de insolvência a que se refere a alínea a) do artigo 2.º

BELGIË/BELGIQUE
- Het faillissement/La faillite
- Het gerechtelijk akkoord/Le concordat judiciaire
- De collectieve schuldenregeling/Le règlement collectif de dettes
- De vrijwillige vereffening/La liquidation volontaire
- De gerechtelijke vereffening/La liquidation judiciaire
- De voorlopige ontneming van beheer, bepaald in artikel 8 van de faillissementswet/Le dessaisissement provisoire, visé à l'article 8 de la loi sur les faillites

ČESKÁ REPUBLIKA
- Konkurs
- Nucené vyrovnání
- Vyrovnání

DEUTSCHLAND
- Das Konkursverfahren
- Das gerichtliche Vergleichsverfahren
- Das Gesamtvollstreckungsverfahren
- Das Insolvenzverfahren

EESTI
- Pankrotimenetlus

ΕΛΛΑΣ
- Η πτώχευση
- Η ειδική εκκαθάριση
- Η προσωρινή διαχείριση εταιρείας. Η διοίκηση και διαχείριση των πιστωτών
- Η υπαγωγή επιχείρησης υπό επίτροπο με σκοπό τη σύναψη συμβιβασμού με τους πιστωτές

ESPAÑA
- Concurso

FRANCE
– Liquidation judiciaire
– Redressement judiciaire avec nomination d'un administrateur

IRELAND
– Compulsory winding up by the court
– Bankruptcy
– The administration in bankruptcy of the estate of persons dying insolvent
– Winding-up in bankruptcy of partnerships
– Creditors' voluntary winding up (with confirmation of a Court)
– Arrangements under the control of the court which involve the vesting of all or part of the property of the debtor in the Official Assignee for realisation and distribution
– Company examinership

ITALIA
– Fallimento
– Concordato preventivo
– Liquidazione coatta amministrativa
– Amministrazione straordinaria

ΚΥΠΡΟΣ
– Υποχρεωτική εκκαθάριση από το Δικαστήρισ
– Εκούσια εκκαθάριση από πιστωτές κατόπιν Δικαστικού Διατάγματος
– Εκούσια εκκαθάριση από μέλη
– Εκκαθάριση με την εποπτεία του Δικαστηρίσυ
– Πτώχευση κατόπιν Δικαστικού Διατάγματος
– Διαχείριση της περιουσίας προσώπων που απεβίωσαν αφερέγγυα

LATVIJA
– Bankrots
– Izlīgums
– Sanācija

LIETUVA
– įmonės restruktūrizavimo byla

– įmonės bankroto byla
– įmonės bankroto procesas ne teismo tvarka

LUXEMBOURG
– Faillite
– Gestion contrôlée
– Concordat préventif de faillite (par abandon d'actif)
– Régime spécial de liquidation du notariat

MAGYARORSZÁG
– Csődeljárás
– Felszámolási eljárás

MALTA
– Xoljiment
– Amministrazzjoni
– Stralc volontarju mill-membri jew mill-kredituri
– Stralc mill-Qorti
– Falliment f'każ ta' negozjant

NEDERLAND
– Het faillissement
– De surséance van betaling
– De schuldsaneringsregeling natuurlijke personen

ÖSTERREICH
– Das Konkursverfahren
– Das Ausgleichsverfahren

POLSKA
– Postępowanie upadłościowe
– Postępowanie układowe
– Upadłość obejmująca likwidację
– Upadłość z możliwością zawarcia uk adu

PORTUGAL
– O processo de insolvência
– O processo de falência

– Os processos especiais de recuperação de empresa, ou seja:
  – À concordata
  – A reconstituição empresarial
  – A reestruturação financeira
  – A gestão controlada

SLOVENIJA
– Stečajni postopek
– Skrajšani stečajni postopek
– Postopek prisilne poravnave
– Prisilna poravnava v stečaju

SLOVENSKO
– Konkurzné konanie
– Vyrovnanie

SUOMI/FINLAND
– Konkurssi/konkurs
– Yrityssaneeraus/företagssanering

SVERIGE
– Konkurs
– Företagsrekonstruktion

UNITED KINGDOM
– Winding up by or subject to the supervision of the court
– Creditors' voluntary winding up (with confirmation by the court)
– Administration, including appointments made by filing prescribed documents with the court
– Voluntary arrangements under insolvency legislation
– Bankruptcy or sequestration

ANEXO B

Processos de liquidação a que se refere a alínea c) do artigo 2.º

BELGIË/BELGIQUE
- Het faillissement/La faillite
- De vrijwillige vereffening/La liquidation volontaire
- De gerechtelijke vereffening/La liquidation judiciaire

ČESKÁ REPUBLIKA
- Konkurs
- Nucené vyrovnání

DEUTSCHLAND
- Das Konkursverfahren
- Das Gesamtvollstreckungsverfahren
- Das Insolvenzverfahren

EESTI
- Pankrotimenetlus

ΕΛΛΑΣ
- Η πτώχευση
- Η ειδική εκκαθάριση

ESPAÑA
- Concurso

FRANCE
- Liquidation judiciaire

IRELAND
- Compulsory winding up
- Bankruptcy
- The administration in bankruptcy of the estate of persons dying insolvent
- Winding-up in bankruptcy of partnerships
- Creditors' voluntary winding up (with confirmation of a court)

– Arrangements under the control of the court which involve the vesting of all or part of the property of the debtor in the Official Assignee for realisation and distribution

ITALIA
– Fallimento
– Liquidazione coatta amministrativa
– Concordato preventivo con cessione dei beni

ΚΥΠΡΟΣ
– Υποχρεωτική εκκαθάριση από το Δικαστήριο
– Εκκαθάριση με την εποπτεία του Δικαστηρίου
– Εκούσια εκκαθάριση από πιστωτές (με την επικύρωση του Δικαστηρίου)
– Πτώχευση
– Διαχείριση της περιουσίας προσώπων που απεβίωσαν αφερέγγυα

LATVIJA
– Bankrots

LIETUVA
– įmonės bankroto byla
– įmonės bankroto procesas ne teismo tvarka

LUXEMBOURG
– Faillite
– Régime spécial de liquidation du notariat

MAGYARORSZÁG
– Felszámolási eljárás

MALTA
– Stralċ volontarju
– Stralċ mill-Qorti
– Falliment inkluż il-ħruġ ta' mandat ta' qbid mill-Kuratur f'każ ta' negozjant fallut

NEDERLAND
– Het faillissement
– De schuldsaneringsregeling natuurlijke personen

ÖSTERREICH
– Das Konkursverfahren

POLSKA
– Postępowanie upadłościowe
– Upadłość obejmująca likwidację

PORTUGAL
– O processo de insolvência
– O processo de falência

SLOVENIJA
– Stečajni postopek
– Skrajšani stečajni postopek

SLOVENSKO
– Konkurzné konanie
– Vyrovnanie

SUOMI/FINLAND
– Konkurssi/konkurs

SVERIGE
– Konkurs

UNITED KINGDOM
– Winding up by or subject to the supervision of the court
– Winding up through administration, including appointments made by filing prescribed documents with the court
– Creditors' voluntary winding up (with confirmation by the court)
– Bankruptcy or sequestration

ANEXO C

Síndicos a que se refere a alínea b) do artigo 2.º

BELGIË/BELGIQUE
– De curator/Le curateur
– De commissaris inzake opschorting/Le commissaire au sursis
– De schuldbemiddelaar/Le médiateur de dettes
– De vereffenaar/Le liquidateur
– De voorlopige bewindvoerder/L'administrateur provisoire

ČESKÁ REPUBLIKA
– Správce podstaty
– Předběžný správce
– Vyrovnací správce
– Zvláštní správce
– Zástupce správce

DEUTSCHLAND
– Konkursverwalter
– Vergleichsverwalter
– Sachwalter (nach der Vergleichsordnung)
– Verwalter
– Insolvenzverwalter
– Sachwalter (nach der Insolvenzordnung)
– Treuhänder
– Vorläufiger Insolvenzverwalter

EESTI
– Pankrotihaldur
– Ajutine pankrotihaldur
– Usaldusisik

ΕΛΛΑΣ
– Ο σύνδικος
– Ο προσωρινός διαχειριστής. Η δισικούσα επιτροπή των πιστωτών
– Ο ειδικός εκκαθαριστής
– Ο επίτροπος

ESPAÑA
– Administradores concursales

FRANCE
– Représentant des créanciers
– Mandataire liquidateur
– Administrateur judiciaire
– Commissaire à l'exécution de plan

IRELAND
– Liquidator
– Official Assignee
– Trustee in bankruptcy
– Provisional Liquidator
– Examiner

ITALIA
– Curatore
– Commissario
– Liquidatore giudiziale

ΚΥΠΡΟΣ
– Εκκαθαριστής και Προσωρινός Εκκαθαριστής
– Επίσημος Παραλήπτης
– Διαχειριστής της Πτώχευσης
– Εξεταστής

LATVIJA
– Maksātnespējas procesa administrators

LIETUVA
– Bankrutuojančių įmonių administratorius
– Restruktūrizuojamų įmonių administratorius

LUXEMBOURG
– Le curateur
– Le commissaire
– Le liquidateur
– Le conseil de gérance de la section d'assainissement du notariat

MAGYARORSZÁG
- Csődeljárás
- Felszámolási eljárás

MALTA
- Amministratur Proviżorju
- Riċevitur Uffiċjali
- Stralċjarju
- Manager Speċjali
- Kuraturi f'każ ta' proċeduri ta' falliment

NEDERLAND
- De curator in het faillissement
- De bewindvoerder in de surséance van betaling
- De bewindvoerder in de schuldsaneringsregeling natuurlijke personen

ÖSTERREICH
- Masseverwalter
- Ausgleichsverwalter
- Sachverwalter
- Treuhänder
- Besondere Verwalter
- Konkursgericht

POLSKA
- Syndyk
- Nadzorca sądowy
- Zarządca

PORTUGAL
- Administrador da insolvência
- Gestor judicial
- Liquidatário judicial
- Comissão de credores

SLOVENIJA
- Upravitelj prisilne poravnave
- Stečajni upravitelj

– Sodišče, pristojno za postopek prisilne poravnave
– Sodišče, pristojno za stečajni postopek

SLOVENSKO
– Správca
– Predbežný správca
– Nútený správca
– Likvidátor

SUOMI/FINLAND
– Pesänhoitaja/boförvaltare
– Selvittäjä/utredare

SVERIGE
– Förvaltare
– God man
– Rekonstruktör

UNITED KINGDOM
– Liquidator
– Supervisor of a voluntary arrangement
– Administrator
– Official Receiver
– Trustee
– Provisional Liquidator
– Judicial factor

4. Medidas de Luta Contra os Atrasos de Pagamento nas Transacções Comerciais

Directiva n.º 2000/35/CE do Parlamento Europeu e do Conselho, de 29 de Junho de 2000*

(que estabelece medidas de luta contra os atrasos de pagamento nas transacções comerciais)

O PARLAMENTO EUROPEU E O CONSELHO DA UNIÃO EUROPEIA,

Tendo em conta o Tratado que institui a Comunidade Europeia e, nomeadamente, o seu artigo 95.º,

Tendo em conta a proposta da Comissão[1],

Tendo em conta o parecer do Comité Económico e Social[2],

Deliberando nos termos do artigo 251.º do Tratado[3], e à luz do texto conjunto aprovado pelo Comité de Conciliação, em 4 de Maio de 2000,

Considerando o seguinte:

---

* Publicada no Jornal Oficial n.º L 200 de 8 de Agosto de 2000, pp. 35-38 e transposta para a ordem jurídica interna portuguesa pelo Decreto-Lei n.º 32/2003, de 17 de Fevereiro (publicado no Diário da República n.º 40/2003, série I-A, de 17 de Fevereiro de 2002, pp. 1053-1057).

[1] JO C 168 de 3/06/1998, p. 13, e JO C 374 de 3/12/1998, p. 4.

[2] JO C 407 de 28/12/1998, p. 50.

[3] Parecer do Parlamento Europeu de 17 de Setembro de 1998 (JO C 313 de 12/10/1998, p. 142), posição comum do Conselho de 29 de Julho de 1999 (JO C 284 de 6/10/1999, p. 1) e decisão do Parlamento Europeu de 16 de Dezembro de 1999 (ainda não publicada no Jornal Oficial). Decisão do Parlamento Europeu de 15 de Junho de 2000 e decisão do Conselho de 18 de Maio de 2000.

1. O Parlamento Europeu, na sua resolução sobre a comunicação da Comissão relativa à execução de um programa integrado a favor das pequenas e médias empresas (PME) e do artesanato[4], sublinhou que a Comissão devia apresentar propostas destinadas a solucionar o problema dos atrasos de pagamento.

2. A Comissão, em 12 de Maio de 1995, adoptou uma recomendação relativa aos prazos de pagamento nas transacções comerciais[5].

3. O Parlamento Europeu, na sua resolução sobre a recomendação da Comissão relativa aos prazos de pagamento nas transacções comerciais[6], convidou a Comissão a considerar a possibilidade de transformar a sua recomendação numa proposta de directiva do Conselho, a apresentar logo que possível.

4. Em 29 de Maio de 1997, o Comité Económico e Social adoptou um parecer sobre o *Livro Verde da Comissão sobre os contratos públicos na União Europeia: pistas de reflexão para o futuro*[7].

5. Em 4 de Junho de 1997, a Comissão publicou um plano de acção para o mercado único, que sublinhava que os atrasos de pagamento representam um obstáculo cada vez mais sério ao êxito do mercado único.

6. Em 17 de Julho de 1997, a Comissão publicou um relatório sobre os prazos de pagamento nas transacções comerciais[8], resumindo os resultados de uma avaliação dos efeitos da recomendação da Comissão de 12 de Maio de 1995.

7. Recaem sobre as empresas, particularmente as de pequena e média dimensão, pesados encargos administrativos e financeiros, em resultado de prazos de pagamento excessivamente longos e de atrasos de pagamento. Além disso, estes problemas são uma das principais causas

---

[4] JO C 323 de 21/11/1994, p. 19.
[5] JO L 127 de 10/06/1995, p. 19.
[6] JO C 211 de 22/07/1996, p. 43.
[7] JO C 287 de 22/09/1997, p. 92.
[8] JO C 216 de 17/07/1997, p. 10.

de insolvência, ameaçando a sobrevivência das empresas e resultando na perda de numerosos postos de trabalho.

8. Em determinados Estados-Membros, os prazos contratuais de pagamento diferem significativamente da média comunitária.

9. As diferenças entre as regras e práticas de pagamento nos Estados-Membros constituem um obstáculo ao adequado funcionamento do mercado interno.

10. Esse facto tem como consequência uma redução considerável das transacções comerciais entre Estados-Membros, o que está em contradição com o artigo 14.º do Tratado, já que os empresários devem poder operar em todo o mercado interno em condições que lhes assegurem que as transacções transfronteiriças não envolvem maiores riscos que as operações nacionais. Verificar-se-iam distorções de concorrência, se fossem aplicadas regras substancialmente diferentes às transacções nacionais e às transacções transfronteiriças.

11. As estatísticas mais recentes indicam que, na melhor das hipóteses, não se registou qualquer melhoria em matéria de atrasos de pagamento em muitos Estados-Membros desde a adopção da recomendação de 12 de Maio de 1995.

12. O objectivo do combate aos atrasos de pagamento no mercado interno não pode ser cabalmente atingido através de acções individuais dos Estados-Membros, podendo ser melhor alcançado ao nível comunitário. A presente directiva não vai além do necessário para alcançar aqueles objectivos. Sendo assim, a presente directiva cumpre integralmente as exigências dos princípios de subsidiariedade e de proporcionalidade, constantes do artigo 5.º do Tratado.

13. A presente directiva limita-se aos pagamentos efectuados para remunerar transacções comerciais e não regulamenta as transacções com os consumidores, os juros relativos a outros pagamentos, como por exemplo os pagamentos efectuados nos termos da legislação em matéria de cheques ou de letras de câmbio, ou os pagamentos efectuados a título de indemnização por perdas e danos, incluindo os efectuados por companhias de seguro.

14. O facto de as profissões liberais estarem abrangidas pela presente directiva não significa que os Estados-Membros tenham de as tratar como empresas ou comerciantes para efeitos não previstos na presente directiva.

15. A presente directiva apenas define a expressão "título executivo", sem regulamentar os diversos procedimentos de execução coerciva desse título, nem as condições em que essa execução coerciva pode ser dada por finda ou suspensa.

16. Os atrasos de pagamento constituem um incumprimento de contrato que se tornou financeiramente atraente para os devedores na maioria dos Estados-Membros, devido às baixas taxas de juro que se aplicam aos atrasos de pagamento e/ou à lentidão dos processos de indemnização. É necessária uma mudança decisiva, que inclua a compensação aos credores pelos custos incorridos, de modo a inverter esta tendência e garantir que as consequências dos atrasos de pagamento desincentivem os atrasos de pagamento.

17. A indemnização razoável pelos custos suportados com a recuperação não deve reverter em prejuízo das disposições nacionais segundo as quais um juiz nacional pode conceder ao credor qualquer indemnização adicional provocada pelo atraso do devedor no pagamento, levando também em conta que esses custos adicionais podem já ter sido indemnizados com o pagamento de juros por atraso no pagamento.

18. A presente directiva toma em consideração o problema dos prazos contratuais de pagamento muito longos e, em especial, a existência de certas categorias de contratos em relação aos quais se pode justificar um prazo de pagamento mais longo, em articulação com uma restrição da liberdade contratual ou uma taxa de juro mais elevada.

19. A presente directiva deveria proibir o abuso da liberdade contratual em desvantagem do credor. Se um acordo tiver essencialmente como objectivo proporcionar ao devedor uma liquidez adicional a expensas do credor, ou caso o adjudicatário principal imponha aos seus fornecedores e subcontratantes condições de pagamento que não se justifiquem pelas condições que lhe foram impostas a si próprio, poderá considerar-se que existem factores que consubstanciam um abuso. A presente directiva não afecta as disposições nacionais relacionadas com a forma mediante a qual foram concluídos os contratos ou regulamentada a validade de condições contratuais que sejam injustas para o devedor.

20. As consequências dos atrasos de pagamento apenas podem ser dissuasivas se forem acompanhadas por procedimentos de cobrança rápidos e eficazes para o credor. De acordo com o princípio da não discriminação constante do artigo 12.º do Tratado, estes procedimentos devem ser acessíveis a todos os credores estabelecidos na Comunidade.

21. É desejável garantir que os credores se encontrem em posição de exercer um direito à reserva de propriedade em toda a Comunidade, com base numa base não discriminatória, em toda a Comunidade, se a cláusula do direito à reserva de propriedade for válida nos termos das disposições nacionais aplicáveis no âmbito do direito internacional privado.

22. A presente directiva regulamenta todas as transacções comerciais, independentemente de terem sido estabelecidas entre empresas privadas ou públicas, ou entre empresas e entidades públicas, tendo em conta que estas últimas procedem a um considerável volume de pagamentos às empresas. Por conseguinte, deve também regulamentar todas as transacções comerciais entre os principais adjudicantes e os seus fornecedores e subcontratantes.

23. O artigo 5.º da presente directiva prevê que o procedimento de cobrança de dívidas não impugnadas seja completado num prazo curto, de acordo com a legislação nacional, mas não exige que os Estados-Membros adoptem um procedimento específico ou alterem os seus actuais procedimentos legais num sentido específico,

ADOPTARAM A PRESENTE DIRECTIVA:

Artigo 1.º
Âmbito de aplicação

A presente directiva aplica-se a todos os pagamentos efectuados como remuneração de transacções comerciais.

Artigo 2.º
Definições

Para efeitos da presente directiva, entende-se por:

1 – "Transacção comercial", qualquer transacção entre empresas ou entre empresas e entidades públicas que dê origem ao fornecimento de mercadorias ou à prestação de serviços contra uma remuneração; "empresa" significa qualquer organização que desenvolva uma actividade económica ou profissional autónoma, mesmo que exercida por uma pessoa singular.

"Entidade pública", qualquer autoridade ou entidade contratante definida nas directivas relativas aos concursos públicos (92/50/CEE[9], 93/ /36/CEE[10], 93/37/CEE[11] e 93/38/CEE[12]).

"Empresa", qualquer organização que desenvolva uma actividade económica ou profissional autónoma, mesmo que exercida por uma pessoa singular.

2 – "Atraso de pagamento", o incumprimento das cláusulas contratuais ou das disposições legais relativas ao prazo de pagamento.

3 – "Reserva de propriedade" o acordo contratual segundo o qual o vendedor continua o proprietário dos bens em questão até o preço ter sido pago integralmente.

4 – "Taxa de juro da principal facilidade de refinanciamento do Banco Central Europeu", a taxa de juro aplicada a estas operações no caso de leilões a taxa fixa. Quando uma operação principal de refinanciamento for efectuada segundo o processo de leilão a taxa variável, a

[9] JO L 209 de 24/07/1992, p. 1.
[10] JO L 199 de 9/08/1993, p. 1.
[11] JO L 199 de 9/08/1993, p. 54.
[12] JO L 199 de 9/08/1993, p. 84.

taxa de juro reportar-se-á à taxa de juro marginal resultante do leilão em causa. Esta disposição aplica-se tanto aos leilões a taxa única como aos leilões a taxa variável;

5 – "Título executivo", qualquer decisão, sentença, injunção ou ordem de pagamento da dívida, de uma só vez ou em prestações, decretada por um tribunal ou outra entidade competente, e que permita ao credor cobrar o seu crédito junto do devedor, mediante execução coerciva; inclui qualquer decisão, sentença, injunção ou ordem de pagamento executória e que mantenha essa natureza, mesmo que o devedor interponha recurso dela.

Artigo 3.º
Juros em caso de atraso de pagamento

1 – Os Estados-Membros assegurarão que:

a) Os juros calculados nos termos da alínea d) se vençam a partir do dia subsequente à data de pagamento, ou ao termo do prazo de pagamento, estipulados no contrato;

b) Caso a data ou o prazo de pagamento não constem do contrato, os juros se vençam automaticamente, sem necessidade de novo aviso:

i) 30 dias após a data em que o devedor tiver recebido a factura ou um pedido equivalente de pagamento; ou

ii) Se a data de recepção da factura ou do pedido equivalente de pagamento for incerta, 30 dias após a data de recepção dos bens ou da prestação dos serviços; ou

iii) Se o devedor receber a factura ou o pedido equivalente de pagamento antes do fornecimento dos bens ou da prestação dos serviços, 30 dias após a recepção dos bens ou serviços; ou

iv) Se na lei ou no contrato estiver previsto um processo de aceitação ou de verificação mediante o qual deva ser determinada a conformidade dos bens ou do serviço em relação ao contrato e se o devedor receber a factura ou o pedido equivalente de pagamento antes ou à data dessa aceitação ou verificação, 30 dias após a data dessa aceitação ou verificação;

c) O credor tem direito a receber juros de mora desde que:

i) Tenha cumprido as suas obrigações contratuais e legais; e

ii) O atraso seja imputável ao devedor;

d) A taxa praticada para os juros de mora ("taxa legal") que o devedor é obrigado a pagar corresponde à taxa de juro da principal facilidade de refinanciamento aplicada pelo Banco Central Europeu (BCE), à sua principal operação de refinanciamento mais recente efectuada no primeiro dia de calendário do semestre em causa ("taxa de referência"), acrescida de sete pontos percentuais ("margem"), pelo menos, salvo especificação em contrário no contrato. Para os Estados-Membros que não participarem na terceira fase da União Económica e Monetária, a taxa de referência em questão será a taxa equivalente estabelecida pelo respectivo banco central. Em ambos os casos será aplicável aos seis meses subsequentes a taxa de referência em vigor no primeiro dia de actividade do banco central no semestre em causa;

e) A menos que o devedor não seja responsável pelo atraso, o credor terá o direito de exigir uma indemnização razoável do devedor por todos os prejuízos relevantes sofridos devido a atrasos de pagamento deste último. Estes custos respeitarão os princípios da transparência e da proporcionalidade no que se refere à dívida em questão. Os Estados-Membros podem, no respeito dos princípios supramencionados, fixar um montante máximo no que se refere aos prejuízos suportados por diferentes níveis de dívidas.

2 – Para certas categorias de contratos a definir pela lei nacional, os Estados-Membros podem fixar o prazo até um máximo de 60 dias, findo o qual se começam a vencer juros, no caso de impedirem as partes no contrato de excederem esse prazo ou de fixarem um juro obrigatório substancialmente superior ao juro legal.

3 – Os Estados-Membros disporão no sentido de que qualquer acordo sobre a data de pagamento ou sobre as consequências do atraso de pagamento que não seja conforme com o disposto nas alíneas b) a d) do n.º 1 e no n.º 2 não será aplicável ou conferirá direito a indemnização se, ponderadas todas as circunstâncias do caso, incluindo as boas práticas comerciais e a natureza dos produtos, for manifestamente leonino para o credor. Com vista a determinar se um acordo é manifestamente leonino para o credor, tomar-se-á entre outros factores em consideração o facto de o devedor ter uma eventual razão objectiva para não respeitar o disposto nas alíneas b) a d) do n.º 1 e no n.º 2. Se for determinado que

esse acordo é manifestamente leonino, aplicar-se-ão os prazos legais, salvo se os tribunais nacionais decretarem condições diferentes, que sejam justas.

4 – Os Estados-Membros garantirão, no interesse dos credores e dos concorrentes, a existência de meios adequados e eficazes para evitar a utilização continuada de condições que são manifestamente abusivas na acepção do n.º 3.

5 – Os meios a que se refere o n.º 4 incluirão disposições mediante as quais as organizações oficialmente reconhecidas como tal, ou que possuam interesses legítimos na representação das pequenas e médias empresas, possam intentar acções em conformidade com a legislação nacional em questão perante os tribunais ou perante organismos administrativos competentes com base no facto de as disposições contratuais definidas para uso geral serem manifestamente abusivas na acepção do n.º 3, por forma a que possam aplicar meios adequados e eficazes com vista a prevenir a utilização continuada dessas condições.

Artigo 4.º
Reserva de propriedade

1 – Os Estados-Membros permitirão, em conformidade com as disposições nacionais aplicáveis e previstas no direito internacional privado, que o vendedor conserve os bens duradouros até terem sido totalmente pagos desde que tenha sido explicitamente acordada uma cláusula de reserva de propriedade entre comprador e vendedor antes da entrega dos bens duradouros.

2 – Os Estados-Membros podem adoptar ou aprovar disposições relativas aos pagamentos em falta já efectuados pelo devedor.

Artigo 5.º
Procedimentos de cobrança de dívidas não impugnadas

1 – Os Estados-Membros devem assegurar que seja possível obter um título executivo válido, independentemente do montante da dívida, em regra no prazo de 90 dias a contar da apresentação do requerimento ou petição pelo credor, ao tribunal ou outra entidade competente, desde que não haja impugnação da dívida ou de aspectos processuais. Esta obrigação será assumida pelos Estados-Membros de acordo com as respectivas disposições legislativas, regulamentares e administrativas.

2 – As disposições legislativas, regulamentares e administrativas nacionais serão aplicáveis nos mesmos termos a todos os credores estabelecidos na Comunidade.

3 – No prazo de 90 dias previsto no n.º 1 não deverão ser incluídos os seguintes períodos:

a) Os prazos necessários à notificação dos documentos;

b) Todos os atrasos imputáveis ao credor, como sejam os decorrentes da supressão de deficiências de pedidos incorrectamente formulados.

4 – O presente artigo não prejudica as disposições da Convenção de Bruxelas de 1968 relativa à competência e à execução de decisões em matéria civil e comercial[13].

Artigo 6.º

Transposição

1 – Os Estados-Membros porão em vigor as disposições legislativas, regulamentares e administrativas necessárias para dar cumprimento à presente directiva até 8 de Agosto de 2002. Do facto informarão imediatamente a Comissão.

Quando os Estados-Membros adoptarem tais disposições, estas deverão incluir uma referência à presente directiva ou serem acompanhadas dessa referência aquando da sua publicação oficial. As modalidades dessa referência serão adoptadas pelos Estados-Membros.

2 – Os Estados-Membros poderão manter ou pôr em vigor disposições mais favoráveis ao credor do que as necessárias ao cumprimento da presente directiva.

3 – Na transposição da presente directiva, os Estados-Membros poderão excluir:

a) As dívidas que forem objecto de processos de insolvência ou falência intentados contra o devedor; e

b) Os contratos celebrados até 8 de Agosto de 2002; e

c) Os juros devidos de montante inferior a 5 euros.

4 – Os Estados-Membros comunicarão à Comissão o texto das principais disposições de direito nacional que adoptarem no domínio regido pela presente directiva.

[13] Versão compilada no JO n.º C 27 de 26/01/1998, p. 3.

5 – A Comissão procederá dois anos após 8 de Agosto de 2002 a uma análise, nomeadamente, da taxa legal, dos prazos contratuais de pagamento e dos atrasos de pagamento, a fim de avaliar o seu impacto sobre as transacções comerciais e o funcionamento real da legislação em vigor. Os resultados desta análise, bem como de outras análises, serão transmitidos ao Parlamento Europeu e ao Conselho, acompanhados, se necessário, de propostas destinadas a melhorar a presente directiva.

Artigo 7.º
Entrada em vigor

A presente directiva entra em vigor na data da sua publicação no *Jornal Oficial das Comunidades Europeias*.

Artigo 8.º
Destinatários

Os Estados-Membros são os destinatários da presente directiva.

Feito no Luxemburgo, em 29 de Junho de 2000.

Pelo Parlamento Europeu
A Presidente
N. FONTAINE

Pelo Conselho
O Presidente
M. MARQUES DA COSTA

5. Saneamento e Liquidação das Empresas de Seguros

Directiva n.º 2001/17/CE do Parlamento Europeu e do Conselho, de 19 de Março de 2001*

(relativa ao saneamento e à liquidação das empresas de seguros)

O PARLAMENTO EUROPEU E O CONSELHO DA UNIÃO EUROPEIA,

Tendo em conta o Tratado que institui a Comunidade Europeia e, nomeadamente, o n.º 2 do seu artigo 47.º e o seu artigo 55.º,

Tendo em conta a proposta da Comissão[1],

Tendo em conta o parecer do Comité Económico e Social[2],

Deliberando nos termos do artigo 251.º do Tratado[3],

Considerando o seguinte:

1. A Primeira Directiva 73/239/CEE do Conselho, de 24 de Julho de 1973, relativa à coordenação das disposições legislativas, regulamentares e administrativas respeitantes ao acesso à actividade de seguro directo não-vida e ao seu exercício[4], completada pela Directiva 92/49/

---

* Publicada no Jornal Oficial nº L 110 de 20 de Abril de 2001 pp. 28-39.

[1] JO C 71 de 19/03/1987, p. 5, e JO C 253 de 6/10/1989, p. 3.

[2] JO C 319 de 30/11/1987, p. 10.

[3] Parecer do Parlamento Europeu de 15 de Março de 1989 (JO C 96 de 17/04//1989, p. 99), confirmado em 27 de Outubro de 1999, posição comum do Conselho de 9 de Outubro de 2000 (JO C 344 de 1/12/2000, p. 23) e decisão do Parlamento Europeu de 15 de Fevereiro de 2001.

[4] JO L 228 de 16/08/1973, p. 3. Directiva com a última redacção que lhe foi dada

/CEE[5], e a Primeira Directiva 79/267/CEE do Conselho, de 5 de Março de 1979, relativa à coordenação das disposições legislativas, regulamentares e administrativas respeitantes ao acesso à actividade de seguro directo de vida e ao seu exercício[6], completada pela Directiva 92/96/ /CEE[7], prevêem uma autorização única das empresas de seguros concedida pelas autoridades de supervisão do Estado-Membro de origem. Essa autorização única permite à empresa de seguros desenvolver as suas actividades na Comunidade por via de estabelecimento ou da livre prestação de serviços sem que seja necessária qualquer outra autorização do Estado-Membro de acolhimento e unicamente sob a supervisão prudencial das autoridades de supervisão do Estado-Membro de origem.

2. As directivas de seguros que prevêem uma autorização única de âmbito comunitário para as empresas de seguros não contêm regras de coordenação no caso dos processos de liquidação; as empresas de seguros bem como outras instituições financeiras estão expressamente excluídas do âmbito do Regulamento (CE) n.º 1346/2000 do Conselho, de 29 de Maio de 2000, relativo aos processos de insolvência[8]. Para o funcionamento adequado do mercado interno e para a protecção dos credores, devem ser fixadas regras coordenadas a nível comunitário relativas aos processos de liquidação das empresas de seguros.

3. Devem igualmente ser fixadas regras de coordenação para garantir que as medidas de saneamento adoptadas pelas autoridades competentes de um Estado-Membro a fim de preservar ou restabelecer a solidez financeira de uma empresa de seguros e prevenir tanto quanto

---

pela Directiva 95/26/CE do Parlamento Europeu e do Conselho (JO L 168 de 18/07/1995, p. 7).

[5] Directiva 92/49/CEE do Conselho, de 18 de Junho de 1992, relativa à coordenação das disposições legislativas, regulamentares e administrativas respeitantes ao seguro directo não-vida e que altera as Directivas 73/239/CEE e 88/357/CEE (terceira directiva sobre o seguro não-vida) (JO L 228 de 11/08/1992, p. 1).

[6] JO L 63 de 13/03/1979, p. 1. Directiva com a última redacção que lhe foi dada pela Directiva 95/26/CE.

[7] Directiva 92/96/CEE do Conselho, de 10 de Novembro de 1992, que estabelece a coordenação das disposições legislativas, regulamentares e administrativas relativas ao seguro directo vida e que altera as Directivas 79/267/CEE e 90/619/CEE (terceira directiva sobre o seguro de vida) (JO L 360 de 9/12/1992, p. 1).

[8] JO L 160 de 30/06/2000, p. 1.

possível uma situação de liquidação produzam pleno efeito dentro da Comunidade; as medidas de saneamento contempladas na presente directiva são as que afectam os direitos preexistentes de partes que não sejam a própria empresa de seguros. As medidas previstas no artigo 20.º da Directiva 73/239/CEE e no artigo 24.º da Directiva 79/267/CEE devem estar incluídas no âmbito da presente directiva, desde que satisfaçam as condições contidas na definição de medidas de saneamento.

4. A presente directiva tem um âmbito comunitário que afecta as empresas de seguros, tal como definidas nas Directivas 73/239/CEE e 79/267/CEE, que têm a sua sede na Comunidade, sucursais na Comunidade de empresas de seguros que têm a sua sede em países terceiros e credores residentes na Comunidade. A presente directiva não deve regular os efeitos das medidas de saneamento e dos processos de liquidação no que respeita aos países terceiros.

5. A presente directiva diz respeito a processos de liquidação, quer estes se fundamentem ou não na insolvência e quer sejam voluntários ou obrigatórios; é aplicável aos processos colectivos, tal como definidos pela legislação do Estado-Membro de origem nos termos do artigo 9.º, que implicam a realização dos activos de uma empresa de seguros e a distribuição do respectivo produto; os processos de liquidação que, apesar de não se fundamentarem na insolvência, implicam, para o pagamento dos créditos de seguros, uma ordem de prioridade nos termos do artigo 10.º estão também incluídos no âmbito da presente directiva. A possibilidade de sub-rogar num sistema nacional de garantia do pagamento de salários os créditos a favor dos trabalhadores de uma empresa de seguros decorrentes de contratos de trabalho ou outras relações de trabalho; esses créditos sub-rogados devem beneficiar do tratamento conferido pela lei interna do Estado-Membro (lex concursus), de acordo com os princípios da presente directiva. As disposições da presente directiva são aplicáveis aos diferentes casos de processos de liquidação, conforme adequado.

6. A adopção de medidas de saneamento não impede a abertura de um processo de liquidação. Podem ser abertos processos de liquidação na ausência ou na sequência da adopção de medidas de saneamento; pode ser encerrado por concordata ou por outras medidas análogas, incluindo medidas de saneamento.

7. De acordo com os princípios em vigor em matéria de insolvência, a definição de sucursal deve ter em conta a personalidade jurídica da empresa de seguros. A legislação do Estado-Membro de origem deve determinar a forma como serão tratados, durante o processo de liquidação da empresa de seguros, os elementos do activo e do passivo detidos por pessoas independentes que disponham de poderes permanentes para actuar como agência por conta da empresa de seguros.

8. Deve ser efectuada uma distinção entre as autoridades competentes para efeitos de medidas de saneamento e processos de liquidação e as autoridades de supervisão das empresas de seguros. As autoridades competentes podem ser autoridades administrativas ou judiciais, consoante a legislação do Estado-Membro. A presente directiva não harmoniza a legislação nacional no que diz respeito à atribuição de competências entre essas autoridades.

9. A presente directiva não pretende harmonizar a legislação nacional relativa às medidas de saneamento e aos processos de liquidação, antes visa garantir o reconhecimento mútuo das medidas de saneamento implementadas pelos Estados-Membros e da respectiva legislação relativa aos processos de liquidação das empresas de seguros, bem como a necessária cooperação. Esse reconhecimento mútuo é implementado na presente directiva através dos princípios da unidade, da universalidade, da coordenação, da publicidade, do tratamento equivalente e da protecção dos credores de seguros.

10. As autoridades competentes do Estado-Membro de origem devem ser as únicas habilitadas a tomar decisões respeitantes aos processos de liquidação de empresas de seguros (princípio da unidade); esses processos devem produzir efeitos em toda a Comunidade e ser reconhecidos por todos os Estados-Membros. O activo e o passivo da empresa de seguros deverão, regra geral, ser tomados em consideração nos processos de liquidação (princípio da universalidade).

11. É a lei interna do Estado-Membro de origem que deve regular a decisão de liquidação de uma empresa de seguros, os próprios trâmites da liquidação e respectivos efeitos, tanto materiais como processuais, para as pessoas e relações jurídicas envolvidas, excepto se a presente directiva não previr disposições em contrário. Todas as condições para a abertura, condução e encerramento dos processos de liquidação devem ser em geral regulados pela lei interna do Estado-Membro. Para facilitar a sua aplicação, a presente directiva deve incluir uma lista não exaustiva de aspectos sujeitos, em particular, à regra geral da legislação do Estado--Membro de origem.

12. As autoridades competentes do Estado-Membro de origem e as dos demais Estados-Membros devem ser informadas urgentemente da abertura dos processos de liquidação (princípio da coordenação).

13. É da maior importância que as pessoas seguradas, os tomadores de seguros, os beneficiários, bem como qualquer parte que tenha sofrido um prejuízo e disponha de um direito de acção directa contra a empresa de seguros no que diz respeito a uma reclamação de créditos resultante de operações de seguros estejam protegidos nos processos de liquidação. Essa protecção não deve incluir os créditos que não decorram de obrigações ao abrigo dos contratos de seguro ou das operações de seguro, mas da responsabilidade civil decorrente de actos praticados por um agente no quadro de negociações pelas quais, segundo a lei aplicável ao contrato de seguro ou à operação de seguro, esse agente não seja pessoalmente responsável nos termos do contrato de seguro ou da operação de seguro em causa. Para atingir este objectivo, os Estados-Membros devem garantir tratamento especial aos credores de seguros de acordo com um de dois métodos opcionais previstos na presente directiva; os Estados-Membros podem escolher entre conceder aos créditos de seguros uma preferência absoluta relativamente a qualquer outro crédito no que diz respeito a activos representativos das provisões técnicas ou atribuir-lhes uma graduação especial sobre a qual apenas poderão ter preferência os créditos relativos a salários, à segurança social, a impostos e a direitos reais sobre o conjunto do activo da empresa de seguros. Nenhum dos dois métodos previstos na presente directiva impede um Estado--Membro de estabelecer uma graduação das diferentes categorias de créditos de seguros.

14. A presente directiva deve garantir a existência de um equilíbrio adequado entre a protecção dos credores de seguros e de outros credores privilegiados protegidos pela legislação dos Estados-Membros e não harmonizar os diferentes sistemas de credores privilegiados existentes nos Estados-Membros.

15. Os dois métodos propostos para o tratamento dos créditos de seguros são considerados essencialmente equivalentes. O primeiro método garante a afectação dos activos representativos das provisões técnicas aos créditos de seguros, ao passo que o segundo método garante aos créditos de seguros uma posição na graduação dos credores que afecta não só os activos representativos das provisões técnicas como também o conjunto dos activos da empresa de seguros.

16. Os Estados-Membros que, a fim de proteger os credores de seguros, optarem pelo método de conceder aos créditos de seguros preferência absoluta relativamente aos activos representativos das provisões técnicas devem exigir às empresas de seguros neles situadas que criem e mantenham actualizado um registo especial desses activos. Esse registo é um instrumento útil para a identificação dos activos afectados a esses créditos.

17. Para reforçar a equivalência entre ambos os métodos de tratamento dos créditos de seguros, a presente directiva deve obrigar os Estados-Membros que aplicarem o método previsto no n.º 1, alínea b), do artigo 10.º, a representar, em qualquer momento e independentemente de uma eventual liquidação, os créditos que, de acordo com esse método, possam ter preferência sobre os créditos de seguros e que se encontrem inscritos nas contas da empresa de seguros por activos que, nos termos das directivas em vigor em matéria de seguros, podem representar as provisões técnicas.

18. O Estado-Membro de origem deve poder prever que, no caso de um sistema de garantia estabelecido nesse Estado-Membro de origem ter sido sub-rogado nos direitos dos credores de seguros, os créditos desse sistema não devem beneficiar do tratamento dos créditos de seguros previsto na presente directiva.

19. A abertura de um processo de liquidação deve implicar a revogação da autorização de exercer a actividade concedida à empresa de seguros, a menos que essa autorização tenha sido revogada anteriormente.

20. A decisão de abrir um processo de liquidação, que, de acordo com o princípio da universalidade, pode produzir efeitos em toda a Comunidade, deve beneficiar de publicidade adequada na Comunidade.

A fim de proteger as partes interessadas, essa decisão deve ser publicada de acordo com os procedimentos dos Estados-Membros de origem, bem como no Jornal Oficial das Comunidades Europeias e ainda por quaisquer outros meios escolhidos pelas autoridades de supervisão dos outros Estados-Membros nos respectivos territórios. Para além da publicação da decisão, os credores conhecidos que residam na Comunidade devem ser individualmente informados da decisão; essa informação deve conter, pelo menos, os elementos especificados na presente directiva. Os liquidatários devem ainda manter os credores regularmente informados do andamento do processo de liquidação.

21. Os credores devem ter o direito a proceder à reclamação dos seus créditos ou a apresentar observações por escrito durante o processo de liquidação; as reclamações de créditos apresentadas por credores residentes num Estado-Membro diferente do Estado-Membro de origem devem beneficiar do mesmo tratamento que os créditos equivalentes do Estado-Membro de origem, sem qualquer discriminação em razão da nacionalidade ou da residência (princípio da igualdade de tratamento).

22. A presente directiva deve ser aplicável às medidas de saneamento adoptadas pela autoridade competente de um Estado-Membro que aplique princípios que sejam, mutatis mutandis, semelhantes aos princípios previstos, mutatis mutandis, para os processos de liquidação. A publicação dessas medidas de saneamento deve limitar-se aos casos em que, no Estado-Membro de origem, possa ser interposto recurso por uma parte que não a própria empresa de seguros. Caso as medidas de saneamento afectem exclusivamente os direitos dos accionistas, sócios ou trabalhadores da empresa de seguros, considerados nessa qualidade, deve competir às autoridades competentes determinar as modalidades de informação das partes afectadas nos termos da legislação aplicável.

23. A presente directiva estabelece regras coordenadas para determinar qual o direito aplicável às medidas de saneamento e aos processos de liquidação das empresas de seguros; a presente directiva não deve estabelecer normas de direito internacional privado que determinam qual o direito aplicável aos contratos e a outras relações jurídicas. A presente directiva não visa, em especial, reger as normas aplicáveis à existência de um contrato, aos direitos e obrigações das partes e à avaliação das dívidas.

24. A regra geral da presente directiva, segundo a qual as medidas de saneamento e os processos de liquidação serão regulados pela legislação do Estado-Membro de origem, deve admitir uma série de excepções, por forma a proteger as expectativas legítimas e a certeza de determinadas operações noutros Estados-Membros diferentes do Estado-Membro de origem. Essas excepções dizem respeito aos efeitos sobre certos contratos e direitos, direitos reais de terceiros, reservas de propriedade, compensação, mercados regulamentados, actos prejudiciais, compradores terceiros e acções pendentes.

25. A excepção relativa aos efeitos das medidas de saneamento e dos processos de liquidação sobre certos contratos e direitos prevista no artigo 19.º deve ficar limitada aos efeitos nele especificados e não inclui outros aspectos relacionados com as medidas de saneamento e com os processos de liquidação, tais como a reclamação, a verificação, a aprovação e a graduação dos créditos no que se refere a esses contratos e direitos, que devem ser regulados pela legislação do Estado-Membro de origem.

26. Os efeitos das medidas de saneamento ou do processo de liquidação sobre uma acção judicial pendente relativa a um bem ou a um direito de cuja administração ou disposição o devedor está inibido regem-se pela lei do Estado-Membro em que a referida acção se encontra pendente, como excepção à aplicação da lei do Estado-Membro de origem. Os efeitos dessas medidas e desse processo sobre as acções de execução individuais resultantes dessas acções judiciais devem ser regulados pela legislação do Estado-Membro de origem, de acordo com a regra geral da presente directiva.

27. Todas as pessoas incumbidas de receber ou prestar informações no âmbito dos processos de comunicação previstos na presente directiva devem estar vinculadas pelo segredo profissional, em termos idênticos aos estabelecidos nos artigos 16.º da Directiva 92/49/CEE e 15.º da Directiva 92/96/CEE, com excepção das autoridades judiciais, às quais se aplicam as disposições nacionais pertinentes.

28. Unicamente para efeitos de aplicação da presente directiva às medidas de saneamento e aos processos de liquidação relativos a uma sucursal, situada na Comunidade, de uma empresa de seguros com sede num país terceiro, Estado-Membro de origem, deve ser definido como aquele em que está situada a sucursal e as autoridades de supervisão e as autoridades competentes como as autoridades desse Estado-Membro.

29. Quando uma empresa de seguros com sede fora da Comunidade tiver sucursais estabelecidas em mais do que um Estado-Membro, cada sucursal deve ser tratada independentemente para efeitos de aplicação da presente directiva. Neste caso, as autoridades competentes e as autoridades de supervisão, bem como os administradores e liquidatários, devem esforçar-se por coordenar as suas acções,

ADOPTARAM A PRESENTE DIRECTIVA:

TÍTULO I
Âmbito de aplicação e definições

Artigo 1.º
Âmbito

1 – A presente directiva é aplicável às medidas de saneamento e aos processos de liquidação das empresas de seguros.

2 – A presente é igualmente aplicável, nos termos do artigo 30.º, às medidas de saneamento e aos processos de liquidação relativos às sucursais, situadas no território da Comunidade, de empresas de seguros que têm a sua sede fora da Comunidade.

Artigo 2.º
Definições

Para efeitos da presente directiva, entende-se por:

a) "Empresa de seguros", qualquer empresa que tenha recebido uma autorização administrativa nos termos do artigo 6.º da Directiva 73/239/CEE ou do artigo 6.º da Directiva 79/267/CEE;
b) "Sucursal", qualquer presença permanente de uma empresa de seguros no território de um Estado-Membro que não o Estado-Membro de origem, que exerça a actividade seguradora;

c) "Medidas de saneamento", as medidas que, implicando a intervenção de entidades administrativas ou de autoridades judiciais, se destinam a preservar ou restabelecer a situação financeira de uma empresa de seguros e que afectam os direitos preexistentes de terceiros que não a própria empresa de seguros, incluindo mas não se limitando às medidas que comportam a possibilidade de suspensão dos pagamentos, de suspensão das medidas de execução ou de redução dos créditos;

d) "Processo de liquidação", um processo colectivo que implica a realização dos activos de uma empresa de seguros e a distribuição do respectivo produto entre os credores, accionistas ou sócios, consoante o caso, e que implica necessariamente uma intervenção das autoridades administrativas ou judiciais de um Estado-Membro, inclusive quando esse processo colectivo é concluído por meio de concordata ou de outra medida análoga, quer esses processos se fundamentem ou não na insolvência, ou sejam voluntários ou obrigatórios;

e) "Estado-Membro de origem", o Estado-Membro no qual uma empresa de seguros foi autorizada nos termos do artigo 6.º da Directiva 73/239/CEE ou do artigo 6.º da Directiva 79/267/CEE;

f) "Estado-Membro de acolhimento", o Estado-Membro que não o Estado-Membro de origem no qual uma empresa de seguros tem uma sucursal;

g) "Autoridades competentes", as autoridades administrativas ou judiciais dos Estados-Membros competentes em matéria de medidas de saneamento ou de processos de liquidação;

h) "Autoridades de supervisão", as autoridades competentes na acepção da alínea k) do artigo 1.º da Directiva 92/49/CEE e da alínea l) do artigo 1.º da Directiva 92/96/CEE;

i) "Administrador", qualquer pessoa ou órgão nomeado pelas autoridades competentes para efeitos de gerir medidas de saneamento;

j) "Liquidatário", qualquer pessoa ou órgão nomeado pelas autoridades competentes ou pelos órgãos directivos de uma empresa de seguros, conforme o caso, para efeitos de administrar os processos de liquidação;

k) "Créditos de seguros", qualquer quantia que represente uma dívida de uma empresa de seguros para com pessoas seguradas, tomadores de seguros, beneficiários ou qualquer terceiro lesado que tenha direito de acção directa contra as empresas de seguros decorrente de um contrato de seguro ou de qualquer operação prevista nos n.os 2 e 3 do artigo 1.º da Directiva 79/267/CEE no quadro da actividade de seguro directo, incluindo as quantias provisionadas a favor das pessoas acima mencionadas enquanto não são conhecidos alguns elementos da dívida. Os prémios devidos por uma empresa de seguros em resultado da não conclusão ou da anulação desses contratos de seguros e operações em conformidade com a legislação aplicável a esses contratos ou operações antes da abertura do processo de liquidação são também considerados créditos de seguros.

TÍTULO II
Medidas de saneamento

Artigo 3.º
Âmbito

As disposições do presente título são aplicáveis às medidas de saneamento definidas na alínea c) do artigo 2.º da presente directiva.

Artigo 4.º
Adopção de medidas de saneamento – Lei aplicável

1 – Só as autoridades competentes do Estado-Membro de origem são competentes para determinar a aplicação de medidas de saneamento a uma empresa de seguros, inclusivamente em relação às sucursais estabelecidas noutros Estados-Membros. Essas medidas de reorganização não impedem a abertura de um processo de liquidação pelo Estado-Membro de origem.

2 – Salvo disposição em contrário dos artigos 19.º a 26.º da presente directiva, as medidas de saneamento são regidas pelas leis, regulamentos e procedimentos aplicáveis no Estado-Membro de origem.

3 – As medidas de saneamento produzem todos os seus efeitos de acordo com a legislação desse Estado-Membro, em toda a Comunidade, sem nenhuma outra formalidade, inclusivamente em relação a terceiros

nos outros Estados-Membros, mesmo que as legislações desses Estados--Membros não prevejam tais medidas de reorganização ou, em alternativa, sujeitem a sua aplicação a condições que não se encontrem preenchidas.

4 – As medidas de saneamento produzirão os seus efeitos em toda a Comunidade logo que produzam efeitos no Estado-Membro em que tiverem sido tomadas.

Artigo 5.º
Informação às autoridades de supervisão

Apenas as autoridades competentes do Estado-Membro de origem devem informar urgentemente as autoridades de supervisão do Estado--Membro de origem sobre a sua decisão relativa a quaisquer medidas de saneamento antes da adopção dessas medidas, quando possível, ou, não o sendo, imediatamente a seguir. As autoridades de supervisão do Estado--Membro de origem devem informar urgentemente as autoridades de supervisão de todos os outros Estados-Membros da decisão de adoptar medidas de saneamento, incluindo dos possíveis efeitos práticos dessas medidas.

Artigo 6.º
Publicação

1 – Se, no Estado-Membro de origem, for possível interpor recurso contra uma medida de saneamento, as autoridades competentes do Estado-Membro de origem, o administrador ou qualquer pessoa habilitada para o efeito no Estado-Membro de origem devem tornar pública a decisão sobre uma medida de reorganização em conformidade com as formalidades de publicação previstas no Estado-Membro de origem e, além disso, através da publicação no Jornal Oficial das Comunidades Europeias, o mais rapidamente possível, de um extracto do documento que estabelece a medida de saneamento. As autoridades de supervisão dos outros Estados-Membros que tenham sido informadas da decisão de aplicação de uma medida de saneamento nos termos do artigo 5.º da presente directiva, podem assegurar a publicação dessa decisão dentro dos respectivos territórios, da forma que considerem adequada.

2 – A publicação prevista no n.º 1 deve igualmente especificar qual a autoridade competente do Estado-Membro de origem e a lei aplicável em conformidade com o n.º 2 do artigo 4.º, bem como o administrador nomeado, sendo o caso. A publicação será feita na língua ou em uma das línguas oficiais do Estado-Membro em que a informação é publicada.

3 – As medidas de saneamento são aplicáveis independentemente das disposições relativas à publicação constantes do n.º 2 e produzem todos os seus efeitos em relação aos credores, salvo disposição em contrário das autoridades competentes do Estado-Membro de origem ou da legislação desse Estado.

4 – Sempre que as medidas de saneamento afectem exclusivamente os direitos dos accionistas, sócios ou empregados de uma empresa de seguros considerados enquanto tal, não é aplicável o presente artigo, salvo disposição em contrário da lei aplicável a essas medidas de saneamento. As autoridades competentes determinarão o modo como as partes interessadas afectadas por essas medidas de saneamento serão informadas nos termos da legislação pertinente.

Artigo 7.º

Informação dos credores conhecidos e direito à reclamação de créditos

1 – Quando a legislação do Estado-Membro de origem exigir a reclamação de um crédito para efeitos do seu reconhecimento, ou previr uma notificação obrigatória da medida aos credores que tenham a sua residência habitual, o seu domicílio ou a sua sede nesse Estado, as autoridades competentes do Estado-Membro de origem ou o administrador informarão também os credores conhecidos que tenham a sua residência habitual, o seu domicílio ou a sua sede noutros Estados-Membros, de acordo com as regras previstas no artigo 15.º e no n.º 1 do artigo 17.º.

2 – Quando a legislação do Estado-Membro de origem conferir aos credores que tenham a sua residência habitual, o seu domicílio ou a sua sede nesse Estado o direito de reclamarem os seus créditos ou apresentarem observações relativas aos seus créditos, os credores que tenham a sua residência habitual, o seu domicílio ou a sua sede noutros Estados-Membros beneficiam do mesmo direito a reclamar créditos ou a apresentar observações, de acordo com as regras previstas no artigo 16.º e no n.º 2 do artigo 17.º.

TÍTULO III
Processo de liquidação

Artigo 8.º
Abertura do processo de liquidação – – Informação às autoridades de supervisão

1 – Apenas as autoridades competentes do Estado-Membro de origem estão habilitadas a tomar uma decisão respeitante à abertura de um processo de liquidação em relação a uma empresa de seguros, inclusivamente em relação às sucursais estabelecidas noutros Estados-Membros. Essa decisão pode ser tomada na falta ou no seguimento da adopção de medidas de saneamento.

2 – Uma decisão adoptada de acordo com a legislação do Estado-Membro de origem respeitante à abertura de um processo de liquidação de uma empresa de seguros, incluindo as suas sucursais noutros Estados-Membros, será reconhecida, sem qualquer outra formalidade, no território de todos os outros Estados-Membros, neles produzindo efeitos logo que a decisão produza os seus efeitos no Estado-Membro de abertura do processo.

3 – As autoridades de supervisão do Estado-Membro de origem devem ser informadas urgentemente da decisão de abrir um processo de liquidação, antes da abertura do processo, se possível, ou, não o sendo, imediatamente a seguir. As autoridades de supervisão do Estado-Membro de origem devem informar urgentemente as autoridades de supervisão de todos os restantes Estados-Membros da decisão de abertura do processo de liquidação, incluindo os efeitos concretos que esse processo pode acarretar.

Artigo 9.º
Lei aplicável

1 – A decisão de abertura de um processo de liquidação de uma empresa de seguros, o processo de liquidação e os seus efeitos reger-se-ão pelas disposições legislativas, regulamentares e administrativas aplicáveis no seu Estado-Membro de origem, excepto se os artigos 19.º a 26.º dispuserem noutro sentido.

2 – A lei do Estado-Membro de origem deve determinar, designadamente:

a) Os bens do património a liquidar e o tratamento a dar aos bens adquiridos pela empresa de seguros, ou a devolver-lhe, após a abertura do processo de liquidação;
b) Os poderes respectivos da empresa de seguros e do liquidatário;
c) As condições de oponibilidade de uma compensação;
d) Os efeitos do processo de liquidação sobre os contratos em vigor nos quais a empresa de seguros seja parte;
e) Os efeitos do processo de liquidação sobre as acções individuais, com excepção dos processos pendentes, tal como previsto no artigo 26.º;
f) Os créditos a reclamar contra o património da empresa de seguros e o destino a dar aos créditos nascidos após a abertura do processo de liquidação;
g) As regras relativas à reclamação, verificação e aprovação dos créditos;
h) As regras de distribuição do produto da realização dos bens, a graduação dos créditos e os direitos dos credores que tenham sido parcialmente satisfeitos, após a abertura do processo de liquidação, em virtude de um direito real ou por efeito de uma compensação;
i) As condições e os efeitos do encerramento do processo de liquidação, nomeadamente por concordata;
j) Os direitos dos credores após o encerramento do processo de liquidação;
k) A imputação das custas e despesas do processo de liquidação;
l) As disposições respeitantes à nulidade, à anulação ou à não execução dos actos prejudiciais em detrimento dos credores.

Artigo 10.º
Tratamento dos créditos de seguros

1 – Os Estados-Membros devem assegurar que os créditos de seguros tenham preferência relativamente aos restantes créditos sobre a empresa de seguros, de acordo com um dos seguintes métodos ou com ambos:

a) No que se refere aos activos representativos das provisões técnicas, os créditos de seguros devem ter preferência absoluta relativamente a qualquer outro crédito sobre a empresa de seguros;

b) No que se refere ao conjunto dos activos da empresa de seguros, os créditos de seguros devem ter preferência relativamente a qualquer outro crédito sobre a empresa de seguros, com a possível excepção, exclusivamente,
   i) dos créditos dos trabalhadores da empresa decorrentes da relação de trabalho,
   ii) dos créditos de entidades públicas relativos a impostos,
   iii) dos créditos dos sistemas de segurança social, ou
   iv) dos créditos referentes a activos onerados com direitos reais.

2 – Sem prejuízo do disposto no n.º 1, os Estados-Membros podem prever que a totalidade ou uma parte das despesas decorrentes do processo de liquidação, definidas nos termos da respectiva legislação nacional, tenham preferência relativamente aos créditos de seguros.

3 – Os Estados-Membros que optarem pelo método previsto na alínea a) do n.º 1 deverão exigir às empresas de seguros que criem um registo especial e o mantenham actualizado, nos termos do disposto no anexo.

Artigo 11.º

Sub-rogação por um sistema de garantia

O Estado-Membro de origem pode prever que, no caso de um sistema de garantia estabelecido no Estado-Membro de origem ter sido sub-rogado nos direitos dos credores de seguros, os créditos desse sistema não beneficiem do disposto no n.º 1 do artigo 10.º.

Artigo 12.º

Representação dos créditos preferenciais por activos

Em derrogação do artigo 18.º da Directiva 73/239/CEE e do artigo 21.º da Directiva 79/267/CEE, os Estados-Membros que apliquem o método previsto no n.º 1, alínea b), do artigo 10.º da presente directiva devem exigir a cada empresa de seguros que represente, em qualquer momento e independentemente de uma possível liquidação, os créditos que, nos termos do n.º 1, alínea b), do artigo 10.º, possam ter preferência sobre os créditos de seguros e que se encontrem inscritos nas contas da empresa de seguros, por activos mencionados no artigo 21.º da Directiva 92/49/CEE e no artigo 21.º da Directiva 92/96/CEE.

Artigo 13.º
Revogação da autorização

1 – A decisão de abertura de um processo de liquidação relativamente a uma empresa de seguros determinará a revogação da sua autorização, salvo no necessário para os efeitos do disposto no n.º 2, observando-se o procedimento previsto no artigo 22.º da Directiva 73/239//CEE e no artigo 26.º da Directiva 79/267/CEE, caso a autorização não tenha sido revogada anteriormente.

2 – A revogação da autorização nos termos do n.º 1 não impede que o liquidatário e qualquer outra pessoa designada pela autoridade competente prossigam determinadas actividades da empresa de seguros desde que tal seja necessário ou adequado para efeitos da liquidação. O Estado-Membro de origem pode determinar que essas actividades sejam exercidas com o acordo e sob o controlo das autoridades de supervisão desse Estado-Membro.

Artigo 14.º
Publicação

1 – A autoridade competente, o liquidatário ou qualquer pessoa designada para esse efeito pela autoridade competente procederão ao anúncio da decisão de abertura de um processo de liquidação nos termos do processo de publicação previsto no Estado-Membro de origem, e ainda através da publicação de um extracto da decisão que a pronuncia, no Jornal Oficial das Comunidades Europeias. As autoridades de supervisão dos restantes Estados-Membros que tenham sido informadas da decisão de abertura do processo de liquidação nos termos do n.º 3 do artigo 8.º podem assegurar a publicação dessa decisão nos respectivos territórios sob a forma que considerarem adequada.

2 – A publicação da decisão de abertura de um processo prevista no n.º 1 deverá também identificar a autoridade do Estado-Membro de origem considerada competente e a lei aplicável, assim como a pessoa designada como liquidatário. Deverá ser efectuada na língua ou numa das línguas oficiais do Estado-Membro em que é publicada a informação.

Artigo 15.º
Informação aos credores conhecidos

1 – Quando for aberto um processo de liquidação, as autoridades competentes do Estado-Membro de origem, o liquidatário ou qualquer pessoa designada para esse efeito pelas autoridades competentes devem informar por escrito desse facto, rápida e individualmente, os credores conhecidos que tenham a sua residência habitual, o seu domicílio ou a sua sede noutro Estado-Membro.

2 – Essa informação, fornecida pelo envio de uma nota, incidirá nomeadamente sobre os prazos a observar, as sanções previstas relativamente a esses prazos, o órgão ou a autoridade habilitados a receber a reclamação dos créditos ou as observações relativas aos créditos e as outras medidas que tenham sido determinadas. Essa nota indicará igualmente se os credores cujos créditos gozem de preferência ou de uma garantia real devem reclamar esses créditos. No caso de créditos de seguros, serão ainda indicados nessa nota os efeitos gerais do processo de liquidação sobre os contratos de seguros, nomeadamente, a data em que os contratos de seguros ou outras operações deixam de produzir efeitos e os direitos e deveres que advêm para o segurado do contrato ou operação.

Artigo 16.º
Direito à reclamação de créditos

1 – Os credores que tenham a sua residência habitual, o seu domicílio ou a sua sede num Estado-Membro que não o Estado-Membro de origem, incluindo as autoridades públicas dos Estados-Membros, têm o direito de proceder à reclamação dos seus créditos ou de apresentar por escrito observações relativas a esses créditos.

2 – Os créditos de todos os credores que tenham a sua residência habitual, o seu domicílio ou a sua sede num Estado-Membro que não o Estado-Membro de origem, incluindo as autoridades referidas no n.º 1, beneficiam do mesmo tratamento e da mesma graduação que os créditos de natureza equivalente susceptíveis de serem reclamados por credores que tenham a sua residência habitual, o seu domicílio ou a sua sede no Estado-Membro de origem.

3 – Salvo disposição em contrário da lei do Estado-Membro de origem, os credores devem enviar cópia dos documentos comprovativos, caso existam, e bem assim indicar a natureza dos créditos, a data da sua

constituição e o seu montante; devem igualmente informar se reivindicam, em relação a esses créditos, uma preferência, uma garantia real ou uma reserva de propriedade, e quais os bens sobre os quais incide essa garantia. Não é necessário indicar a preferência conferida aos créditos de seguros pelo artigo 10.º.

Artigo 17.º
Línguas e formulário

1 – A informação prevista no artigo 15.º será prestada na língua ou numa das línguas oficiais do Estado-Membro de origem. Será utilizado para o efeito um formulário em que figurará, em todas as línguas oficiais da União Europeia, o título "Aviso de reclamação de créditos. Prazos legais a observar", ou, quando a lei do Estado-Membro de origem preveja a apresentação de observações relativas aos créditos, "Aviso de apresentação de observações relativas a créditos. Prazos legais a observar".

Todavia, quando um credor conhecido for titular de um crédito de seguros, a informação constante da publicação prevista no artigo 15.º será prestada na língua ou numa das línguas oficiais do Estado-Membro em que o credor tenha a sua residência habitual, o seu domicílio ou a sua sede.

2 – Todos os credores que tenham a sua residência habitual, o seu domicílio ou a sua sede num Estado-Membro que não o Estado-Membro de origem podem reclamar os respectivos créditos, ou apresentar observações relativas aos seus créditos, na língua ou numa das línguas oficiais desse Estado-Membro. Contudo, nesse caso, a reclamação dos seus créditos, ou a apresentação das observações sobre os seus créditos, consoante o caso, será dado o título, respectivamente, de "Reclamação de créditos" e "Apresentação de observações relativas a créditos", consoante o caso, na língua ou numa das línguas oficiais, do Estado-Membro de origem.

Artigo 18.º
Informação regular dos credores

1 – Os liquidatários devem informar regularmente os credores, de um modo adequado, em especial sobre o andamento da liquidação.

2 – As autoridades de supervisão dos Estados-Membros podem solicitar informações sobre a evolução do processo de liquidação às autoridades de supervisão do Estado-Membro de origem.

TÍTULO IV
Disposições comuns às medidas de saneamento e aos processos de liquidação

Artigo 19.º
Efeitos sobre determinados contratos e direitos

Em derrogação dos artigos 4.º e 9.º, os efeitos da adopção de medidas de saneamento ou da abertura de um processo de liquidação sobre os contratos e direitos adiante especificados regem-se pelas seguintes regras:

a) Os contratos de trabalho e as relações de trabalho regem-se unicamente pela lei do Estado-Membro aplicável ao contrato de trabalho;

b) Os contratos que conferem o direito ao usufruto ou à aquisição de bens imóveis regem-se unicamente pela lei do Estado-Membro em cujo território estão situados esses bens;

c) Os direitos da empresa de seguros relativos a um bem imóvel a um navio ou a uma aeronave sujeitos a inscrição num registo público, regem-se pela lei do Estado-Membro sob cuja autoridade é mantido esse registo.

Artigo 20.º
Direitos reais de terceiros

1 – A adopção de medidas de saneamento ou a abertura de um processo de liquidação não afecta os direitos reais dos credores ou terceiros sobre bens corpóreos ou incorpóreos, móveis ou imóveis – quer se trate de activos específicos quer de massas de activos indeterminados, considerados como um todo e susceptíveis de se alterarem de quando em quando – pertencentes à empresa de seguros que estejam situados no território de outro Estado-Membro no momento da abertura do processo.

2 – Os direitos referidos no n.º 1 são, nomeadamente:

a) O direito de dispor ou de ordenar a disposição de bens e de obter o pagamento a partir dos produtos ou rendimentos desses bens, em particular em virtude de um penhor ou hipoteca;
b) O direito exclusivo de cobrar um crédito, nomeadamente quando garantido por um penhor ou pela cessão desse crédito a título de garantia;
c) O direito de reivindicar o bem e/ou de exigir que o mesmo seja restituído por quem o detiver ou usufruir contra a vontade do titular;
d) O direito real de perceber os frutos de um bem.

3 – O direito, inscrito num registo público e oponível a terceiros, nos termos do qual pode ser obtido um direito real na acepção do n.º 1, será considerado um direito real.

4 – O n.º 1 não prejudica as acções de nulidade, anulação ou não execução a que se refere o n.º 2, alínea l), do artigo 9.º.

Artigo 21.º
Reserva de propriedade

1 – A abertura de medidas de saneamento ou de um processo de insolvência contra o comprador de um bem não afecta os direitos do vendedor que se fundamentem numa reserva de propriedade, desde que, no momento da abertura dessas medidas ou desse processo, esse bem se encontre no território de um Estado-Membro que não o Estado de abertura do processo.

2 – A abertura de um processo de insolvência contra o vendedor de um bem, após a entrega desse bem, não constitui fundamento de resolução ou de rescisão da venda nem obsta à aquisição pelo comprador da propriedade do bem vendido, desde que, no momento da abertura das medidas ou do processo, esse bem se encontre no território de um Estado-Membro diferente do Estado de abertura dessas medidas ou desse processo.

3 – Os n.os 1 e 2 não prejudicam as acções de nulidade, anulação ou não execução a que se refere o n.º 2, alínea l), do artigo 9.º.

Artigo 22.º
Compensação

1 – A adopção de medidas de saneamento ou a abertura de um processo de liquidação não afectam o direito dos credores de pedir a compensação dos seus créditos com os créditos da empresa de seguros, quando essa compensação for permitida pela lei aplicável ao crédito da empresa de seguros.

2 – O n.º 1 não prejudica as acções de nulidade, anulação ou não execução a que se refere o n.º 2, alínea l), do artigo 9.º.

Artigo 23.º
Mercados regulamentados

1 – Sem prejuízo do artigo 20.º, os efeitos de uma medida de saneamento ou da abertura de um processo de liquidação sobre os direitos e obrigações dos participantes num mercado regulamentado regem-se exclusivamente pela lei aplicável a esse mercado.

2 – O n.º 1 não prejudica o exercício das acções de nulidade, anulação ou não execução dos pagamentos ou transacções nos termos da lei aplicável a esse mercado.

Artigo 24.º
Actos prejudiciais

O n.º 2, alínea l), do artigo 9.º não é aplicável no caso de a pessoa que beneficiar de um acto prejudicial a todos os credores tiver feito prova de que:

a) O referido acto se rege pela lei de um Estado-Membro que não o Estado-Membro de origem; e
b) No caso vertente, essa mesma lei não permite a impugnação do acto por nenhum meio.

Artigo 25.º
Protecção de terceiros compradores

Quando, por acto celebrado após a adopção de uma medida de saneamento ou a abertura de um processo de liquidação, a empresa de seguros dispuser, a título oneroso:

a) De um bem imóvel,

b) De um navio ou de uma aeronave sujeitos a inscrição num registo público, ou

c) De valores mobiliários ou outros títulos cuja existência ou transferência pressuponha a sua inscrição num registo ou numa conta previstos na lei ou que se encontrem colocados num sistema de depósitos central regulado pela lei de um Estado-Membro,

a validade desse acto reger-se-á pela lei do Estado-Membro em cujo território está situado esse bem imóvel, ou sob cuja autoridade são mantidos esse registo, conta ou sistema.

Artigo 26.º
Acções pendentes

Os efeitos das medidas de saneamento ou do processo de liquidação sobre uma acção pendente relativa a um bem ou um direito de cuja administração ou disposição o devedor está inibido regem-se exclusivamente pela lei do Estado-Membro em que a referida acção se encontra pendente.

Artigo 27.º
Administradores e liquidatários

1 – A prova da nomeação de um administrador ou de um liquidatário é efectuada mediante a apresentação de uma cópia autenticada da decisão original da sua nomeação, ou de qualquer outro certificado emitido pelas autoridades competentes do Estado-Membro de origem.

Pode ser exigida uma tradução na língua oficial ou numa das línguas oficiais do Estado-Membro em cujo território o administrador ou o liquidatário pretende agir. Não será exigida qualquer legalização ou outra formalidade análoga.

2 – Os administradores e os liquidatários estão habilitados a exercer no território de todos os Estados-Membros todos os poderes que estão habilitados a exercer no território do Estado-Membro de origem. Podem ser designadas pessoas para coadjuvar os administradores ou os liquidatários ou, se for caso disso, para os representar, nos termos da legislação do Estado-Membro de origem, no decurso da execução da medida de saneamento ou da liquidação, nomeadamente nos Estados-Membros de acolhimento e, em especial, para ajudar a vencer quaisquer

dificuldades que se deparem aos credores do Estado-Membro de acolhimento.

3 – No exercício dos seus poderes nos termos da legislação do Estado-Membro de origem, o administrador ou o liquidatário observará a lei dos Estados-Membros em cujo território pretende agir, em particular no que respeita às modalidades de realização dos bens e à informação dos trabalhadores assalariados. Esses poderes não poderão incluir o uso da força, nem o direito de dirimir litígios ou diferendos.

Artigo 28.º
Inscrição num registo público

1 – O administrador, o liquidatário ou qualquer outra autoridade ou pessoa devidamente habilitada no Estado-Membro de origem pode solicitar que uma medida de saneamento ou a decisão de abertura de um processo de liquidação seja inscrita no registo predial, no registo comercial ou em qualquer outro registo público existente nos outros Estados-Membros.

No entanto, se qualquer Estado-Membro previr a inscrição obrigatória, as autoridades ou pessoas referidas no parágrafo anterior devem tomar as medidas necessárias para assegurar essa inscrição.

2 – Os encargos decorrentes da inscrição são considerados como custas e despesas dos processos.

Artigo 29.º
Sigilo profissional

Todas as pessoas incumbidas de receber ou prestar informações no âmbito dos processos de comunicação previstos nos artigos 5.º, 8.º e 30.º estão vinculadas ao segredo profissional, em termos idênticos aos previstos no artigo 16.º da Directiva 92/49/CEE e no artigo 15.º da Directiva 92/96/CEE, com excepção das autoridades judiciais, às quais se aplicarão as disposições nacionais em vigor.

Artigo 30.º
Sucursais de empresas de seguros de países terceiros

1 – Não obstante a definição prevista nas alíneas e), f) e g) do artigo 2.º e para efeitos de aplicação das disposições da presente direc-

tiva às medidas de saneamento e aos processos de liquidação relativos a uma sucursal situada num Estado-Membro de uma empresa de seguros com sede situada fora da Comunidade, entende-se por:

a) "Estado-Membro de origem" o Estado-Membro em que a sucursal foi autorizada nos termos do artigo 23.º da Directiva 73/239/ /CEE e do artigo 27.º da Directiva 79/267/CEE;
b) "Autoridades de supervisão" e "autoridades competentes" as autoridades do Estado-Membro no qual foi autorizada a sucursal.

2 – Para efeitos de aplicação da presente directiva, quando uma empresa de seguros com sede fora da Comunidade tiver sucursais estabelecidas em mais do que um Estado-Membro, cada sucursal deve ser tratada independentemente. As autoridades competentes e as autoridades de supervisão desses Estados-Membros envidarão esforços no sentido de coordenar as suas acções. Os eventuais administradores ou liquidatários esforçar-se-ão igualmente por coordenar as suas acções.

Artigo 31.º
Aplicação da directiva

1 – Os Estados-Membros porão em vigor as disposições legislativas, regulamentares e administrativas necessárias para dar cumprimento à presente directiva até 20 de Abril de 2003. Do facto informarão imediatamente a Comissão.

Quando os Estados-Membros adoptarem as disposições previstas no parágrafo anterior, estas deverão incluir uma referência à presente directiva ou ser acompanhadas dessa referência aquando da sua publicação oficial. As modalidades dessa referência serão estabelecidas pelos Estados-Membros.

2 – As disposições nacionais adoptadas em aplicação da presente directiva aplicam-se unicamente às medidas de saneamento adoptadas ou aos processos de liquidação abertos após a data prevista no n.º 1. As medidas de reorganização adoptadas e os processos de falência abertos antes dessa data continuam a reger-se pela lei que lhes era aplicável aquando da adopção ou da abertura.

3 – Os Estados-Membros comunicarão à Comissão o texto das principais disposições de direito interno que adoptarem no domínio regido pela presente directiva.

Artigo 32.º
Entrada em vigor

A presente directiva entra em vigor na data da sua publicação no Jornal Oficial das Comunidades Europeias.

Artigo 33.º
Destinatários

Os Estados-Membros são os destinatários da presente directiva.

Feito em Bruxelas, em 19 de Março de 2001.

Pelo Parlamento Europeu
A Presidente
N. FONTAINE

Pelo Conselho
O Presidente
A. LINDH

ANEXO

Registo especial previsto no n.º 3 do artigo 10.º

1 – Todas as empresas de seguros devem manter na sede um registo especial dos activos que representam as provisões técnicas calculadas e investidas em conformidade com a regulamentação do Estado-Membro de origem.

2 – Se a empresa de seguros exercer cumulativamente actividades de seguro dos ramos "não vida" e "vida" deve manter, na sede, um registo separado para cada uma dessas actividades. No entanto, sempre que um Estado-Membro autorize as empresas de seguros a cobrirem riscos do ramo "vida" e os riscos referidos nos pontos 1 e 2 do anexo A

da Directiva 73/239/CEE, poderá estipular que essas empresas devem manter um único registo para o conjunto das suas actividades.

3 – O montante total dos activos inscritos, avaliados em conformidade com a regulamentação do Estado-Membro de origem, deve ser, em qualquer momento, pelo menos igual ao montante das provisões técnicas.

4 – Sempre que um activo inscrito no registo for onerado com um direito real constituído a favor de um credor ou de um terceiro, que torne indisponível para a cobertura das responsabilidades uma parte do montante desse activo, essa situação será inscrita no registo e o montante não disponível não será tido em conta no total referido no n.º 3.

5 – Caso um activo onerado com um direito real constituído a favor de um credor ou de um terceiro seja utilizado, sem satisfazer as condições do n.º 4 deste artigo, para cobrir provisões técnicas, ou o activo esteja sujeito a uma reserva de propriedade a favor de um credor ou de um terceiro ou um credor esteja habilitado a requerer a compensação do seu crédito com o crédito da empresa de seguros, o tratamento desse activo em caso de liquidação da empresa de seguros no que se refere ao método previsto no n.º 1, alínea a), do artigo 10.º será determinado pela legislação do Estado-Membro de origem, salvo se a esse activo se aplicarem os artigos 20.º, 21.º ou 22.º.

6 – A composição dos activos inscritos no registo nos termos dos n.os 1 a 5, no momento da abertura do processo de liquidação, não pode ser posteriormente modificada, nem pode ser introduzida qualquer alteração nos registos, excepto para efeitos de correcção de erros puramente materiais, salvo com a autorização da autoridade competente.

7 – Em derrogação do disposto no n.º 6, os liquidatários devem acrescentar aos referidos activos os respectivos proveitos financeiros, bem como o montante dos prémios puros cobrados na actividade em causa desde a abertura do processo de liquidação até ao pagamento dos créditos de seguros ou até à transferência de carteira.

8 – Se o produto da realização dos activos for inferior à sua avaliação nos registos, os liquidatários devem justificar o facto perante as autoridades competentes do Estado-Membro de origem.

9 – As autoridades de supervisão dos Estados-Membros tomarão as medidas adequadas para assegurar a plena aplicação das disposições do presente anexo pelas empresas de seguros.

6. Saneamento e Liquidação das Instituições de Crédito

Directiva n.º 2001/24/CE do Parlamento Europeu e do Conselho, de 4 de Abril de 2001*

(relativa ao saneamento e à liquidação das instituições de crédito)

O PARLAMENTO EUROPEU E O CONSELHO DA UNIÃO EUROPEIA,

Tendo em conta o Tratado que institui a Comunidade Europeia, e, nomeadamente o n.º 2 do seu artigo 47.º,

Tendo em conta a proposta da Comissão[1],

Tendo em conta o parecer do Comité Económico e Social[2],

Tendo em conta o parecer do Instituto Monetário Europeu[3],

Deliberando nos termos do artigo 251.º do Tratado[4],

Considerando o seguinte:

1. De acordo com os objectivos do Tratado, dever-se-á promover o desenvolvimento harmonioso e equilibrado das actividades económicas

---

* Publicada no Jornal Oficial n.º L 125, de 5/05/2001, pp. 15-23.

[1] JO C 356 de 31/12/1985, p. 55 e JO C 36 de 8/02/1988, p. 1.

[2] JO C 263 de 20/10/1986, p. 13.

[3] JO C 332 de 30/10/1998, p. 13.

[4] Parecer do Parlamento Europeu de 13 de Março de 1987 (JO C 99 de 13/04//1987, p. 211), confirmado em 2 de Dezembro de 1993 (JO C 342 de 20/12/1993, p. 30), posição comum do Conselho de 17 de Julho de 2000 (JO C 300 de 20/10/2000, p. 13) e decisão do Parlamento Europeu de 16 de Janeiro de 2001 (ainda não publicada no Jornal Oficial). Decisão do Conselho de 12 de Março de 2001.

no conjunto da Comunidade, suprimindo todos os obstáculos à liberdade de estabelecimento e à liberdade de prestação de serviços no interior da Comunidade.

2. Paralelamente à supressão desses obstáculos, deve ser dada atenção especial à situação que pode surgir em caso de dificuldades numa instituição de crédito, nomeadamente quando a referida instituição tenha sucursais noutros Estados-Membros.

3. A presente directiva insere-se num contexto legislativo comunitário criado pela Directiva 2000/12/CE, do Parlamento Europeu e do Conselho, de 20 de Março de 2000 relativa ao acesso à actividade das instituições de crédito e ao seu exercício[5], de onde resulta que, durante o seu período de actividade, a instituição de crédito e as suas sucursais formam uma única entidade, sujeita à supervisão das autoridades competentes do Estado-Membro que concedeu a autorização válida para o conjunto da Comunidade.

4. Será particularmente inoportuno renunciar a essa unidade que a instituição forma com as suas sucursais quando for necessário adoptar medidas de saneamento ou instaurar um processo de liquidação.

5. A aprovação da Directiva 94/19/CE do Parlamento Europeu e do Conselho, de 30 de Maio de 1994, relativa aos sistemas de garantia de depósitos[6], que introduziu o princípio da adesão obrigatória das instituições de crédito a um sistema de garantia do Estado-Membro de origem, vem reforçar a necessidade do reconhecimento mútuo das medidas de saneamento e dos processos de liquidação.

6. Convém confiar às autoridades administrativas ou judiciais do Estado-Membro de origem a competência exclusiva para decidir e aplicar as medidas de saneamento previstas na legislação e nos usos em vi-gor nesse Estado-Membro; dada a dificuldade em harmonizar as legislações e usos dos Estados-Membros, torna-se necessário recorrer ao

---

[5] JO L 126 de 26/05/2000, p. 1. Directiva com a última redacção que lhe foi dada pela Directiva 2000/28/CE (JO L 275 de 27/10/2000, p. 37).

[6] JO L 135 de 31/05/1994, p. 5.

reconhecimento mútuo, pelos Estados-Membros, das medidas adoptadas por cada um deles para restabelecer a viabilidade das instituições por eles autorizadas.

7. É imprescindível garantir que as medidas de saneamento das instituições de crédito adoptadas pelas autoridades administrativas ou judiciais do Estado-Membro de origem, bem como as medidas adoptadas pelas pessoas ou órgãos designados por essas autoridades para gerir essas medidas de saneamento, incluindo as medidas que impliquem a possibilidade de uma suspensão de pagamentos, de uma suspensão de medidas de execução ou de redução de créditos, bem como qualquer outra medida susceptível de afectar os direitos pré-existentes de terceiros, produzam os seus efeitos em todos os Estados-Membros.

8. Determinadas medidas, nomeadamente as que afectam o funcionamento da estrutura interna das instituições de crédito ou os direitos dos dirigentes ou dos accionistas, não necessitam de ser abrangidas pela presente directiva para produzirem todos os seus efeitos nos Estados-Membros, na medida em que, segundo as regras de Direito Internacional Privado, a lei aplicável é a do Estado de origem.

9. Determinadas medidas, nomeadamente as relacionadas com a preservação das condições de autorização, já beneficiam do reconhecimento mútuo, ao abrigo da Directiva 2000/12/CE, na medida em que não prejudiquem os direitos de terceiros existentes no momento da sua adopção.

10. Neste contexto, as pessoas que participam no funcionamento da estrutura interna das instituições de crédito e os dirigentes e accionistas dessas instituições, considerados nessas qualidades, não devem ser tidos como terceiros para efeitos da presente directiva.

11. Nos Estados-Membros onde existam sucursais, é necessária uma publicidade que informe terceiros da aplicação de medidas de saneamento, quando essas medidas forem susceptíveis de dificultar o exercício de alguns dos seus direitos.

12. O princípio da igualdade de tratamento entre os credores, quanto às suas possibilidades de recurso, obriga a que as autoridades administrativas ou judiciais do Estado-Membro de origem adoptem as medidas necessárias para que os credores do Estado-Membro de acolhimento possam exercer os seus direitos de recurso no prazo previsto para esse efeito.

13. Dever-se-á prever uma certa coordenação do papel das autoridades administrativas ou judiciais no que se refere às medidas de saneamento e aos processos de liquidação das sucursais das instituições de crédito com sede estatutária fora da Comunidade situadas em diferentes Estados-Membros.

14. Na falta ou em caso de malogro das medidas de saneamento, as instituições de crédito em situação de crise devem ser liquidadas. Nesse caso, dever-se-ão prever determinadas disposições que visem o reconhecimento mútuo dos processos de liquidação e dos seus efeitos na Comunidade.

15. O importante papel desempenhado pelas autoridades competentes do Estado-Membro de origem, antes da abertura do processo de liquidação, pode-se prolongar durante a liquidação, a fim de permitir que o processo de liquidação decorra correctamente.

16. A igualdade dos credores exige que a instituição de crédito seja liquidada de acordo com os princípios da unidade e universalidade, que requerem a competência exclusiva das autoridades administrativas e judiciais do Estado-Membro de origem e o reconhecimento das suas decisões que devem poder produzir em todos os outros Estados-Membros, sem qualquer formalidade, os efeitos que a lei lhes atribui no Estado-Membro de origem, salvo disposição em contrário da presente directiva.

17. A excepção relativa aos efeitos das medidas de saneamento e dos processos de liquidação sobre determinados contratos e direitos limita-se a esses efeitos e não abrange as restantes questões relativas às medidas de saneamento e aos processos de liquidação, como a produção, a verificação, a admissão e a graduação dos créditos relativos a esses contratos e a esses direitos e as regras de distribuição do produto da venda dos bens, que são regulados pela legislação do Estado-Membro de origem.

18. A liquidação voluntária é possível se a instituição de crédito estiver solvente.

No entanto, se for caso disso, as autoridades administrativas ou judiciais do Estado-Membro de origem podem determinar a adopção de medidas de saneamento ou iniciar um processo de liquidação, mesmo depois da abertura de uma liquidação voluntária.

19. A revogação da autorização bancária deve ser uma das consequências necessárias da abertura do processo de liquidação de uma instituição de crédito. Todavia, essa revogação não deve impedir a prossecução de certas actividades da instituição, na medida em que sejam necessárias ou adequadas para efeitos da liquidação. A prossecução da actividade pode, contudo, ser condicionada pelo Estado-Membro de origem ao acordo e ao controlo das suas autoridades competentes.

20. A informação individual dos credores conhecidos é tão essencial como a publicidade para lhes permitir, se necessário, reclamar os seus créditos ou apresentar as observações relativas aos mesmos nos prazos prescritos. Por esse facto, não deve existir nenhuma discriminação em prejuízo dos credores domiciliados num Estado-Membro diverso do Estado-Membro de origem, baseada no seu local de residência ou na natureza dos seus créditos. A informação dos credores deve prosseguir regularmente e de forma apropriada durante o processo de liquidação.

21. Exclusivamente para efeitos de aplicação da presente directiva às medidas de saneamento e aos processos de liquidação de sucursais, situadas na Comunidade, de instituições de crédito com sede social num país terceiro, a definição de "Estado-Membro de origem", "autoridades competentes" e "autoridades administrativas ou judiciais" são as do Estado-Membro em que se situa a sucursal.

22. Sempre que uma instituição de crédito com sede social fora da Comunidade possua sucursais em vários Estados-Membros, cada sucursal beneficiará, para efeitos da presente directiva, de um tratamento individual, devendo, nesse caso, as autoridades administrativas ou judiciais e as autoridades competentes, bem como os administradores e liquidatários, esforçar-se por coordenar as suas acções.

23. Se é importante reconhecer o princípio segundo o qual a lei do Estado-Membro de origem determina todos os efeitos das medidas de saneamento ou dos processos de liquidação, sejam eles processuais ou materiais, deve-se, no entanto, tomar em consideração que esses efeitos podem entrar em conflito com as regras normalmente aplicáveis no âmbito da actividade económica e financeira da instituição de crédito e das suas sucursais nos outros Estados-Membros. O reenvio para a lei de outro Estado-Membro constitui, em certos casos, uma atenuação indispensável do princípio da aplicabilidade da lei do Estado de origem.

24. Essa atenuação é particularmente necessária a fim de proteger os trabalhadores vinculados à instituição por um contrato de trabalho, garantir a segurança das transacções relativas a certos bens e preservar a integridade dos mercados regulamentados que funcionam segundo o direito de um Estado-Membro e nos quais são negociados instrumentos financeiros.

25. As transacções efectuadas no âmbito de sistemas de pagamento e sistemas de liquidação encontram-se abrangidas pela Directiva 98/26/ /CE do Parlamento Europeu e do Conselho, de 19 de Maio de 1998, relativa ao carácter definitivo da liquidação nos sistemas de pagamentos e de liquidação de valores mobiliários[7].

26. A aprovação da presente directiva não põe em causa as disposições da Directiva 98/26/CE, segundo a qual um processo de insolvência não deve ter quaisquer efeitos sobre a oponibilidade das ordens validamente introduzidas num sistema, nem sobre as garantias dadas a um sistema.

27. Em relação a certas medidas de saneamento ou processos de liquidação, está prevista a nomeação de uma pessoa incumbida de gerir essas medidas ou esses processos. O reconhecimento da sua nomeação e dos seus poderes em todos os outros Estados-Membros é um elemento

[7] JO n.º L 166 de 11/06/1998, p. 45.

essencial para a aplicação das decisões adoptadas no Estado-Membro de origem. Importa, contudo, precisar os limites que circunscrevem o exercício dos poderes dessa pessoa quando actua fora do Estado-Membro de origem.

28. Importa proteger os credores que tenham contratado com a instituição de crédito, antes da adopção de uma medida de saneamento ou da abertura de um processo de liquidação, contra as disposições relativas à nulidade, anulação ou inoponibilidade previstas na lei do Estado-Membro de origem, quando o beneficiário da transacção fizer prova de que, na lei aplicável a essa transacção, não existe nenhum meio que, no caso vertente, permita impugnar o acto em causa.

29. Importa salvaguardar a confiança dos terceiros adquirentes no conteúdo dos registos ou das contas em relação a certos activos inscritos nesses registos ou contas e, por extensão, dos adquirentes de bens imóveis, mesmo depois da abertura do processo de liquidação ou da adopção de uma medida de saneamento. O único meio de preservar essa confiança consiste em submeter a validade da aquisição à lei do lugar em que se situa o imóvel ou à do Estado sob cuja autoridade são mantidos o registo ou a conta.

30. Os efeitos das medidas de saneamento e dos processos de liquidação sobre acções pendentes são, por excepção à aplicação da lex concursus, regulados pela lei do Estado-Membro da instância. Segundo a norma geral estabelecida na presente directiva, os efeitos dessas medidas e processos sobre cada execução decorrente das referidas acções são regulados pela legislação do Estado-Membro de origem.

31. Importa prever que as autoridades administrativas ou judiciais do Estado-Membro de origem informem, sem demora, as autoridades competentes do Estado-Membro de acolhimento da adopção de qualquer medida de saneamento ou da abertura de um processo de liquidação, se possível antes da adopção da medida ou da abertura do processo ou, não sendo possível, imediatamente depois.

32. Considerando que o segredo profissional, na acepção do artigo 30.º da Directiva 2000/12/CE, é, em todos os processos de informação ou de consulta, um elemento essencial que deve, por isso, ser respeitado por todas as autoridades administrativas que participem nesses processos, permanecendo, nesse ponto, as autoridades judiciais, sujeitas às disposições nacionais que lhes são aplicáveis,

ADOPTARAM A PRESENTE DIRECTIVA:

TÍTULO I
Âmbito de aplicação e definições

Artigo 1.º
Âmbito de aplicação

1 – A presente directiva é aplicável às instituições de crédito e às suas sucursais criadas num Estado-Membro que não o da sede estatutária, tal como definidas nos primeiro e terceiro pontos do artigo 1.º da Directiva 2000/12/CE, sem prejuízo das condições e isenções previstas no n.º 3 do artigo 2.º da referida directiva.

2 – As disposições da presente directiva que tenham por objecto as sucursais de uma instituição de crédito com sede estatutária fora da Comunidade só são aplicáveis se essa instituição de crédito possuir sucursais em, pelo menos, dois Estados-Membros da Comunidade.

Artigo 2.º
Definições

Para efeitos da presente directiva, entende-se por:

– "Estado-Membro de origem": o Estado-Membro de origem na acepção do ponto 6 do artigo 1.º da Directiva 2000/12/CE;
– "Estado-Membro de acolhimento": o Estado-Membro de acolhimento na acepção do ponto 7 do artigo 1.º da Directiva 2000/12/CE;
– "Sucursal": uma sucursal na acepção do ponto 3 do artigo 1.º da Directiva 2000/12/CE;
– "Autoridades competentes": as autoridades competentes na acepção do artigo 1.º, ponto 4, da Directiva 2000/12/CE;

– "Administrador": qualquer pessoa ou órgão nomeado pelas autoridades administrativas ou judiciais que tenha por função gerir medidas de saneamento;
– "Autoridades administrativas ou judiciais": as autoridades administrativas ou judiciais dos Estados-Membros competentes em matéria de medidas de saneamento ou de processos de liquidação;
– "Medidas de saneamento": medidas destinadas a preservar ou restabelecer a situação financeira de uma instituição de crédito, susceptíveis de afectar direitos preexistentes de terceiros, incluindo medidas que impliquem a possibilidade de suspensão de pagamentos, suspensão de medidas de execução ou redução dos créditos;
– "Liquidatário": qualquer pessoa ou órgão nomeado pelas autoridades administrativas ou judiciais que tenha por função gerir processos de liquidação;
– "Processo de liquidação": processo colectivo aberto e controlado pelas autoridades administrativas ou judiciais de um Estado-Membro com o objectivo de proceder à liquidação dos bens, sob fiscalização dessas autoridades, inclusive quando esse processo é concluído por uma concordata ou outra medida análoga;
– "Mercado regulamentado"; um mercado regulamentado, na acepção do n.º 13 do artigo 1.º da Directiva 93/22/CEE;
– "Instrumentos": todos os instrumentos referidos na secção B do anexo à Directiva 93/22/CEE.

TÍTULO II
Medidas de saneamento

A. Instituições de crédito com sede estatutária na Comunidade

Artigo 3.º
Adopção de medidas de saneamento – lei aplicável

1 – Só as autoridades administrativas ou judiciais do Estado-Membro de origem têm competência para determinar a aplicação, numa instituição de crédito, inclusivamente em relação às sucursais estabelecidas noutros Estados-Membros, de uma ou mais medidas de saneamento.

2 – Salvo disposição em contrário da presente directiva, as medidas de saneamento são aplicadas de acordo com as leis, regulamentos e procedimentos aplicáveis no Estado-Membro de origem.

As referidas medidas produzem todos os seus efeitos de acordo com a legislação desse Estado-Membro, em toda a Comunidade, sem nenhuma outra formalidade, inclusivamente em relação a terceiros nos outros Estados-Membros, mesmo que as normas do Estado-Membro de acolhimento que lhes sejam aplicáveis não prevejam tais medidas ou sujeitem a sua aplicação a condições que não se encontrem preenchidas.

As medidas de saneamento produzirão os seus efeitos em toda a Comunidade logo que produzam os seus efeitos no Estado-Membro em que foram tomadas.

Artigo 4.º
Informações a prestar às autoridades competentes do Estado-Membro de acolhimento

As autoridades administrativas ou judiciais do Estado-Membro de origem devem informar sem demora, por todos os meios adequados, as autoridades competentes do Estado-Membro de acolhimento da sua decisão de aprovar quaisquer medidas de saneamento e dos efeitos concretos que essa medida poderá acarretar, se possível antes de serem aprovadas ou, não sendo possível, imediatamente depois. A comunicação é efectuada pelas autoridades competentes do Estado-Membro de origem.

Artigo 5.º
Informações a prestar às autoridades competentes do Estado-Membro de origem

Se as autoridades administrativas ou judiciais do Estado-Membro de acolhimento considerarem necessária a aplicação, no seu território, de uma ou mais medidas de saneamento, devem informar desse facto as autoridades competentes do Estado-Membro de origem. A comunicação é efectuada pelas autoridades competentes do Estado-Membro de acolhimento.

Artigo 6.º
Publicação

1 – Se a aplicação das medidas de saneamento determinadas nos termos dos n.os 1 e 2 do artigo 3.º for susceptível de afectar os direitos de terceiros num Estado-Membro de acolhimento e se, no Estado-Membro de origem, for possível interpor recurso da decisão de aplicação de tais medidas, as autoridades administrativas ou judiciais do Estado-Membro de origem, o administrador ou qualquer pessoa habilitada para o efeito no Estado-Membro de origem devem publicar um extracto da sua decisão no Jornal Oficial das Comunidades Europeias e em dois jornais de circulação nacional de cada um dos Estados-Membros de acolhimento, por forma, nomeadamente, a permitir o exercício atempado dos direitos de recurso.

2 – O extracto da decisão referido no n.º 1 será enviado, o mais rapidamente possível e pelas vias mais adequadas, ao Serviço das Publicações Oficiais das Comunidades Europeias e a dois jornais de circulação nacional de cada Estado-Membro de acolhimento.

3 – O Serviço das Publicações Oficiais das Comunidades Europeias publicará o extracto o mais tardar doze dias após o seu envio.

4 – O extracto da decisão a publicar deve mencionar, na ou nas línguas oficiais dos Estados-Membros em causa, designadamente, o objecto e o fundamento jurídico da decisão tomada, os prazos de recurso, em particular e de forma facilmente compreensível o termo desses prazos e, de forma precisa, o endereço das autoridades ou do órgão jurisdicional competentes para conhecer do recurso.

5 – As medidas de saneamento são aplicáveis independentemente das medidas previstas nos n.os 1 a 3 e produzem todos os seus efeitos em relação aos credores, salvo disposição em contrário das autoridades administrativas ou judiciais do Estado-Membro de origem ou da legislação desse Estado relativa a essas medidas.

Artigo 7.º
Dever de informar os credores conhecidos e direito de reclamar créditos

1 – Quando a legislação do Estado-Membro de origem exigir a reclamação de um crédito para efeitos do seu reconhecimento, ou previr

uma notificação obrigatória da medida aos credores que tenham o seu domicílio, a sua residência habitual ou a sua sede estatutária nesse Estado, as autoridades administrativas ou judiciais do Estado-Membro de origem ou o administrador informarão também os credores conhecidos que tenham o seu domicílio, a sua residência habitual ou a sua sede estatutária nos outros Estados-Membros, de acordo com as regras previstas no artigo 14.º e no n.º 1 do artigo 17.º da presente directiva.

2 – Quando a legislação do Estado-Membro de origem conferir aos credores que tenham o seu domicílio, a sua residência habitual ou a sua sede estatutária nesse Estado o direito de reclamarem os seus créditos ou apresentarem observações relativas aos seus créditos, os credores que tenham o seu domicílio, a sua residência habitual ou a sua sede estatutária nos outros Estados-Membros também beneficiam desse direito, de acordo com as regras previstas no artigo 16.º e no n.º 2 do artigo 17.º da presente directiva.

B. Instituições de crédito com sede estatutária fora da Comunidade

Artigo 8.º
Sucursais de instituições de crédito de países terceiros

1 – As autoridades administrativas ou judiciais do Estado-Membro de acolhimento de uma sucursal de uma instituição de crédito com sede estatutária fora da Comunidade devem informar sem demora, por todos os meios adequados, as autoridades competentes dos outros Estados-Membros de acolhimento onde a instituição tenha criado sucursais constantes da lista referida no artigo 11.º da Directiva 2000/12/CE, lista essa que é publicada anualmente no Jornal Oficial das Comunidades Europeias, da sua decisão de aprovar quaisquer medidas de saneamento e dos efeitos concretos que essas medidas poderão acarretar, se possível antes de serem aprovadas ou, não sendo possível, imediatamente depois. A comunicação é efectuada pelas autoridades competentes do Estado-Membro de acolhimento cujas autoridades administrativas ou judiciais tenham decidido a aplicação da medida.

2 – As autoridades administrativas ou judiciais referidas no n.º 1 esforçar-se-ão por coordenar as suas acções.

TÍTULO III
Processo de liquidação

A. Instituições de crédito com sede estatutária na Comunidade

Artigo 9.º
Abertura de um processo de liquidação – – Informações a prestar às outras autoridades competentes

1 – Só as autoridades administrativas ou judiciais do Estado-Membro de origem responsáveis pela liquidação têm competência para decidir da abertura de um processo de liquidação de uma instituição de crédito, inclusivamente em relação às sucursais estabelecidas noutros Estados-Membros.

Uma decisão de abertura de um processo de liquidação proferida pelas autoridades administrativas ou judiciais do Estado-Membro de origem será reconhecida, sem qualquer outra formalidade, no território de todos os outros Estados-Membros, neles produzindo efeitos logo que a decisão produza os seus efeitos no Estado-Membro de abertura do processo.

2 – As autoridades administrativas ou judiciais do Estado-Membro de origem devem informar sem demora, por todos os meios adequados, as autoridades competentes do Estado-Membro de acolhimento da sua decisão de abrir um processo de liquidação e dos efeitos concretos que esse processo poderá acarretar, se possível antes da abertura ou, não sendo possível, imediatamente depois. A comunicação é efectuada pelas autoridades competentes do Estado de origem.

Artigo 10.º
Legislação aplicável

1 – Salvo disposição em contrário da presente directiva, a instituição de crédito será liquidada de acordo com as leis, regulamentos e procedimentos aplicáveis no Estado-Membro de origem.

2 – São determinados pela lei do Estado-Membro de origem, designadamente:

a) Os bens que fazem parte da massa falida e o destino a dar aos bens adquiridos pela instituição de crédito após a abertura do processo de liquidação;
b) Os poderes respectivos da instituição de crédito e do liquidatário;
c) As condições de oponibilidade de uma compensação;
d) Os efeitos do processo de liquidação sobre os contratos em vigor nos quais a instituição de crédito seja parte;
e) Os efeitos do processo de liquidação sobre as acções intentadas por credores individuais, com excepção dos processos pendentes previstos no artigo 32.º;
f) Os créditos a reclamar no passivo da instituição de crédito e o destino a dar aos créditos nascidos após a abertura do processo de liquidação;
g) As regras relativas à reclamação, verificação e aprovação dos créditos;
h) As regras de distribuição do produto da liquidação dos bens, a graduação dos créditos e os direitos dos credores que tenham sido parcialmente satisfeitos após a abertura do processo de liquidação em virtude de um direito real ou por efeito de uma compensação;
i) As condições e os efeitos do encerramento do processo de liquidação, nomeadamente por concordata;
j) Os direitos dos credores após o encerramento do processo de liquidação;
k) A imputação das custas e despesas do processo de liquidação;
l) As regras referentes à nulidade, à anulação ou à inoponibilidade dos actos prejudiciais ao conjunto dos credores.

Artigo 11.º

Consulta das autoridades competentes antes da liquidação voluntária

1 – As autoridades competentes do Estado-Membro de origem serão consultadas, pela forma mais adequada, antes de os órgãos estatuários de uma instituição de crédito tomarem qualquer decisão de liquidação voluntária.

2 – A liquidação voluntária de uma instituição de crédito não obsta à adopção de uma medida de saneamento ou à abertura de um processo de liquidação.

Artigo 12.º
Revogação da autorização de uma instituição de crédito

1 – Se, na falta ou após o malogro de medidas de saneamento, for determinada a abertura de um processo de liquidação relativamente a uma instituição de crédito, a autorização dessa instituição será revogada, observando-se, nomeadamente, o procedimento previsto no n.º 9 do artigo 22.º da Directiva 2000/12/CE.

2 – A revogação da autorização referida no n.º 1 não impede que a ou as pessoas incumbidas da liquidação prossigam algumas das actividades da instituição de crédito na medida em que tal seja necessário ou adequado para efeitos da liquidação.

O Estado-Membro de origem pode determinar que essas actividades sejam exercidas com o acordo e sob o controlo das autoridades competentes desse Estado-Membro.

Artigo 13.º
Publicação

Os liquidatários ou quaisquer autoridades administrativas ou judiciais asseguram a publicidade da decisão de abertura da liquidação através da publicação, no *Jornal Oficial das Comunidades Europeias* e em pelo menos dois jornais de circulação nacional de cada Estado-Membro de acolhimento, de um extracto da decisão que a pronuncia.

Artigo 14.º
Informação dos credores conhecidos

1 – Quando for aberto um processo de liquidação, as autoridades administrativas ou judiciais do Estado-Membro de origem ou o liquidatário devem informar rápida e individualmente os credores conhecidos que tenham o seu domicílio, a sua residência habitual ou a sua sede estatutária nos outros Estados-Membros, salvo nos casos em que a legislação

do Estado de origem não exija a reclamação do crédito para o seu reconhecimento.

2 – Essa informação, prestada mediante o envio de uma nota, incidirá nomeadamente sobre os prazos a observar, as sanções previstas relativamente a esses prazos, o órgão ou a autoridade habilitados a receber a reclamação dos créditos ou as observações relativas aos créditos e as outras medidas que tenham sido determinadas. Essa nota indicará igualmente se os credores cujos créditos gozem de um privilégio ou de uma garantia real devem reclamar esses créditos.

Artigo 15.º
Cumprimento das obrigações

Quem tenha cumprido uma obrigação em benefício de uma instituição de crédito que não seja uma pessoa colectiva e seja objecto de um processo de liquidação aberto noutro Estado-Membro, e o devesse ter feito em benefício do liquidatário desse processo, ficará liberado quando não tenha tido conhecimento da abertura do processo. Quem tenha cumprido a referida obrigação antes da execução das medidas de publicidade referidas no artigo 13.º presume-se, até prova em contrário, não ter tido conhecimento da abertura do processo de liquidação; quem a tenha cumprido após a execução das medidas de publicidade previstas no artigo 13.º presume-se, até prova em contrário, ter tido conhecimento da abertura do processo.

Artigo 16.º
Direito de reclamação de créditos

1 – Os credores que tenham o seu domicílio, a sua residência habitual ou a sua sede estatutária num Estado-Membro que não o Estado-Membro de origem, incluindo as autoridades públicas dos Estados-Membros, têm o direito de proceder à reclamação dos seus créditos ou de apresentar por escrito observações relativas a esses créditos.

2 – Os créditos de todos os credores que tenham domicílio, residência habitual ou sede estatutária num Estado-Membro que não o Estado-Membro de origem beneficiam do mesmo tratamento e são graduados da mesma forma que os créditos de natureza equivalente suscep-

tíveis de ser reclamados por credores que tenham a sua residência habitual, o seu domicílio ou a sua sede estatutária no Estado-Membro de origem.

3 – Excepto nos casos em que a legislação do Estado-Membro de origem preveja a apresentação de observações relativas aos créditos, os credores devem enviar cópia dos documentos comprovativos, quando existam, e indicar a natureza dos créditos, a data da sua constituição e o seu montante; devem igualmente informar se reivindicam, em relação a esses créditos, um privilégio, uma garantia real ou uma reserva de propriedade, e quais os bens sobre os quais incide essa garantia.

Artigo 17.º
Línguas

1 – A informação prevista nos artigos 13.º e 14.º será prestada na língua ou numa das línguas oficiais do Estado-Membro de origem. Utilizar-se-á para esse efeito, um formulário em que figurará, em todas as línguas oficiais da UE, o título "Aviso de Reclamação de Créditos. Prazos Legais a Observar", ou, quando a legislação do Estado-Membro de origem preveja a apresentação das observações relativas aos créditos, "Aviso de Apresentação das Observações relativas a Créditos. Prazos Legais a Observar".

2 – Todos os credores que tenham o seu domicílio, a sua residência habitual ou a sua sede estatutária num Estado-Membro que não o Estado-Membro de origem podem reclamar os respectivos créditos, ou apresentar as observações relativas aos seus créditos, na língua ou numa das línguas oficiais desse outro Estado-Membro. Nesse caso, a reclamação dos créditos, ou a apresentação das observações sobre os seus créditos intitular-se-á Reclamação de Créditos ou Apresentação das Observações relativas aos Créditos na língua ou numa das línguas oficiais do Estado-Membro de origem. Além disso, pode-lhes ser exigida uma tradução, nessa mesma língua, da reclamação dos créditos ou da apresentação das observações relativas aos créditos.

Artigo 18.º
Informação regular dos credores

Os liquidatários devem informar regularmente os credores, de forma adequada, em especial sobre o andamento da liquidação.

B. Instituições de crédito com sede estatutária fora da Comunidade

Artigo 19.º
Sucursais de instituições de crédito de países terceiros

1 – As autoridades administrativas ou judiciais do Estado-Membro de acolhimento de uma sucursal de uma instituição de crédito com sede estatuária fora da Comunidade devem informar sem demora, por todos os meios adequados, as autoridades competentes dos outros Estados-Membros de acolhimento onde a instituição tenha criado sucursais constantes da lista referida no artigo 11.º da Directiva 2000/12/CE, lista essa que é publicada anualmente no Jornal Oficial das Comunidades Europeias, da sua decisão de abrir um processo de liquidação e dos efeitos concretos que esse processo poderá acarretar, se possível antes de este ter início ou, não sendo possível, imediatamente depois. A comunicação é efectuada pelas autoridades competentes do Estado-Membro de acolhimento referido em primeiro lugar.

2 – As autoridades administrativas ou judiciais que determinem a abertura de um processo de liquidação de uma sucursal de uma instituição de crédito com sede estatutária fora da Comunidade informarão as autoridades competentes dos outros Estados-Membros de acolhimento da abertura do processo de liquidação e da revogação da autorização.

A comunicação será efectuada pelas autoridades competentes do Estado-Membro de acolhimento que tiver determinado a abertura do processo.

3 – As autoridades administrativas ou judiciais referidas no n.º 1 esforçar-se-ão por coordenar as suas acções.

Os eventuais liquidatários esforçar-se-ão igualmente por coordenar as suas acções.

TÍTULO IV
Disposições comuns às medidas de saneamento e aos processos de liquidação

Artigo 20.º
Efeitos sobre certos contratos e direitos

Os efeitos de uma medida de saneamento ou da abertura de um processo de liquidação sobre:

a) Os contratos e relações de trabalho regulam-se exclusivamente pela lei do Estado-Membro aplicável ao contrato de trabalho;
b) Os contratos que conferem direitos de gozo sobre um bem imóvel ou o direito à sua aquisição regulam-se exclusivamente pela lei do Estado-Membro em cujo território está situado esse imóvel. Essa lei determina se um bem é móvel ou imóvel;
c) Os direitos relativos a um bem imóvel, a um navio ou a uma aeronave, sujeitos a inscrição num registo público, regulam-se exclusivamente pela lei do Estado-Membro sob cuja autoridade é mantido esse registo.

Artigo 21.º
Direitos reais de terceiros

1 – A aplicação de medidas de saneamento ou a abertura de processos de liquidação não afectam os direitos reais de credores ou de terceiros sobre bens corpóreos ou incorpóreos, móveis ou imóveis – tanto bens específicos, como conjuntos de bens não específicos cuja composição esteja sujeita a alterações –, pertencentes a instituições de crédito e que, no momento da aplicação dessas medidas ou da abertura desses processos, se encontrem no território de outro Estado-Membro.

2 – Os direitos referidos no n.º 1 são, nomeadamente:

a) O direito de realizar ou de fazer realizar os activos e de obter satisfação do crédito através do produto ou dos rendimentos desses activos, nomeadamente em virtude de cauções ou hipotecas;
b) O direito exclusivo de cobrança de dívidas, nomeadamente por caução ou cessão da dívida a título de garantia;
c) O direito de reivindicar o bem e/ou exigir a sua restituição da

parte de quem os possua ou utilize contra a vontade de quem a ele tem direito;

d) O direito real sobre os rendimentos de um bem.

3 – O direito, inscrito em registo público e oponível a terceiros, que permita obter um direito real na acepção do n.º 1, é considerado um direito real.

4 – O n.º 1 não obsta às acções de nulidade, anulação ou inoponibilidade previstas no n.º 2, alínea l), do artigo 10.º.

Artigo 22.º
Reserva de propriedade

1 – A aplicação de medidas de saneamento ou a abertura de processos de liquidação em relação a instituições de crédito que adquiram activos não afectam os direitos do vendedor com fundamento na reserva de propriedade se, no momento da aplicação dessas medidas ou da abertura desses processos os activos se encontrarem no território de um Estado-Membro distinto do da aplicação dessas medidas ou da abertura desses processos.

2 – A aplicação de medidas de saneamento ou a abertura de processos de liquidação em relação a instituições de crédito que vendam um activo após a sua entrega não constituem fundamento para a rescisão da venda nem impedem a aquisição da propriedade daquele activo pelo comprador, se, no momento da aplicação dessas medidas ou da abertura desses processos, esse activo se situar no território de um Estado-Membro distinto do da aplicação dessas medidas ou da abertura desses processos.

3 – O n.os 1 e 2 não obstam às acções de nulidade, anulação ou inoponibilidade previstas no n.º 2, alínea l), do artigo 10.º.

Artigo 23.º
Compensação

1 – A adopção de medidas de saneamento ou a abertura de processos de liquidação não afectam o direito dos credores à compensação dos seus créditos contra os da instituição de crédito desde que essa compensação seja autorizada pela lei aplicável aos créditos da instituição de crédito.

2 – O n.º 1 não obsta às acções de nulidade, anulação ou inoponibilidade previstas no n.º 2, alínea l), do artigo 10.º.

Artigo 24.º
Lex rei sitae

O exercício dos direitos de propriedade sobre instrumentos ou de outros direitos sobre esses instrumentos, cuja existência ou transferência implique a inscrição num registo, numa conta ou num sistema de depósito centralizado pertencente ou situado num Estado-Membro, regula-se pela lei do Estado-Membro a que pertence ou em que se situa o registo, a conta ou o sistema de depósito centralizado em que esses direitos estão inscritos.

Artigo 25.º
Convenções de compensação e de novação

As convenções de compensação e de novação (*"netting agreements"*) regulam-se exclusivamente pela lei aplicável ao contrato que as regula.

Artigo 26.º
Acordos de recompra

Sem prejuízo no disposto no artigo 24.º, os acordos de recompra (*"repurchase agreements"*) regulam-se exclusivamente pela lei aplicável ao contrato que os regula.

Artigo 27.º
Mercados regulamentados

Sem prejuízo do disposto no artigo 24.º, as transacções efectuadas no quadro de um mercado regulamentado regulam-se exclusivamente pela lei aplicável ao contrato que as regula.

Artigo 28.º
Prova da nomeação do liquidatário

1 – A prova da nomeação do administrador ou do liquidatário é efectuada mediante a apresentação de uma cópia autenticada da decisão

da sua nomeação, ou de qualquer outro certificado emitido pelas autoridades administrativas ou judiciais do Estado-Membro de origem.

Pode ser exigida uma tradução na língua oficial ou numa das línguas oficiais do Estado-Membro em cujo território o administrador ou o liquidatário pretende agir. Não será exigida qualquer legalização ou outra formalidade análoga.

2 – Os administradores e os liquidatários estão habilitados a exercer no território de todos os Estados-Membros todos os poderes que estão habilitados a exercer no território do Estado-Membro de origem. Podem, além disso, designar pessoas encarregadas de os coadjuvar ou, se for caso disso, de os representar no decurso da execução da medida de saneamento ou do processo de liquidação, nomeadamente nos Estados-Membros de acolhimento e, em especial, a fim de facilitar a superação das eventuais dificuldades dos credores do Estado-Membro de acolhimento.

3 – No exercício dos seus poderes, o administrador ou o liquidatário observará a lei dos Estados-Membros em cujo território pretende agir, em particular no que respeita às regras de liquidação dos bens e à informação dos trabalhadores assalariados. Esses poderes não poderão incluir o uso da força, nem o direito de dirimir litígios ou diferendos.

Artigo 29.º

Inscrição em registo público

1 – O administrador, o liquidatário ou as autoridades administrativas ou judiciais do Estado-Membro de origem podem solicitar que uma medida de saneamento ou a decisão de abertura de um processo de liquidação seja inscrita no registo predial, no registo comercial ou em qualquer outro registo público existente nos outros Estados-Membros.

No entanto, qualquer Estado-Membro pode prever a inscrição obrigatória. Nesse caso, as pessoas ou autoridades referidas no primeiro parágrafo devem tomar as medidas necessárias para assegurar essa inscrição.

2 – Os encargos decorrentes da inscrição são considerados como custas e despesas do processo.

Artigo 30.º
Actos prejudiciais

1 – O artigo 10.º não é aplicável em relação às regras relativas à nulidade, à anulação ou à inoponibilidade dos actos jurídicos prejudiciais ao conjunto dos credores quando o beneficiário desses actos apresente prova de que:

- o acto prejudicial ao conjunto dos credores se regula pela lei de um Estado-Membro que não o Estado-Membro de origem e de que,
- no caso em apreço, essa mesma lei não permite a impugnação do acto por nenhum meio.

2 – Quando uma medida de saneamento, decretada por uma autoridade judicial, previr regras relativas à nulidade, à anulação ou à inoponibilidade dos actos prejudiciais ao conjunto dos credores, praticados antes da adopção da medida, o n.º 2 do artigo 4.º não é aplicável nos casos previstos no n.º 1 do presente artigo.

Artigo 31.º
Protecção de terceiros

Quando, por acto celebrado após a adopção de uma medida de saneamento ou a abertura de um processo de liquidação, a instituição de crédito dispuser, a título oneroso:

- de um bem imóvel,
- de um navio ou de uma aeronave sujeitos a inscrição num registo público, ou
- de instrumentos ou de direitos sobre esses instrumentos cuja existência ou transferência pressuponha a sua inscrição num registo, numa conta ou num sistema de depósitos centralizado pertencentes ou situados num Estado-Membro,

a validade desse acto regula-se pela lei do Estado-Membro em cujo território está situado esse bem imóvel, ou sob cuja autoridade são mantidos esse registo, essa conta ou esse sistema de depósitos.

Artigo 32.º
Processos pendentes

Os efeitos de medidas de saneamento ou de um processo de liquidação sobre um processo pendente relativo a um bem ou direito de que a instituição de crédito tenha sido privada regulam-se exclusivamente pela lei do Estado-Membro em que se encontra pendente o processo.

Artigo 33.º
Sigilo profissional

Todas as pessoas incumbidas de receber ou prestar informações no âmbito dos processos de informação ou de consulta previstos nos artigos 4.º, 5.º, 8.º, 9.º, 11.º e 19.º estão vinculadas ao sigilo profissional, de acordo com as regras e condições previstas no artigo 30.º da Directiva 2000/12/CE, com excepção das autoridades judiciárias, às quais se aplicarão as disposições nacionais em vigor.

TÍTULO V
Disposições finais

Artigo 34.º
Execução

1 – Os Estados-Membros devem pôr em vigor as disposições legislativas, regulamentares e administrativas necessárias para dar cumprimento à presente directiva em 5 de Maio de 2004 e informar imediatamente a Comissão desse facto.

As disposições nacionais adoptadas em aplicação da presente directiva são aplicáveis apenas às medidas de saneamento adoptadas ou aos processos de liquidação abertos após a data referida no primeiro parágrafo. As medidas adoptadas e os processos abertos antes dessa data continuam a regular-se pela lei que lhes era aplicável à data de adopção ou da abertura.

2 – Quando os Estados-Membros adoptarem essas disposições, estas deverão incluir uma referência à presente directiva ou ser acompanhadas dessa referência aquando da sua publicação oficial. As modalidades dessa referência serão estabelecidas pelos Estados-Membros.

3 – Os Estados-Membros comunicarão à Comissão o texto das principais disposições de direito interno que aprovarem nas matérias reguladas pela presente directiva.

Artigo 35.º
Entrada em vigor

A presente directiva entra em vigor no dia da sua publicação no *Jornal Oficial das Comunidades Europeias.*

Artigo 36.º
Destinatários

Os Estados-Membros são os destinatários da presente directiva.

Feito no Luxemburgo, em 4 de Abril de 2001.

Pelo Parlamento Europeu
A Presidente
N. FONTAINE

Pelo Conselho
O Presidente
B. ROSENGREN

7. *Acordos de Garantia Financeira*

Directiva n.º 2002/47/CE do Parlamento Europeu e do Conselho, de 6 de Junho de 2002*

(relativa aos acordos de garantia financeira)

O PARLAMENTO EUROPEU E O CONSELHO DA UNIÃO EUROPEIA,

Tendo em conta o Tratado que institui a Comunidade Europeia e, nomeadamente, o seu o artigo 95.º,

Tendo em conta a proposta da Comissão[1],

Tendo em conta o parecer do Banco Central Europeu[2],

Tendo em conta o parecer do Comité Económico e Social[3],

Deliberando nos termos do artigo 251.º do Tratado[4],

Considerando o seguinte:

1. A Directiva 98/26/CE do Parlamento Europeu e do Conselho, de 19 de Maio de 1998, relativa ao carácter definitivo da liquidação nos sistemas de pagamentos e de liquidação de valores mobiliários[5], cons-

---

* Publicada no Jornal Oficial n.º L 168 de 27 de Junho de 2002, pp. 43-50.

[1] JO C 180 E de 26/06/2001, p. 312.

[2] JO C 196 de 12/07/2001, p. 10.

[3] JO C 48 de 21/02/2002, p. 1.

[4] Parecer do Parlamento Europeu de 13 de Dezembro de 2001 (ainda não publicado no Jornal Oficial), posição comum do Conselho de 5 de Março de 2002 (ainda não publicada no Jornal Oficial) e decisão do Parlamento Europeu de 15 de Maio de 2002.

[5] JO L 166 de 11/06/1998, p. 45.

tituiu uma etapa importante do processo de instituição de um quadro jurídico sólido para estes sistemas. A aplicação desta directiva demonstrou que era importante limitar os riscos sistémicos inerentes a estes sistemas devido à coexistência de regimes jurídicos diferentes e que seria vantajoso instituir uma regulamentação comum aplicável às garantias constituídas no quadro dos referidos sistemas.

2. Na sua comunicação de 11 de Maio de 1999, dirigida ao Parlamento Europeu e ao Conselho, intitulada "Aplicação de um enquadramento para os serviços financeiros: plano de acção", a Comissão comprometeu-se a elaborar, após consulta dos peritos do mercado e das autoridades nacionais, propostas de medidas legislativas em matéria de garantias que promovam novos progressos neste domínio para além dos conseguidos com a Directiva 98/26/CE.

3. Deve ser instituído um regime comunitário aplicável aos valores mobiliários e aos montantes pecuniários nas aquisições com cauções de títulos e nas transferências de titularidade, incluindo os acordos de recompra (*reporte*). Este regime contribuirá para a integração e o funcionamento ao menor custo do mercado financeiro, bem como para a estabilidade do sistema financeiro da Comunidade, o que promoverá a livre prestação de serviços e a livre circulação de capitais no mercado único dos serviços financeiros. A presente directiva concentra-se nos acordos bilaterais de garantia financeira.

4. A presente directiva é adoptada num quadro jurídico europeu que compreende nomeadamente a referida Directiva 98/26/CE, bem como a Directiva 2001/24/CE do Parlamento Europeu e do Conselho, de 4 de Abril de 2001, relativa ao saneamento e à liquidação das instituições de crédito[6], a Directiva 2001/17/CE do Parlamento Europeu e do Conselho, de 19 de Março de 2001, relativa ao saneamento e à liquidação das empresas de seguros[7], e o Regulamento (CE) n.º 1346/2000, do Conselho, de 29 de Maio de 2000, relativo aos processos de insolvência[8]. A presente directiva não prejudica nem contraria o modelo geral destes actos jurídicos anteriores. Com efeito, a presente directiva completa esses

[6] JO L 125 de 5/05/2001, p. 15.
[7] JO L 110 de 20/04/2001, p. 28.
[8] JO L 160 de 30/06/2000, p. 1.

actos jurídicos em vigor ao abordar outras questões, e ultrapassa-os no que respeita a questões específicas já por eles abordadas.

5. A fim de aumentar a segurança jurídica dos acordos de garantia financeira, os Estados-Membros devem assegurar que certas disposições legislativas em matéria de falência não sejam aplicáveis a esses acordos, nomeadamente as disposições que poderiam constituir um obstáculo à execução da garantia financeira ou que sejam susceptíveis de suscitar incertezas em relação à validade de técnicas actualmente utilizadas pelos mercados, tais como a compensação bilateral com vencimento antecipado, a prestação de garantias adicionais sob a forma de garantias complementares e as substituições de garantias.

6. A presente directiva não aborda os direitos que qualquer pessoa possa deter relativamente aos activos fornecidos a título de garantia financeira cuja origem não resida nos acordos de garantia financeira nem tenha por base qualquer das disposições legais ou normas jurídicas resultantes do início ou prossecução de processos de liquidação ou medidas de saneamento, tais como a restituição resultante de um engano, erro ou incapacidade.

7. O princípio consagrado na Directiva 98/26/CE, nos termos do qual a lei aplicável aos valores mobiliários escriturais dados em garantia é a do Estado-Membro onde o registo, a conta ou o sistema de depósito centralizado está localizado, deve ser alargado, a fim de garantir a segurança jurídica relativamente à utilização deste tipo de valores mobiliários num contexto transfronteiras, no quadro de uma garantia financeira abrangida pela presente directiva.

8. O princípio da *lex rei sitae*, segundo o qual a validade e, portanto, a oponibilidade de um acordo de garantia financeira, são determinadas com base na lei do país em que a garantia financeira está localizada, é actualmente reconhecido por todos os Estados-Membros. Sem prejuízo da aplicação da presente directiva aos títulos detidos directamente, deve ser determinado o lugar onde se situa uma garantia constituída por títulos escriturais e detida por um ou mais intermediários. Se o direito do beneficiário de uma garantia for estabelecido por um acordo de garantia válido e aplicável por força do direito do país em que a conta está localizada, a oponibilidade a qualquer título ou direito concorrente e a aplicabilidade da garantia são regidas unicamente pelo direito do referido país, evitando-se pois a incerteza jurídica que resultaria da intervenção de outra legislação não tida em conta.

9. A fim de limitar as formalidades administrativas a cumprir pelas partes que utilizam a garantia financeira prevista na presente directiva, a única condição de validade susceptível de ser imposta pelo direito nacional relativamente à garantia financeira deve ser a entrega, a transferência, a detenção, o registo ou a designação dos títulos fornecidos a título dessa garantia por forma a que estejam na posse ou sob o controlo do beneficiário da garantia ou de uma pessoa que actue em nome do beneficiário da garantia, não excluindo técnicas de garantia que permitam ao prestador da garantia substituir a garantia ou retirar o seu excedente.

10. Pelos mesmos motivos, a celebração, validade, conclusão, exequibilidade ou admissibilidade enquanto prova de um acordo de garantia financeira, ou a prestação de uma garantia financeira no âmbito de um acordo de garantia financeira, não deverão depender da realização de qualquer acto formal, como o estabelecimento de um documento sob qualquer forma específica ou de algum modo especial, o registo num organismo oficial ou público ou a inscrição num registo público, o anúncio num jornal ou revista, num registo ou publicação oficial, ou sob qualquer outra forma, a notificação de um funcionário público, o fornecimento de prova sob forma especial quanto à data de estabelecimento de um documento ou instrumento, o montante das obrigações financeiras em causa ou qualquer outra questão. Todavia, a presente directiva deve proporcionar o equilíbrio entre a eficácia do mercado e a segurança das partes no acordo e de terceiros, evitando desse modo mormente o risco de fraude. Esse equilíbrio será alcançado pelo facto de o âmbito de aplicação da directiva abranger apenas os acordos de garantia financeira que prevêem alguma forma de desapossamento, ou seja, a prestação de garantia financeira, e quando a prestação da garantia financeira possa ser provada por escrito ou num suporte duradouro, garantindo desse modo a rastreabilidade dessa garantia. Para efeitos da presente directiva, os actos exigidos nos termos da legislação de um Estado-Membro enquanto condição necessária para a transferência ou constituição de penhor sobre instrumentos financeiros que não sejam títulos escriturais, tais como o endosso em caso de títulos à ordem, ou a inscrição no registo do emitente em caso de títulos registados, não deverão ser considerados actos formais.

11. Além disso, a presente directiva deverá proteger exclusivamente os acordos de garantia financeira susceptíveis de serem provados. Essa prova pode ser feita por escrito ou de qualquer outro modo juridicamente vinculativo previsto pela legislação aplicável aos acordos de garantia financeira.

12. Esta simplificação da utilização das garantias financeiras, decorrente de uma limitação das obrigações administrativas, irá reforçar a eficácia das operações transfronteiras do Banco Central Europeu e dos bancos centrais nacionais dos Estados-Membros participantes na União Económica e Monetária, essencial para a prossecução da política monetária comum. Por outro lado, a imunização limitada dos acordos de garantia financeira face a certas disposições das legislações em matéria de falência irá facilitar o funcionamento da componente mais geral da política monetária comum, no âmbito da qual os operadores do mercado monetário reequilibram entre si a liquidez global do mercado através de transacções transfronteiras cobertas por garantias.

13. A presente directiva visa proteger a validade dos acordos de garantia financeira baseados na transferência da plena propriedade da garantia financeira, por exemplo através da eliminação da "requalificação" desses acordos de garantia financeira (incluindo os acordos de recompra) como penhores de títulos.

14. A aplicabilidade da compensação bilateral com vencimento antecipado (*close-out netting*) deve ser assegurada, não apenas enquanto mecanismo de execução dos acordos de garantia financeira com transferência de titularidade, incluindo os acordos de recompra, mas também, e em termos mais gerais, quando a compensação com vencimento antecipado faz parte integrante de um acordo de garantia financeira. As boas práticas de gestão de riscos aplicadas em geral nos mercados financeiros devem ser preservadas, permitindo-se aos operadores gerir e limitar, numa base líquida, os riscos de crédito associados às diferentes transacções financeiras por eles efectuadas, sendo o risco de crédito calculado mediante a adição de todos os riscos actuais inerentes às transacções em curso com uma determinada contraparte, seguida de uma compensação das posições simétricas, o que permitirá obter um montante global único, que será comparado com o valor actual da garantia.

15. A presente directiva não prejudica qualquer das restrições ou requisitos da legislação nacional no que se refere a ter em conta os créditos e obrigações aquando da compensação, relativamente por exemplo à sua reciprocidade ou ao facto de terem sido concluídas antes de o beneficiário da garantia ter tido ou dever ter tido conhecimento da abertura (ou da existência de um acto jurídico vinculativo conducente à abertura) de processos de liquidação ou de saneamento relativamente ao prestador da garantia.

16. Deve ser preservada de certas regras de invalidação automática a boa prática dos mercados financeiros, que merece o apoio das autoridades de regulamentação, nos termos da qual os operadores gerem e limitam o risco de crédito recíproco mediante mecanismos de garantia financeira complementar (*top-up collateral*), em que o risco de crédito e a garantia financeira são avaliados com base no seu valor de mercado actual, podendo de seguida o credor reclamar um complemento de garantia financeira ou libertar um eventual excedente de garantia. A possibilidade de substituir os activos fornecidos enquanto garantia financeira por outros activos de igual valor deve igualmente ser preservada. A intenção é simplesmente impedir que o fornecimento da garantia financeira complementar ou de substituição seja posto em causa apenas com base no facto de as obrigações financeiras cobertas já existirem antes da prestação da garantia financeira, ou de a garantia financeira ter sido prestada durante determinado período. Todavia, a presente disposição não prejudica a possibilidade de contestar ao abrigo da legislação nacional o acordo de garantia financeira e a prestação de garantia financeira enquanto parte da prestação inicial, de uma garantia financeira complementar ou de substituição, por exemplo sempre que tal tenha sido realizado intencionalmente em detrimento de outros credores (este aspecto abrange designadamente as acções baseadas na fraude ou regras de invalidação semelhantes susceptíveis de ser aplicadas num determinado período).

17. A presente directiva institui processos de execução rápidos e não formalistas que permitem salvaguardar a estabilidade financeira e limitar efeitos de contágio em caso de incumprimento de uma das partes num acordo de garantia financeira. Todavia, a presente directiva equilibra os objectivos supramencionados com a protecção do prestador de garantia e de terceiros, pela confirmação explícita da possibilidade de os Estados-Membros manterem ou introduzirem na sua legislação nacional um controlo *a posteriori* susceptível de ser exercido pelos tribunais no que respeita à realização ou determinação do valor da garantia financeira e ao cálculo das obrigações financeiras cobertas. Tal controlo deverá permitir que as autoridades judiciais verifiquem que a realização ou determinação do valor foi efectuada segundo critérios comerciais razoáveis.

18. Deve ser possível fornecer garantias em numerário segundo sistemas de transferência da titularidade e de constituição de garantia real, protegidos respectivamente pelo reconhecimento da compensação ou pelo penhor do montante em numerário. Por numerário entende-se exclusivamente o dinheiro representado por um crédito sobre uma conta ou por créditos similares sobre a restituição de dinheiro (como os depósitos no mercado monetário), o que exclui explicitamente as notas de banco.

19. A presente directiva introduz um direito de disposição, no caso dos acordos de garantia financeira com constituição de penhor, o que aumentará a liquidez nos mercados em resultado da reutilização dos títulos dados em penhor. Todavia, esta reutilização não prejudica a legislação nacional relativa à separação dos patrimónios e à igualdade de tratamento dos credores.

20. A presente directiva não prejudica o funcionamento nem os efeitos das cláusulas contratuais dos instrumentos financeiros fornecidos a título de garantia financeira, tais como os direitos e obrigações e outras condições constantes das condições de emissão, bem como quaisquer outros direitos, obrigações e condições aplicáveis entre os emitentes e os detentores desses instrumentos.

21. A presente directiva está em conformidade com os direitos fundamentais e, nomeadamente, com os princípios enunciados na Carta dos Direitos Fundamentais da União Europeia.

22. Como o objectivo da acção proposta, ou seja, a instituição de um regime mínimo em matéria de utilização das garantias financeiras, não pode ser suficientemente realizado pelos Estados-Membros, e pode pois, devido à dimensão e aos efeitos da acção prevista, ser melhor alcançado ao nível comunitário, a Comunidade pode tomar medidas em conformidade com o princípio da subsidiariedade, consagrado no artigo 5.º do Tratado. Segundo o princípio da proporcionalidade consagrado no mesmo artigo, a presente directiva não excede o necessário para atingir aquele objectivo,

ADOPTARAM A PRESENTE DIRECTIVA:

Artigo 1.º
Objecto e âmbito

1 – A presente directiva estabelece um regime comunitário aplicável aos acordos de garantia financeira que satisfaçam as condições estabelecidas nos n.os 2 e 5, e à garantia financeira que satisfaça as condições estabelecidas nos n.os 4 e 5.

2 – O beneficiário da garantia e o prestador da garantia devem pertencer a uma das seguintes categorias:

a) Uma entidade pública, excluindo as empresas que beneficiam de garantia estatal, excepto se forem abrangidas pelas alíneas *b)* a *e)*, incluindo:
   i) organismos do sector público dos Estados-Membros responsáveis pela gestão da dívida pública ou que intervenham nesse domínio, e
   ii) organismos do sector público dos Estados-Membros autorizados a deter contas de clientes;

b) Um banco central, o Banco Central Europeu, o Banco de Pagamentos Internacionais, um banco multilateral de desenvolvimento tal como definido no n.º 19 do artigo 1.º da Directiva 2000/ /12/CE do Parlamento Europeu e do Conselho, de 20 de Março de 2000, relativa ao acesso à actividade das instituições de crédito e ao seu exercício[9], o Fundo Monetário Internacional e o Banco Europeu de Investimento;

[9] JO L 126 de 26/05/2000, p. 1. Directiva alterada pela Directiva 2000/28/CE (JO L 275 de 27/10/2000, p. 37).

c) Uma instituição financeira sujeita a supervisão prudencial, incluindo:
   i) uma instituição de crédito tal como definida no n.º 1 do artigo 1.º da Directiva 2000/12/CE, incluindo as instituições enumeradas no n.º 3 do artigo 2.º da mesma directiva,
   ii) uma empresa de investimento tal como definida no n.º 2 do artigo 1.º da Directiva 93/22/CEE do Conselho, de 10 de Maio de 1993, relativa aos serviços de investimento no domínio dos valores mobiliários[10],
   iii) uma instituição financeira tal como definida no n.º 5 do artigo 1.º da Directiva 2000/12/CE,
   iv) uma empresa de seguros tal como definida na alínea *a)* do artigo 1.º da Directiva 92/49/CEE do Conselho, de 18 de Junho de 1992, relativa à coordenação das disposições legislativas, regulamentares e administrativas respeitantes ao seguro directo não-vida[11] e uma empresa de seguros de vida tal como definida na alínea *a)* do artigo 1.º da Directiva 92/ /96/CEE do Conselho, de 10 de Novembro de 1992, que estabelece a coordenação das disposições legislativas, regulamentares e administrativas relativas ao seguro directo vida[12],
   v) um organismo de investimento colectivo em valores mobiliários (OICVM) tal como definido no n.º 2 do artigo 1.º da Directiva 85/611/CEE do Conselho, de 20 de Dezembro de 1985, que coordena as disposições legislativas, regulamentares e administrativas respeitantes a alguns organismos de investimento colectivo em valores mobiliários (OICVM)[13],
   vi) uma sociedade de gestão tal como definida no n.º 2 do artigo 1.ºA da Directiva 85/611/CEE;

---

[10] JO L 141 de 11/06/1993, p. 27. Directiva com a última redacção que lhe foi dada pela Directiva 2000/64/CE do Parlamento Europeu e do Conselho (JO L 290 de 17/11/2000, p. 27).

[11] JO L 228 de 11/08/1992, p. 1. Directiva com a última redacção que lhe foi dada pela Directiva 2000/64/CE do Parlamento Europeu e do Conselho.

[12] JO L 360 de 9/12/1992, p. 1. Directiva com a última redacção que lhe foi dada pela Directiva 2000/64/CE do Parlamento Europeu e do Conselho.

[13] JO L 375 de 31/12/1985, p. 3. Directiva com a última redacção que lhe foi dada pela Directiva 2001/108/CE do Parlamento Europeu e do Conselho (JO L 41 de 13/02/ /2002, p. 35).

d) Uma contraparte central, um agente de liquidação ou uma câmara de compensação, tal como definidos respectivamente nas alíneas *c), d)* e *e)* do artigo 2.º da Directiva 98/26/CE, incluindo instituições similares regulamentadas no âmbito da legislação nacional que operem nos mercados de futuros e de opções e nos mercados de instrumentos derivados não abrangidos por essa directiva, e uma pessoa que não seja uma pessoa singular, que aja na sua qualidade de fiduciário ou de representante por conta de uma ou mais pessoas, incluindo quaisquer detentores de obrigações ou de outras formas de títulos de dívida, ou qualquer instituição tal como definida nas alíneas *a)* a *d)*;

e) Uma pessoa que não seja uma pessoa singular, incluindo as empresas não constituídas em sociedade e os agrupamentos, desde que a outra parte seja uma instituição, tal como definida nas alíneas *a)* a *d)*.

3 – Os Estados-Membros podem excluir do âmbito de aplicação da presente directiva os acordos de garantia financeira em que uma das partes seja uma pessoa na acepção da alínea *e)* do n.º 2. Sempre que recorram a esta possibilidade, os Estados-Membros informarão do facto a Comissão que, por sua vez, informará os restantes Estados-Membros.

4 – a) A garantia financeira a prestar deve consistir em numerário ou instrumentos financeiros.

b) Os Estados-Membros podem excluir do âmbito de aplicação da directiva a garantia financeira que consista em acções pró-prias do prestador de garantia, em acções em empresas associadas na acepção da Directiva 83/349/CEE do Conselho, de 13 de Junho de 1983, relativa às contas consolidadas[14], e em acções em empresas cujo objectivo exclusivo consista em ser titular de meios de produção essenciais para a actividade empresarial do prestador de garantia ou de bens imóveis.

5 – A presente directiva é aplicável à garantia financeira desde que tenha sido prestada e se tal puder ser provado por escrito.

O fornecimento da prova da prestação de garantia financeira deve permitir a identificação da garantia financeira a que corresponde. Para o

---

[14] JO L 193 de 18/7/1983, p. 1. Directiva com a última redacção que lhe foi dada pela Directiva 2001/65/CE do Parlamento Europeu e do Conselho (JO L 283 de 27/10//2001, p. 28).

efeito, basta provar que a garantia sob a forma de títulos escriturais foi creditada na conta de referência ou constitui um crédito nessa conta e que a garantia em numerário foi creditada numa conta designada ou constitui um crédito nessa conta.

A presente directiva é aplicável aos acordos de garantia financeira no caso de ser possível fazer prova do referido acordo por escrito ou de uma forma juridicamente equivalente.

Artigo 2.º
Definições

1 – Para efeitos da presente directiva entende-se por:

a) "Acordo de garantia financeira", um acordo de garantia financeira com transferência de titularidade ou um acordo de garantia financeira com constituição de penhor, quer estes acordos estejam ou não cobertos por um acordo principal ou por condições e termos gerais;

b) "Acordo de garantia financeira com transferência de titularidade", um acordo, incluindo os acordos de recompra, ao abrigo do qual o prestador da garantia transfere a propriedade da garantia financeira para o beneficiário da garantia a fim de assegurar a execução das obrigações financeiras cobertas ou de as cobrir de outra forma;

c) "Acordo de garantia financeira com constituição de penhor", um acordo ao abrigo do qual o prestador da garantia constitui a favor do beneficiário da garantia ou presta a este uma garantia financeira a título de penhor, conservando o prestador da garantia a plena propriedade da garantia quando é estabelecido o direito de penhor;

d) "Numerário", dinheiro creditado numa conta, em qualquer moeda, ou créditos similares que confiram o direito à restituição de dinheiro, tais como depósitos no mercado monetário;

e) "Instrumentos financeiros", acções e outros valores mobiliários equivalentes a acções, bem como obrigações e outros instrumentos de dívida, se forem negociáveis no mercado de capitais, e quaisquer outros valores mobiliários habitualmente negociados e que confiram o direito a adquirir tais acções, obrigações ou outros valores mobiliários através de subscrição, compra ou troca ou que dêem lugar a uma liquidação em numerário (com a exclusão dos meios de pagamento) incluindo as unidades de participação em organismos de investimento colectivo, os instrumentos do mercado monetário e os créditos ou direitos sobre quaisquer dos instrumentos referidos ou a eles associados;

f) "Obrigações financeiras cobertas", as obrigações que são garantidas por um acordo de garantia financeira e que dão direito a uma liquidação em numerário e/ou à entrega de instrumentos financeiros.

Estas obrigações podem consistir total ou parcialmente em:

i) obrigações presentes ou com prazo certo, efectivas, condicionais ou futuras, incluindo as obrigações decorrentes de um acordo principal ou de um instrumento semelhante,
ii) obrigações em relação ao beneficiário da garantia, a cargo de uma pessoa que não o prestador da garantia,
iii) obrigações ocasionais, de uma determinada categoria ou tipo;

g) "Garantia sob a forma de títulos escriturais", uma garantia financeira que tenha sido prestada ao abrigo de um acordo de garantia financeira que consista em instrumentos financeiros e cuja titularidade seja comprovada pela inscrição num registo ou numa conta mantida por um intermediário ou em seu nome;

h) "Conta de referência", em relação às garantias sob a forma de títulos escriturais, no quadro de um acordo de garantia financeira, o registo ou a conta – que podem ser mantidos pelo beneficiário da garantia – em que são feitas as inscrições, mediante as quais essa garantia é prestada ao beneficiário da garantia;

i) Garantia equivalente:

i) tratando-se de numerário, um pagamento do mesmo montante e na mesma moeda,
ii) tratando-se de instrumentos financeiros, instrumentos financeiros do mesmo emitente ou devedor, que façam parte da mesma emissão ou categoria e tenham o mesmo valor nominal, sejam expressos na mesma moeda e tenham a mesma denominação ou, quando o acordo de garantia financeira preveja a transferência de outros activos em caso de ocorrência de um facto que diga respeito ou afecte os instrumentos financeiros fornecidos enquanto garantia financeira ou com eles relacionados, estes outros activos;

j) "Processo de liquidação", um processo colectivo que inclui a realização de activos e a repartição do produto dessa realização entre os credores, os accionistas ou os membros, consoante o caso, e que implica a intervenção de uma autoridade administrativa ou judicial, incluindo os casos em que este processo é encerrado mediante uma concordata ou qualquer outra medida análoga, independentemente de se basear ou não numa falência e de ter carácter voluntário ou obrigatório;

k) "Medidas de saneamento", medidas que implicam a intervenção de uma autoridade administrativa ou judicial e destinadas a preservar ou restabelecer a situação financeira e que afectam os direitos preexistentes de terceiros, incluindo nomeadamente as medidas que envolvem uma suspensão de pagamentos, uma suspensão das medidas de execução ou uma redução do montante dos créditos;

l) "Facto que desencadeia a execução", um caso de incumprimento ou qualquer acontecimento análogo acordado entre as partes cuja ocorrência determine, nas condições previstas num acordo de garantia financeira ou em aplicação da lei, que o beneficiário da garantia tem o direito de realizar ou de se apropriar da garantia financeira, ou desencadeie uma compensação com vencimento antecipado (*close-out netting*);

m) "Direito de disposição", o direito conferido ao beneficiário da garantia de utilizar ou alienar a garantia financeira prestada nos termos de um acordo de garantia financeira com constituição de penhor, como seu proprietário, nas condições desse acordo de garantia financeira;

n) "Cláusula de compensação com vencimento antecipado", uma disposição de um acordo de garantia financeira, ou de um acordo que inclua uma garantia financeira ou, na falta de uma disposição desse tipo, qualquer disposição legal ao abrigo da qual, aquando da ocorrência do facto que desencadeia a execução, por compensação (*netting ou set-off*) ou por outro meio:

   i) o vencimento das obrigações cobertas das partes é antecipado, passando a ser imediatamente devidas e expressas enquanto obrigação de pagar um montante que represente o seu valor actual estimado, ou são extintas e substituídas por uma obrigação de pagar um tal montante, e/ou,

ii) é apurado o montante devido por cada parte à outra relativamente a essas obrigações, devendo uma quantia líquida igual ao saldo da conta ser paga pela parte cuja dívida é mais elevada.

2 – Na presente directiva, as referências à garantia financeira que é "prestada" ou à "prestação" de uma garantia financeira dizem respeito à garantia financeira que é entregue, transferida, detida, registada ou objecto de outro tratamento de tal modo que esteja na posse ou sob o controlo do beneficiário da garantia ou de uma pessoa que actue em nome do beneficiário da garantia. O direito de substituir ou de retirar o seu excedente em favor do prestador da garantia não deve prejudicar a garantia financeira já prestada ao beneficiário da garantia, tal como previsto na presente directiva.

3 – Na presente directiva, a referência a "por escrito" inclui o registo em suporte electrónico ou em qualquer outro suporte duradouro.

Artigo 3.º
Requisitos formais

1 – Os Estados-Membros não exigirão que a constituição, validade, conclusão, exequibilidade ou admissibilidade enquanto prova de um acordo de garantia financeira ou a prestação de uma garantia financeira ao abrigo de um acordo de garantia financeira estejam subordinadas à realização de qualquer acto formal.

2 – O disposto no n.º 1 não prejudica o facto de a presente directiva só se aplicar à garantia financeira quando esta tiver sido prestada e for possível fazer prova por escrito dessa prestação e quando for possível fazer prova do acordo de garantia financeira, por escrito ou de uma forma juridicamente equivalente.

Artigo 4.º
Execução de acordos de garantia financeira

1 – Os Estados-Membros assegurarão que sempre que ocorra um facto que desencadeie a execução, o beneficiário da garantia tenha a possibilidade de realizar de uma das seguintes formas qualquer garantia financeira fornecida ao abrigo de um acordo de garantia financeira com constituição de penhor e segundo as disposições nele previstas:

a) Instrumentos financeiros mediante venda ou apropriação, quer compensando o seu valor, quer aplicando-o para liquidação das obrigações financeiras cobertas;

b) Numerário, quer compensando o seu montante com as obrigações financeiras cobertas, quer aplicando-o para a sua liquidação.

2 – A apropriação só é possível nos seguintes casos:

a) Ter sido convencionada entre as partes no acordo de garantia financeira com constituição de penhor; e

b) Ter existido acordo entre as partes sobre a avaliação dos instrumentos financeiros no quadro do acordo de garantia financeira com constituição de penhor.

3 – Os Estados-Membros que, em 27 de Junho de 2002, não autorizem a apropriação, não são obrigados a reconhecê-la.

Sempre que recorram a esta possibilidade, os Estados-Membros devem informar a Comissão desse facto e esta, por sua vez, deve informar os restantes Estados-Membros.

4 – As formas de realizar a garantia financeira referidas no n.º 1 não estão, sob reserva das condições decididas no acordo de garantia financeira com constituição de penhor, sujeitas à obrigação de:

a) Notificação prévia da intenção de proceder à realização;

b) As condições da realização serem aprovadas por um tribunal, funcionário público ou outra pessoa;

c) A realização ser efectuada através de um leilão público ou segundo qualquer outra forma prescrita; ou

d) Ter decorrido qualquer prazo adicional.

5 – Os Estados-Membros asseguram que um acordo de garantia financeira produza efeitos, nas condições nele previstas, não obstante a abertura ou prossecução de um processo de liquidação ou de medidas de saneamento relativamente ao prestador ou ao beneficiário da garantia.

6 – O disposto no presente artigo e nos artigos 5.º, 6.º e 7.º não prejudica qualquer obrigação, imposta nos termos da legislação nacional, de proceder à realização ou avaliação da garantia financeira e ao cálculo das obrigações financeiras cobertas segundo critérios comerciais razoáveis.

Artigo 5.º

Direito de disposição da garantia financeira ao abrigo de acordos de garantia financeira com constituição de penhor

1 – Na medida em que as condições de um acordo de garantia financeira com constituição de penhor o prevejam, os Estados-Membros asseguram que o beneficiário da garantia esteja habilitado a exercer o direito de disposição no que respeita a uma garantia financeira prestada por força de um acordo de garantia financeira com constituição de penhor.

2 – Sempre que um beneficiário da garantia exerça o direito de disposição, incorre por tal facto na obrigação de transferir uma garantia equivalente que substitua a garantia financeira original, o mais tardar na data devida para o cumprimento das obrigações financeiras relevantes do acordo de garantia financeira com constituição de penhor.

Em alternativa, na data fixada para a execução das obrigações financeiras relevantes, o beneficiário da garantia ou transfere a garantia equivalente ou, na medida em que as condições do acordo de garantia financeira com constituição de penhor o prevejam, a aplica, quer em compensação quer para liquidação das obrigações financeiras cobertas.

3 – A garantia equivalente transferida em cumprimento de uma obrigação nos termos do primeiro parágrafo do n.º 2 está sujeita ao mesmo acordo de garantia financeira com constituição de penhor a que a garantia original estava sujeita e é considerada como tendo sido prestada ao abrigo do acordo de garantia financeira com constituição de penhor, no mesmo momento em que a garantia financeira original foi prestada pela primeira vez.

4 – Os Estados-Membros asseguram que a disposição da garantia financeira pelo beneficiário da garantia, nos termos do presente artigo, não torne inválidos ou inaplicáveis os direitos do beneficiário da garantia ao abrigo do acordo de garantia financeira com constituição de penhor em relação à garantia financeira transferida pelo beneficiário da garantia em cumprimento de uma obrigação nos termos do primeiro parágrafo do n.º 2.

5 – Se ocorrer um facto que desencadeie a execução enquanto não tiver sido cumprida uma obrigação referida no primeiro parágrafo do n.º 2, a obrigação pode ser objecto de compensação com vencimento antecipado.

Artigo 6.º
Reconhecimento de acordos de garantia financeira com transferência de titularidade

1 – Os Estados-Membros asseguram que um acordo de garantia financeira com transferência de titularidade possa produzir efeitos, nas condições nele previstas.

2 – Se ocorrer um facto que desencadeie a execução enquanto não tiver sido cumprida uma obrigação do beneficiário da garantia de transferir uma garantia equivalente ao abrigo de um acordo de garantia financeira com transferência de titularidade, a referida obrigação pode ser objecto de compensação com vencimento antecipado.

Artigo 7.º
Reconhecimento das cláusulas de compensação com vencimento antecipado

1 – Os Estados-Membros asseguram que uma cláusula de compensação com vencimento antecipado possa produzir efeitos, nas condições previstas no acordo:

a) Não obstante a abertura ou a prossecução de um processo de liquidação ou de medidas de saneamento, relativamente ao prestador da garantia e/ou ao beneficiário da garantia; e/ou
b) Não obstante qualquer alegada cessão, apreensão judicial ou de outra natureza ou qualquer outra alienação desses direitos ou que a eles diga respeito.

2 – Os Estados-Membros asseguram que a aplicação de uma cláusula de compensação com vencimento antecipado não possa ser sujeita a nenhum dos requisitos previstos no n.º 4 do artigo 4.º, salvo acordo em contrário das partes.

Artigo 8.º

Inaplicabilidade de certas disposições em matéria de falência

1 – Os Estados-Membros asseguram que um acordo de garantia financeira bem como a prestação de uma garantia financeira ao abrigo desse acordo não possam ser declarados inválidos ou nulos ou ser anulados pelo simples facto de ter entrado em vigor o acordo de garantia financeira ou ter sido prestada a garantia financeira:

a) No dia de abertura de um processo de liquidação ou da tomada de medidas de saneamento, mas antes de proferidos o despacho ou a sentença respectivos; ou
b) Num determinado período anterior, definido por referência à abertura de um processo de liquidação ou a medidas de saneamento ou por referência à emissão de qualquer despacho ou sentença, ou à tomada de qualquer outra medida ou à ocorrência de qualquer outro facto no decurso desse processo ou dessas medidas.

2 – Os Estados-Membros asseguram que, quando um acordo de garantia financeira ou uma obrigação financeira coberta tiver entrado em vigor, ou a garantia financeira tiver sido prestada na data de um processo de liquidação ou de medidas de saneamento, mas após a abertura do mesmo processo ou da tomada das referidas medidas, o acordo produza efeitos jurídicos e seja oponível a terceiros no caso de o beneficiário da garantia poder provar que não tinha conhecimento, nem deveria ter tido conhecimento, da abertura desse processo ou da tomada dessas medidas.

3 – Quando um acordo de garantia preveja:

a) A obrigação de prestar uma garantia financeira ou uma garantia financeira adicional, a fim de serem tidas em consideração variações do valor da garantia financeira ou do montante das obrigações financeiras cobertas; ou
b) O direito de retirar a garantia financeira, prestando, a título de substituição ou de troca, uma garantia financeira de valor equivalente,

os Estados-Membros asseguram que a prestação da garantia financeira, da garantia financeira adicional ou da garantia financeira de substituição ou alternativa a título de tal obrigação ou direito não seja considerada inválida ou anulada ou declarada nula unicamente com base nos seguintes motivos:

i) essa prestação ter sido realizada no dia da abertura de um processo de liquidação ou de medidas de saneamento, mas antes de proferidos o despacho ou a sentença respectivos, ou no decorrer de um período determinado anterior e definido por referência à abertura do processo de liquidação ou a medidas de saneamento ou por referência à elaboração de qualquer despacho ou sentença, à tomada de qualquer outra medida ou à ocorrência de qualquer outro facto no decurso desse processo ou dessas medidas, e/ou

ii) as obrigações financeiras cobertas terem-se constituído em data anterior à da prestação da garantia financeira, da garantia financeira adicional ou da garantia financeira de substituição ou alternativa.

4 – Sem prejuízo dos n.ºs 1, 2 e 3, a presente directiva não afecta as normas gerais da legislação nacional em matéria de falência no que diz respeito à anulação das operações concluídas durante o período determinado referido na alínea *b)* do n.º 1 e na subalínea *i)* do n.º 3.

Artigo 9.º
Conflito de leis

1 – Qualquer questão que diga respeito a uma das matérias especificadas no n.º 2, colocada em relação a uma garantia sob a forma de títulos escriturais, será regulada pela lei do país em que a conta de referência está localizada. A referência à lei do país deve ser entendida como uma referência ao seu direito interno, não devendo ser tomada em consideração qualquer regra ao abrigo da qual deva ser feita remissão para a lei de outro país, para a decisão sobre a questão em apreço.

2 – As matérias a que se refere o n.º 1 são as seguintes:

a) A natureza jurídica e os efeitos patrimoniais da garantia sob a forma de títulos escriturais;

b) As exigências relativas à celebração de um acordo de garantia financeira sob a forma de títulos escriturais e a prestação de uma garantia sob a forma de títulos escriturais ao abrigo de um acordo e, mais genericamente, a realização das formalidades necessárias para tornar esse acordo e essa prestação oponíveis a terceiros;

c) A questão de saber se o direito de propriedade ou outro direito de uma pessoa a tal garantia sob a forma de títulos escriturais cede perante um outro direito de propriedade concorrente ou lhe está subordinado ou se teve lugar uma aquisição pela posse de boa fé;

d) As formalidades necessárias à execução de uma garantia sob a forma de títulos escriturais, na sequência de um acontecimento que desencadeia a execução.

Artigo 10.º
Relatório da Comissão

O mais tardar em 27 de Dezembro de 2006, a Comissão apresentará ao Parlamento Europeu e ao Conselho um relatório sobre a execução da presente directiva, em especial do n.º 3 do artigo 1.º, do n.º 3 do artigo 4.º e do artigo 5.º, acompanhado de eventuais propostas de revisão.

Artigo 11.º
Transposição

Os Estados-Membros devem pôr em vigor as disposições legislativas, regulamentares e administrativas necessárias para dar cumprimento à presente directiva, o mais tardar em 27 de Dezembro de 2003 e informar imediatamente a Comissão desse facto.

Quando os Estados-Membros aprovarem essas disposições, estas devem incluir uma referência à presente directiva ou ser acompanhadas dessa referência aquando da sua publicação oficial. As modalidades dessa referência serão aprovadas pelos Estados-Membros.

Artigo 12.º
Entrada em vigor

A presente directiva entra em vigor na data da sua publicação no *Jornal Oficial das Comunidades Europeias*.

Artigo 13.º
Destinatários

Os Estados-Membros são os destinatários da presente directiva.

Feito em Bruxelas, em 6 de Junho de 2002.

Pelo Parlamento Europeu
O Presidente
P. COX

Pelo Conselho
O Presidente
A. M. BIRULÉS Y BERTRÁN

8. *Carta Social Europeia Revista*

Resolução da Assembleia da República n.º 64-A/2001*

Aprova, para ratificação, a Carta Social Europeia Revista, aberta à assinatura dos Estados-Membros do Conselho da Europa em Estrasburgo, em 3 de Maio de 1996, e assinada pela República Portuguesa nessa data.

A Assembleia da República resolve, nos termos da alínea *i)* do artigo 161.º e do n.º 5 do artigo 166.º da Constituição, aprovar, para ratificação, a Carta Social Europeia Revista, aberta à assinatura dos Estados membros do Conselho da Europa em Estrasburgo, em 3 de Maio de 1996, e assinada pela República Portuguesa nessa data, cujo texto original em língua francesa e respectiva tradução em língua portuguesa seguem em anexo.

A República Portuguesa declara o seguinte:

a) A República Portuguesa não aplica o artigo 2.º, parágrafo 6.º, aos contratos cuja duração não exceda um mês ou aos que prevejam um período normal de trabalho semanal não superior a oito horas, bem como aos que tenham carácter ocasional e ou particular.

b) A vinculação ao artigo 6.º não afecta, no que respeita ao parágrafo 4.º, a proibição do *lock out*, estabelecida no n.º 4 do artigo 57.º da Constituição.

Aprovada em 21 de Setembro de 2001.

O Presidente da Assembleia da República, *António de Almeida Santos*.

(...)

---

* Publicada no Diário da República n.º 241/2001, série I-A, 1.º Suplemento, de 17 de Outubro de 2001, pp. 6604-(2)-6604-(29).

CARTA SOCIAL EUROPEIA REVISTA

Preâmbulo

Os Governos signatários, membros do Conselho da Europa:

Considerando que o objectivo do Conselho da Europa é realizar uma união mais estreita entre os seus membros, a fim de salvaguardar e de promover os ideais e os princípios, que são o seu património comum e de favorecer o seu progresso económico e social, nomeadamente pela defesa e pelo desenvolvimento dos direitos do homem e das liberdades fundamentais;

Considerando que, nos termos da Convenção para a Salvaguarda dos Direitos do Homem e das Liberdades Fundamentais, assinada em Roma em 4 de Novembro de 1950, e dos seus Protocolos, os Estados membros do Conselho da Europa comprometem-se a assegurar às suas populações os direitos civis e políticos e as liberdades especificadas nestes instrumentos;

Considerando que, pela Carta Social Europeia aberta à assinatura em Turim, em 18 de Outubro de 1991, e pelos seus Protocolos, os Estados membros do Conselho da Europa comprometem-se a assegurar às suas populações os direitos sociais especificados nesses instrumentos, a fim de melhorar o seu nível de vida e de promover o seu bem-estar;

Tendo em conta que a Conferência Ministerial sobre os Direitos do Homem, realizada em Roma em 5 de Novembro de 1990, sublinhou a necessidade, por um lado, de preservar o carácter indivisível de todos os direitos do homem, quer sejam civis, políticos, económicos, sociais ou culturais e, por outro, de dar um novo impulso à Carta Social Europeia;

Decididos, conforme acordado na Conferência Ministerial reunida em Turim, em 21 e 22 de Outubro de 1991, a actualizar e a adaptar o conteúdo material da Carta, a fim de ter em conta, em particular, as mudanças sociais fundamentais ocorridas desde a sua adopção;

Reconhecendo a utilidade de inscrever numa Carta revista, destinada a substituir progressivamente a Carta Social Europeia, os direitos garantidos pela Carta tal como foram alterados, os direitos garantidos pelo Protocolo Adicional de 1988, e de acrescentar novos direitos;

comprometem-se ao que se segue:

PARTE I

As Partes reconhecem como objectivo de uma política que prosseguirão por todos os meios úteis, nos planos nacional e internacional, a realização de condições próprias a assegurar o exercício efectivo dos direitos e princípios seguintes:

(...)

25) Todos os trabalhadores têm direito à protecção dos seus créditos em caso de insolvência do seu empregador;

(...)

PARTE II

As Partes comprometem-se a considerar-se ligadas, nos termos previstos na parte III, pelas obrigações decorrentes dos artigos e parágrafos seguintes.

(...)

Artigo 25.º

Direito dos trabalhadores à protecção dos seus créditos em caso de insolvência do seu empregador

Com vista a assegurar o exercício efectivo do direito dos trabalhadores à protecção dos seus créditos em caso de insolvência do seu empregador, as Partes comprometem-se a prever que os créditos dos trabalhadores resultantes de contratos de trabalho ou de relações de emprego sejam garantidos por uma instituição de garantia ou por qualquer outra forma efectiva de protecção.

(...)

ANEXO

(...)

Parte II

(...)

Artigo 25.º

1 – A autoridade competente pode, a título excepcional e após consulta às organizações de empregadores e de trabalhadores, excluir determinadas categorias de trabalhadores da protecção prevista nesta disposição, devido à natureza particular da sua relação de trabalho.

2 – Considera-se que o termo «insolvência» será definido pela lei e pela prática nacionais.

3 – Os créditos dos trabalhadores sobre os quais incide esta disposição deverão, pelo menos, abranger:

a) Os créditos dos trabalhadores a título de salários respeitantes a um período determinado, que não deve ser inferior a três meses num sistema de privilégio e a oito semanas num sistema de garantia, que precedam a insolvência ou a cessação da relação de trabalho;

b) Os créditos dos trabalhadores a título de férias pagas devidas por motivo do trabalho efectuado no decurso do ano no qual ocorreu a insolvência ou a cessação da relação de emprego;

c) Os créditos dos trabalhadores a título de importâncias, devidas por outras ausências remuneradas respeitantes a um período determinado, que não deve ser inferior a três meses num sistema de privilégio e a oito semanas num sistema de garantia, que precedam a insolvência ou a cessação da relação de trabalho.

4 – A legislação e a regulamentação nacionais podem limitar a protecção dos créditos dos trabalhadores a uma determinada importância que deverá ser de um nível socialmente aceitável.

(...)

9. Lei-Modelo Sobre a Insolvência Transfronteiriça

UNCITRAL Model Law on Cross-Border Insolvency*

Preamble

The purpose of this Law is to provide effective mechanisms for dealing with cases of cross-border insolvency so as to promote the objectives of:

(a) Cooperation between the courts and other competent authorities of this State and foreign States involved in cases of cross-border insolvency;

(b) Greater legal certainty for trade and investment;

(c) Fair and efficient administration of cross-border insolvencies that protects the interests of all creditors and other interested persons, including the debtor;

(d) Protection and maximization of the value of the debtor's assets; and

(e) Facilitation of the rescue of financially troubled businesses, thereby protecting investment and preserving employment.

---

* A "Lei-Modelo sobre a Insolvência Transfronteiriça", aprovada pela "CNUDCI – Comissão das Nações Unidas para o Direito Comercial Internacional", em 30 de Maio de 1997 e pela Resolução 52/158 da Assembleia-Geral das Nações Unidas, de 15 de Dezembro de 1997, representa um texto de lei-tipo uniforme recomendado aos Estados signatários para a elaboração da respectiva legislação interna. Para além da referida Lei--Modelo propriamente dita, o texto oficial inclui ainda um extenso relatório complementar relativo à implementação da mesma, que aqui omitimos: o texto oficial e respectivo relatório estão publicados em UNITED NATIONS GENERAL ASSEMBLY, *Guide to Enactment of the UNICTRAL Model Law on Cross-Border Insolvency*, Doc. A/CN.9/442, of 19 december 1997.

Chapter I
General provisions

Article 1
Scope of application

1. This Law applies where:

(a) Assistance is sought in this State by a foreign court or a foreign representative in connection with a foreign proceeding; or

(b) Assistance is sought in a foreign State in connection with a proceeding under (identify laws of the enacting State relating to insolvency); or

(c) A foreign proceeding and a proceeding under (identify laws of the enacting State relating to insolvency) in respect of the same debtor are taking place concurrently; or

(d) Creditors or other interested persons in a foreign State have an interest in requesting the commencement of, or participating in, a proceeding under (identify laws of the enacting State relating to insolvency).

2. This Law does not apply to a proceeding concerning (designate any types of entities, such as banks or insurance companies, that are subject to a special insolvency regime in this State and that this State wishes to exclude from this Law).

Article 2
Definitions

For the purposes of this Law:

(a) "Foreign proceeding" means a collective judicial or administrative proceeding in a foreign State, including an interim proceeding, pursuant to a law relating to insolvency in which proceeding the assets and affairs of the debtor are subject to control or supervision by a foreign court, for the purpose of reorganization or liquidation;

(b) "Foreign main proceeding" means a foreign proceeding taking place in the State where the debtor has the centre of its main interests;

(c) "Foreign non-main proceeding" means a foreign proceeding, other than a foreign main proceeding, taking place in a State where the debtor has an establishment within the meaning of subparagraph (f) of this article;

(d) "Foreign representative" means a person or body, including one appointed on an interim basis, authorized in a foreign proceeding to administer the reorganization or the liquidation of the debtor's assets or affairs or to act as a representative of the foreign proceeding;

(e) "Foreign court" means a judicial or other authority competent to control or supervise a foreign proceeding;

(f) "Establishment" means any place of operations where the debtor carries out a non-transitory economic activity with human means and goods or services.

Article 3
International obligations of this State

To the extent that this Law conflicts with an obligation of this State arising out of any treaty or other form of agreement to which it is a party with one or more other States, the requirements of the treaty or agreement prevail.

Article 4
Competent court or authority

The functions referred to in this Law relating to recognition of foreign proceedings and cooperation with foreign courts shall be performed by (specify the court, courts, authority or authorities competent to perform those functions in the enacting State).

Article 5
Authorization of (person or body administering reorganization or liquidation under the law of the enacting State) to act in a foreign State

A (insert the title of the person or body administering a reorganization or liquidation under the law of the enacting State) is authorized to act in a foreign State on behalf of a proceeding under (identify laws of the enacting State relating to insolvency), as permitted by the applicable foreign law.

Article 6
Public policy exception

Nothing in this Law prevents the court from refusing to take an action governed by this Law if the action would be manifestly contrary to the public policy of this State.

Article 7
Additional assistance under other laws

Nothing in this Law limits the power of a court or a (insert the title of the person or body administering a reorganization or liquidation under the law of the enacting State) to provide additional assistance to a foreign representative under other laws of this State.

Article 8
Interpretation

In the interpretation of this Law, regard is to be had to its international origin and to the need to promote uniformity in its application and the observance of good faith.

Chapter II
Access of foreign representatives and creditors to courts in this state

Article 9
Right of direct access

A foreign representative is entitled to apply directly to a court in this State.

Article 10
Limited jurisdiction

The sole fact that an application pursuant to this Law is made to a court in this State by a foreign representative does not subject the foreign representative or the foreign assets and affairs of the debtor to the jurisdiction of the courts of this State for any purpose other than the application.

Article 11
Application by a foreign representative to commence a proceeding under (identify laws of the enacting State relating to insolvency)

A foreign representative is entitled to apply to commence a proceeding under (identify laws of the enacting State relating to insolvency) if the conditions for commencing such a proceeding are otherwise met.

Article 12
Participation of a foreign representative in a proceeding under (identify laws of the enacting State relating to insolvency)

Upon recognition of a foreign proceeding, the foreign representative is entitled to participate in a proceeding regarding the debtor under (identify laws of the enacting State relating to insolvency).

Article 13
Access of foreign creditors to a proceeding under (identify laws of the enacting State relating to insolvency)

1. Subject to paragraph 2 of this article, foreign creditors have the same rights regarding the commencement of, and participation in, a proceeding under (identify laws of the enacting State relating to insolvency) as creditors in this State.

2. Paragraph 1 of this article does not affect the ranking of claims in a proceeding under (identify laws of the enacting State relating to insolvency), except that the claims of foreign creditors shall not be ranked lower than (identify the class of general non-preference claims, while providing that a foreign claim is to be ranked lower than the

general non-preference claims if an equivalent local claim (e.g. claim for a penalty or deferred-payment claim) has a rank lower than the general non-preference claims).

Article 14
Notification to foreign creditors of a proceeding under (identify laws of the enacting State relating to insolvency)

1. Whenever under (identify laws of the enacting State relating to insolvency) notification is to be given to creditors in this State, such notification shall also be given to the known creditors that do not have addresses in this State. The court may order that appropriate steps be taken with a view to notifying any creditor whose address is not yet known.

2. Such notification shall be made to the foreign creditors individually, unless the court considers that, under the circumstances, some other form of notification would be more appropriate. No letters rogatory or other, similar formality is required.

3. When a notification of commencement of a proceeding is to be given to foreign creditors, the notification shall:

(a) Indicate a reasonable time period for filing claims and specify the place for their filing;

(b) Indicate whether secured creditors need to file their secured claims; and

(c) Contain any other information required to be included in such a notification to creditors pursuant to the law of this State and the orders of the court.

Chapter III
Recognition of a foreign proceeding and relief

Article 15
Application for recognition of a foreign proceeding

1. A foreign representative may apply to the court for recognition of the foreign proceeding in which the foreign representative has been appointed.

2. An application for recognition shall be accompanied by:

(a) A certified copy of the decision commencing the foreign proceeding and appointing the foreign representative; or

(b) A certificate from the foreign court affirming the existence of the foreign proceeding and of the appointment of the foreign representative; or

(c) In the absence of evidence referred to in subparagraphs (a) and (b), any other evidence acceptable to the court of the existence of the foreign proceeding and of the appointment of the foreign representative.

3. An application for recognition shall also be accompanied by a statement identifying all foreign proceedings in respect of the debtor that are known to the foreign representative.

4. The court may require a translation of documents supplied in support of the application for recognition into an official language of this State.

Article 16
Presumptions concerning recognition

1. If the decision or certificate referred to in paragraph 2 of article 15 indicates that the foreign proceeding is a proceeding within the meaning of subparagraph (a) of article 2 and that the foreign representative is a person or body within the meaning of subparagraph (d) of article 2, the court is entitled to so presume.

2. The court is entitled to presume that documents submitted in support of the application for recognition are authentic, whether or not they have been legalized.

3. In the absence of proof to the contrary, the debtor's registered office, or habitual residence in the case of an individual, is presumed to be the centre of the debtor's main interests.

Article 17
Decision to recognize a foreign proceeding

1. Subject to article 6, a foreign proceeding shall be recognized if:

(a) The foreign proceeding is a proceeding within the meaning of subparagraph (a) of article 2;

(b) The foreign representative applying for recognition is a person or body within the meaning of subparagraph (d) of article 2;
(c) The application meets the requirements of paragraph 2 of article 15; and
(d) The application has been submitted to the court referred to in article 4.

2. The foreign proceeding shall be recognized:
(a) As a foreign main proceeding if it is taking place in the State where the debtor has the centre of its main interests; or
(b) As a foreign non-main proceeding if the debtor has an establishment within the meaning of subparagraph (f) of article 2 in the foreign State.

3. An application for recognition of a foreign proceeding shall be decided upon at the earliest possible time.

4. The provisions of articles 15, 16, 17 and 18 do not prevent modification or termination of recognition if it is shown that the grounds for granting it were fully or partially lacking or have ceased to exist.

Article 18
Subsequent information

From the time of filing the application for recognition of the foreign proceeding, the foreign representative shall inform the court promptly of:
(a) Any substantial change in the status of the recognized foreign proceeding or the status of the foreign representative's appointment; and
(b) Any other foreign proceeding regarding the same debtor that becomes known to the foreign representative.

Article 19
Relief that may be granted upon application for recognition of a foreign proceeding

1. From the time of filing an application for recognition until the application is decided upon, the court may, at the request of the foreign representative, where relief is urgently needed to protect the assets of the

debtor or the interests of the creditors, grant relief of a provisional nature, including:

(a) Staying execution against the debtor's assets;

(b) Entrusting the administration or realization of all or part of the debtor's assets located in this State to the foreign representative or another person designated by the court, in order to protect and preserve the value of assets that, by their nature or because of other circumstances, are perishable, susceptible to devaluation or otherwise in jeopardy;

(c) Any relief mentioned in paragraph 1 (c), (d) and (g) of article 21.

2. (Insert provisions, or refer to provisions in force in the enacting State, relating to notice).

3. Unless extended under paragraph 1 (f) of article 21, the relief granted under this article terminates when the application for recognition is decided upon.

4. The court may refuse to grant relief under this article if such relief would interfere with the administration of a foreign main proceeding.

Article 20
Effects of recognition of a foreign main proceeding

1. Upon recognition of a foreign proceeding that is a foreign main proceeding,

(a) Commencement or continuation of individual actions or individual proceedings concerning the debtor's assets, rights, obligations or liabilities is stayed;

(b) Execution against the debtor's assets is stayed; and

(c) The right to transfer, encumber or otherwise dispose of any assets of the debtor is suspended.

2. The scope, and the modification or termination, of the stay and suspension referred to in paragraph 1 of this article are subject to (refer to any provisions of law of the enacting State relating to insolvency that apply to exceptions, limitations, modifications or termination in respect of the stay and suspension referred to in paragraph 1 of this article).

3. Paragraph 1 (a) of this article does not affect the right to commence individual actions or proceedings to the extent necessary to preserve a claim against the debtor.

4. Paragraph 1 of this article does not affect the right to request the commencement of a proceeding under (identify laws of the enacting State relating to insolvency) or the right to file claims in such a proceeding.

Article 21
Relief that may be granted upon recognition of a foreign proceeding

1. Upon recognition of a foreign proceeding, whether main or non-main, where necessary to protect the assets of the debtor or the interests of the creditors, the court may, at the request of the foreign representative, grant any appropriate relief, including:

(a) Staying the commencement or continuation of individual actions or individual proceedings concerning the debtor's assets, rights, obligations or liabilities, to the extent they have not been stayed under paragraph 1 (a) of article 20;
(b) Staying execution against the debtor's assets to the extent it has not been stayed under paragraph 1 (b) of article 20;
(c) Suspending the right to transfer, encumber or otherwise dispose of any assets of the debtor to the extent this right has not been suspended under paragraph 1 (c) of article 20;
(d) Providing for the examination of witnesses, the taking of evidence or the delivery of information concerning the debtor's assets, affairs, rights, obligations or liabilities;
(e) Entrusting the administration or realization of all or part of the debtor's assets located in this State to the foreign representative or another person designated by the court;
(f) Extending relief granted under paragraph 1 of article 19;
(g) Granting any additional relief that may be available to (insert the title of a person or body administering a reorganization or liquidation under the law of the enacting State) under the laws of this State.

2. Upon recognition of a foreign proceeding, whether main or non-main, the court may, at the request of the foreign representative, entrust the distribution of all or part of the debtor's assets located in this State to the foreign representative or another person designated by the court, provided that the court is satisfied that the interests of creditors in this State are adequately protected.

3. In granting relief under this article to a representative of a foreign non-main proceeding, the court must be satisfied that the relief relates to assets that, under the law of this State, should be administered in the foreign non-main proceeding or concerns information required in that proceeding.

Article 22
Protection of creditors and other interested persons

1. In granting or denying relief under article 19 or 21, or in modifying or terminating relief under paragraph 3 of this article, the court must be satisfied that the interests of the creditors and other interested persons, including the debtor, are adequately protected.

2. The court may subject relief granted under article 19 or 21 to conditions it considers appropriate.

3. The court may, at the request of the foreign representative or a person affected by relief granted under article 19 or 21, or at its own motion, modify or terminate such relief.

Article 23
Actions to avoid acts detrimental to creditors

1. Upon recognition of a foreign proceeding, the foreign representative has standing to initiate (refer to the types of actions to avoid or otherwise render ineffective acts detrimental to creditors that are available in this State to a person or body administering a reorganization or liquidation).

2. When the foreign proceeding is a foreign non-main proceeding, the court must be satisfied that the action relates to assets that, under the law of this State, should be administered in the foreign non-main proceeding.

Article 24
Intervention by a foreign representative in proceedings in this State

Upon recognition of a foreign proceeding, the foreign representative may, provided the requirements of the law of this State are met, intervene in any proceedings in which the debtor is a party.

Chapter IV
Cooperation with foreign courts and foreign representatives

Article 25
Cooperation and direct communication between a court of this State and foreign courts or foreign representatives

1. In matters referred to in article 1, the court shall cooperate to the maximum extent possible with foreign courts or foreign representatives, either directly or through a (insert the title of a person or body administering a reorganization or liquidation under the law of the enacting State).

2. The court is entitled to communicate directly with, or to request information or assistance directly from, foreign courts or foreign representatives.

Article 26
Cooperation and direct communication between the (insert the title of a person or body administering a reorganization or liquidation under the law of the enacting State) and foreign courts or foreign representatives

1. In matters referred to in article 1, a (insert the title of a person or body administering a reorganization or liquidation under the law of the enacting State) shall, in the exercise of its functions and subject to the supervision of the court, cooperate to the maximum extent possible with foreign courts or foreign representatives.

2. The (insert the title of a person or body administering a reorganization or liquidation under the law of the enacting State) is entitled,

in the exercise of its functions and subject to the supervision of the court, to communicate directly with foreign courts or foreign representatives.

Article 27
Forms of cooperation

Cooperation referred to in articles 25 and 26 may be implemented by any appropriate means, including:

(a) Appointment of a person or body to act at the direction of the court;
(b) Communication of information by any means considered appropriate by the court;
(c) Coordination of the administration and supervision of the debtor's assets and affairs;
(d) Approval or implementation by courts of agreements concerning the coordination of proceedings;
(e) Coordination of concurrent proceedings regarding the same debtor;
(f) (The enacting State may wish to list additional forms or examples of cooperation).

Chapter V
Concurrent proceedings

Article 28
Commencement of a proceeding under (identify laws of the enacting State relating to insolvency) after recognition of a foreign main proceeding

After recognition of a foreign main proceeding, a proceeding under (identify laws of the enacting State relating to insolvency) may be commenced only if the debtor has assets in this State; the effects of that proceeding shall be restricted to the assets of the debtor that are located in this State and, to the extent necessary to implement cooperation and coordination under articles 25, 26 and 27, to other assets of the debtor that, under the law of this State, should be administered in that proceeding.

Article 29
Coordination of a proceeding under (identify laws of the enacting State relating to insolvency) and a foreign proceeding

Where a foreign proceeding and a proceeding under (identify laws of the enacting State relating to insolvency) are taking place concurrently regarding the same debtor, the court shall seek cooperation and coordination under articles 25, 26 and 27, and the following shall apply:

(a) When the proceeding in this State is taking place at the time the application for recognition of the foreign proceeding is filed,
  (i) Any relief granted under article 19 or 21 must be consistent with the proceeding in this State; and
  (ii) If the foreign proceeding is recognized in this State as a foreign main proceeding, article 20 does not apply;

(b) When the proceeding in this State commences after recognition, or after the filing of the application for recognition, of the foreign proceeding,
  (i) Any relief in effect under article 19 or 21 shall be reviewed by the court and shall be modified or terminated if inconsistent with the proceeding in this State; and
  (ii) If the foreign proceeding is a foreign main proceeding, the stay and suspension referred to in paragraph 1 of article 20 shall be modified or terminated pursuant to paragraph 2 of article 20 if inconsistent with the proceeding in this State;

(c) In granting, extending or modifying relief granted to a representative of a foreign non-main proceeding, the court must be satisfied that the relief relates to assets that, under the law of this State, should be administered in the foreign non-main proceeding or concerns information required in that proceeding.

Article 30
Coordination of more than one foreign proceeding

In matters referred to in article 1, in respect of more than one foreign proceeding regarding the same debtor, the court shall seek cooperation and coordination under articles 25, 26 and 27, and the following shall apply:

(a) Any relief granted under article 19 or 21 to a representative of a foreign non-main proceeding after recognition of a foreign main proceeding must be consistent with the foreign main proceeding;
(b) If a foreign main proceeding is recognized after recognition, or after the filing of an application for recognition, of a foreign non-main proceeding, any relief in effect under article 19 or 21 shall be reviewed by the court and shall be modified or terminated if inconsistent with the foreign main proceeding;
(c) If, after recognition of a foreign non-main proceeding, another foreign non-main proceeding is recognized, the court shall grant, modify or terminate relief for the purpose of facilitating coordination of the proceedings.

Article 31
Presumption of insolvency based on recognition of a foreign main proceeding

In the absence of evidence to the contrary, recognition of a foreign main proceeding is, for the purpose of commencing a proceeding under (identify laws of the enacting State relating to insolvency), proof that the debtor is insolvent.

Article 32
Rule of payment in concurrent proceedings

Without prejudice to secured claims or rights in rem, a creditor who has received part payment in respect of its claim in a proceeding pursuant to a law relating to insolvency in a foreign State may not receive a payment for the same claim in a proceeding under (identify laws of the enacting State relating to insolvency) regarding the same debtor, so long as the payment to the other creditors of the same class is proportionately less than the payment the creditor has already received.

Parte V
Jurisprudência

1. *Prazo de Caducidade para o Exercício da Acção Falimentar*

Assento de 10 de Abril de 1984*

Acordam, em plenário, no Supremo Tribunal de Justiça:

Carlos de Oliveira Frescata, comerciante em exercício da sua actividade comercial, recorreu para o tribunal pleno, nos termos do artigo 763.º do Código de Processo Civil, do Acórdão deste Supremo Tribunal de Justiça de 20 de Novembro de 1980, proferido no processo n.º 68 796, 1.ª Secção, que, com a concessão da revista pedida pelos requerentes da declaração da sua falência e a revogação da decisão das instâncias a julgar caduco o respectivo direito daqueles seus credores, a declarou com fundamento na cessação de pagamentos ocorrida há mais de 2 anos, à data da requerida declaração, invocando-se o disposto no artigo 1175.º, n.º 1, do Código de Processo Civil. Fundamentou o recurso na oposição que afirma verificar-se entre o acórdão recorrido e o também deste Supremo Tribunal de Justiça de 1 de Abril de 1955, publicado no *Boletim do Ministério da Justiça*, n.º 44, p. 574, relativamente à questão, em ambos versada, sobre a aplicação do prazo de caducidade estabelecido naquele artigo 1175.º, n.º 1, decidindo-a, um, no sentido da aplicação desse preceito apenas nos casos de falecimento do comerciante ou cessação da sua actividade comercial, e, outro, nesses e em todos os demais casos de declaração de falência previstos na lei.

Julgada verificada a invocada oposição, por acórdão a fls. 53 e seguintes da 2.ª Secção Cível deste Supremo Tribunal de Justiça, prosseguiu o processo, e, na sua alegação, pretende o recorrente a revogação do acórdão recorrido com fundamento na caducidade do direito de os

* Publicado no Diário da República n.º 150/84, série I, de 30 de Junho de 1984, pp. 1985-1988. Sublinhe-se que o artigo 1175.º, n.º 1 do Código de Processo Civil foi revogado pelo artigo 9.º do Decreto-Lei n.º 132/93, de 23 de Abril.

requerentes pedirem a declaração da sua falência e um assento em que «se estatua que o prazo de caducidade estabelecido no artigo 1175.º, n.º 1, do Código de Processo Civil se aplica a todas as situações de falência previstas no artigo 1174.º do mesmo diploma, contando-se o mesmo prazo, sempre, da verificação dos factos aí referidos».

Concluiu, em resumo, que o aresto recorrido se baseia na premissa errada de que é possível ao comerciante continuar no exercício profissional do comércio pelo período de 2 anos ou mais, nos casos referidos no artigo 1174.º do Código de Processo Civil, impossibilidade que diz a lei pressupor, sem distinguir, ao estabelecer o prazo de caducidade de 2 anos para o exercício da acção falimentar, entre falidos ainda comerciantes e falidos já não comerciantes, como resulta das expressões iniciadas pelas locuções «não obstante ... e ainda que».

Acaba por dizer violado, no acórdão recorrido, o preceito do artigo 1175.º, n.º 1, do Código de Processo Civil, que, em seu entender, não admite interpretação restritiva.

Os recorridos, por sua vez, na alegação que apresentaram, concluíram, pedindo um assento concebido nos seguintes termos: «Passado o prazo de 2 anos a que se refere o artigo 1175.º do Código de Processo Civil, não pode ser requerida a declaração de falência se o comerciante tiver deixado de exercer o comércio ou tiver falecido, mas pode-o ser fora dessas circunstâncias.»

Ambas as partes juntaram pareceres de professores das Faculdades de Direito de Coimbra e de Lisboa que avalizam as respectivas pretensões.

O Exmo. Procurador-Geral da República Adjunto, pronunciando-se no sentido de ter feito o acórdão recorrido correcta aplicação da lei, entende dever solucionar-se o conflito de jurisprudência com um assento, para que propõe, em alternativa, a seguinte formulação:

a) Mantendo-se o devedor comerciante durante mais de 2 anos no exercício da actividade comercial e em situação de cessação de pagamentos, continua a ser possível propor contra ele processo de falência, porque se não aplica o prazo estabelecido no n.º 1 do artigo 1175.º do Código de Processo Civil.
b) O prazo de 2 anos estatuído no n.º 1 do artigo 1175.º do Código de Processo Civil só é aplicável no caso de falecimento do comerciante ou de cessação da actividade comercial.

Foram colhidos os vistos de todos os juízes do Tribunal e cumpre, agora, reapreciar, como a lei prescreve, a questão preliminar da oposição dos acórdãos invocada, novamente se verificando que estes constam de processos diferentes, que só o mais antigo transitou em julgado e que defenderam, perante factos idênticos, teses jurídicas diferentes, adoptando soluções opostas relativamente à mesma questão fundamental de direito.

Enquanto que no acórdão recorrido se decidiu não se encontrar caduco o direito dos credores de pedirem a declaração de falência do devedor que cessara pagamentos há mais de 2 anos contados da data do pedido dessa declaração e que continuou no exercício da actividade comercial, no acórdão indicado em oposição, pelo contrário, julgou-se caduco esse direito em caso semelhante.

E não obstante se ter invocado, no acórdão recorrido, o preceito do artigo 1175.º, n.º 1, do Código de Processo Civil actual e, no outro, o do artigo 1137.º do Código de Processo Civil de 1939, não poderá deixar de convir-se que as duas decisões foram proferidas no domínio da mesma legislação, por ambos aqueles artigos consagrarem a mesma regra de direito sobre a extinção por caducidade do direito de os credores requererem a declaração de falência do devedor comerciante que cessou pagamentos.

Não há, assim, razão para alteração do decidido a fls. 53 e seguintes, que o foi, de resto, em conformidade com o parecer junto a fls. 5 e seguintes de meridiana clareza e fundamentado em ponderosos argumentos inteiramente convincentes, da autoria do professor catedrático da Faculdade de Direito da Universidade de Lisboa Doutor Inocêncio Galvão Teles.

Cumpre, por isso, apreciar o mérito do recurso e decidir o conflito de jurisprudência suscitado.

O problema a resolver está posto pelas partes, e, na sua singeleza, consiste em averiguar e decidir se o prazo de caducidade de 2 anos do direito de requerer a falência estabelecido no artigo 1175.º, n.º 1, do Código de Processo Civil o é para qualquer caso de falência ou apenas para o de o comerciante falido ter falecido ou ter deixado de exercer o comércio. Ambas essas teses se mostram defendidas e apoiadas em ponderosas razões aduzidas nas alegações das partes e nos pareceres do Exmo. Procurador-Geral da República Adjunto e dos professores catedráticos, de Coimbra, Doutor Vasco da Gama Lobo Xavier, e de Lisboa, Doutor Fernando Olavo.

Há, assim, que encontrar a solução adequada para a questão concreta posta no recurso e definir por assento a interpretação a adoptar relativamente ao preceito do Código de Processo Civil em causa, assim redigido:

A declaração de falência pode ser requerida no prazo de 2 anos, a contar da verificação de qualquer dos factos previstos no artigo anterior, ainda que o comerciante tenha deixado de exercer o comércio ou tenha falecido.

Encontra-se definitivamente decidido em matéria de facto que o recorrente, antes da data do pedido da declaração da sua falência, já há mais de 2 anos que havia cessado pagamentos e que, apesar disso, não cessou o exercício do comércio; e, perante esses factos, adiantaremos, desde já, que nos inclinamos para a solução do acórdão indicado em oposição ao acórdão recorrido, proferido na já relativamente longínqua data de 1 de Abril de 1955, cuja jurisprudência até então, e posteriormente, se manteve sem discrepância, segundo pensamos, até à data do acórdão recorrido.

De resto, essa jurisprudência acompanhou a doutrina apenas contrariada pelo Doutor Cunha Gonçalves, que defendia a tese do acórdão recorrido, sem embargo das críticas a lei vigente de alguns inconformados juristas, nomeadamente do Dr. José Gualberto de Sá Carneiro, que, *na Revista dos Tribunais*, se batia pela necessidade de modificação da lei, sem contudo deixar de reconhecer que de *jure condito* a solução não podia ser outra que não a da jurisprudência tradicional. Ora, como se reconhece no acórdão recorrido, «o sentido literal do texto legal (aquele artigo 1175.º, n.º 1, do Código de Processo Civil e todos os outros preceitos sobre a matéria que o precederam em diplomas anteriores), sobretudo a partir do passo *ainda que o comerciante tenha deixado de exercer o comércio ou tenha falecido*, autoriza o entendimento de que esse preceito legal abrange não só o comerciante que se manteve no exercício da sua actividade comercial como o que tenha deixado de exercer o comércio ou tenha falecido».

E é esse o resultado, que se nos afigura único, a que não pode deixar de conduzir a interpretação meramente declarativa do preceito, sem se vislumbrar qualquer falta de correspondência da clara letra da lei ao seu espírito, aquela formulada nos mais amplos termos, com exclusão expressa do sentido restrito que o acórdão recorrido pretende atribuir-lhe.

A concessiva «ainda que» não pode significar outra coisa e a expressão «ainda que o comerciante tenha deixado de exercer o comércio, ou tenha falecido», além de não poder traduzir a ideia de aplicação do preceito apenas às situações nela consideradas, significa, pelo contrário, que, para além das da proposição anterior, há a considerar também estas outras até que se não entenda que já o estavam naquela.

A letra da lei exprime, portanto, com a maior clareza o seu espírito, afigurando-se-nos, mesmo, abusivo o recurso à interpretação restritiva neste caso em que não pode dizer-se que o pretendido «pensamento legislativo tenha na letra da lei um mínimo de correspondência verbal, ainda que imperfeitamente expresso» (artigo 9.º, n.º 2, do Código Civil), uma vez que a ideia ali expressa parece ser, e é, precisamente a contrária.

O sentido amplo é o único que se ajusta ao texto legal: a concessiva «ainda que» (tal como nas leis anteriores, desde 1888, a conjunção «não obstante») implica a ideia de alargamento e, se houvesse o intuito de fazer caducar a acção *só* nos casos de o comerciante deixar de o ser, inclusive por falecimento, o legislador não deixaria de usar a adequada partícula restritiva (v. g. «no caso de», «quando», «se porventura») para ligar as duas proposições do preceito em causa. Aliás, se os 2 anos estivessem apenas correlacionados com o óbito do requerido ou cessação da sua actividade mercantil, seria a partir *desses factos* e não daqueles outros que o prazo se contaria. É o que sucede nas legislações estrangeiras apontadas pelo ministério público e o que resultaria dos princípios. Com efeito, seria um absurdo iniciar a contagem, por exemplo, com uma fuga do comerciante, sem se saber se ele *virá* a deixar o comércio ou a falecer, *condições*, na tese do acórdão recorrido, da própria caducidade. Poderia muito bem suceder que qualquer delas ocorresse já depois de esgotados os 2 anos.

Afinal a história e, portanto, o significado da 2.ª parte do n.º 1 do artigo 1175.º é bem simples: começou com o artigo 1126.º do Código Comercial de 1883, quando ainda *não existi*a qualquer prazo de caducidade, *logo não se relacionando com ela*: o legislador quis tão-somente afastar a doutrina então em voga de que *apenas o comerciante em exercício podia ser declarado falido*. Daí dizer esse preceito que aquela podia ser requerida, «mesmo no caso de o devedor ter morrido» («não obstante ter entretanto falecido ou deixado de exercer o comércio», disseram as leis posteriores até à actual).

E é ainda a história, agora à volta do artigo 693.º do Código Comercial de 1888, que nos leva à aplicação genérica do prazo de caducidade. Introduzido ele entre nós pela primeira vez por aquele preceito, é defendido na Câmara dos Pares com a mencionada amplitude: «não se deve permitir – disse-se aí – que um ou mais credores só tardiamente se lembrem de vir abrir a falência»; «há necessidade de não ter suspensa sobre o comerciante indefinidamente, ou, ainda pior, sobre os seus herdeiros, a ameaça» (apêndice ao *Código Comercial Português*, pp. 449 e 542). Já aqui se ensaia também por que há-de a caducidade beneficiar tanto o comerciante que cessou a sua actividade como aquele que nela se mantém.

Por definição, nem um nem outro se apresentou à falência (artigos 1140.º e 1176.º, n.º 1, do Código de Processo Civil); a gravidade da causa de pedir é, por hipótese, igual; se o ex-comerciante não deve ter sempre a espada de Dâmocles sobre a sua cabeça, pior sorte não merece aquele que, a partir de certa altura, endireitou a sua vida; o interesse público do comércio pode, mesmo, favorecer este último.

A evolução histórica do preceito a que se apela no acórdão recorrido, pois, longe de confirmar a sua tese, parece abonar a contrária.

É certo que a prescrição de um prazo de caducidade a limitar o direito de os credores pedirem a declaração de falência do comerciante, seu devedor, só surgiu após a definição de mais essas duas situações de falência (falecimento e cessação do exercício do comércio); mas essa circunstância não autoriza a que se conclua que «só em razão da natureza peculiar dessas novas situações ... se tenha estabelecido aquela limitação».

O problema posto aquando da alteração da lei para o alargamento das situações de falência foi sempre e apenas o da determinação exacta dos casos em que a falência podia ser requerida; porque, quanto ao estabelecimento da limitação dessa possibilidade por caducidade, depois de se ter consagrado na lei e para o efeito essa figura jurídica, não sofreu mais a letra da lei qualquer alteração substancial de redacção. E não a sofreu, apesar de nos trabalhos preparatórios dos sucessivos diplomas sobre a matéria ter sido levantada a questão, sem, todavia, haver sido considerada a pretensão daqueles que defenderam, sem êxito, precisamente a tese que veio a ser adoptada no acórdão recorrido, o que demonstra o pensamento legislativo do estabelecimento do prazo de caducidade do direito de pedir a declaração de falência em todos os casos considerados na lei e não apenas nos de cessação do exercício do comércio ou do falecimento do requerido. E que não foi só em atenção a estes dois casos que se estabeleceu esse prazo mostra-o o facto de inicialmente se ter adoptado a redacção que ainda hoje se mantém, apesar das numerosas oportunidades para a modificar, se o pensamento legislativo não estivesse correctamente expresso.

Demais, «a necessidade de se consolidar, de se esclarecer determinada situação jurídica, em nome das razões de objectividade de segurança jurídica, que fundamentam o instituto da caducidade» tanto se verifica nos dois discutidos casos como em todos os outros que a lei considera.

Em qualquer deles, como já se referiu, se mostraria injusto o prolongamento indefinido da situação de insegurança e de incerteza do falido, que não deve ficar a aguardar, também indefinidamente, a declaração de uma falência que o poderia deixar em situação irremediável de nunca mais poder refazer a sua vida.

E isto, ainda, independentemente da possibilidade, ou não, de se conceber a coexistência da cessação de pagamentos e do exercício do comércio.

É claro que, se se entendesse, contra a realidade das coisas, que deixa automaticamente de ser comerciante aquele que cessa pagamentos (com o sentido legal deste conceito), o que o recorrente sustenta, o problema que estamos a discutir seria um *falso problema* – nesse caso só haveria ex-comerciantes – e ficaria sem sentido discutir se quanto aos outros também caducava a acção falimentar.

Finalmente, será de observar ainda que o entendimento alargado do artigo 1175.º, n.º 1, do Código de Processo Civil não suscita inconvenientes *ex novo*; só estende aos comerciantes aqueles que a caducidade como instituto de segurança, e não de justiça, trazia aos que já o não fossem.

Estamos, assim, com o Dr. José Gualberto de Sá Carneiro, que, perante o direito constituído, não via outra solução que não fosse a do Acórdão de 1955 e só admitia a possibilidade de discussão do problema *de lege ferenda*.

Só nestes termos se poderia dar razão ao Exmo. Procurador--Geral da República Adjunto, cujo notável parecer bem poderá ser aproveitado para uma possível modificação do pensamento legislativo, mas não para a determinação exacta desse pensamento, claramente expresso no texto legal, e que não é o que propõe.

Nem se objecte, como no acórdão recorrido, que a mencionada caducidade cria para o que se mantenha comerciante uma espécie de carta de alforria, imunizando-o do mal da falência, ali se apelidando essa situação de absurda, situação que se nos afigura mais aparente do que real.

Na verdade, o comerciante só poderá ser declarado falido por *aquela* cessação de pagamentos, *aquela* fuga, *aquela* ausência sem representação, *aquele* extravio de bens; mas podê-lo-á ser por *outro* desses procedimentos, a pedido dos credores que, para o caso, tenham legitimidade.

A causa de pedir é um *facto concreto* (artigo 498.º, n.º 4, do Código Civil), e, precludido um, outro pode surgir. Nomeadamente não estarão impedidos de requerer a declaração da falência os titulares de créditos *entretanto* vencidos e não pagos e que *antes* apenas podiam acorrer ao concurso por força do artigo 1196.º.

A esta *nova falência* até os antigos credores poderão acorrer. O instituto da caducidade pressupõe a inércia dos credores, por negligência, conveniência ou perdão, tudo se passando, quando não exerçam o direito de pedir a declaração de falência do comerciante, seu devedor, no prazo de caducidade estabelecido, como se a cessação de pagamentos inicial se não tivesse verificado; mas isso não impede que depois outras cessações de pagamentos surjam a permitir, com base nelas, um pedido oportuno de declaração de falência.

Pelo exposto se acorda em conceder provimento ao recurso, revogando-se o acórdão recorrido, para prevalecer a decisão das instâncias, e em formular o seguinte assento:

O prazo de caducidade estabelecido no artigo 1175.º, n.º 1, do Código de Processo Civil é de observar em todas as situações de falência previstas no artigo anterior, quer o requerido se mantenha no exercício do comércio, quer tenha deixado de o exercer, ou tenha falecido.

Custas deste recurso e do de revista pelos recorridos.

Lisboa, 10 de Abril de 1984. – *Manuel Santos Carvalho – Dias da Fonseca – Santos Silveira – Silvino Villa Nova – Lopes Neves – Pereira Leitão – Licurgo dos Santos – Flamino Martins – Magalhães Baião – Leite de Campos – Almeida Ribeiro – Licínio Caseiro – Abel de Campos – Alves Cortês – Miguel Caeiro – Costa Ferreira – Octávio Garcia – Corte-Real – Moreira da Silva – Melo Franco – Quesada Pastor – Joaquim Figueiredo – Vasconcelos Carvalho – Campos Costa – Amaral Aguiar – Solano Viana* (vencido, visto entender que se devia confirmar o acórdão recorrido e formular-se assento no sentido de que o prazo de caducidade de 2 anos estabelecido no artigo 1175.º, n.º 1, do Código de Processo Civil é apenas de observar nos casos de falecimento de comerciante ou cessação da sua actividade comercial; este entendimento fundamenta-se nas razões constantes do acórdão recorrido, de que fui signatário como adjunto).

2. Efeito do Recurso de Revista de Acórdão que Conheça do Estado de Falência

Assento n.º 1/92*

Acórdão proferido nos autos de recurso para tribunal pleno n.º 75 866, de fl. 54 a fl. 62, e em que são recorrente Moreira de Carvalho & Botelho, Lda., e recorrido Banco Pinto & Sotto Mayor.

Acordam, em plenário, no Supremo Tribunal de Justiça:

Moreira de Carvalho & Botelho, Lda., recorreu para o plenário deste Tribunal com fundamento em oposição entre os acórdãos deste mesmo Tribunal de 22 de Maio de 1986, proferido no processo n.º 73 428, e de 5 de Abril de 1921, publicado na Colecção Oficial dos *Acórdãos Doutrinais do Supremo Tribunal de Justiça*, ano 20.º, n.º 7, p. 116.

Reconhecida a existência da invocada oposição, o recurso prosseguiu.

Nas suas alegações, a recorrente pede se revogue o acórdão recorrido e se lavre assento no sentido de que «as decisões que declarem ou confirmem a declaração de falência estão incluídas nas questões sobre o estado das pessoas, referidas no artigo 723.º do Código de Processo Civil (CPC)».

O recorrido, Banco Pinto & Sotto Mayor, não apresentou alegações.

O Exmo. Magistrado do Ministério Público pronuncia-se pela manutenção da decisão recorrida e pela solução do conflito de jurisprudência através de assento com a seguinte redacção:

Tem efeito meramente devolutivo o recurso de revista em processo de falência.

---

* Publicado no Diário da República n.º 134/92, série I-A, de 11 de Junho de 1992, pp. 2793-2796.

Saliente-se que os artigos 1135.º a 1325.º do Código de Processo Civil foram revogados pelo artigo 9.º do Decreto-Lei n.º 132/93, de 23 de Abril.

Corridos os vistos, cumpre decidir.

Declarada a falência da ora recorrente, esta apelou para a Relação do Porto, que confirmou a decisão da 1.ª instância. Ainda inconformada, pediu revista. Admitida esta com efeito meramente devolutivo, a recorrente impugnou a respectiva decisão. O acórdão ora recorrido julgou improcedente tal questão prévia com fundamento em que a declaração do estado de falência não produz um estado de verdadeira incapacidade pessoal, mas apenas de inibição de administração e disposição de bens e de exercício do comércio, de modo que não concorrem as razões que, nos termos do artigo 723.º do CPC, ditam a atribuição do efeito suspensivo.

O acórdão fundamento, por sua vez, considerando que o estado de falência, porque importa a interdição do falido, é uma questão de estado de pessoas, mandou receber a respectiva revista com efeito suspensivo, por aplicação do disposto no artigo 1150.º do CPC de 1876, então vigente.

O reconhecimento da existência de oposição entre esses acórdãos não impediria que em plenário fosse decidido o contrário (v. artigo 766.º, n.º 3, do CPC). Mas nada justifica se altere essa decisão.

Na verdade, os acórdãos recorrido e fundamento adoptaram soluções clara e diametralmente opostas relativamente à mesma questão fundamental de direito. Foram preferidos em processos diferentes e presume-se o trânsito do segundo, conforme o disposto no n.º 4 do artigo 763.º do CPC.

O único dos pressupostos, dos exigidos por esse artigo 763.º para a admissibilidade do recurso, em relação ao qual se poderia suscitar alguma dúvida seria o que requer que os acórdãos tenham sido proferidos no domínio da mesma legislação, dado que assentaram as respectivas soluções na aplicação e interpretação de textos pertencentes a diplomas legais diferentes.

Estes expressam, porém, a mesma regra de direito. Esta constava da primeira parte do artigo 1150.º do CPC de 1876 ao tempo da publicação do acórdão fundamento («o recurso de revista só tem efeito suspensivo quando interposto em questões de estado de pessoas») e transitou para o artigo 723.º do CPC de 1961, na vigência do qual foi proferido o acórdão recorrido («o recurso de revista só tem efeito suspensivo em questões sobre o estado das pessoas»).

O que interferiu na diversidade de julgados foi o diferente entendimento quanto à qualificação da questão relativa à declaração de falência. Ao contrário do acórdão de 1921, o de 1986 não a referiu ao estado das pessoas.

É ainda certo que, como veremos adiante, haverá que conjugar aquela regra com o regime específico do procedimento falimentar estatuído em diplomas legais diversos, que vigoraram sucessivamente entre a publicação dos dois acórdãos. Mas tal regime manteve-se substancialmente o mesmo no que interfere com a aplicação e interpretação dessa mesma regra.

Portanto, a circunstância de esta constar de diplomas diversos ao tempo da publicação dos acórdãos em oposição não interferiu na solução da questão de direito controvertida, pelo que, conforme o disposto no n.º 2 do citado artigo 763.º, se deve concluir que foram preferidos no domínio da mesma legislação (v. Prof. Alberto dos Reis, em *Código de Processo Civil Anotado*, vol. VI, pp. 262 e seguintes).

Passa-se, por isso, ao conhecimento do objecto do recurso.

A regra que o citado artigo 723.º mantém em vigor bipolariza as causas, quanto ao efeito do recurso de revista, em função das respectivas matérias em litígio. Nas questões sobre o estado das pessoas, o efeito desse recurso é suspensivo; nas demais, é não suspensivo ou meramente devolutivo.

A recorrente sustenta que a declaração de falência é constitutiva de um estado, o estado de falência, que importa limitações para a capacidade civil e política do falido, tais como as enunciadas nos artigos 1933.º, n.º 2, e 1953.º, n.º 1, do Código Civil, 1189.º, 1191.º, 1192.º, 1193.º e 1216.º do CPC, 2.º, alínea *h*), do Decreto-Lei n.º 49 381, de 15 de Novembro de 1969, e 18.º, n.º 14, 71.º, § 1.º, e 201.º, n.º 3, estes do Código Administrativo, pelo que a respectiva decisão deve considerar-se incluída nas questões sobre o estado das pessoas.

O Exmo. Procurador-Geral-Adjunto, por sua vez, considera que as acções sobre o estado das pessoas são aquelas cuja procedência se projecta sobre o estado civil de alguém – divórcio, separação de pessoas e bens, investigação de paternidade, impugnação de legitimidade, interdição, impugnação de impedimentos para o casamento, autorização para o casamento, aquisição ou perda de nacionalidade, ratificação do casamento *in articulo mortis*, rectificação de registos de actos relativos ao estado civil da pessoa, declaração de objector de consciência, etc. O estado das pessoas restringe-se ao complexo jurídico determinado por qualidades ou atributos inerentes à pessoa, ao passo que a posição jurídica do falido resulta de uma situação de impotência económica, que não o incapacita, apenas lhe retira legitimidade substantiva para a prática de certos actos, tendo em vista interesses gerais e não os do próprio falido.

É invocada doutrina e jurisprudência nos dois sentidos.

As duas posições, que correspondem às dos acórdãos em oposição, partem da referida dualidade de questões postas ao Tribunal – as questões sobre o estado das pessoas e as demais –, enquadram a declaração da falência num desses conjuntos e em função disso determinam o efeito da revista no processo de falência.

Em princípio, o método parece correcto. Só haveria que decidir se o estado de falência integra ou não uma questão sobre o estado das pessoas. Mas a especificidade do procedimento falimentar quanto à exequibilidade da decisão declaratória da falência revelar-nos-á que, no caso, ele não funciona.

Vejamos.

A regra relativa ao efeito do recurso de revista reporta-se à influência da interposição do recurso na exequibilidade da decisão recorrida, já que só em relação aos recursos de decisões interlocutórias é que a lei regula os seus efeitos sobre o prosseguimento da marcha do processo. Neste aspecto, ensinava o Prof. Castro Mendes que o recurso da decisão final tem sempre efeito não suspensivo, porque nada há que suspender (v. *Direito Processual Civil – Recursos*, p. 141, e, no mesmo sentido, o Prof. Alberto dos Reis, em *Código de Processo Civil Anotado*, vol. V, p. 396). É certo, porém, que, também quanto ao regime de subida dos recursos, a especificidade do processo de falência proporcionará situações diversas do que é comum (v. conselheiro Sousa Macedo, em *Manual de Direito das Falências*, vol. II, p. 244), mas nesta oportunidade só interessa reter que aquela regra se reporta à influência da interposição da revista na exequibilidade da decisão recorrida.

Dispõe o n.º 1 do artigo 47.º do CPC que «a sentença só constitui título executivo depois do trânsito em julgado, salvo se o recurso contra ela interposto tiver efeito meramente devolutivo». Face a este preceito, o processo normal de saber se uma decisão pendente de recurso é ou não provisoriamente exequível começará pela averiguação, na regulamentação dos recursos, do efeito a atribuir a esse recurso. Mas, no caso da decisão declaratória da falência, a sua exequibilidade resulta de disposições próprias do respectivo processo especial, que prevalecem sobre as disposições gerais e comuns e as relativas ao processo ordinário (v. artigo 463.º, n.os 1 e 3, do CPC e Prof. Alberto dos Reis, em *Processos*

Especiais, vol. I, pp. 37, 41 e 42). Portanto, será a exequibilidade da decisão que condicionará o efeito do recurso e não, como seria normal, o contrário.

Convém ainda observar que, na revista, ao contrário da apelação em processo comum ordinário (v. artigo 692.º, n.os 1 e 2, do CPC), a regra é no sentido da fixação do efeito meramente devolutivo, constituindo excepção o efeito suspensivo (v. citado artigo 723.º). O Prof. Alberto dos Reis justificava o efeito suspensivo como regime regra para a apelação com base na precariedade da sentença pendente de recurso. «O tribunal superior», escreveu o ilustre mestre, «constituído por uma pluralidade de magistrados presuntivamente mais idóneos porque têm atrás de si uma experiência mais longa, uma carreira profissional mais dilatada, pode entender que a causa foi erradamente julgada na 1.ª instância.» A lógica deste raciocínio, aliada ao facto de o efeito meramente devolutivo ser regime regra para a revista, revela que, na perspectiva da lei, o acórdão pendente de recurso de revista inspira já uma confiança tal que justifica se dê prevalência ao interesse da prontidão sobre o interesse da justiça (v. *Código de Processo Civil Anotado*, vol. V, pp. 399, 400 e 401). Só nas questões sobre o estado das pessoas se inverte esta relação de interesses. Deste modo, se se concluir pela exequibilidade da decisão pendente de revista em determinado tipo de processo, das duas uma: ou ele não tem por objecto uma questão sobre o estado das pessoas, ou está sujeito a um regime especial que exclui a aplicabilidade da excepção à regra geral relativa ao efeito da revista.

O processo de falência tem inicialmente natureza declarativa, a fim de se obter um título executivo, cuja precariedade não obsta a que se lhe siga, imediata e oficiosamente, uma execução colectiva e universal (v. artigos 1181.º, n.º 2, 1183.º, 1187.º, 1205.º e 1245.º, todos do CPC; v. também conselheiro Sousa Macedo, *ob. cit.*, vol. cit., pp. 44-46).

A decisão declaratória da falência é, pois, imediata e oficiosamente exequível. Já era esse o regime ao tempo do acórdão fundamento e continuou a ser, apesar das sucessivas alterações legislativas (v. § único do artigo 194.º do Código de Processo Comercial, aprovado pelo Decreto de 14 de Dezembro de 1905, e § único do artigo 13.º do Código de Falências, aprovado pelo Decreto-Lei n.º 25 981, de 26 de Outubro de 1935, que substituiu os artigos 181.º a 362.º do Código de Processo Comercial e que, como este, foi revogado pelo Decreto-Lei n.º 29 637, de 28 de Maio de 1939, que aprovou o novo CPC).

Impõe-se, por isso, analisar o reflexo dessa exequibilidade oficiosa no efeito da revista.

Se a 1.ª instância decreta a falência e a relação confirma a decisão, inalterada esta, mantém-se a sua exequibilidade, de modo que a revista apenas defere a este Supremo Tribunal o conhecimento da questão que integre o objecto do recurso (v. segunda parte do n.º 2 do artigo 47.º do CPC, *a contrario*).

Se a 1.ª instância denega a declaração da falência e a relação profere acórdão a decretá-la, este é imediata e oficiosamente exequível por força do regime específico do procedimento falimentar. Não seria minimamente justificável que a sentença declaratória de falência pendente de recurso fosse exequível, apesar da sua precariedade, e não assim o acórdão da relação sob revista, em princípio merecedor de maior confiança na perspectiva da realização do interesse da justiça. Esta confiança acrescerá às demais razões de exequibilidade da decisão declaratória da falência. Deste modo, sendo imediata e oficiosamente exequível o acórdão recorrido, a revista só poderá ter efeito meramente devolutivo. Haverá, então, que ordenar, oficiosamente, a extracção de traslado para que o procedimento falimentar prossiga na 1.ª instância.

Se a 1.ª instância denegar a declaração de falência e a relação confirmar, nada há a executar, nem, consequentemente, a suspender. Naturalmente, a revista apenas defere a este Supremo Tribunal o conhecimento do objecto do recurso.

Resta a hipótese de a 1.ª instância decretar a falência e a relação revogar a decisão. Os resultados a que se chegou nas hipóteses anteriores revelam que a questão posta com o pedido de declaração de falência não pode ser tratada, para os efeitos do citado artigo 723.º, como questão sobre o estado das pessoas. Cai-se, assim, na regra geral, pelo que a revista terá, também nesta hipótese, efeito meramente devolutivo. Sustar-se-á, por isso, a exequibilidade da decisão declaratória da falência provisoriamente revogada por um tribunal superior (v. citado artigo 47.º, n.º 2, segunda parte). Corresponde, aliás, por razões óbvias, à solução mais razoável.

Como a recorrente refere, a declaração de falência pode importar certas restrições de carácter pessoal.

Atendendo à conclusão a que chegamos quanto ao efeito meramente devolutivo da revista, poder-se-á pôr a questão da sua extensão. Mas esta terá de ser referida à decisão (da 1.ª ou da 2.ª instância) que decrete a falência. De outro modo, de nada valeria ao falido o efeito suspensivo porventura atribuído a um acórdão da relação que confirmasse ou revogasse uma sentença declaratória da falência; em qualquer dos casos se manteria a plena exequibilidade desta (v. citado artigo 47.º, n.º 2, segunda parte, e Alberto dos Reis, in *Código de Processo Civil Anotado*, vol. I, 3.ª ed., p. 157).

Segundo o Exmo. Procurador-Geral-Adjunto, «ou tais direitos nada têm a ver com o processo falimentar e, por isso, em sede própria, os interessados demonstrariam que a decisão não tinha transitado, ou temos de considerar que, entre o risco de afectar interesses gerais, a segurança das transacções comerciais, e os prejuízos individuais, estes teriam de ceder».

No seu prestimoso *Manual*, acima referido, o Exmo. Conselheiro Sousa Macedo, referindo-se ao efeito meramente devolutivo da apelação da sentença declaratória da falência, restringe-o à apreensão dos bens do falido pelo administrador e à perda de legitimidade daquele para dispor dos mesmos.

Razões várias concorrem, porém, em desfavor de restrições desse tipo, que circunscrevem, afinal, o efeito meramente devolutivo a um regime de excepção.

Dos artigos 1192.º, 1193.º, 1196.º, 1214.º a 1216.º, 1237.º e 1245.º, todos do CPC vigente, resulta que a exequibilidade da decisão declaratória da falência pendente de recurso não se restringe àqueles dois aspectos.

A lei estatui, sem restrições, essa exequibilidade (v. citados artigos 1181.º, n.º 2, 194.º, § único, e 13.º, § único). Em consonância com essa amplitude, dispunha o artigo 371.º do Código de Processo Comercial que «a apelação nunca tem efeito suspensivo».

A imediata exequibilidade da declaração de falência não é exigida apenas para conservação da garantia patrimonial que os bens do falido representam, mas também pela necessidade de «assegurar, de um modo geral, o crédito da instituição económico-social» (v. os n.ºs 9 e 17 do relatório do decreto-lei que aprovou o Código de Falências; v., também, o artigo 1191.º, conjugado com o artigo 1181.º, n.º 2, ambos do CPC).

Por último, cabe observar que a lei exige expressamente o trânsito em julgado da respectiva decisão declaratória quando ao mesmo quer condicionar certos efeitos da falência (v., por exemplo, os artigos 214.º, n.º 3, e 215.º, conjugados com os artigos 18.º, n.º 14, 71.º, § 1.º, 201.º, n.º 3, e 202.º, n.º 1, todos do Código Administrativo, e 29.º, n.º 1, da Lei n.º 69/78, de 3 de Novembro).

Pelo exposto, mantém-se a decisão do acórdão recorrido e formula-se o seguinte assento:

O recurso de revista de acórdão que conheça do estado de falência tem efeito meramente devolutivo.

Custas pela recorrente.

Lisboa, 29 de Abril de 1992. – *José Maria Sampaio da Silva – Fernando Maria Xavier de Figueiredo Brochado Brandão – Mário Sereno Cura Mariano – José Saraiva – Alberto Baltazar Coelho – Pedro de Lemos e Sousa Macedo – Fernando Faria Pimentel Lopes de Melo – Manuel da Rosa Ferreira Dias – José Henriques Ferreira Vidigal – Joaquim de Carvalho – Afonso Manuel Cabral de Andrade – António Armindo Estelita de Mendonça – Armando Pinto Bastos – João Carlos Leitão Beça Pereira – Jaime Ribeiro de Oliveira – António Cerqueira Vahia – Miguel de Mendonça e Silva Montenegro – José Joaquim Martins da Fonseca – Mário Horácio Gomes de Noronha – Agostinho Pereira dos Santos – António Máximo da Silva Guimarães – Rui Alfredo Tato Marinho – Vassanta Porombo Tambá – Alfredo António de Azevedo Barbieri Cardoso – Victor Manuel Lopes de Sá Pereira – Luís Vaz de Sequeira – José Alexandre Lucena Vilhegas do Vale – António de Noronha Tavares Lebre – Manuel de Oliveira Matos – Rui Azevedo de Brito – Fernando Adelino Fabião – António César Marques – João Augusto Gomes Figueiredo de Sousa – Noel Silva Pinto – José Magalhães – Jorge Manuel Mora do Vale – Luís d'Herbe Ramiro Vidigal – Eduardo Augusto Martins – José Santos Monteiro – Dionísio Teixeira Moreira de Pinto – José Correia de Oliveira Abranches Martins – José Ramos dos Santos – Alberto Carlos Antunes Ferreira da Silva* (vencido nos termos da declaração de voto que junto) – *Bernardo Guimarães Fischer de Sá Nogueira* [vencido. Teria revogado o acórdão recorrido, por ter votado que o assento tivesse a seguinte redacção:

O recurso de revista do acórdão que conheça do estado de falência, nos casos em que esta acarreta a inibição do falido para, como pessoa singular, praticar os actos gerais de comércio, tem efeito suspensivo.

Com efeito;

O artigo 723.º do Código de Processo Penal dispõe que «o recurso de revista só tem efeito suspensivo em questões sobre o estado das pessoas».

O processo de falência, se bem que respeite a uma situação de comercial, tem umas especiais características que o colocam também na categoria de «questão sobre o estado das pessoas», uma vez que da declaração da falência, nas condições acima indicadas, resulta a automática inibição do falido para a prática de inúmeros actos (exceptuados os de natureza estritamente pessoal).

A inibição para a prática de certos actos é, para todos os efeitos, uma modalidade mitigada, menos, de uma interdição, e ninguém põe em dúvida que uma acção destinada a, ou que tenha como efeito a declaração de uma interdição, é uma acção sobre o estado das pessoas.

A razão de ser do artigo 723.º é, parece-me, o acautelar em primeiro lugar, os interesses respeitantes ao estado das pessoas, considerados como superiores em relação aos interesses patrimoniais, mesmo dos credores.

E se, como entendo, o processo de falência, nesse aspecto, tem uma natureza de questão sobre o estado das pessoas, deveria prevalecer a regra do citado artigo 723.º, e ser resolvido definitivamente que a revista teria o apontado efeito suspensivo].

Declaração de voto

Os assentos – artigo 2.º do Código Civil – reconduzem-se a actos de natureza normativa, traduzindo verdadeiras normas jurídicas legislativas, revestidas de eficácia impositiva universal – cf. Castanheira Neves, o *Instituto dos Assentos e a Função Jurídica dos Supremos Tribunais*, pp. 292 e seguintes, e «Assento», in Polis, I, p. 419; Gomes Canotilho, *Revista de Legislação e Jurisprudência*, 124.º, p. 321. Daí que seja patente a sua inconstitucionalidade orgânica e formal, como decorre, sem margem para dúvidas, do disposto no artigo 115.º, n.os 1, 2 e 5, da Constituição da República Portuguesa. E o seu artigo 122.º, n.º 1, alínea *g*), refere-se tão-só à declaração de ilegalidade, com força obrigatória geral, dos regulamentos administrativos – artigo 66.º, n.º 1, da Lei de Processo nos Tribunais Administrativos. Não votei, em consequência, o presente assento.

Alberto Carlos Ferreira da Silva.

3. *Cessação de Pagamentos Justificativa de Declaração de Falência*

Assento n.º 9/94*

Acordam, em pleno, no Supremo Tribunal de Justiça:

José Dias dos Reis interpôs recurso para o tribunal pleno do Acórdão deste Supremo Tribunal de 17 de Junho de 1986, proferido no processo n.º 73 181 da 1.ª Secção, por ter adoptado, no domínio da mesma legislação e relativamente à mesma questão fundamental de direito, uma solução oposta à do Acórdão também deste Supremo Tribunal de 29 de Junho de 1978, proferido no processo n.º 67 260, publicado no *Boletim do Ministério da Justiça*, n.º 278, p. 277.

Com efeito, estabelecendo o artigo 1174.º, n.º 1, alínea *a*), do Código de Processo Civil, na redacção anterior à dada pelo Decreto-Lei n.º 177/86, de 2 de Julho, que «a declaração de falência (...) tem lugar desde que se prove algum dos seguintes factos: *a*) Cessação de pagamentos pelo devedor», o acórdão recorrido decidiu que, para que se opere a declaração de falência, basta que se prove a cessação de pagamentos, sem necessidade, portanto, de se averiguar directamente esse estado de falência, enquanto o acórdão fundamento decidiu que a cessação de pagamentos só releva, para fundamentar a declaração de falência, quando exprima a incapacidade do comerciante para satisfazer pontualmente as suas obrigações por falta de crédito ou de meios de liquidez.

Em julgamento da questão preliminar, reconheceu-se a existência de oposição entre os dois acórdãos.

O recorrente apresentou alegações em que defende a solução do acórdão fundamento e a consequente revogação do acórdão recorrido.

---

* Publicado no Diário da República n.º 117/94, série I-A, de 20 de Maio de 1994, pp. 2705-2708. Sublinhe-se que o artigo 1174.º, n.º 1, alínea a), do Código de Processo Civil foi revogado pelo artigo 9.º do Decreto-Lei n.º 132/93, de 23 de Abril.

O recorrido Banco Nacional Ultramarino não contra-alegou.

O Exmo. Procurador-Geral-Adjunto foi de parecer que deve ser revogado o acórdão recorrido e que deve ser solucionado o conflito de jurisprudência por assento, para o qual propôs a seguinte redacção:

A cessação de pagamentos pelo devedor só justifica a declaração de falência quando suficientemente significativa de incapacidade financeira.

Tudo visto e decidindo.

Há que reapreciar a questão preliminar em conformidade com o disposto no n.º 3 do artigo 766.º do Código de Processo Civil.

O recurso para o tribunal pleno está condicionado pela verificação de requisitos formais – serem os dois acórdãos proferidos pelo Supremo Tribunal de Justiça, em processos diferentes, presumindo-se o trânsito em julgado do acórdão fundamento – e de requisitos substanciais – existência de situações de facto idênticas, apreciadas por decisões expressas em oposição sobre a mesma questão fundamental de direito e no domínio da mesma legislação.

Ora, não se levantam quaisquer dúvidas quanto à verificação dos requisitos formais.

No que respeita aos requisitos substanciais, é de notar que em ambos os casos se apuraram factos comprovativos da cessação de pagamentos do(a) devedor(a) em datas determinadas.

Dos respectivos factos apurados concluiu-se, no caso do acórdão fundamento, que o património da requerida estava em desequilíbrio económico, geral e permanente, impossibilitando-a de solver os seus compromissos, e, no caso do acórdão recorrido, somente que o requerido é negligente no cumprimento das suas obrigações.

Os acórdãos em causa assentaram nessa matéria factual, decretando ambos a falência da requerida(o), tendo o acórdão recorrido revogado o respectivo acórdão da Relação, e deram soluções opostas à mesma questão fundamental de direito (artigo 1174.º, n.º 1, alínea *a*), do Código de Processo Civil, na versão anterior à do Decreto-Lei n.º 177/85, de 2 de Julho), pelo que também não se suscitam dúvidas quanto à verificação dos requisitos substanciais.

Posto isto, é de apreciar o mérito do recurso, apurando se a razão está do lado do acórdão recorrido ou do lado do acórdão fundamento quanto à interpretação e aplicação do referido preceito, ou seja, decidindo se, para a declaração de falência, basta que se prove a cessação de pagamentos, sem necessidade de se averiguar directamente esse estado de falência, ou se a cessação de pagamentos do devedor só justifica a declaração de falência desde que suficientemente significativa de incapacidade financeira do devedor.

O acórdão recorrido baseou-se na interpretação do referido artigo 1174.º, em elemento histórico, salientando que esse preceito corresponde ao artigo 1136.º do Código de Processo Civil de 1939, que, por sua vez, reproduziu o artigo 2.º do Código de Falências de 1935, tendo este reformado profundamente, na parte relativa às falências, o regime contido no Código de Processo Comercial de 1905, que, por sua vez, substituíra, nessa parte, o Código de Falências de 1899 e este substituíra, também nessa parte, o Código Comercial.

Observa o acórdão que, na apreciação do projecto desse Código Comercial e depois na vigência deste, se discutiu vivamente se era de declarar a falência com base na manifesta insuficiência do activo para satisfação do passivo, discussão essa que era alimentada pelo facto de no projecto e depois no Código se encontrar como fundamento dessa declaração tal situação.

Assim, enquanto uns sustentavam que devia aceitar-se como fundamento da declaração da falência o estado de falido do comerciante por o activo ser inferior ao passivo ou por o devedor poder beneficiar uns credores em prejuízo de outros, defendiam outros que não era aceitável a invocação da insuficiência do activo para pagar o passivo, pois a abertura da quebra antes de o comerciante cessar pagamentos é contrária a todos os princípios e expunha o comerciante a graves riscos.

De seguida, argumentou-se que o Código de Falências de 1935 operou uma profunda alteração no regime de declaração de falência, pois do elenco dos fundamentos para essa declaração constante do artigo 2.º desapareceu, como base geral e considerando procedentes as críticas feitas ao Código Comercial, a insuficiência do activo para satisfação do passivo, além de que se omitiu nesse preceito a referência a presunções que constavam do projecto respectivo, talvez atendendo a críticas feitas que pretendiam que ficasse claro que a verificação de tais fundamentos determinasse, sem mais, a declaração da falência.

Daí, pois, que, segundo esse acórdão, quis-se, nesse Código de Falências, que a cessação de pagamentos e as outras situações indiciadoras de falência constituíssem, não uma mera presunção *juris tantum* do estado de falência, mas sim uma presunção *juris et de jure*, pelo que bastará provar-se a cessação de pagamentos para que tenha que ser declarada a falência, sem necessidade de ser averiguado directamente tal estado de falência.

Aliás, esse entendimento, frisou-se, é o perfilhado pelo Prof. J. Alberto dos Reis, *Processos Especiais*, II, p. 321, e, na esteira deste, pelo Dr. Pedro de Sousa Macedo, *Manual de Direito das Falências*, II, p. 243.

Na verdade, o conteúdo de parte do relatório (n.º 6) que precede o Decreto-Lei n.º 25 981, de 26 de Outubro de 1935 (Código de Falências), parece favorecer essa interpretação. Dele consta:

As causas da falência são apenas as que estão enumeradas na lei e não outras. Só elas se consideraram formas de revelação perfeita e inequívoca da impossibilidade de pagar, embora outras possam existir. As causas são índices, disse-se, mas índices que não admitem prova em contrário, a não ser a que se destina a demonstrar que o facto índice não existiu. Invoca-se a cessação de pagamentos? Os embargos só poderão destinar-se a provar que esse estado não existia, ou porque não havia pagamentos a fazer, ou porque os créditos existiam mas não estavam vencidos ou já tinham sido pagos, etc.

Com base nessa passagem, conclui Alberto dos Reis, *ob. cit.*, p. 325, que, no sistema da lei, os factos índices actuam, não como meras presunções da existência da impossibilidade definida no artigo 1135.º, mas como causas que determinam necessariamente a declaração da falência. Quer isso dizer que, apurado e verificado algum dos factos expostos no artigo 1136.º, a falência tem necessariamente de ser declarada, sem que haja de investigar-se, nem possa investigar-se, se no caso concreto o facto revela efectivamente o estado económico focado no artigo 1135.º.

Todavia, essa não é a posição do Dr. Pedro de Sousa Macedo, nem do Prof. Fernando Olavo, nem mesmo da jurisprudência deste Supremo Tribunal, que tem sido quase pacífica na adopção do critério perfilhado pelo acórdão fundamento.

Note-se que do n.º 5 do referido relatório preambular consta:

A presunção fundamental é a cessação de pagamentos e, de facto, como tal deve ser considerada. Esta expressão, porém, tem dado lugar a dúvidas, mas deve entender-se como um estado do comerciante que se acha impossibilitado de pagar em curto prazo, que se encontra em impossibilidade contínua de pagar. Daqui vem que a falência tanto pode resultar de várias recusas de pagamento como de uma só, desde que seja feita em circunstâncias ou precedida ou acompanhada de actos que revelem a impossibilidade de pagar.

Talvez, em lugar de cessação de pagamentos, se devesse colocar a impontualidade.

A actividade comercial vive num ambiente de crédito, e para que esse ambiente se possa manter sem sobressaltos é necessária uma correlação rigorosa entre todas as operações, e por isso a falta de pontualidade num pagamento pode ter repercussão em toda a série de operações e perturbar, assim, a actividade comercial.

A época que atravessamos não permite, porém, um princípio tão rigoroso, pois é cheia de pequenos imprevistos, de curta duração, que podem perturbar mesmo os mais sérios cálculos de liquidez.

O Dr. Pedro de Sousa Macedo, actualmente conselheiro deste Supremo Tribunal, no Manual de Direito das Falências, I, pp. 253 e seguintes, escreve:

Francisco Fernandes, Eduardo Saldanha, Barbosa de Magalhães e Palma Carlos aceitavam unanimemente a necessidade de indagação concreta para a determinação da cessação de pagamentos, refutando a possibilidade de um critério rigoroso abstracto.

Procedendo a uma síntese dos ensinamentos colhidos, podemos afirmar que a orientação geral colhida da doutrina e da nossa tradição é no sentido de se oferecer elasticidade ao conceito de cessação de pagamentos, concedendo aos tribunais a possibilidade de ponderação nos casos concretos.

Cremos que ainda hoje é esta a orientação preferível.

A cessação de pagamentos é um estado e não um facto. Perante as faltas de cumprimento de obrigações, aparece logo que se verifique não se tratar de uma falha casual e insignificativa, mas antes a consequência de uma incapacidade para pagar pontualmente por falta de crédito e de meios líquidos.

A falta num pagamento que o comerciante não previa, o aparecimento de incumprimento por embaraço de utilização de crédito efectivamente existente, a não satisfação de encomendas por atrasos de produção ou transporte, o diminuto quantitativo da dívida, o aparecimento de circunstância imprevista e temporária que afecte os meios líquidos do comerciante e tantas outras circunstâncias valem para retirar às faltas de pagamento a dignidade de cessação de pagamentos.

Por sua vez, o Prof. Fernando Olavo, *Colectânea da Jurisprudência*, ano IX, 1984, t. 5, p. 25, escreve:

Não constitui cessação de pagamento toda e qualquer recusa, ainda que injustificada, do comerciante em cumprir, mas apenas aquela ou aquelas recusas que, atendendo às condições e circunstâncias em que são feitas, revelem a impossibilidade contínua de o comerciante fazer face às suas obrigações.

Observa este autor (loc. cit.) que o Código Comercial de 1888 não se preocupou com o conceito geral do estado de falência, limitando-se a indicar os factos que conduzem à declaração desse estado, e o Código de Falências de 1935 veio a adoptar um conceito geral do estado de falência, fazendo-a coincidir com a impossibilidade de pagar, para os comerciantes em nome individual, e com insuficiência manifesta do activo para satisfação do passivo, quanto às sociedades de responsabilidade limitada.

A jurisprudência deste Supremo Tribunal é quase pacífica na aceitação da doutrina adoptada pelo acórdão fundamento.

No sentido de que, para a declaração de falência, basta que se prove a cessação de pagamentos, sem necessidade de se averiguar directamente esse estado de falência, decidiu o Acórdão do Supremo Tribunal de Justiça de 7 de Maio de 1966, no *Boletim do Ministério da Justiça*, n.º 157, p. 305, e no sentido de que a cessação de pagamentos do devedor só justifica a declaração de falência desde que suficientemente significativa de incapacidade financeira decidiram os Acórdãos do Supremo Tribunal de Justiça de 20 de Junho de 1958, 27 de Março de 1962, 7 de Fevereiro de 1969, 9 de Julho de 1974, 9 de Março de 1976, 25 de Outubro de 1977 e 11 de Janeiro de 1979, no *Boletim do Ministério da Justiça*, respectivamente n.os 78, p. 378, 115, p. 384, 184, p. 224, 239, p. 130, 255, p. 171, 270, p. 184, e 283, p. 319.

Sucede que o Decreto-Lei n.º 177/86, de 2 de Julho, tomou posição expressa na matéria, dando à alínea *a)* do n.º 1 do artigo 1174.º do Código de Processo Civil a seguinte redacção:

Cessação de pagamentos pelo devedor, designadamente de dívidas ao fisco, à segurança social e aos trabalhadores, desde que suficientemente significativa de incapacidade financeira.

Importa saber se esse preceito será de aplicação imediata, à face do critério do artigo 12.º, n.º 2, do Código Civil.

Entende-se que a doutrina desse preceito se aplica a todas as situações jurídicas descritas constituídas anteriormente e na vigência do artigo 1174.º, já que o preceito assume feição análoga à de uma lei interpretativa *stricto sensu*, integrando-se, portanto, na lei que interpretou, cujo sentido veio explicitar.

Para tanto, é de ter presente a noção que de lei interpretativa nos deu Baptista Machado, *Introdução ao Direito e ao Discurso Legitimador*, p. 247:

Para que uma lei nova possa ser realmente interpretativa são necessários, portanto, dois requisitos: que a solução do direito anterior seja controvertida ou, pelo menos, incerta; e que a solução definida pela nova lei se situe dentro dos quadros da controvérsia e seja tal que o julgador ou o intérprete a ela poderiam chegar sem ultrapassar os limites normalmente impostos à interpretação ou aplicação da lei.

Também Pires de Lima e Antunes Varela, *Código Civil Anotado*, vol. I, 4.ª ed., p. 62, em comentário ao artigo 13.º, escrevem:

Deve considerar-se lei interpretativa aquela que intervém para decidir uma questão de direito cuja solução é controvertida ou incerta, consagrando um entendimento a que a jurisprudência, pelos seus próprios meios, poderia ter chegado.

Nessa perspectiva, a norma do artigo 1174.º, n.º 1, alínea *a*), do Código de Processo Civil, na redacção dada pelo Decreto-Lei n.º 177/86, de 2 de Julho, é interpretativa da norma correspondente desse preceito, antes dessa redacção.

Com efeito, a solução do direito anterior era, doutrinal e jurisprudencialmente, controvertida; a solução encontrada pelo referido Decreto--Lei n.º 177/86 situava-se dentro dos quadros da controvérsia: e a essa solução chegavam e chegaram a doutrina e a jurisprudência pela via da interpretação e sem ultrapassar os limites impostos à interpretação ou aplicação da lei, sendo ela a que mais apoio tinha na jurisprudência.

Por último, note-se que, a admitir-se que a cessação de pagamentos constituísse, não uma mera presunção *juris tantum* da falência, mas sim uma presunção *juris et de jure*, bastando provar-se a cessação de pagamentos para que a falência tivesse forçosamente de ser declarada, sem necessidade de ser averiguada directamente essa situação de falência, deixar-se-ia ao mero arbítrio do comerciante devedor um pretexto fácil para a declaração da sua falência. Correspondendo a cessação de pagamentos a uma pura impontualidade, poderia o devedor pretender a declaração da sua falência, bastando-lhe ser impontual no pagamento.

Certo é, porém, que, segundo o Código de Processo Civil, a falência é um instituto cujas normas de regulamentação são processuais e, portanto, de interesse e ordem públicos, estando em jogo, para além dos interesses das partes (devedor e credores), que visam obter a liquidação de um património em benefício dos credores, o interesse público da ordem e da paz social decorrente do eventual encerramento de uma empresa, com particular incidência sobre a classe trabalhadora e a economia regional.

Para melhor avaliar os interesses bulidos com a declaração da falência, atente-se no que se escreve no relatório do Decreto-Lei n.º 177/86, de 2 de Julho:

A empresa, perante as justas reivindicações do movimento sindical, não interessa apenas aos detentores do capital, mas também, motivadamente, aos dadores do trabalho.

(...)

A empresa não constitui apenas o instrumento jurídico da actividade lucrativa dos sócios, nem uma fonte abastecedora da remuneração dos trabalhadores; isso muito embora qualquer dessas vertentes seja justificadamente fundamental. Ela é, (...) com maior ou menor preponderância, uma peça de equipamento produtivo nacional e um decisivo elemento quer da economia regional, quer da vida local. Por assim ser, a eliminação judicial da empresa representa, as mais das vezes, quando evitável, uma verdadeira agressão ao equilíbrio social, de que o Estado não se poderá desinteressar.

Dados os altos interesses em jogo, não é, assim, possível deixar ao puro arbítrio do devedor o encerramento de uma empresa, o que aconteceria, na concepção do acórdão recorrido, com a «mera cessação de pagamentos» como facto necessariamente determinante da declaração da falência dessa empresa, independentemente de a sua situação não ser a de falida.

Pelo exposto, revoga-se o acórdão recorrido, para ficar a subsistir o acórdão proferido pelo Tribunal da Relação, e formula-se o seguinte assento:

Na vigência do artigo 1174.º, n.º 1, alínea *a*), do Código de Processo Civil, na redacção anterior ao Decreto-Lei n.º 177/86, de 2 de Julho, a cessação de pagamentos pelo devedor só justifica a declaração da falência desde que suficientemente significativa de incapacidade financeira.

Custas pelo recorrido.

Lisboa, 2 de Março de 1994. – *Zeferino David Faria – Alberto Carlos Antunes Ferreira da Silva – Pedro de Lemos e Sousa Macedo –*

Fernando Faria Pimentel Lopes de Melo – José Henriques Ferreira Vidigal – Manuel da Rosa Ferreira Dias – Miguel de Mendonça e Silva Montenegro – João Augusto Gomes Figueiredo de Sousa – José Joaquim Martins da Fonseca – Mário Horácio Gomes de Noronha – Bernardo Guimarães Fischer de Sá Nogueira – José Maria Sampaio da Silva – Roger Bennett da Cunha Lopes – Mário Sereno Cura Mariano – Fernando Adelino Fabião – José Santos Monteiro – José Correia de Oliveira Abranches Martins – Ramiro Luís d'Herbe Vidigal – António Joaquim Coelho Ventura – Francisco Rosa da Costa Raposo – José Martins da Costa – António Pais de Sousa – José Miranda Gusmão de Medeiros – Mário de Magalhães Araújo Ribeiro – Raul Domingos Mateus da Silva – António Manuel Guimarães de Sá Couto – Fernando Dias Simão – Carlos da Silva Caldas – João José Sequeira de Faria Sousa – Adriano Francisco Pereira Cardigos – Francisco José Galrão de Sousa Chichorro Rodrigues – Mário Fernandes da Silva Cancela – António Alves Teixeira do Carmo – Augusto José Mendes Calixto Pires – Augusto Cabral Folque Pereira de Gouveia – Jaime Octávio Cardona Ferreira – Fernando Machado Soares – Humberto Carlos Amado Gomes – José Sarmento da Silva Reis – Sebastião Duarte Vasconcelos da Costa Pereira – Rogério Correia de Sousa – António César Marques – José Joaquim de Oliveira Branquinho – Gelásio Rocha – Fernando Jorge Castanheira da Costa.

4. Graduação de Créditos Salariais em Processo de Falência

Acórdão n.º 11/96, do Supremo Tribunal de Justiça*

Processo n.º 86 153. – Acordam no Supremo Tribunal de Justiça:

O Instituto do Emprego e Formação Profissional (IEFP) interpôs recurso para o tribunal pleno do Acórdão de 21 de Outubro de 1993, proferido no recurso de revista n.º 81 634, 2.ª Secção, invocando oposição com o Acórdão deste Supremo Tribunal de Justiça de 3 de Junho de 1993.

Decidida que foi a existência da alegada oposição, prosseguiu o recurso seus regulares termos.

O recorrente, nas suas alegações, defende, em conclusão, que todos os créditos que tenham sido constituídos antes de 15 de Junho de 1986 gozam de preferência sobre os créditos a que se reporta a Lei n.º 17/86, de 14 de Junho.

O Exmo. Procurador-Geral-Adjunto acompanha a posição do recorrente, propondo assento com a seguinte redacção:

«A salvaguarda legal consagrada na última parte do n.º 2 do artigo 12.º da Lei n.º 17/86, de 14 de Junho, abrange os créditos privilegiados constituídos antes da sua entrada em vigor, independentemente da data em que é declarada a falência do devedor.»

Corridos os vistos, cumpre decidir, já que nada há a dizer contra a decisão que declarou verificada a existência de oposição entre os dois aludidos acórdãos recorrido e fundamento.

Como se constata da análise dos dois arestos, e no que importa para a definição do conflito em causa, em ambos os acórdãos proferidos

---

* Publicado no Diário da República n.º 269/96, série I-A, de 20 de Novembro de 1996, pp. 4191-4192.

em processo de falência está questionada a graduação decorrente do concurso entre créditos resultantes de apoios financeiros concedidos pelo recorrente IEFP e créditos emergentes de contrato individual de trabalho, qualquer deles gozando de privilégio mobiliário geral e privilégio imobiliário, conforme o disposto, respectivamente, no artigo 7.º, alíneas *a*) e *b*), do Decreto-Lei n.º 437/78, de 28 de Dezembro, e no artigo 12.º, n.º 1, alíneas *a*) e *b*), da Lei n.º 17/86, de 14 de Junho.

E, como bem diz o Ministério Público, graduação concorrencial essa influenciada, no entanto, pelo disposto no artigo 12.º, n.º 2, da dita Lei n.º 17/86, quando, relativamente à preferência dos créditos dos trabalhadores, estatui que esta opera, mas «sem prejuízo, contudo, dos privilégios anteriormente constituídos, com direito a ser graduados antes da entrada em vigor da presente lei».

Na interpretação e aplicação da evidenciada salvaguarda legal, enquanto o douto acórdão recorrido a entendeu como pressupondo a exigência de reclamação de créditos privilegiados e ali ressalvados antes da entrada em vigor da citada lei (15 de Junho de 1986), ou, no mínimo, em processo de falência, a declaração desta antes dessa data, por sua vez o douto acórdão fundamento reportou tal salvaguarda à data da constituição dos créditos objecto de privilégio, ou seja, independentemente da posterior localização no tempo da respectiva localização ou, pelo menos, do decretamento da falência, circunstâncias que para o efeito, implicitamente, julgou irrelevantes.

Daí que desse entendimento divergente, e não obstante, em ambos os casos, não só a constituição dos créditos do IEFP antecedera a data da entrada em vigor da Lei n.º 17/86, como também as declarações de falência dos processos subjacentes e, consequentemente, as reclamações desses créditos serem posteriores a esse momento, enquanto o acórdão recorrido concedeu preferência na graduação aos créditos dos trabalhadores sobre os créditos do IEFP, ao invés, no acórdão fundamento estes prevaleceram sobre aqueles.

Sintetizando ainda mais, dir-se-á que a questão fulcral reside no sentido a dar à expressão constante da parte final do n.º 2 do artigo 12.º da Lei n.º 17/86, de 14 de Junho («sem prejuízo, contudo, dos privilégios anteriormente constituídos, com direito a ser graduados antes da entrada em vigor da presente lei»):

Se, conforme se fez no acórdão recorrido, com ela pretendeu o legislador marcar uma fase processual, forçosamente ocorrida em momento temporal anterior a 14 de Junho de 1986, a que os créditos anteriormente constituídos tenham de reportar-se;

Ou se, ao contrário, com ela se visou tão-só melhor explicitar o sentido e alcance da lei, sem o intuito de prejudicar o momento efectivamente relevante que é o da constituição do crédito e inerente privilégio.

Ora, põe-se aqui, como é óbvio, um problema de interpretação da lei, valendo para a sua solução os bem conhecidos princípios do artigo 9.º do Código Civil.

Estabelece-se, com efeito, neste preceito legal que:

1) A interpretação não deve cingir-se à letra da lei, mas reconstituir a partir dos textos o pensamento legislativo, tendo sobretudo em conta a unidade do sistema judicial, as circunstâncias em que a lei foi elaborada e as condições específicas do tempo em que é aplicada;
2) Não pode, porém, ser considerado pelo intérprete o pensamento legislativo que não contenha na letra da lei um mínimo de correspondência verbal, ainda que imperfeitamente expressa;
3) Na fixação e alcance da lei, o intérprete presumirá que o legislador consagrou as soluções mais acertadas e só sabe exprimir o seu pensamento em termos adequados.

Como primeira nota a este propósito o dizer-se aqui que não colhe o argumento de pura matriz literal baseado numa ligação última da expressão «com direito a ser graduados» com a expressão que imediatamente a antecede, «privilégios anteriormente constituídos», condicionando-a na amplitude da sua carga insupressiva, sob pena de então ter de se concluir que ela não tem qualquer sentido útil, destituída que está de qualquer significado, pois deixa por explicar a existência de uma vírgula a separar tais contíguas expressões, que bem pode ter como função o ser explicativa e reforçadora da ideia, porventura redundante, de que a salvaguarda é dirigida aos créditos privilegiados e não a quaisquer outros.

Tal significa, além do mais, que não nos podemos quedar pela consideração deste único elemento, impondo-se que se tenha em conta a *ratio legis*, isto é, se procure determinar o sentido da norma em função da própria razão de ser dela ou do seu sentido prático.

É sabido que, como diz Engish, (*Introdução ao Pensamento Jurídico*, 2.ª ed., p. 112), «o preceito da lei deve, na dúvida, ser interpretado de modo a ajustar-se o mais possível às exigências da vida em sociedade e ao desenvolvimento de toda a nossa cultura».

Como salienta o Prof. Castanheira Neves (*Metodologia Jurídica, Problemas Fundamentais*, p. 84), «o problema jurídico-normativo da interpretação não é o de determinar a significação, ainda que significação jurídica, que exprimam as leis ou quaisquer normas jurídicas, mas o de obter dessas leis ou normas um *critério prático normativo adequado de decisão dos casos concretos* (como critério-hipótese exigido, por um lado, e a submeter, por outro lado, ao discurso normativamente problemático do juízo decisório desses casos).

Uma boa interpretação da lei não é aquela que, numa pura perspectiva hermenêutico-exegética, determina correctamente o sentido textual da norma; é antes aquela que, numa perspectiva prático-normativa, utiliza bem a norma como critério de justa decisão do problema concreto».

Há, pois, que surpreender, em derradeira análise, uma interpretação do segmento normativo em que se contém a excepção legal que, sem esquecer, por um lado, a justa ponderação dos interesses em jogo, e, por outro, a certeza do direito, se identifique com uma solução compatível com a letra e o espírito da lei.

E nesta conformidade temos desde logo que acentuar que a circunstância de um direito de crédito na altura da sua constituição ter automaticamente associado, por força da lei, um privilégio creditório é sua *qualidade intrínseca*, bem pouco ou nada tem a ver, por lhe serem alheias, com a eventualidade da sua reclamação, verificação ou graduação em processo de falência.

Isso quer dizer que se tem de afastar a solução adoptada no acórdão recorrido, na medida em que marca num momento temporal injustificado para o serem ou não privilegiados os créditos em questão e como tal considerados na competente graduação.

E não se pode olvidar, no concernente à certeza do direito, a confusão que gera tal solução, pois, tendo ela excluído como momento relevante o da constituição do crédito e inerente privilégio, deparam-se-nos quatro momentos jurídico-processualmente relevantes, todos eles sustentáveis, e que se podem, enfim, escolher: o da sentença de declaração de falência, o da reclamação do crédito, o da sua verificação e o da sentença da sua graduação.

Mas, para além disto (e como até o próprio acórdão recorrido não deixa de lembrar), não se afigura justo que, no confronto entre um crédito derivado do financiamento de um projecto (de promoção e manutenção de postos de trabalho) e os créditos dos beneficiários desse projecto, o primeiro seja preterido nas relações entre si.

E, assim, os créditos do recorrente IEFP, resultantes de apoios financeiros para acções de manutenção e promoção do emprego, concedidos em data muito anterior à da entrada em vigor da Lei n.º 17/86 e gozando, por essa razão, de privilégio mobiliário e imobiliário, por força do artigo 7.º, alíneas a) e b), do Decreto-Lei n.º 437/78, de 28 de Dezembro, estão cobertos pela salvaguarda legal da parte final do n.º 2 do artigo 12.º da Lei n.º 17/86, por preencherem o respectivo requisito temporal.

Esta é, sem sombra de dúvida, a solução, desde logo por melhor proteger as fundadas expectativas do credor, expectativas essas reforçadas no caso *sub judice*, atenta a natureza e finalidade dos créditos concedidos.

Como refere o Prof. Castanheira Neves («O actual problema metodológico da interpretação jurídica», in *Revista de Legislação e de Jurisprudência*, ano 117.º, p. 193), «o legislador não usa palavras e exprime enunciados que terão, porventura, um sentido linguístico-gramatical comum apenas para comunicar (digamos literalmente) em sentido comum, quer antes prescrever uma *intenção jurídica* através dessas palavras e desses enunciados».

A exigência da interpretação jurídica tem fundamento normativo e o que a faz imprescindível é o acto normativo da utilização metodológica (metodológico-normativa) de um critério jurídico no juízo decisório de um concreto problema normativo-jurídico.

Ou seja, o que se pretende com ela não é compreender, conhecer a norma em si, mas obter dela ou através dela o critério exigido pela problemática e adequada decisão justificativa do caso.

O que significa evidentemente que é o *caso*, e não a norma, o *prius* problemático-intencional e metódico (v. Prof. Castanheira Neves, *Revista*, cit., ano 118.º, p. 258).

Ora, sendo assim, e tendo em conta uma interpretação teleológica actual e razoável (cf. Engish, *ob. cit.*), há que ter como boa, no caso *sub judice*, não a solução do acórdão recorrido, mas a solução oposta, encontrada no acórdão fundamento.

Pelo exposto se concede provimento ao recurso, revogando-se o acórdão recorrido, e se uniformiza a jurisprudência nos seguintes termos:

A salvaguarda legal consagrada na última parte do n.º 2 do artigo 12.º da Lei n.º 17/86, de 14 de Junho, abrange os créditos privilegiados constituídos antes da sua entrada em vigor, independentemente da data em que é declarada a falência do devedor.

Sem custas.

Lisboa, 15 do Outubro de 1996. – *João Fernandes Magalhães – Pereira da Graça – Manuel José de Almeida e Silva – Figueiredo de Sousa – César Marques – Sá Couto – Aragão Seia – Pais de Sousa – Roger Lopes – Martins da Costa – Herculano de Lima – Costa Soares – Machado Soares – Miranda Gusmão – Cardona Ferreira – Mário Cancela – Sampaio da Nóvoa – Costa Marques – Nascimento Costa – Lopes Pinto – Joaquim de Matos – Sousa Inês – Ramiro Vidigal – Metello de Nápoles.*

5. *Aplicabilidade às Empresas Públicas da Presunção de Insuficiência Económica Estabelecida no Artigo 20.º, n.º 1, Alínea b), do Decreto-Lei n.º 387-B/87, de 29 de Dezembro*

Acórdão n.º 2/99, do Supremo tribunal de Justiça*

Processo n.º 32/98. – Acordam no Supremo Tribunal de Justiça, em plenário:

Demandada no Tribunal do Trabalho de Lisboa por Diamantino Joaquim Baptista Granja e outros, em acção com processo ordinário emergente de contrato individual de trabalho, a ré Caminhos de Ferro Portugueses, E. P., requereu, na contestação, apoio judiciário na modalidade de dispensa total do pagamento de preparos e custas, assentando o pedido no facto de a exploração industrial da rede ferroviária nacional que lhe está cometida não proporcionar receitas que suportem as custas, tornando necessária a concessão de subsídios anuais da ordem dos milhões de contos por parte do Estado.

Por isso, diz, goza da presunção de insuficiência económica prevista na alínea *b*) do n.º 1 do artigo 20.º do Decreto-Lei n.º 387-B/87, de 29 de Dezembro, como foi entendido no acórdão da Relação de Évora, que cita.

O requerido apoio judiciário foi indeferido *in limine*, essencialmente na consideração de que a presunção de insuficiência económica relativamente a «quem reunir as condições exigidas para a atribuição de quaisquer subsídios em razão da sua carência de rendimentos» aproveita apenas às pessoas singulares que, por qualquer motivo, não tenham

---

* Publicado no Diário da República n.º 59/99, série I-A, de 11 de Março, pp. 1376-1378. Saliente-se que o Decreto-Lei n.º 387-B/87, de 29 de Dezembro foi revogado pelo artigo 56.º da Lei n.º 30-E/2000, de 20 de Dezembro.

rendimentos de modo a prover à sua alimentação; a ré, como outras empresas públicas, não beneficia da presunção invocada.

Do assim decidido agravou a ré, sem êxito, pois o Tribunal da Relação de Lisboa confirmou inteiramente o despacho recorrido.

Invocando a oposição deste julgado com o decidido pelo Acórdão da Relação de Évora de 7 de Março de 1996, proferido no agravo n.º 966/95, a requerente do apoio interpôs recurso de agravo para este Supremo Tribunal, invocando as disposições dos artigos 732.º-A, 732.º-B e 678.º, n.º 4, todos do Código de Processo Civil.

A agravante rematou a sua alegação com as conclusões seguintes:

a) O legislador fixou um quadro de presunções legais sem distinguir expressamente a que tipos de pessoas se aplica;
b) Não restam dúvidas quanto à insuficiência económica da recorrente e à sua situação altamente deficitária;
c) A recorrente goza da presunção legal de insuficiência económica que é aplicável às pessoas colectivas;
d) Essa presunção legal de que goza a recorrente não foi ilidida, como se reconhece no Acórdão da Relação de Évora de 7 de Março de 1996, junto por certidão;
e) Julgando em contrário, o acórdão em recurso violou os artigos 20.º do Decreto-Lei n.º 387-B/87 e 350.º, n.º 1, do Código Civil, pelo que deve ser revogado, concedendo-se à recorrente o benefício do apoio judiciário.

Não foram apresentadas contra-alegações.

Admitido o recurso, foi determinado pelo, ao tempo, Exmo. Vice-Presidente deste Supremo Tribunal que se procedesse a julgamento ampliado pela uniformização da jurisprudência, certo que o acórdão recorrido e o da Relação de Évora de 7 de Março de 1996 deram interpretações contraditórias à norma do artigo 20.º, n.º 1, alínea *b*), do De-creto-Lei n.º 387-B/87.

Ponderada, mais tarde, a necessidade de intervenção do plenário das secções cíveis por a decisão a proferir não se situar em domínio da exclusiva competência da jurisdição laboral, determinou o Exmo. Presidente deste Supremo que, para constituir uniformização, o julgamento não pode confinar-se à Secção Social, sob pena de eventuais contradições no Supremo Tribunal de Justiça, interessando sem dúvida às secções cíveis e, eventualmente, à criminal a decidir, como questão prévia, em plena reunião.

A Exma. Procuradora-Geral-Adjunta emitiu douto parecer no sentido de ser negado provimento ao agravo, propondo para a decisão uniformizadora de jurisprudência a redacção seguinte:

«A atribuição pelo Estado de subsídios às empresas públicas não integra, para efeitos de concessão de apoio judiciário, a presunção de insuficiência económica estabelecida na alínea *b*) do n.º 1 do artigo 20.º do Decreto-Lei n.º 387-B/87, de 29 de Dezembro.»

Colhidos os vistos e decidida a questão prévia no sentido de igualmente intervir a secção criminal, cumpre decidir.

Antes de mais, há que dizer que a oposição entre o Acórdão da Relação de Évora de 7 de Março de 1996, certificado a fls. 64-7, e o acórdão recorrido, de fls. 89-92, se afigura manifesta.

Na verdade, decidindo-se no primeiro que a empresa pública Caminhos de Ferro Portugueses goza da presunção de insuficiência económica contida na alínea *b*) do n.º 1 do artigo 20.º do Decreto-Lei n.º 387-B/87, de 29 de Dezembro, mercê dos subsídios recebidos do Estado, já o acórdão recorrido considerou que tal presunção não aproveita às empresas públicas, caso da recorrente.

Portanto, mais do que a concreta situação económico-financeira da recorrente em cada um dos momentos que peticionou o apoio judiciário, foi a divergente interpretação da norma do citado artigo 20.º, n.º 1, alínea *b*), do Decreto-Lei n.º 387-B/87 que conduziu às decisões opostas.

Acolhido no artigo 20.º da lei fundamental, o princípio constitucional do acesso ao direito e aos tribunais encontra expressão naquele Decreto-Lei n.º 387-B/87, de 29 de Dezembro, com alterações introduzidas pela Lei n.º 46/96, de 3 de Setembro.

Destinando-se o sistema de acesso ao direito e aos tribunais «a promover que a ninguém seja dificultado ou impedido, em razão da sua condição social ou cultural, ou por insuficiência de meios económicos, de conhecer, fazer valer ou defender os seus direitos» (n.º 1 do artigo 1.º do diploma), a concretização de tais objectivos passa pela actuação de mecanismos sistematizados de informação jurídica e de protecção jurídica (n.º 2 do preceito).

No tocante à protecção jurídica, pois esta é a figura que nos interessa, ela reveste as modalidades de consulta jurídica (artigos 6.º e 11.º a 14.º - os preceitos citados sem indicação são do Decreto-Lei n.º 387-B/ /87) e de apoio judiciário (artigos 6.º, 15.º e seguintes), compreendendo este a dispensa, total ou parcial, de preparos e do pagamento de custas, ou o seu diferimento, assim como do pagamento dos serviços do advogado ou solicitador.

Segundo o n.º 1 do artigo 7.º, tem direito à protecção jurídica as pessoas singulares que demonstrem não dispor de meios económicos bastantes para suportar os honorários dos profissionais forenses, devidos por efeito da prestação dos seus serviços, e para custear, total ou parcialmente, os encargos normais de uma causa judicial.

O n.º 4 do preceito, na redacção dada pela Lei n.º 46/96, reconhece às pessoas colectivas de fins não lucrativos direito a apoio judiciário quando façam a prova a que alude o n.º 1, enquanto o n.º 5, ao considerar as sociedades, os comerciantes em nome individual nas causas relativas ao exercício do comércio e os estabelecimentos individuais de responsabilidade limitada, dispõe que «têm direito à dispensa, total ou parcial, de preparos e do pagamento de custas ou ao seu diferimento, quando o respectivo montante seja consideravelmente superior às possibilidades económicas daqueles, aferidas designadamente em função do volume de negócios, do valor do capital ou do património e do número de trabalhadores ao seu serviço» – este n.º 5 foi introduzido pela Lei n.º 46/96.

Na redacção original, o n.º 4 do artigo 7.º dispunha que as pessoas colectivas e as sociedades têm direito a apoio judiciário quando façam a prova a que alude o n.º 1.

Resulta do exposto que, relativamente às pessoas colectivas, sociedades e comerciantes em nome individual nas causas relativas ao exercício do comércio, a protecção jurídica que lhes é concedida é mais restrita do que aquela a que têm direito as pessoas singulares, como resulta que o desempenho da actividade lucrativa impõe ao titular uma demonstração mais exigente da necessidade do apoio judiciário que requeira.

E compreende-se a razão de ser da lei – se o exercício de uma actividade comercial ou industrial apresenta, por norma, altos e baixos, sucedendo-se períodos prósperos a outros de ganhos reduzidos ou de falta deles, não é uma ocasional diminuição de receitas que reflecte a saúde financeira da sociedade ou do comerciante.

É certo que a recorrente é uma empresa pública, concessionária da exploração dos serviços de caminho de ferro em Portugal.

Integrando o sector empresarial do Estado, goza de personalidade jurídica e é dotada de autonomia administrativa, financeira e patrimonial, regendo-se pelas regras do direito privado no que não se mostrar especialmente regulado nos respectivos estatutos e no diploma que define o regime jurídico das empresas públicas (artigos 2.º e 3.º, n.º 1, do Decreto-Lei n.º 260/76, de 8 de Abril, e estatutos anexos ao Decreto-Lei n.º 109/77, de 25 de Março).

Devendo observar, na gestão financeira e patrimonial, «os princípios da boa gestão empresarial» (artigo 27.º, n.º 1, dos estatutos), por forma a assegurar a viabilidade económica e o equilíbrio financeiro indicados no artigo 21.º do Decreto-Lei n.º 270/76, na redacção do Decreto-Lei n.º 29/84, de 24 de Janeiro, à recorrente é imposta pelo Estado, por razão de política económica e social, a prática de preços que não garantem a cobertura dos custos totais de exploração.

Por isso, o Estado obriga-se a atribuir à empresa as adequadas compensações financeiras (vejam-se os artigos 28.º, n.º 2, alínea *h*), e 29.º, n.º 2, do estatutos referidos).

Se são razões de política económica e social que o Estado, titular da empresa, considera que deve prosseguir que levam à atribuição de subsídios ou compensações financeiras, se o mesmo Estado entende não dever isentar de custas as empresas públicas, não se desenham razões justificativas para dispensar a recorrente de fazer a prova da carência de meios para custear os encargos da acção, como resulta do que se contém nos n.ºs 4 e 5 do artigo 7.º do Decreto-Lei n.º 387-B/87.

Se o que ficou exposto não se desenha muito compatível com uma presunção de carência de meios por parte da recorrente, e nem importa considerar o que representa meia dúzia de contos num orçamento de muitos milhões, seguro é que apenas pessoas singulares são abrangidas nas diversas alíneas do n.º 1 do artigo 20.º como gozando da presunção de insuficiência económica.

Se é inequívoco que tal sucede relativamente a quem estiver a receber alimentos por necessidade económica e ao requerente de alimentos (alíneas *a*) e *e*)) ao titular de baixos rendimentos provenientes do trabalho (alínea *c*)) e ao filho menor, para efeitos de investigar ou impugnar a sua maternidade ou paternidade (alínea *d*)) outra não pode ser a conclusão quanto ao caso da alínea *b*), o de «quem reunir as condições exigidas para atribuição de quaisquer subsídios em razão da sua carência de rendimentos».

Fala a lei dos que podem reclamar subsídios por carência de rendimentos, expressão que no contexto das outras situações que o preceito prevê não se vislumbra que possa contemplar empresas públicas, subsidiadas por razões criadas por quem as subsidia.

Mas se tivermos presente que a Lei de autorização legislativa n.º 41/87, de 23 de Dezembro, que levou à publicação do Decreto-

-Lei n.º 387-B/87, permitiu a aprovação pelo Governo de um diploma destinado a assegurar a todos os cidadãos o acesso ao direito e aos tribunais (artigo 1.º), respeitando, entre outras linhas de orientação fundamentais, a previsão de esquemas de protecção para as pessoas que demonstrarem não dispor de meios económicos bastantes, «estabelecendo-se nesse sentido as adequadas presunções de insuficiência económica, sem prejuízo do disposto em legislação especial, por forma a proteger especialmente requerentes de alimentos, os cidadãos com baixos rendimentos, os menores e as vítimas de acidentes de viação» (alínea *d*) do n.º 2 do artigo 2.º), é forçoso concluir, com Salvador da Costa, *Apoio Judiciário*, 2.ª ed., 1986, p. 151, que a alínea *b*) do n.º 1 do artigo 20.º do Decreto-Lei n.º 387-B/87 «reporta-se à situação de indigência ou de acentuada pobreza. Abrange os cidadãos que estejam a cargo, ou percebam ou estejam em condições de perceber subsídios da segurança social».

Este o sentido que, por respeito aos princípios consignados no artigo 9.º do Código Civil, tem de ser conferido à norma questionada.

Por isso, e concluindo, o agravo improcede.

Termos em que se acorda em negar provimento ao recurso.

E uniformizando a jurisprudência, decide-se que:

Não aproveita às empresas públicas, ainda que subsidiadas pelo Estado, a presunção de insuficiência económica estabelecida no artigo 20.º, n.º 1, alínea *b*), do Decreto-Lei n.º 387-B/87, de 29 de Dezembro.

Custas pela recorrente.

Lisboa, 3 de Fevereiro de 1999. – *António Manuel Pereira – Armando Figueira Torres Paulo – Pedro Elmano de Figueiredo Marçal – Roger Bennett da Cunha Lopes – Sebastião Duarte de Vasconcelos da Costa Pereira – Armando Acácio Gomes Leandro – Agostinho Manuel Pontes de Sousa Inês – Afonso de Melo – José Miranda Gusmão (vencido conforme declaração de voto do Exmo. Conselheiro Quirino Soares) – Fernando da Costa Soares* (vencido conforme declaração de voto do Exmo. Conselheiro Quirino Soares) – *Fernando Machado Soares – Jorge Alberto Aragão Seia* (com a declaração que adoptaria a proposta de redacção para a decisão formulada pela Exma. Magistrada do Ministério Público) – *Abílio dos Santos Brandão – Rui Manuel Brandão Lopes Pinto – José Manuel Peixe Pelica* (com a declaração de que me parece mais adequada a dimensão expressa pelo Ministério Público) – *Emanuel Leonardo Dias – Augusto Alves – Virgílio António da Fonseca Oliveira –*

José Damião Mariano Pereira – Florindo Pires Salpico – Norberto José Araújo de Brito Câmara – Armando Castro Tomé de Carvalho – João Augusto de Moura Ribeiro Coelho – Carlindo Rocha da Mota e Costa – Joaquim Lúcio Faria Teixeira – Francisco Manuel Lucas Ferreira de Almeida (com a declaração de que preferiria a redacção proposta pela Exma. Magistrada do Ministério Público) – *Hugo Afonso dos Santos Lopes – José Augusto Sacadura Garcia Marques – Fernando João Ferreira Ramos – Luís Flores Ribeiro – Abílio Padrão Gonçalves – Herculano Albino Valente Matos Namora – Vítor Manuel de Almeida Deveza – João Henrique Martins Ramires – Luís António Noronha do Nascimento – António Sousa Lamas – Dionísio Alves Correia* (com a declaração de voto no sentido da norma sugerida pelo Ministério Público) – *Francisco António Lourenço – António Correia de Abranches Martins – António Luís Sequeira Oliveira Guimarães – Armando Lopes de Lemos Triunfante – Armando Moita dos Santos Lourenço – Abílio Vasconcelos Carvalho – José Alberto de Azevedo Moura Cruz – Joaquim José de Sousa Dinis – Dionísio Manuel Dinis Alves – Manuel Maria Duarte Soares – João Alfredo Diniz Nunes – Abel Simões Freire – Ilídio Gaspar Nascimento Costa* (adiro à declaração de voto do conselheiro Quirino Soares) – *António Quirino Duarte Soares* (com a declaração de que voto a confirmação do acórdão recorrido mas não a norma uniformizadora de jurisprudência, pois adoptaria a proposta pela Exma. Magistrada do Ministério Público, que é a que exprime, com rigor, o concreto conflito jurisprudencial) – *Bernardo Guimarães Fisher Sá Nogueira* (vencido. Entendo que o subsídio concedido pelo Estado à CP tem natureza compensatória dos prejuízos de exploração resultantes de uma imposição, de natureza política, de preços abaixo do custo, o que faz presumir, na minha opinião, a insuficiência económica. Por tal razão, votei que o acórdão deveria fixar a jurisprudência no sentido de que: «Aproveita às empresas públicas subsidiadas pelo Estado a presunção da alínea *b*) do n.º 1 do artigo 20.º da Lei do Apoio Judiciário, quando tal subsídio seja concedido como compensação por prejuízos decorrentes de sua exploração normal, efectuada, por imposição política, a preços inferiores ao do respectivo custo»).

6. Conceito de Estado Usado no Artigo 152.º do Código dos Processos Especiais de Recuperação da Empresa e de Falência

Jurisprudência n.º 1/2001*

Revista Ampliada n.º 943/99 - 1.ª Secção

Acordam no Supremo Tribunal de Justiça:

No Tribunal Judicial da comarca da Nazaré, em autos de reclamação de créditos a correr por apenso ao processo de falência em que foi declarada falida a sociedade por quotas Porcelanas Vítor e Silva, Lda., foi reclamado pelo Instituto do Emprego e Formação Profissional um crédito de 13 742 500$00, correspondente à parte não reembolsada de um apoio financeiro reembolsável por ele concedido em 1988 à falida no âmbito do Programa ILE (Iniciativa Local de Emprego) – ao abrigo do Despacho Normativo n.º 46/86, de 4 de Junho –, montante esse ao qual acresciam juros de mora no valor de 4 747 752$00.

Este crédito, tal como os restantes créditos reclamados por outros credores, foi considerado verificado no despacho saneador, aí se tendo procedido à graduação de todos pela forma seguinte:

1.º Os créditos dos trabalhadores, por, de acordo com o artigo 12.º da Lei n.º 17/86, de 14 de Junho, e o artigo 737.º, n.º 1, alínea *d*), do CC, gozarem de privilégio imobiliário geral e mobiliário geral;

2.º Todos os restantes créditos rateadamente, por terem sido havidos como comuns, sendo dado o esclarecimento de que os créditos

---

* Publicada no Diário da República n.º 4/2001, série I-A, de 5 de Janeiro de 2001, pp. 52-57.

Saliente-se que o Código dos Processos Especiais de Recuperação da Empresa e de Falência foi revogado pelo artigo 10.º, n.º 1 do Decreto-Lei n.º 53/2004, de 18 de Março.

da segurança social e do Estado passaram a ter essa natureza por força do artigo 152.º do CPEREF, aprovado pelo Decreto-Lei n.º 132/93, de 23 de Abril.

Houve apelação do IEFP, que a Relação de Coimbra julgou improcedente.

Deste acórdão trouxe o IEFP a este STJ o presente recurso de revista em que, alegando a pedir a graduação do seu crédito em primeiro lugar e antes dos créditos dos trabalhadores, e dizendo terem sido violados o artigo 152.º do CPEREF e, ainda, o artigo 7.º do Decreto-Lei n.º 437/78, de 28 de Dezembro, formulou conclusões com o seguinte conteúdo:

«1 – O regime previsto no artigo 152.º do CPEREF não se aplica ao IEFP;

2 – O sentido daquela norma é o de extinguir os privilégios creditórios do Estado em sentido restrito, enquanto representado pelo Governo, das autarquias locais e das instituições de segurança social, sendo que o IEFP continua a gozar dos respectivos privilégios na reclamação de créditos contra as empresas devedoras, após a declaração de falência;

3 – A não ser assim, não faria sentido aparecerem autonomizadas no citado artigo, a par do Estado, as autarquias locais e, principalmente, as instituições de segurança social, que, à semelhança do IEFP, são também entidades que gozam de personalidade jurídica de direito público, com autonomia administrativa e financeira e património próprio, ou seja, em tudo iguais ao IEFP;

4 – Aliás, tanto assim é que o próprio legislador do CPEREF, noutros preceitos do diploma, como os artigos 22.º, n.º 1, e 62.º, n.º 2, se refere distintamente a Estado, a institutos públicos e a instituições de segurança social enquanto entidades públicas titulares de créditos privilegiados, mas intencionalmente não fez o mesmo no artigo 152.º;

5 – De resto, outra solução não seria de esperar face à especificidade dos créditos do IEFP, isto é, resultando tais créditos da atribuição de apoios financeiros concedidos para efeitos de criação e manutenção de postos de trabalho bem como para formação profissional, o tratamento a dar-lhes teria que ser, obviamente, diferente;

6 – E, além disso, sintomático da correcção do entendimento que perfilhamos, temos o facto de o legislador do Decreto-Lei n.º 315/98, de 20 de Outubro, vir agora dar nova redacção ao artigo 152.º mas manter inalterada a referência aos entes públicos que perdem os privilégios creditórios com a declaração de falência, não incluindo ou não se referindo, como o faz noutros preceitos, aos "institutos públicos";

7 – Em suma, o IEFP continua a gozar, após a declaração de falência e para efeito de graduação de créditos, dos privilégios creditórios previstos no artigo 7.º do Decreto-Lei n.º 437/78, de 28 de Dezembro;

8 – Efectivamente, conforme dispõe o artigo 7.º do Decreto-Lei n.º 437/78, os créditos resultantes dos apoios financeiros concedidos no âmbito da promoção do emprego e da formação profissional – como é o caso dos autos – gozam de garantias especiais, isto é, do privilégio mobiliário geral sobre os bens móveis do devedor, graduando-se logo após os créditos referidos na alínea *a*) do artigo 747.º do CC e gozam ainda do privilégio imobiliário sobre os bens imóveis de devedor, graduando-se logo após os créditos referidos no artigo 748.º do CC.»

Houve resposta do Ministério Público junto da Relação de Coimbra, que se manifestou no sentido da procedência do recurso – opinião que neste STJ foi secundada pelo Sr. Procurador-Geral-Adjunto.

Colhidos os vistos legais, cumpre decidir.

Está assente, por virtude da verificação de créditos a que se procedeu no despacho saneador e contra a qual não houve reacção, a existência de um crédito do recorrente sobre a falida com o montante e origem acima descritos, de créditos da segurança social provenientes de contribuições não liquidadas e respectivos juros, de quatro créditos do Estado por custas, de três créditos de que são titulares fornecedores de mercadorias, de um crédito dos Serviços Municipalizados da Nazaré por fornecimento de água e, finalmente, de diversos créditos dos trabalhadores emergentes da cessação dos seus contratos de trabalho.

Estes últimos foram, nas instâncias, tidos como beneficiados, nos termos do artigo 12.º da Lei n.º 17/86, de 14 de Junho, por privilégio mobiliário geral e por privilégio imobiliário geral, respectivamente, e graduados em primeiro lugar por força do disposto nesse artigo e no artigo 737.º, n.º 1, alínea *d*), do CC.

O reconhecimento de que os créditos dos trabalhadores aqui em causa beneficiam de ambos estes privilégios não vem discutido, sendo, em todo o caso, de dizer que esses privilégios resultam, em termos inequívocos, do disposto no n.º 1 do mencionado artigo 12.º, o que conduz ao seu pagamento preferencial face a todos os créditos não privilegiados ou com privilégio com menor força que, tendo a falida como devedora, foram também verificados.

No entanto, é de assinalar o seguinte.

Ao referir-se, como se referiu, a existência de créditos dos trabalhadores com privilégio mobiliário geral e com privilégio imobiliário geral e ao fazer-se a sua graduação em primeiro lugar por força do disposto nesse artigo e no artigo 737.º, n.º 1, alínea *d*), do CC cometeu-se uma imprecisão, já que este último normativo apenas respeitaria ao primeiro destes privilégios, sendo que a graduação do privilégio imobiliário haveria que ser feita com referência aos créditos referidos no artigo 748.º do CC e antes destes - tudo por força das alíneas *a*) e *b*) do n.º 3 do referido artigo 12.º.

Fica-se sem se saber se tal se deveu ao conhecimento, que não temos, de só estarem em causa bens móveis da falida – caso em que terá sido inútil a referência ao privilégio imobiliário –, ou a erro de aplicação de direito.

Sempre se poderá, se for caso disso, decidir a final tendo em atenção esta distinção de regimes legais.

A questão que vem submetida à nossa consideração reside em saber se o crédito do recorrente goza de privilégios creditórios aqui subsistentes e invocáveis e que impliquem a sua graduação à frente dos créditos dos trabalhadores – opinião defendida pelo recorrente –, ou se, pelo contrário, tal crédito reveste aqui a natureza de crédito comum – tese defendida no acórdão recorrido.

O recorrente é um organismo que foi criado pelo Decreto-Lei n.º 519-A2/79, de 27 de Dezembro.

Neste diploma, depois de no seu artigo 1.º se afirmar caber ao Ministério do Trabalho, entre outras atribuições, a de «participar activamente na concepção da política global de emprego, executá-la no âmbito das suas competências e apoiar a coordenação das acções que neste domínio sejam desenvolvidas pelos demais departamentos públicos e outras entidades», aludiu-se aos serviços de que para a sua prossecução aquele Ministério dispunha: a alínea *a*) do n.º 1 do seu artigo 2.º mencionou o Gabinete de Gestão do Fundo de Desemprego, criado pelo

Decreto-Lei n.º 759/74, de 30 de Dezembro, e a alínea b) do mesmo n.º 1 falou no Instituto do Emprego e Formação Profissional, consagrando a sua criação *ex novo*.

No artigo 3.º, n.º 1, do mesmo decreto-lei disse-se ser uma pessoa colectiva de direito público dotada de autonomia administrativa e financeira e revestindo a forma de serviço personalizado do Estado; ainda agora o Estatuto que actualmente o rege, aprovado pelo Decreto-Lei n.º 247/85, de 12 de Julho, o define como organismo dotado de personalidade jurídica de direito público, com autonomia administrativa e financeira e património próprio.

Pelo artigo 4.º daquele Decreto-Lei n.º 519-A2/79, foi dito competir-lhe, em geral, a participação na concepção da política de emprego e formação profissional e assegurar a sua execução no âmbito daquele Ministério, cometendo-se-lhe as competências da Direcção-Geral do Emprego e da Direcção-Geral de Promoção do Emprego, ambas criadas pelo Decreto-Lei n.º 762/74, de 30 de Dezembro, e do Fundo de Desenvolvimento da Mão-de-Obra, criado pelo Decreto-Lei n.º 44 506, de 10 de Agosto de 1962; estes serviços foram, por sua vez, extintos na sequência do disposto no artigo 7.º do mesmo decreto-lei.

A definição actual das suas atribuições consta do artigo 4.º do Estatuto que se referiu acima, interessando aqui, em especial, as das suas alíneas *c*) – «Promover a (...) orientação de formação profissional e reabilitação profissional e colocação dos trabalhadores (...)», *d*) «Promover a melhoria da produtividade na generalidade das empresas mediante a realização (...) das acções de formação profissional (...) que se revelem em cada momento mais adequadas (...)» e *e*) «Apoiar iniciativas que conduzam à criação de novos postos de trabalho, em unidades produtivas já existentes ou a criar, bem como à sua manutenção, nos domínios técnico e financeiro».

Ainda antes da criação do IEFP já cabia à Direcção-Geral do Emprego «promover o ajustamento entre a procura e a oferta de emprego, nomeadamente facilitando a mobilidade profissional e geográfica dos trabalhadores» e «promover a realização de acções de formação e reabilitação profissional e prestar apoio técnico e financeiro às que forem realizadas por empresas ou outras entidades», nos termos dos artigos 3.º, alíneas *c*) e *e*), 5.º, alínea *c*), e 7.º, alíneas *a*), *b*), *c*) e *e*) do Decreto-Lei n.º 762/74; e cabia à Direcção-Geral de Promoção do Emprego desencadear as actuações necessárias para a realização de empreendimentos geradores de emprego e promover o seu apoio adequado, bem como intervir em situações de risco iminente de desemprego e participar na aplicação das soluções encontradas – alíneas *b*) e *c*) do seu artigo 11.º.

Para cobertura dos encargos decorrentes das iniciativas previstas nas referidas alínea *c*) do artigo 5.º, alíneas *a*), *b*), *c*) e *e*) do artigo 7.º e alíneas *b*) e *c*) do artigo 11.º seriam inscritas dotações especiais no orçamento do Fundo de Desenvolvimento da Mão-de-Obra – artigo 20.º do mesmo decreto-lei.

Conforme se reconheceu no preâmbulo do Decreto-Lei n.º 437/78, de 28 de Dezembro, a possibilidade de financiamento de acções de manutenção e promoção do emprego através do Gabinete de Gestão do Fundo de Desemprego – estas ao abrigo do Decreto-Lei n.º 759/74, de 30 de Dezembro – e do Fundo de Desenvolvimento de Mão-de-Obra – as que acima acabámos de referir – não tinham ainda a regulamentação necessária para a sua concretização nem para o acautelamento da cobrança coerciva dos créditos delas eventualmente decorrentes para a Administração; para este fim foi publicado aquele Decreto-Lei n.º 437/78.

Assim, os seus artigos 1.º a 3.º trataram do processamento da concessão desses financiamentos, que poderiam traduzir-se em empréstimos, subsídios reembolsáveis ou não, garantias de pagamento e outras formas de apoio financeiro.

Os seus artigos 4.º e 5.º regularam a criação do título executivo destinado à cobrança coerciva dos créditos resultantes desse apoio financeiro.

O seu artigo 6.º previu, em caso de aplicação indevida do apoio ou de incumprimento injustificado, a declaração de vencimento imediato da dívida por despacho das entidades que o houvessem concedido.

Finalmente, o seu artigo 7.º criou garantias especiais beneficiando os mesmos créditos, designadamente um privilégio mobiliário geral sobre os bens móveis do devedor – o da sua alínea *a*) –, um privilégio imobiliário sobre os bens imóveis do devedor – o da sua alínea *b*) – e uma hipoteca legal, também sobre os bens imóveis do devedor – o da sua alínea *c*).

O percurso acabado de fazer foi necessário para que se percebesse por que motivo pode ser discutida a respeito dos créditos de que é titular o IEFP a existência de privilégios creditórios previstos por disposição legal que se dirigia ao extinto Fundo de Desenvolvimento de Mão-de--Obra.

Afigura-se, nomeadamente, evidente a correspondência a estabelecer, em especial, entre a alínea *b*) do artigo 11.º do Decreto-Lei n.º 762/74 e a alínea *e*) do artigo 4.º do Estatuto do IEFP.

Assim, pode ter-se como demonstrado que, em princípio, serão beneficiados por esses privilégios os créditos detidos pelo IEFP que houverem sido constituídos em casos e condições que os concederiam a créditos daquele Fundo.

A verificação que deste crédito foi feita na 1.ª instância, porque não impugnada, deixa assente que o crédito existe no montante e demais condições descritas na reclamação e com a origem aí mencionada.

Mas não basta para que se dê como assente que esse crédito nasceu como privilegiado, havendo que apurar se havia norma que lho concedesse.

A circunstância de este aspecto ter sido, até agora, resolvido pacificamente nestes autos não nos dispensa de o analisar visto tratar-se de matéria de direito, oficiosa e livremente cognoscível pelo tribunal – cf. artigo 664.º do CPC.

O crédito em causa emergiu de um apoio financeiro reembolsável concedido em 1988 à falida no âmbito do Programa ILE (Iniciativa Local de Emprego), ao abrigo do Despacho Normativo n.º 46/86, de 4 de Junho, que regulamentou a concessão de apoios à dinamização sócio-económica a nível local, fomentando projectos geradores de emprego.

Este despacho foi buscar a sua legitimação a diversas disposições do Decreto-Lei n.º 445/80, de 4 de Outubro, que visou proceder ao enquadramento da promoção do emprego com vista à criação e ou manutenção de postos de trabalho, procurando contribuir para o incremento das iniciativas com incidência nessas criação e manutenção.

E fundou-se, também, na já atrás citada alínea *e*) do artigo 4.º do Estatuto do IEFP, com o que somos remetidos, através do *iter* que já ficou descrito, para a aplicabilidade, ao caso, do artigo 7.º do Decreto-Lei n.º 437/78 – designadamente por se configurar a existência do privilégio mobiliário geral sobre os bens móveis do devedor – o da sua alínea *a*) – e do privilégio imobiliário sobre os bens imóveis do devedor – o da sua alínea *b*).

Privilégios estes que, tal como foram previstos, levariam à graduação pela forma seguinte:

O privilégio mobiliário geral seria atendido logo após os créditos referidos na alínea *a*) do artigo 747.º do CC – formulação legal manifestamente defeituosa, já que aqui só podia estar em causa a alínea *a*) do n.º 1 desse artigo;

O privilégio imobiliário geral sê-lo-ia logo após os créditos referidos no artigo 748.º do CC.

De tudo resultaria que o crédito do recorrente haveria, sendo aplicável este regime, de ter sido graduado a seguir aos créditos dos trabalhadores emergentes da cessação dos contratos de trabalho e antes dos créditos comuns, e não pela forma que vem propugnada pelo recorrente.

Na verdade, o n.º 3 do artigo 12.º da Lei n.º 17/86, dá aos créditos dos trabalhadores um privilégio que os avantaja no seu confronto com o que beneficiará o IEFP, na medida em que o privilégio mobiliário daqueles será atendido antes dos créditos referidos no artigo 747.º, n.º 1, do CC e o imobiliário o será antes dos créditos referidos no artigo 748.º, também do CC – à frente, pois, da graduação que resulta do artigo 7.º do Decreto-Lei n.º 437/78.

Isto porque, como acima se disse, o crédito do recorrente emerge de um apoio financeiro reembolsável concedido em 1988 à falida, isto é, em data posterior àquela em que entrou em vigor o regime instituído pelo artigo 12.º da Lei n.º 17/86, pelo que não está abrangido pela salvaguarda de privilégios anteriores constante da parte final do n.º 2 do mesmo artigo 12.º – salvaguarda que o avantajaria aos créditos dos trabalhadores se fosse, diversamente, aplicável no presente caso.

O obstáculo que as instâncias levantaram ao atendimento, em concreto, dos privilégios concedidos por este artigo 7.º resulta do disposto no artigo 152.º do CPEREF.

Recorde-se que o crédito do IEFP foi reclamado em fase de verificação do passivo num processo de falência em que a devedora foi declarada falida – fase em que se apuram os créditos que hão-de ser pagos pelas disponibilidades a realizar a partir do património da devedora e em função da graduação ordenada que deles for feita, consoante se tratar de créditos comuns ou privilegiados e, neste último caso, em função da força relativa desses privilégios.

O mencionado artigo 152.º dispunha o seguinte na sua versão inicial, aqui aplicável:

«Com a declaração de falência extinguem-se imediatamente os privilégios creditórios do Estado, das autarquias locais e das instituições de segurança social, passando os respectivos créditos a ser exigíveis apenas como créditos comuns».

E, na revisão operada pelo Decreto-Lei n.º 315/98, de 20 de Outubro, passou a ser assim:

«Com a declaração de falência extinguem-se imediatamente, passando os respectivos créditos a ser exigidos apenas como créditos comuns, os privilégios creditórios do Estado, das autarquias locais e das instituições de segurança social, excepto os que se constituírem no decurso do processo de recuperação ou de falência.»

Sendo evidente que as entidades com a natureza do recorrente – os institutos públicos – não estão aqui expressamente referidos, a questão reside em saber se os abrangerá a referência feita nesta norma ao Estado.

Que sim, disseram as instâncias.

Que não, defende o recorrente e o Ministério Público.

A doutrina jurídica tem vindo a distinguir várias acepções da palavra «Estado», que, na lição de Diogo Freitas do Amaral, *Curso de Direito Administrativo*, vol. I, pp. 197 e 198, pode ser encarado enquanto «Estado soberano, titular de direitos e obrigações na esfera internacional» – *acepção internacional* –, enquanto «comunidade de cidadãos que, nos termos do poder constituinte que a si própria se atribui, assume uma determinada forma política para prosseguir os seus fins nacionais» – *acepção constitucional* – e como «pessoa colectiva pública que, no seio da comunidade nacional, desempenha, sob a direcção do Governo, a actividade administrativa» – *acepção administrativa.*

Lê-se na mesma obra a p. 200:

«Não se confundem Estado e outras entidades administrativas: o interesse prático maior do recorte da figura do Estado-administração reside, justamente, na possibilidade assim aberta de separar o Estado das outras pessoas colectivas públicas que integram a Administração. Deste modo, não se confunde o Estado com as regiões autónomas, nem com as autarquias locais, nem sequer com os institutos públicos e associações públicas, apesar de mais intimamente conexos com ele (...)»

A Constituição da República Portuguesa tem presente esta noção de Estado-administração quando, a propósito da regulamentação do que ao Governo compete no exercício de funções administrativas, distingue na alínea *d*) do seu actual artigo 199.º entre administração directa do Estado, administração indirecta e administração autónoma e alude na alínea *e*) aos funcionários e agentes do Estado e de outras pessoas colectivas públicas.

A administração directa corresponde ao Estado nos seus vários escalões, estando englobada sob uma única personalidade jurídica e sendo os diversos órgãos e serviços em que se decompõem dirigidos pelo Governo – artigo 199.º, alínea *d*), da CRP.

A administração indirecta do Estado e a administração autónoma são exercidas por entes personalizados de diversos tipos, criados para prosseguirem interesses públicos sob a superintendência e tutela do Estado no caso da primeira, ou apenas sob essa tutela no caso da segunda – mesma alínea *d*).

Sem preocupação de sermos exaustivos, a administração indirecta e a administração autónoma compreendem entes como os institutos públicos – onde ainda é possível referir, como espécies diferenciadas, os serviços personalizados, as fundações públicas, os estabelecimentos públicos e as empresas públicas –, as associações públicas, as Regiões Autónomas e as autarquias locais.

Na sua letra o citado artigo 152.º do CPEREF não os engloba a todos, pois, referindo-se apenas, expressamente, ao Estado, às autarquias locais e às instituições de segurança social – que, sendo legalmente qualificadas como institutos públicos, como se vê dos artigos 7.º e 57.º da Lei n.º 28/84, de 14 de Agosto, e do artigo 1.º do Decreto-Lei n.º 260/ /93, de 23 de Julho, não são, no entanto, mais do que uma pequena parcela dos institutos públicos existentes –, aponta para a sua aplicabilidade exclusiva à administração directa do Estado – ou ao Estado *stricto sensu* – e, no âmbito da administração indirecta e da administração autónoma, às entidades a que alude.

Na verdade, a ter aí a palavra «Estado» um sentido mais abrangente, designadamente englobando os institutos públicos, logo se patentearia a incongruência que traduziria a posterior referência às instituições de segurança social, atenta a sua natureza jurídica acima indicada.

E a interpretação que dá à expressão «Estado» esse alcance reduzido é, notoriamente, a que mais se coaduna com a técnica usada pelo legislador do CPEREF.

De facto, em diversas disposições deste diploma a regulamentação nelas introduzida evidenciou a consciência da diversidade de tipos de pessoas jurídicas públicas, tal como acima ficou descrita, e da diferença que existe entre o Estado *stricto sensu* e as restantes.

Assim, no artigo 22.º estatui-se em relação ao Estado, a institutos públicos sem a natureza de empresas públicas e a instituições de segurança social, quando credores, um regime especial de intervenção no processo através de mandatários especiais, em substituição do Ministério Público.

No artigo 62.º permitiu-se que as mesmas entidades, quando titulares de créditos privilegiados, dessem, em processo de recuperação, o seu acordo a providências de recuperação que envolvessem a extinção ou a modificação dos seus créditos.

Em linha semelhante, mas agora distinguindo-se entre o Estado e as restantes entidades públicas titulares de créditos privilegiados, estabeleceu-se no artigo 52.º um regime especial a observar quando os seus representantes se abstivessem de votar, por falta de autorização do membro do Governo competente, na assembleia de credores e tal impedisse a tomada de deliberação – regime que visou facilitar, num segundo momento a determinar proximamente, a tomada dessa deliberação.

No artigo 65.º criou-se, quanto a créditos constituídos sobre a empresa em recuperação na fase processual aí definida, um regime da retenção de parcelas que fossem devidas para garantia de cumprimento de obrigações também para com o Estado ou outra entidade pública.

E no n.º 6 do artigo 41.º – norma que não é originária, visto que foi introduzida pelo Decreto-Lei n.º 315/98, de 20 de Outubro, mas que confirma a perseverança neste conceito restrito – veio estabelecer-se um regime especial conducente a permitir, verificados determinados pressupostos, a nomeação do Estado ou de instituições de segurança social para a presidência da comissão de credores.

O que mostra que o CPEREF usou a palavra «Estado» sempre num sentido restrito, enquanto pessoa jurídica que é a correspondente à administração directa e não engloba as demais pessoas jurídicas públicas que integram a administração indirecta, designadamente os seus serviços personalizados.

E é significativo que o legislador, encarando em fases diferentes – a do artigo 62.º e a do artigo 152.º – situações em que entidades públicas são titulares de créditos privilegiados, houvesse aí estatuído regimes com âmbito subjectivo diferente, o que revela estar subjacente às soluções adoptadas a consideração de circunstâncias que em uma e outra terão sido determinantes. Isto é: numa primeira fase, anterior à falência, considera de igual modo os privilégios do Estado e os dos institutos públicos; e numa segunda fase, já após a declaração da falência, procede à extinção dos privilégios do Estado mas não determina o mesmo quanto aos dos institutos públicos.

Tem-se argumentado, porém, com passagens do preâmbulo do CPEREF para defender que no artigo 152.º foi usado um conceito mais amplo de «Estado».

No n.º 6 deste preâmbulo alude-se, na verdade, aos inconvenientes que a existência de privilégios creditórios envolve no plano da recuperação económica de uma empresa em dificuldades, desde logo por virtude do peso dos créditos privilegiados «do Estado e da chamada segurança social».

E, com particular interesse para o caso, aí se escreveu:

«Não faria realmente grande sentido que o legislador, a braços com a tutela necessária das empresas em situação financeira difícil desde 1977 até hoje, continuasse a apelar vivamente para os deveres de solidariedade económica e social que recaem sobre os credores e mantivesse inteiramente fora das exigências desse dever de cooperação quer o *Estado*, quer as *instituições de segurança social*, que deveriam ser as primeiras a dar exemplo da participação no sacrifício comum.»

E, acto contínuo, anunciou-se, nos seus exactos termos literais, a solução legal que se introduziria no artigo 152.º.

Afirmou, pois, o legislador a indispensabilidade de sacrificar em prol da solidariedade económica e social os interesses do Estado e das instituições de segurança social; teve, necessariamente, perfeita consciência de que resultariam extintos os privilégios creditórios das entidades naquele artigo nomeadas, designadamente o Estado e aquelas instituições, e não de outras entidades cuja natureza jurídica se assemelhasse à destas últimas.

Não é difícil encontrar um motivo para a distinção, assim feita, entre o Estado e as instituições de segurança social, por um lado, e os demais institutos públicos, sejam ou não empresas públicas, pelo outro.

É que os créditos privilegiados do Estado e daquelas instituições advêm, na sua parte largamente dominante, de impostos e de prestações contributivas, ou seja, num caso e noutro são créditos de natureza tributária ou paratributária e que não se integram num sinalagma do qual a falida haja retirado vantagens.

Diversamente, porém, os créditos dos demais institutos públicos serão, em geral, o correspectivo de uma prestação feita em benefício da falida, no que se assemelharão aos créditos de entidades privadas, ressalvadas da extinção dos privilégios e às quais parece razoável que, por igualdade de razões, fiquem equiparados.

A circunstância de no parágrafo seguinte se dizer que esta solução «só pode robustecer a autoridade das pessoas colectivas públicas», em manifesta alteração de terminologia face à ousada concordantemente nas duas passagens imediatamente anteriores, não basta para que possa aqui sustentar-se que com isso se quis anunciar um regime com validade para todas as pessoas colectivas públicas, que seria manifestamente diferente, quer do que acabara de ser anunciado em concreto, quer do efectivamente consagrado no texto legal.

Terá antes havido uma preocupação de simplicidade de expressão ou de elegância literária, mas sem que a nova fórmula verbal usada o possa ter sido em sentido próprio, sob pena de verificação da incongruência acima assinalada.

Também não é de invocar a circunstância de o preâmbulo do CPEREF usar por diversas vezes a palavra «Estado» sem alguma vez a limitar à acepção que vê nele o sector da Administração de que é cabeça do Governo – argumento que se acompanha da invocação do brocardo latino *ubi lex non distinguit* (...).

Havendo, como há, várias acepções de «Estado», a opção pelo entendimento mais restrito não envolve, como é óbvio, uma distinção feita pelo intérprete, que se limita a concluir que houve uma distinção feita pelo próprio legislador, e não por si próprio.

Aliás, o facto de nesse preâmbulo se fazer a distinção entre «Estado» e «instituições de segurança social» aponta, por tudo o que ficou já dito, para que na sua redacção se tenha tido como presente aquele conceito restrito de «Estado».

Tudo leva a crer, pois, que foi de caso pensado que o artigo 152.º abrangeu apenas o Estado, as autarquias locais e as instituições de segurança social, tendo aquele primeiro termo o conteúdo que resulta da técnica legal e se definiu já.

Neste sentido, pois, se uniformizará a jurisprudência.

Sempre se dirá, porém, que, não podendo deixar de conhecer a controvérsia que a este propósito se estabelecera já nos tribunais, o legislador do Decreto-Lei n.º 315/98 teve ao seu alcance uma boa oportunidade, que enjeitou, de esclarecer as divergências que vinham sendo manifestadas.

E cabe ainda prestar um esclarecimento suplementar.

Face às regras sobre aplicação da lei no tempo, designadamente o artigo 12.º, n.º 1, do CC, ao caso prático versado nestes autos aplica-se, como já ficou dito acima, a redacção originária que teve o artigo 152.º do CPEREF.

Por isso só a essa redacção poderá reportar-se a uniformização, muito embora se nos afigure que o problema se põe nos mesmos termos quanto à redacção emergente do Decreto-Lei n.º 315/98.

Resulta ainda do que ficou dito que, embora procedendo o recurso quanto à interpretação do artigo 152.º do CPEREF, a sua aplicação não conduz à graduação pedida pelo recorrente, mas à que acima já ficou mencionada.

Na verdade, embora este aspecto específico da tese do recorrente não tenha sido contraditado, ele releva de simples aplicação de Direito, da qual o tribunal conhece com liberdade – artigo 664.º do CPC.

Nestes termos, concedendo-se em parte a revista, altera-se o acórdão recorrido no tocante à graduação feita, ficando os créditos tidos como verificados ordenados de acordo com a seguinte graduação:

1.º Os créditos dos trabalhadores verificados no saneador sentença sob os n.os 5 a 17 do ponto I;

2.º O crédito reclamado pelo recorrente IEFP;

3.º Todos os restantes créditos verificados.

E uniformiza-se a jurisprudência pela seguinte forma:

«Não cabendo o Instituto do Emprego e Formação Profissional, por ser um instituto público, dentro do conceito de Estado usado no artigo 152.º do Código do Processo Especial de Recuperação da Empresa e de Falência, aprovado pelo Decreto-Lei n.º 132/93, de 23 de Abril, a extinção de privilégios creditórios operada por esta disposição não abrange aqueles que garantem, por força do artigo 7.º do Decreto-Lei n.º 437/78, de 28 de Abril, créditos daquele Instituto.»

Sem custas.

Lisboa, 28 de Novembro de 2000. – *Ribeiro Coelho – Torres Paulo – Roger Lopes – Pais de Sousa – Miranda Gusmão* (vencido conforme declaração de voto do Exmo. Conselheiro Araújo de Barros) – *Fernandes Magalhães – Moitinho de Almeida – Sousa Inês* (vencido nos termos da declaração de voto que vai em escrito próprio) – *Afonso de Melo – Barata Figueira – Aragão Seia – Nascimento Costa – Tomé de Carvalho – Lopes Pinto – Silva Paixão* (vencido nos termos da declaração de voto do Exmo. Conselheiro Sousa Inês) – *Garcia Marques – Ferreira Ramos – Pinto Monteiro – Dionísio Alves – Noronha de Nascimento* (vencido nos termos da declaração de voto do Exmo. Conselheiro Sousa Inês) – *Ferreira de Almeida – Neves Ribeiro – Lemos Triunfante – Silva Graça* (vencido nos termos da declaração de voto do Conselheiro Sousa Inês) – *Armando Lourenço – Moura Cruz* (vencido nos termos da declaração de voto do Sr. Conselheiro Sousa Inês) – *Abílio Vasconcelos – Sousa Dinis* (vencido, de acordo com declaração de voto que junto) – *Simões Freire – Óscar Catrola – Duarte Soares – Azevedo Ramos –*

Silva Salazar – Araújo de Barros (vencido nos termos da declaração junta) – *Reis Figueira – Oliveira Barros.*

Em face das explicações dadas pelo próprio legislador, no n.º 6 do preâmbulo do Decreto-Lei n.º 123/93, de 23 de Abril, acerca da razão de ser e finalidade do disposto no artigo 152.º do Código dos Processos Especiais de Recuperação da Empresa e de Falência, votei que se uniformizasse jurisprudência no sentido de o conceito de Estado daquele preceito ter sentido amplo, abrangendo todo o complexo de autoridades e entidades públicas, dotadas, entre o mais, de poderes de autoridade pública, de autonomia administrativa e jurídica e de personalidade jurídica, como este Tribunal decidiu pelos Acórdãos de 13 de Novembro de 1997, no *Boletim*, n.º 471, pp. 310 e segs., e de 19 de Novembro de 1998, no *Boletim*, n.º 481, pp. 396 e segs.

Agostinho Manuel Pontes de Sousa Inês.

Declaração de voto

Subscrevo inteiramente a declaração de voto do Exmo. Conselheiro Sousa Inês, que vai ao encontro da posição por mim assumida no Acórdão de 19 de Novembro de 1998 (*Boletim do Ministério da Justiça*, n.º 481, pp. 396 e segs.), não encontrando na que fez vencimento argumentação que me leve a alterar a que assumi.

Permito-me acrescentar duas notas.

A tese que fez vencimento, salvo o devido respeito, baseia-se numa *visão administrativa* (pública) de Estado que me parece não ter sido querida pelo legislador, como flui do n.º 6 do relatório preambular do Decreto-Lei n.º 132/93, de 23 de Abril.

A norma do artigo 152.º do CPEREF, tal como é interpretada na tese que fez vencimento, é, a meu ver, inconstitucional.

Joaquim José de Sousa Dinis.

Voto de vencido

Votei pela uniformização de jurisprudência no sentido de que «o conceito de Estado, para os efeitos do artigo 152.º do CPEREF (Decreto-Lei n.º 123/93, de 23 de Abril), reveste amplo significado, abrangendo, por isso, os créditos do Instituto do Emprego e Formação Profissional resultantes de financiamentos concedidos ao abrigo do Despacho Normativo n.º 46/86, de 4 de Julho».

Decorre esta posição do facto de, a meu ver, ser esta a razão de ser e a finalidade do citado artigo como se depreende, além do mais, da redacção do n.º 6 do Preâmbulo, no qual o legislador, referindo embora em concreto o Estado, as autarquias locais e as instituições de segurança social, aponta claramente para uma ampla aplicação daquela norma, designadamente quando refere que «não faria realmente grande sentido que o legislador, a braços com a tutela necessária das empresas em situação financeira difícil desde 1977 até hoje, continuasse a apelar vivamente para os deveres de solidariedade económica e social que recaem sobre os credores e mantivesse inteiramente fora das exigências desse dever de cooperação quer o Estado (...)».

Fernando Jorge Ferreira de Araújo Barros.

Índice

Capítulo II – Processo de insolvência estrangeiro 218
Capítulo III – Processo particular de insolvência 219
Título XVI – Indiciação de infracção penal 221
Título XVII – Disposições finais 222

Parte II
Legislação Complementar

1. *Órgãos do Processo de Insolvência e de Recuperação de Empresas*

1.1. *Estatuto do Administrador da Insolvência* – Lei n.º 32/2004, de 22 de Julho 227

1.2. *Recrutamento, Estatuto e Remuneração do Gestor e do Liquidatário Judiciais* – Decreto-Lei n.º 254/93, de 15 de Julho 245

1.3. *Limitações, Incompatibilidades e Impedimentos dos Gestores e Liquidatários Judiciais* – Decreto-Lei n.º 188/96, de 8 de Outubro ... 251

1.4. *Sociedades de Gestores Judiciais e de Liquidatários Judiciais* – Decreto-Lei n.º 79/98, de 2 de Abril 254

1.5. *Sociedades Gestoras de Empresas* – Decreto-Lei n.º 82/98, de 2 de Abril 258

1.6. *Tribunais de Comércio* – Artigos 78.º, 89.º e 137.º da Lei n.º 3/99, de 13 de Janeiro 260

1.7. *Sociedades de Administradores da Insolvência* – Decreto-Lei n.º 54/ /2004, de 18 de Março 263

1.8. *Remuneração do Administrador da Insolvência* – Portaria n.º 51/ /2005, de 20 de Janeiro 266

1.9. *Cartão de Identificação dos Administradores da Insolvência* – Portaria n.º 265/2005, de 17 de Março 269

2. *Medidas Extrajudiciais de Recuperação*

2.1. *Fundo para a Revitalização e Modernização do Tecido Empresarial* – Resolução do Conselho de Ministros n.º 40/98, de 23 de Março 271

2.2. *Sistema de Incentivos à Revitalização e Modernização Empresarial (SIRME)* – Decreto-Lei n.º 80/98, de 2 de Abril 278

2.3. *Benefícios à Aquisição, Total ou Parcial, do Capital Social de uma Empresa por Quadros Técnicos ou por Trabalhadores da Empresa* – Decreto-Lei n.º 81/98, de 2 de Abril 281

2.4. *Indicadores de Referência para a Atribuição de Incentivos Fiscais no Âmbito dos Contratos de Consolidação Financeira e Reestruturação Empresarial* – Despacho n.º 8513/98, de 5 de Maio 285

2.5. *Regulamento do Sistema de Incentivos à Revitalização e Modernização Empresarial – SIRME* – Despacho n.º 8514/98, de 5 de Maio 286

2.6. *Procedimento Extrajudicial de Conciliação* – Decreto-Lei n.º 316/ /98, de 20 de Outubro e Decreto-Lei n.º 201/2004, de 18 de Agosto 290

2.7. *Benefícios Aplicáveis à Celebração de Contratos de Consolidação Financeira e Reestruturação Empresarial* – Decreto-Lei n.º 1/99, de 4 de Janeiro 301

2.8. *Regime dos Juros de Mora das Dívidas ao Estado e a Outras Entidades Públicas* – Decreto-Lei n.º 73/99, de 16 de Março 305

2.9. *Gabinete de Intervenção Integrada para a Reestruturação Empresarial (AGIIRE)* – Decreto Regulamentar n.º 5/2005, de 12 de Julho 311

3. *Plano de Pagamentos*

Portaria n.º 1039/2004, de 13 de Agosto 319

Parte III
Disposições Especiais e Avulsas

1. *Direito Civil*

1.1. *Associações e Fundações* – Artigos 182.º, 183.º, 192.º e 193.º do Código Civil 325

1.2. *Direito das Obrigações* – Artigos 422.º, 429.º, 519.º, 526.º, 587.º, 600.º, 605.º, 633.º, 649.º, 650.º, 749.º, 780.º, 1007.º e 1183.º do Código Civil 328

1.3. *Direito da Família* – Artigos 1933.º e 1970.º do Código Civil 336

1.4. *Direito das Sucessões* – Artigos 2100.º e 2176.º do Código Civil ... 338

2. *Direito Comercial*

2.1. *Agrupamento Complementar de Empresas* – Artigos 13.º e 16.º do Decreto-Lei n.º 430/73, de 25 de Agosto 341

2.2. *Acesso à Actividade Comercial* – Artigos 3.º a 5.º do Decreto-Lei n.º 339/85, de 21 de Agosto 342

2.3. *Agrupamento Europeu de Interesse Económico* – Artigo 36.º do Regulamento (CEE) n.º 2137/85, de 25 de Julho, e Artigos 6.º e 10.º do Decreto-Lei n.º 148/90, de 9 de Maio 344

2.4. *Estabelecimento Individual de Responsabilidade Limitada* – Artigos 11.º, 24.º e 27.º do Decreto-Lei n.º 248/86, de 25 de Agosto 345

2.5. *Cooperativas* – Artigos 41.º, 77.º e 78.º da Lei n.º 51/96, de 7 de Setembro (Código Cooperativo) 347

2.6. *Actividade das Agências de Viagens e Turismo* – Artigos 5.º e 9.º do Decreto-Lei n.º 209/97, de 13 de Agosto 350

2.7. *Empreitadas de Obras Públicas* – Artigos 55.º e 147.º do Decreto--Lei n.º 59/99, de 2 de Março 352

2.8. *Actividade Transitária* – Artigo 4.º do Decreto-Lei n.º 255/99, de 7 de Julho 355

2.9. *Actividade de Certificação de Assinatura Digital* – Artigos 15.º e 27.º do Decreto-Lei n.º 290-D/99, de 2 de Agosto 357

2.10. *Actividade Prestamista* – Artigo 4.º do Decreto-Lei n.º 365/99, de 17 de Setembro 360

2.11. *Regime do Sector Empresarial do Estado e das Empresas Públicas* – Artigo 34.º do Decreto-Lei n.º 558/99, de 17 de Dezembro ... 361

2.12. *Transferências Internas e Transfronteiras nas Moedas dos Estados Integrantes do Espaço Económico Europeu* – Artigo 14.º do Decreto-Lei n.º 41/2000, de 17 de Março 362

2.13. *Actividade de Transporte Internacional Ferroviário* – Artigo 5.º do Decreto-Lei n.º 60/2000, de 19 de Abril 363

2.14. *Actividade das Empresas de Animação Turística* – Artigos 6.º e 11.º do Decreto-Lei n.º 204/2000, de 1 de Setembro 364

2.15. *Regime Especial Relativo aos Atrasos de Pagamento em Transacções Comerciais* – Decreto-Lei n.º 32/2003, de 17 de Fevereiro ... 366

2.16. *Regime Jurídico da Concorrência* – Artigo 8.º da Lei n.º 18/2003, de 11 de Junho 375

2.17. *Ingresso e Permanência na Actividade de Construção* – Artigos 8.º, 20.º, 25.º, 28.º e 49.º do Decreto-Lei n.º 12/2004, de 9 de Janeiro 377

2.18. *Actividade de Mediação Imobiliária* – Artigo 6.º do Decreto-Lei n.º 211/2004, de 20 de Agosto 383

3. *Direito das Sociedades Comerciais*

3.1. *Sociedades Comerciais e Sociedades Civis Sob Forma Comercial* – Artigos 35.º, 78.º, 84.º, 97.º, 141.º, 146.º e 153.º (regime geral), 186.º e 195.º (sociedades em nome colectivo), 213.º, 235.º, 239.º, 245.º e 262.º-A (sociedades por quotas), 414.º e 446.º (sociedades anónimas), 502.º (sociedades em relação de grupo) do Código das Sociedades Comerciais 387

3.2. *Sociedades de Advogados* – Artigos 54.º e 59.º do Decreto-Lei n.º 229/2004, de 10 de Dezembro 402

4. *Direito Bancário*

5. *Direito Segurador*

13. ***Direito Eleitoral***

14. ***Direito Corporativo***

Parte IV
Direito Europeu e Internacional

7. ***Acordos de Garantia Financeira*** – Directiva n.º 2002/47/CE do Parlamento Europeu e do Conselho, de 6 de Junho de 2002 763

8. ***Carta Social Europeia Revista*** – Resolução da Assembleia da República n.º 64-A/2001, de 17 de Outubro 783

9. ***Lei-Modelo Sobre a Insolvência Transfronteiriça*** – Aprovada pela "CNUDCI – Comissão das Nações Unidas para o Direito Comercial Internacional", em 30 de Maio de 1997 787

Parte V
Jurisprudência

1. ***Prazo de Caducidade para o Exercício da Acção Falimentar*** – Assento de 10 de Abril de 1984 805

2. ***Efeito do Recurso de Revista de Acórdão que Conheça do Estado de Falência*** – Assento n.º 1/92 815

3. ***Cessação de Pagamentos Justificativa de Declaração de Falência*** – Assento n.º 9/94 825

4. ***Graduação de Créditos Salariais em Processo de Falência*** – Acórdão n.º 11/96, do Supremo Tribunal de Justiça 835

5. ***Aplicabilidade às Empresas Públicas da Presunção de Insuficiência Económica Estabelecida no Artigo 20.º, n.º 1, Alínea b), do Decreto--Lei n.º 387-B/87, de 29 de Dezembro*** – Acórdão n.º 2/99, do Supremo Tribunal de Justiça 841

6. ***Conceito de Estado Usado no Artigo 152.º do Código dos Processos Especiais de Recuperação da Empresa e de Falência*** – Jurisprudência n.º 1/2001 849